作
NAMING
名

이름에 대한 연구 논문
81수리와 삼원오행
인명용 한자 8142字
인명용 한자 8142字 자원오행
인명용 한자 8142字 획수별 색인
성씨별 획수 색인
동자이음자(同字異音字)
성씨별 이름 짓는 공식표

이름이 당신의 얼굴을 바꾼다

성명학박사 신상춘 · 의학박사 정창근

장서원 도서출판

머리말

'이름 따라서 외모도 변화한다.' 우리가 가진 '이름'에 대한 선입견이 외모도 변화시킨다면 믿겠는가? 이스라엘의 한 대학교 연구팀이 사람 '외모(外貌)'가 '이름'에 따라 변한다는 연구 결과를 발표했다고, 영국 데일리메일이 전했다. 루스 메이오 교수에 따르면, 한 사회가 가진 특정 이름에 대한 인식과 편견이 외모와 이름을 연결하는데, 사람들 또한 무의식적으로 특정한 이름에 걸맞게 생각하고 행동하면서 결국 얼굴모습까지 변한다고 주장했다. 따라서 사람의 외모는 이름에 영향을 받는다는 것이다.

'당신의 이름이 당신의 행동을 결정 한다.' 미국 일간지 USA투데이는 이름 효과(Name-Letter Effect)에 관한 최신 연구결과를 보도했다. 이름이 C나 D로 시작되는 미국 학생은 A나 B로 시작되는 학생보다 낮은 학점을 받을 확률이 높다. 이름이 K로 시작되거나 끝나는 메이저리그 야구 선수는 삼진 아웃(Strikeout. 약자 K로 표시)을 당할 확률이 월등히 높다. 이름효과란 인간은 무의식적으로 자기 이름과 유사한 문자를 가진 직업과 행동을 선택할 가능성이 높다는 것이다. 조지프 시몬스 교수팀은 지난 5년간 메이저리그 선수 6,398명, 경영대학원(MBA) 과정을 밟고 있는 1만 5,000명 등 총 5개 집단에 대한 연구를 통해 이 같은 결론을 도출했다는 것이다.

동식물에게 사람이 관심과 사랑의 감정만을 베풀어도 성장이나 결실에 차이가 있다는데, 사람의 한자이름은 음과 훈이 있어서, 글자가 의미하는 뜻을 매일 듣고 부르면 그 영향력과 암시하는 힘이 얼마나 클지 짐작할 수 있다. 즉 우리는 이름효과를 경험하며 살게 된다. 좋은 이름도 타인에게 불러질수록 자신의 기가 향상되고 발전 운이 북돋아져서 성공을 돕는다. 따라서 좋은 이름을 지어서 건강하고, 성공하는 삶을 이끄는데 도움이 된다면 각자에게 어울리는 좋은 이름을 지어 부르는 것이 당연하며 바람직한 일이다.

인명용 한자 제한 규칙은 1990년 호적법 개정으로 처음 신설되어 2731字를 채택하였으며, 9차례 개정하였다. 이번 규칙 개정안의 인명용 한자는 자형과 음가가 표준화되어 한국산업표준 규격으로 분류된 한자와 비인명용 한자로 분류된 한자 중 국립국

어원의 최종 검수를 거친 한자 2381字를 추가하여, 이름에 쓸 수 있는 인명용 한자는 총 8142字가 되었다.

법원행정처공고 제2014-162호에 의하면, 한자 이름에 대한 국민의 선택의 폭을 넓히고 국민의 행복추구권 및 성명권 등을 보다 충실히 위한다는 이유로 2015년 1월 1일부터 인명용 한자가 기존의 5761字에서 8142字로 대폭 확대하여 지정한다고 하였다. 따라서 이전 보다 더 다양한 이름을 각 개인의 개성과 능력에 맞게 지을 수 있게 되었다.

이 책은 대법원지정 인명용 한자 8142字를 이름에 많은 영향을 미치는 순서를 고려하여 한자의 뜻(훈)을 표시하였다. 같은 글자라도 한자획수 순으로 배열하여 작명에 편리하도록 하였다. 한자획수는 원획에 따라 한자 부수(部首)를 본자(本字)의 획수를 기준으로 계산하였다. 그러므로 일반 한자자전에서 표시하는 한자 획수와는 다른 경우가 종종 있다.

현대작명의 주류는 작명에서 필획법보다 원획법을 대부분이 사용하고 있으므로 한자 부수(部首)는 본자(本字)를 기준으로 사용한다. 예로 氵은 삼수변이라 필획으로는 3획이지만 본자가 水(물수)이므로 4획으로, 忄은 심방변이라 필획으로는 3획이지만 본자가 心(마음심)이므로 작명에서는 4획으로 본다. 숫자의 경우는 一(1획), 二(2획), 三(3획), 四(4획), 五(5획), 六(6획), 七(7획), 八(8획), 九(9획), 十(10획)으로 본다. 여기 성명학에서 다루는 한자의 획수는 '강회자전'의 획수 계산법에 준하여 사용한다.

원래는 ↔는 반대라는 의미지만 본서에서는 두 가지로 사용할 수 있다는 것이다. 예를 들면, 政은 9획이지만 8획을 주장하는 한자 자전이나 성명학자가 있어서, 9획이나 8획으로 사용할 수도 있다는 의미에서 9↔8로 표시하였다. 또한 위(胃)는 부수가 月(육달월)이라 자원오행 상 원래는 水이지만 오장육부에서 위(胃)는 土에 해당된다는 의미에서 (水↔土)로 표시하였다. 물론 한자의 뜻(훈)을 먼저 고려하여야 할 경우도 같은 방법을 사용하였다.

대법원에 의하면 인명용 한자는 "인명용 한자표에 지정된 발음으로만 사용할 수 있으나, 첫소리(初聲)가 ㄴ또는 ㄹ인 한자는 각각 소리 나는 바에 따라 ㅇ 또는 ㄴ 으로 사용할 수 있다. 또한 동자(同字)·속자(俗字)·약자(略字)는 ( )내에 기재된 것에 한하여 사용할 수 있다"고 한다. 그리고 "示변과 礻변, ++ 변과 艹 변은 서로 바꾸어 쓸 수 있다. 예를 들면 福=福, 蘭=蘭으로 쓸 수 있다"는 것이다. 인명용 한자가 대

폭 늘어나면서 동자와 속자, 고자 등이 많아 졌는데, 본서에서는 모두 편의상 '통용'으로 처리하였다.

또한 대법원지정 인명용 한자 모두를 자원오행(字源五行)으로 분류하여 작명에 편리하도록 하였다. 자원오행(字源五行)은 성명학 연구자에 따라 분류하는 방법이 다를 수 있다. 필자가 자원오행(字源五行)을 정하는 기준은 다음과 같으며, 한자의 뜻(훈)을 고려하여 자원오행이 변하는 글자는 될 수 있으면 괄호 안에 화살표시(胃: 水↔土)로 하였다. 이는 자원오행이 본래 水에 속하지만 한자의 뜻(훈)에 따라 土로 바뀐다는 의미이다. 이러한 경우는 水보다 土로 사용하는 것이 좋을 것으로 생각한다. 그리고 수리성명학으로 작명하는 사람을 위하여 '**성씨별 이름 짓는 공식표**'를 정리하여 작명에 편리하도록 하였다.

좋은 이름을 짓는 데는 다음과 같은 원칙이 필요하다. 건강하고 성공하는 이름이 되려면 부르기 좋고, 듣기 좋고, 뜻이 좋아야 하며, 그 사람에게 잘 어울리는 이름이어야 한다. 그리고 일단 지어준 이름은 의미를 부여하는 이미지화 작업을 잘 해 주어야 한다. 우리는 다른 사람에게 조금이라도 더 나은 이미지를 주려고 성형수술을 하고 자신에게 어울리는 패션스타일을 추구하는 것처럼, 이름도 한 사람이 갖는 평생 간판이요 인격이다. 법원도 이름이 개인에게 인격권이요 행복추구권이라 인정하여 개명을 허용하는 것이다.

끝으로, 이 책을 읽는 독자들에게 자녀의 이름을 직접 지어 볼 것을 권유하고 싶다. 여러분의 자녀 이름을 창의적인 작품을 만든다는 생각으로 자녀의 이름 작명에 정성을 들여 보라. 자녀에게 기울이는 관심과 사랑이 증폭되어'이름효과'가 나타나서 건강하고 성공하는 이름이 될 것이다.

2017년 5월

성명학박사 신 상 춘

의학박사 정 창 근

제목 차례>

Ⅰ부. 이름에 대한 연구

Ⅱ부. 좋은 이름을 지으려면

Ⅲ부. 이름에 쓰는 한자

Ⅰ부. 이름에 대한 연구

1. 이름에 대한 연구 : 외국

1. 이름 따라서 외모도 변화한다,

Zwebner, Y., Sellier, AL., Rosenfeld, N., Goldenberg, J., & Mayo, R. (2017). We Look Like Our Names: The Manifestation of Name Stereotypes in Facial Appearance. *Journal of Personality and Social Psychology, 112(4)*, 527 - 554.

우리가 가진 '이름'에 대한 선입견이 외모도 변화시킨다면 믿겠는가? 이스라엘의 한 대학교 연구팀이 '외모'가 '이름'에 따라 변한다는 연구 결과를 발표해서 화제라고 한다. 영국 데일리메일이 전했다.

이스라엘 예루살렘에 있는 히브리 대학교 연구진은 따르면 생면부지의 사람들이 얼굴만 보고 상대방의 이름을 추측했을 때 이름을 맞출 확률이 20~25%이지만, 사람 얼굴을 인식하도록 프로그래밍 된 컴퓨터가 사람의 얼굴 모습만 보고도 이름을 맞힐 확률은 54~64% 까지 올라간다고 했다. 이는 사람마다 갖고 있는 이름이 얼굴 생김새에 영향을 끼친다는 주장의 근거가 된다. 연구진들은 "한 사회가 가진 특정 '이름'에 대한 인식과 편견이 외모와 이름을 연결하는데, 사람들 또한 무의식적으로 특정한 이름에 걸맞게 생각하고 행동하면서 결국 외모까지 변한다"고 주장했다. 따라서 사람의 외모는 이름에 영향 받는다

히브리대학교 연구진 루스 메이오 박사는 "사람들은 이름마다 기대하는 모습과 성격이 있다"며 "특히 대중들에게 잘 알려진 사람에 이름이 갖는 사회적 인식은 더 두드러진다"고 밝혔다. 우리나라의 경우 이세돌, 김연아, 정우성, 김태희, 유재석 등 이름을 가진 사람들이 해당 연예인들이 가지고 있는 이미지에 영향을 받는다는 것이다. 루스 메이오 박사는 "결국 이러한 사회적 인식이 쌓이면서 이름에 대한 편견이 생긴다"면서, "우린 태어나는 순간부터 성(性), 인종, 사회경제적 위치는 물론 이름까지 정해지며 자연스럽게 사회에 구조에 편입된다."고 말했다.

조선일보 ; 안용성 인턴 기자 2017. 3. 1

2. 불행한 이름

Gebauer, J. E., Leary, M. R. & Neberich, W. (2012). Unfortunate First Names: *effects of name-based relational devaluation and interpersonal neglect. Social Psychological and Personality Science,* 3(5), 590-596.

온라인 데이트 참가자들을 대상으로 극단적으로 부정적인과 긍정적인 이름, 극단적이지 않은 이름으로 나누어 실험하였더니, 부정적 이름 참가자의 온라인 프로필에는 온라인 참가자들의 방문 횟수가 상대적으로 적어 부정적 이름의 소유자들이 더 방치되었다. 이 연구는 이름 때문에 방치, 차별, 심지어 추방의 인생사를 경험하는 것으로 추정되었고, 이러한 방치는 부정적인 이름이 자존감 저하, 흡연빈도 증가, 교육 저해 사이의 관계를 매개하는 것으로 파악되었다고 한다.

3. 이름이 문제다: 이름이 성공을 방해할 때

Nelson, L. D., & Simmons, J. P. (2007). Moniker maladies: *when names sabotage success. Psychological Science, 18,* 1106 - 1112.

이름이 C나 D로 시작되는 미국 학생은 A나 B로 시작되는 학생보다 낮은 학점을 받을 확률이 높다. 이름이 K로 시작되거나 끝나는 메이저리그 야구 선수는 삼진 아웃(Strikeout. 약자 K로 표시)을 당할 확률이 월등히 높다. '당신의 이름이 당신의 행동을 결정한다.'

미국 일간 유에스에이(USA)투데이는 14일 이른바 '이름 효과(Name-Lettet Effect)'를 뒷받침하는 최신 연구결과가 발표됐다고 보도했다. 이름효과란 인간은 무의식적으로 자기 이름과 유사한 문자를 가진 직업과 행동을 선택할 가능성이 높다는 것이다.

조지프 시몬스 예일대 심리학과 교수와 레프 넬슨 캘리포니아주립대 샌디에고 캠퍼스(UCSD) 심리학과 조교수는 지난 5년간 메이저리그 선수 6,398명, 경영대학원(MBA) 과정을 밟고 있는 1만 5,000명 등 총 5개 집단에 대한 연구를 통해 이같은 결론을 도출했다.

2002년부터 학계에 알려진 이름 효과에 따르면, 톰(Tom)이란 이름을 가진 사람은 이름과 비슷한 '도요다(Toyota)' 차를 구매하고 토론토(Toronto)에 살 가능성이 높고, 데니스(Dennis)와 데나(Denna)라는 이름을 가진 사람은 치과의사(Dentist)가 될 확률이 높다.

이름 효과를 처음 발표했던 브렛 펠햄 뉴욕주립대 심리학과 교수는 "이 효과가 무의식적인 것이라면 우리는 중요한 결정을 내릴 때 자유의지와는 상관없이 행동한다는 것을 의미 한다" 고 주장한다. 이번 연구를 맡았던 넬슨 교수는 "이름 효과는 주로 부정적으로 작용한다."면서 "부정적 단어와 연결되는 이니셜은 부정적인 효과를 내기 쉽다" 고 밝혔다. 하지만 시몬스 교수는 이름 효과가 절대적인 것은 아니라고 덧붙였다. 한편 이 같은 연구 결과는 심리학 전문지 '심리 과학(Psychological Science)' 12월호에 게재된다.

<2007. 11. 18. 국민일보 쿠키뉴스 임성수 기자>

4. 이름과 범죄: 인기 없는 이름이 문제를 일으키나?

Kalist, D. E., Lee, D. Y. (2009). First Names and Crime: Does Unpopularity Spell Trouble? Social Science Quarterly Vol. 90 Issue 1, 39-49.

美연구진 상관관계 조사 : 2009년 1. 30 Am7 양성욱 기자

청소년 때부터 차별대우 받아 튀는 행동

'마이클'이나 '데이비드'처럼 흔한 이름을 가진 미국 소년들은 자라서 범죄자가 될 확률이 '어니스트'나 '이반' 등 흔치 않은 이름의 소유자에 비해 낮다는 연구가 나왔다고 라이브사이언스 닷컴이 보도했다. 미국 펜실베이니아주 쉬펀버그대학 연구진은 남성 소년범들의 이름을 일반 소년들의 이름과 비교하는 새로운 연구 끝에 이런 사실을 발견했다.

연구진은 자신들이 개발한 '이름 인기도 지수(PNI)'를 각각의 이름에 적용했는데 예를 들어 미국에서 가장 인기 있는 남아 이름인 마이클의 PNI는 100, 마이클에 비해 빈도가 절반인 데이비드는 PNI가 50, 알렉, 어니스트, 이반, 카림, 맬컴과 같은 이름의 PNI는 1이라는 식이다. 이처럼 PNI를 비교한 결과 인종에 상관없이 인기 없는 이름을 가진 청소년들은 범죄에 연루될 가능성이 더 큰 것으로 나타났다고 연구진은 계간 사회과학 저널 최신호에 발표했다.

이들은 이름 자체가 범죄의 원인일 가능성은 없지만 이름은 "불우한 가정환경, 사회경제적 지위가 낮은 지역 내 주거, 편부모 가정 등 범죄율 증가와 관련 있는 요인과 연결돼 있다" 고 주장했다.

이 연구에 대해 사회과학 저널 발행인은 "유별난 이름을 가진 청소년들은 또래들

로부터 차별대우를 받아 관계 형성에 어려움을 겪기 때문에 범죄 쪽으로 기울 가능성이 있다." 는 논평을 냈다. 인기 없는 이름을 가진 청소년들은 의식적, 무의식적으로 자기 이름을 싫어해 튀는 행동을 할 가능성이 있다는 것이다. 연구진은 이 연구 결과가 범죄를 저지르거나 재범 우려가 높은 청소년들을 가려내 보다 효율적이고 표적이 분명한 예방 계획을 세우는데 도움이 될 것이라고 말했다.

2009. 1.30 am 양성욱 기자

5. 죽음 연구: 철자 D로 시작하는 첫 이름자를 가진 운동선수, 의사, 변호사는 일찍 사망한다

Abel, E. L. & Kruger, M. L. (2009). Athletes, Doctors, and Lawyers with First Names Beginning with "D" Die Sooner, *Death Studies*, Routledge: *Taylor & Francis Group. 34:1*, pp. 71-81.

아시아경제 | 박충훈 | 입력 2010.01.05 04:45 |

[아시아경제 박충훈 기자]아기 이름을 짓는 일은 예나 지금이나 힘든 일중 하나이다. 국내에선 '작명 전문가'가 있을 정도이다. 그러나 실제로 이름에 따라 수명을 10년씩 늘릴 수 있고 성공적인 인생으로 이끌 수도 있다면?

미국 미시간주 웨인 주립대학의 심리학 연구팀은 최근 아이 이름의 첫 글자가 수명과 인생진로에 중요한 영향을 끼친다는 연구결과를 발표했다.

연구팀은 1875년에서 1930년 사이에 태어났던 프로 운동선수, 의사, 변호사 1만 명의 이름과 수명사이의 관계를 고찰했다. 이들은 성적 평가의 상징이기도 한 A, B, C, D를 이름 첫 글자로 쓴 사람들에 주목했다. 알파벳 순서대로 성적이 매겨지듯 이름 첫 글자에 따라 인간 심리도 무의식적으로 우월감과 열등감을 느끼게 된다고 봤기 때문이다. 데이터 분석 결과 연구팀의 가설은 들어맞았다. D로 시작되는 이름을 가진 사람은 평균 수명이 다른 이들보다 짧았다.

특히 프로 운동선수의 경우 D로 시작되는 이름을 가진 이들은 평균 수명이 69.2세로 A(73.4세)나 E~Z(71.3세)로 시작하는 이름과 4년 이상 수명 차이가 났다. 특히 농구선수의 경우 D로 시작되는 이름을 가진 이들이 A를 쓴 이들보다 9.5년이나 수명이 짧았다.

연구팀은 이름이 학교 성적과도 연관돼 있으며, A로 시작되는 이름을 가진 아이가

D로 시작되는 이름을 가진 아이보다 성적이 더 높을 가능성이 있다고 밝혔다. 연구팀은 또 D로 시작되는 이름을 가진 사람은 평생 낮은 자신감을 가지게 되며 병약한 상태로 지내게 된다고 덧붙였다.

맨체스터 메트로폴리탄 대학의 심리학 교수인 데이비드 홈즈 박사도 이 같은 의견을 지지했다. 그는 "일반적으로 알파벳 순서대로(계급이나 성적) 분류하는 인간의 습관이 이 같은 결과를 낳을 수 있다"며 "이름 자체가 수명과 건강, 진로 등에 영향을 미칠 수 있다"고 말했다. 한편 최근 일각에선 이름과 인생이 깊은 연관을 맺고 있다는 연구결과가 잇따르고 있다. 로렌스(Lawrence)란 이름을 가진 이는 변호사(Lawyer · 로이어)가 될 확률이 높고, 데니스(Dennises)란 이름을 가진 이는 치과의사(dentist · 덴티스트)가 될 가능성이 커진다는 식이다.

[성공투자 파트너] - 아시아경제 증권방송 박충훈 기자 parkjovi@asiae.co.kr

6. 첫 이름자의 매력도와 학업성취

Erwin, P. (1999). Attractiveness of first names and academic achievement. *The Journal of Psychology, 133*, 617 - 620.

이번 기록연구는 사람 이름의 고정관념이 주는 매력도와 학업성적간의 관련성을 조사하기 위해 실시되었다. 영국의 어느 수도권 대학, 2년차 심리학 학위 과정을 마친 대학생 68명의 자료를 입수하였고, 이들의 이름을 매력도에 따라 점수를 매겼다. 그리고 매력 없는 이름을 가진 학생과 평균 이상의 매력 있는 이름을 가진 학생들의 실제 시험과 수업활동 점수를 비교하였다. 결과에 따르면, 평가방식에 상관없이 이름이 매력적인 없는 학생들은 이름이 매력 없는 학생들보다 성적이 더 좋았다(p=.05).이런 결과는 자연 상황 하에서 부정적 평가의 이름 고정관념(name stereotypes)이 학업성취에 미치는 영향에 대한 증거이자, 이름 고정관념이 내면화 되었다는 증거로 해석될 수 있다.

2. 이름에 대한 연구 : 한국

1. 이름에 대한 연구 논문

김남석(2014, 석사). 성명학의 표의적, 표음적 이론에 관한 연구
김만태(2011). 현대 한국사회의 이름짓기 방법과 특성에 관한 고찰
김백만(1991). 성명학에 대한 인식
김석미(2002, 석사). 내담자 이름의 매력도에 따른 상담자의 내담자 평가
김지홍, 백혜원(2002). 상호변경이 주가에 미치는 영향
김태형(2000, 석사). 창세기에 나타난 하나님 이름에 대한 연구
김하정(2003, 석사). 청소년들의 초기 친구 관계 형성과 이름의 매력도
김형일(2014, 박사). 성명학 이론의 타당성에 관한 실증적 연구
박승목(2005, 석사). 성명학의 이론정립과 과제
박진훈(2008). 고려시대 사람들의 개명
송건섭(1985). 미·일 기업 개명작업 한창
송하순(2008, 석사). 성씨별 항렬자 연구
신도희(2006, 석사). 성명의 시대적 변천과정과 사용현황연구
신상용(2012, 석사). 성명학의 작명원리 연구
신상춘(2013). 개명동기와 개명 후 자기지각척도에 관한 연구
신상춘(2014). 개명전후 이름이 스트레스와 자존감에 미치는 영향
신상춘(2014, 박사). 개명전후 이름이 자존감과 스트레스에 미치는 영향 및 SSC58-개명상담모델 연구
신상춘, 정창근, 정진구(2017). 이름이 인성과 삶에 미치는 영향
신상춘, 정창근, 김황기(2017). 이름이 건강과 성공에 미치는 영향
안동연, 김재수, 이영좌(2012). 이름파동의 인체에 대한 영향 및 과학적 검증
안동연, 김재수, 이영좌(2012). 이름에너지가 건강에 미치는 영향에 관한 연구
안동연, 김재수, 이영좌(2013). 이름에너지가 건강에 미치는 영향에 관한 연구
안승웅(2010, 석사). 한국인의 작명실태에 관한 연구
양명희(2012). 인명의 특징과 그에 대한 언어 태도 연구
유영희(2004, 석사). 학생 이름 매력도가 교사의 학생평가에 미치는 영향
윤준호(2002, 석사). 이름과 이름붙이기의 성서 신학적 의미
윤진수(2007). 개명허가의 요건
오희장(2009). 외국어 상호가 기업의 경영성과에 기여하는가?

이광숙(1981). 사회계층과 작명
이보영(2003, 석사). 이름 고정관념이 교사의 학생 평가에 미치는 영향
이상배(1998, 석사). 성서에 나타난 작명과 개명에 대한 연구
장미화(1998, 석사). 일제말기 황민화정책과 창씨개명
정주수(2006). 호적: 개명허가사유와 기준에 관한 고찰
조상근(2002). 개명에 대한 소고
조현아(2014, 석사). 성명학의 작명원리에 있어서의 오행연구
주림림(2009, 석사). 한국과 중국의 이름에 관한 비교 연구
채서영(2004). 한국인의 영어 이름 사용실태와 작명 방식 변화에 대한 영어의 영향
채소영(2011, 석사). 성명학의 이론적 고찰
채영희, 정주연(2012). 한중일 자동차 이름에 나타난 문화연구
채완(2006). 우리나라 상표명의 작명 기법
한경희, 김종범(2012). 상호변경기업의 이익지속성에 관한 연구
한연주(1994, 석사). 현대 한국인명의 연구 등이 있습니다.

2. 요즘 흔한 신생아 이름은 민준(男), 서영(女)

1945→ 1975→ 2006 시대별 '가장 많은 이름' 살펴보니
1945년 평균수명 짧아 장수 기원 '길 영(永)' 많이 써
1975년 새발시대 '공 훈(勳)-이룰 성(成)' 염원 담아
2006년 '남자처럼 활달하게' 중성적 여자이름 늘어

'영수(1945년)→정훈(1975년)→민준(2006년)<그림1-1>'가 1945년 광복 이후 한 세대(30년)를 지날 때마다 가장 많이 지어진 남성 이름이다. 가장 많은 여성 이름은 같은 시점에 '영자(1945년)→미영(1975년)→서연(2006년)<그림1-2>'으로 바뀌어 왔다. 사람의 이미지를 형성하는 중요한 요소 중 하나인 이름은 특정 세대에서 선호했던 것이 다음 세대에서는 거의 찾아보기 어려울 정도로 급격히 변화하는 양상을 보여왔다. 2007년 3월 20일 대법원에 따르면 '해방둥이' 남성 이름에는 영수, 영호, 영식 등 '길 영(永)'자가 압도적으로 많았다. 상위 5개 이름 중 4개에 '영'자가 들어 있다. 이는 일제강점기 말기에 전쟁과 질병 등으로 남성의 평균 수명이 40세가 채 되지 않던 시대 상황 때문이다. 성명학자들은 "아들이 장수하길 바라는 부모의 마음이 반영된 것"이라고 풀이했다.

고속성장시대인 1975년에는 정훈, 성호, 성훈, 성진 등 남성 이름에 '공 훈(勳)'자

나 '이룰 성(成)'자가 단연 많았다. 재력이나 권력에 대한 부모의 염원이 담겨 있다는 것이다. 그러나 남성은 돌림자를 쓰는 까닭에 특정 한자를 쓰더라도 이름이 똑같은 경우는 많지 않았다. 1945년 1위였던 영수라는 이름이 853명이었고, 1975년에 가장 많았던 정훈은 2,286명, 지난해 1위였던 민준은 2,304명이었다.

광복이 되던 해에 태어난 여성의 이름은 영자, 정자, 순자 등 대부분 '자(子)' 로 끝났다. 당시 상위 10개 이름 중 '자' 로 끝나지 않은 이름은 9위를 차지한 정순이 유일했다. 이는 일본식 이름(~코·자)의 잔재 때문이다. 영자(9,298명), 정자(8,995명), 순자(8,314명) 등 같은 이름의 여성이 1만 명에 이를 정도로 많았다.

그러나 한 시대가 지난 1975년 여성 이름 상위 10개 중 '자' 로 끝나는 이름은 하나도 없었다. 미영, 은정, 은주 등 '미(美)'자나 '은(銀)'자 등 아름다움과 여성스러움을 나타내는 이름이 이를 대체했다. 하지만 이때도 미영(9,129명), 은정(9,012명), 은주((8,732명) 등 같은 이름을 가진 여성이 많은 현상은 여전했다.

다시 30년이 지난 지난해에는 남성이나 여성 이름은 어떤 경향을 찾기 어려울 정도로 다양해졌다. 세련된 이름을 선호한다는 공통점이 있지만 이름을 구성하는 한자도 같은 글자를 찾기 힘들다. 근래에 가장 많이 지어진 여성 이름인 서연은 2005년 3,006명 2006년에는 2,892명에 그쳤다. 이전 세대에 비해 같은 이름을 가진 여성이 훨씬 줄어든 것이다. 여성 이름 상위권에 민서(2위), 지원(7위), 지민(9위) 등 중성적인 느낌을 주는 이름이 많은 것도 최근 시대상을 반영한다.

한 자녀 가정이 늘면서 딸 하나를 둔 부모들이 딸이 성장해서 남성처럼 활발하게 사회생활을 하길 바라는 마음에서 중성적인 이름을 선호하는 것이며, 1980년대에는 한동안 순 한글 이름이 유행했으나 이들이 성인이 되면서 어른 이름으론 잘 맞지 않는다는 인식 때문인지 퇴조 현상이 뚜렷해지고 있다.

<2007.3.21. 중앙일보 조용우 기자>

<표1-1> 시대별 가장 많은 남자 이름 단위: 명

순위	1945년 출생자	1975년 출생자	2006년 출생자
1위	영수(845명)	정훈(2,286명)	민준(2,304명)
2위	영호(710명)	성호(1,789명)	민재(1,733명)
3위	영식(622명)	성훈(1,746명)	지훈(1,581명)
4위	정웅(577명)	성진(1,659명)	현우(1,581명)
5위	영길(570명)	정호(1,641명)	준서(1,485명)

<표1-2> 시대별 가장 많은 여자 이름 단위: 명

순위	1945년 출생자	1975년 출생자	2006년 출생자
1위	영자(9,298명)	미영(9,129명)	서연(2,892명)
2위	정자(8,995명)	은정(9,012명)	민서(2,718명)
3위	순자(8,314명)	은주(8,732명)	수빈(2,367명)
4위	춘자(5,615명)	은영(8,159명)	서현(2,178명)
5위	경자(4,340명)	현주(7,351명)	민지(2,163명)

3. 이름으로 태교한다.

누구보다도 더 똑똑하고 뛰어난 아이로 키우고 싶은 부모들의 욕심은 끝이 없다. 최근 태교가 각광을 받는 데에는 이러한 사회적 분위기가 한몫을 하고 있다.

최초 태교의 기록이 동양에서 중국 주나라의 가의가 편찬한 <가의 신서>와 <대대례기>에 "태속의 자식을 교육하는 방법을 옥돌에 새겨 황금상자에 간직해서 임금님의 조상을 모시는 사당에 두고 그것으로 후세의 경계가 되도록 한다."고 하였는데, 무척 진지하게 태교가 이루어졌음을 짐작게 한다.

우리나라 태교에 관한 최초의 기록은 고려 말 정몽주의 어머니 이씨 부인이 자신의 체험을 바탕으로 기록한 <태중훈문>과 <태중명심기>가 있다. 이씨는 태교의 목적을 '가성의 행복을 이룩할 효자와 충신 자손을 낳는 것'에 두고 조심할 것과 힘써야 할 것들에 대해 상세히 기록해 놓았다. 조선 초기만 해도 태교는 왕실이나 상류사회의 여성을 교육하는 것으로 행해졌으나, 17세기 이후 실학을 바탕으로 근대적 사상이 태동하고 인간 평등의 이해가 깊어지면서 일반 사람들 중에서도 태교에 힘쓰는 사람들이 늘어났다.

이 시기에 태교 대중화에 큰 역할을 담당한 사람은 바로 사주당 이씨입니다. 그는 해박한 독서를 토대로 이전의 전통 태교 방법들을 총정리 했고, 1남 3녀의 어머니로서 자신의 경험을 더하여 <태교신기>를 썼다. 후에 그의 아들 유희가 <태교신기>를 한글로 풀어 <태교신기언해>라는 이름으로 재정리함에 따라 일반에 보급되기 시작한 것이다.

세계의 의학은 모두 다 뇌에 시냅스가 형성되기 시작하는 임신 5개월 이후에 주목하고 있다. 흥미롭게도 인간이 평생 갖게 될 1,000-2,000억 개의 뉴런은 뇌의 성장급등기가 시작되기 전인 임신 6개월경에 이미 다 형성된다(Kolb & Fantie, 1989;

Rakic,1999). 뉴런은 출생 후 더 생성되지 않는다. 따라서 현명한 엄마는 똑똑한 아이를 만들어서 낳는다. 태아기는 뇌가 최대로 발육하는 시기이므로 적절한 태교를 하여야 한다. 엄마와 태아의 뇌신경은 연결되어 있어서, 엄마가 공부하면 아이도 같이 공부한다. 공부의 수준은 어머니 눈높이로 하면 된다. 뇌신경을 자극해서 태아의 IQ와 EQ를 높이도록 태교를 해야 한다.

1) 임신전의 심신관리

태교의 첫 단계는 임신이전에 부체(父體)와 모체(母體)의 심신을 건강하게 관리하는 것이다. 우리 몸에서 한번 만들어진 정자는 80일 정도 체내에 머물게 되며, 이 기간 동안 담배, 알콜, 화학물질, 스트레스 등의 유해물질에 노출되면 손상을 입게 된다. 따라서 아버지가 되려는 남자는 아기를 갖기 전에 적어도 3개월 동안은 건강한 몸을 갖도록 노력해야 한다.

동의보감(東醫寶鑑)에서 허준은, 잉태전 모체(母體)는 월경이 정상적이어야 하고 마음이 온전하여야 하며 부체(父體) 역시 정(精)이 충실하고 욕망을 조절하여 마음을 맑게 가지는 것이 자식을 두는 상책이라고 하였다. 사주당 이씨는 태교신기(胎敎新記)에서 부친의 청결한 마음가짐이 모친의 10개월 못지않게 중요하다고 하였다. 그래서 아이의 기운과 피가 맺히어서 지각이 맑지 못한 것은 부친의 허물이라는 것이다. 임신을 하기 전에 부부가 모두 신체적으로 건강하고 또한 심리적으로 깨끗해야 한다는 것은 자녀의 임신에 그만큼 공을 드리고 생명의 창조에 동참할 준비가 정성스러워야 한다는 것이다.

2)아버지의 태교

아비가 낳는 것과 아내가 기른 것과 스승이 가르치는 것, 이 세 가지가 합하여야 완전한 일개 인격자를 만들 수 있는데 세 사람 모두가 최선을 다해야 한다. 최선의 방법은 의원이 병자를 치료함과 같아서 명의는 병들기 전에 치료하는지라, 생육(生育)도 역시 아기 낳기 전에 가르칠지니 그러므로 스승이 10년을 잘 가르쳐도 어머니가 열 달을 뱃속에서 잘 가르침만 못하고 어머니가 열 달을 뱃속에서 가르침이 아비가 하루 밤 부부 교합할 때에 정심(正心)함만 못하니라(胎敎新記). 사주당 이씨는, 아버지가 태교와 관련된 여러 가지 금기사항을 잘 지키면 복과 덕성과 지혜를 겸한 자식을 얻게 되어 가도(家道)가 날마다 높아간다고 하여, 아버지의 태교가 태아의 지적, 신체적, 정서적 발달에 크게 영향을 주고 가문의 흥망에까지도 영향을 미친다고 강조하였다.

아빠가 태담을 해줘야 하는 가장 큰 이유는 태아가 엄마 목소리보다 아빠의 목소리를 더 잘 듣기 때문이다. 이것은 확실한 과학적 근거가 있는 것으로 저주파수인 남자 목소리가 고주파수인 여자 목소리보다 복벽과 양수막을 더 잘 통과한다는 것이 실험 결과 밝혀졌다. 아마도 태아가 아빠에게 태교에 더 적극적으로 참여해 달라고 무언의 압력을 하는 것이 아닐까. 하지만 대부분의 아빠들은 정작 어떤 태담을 해야 할지 몰라 쑥스러워 하거나 고작 한 두 마디 하고 끝내버리는 경우가 많다. 굳이 할 말을 찾기가 힘들면 그 날 하루 동안 일어났던 일들을 아내에게 설명해 주는 기분으로 그대로 편하게 이야기해 보라. 태아를 가족으로 인정하고 말하면 된다. 그리고 맨 마지막에는 반드시 사랑한다는 말을 덧붙여 준다.

3) 태명을 만들어라

임신 사실을 확인하면 아이의 이름(태명)을 지어주는 것이 좋다. 이름을 미리 짓기가 어렵다면 태아를 생각나게 하는 부부만의 별칭이나 애칭으로도 충분하다. 애칭이 필요한 이유는 아기의 존재를 인정하게 만들고, 태담을 습관화하는데 도움이 되기 때문이다. 그냥 아가야라고 부르는 것보다 더 친밀감을 느끼게 하고 누구 엄마, 누구 아빠가 되었다는 기분도 미리 느껴볼 수 있다. 배를 가볍게 마사지 하면서 아기 이름을 불러주며, 태담을 해 준 아이는 태담이 부족했던 아이보다 사회성이나 정서 발달, 감각 신경, 그리고 부모와의 유대감 등 여러 면에서 앞선다.

아기에 대한 느낌이 별로 없는 임신 초기에는 가끔 아이의 이름을 불러 주는 것으로 아이의 존재를 깨닫고 훨씬 더 애정을 갖게 된다. 태담을 할 때도 아기의 이름을 불러 주면 훨씬 더 정겹고 듣는 아기도 기분이 좋아진다. 태명을 정해서 이름을 불러주면 더욱 사랑스럽고 이름이 있어 이야기하기도 더욱 쉽다. 엄마의 감정이 태아에게도 전달되기 때문에 뱃속 아이의 이름을 부르면서 이야기를 걸때는 마음부터 즐겁게 만든다.

태명을 지어주면 동생 맞을 준비를 시키기에도 좋다. 혼자만 독차지했던 관심이 동생에게 집중되거나 혹은 동생과 함께 나누어야 할 때를 위해서, 아기 이름을 지어서 함께 부르며 뱃속에 있는 동생과 대화하도록 하면 출산하였을 때에도 자연스럽게 동생 이름을 부르며 받아들일 것이다.

즉, '이름효과' 연구결과에서 보았듯이, 부모님의 소망과 정성이 들어간 태명을 지어서 불러주는 이름 속에는 각각 나름대로의 혼과 기운이 있어서 결국은 이름대로 행동하게 됩니다.

Ⅱ부 좋은 이름 지으려면

1. 좋은 이름이란

1. 좋은 이름이란 어떤 이름인가?

사람은 나쁜 소리를 듣거나 글을 읽게 되면 화가 나고 우울해진다. 반면에 아름다운 음악이나 칭찬을 듣는다든지 좋은 글을 읽게 되면 기분이 상승하고 희망찬 삶을 살게 된다. 좋은 이름도 이와 만찬가지다. 따라서 좋은 이름은 타인에게 불러질수록 자신의 기가 향상되고 활기찬 발전 운이 북돋아져 성공을 돕는다.

우주의 삼라만상은 모두 이름이 있으며, 형태를 가진 모든 사물은 물론 추상의 개념과 사상까지도 이름이 있다. 이 세계는 이름에 의하여 이루어지고 이름에 의해서 질서를 유지하며 발전시키고 있다. 사물을 구별하려는 필요성과 의사전달의 수단으로서 생성된 이름이 장구한 세월을 거치는 동안, 그것이 한 사회의 집단적 잠재의식 속에 하나의 독자적 성격과 생명력을 갖게 되었다.

인간에게 성(姓)이란 같은 혈족임을 나타내는 공동기호로 안으로는 혈족간의 우애와 단결을 도모하는 구심적 역할을 하며, 밖으로는 배타성과 방어적인 성격을 띤다. 성(姓)이 혈족의 일원임을 나타내는 데 반하여 이름은 개체성을 나타낸다. 성(姓)은 선택의 여지가 없지만 이름은 육친과 작명가 등에 의하여 임의로 지을 수 있는 가변적인 것이다. 그리하여 성과 이름을 가지고 하늘과 땅 사이에 오직 하나뿐인 나를 대표하는 기호로 삼는 것이 인간의 성명이다. 성명은 한 사람의 일생 동안은 물론이고 죽은 후에까지도 그 사람을 인식시키게 되는 것이다.

돌림자란 혈족방계의 대수(代數)관계를 나타내기 위한 것으로, 같은 대(代)나 형제간에는 같은 항렬자(돌림자)를 쓰는 것을 말한다. 어느 집안의 형제들 이름이 金日成, 金日萬, 金日煥으로 나가면 이 집안은 日字를 항렬자로 사용하고 있다는 것을 알 수 있다. 우리나라의 족보는 대부분이 오행(五行)의 상생관계를 돌림자를 사용하고 있으므로 아버지의 항렬자가 오행 상 나무목변(木)이면, 자신의 항렬자는 목생화(木生火)가 되어 불화변(火)이나 오행 상 불화(火)를 상징하는 이름자를 사용한다. 아들代는 화생토(火生土)가 되어 흙토(土)변이 들어가거나 흙토를 상징하는 한자를 사용하는 것이다. 또한 아버지의 돌림자가 이름의 첫 자(字)면 자신의 돌림자는 이름의 끝 字를 돌림자로 사용한다. 자신의 돌림자가 이름의 끝 字이면 아들은 이름의 첫 자를 돌림자로 사용한다.

이름이란 어떤 글자를 선택해서 위 아래로 맞추어 그 글자의 음대로 부르는 것을 말하므로 글자가 선정되면 이름은 이미 지어진 것이다. 성명을 건물에 비유하면 성(姓)은 한옥, 양옥과 빌딩 등을 나타내는 건물의 형태이고, 이름에 쓰이는 글자는 건물에 필요한 재료에 비유될 수 있다. 건물에 따라 필요한 재료가 다르듯이 각 성씨에 따라 좋고 나쁜 글자가 있다. 불량한 재료는 어떤 건물에 사용해도 쓸모가 없는 것처럼, 글자 자체가 좋지 않은 의미를 지녔으면 어떤 성에 붙여도 좋은 이름이 되지 않는 경우가 많다. 이는 건물에 좋은 재료를 쓰는 이치와 같아서 바다 모래보다는 강모래가 더 좋은 것과 같다.

하나의 글자에는 음양, 오행, 획수와 자의가 있는데, 이들은 성(姓)을 포함해서 상하로 구성한 다음에야 음양의 배합, 오행의 생극과 수리의 길흉이 정해지는 것이다. 성명에는 형언하기 어려운 영력이 있어서 각자 특유의 자력을 발산한다. 흉한 이름에서는 파괴의 파장이 발생하고, 길한 이름에서는 조화와 생육의 파장이 발산되는 데 이를 성명의 영력이라 한다. 성명학은 우주의 생성과 변화의 원리를 설명한 주역에 이론의 뿌리를 두고 있으며, 그것은 통계학적 입장과 오랫동안의 경험에서 체계화한 것이다. 성명은 하나의 생명체이며 소우주이기 때문에 성명 속에는 우주의 구성 요소인 음양(陰陽), 오행(五行), 수리(數理), 음령(音靈)과 역상(易象)이 있다.

최면술사가 암시어로 피시술자를 최면에 유도하는 것처럼 성명은 유능한 최면술사의 목소리와 같은 유도력을 갖고 있어서 그의 독자적인 자력을 발산하여 주인공의 이름에 합당한 운명의 지역으로 끌고 가려고 한다. 이를 성명의 유도 암시력이라 한다. 또 이름이 인간생활에서 무형적인 암시를 주기 때문에 남자의 이름은 돈후장중(敦厚莊重)하여야 하며 여자의 이름은 명랑하고 경쾌하여 부드러운 느낌을 주어야 길하다.

좋은 이름을 짓는 것은 성명에 의한 호운과 악운을 미리 알고 그 때 그 사람의 몸가짐에 의해서 악운이 미치는 결과를 최소화하거나 악운을 피해 보자는 데 의도가 있는 것이다. 나쁜 이름을 가지면 액운의 길을 걸어가거나 좋은 기회를 접할 수 있는 기회가 줄어들고, 반대로 좋은 이름을 가지면 길운의 길을 걸어가거나 좋은 기회를 접할 수 있는 기회가 많아질 것이다. 名士와 같은 이름으로 작명을 한다고 해서 그 사람과 같은 지위에 오르게 되는 것이 아니며, 설령 명사와 같은 성격을 나타낸다 해도 개인의 조건과 시대적인 환경이 다르므로 같은 인생 코스를 가지는 않을 것이다.

다른 사람의 이름을 잘 보는 작명가라면 자신의 이름이나 가족과 친척의 이름을 잘 지어서 부귀 공명해야 해야 되지 않겠느냐 반문하는 사람도 많을 것이다. 그렇다면 병을 잘 고친다는 명의나 명의의 가족들은 질병으로 사망하지 않고 모두 장수만 하는가?

과학문명이 낙후되고 의료혜택을 받지 못하던 시절에는 천한 이름을 불러주면 잔병 없이 튼튼하게 오래 산다고 하여 개똥이, 갑돌이, 갑순이, 돌쇠 등의 이름을 지어주는 경우도 많았으나 이런 이름을 가진 사람이 장성해서 사회적으로 부귀와 출세한 예는 드물다. 남이 들어서 천박하거나 웃음을 자아내게 하는 이름은 길보다 흉을 많이 불러들인다.

사람의 이름에 희망, 포부와 미래지향적인 발전의 의지가 담겨져야 인생의 목표를 쉽게 달성하게 된다. 또한 이름은 나를 다른 사람에게 나의 존재를 알리기 위한 표시이므로 다른 사람이 알아보기 힘든 글자나 어려운 문자는 안 쓰는 것이 사회생활에 편리하다.

천지만물의 모든 조화가 음양(陰陽)의 법칙으로 이루어지듯 성명학에서도 음(陰)을 나타내는 글자와 양(陽)을 나타내는 글자가 있다. 한자의 획수로 계산하여 홀수가 되면 양이고 한자의 획수가 짝수이면 음이 된다. 성명이 모두 짝수면 성명이 음으로만 이루어지는 것이요 모두 홀수면 성명이 양으로만 이루어지는 것이다. 성명이 모두 양이면 질병, 실패와 좌절, 이별, 손재와 형벌로 고생하는 경우가 많고, 성명이 모두 음이면 재산이 흩어지고 인덕이 줄어들고, 가족과의 불화와 건강악화 등으로 고독한 생활을 한다는 임시기 있다.

후천 운인 성명은 선천 운인 사주와 조화를 이루도록 이름을 지어서 타고난 재능을 최대한 발휘하게 환경을 형성해 주는 것이 좋다. 그러기 위해서는 주인공의 사주를 풀이하여 사주상의 결함을 이름에서 보완하도록 한다.

예로 태어난 날이 木(木日主)인 경우, 사주전체에 水기운이 많은 사람이 이름자에 물수변(氵)이 들어가는 이름자를 또 사용한다면 원래 타고난 사주에 물이 너무 많아서 나무가 땅에 뿌리를 내리지 못하고 쓰러져 가는 형국이 된다. 물수변(氵)을 사용하여 물을 더 많게 하면 나무는 썩거나 물에 떠내려가는 나무의 형상이 되어, 이런 사람의 생활은 항시 주거가 불안하고 직업이 자주 변동되어서 불안정한 생활을 하게 된다. 사주의 용신과 부합되는 오행을 이름자에 넣는다는 것은 자신에게 어울리는 옷을 찾아주는 것과 같은 원리이다. 즉 작명은 몸과 옷의 관계와 같으므로 신체에 맞는 옷을 입어야 새로운 멋을 창조하는 패션이 되듯이 사주에 따른 작명이 중요하다.

개명의 경우는 주인공의 재능, 소질과 희망에 부합하도록 이름을 짓고, 신생아는 부모의 희망과 주인공의 사주에 과부족을 살펴서 분수에 맞는 이름을 선정하여 작명

한다. 성명은 하나의 생명체로 그 사람의 고유명사이며 영과 육을 대표하는 글자이므로 글자가 지닌 획수나 의미는 상호조화에 따라 길과 흉을 유도하는 특징이 있다. 그러나 일단 한 번 지은 이름은 갈고 닦아서 의미를 부여하여 '이름에 긍정적인 사고를 갖게 하는 것' 이 최고 최선의 방법이다. 사주나 성명학에 앞서서 심리적인 마음의 자세가 일차적인 자신의 운명의 근원지임을 명심하여야 한다.

2. 성명학에서 사용하는 3가지 이론

현재 주로 사용하는 성명학 분야의 이론은 크게 음양론(陰陽論), 오행론(五行論)과 수리론(數理論) 3가지로, 이 이론들을 성명풀이에 적용하여 한 사람의 운명을 예측하거나 성격적 특성을 파악하는데 사용하고 있다. 음양론은 음과 양의 길흉의 배합을 살펴보는 것이고, 오행론은 상생상극의 배합을 살펴보는 것이고, 수리론은 성명획수가 길한 수리로 구성되어 있는지 아니면 흉한 수리인지를 살펴보는 것이다.

1) 음양론(陰陽論)

성명학에서 음양론이란, 한글이든 한자든 글자의 획수에 의해서 음양(陰陽)을 구분하게 된다. 글자의 획수가 10을 넘을 경우에는 10 이하의 수만 취하여 1에서 10까지의 수(數) 가운데서 1, 3, 5, 7, 9는 홀수 즉, 기수(奇數)에 해당하면 양(陽)에 속하고, 숫자가 2, 4, 6, 8, 10으로 짝수이면 우수(偶數)에 해당하여 음(陰)이 된다.

음양론에서는 무엇보다 음과 양의 조화를 이루는 것을 중요시한다. 성명이 모두 음으로 이루어지거나 양으로만 이루어지는 것보다는 음양이 조화를 이루는 것을 길한 배합으로 본다. 성명자가 모두 1, 3, 5, 7, 9획의 양수(陽數)로 된 획으로만 구성되었다면 고양(孤陽)이라 하여 모친, 아내, 딸 등의 여자 가족들과 인연이 좋지 않거나 문제가 생겨서 근심을 하게 된다. 사회적으로는 도와줄 사람이나 협력자가 없어서 고립감을 느끼게 되고 분주하더라도 제대로 이루어지는 일이 적어서 공허한 결과를 얻는 형상이 된다.

반면에 2, 4, 6, 8, 10획의 음수(陰數)의 획으로 만 구성되었다면 고음(孤陰)이라 하여 남자 쪽의 운세가 쇠하고 여운(女運)이 아주 왕해 져서 안팎이 뒤바뀜으로 상서롭지 못한 일이 일어나는 가운데 대외적으로도 여러 가지 진통을 겪는다.

예로 金先于(김선우)는 성명이 金(8획:陰) 先(6획:陰) 于(3획:陽)이라 성명이 陰·陰·陽(음음양)이 되어 陰陽(음양)이 조화된 길한 배합을 가진 이름이 된다.

2) 오행론(五行論)

오행론은 모든 만물은 5가지 기운으로 나눌 수 있다는 이론으로 木, 火, 土, 金, 水를 오행이라 한다. 오행을 숫자로 나타내면 木은 3과 8이며, 火는 2와 7이고, 土는 5와 10이고, 金은 4와 9이고, 水는 1과 6을 의미한다. 그러나 성명학에서 의미하는 오행은 오행조견표 <표1>과 같이 성명학의 수리오행과 같다. 즉 木은 1과 2이며, 火는 3과 4이다. 土는 5와 6이며, 金은 7과 8이고 水는 9와 10을 의미한다.

오행조견표<표1>

오행	성명학의 수리오행	수리오행	음령오행 (훈민정음운해본)	천간오행	지지오행
木	1 ,2	3, 8	ㄱ, ㅋ	甲, 乙	寅, 卯
火	3, 4	2, 7	ㄴ, ㄷ ㄹ, ㅌ	丙, 丁	巳, 午
土	5, 6	5,10	ㅇ, ㅎ	戊, 己	辰, 未 戌, 丑
金	7, 8	4, 9	ㅅ, ㅈ, ㅊ	庚, 辛	申, 酉
水	9,10	1, 6	ㅁ, ㅂ, ㅍ	壬, 癸	亥, 子

3) 수리론(數理論)

인간에게 행복과 불행 중에서 어느 한쪽 길을 걷도록 하는 것은 개인의 노력과 운명의 영향이라 할 수 있다. 갖은 지혜를 짜내고 있는 힘을 다하였지만, 그 결과는 실패로 돌아가는 일이 주위에는 수 없이 많다. 사람의 지혜와 노력을 초월한 어떤 것이 당신을 조종한다면 그것은 운이라고 말할 수밖에 없을 것이다. 조상들은 이 운이라고 하는 괴물의 정체를 파헤쳐서 미래를 예지하려는 노력을 기울여 왔다. 이러한 방법 중에서 숫자를 가지고 성명의 운(運)을 예측하는 기법을 성명 81수리론 이라고 한다. 성명의 획수를 따져서 길흉을 판단하는 방법에 관한 대표적인 고전문헌은 송(宋)나라 때 채구봉(蔡九峰)이 지은 팔십일수원도(八十一數元圖)가 있는데 획수에 근거해서 길흉을 논하게 된 것이 수리론의 출발점으로 보고 있다.

일생 생활에서 숫자와 관계가 없는 것은 없다고 해도 과언이 아니다. 한 권의 책의 무게와 길이는 숫자에 의하여 표현되며, 책의 가치는 몇 천 원이라는 값의 숫자에 의하여 표현된다. 당신 자신에 대해서도 그렇다. 당신이 언제 태어났으며, 신장과 체중

은 얼마이고, 갖고 있는 돈은 얼마이며, 몇 시에 어디로 갈 것인가 등을 모두 숫자로 나타내고 있다. 이런 의미에서 우리는 숫자 속에서 살고 있다.

숫자가 생활이나 생각과 떨어질 수 없는 긴 역사를 가지고 있으며, 민족이나 문화에 따라 숫자에 대한 사고방식도 제각기 다르다. 이러한 배경으로 미루어 보아 숫자는 단순히 수량을 나타내는 이외에도 여러 가지 뜻을 가지고 쓰이어져 왔다고 할 수 있다. 예로 1을 살펴보면, 1은 하나라고 하는 수량을 나타낼 뿐만 아니라 사물의 시작이라는 뜻을 가진 동시에 사물의 끝과 전체라는 의미도 가지고 있다. 또한 1은 많은 것 중에서 1등을 가리키기도 하고, 남보다 뛰어나다는 것을 의미하기도 한다.

숫자는 이와 같이 복잡하고도 오묘한 뜻을 가지고 있음과 동시에 영(靈)을 지니고 있다. 숫자가 지닌 수령(數靈)은 인간의 성격이나 감정에 어떤 식으로든 영향을 미치게 되어 운명을 지배한다고 볼 수 있다.

성명학에서도 이와 같이 성명의 숫자가 운명에 영향력을 미친다고 보고, 그 작용력을 파악하고 해석하려는 기법들이 발달하였는데 이를 성명학의 수리론이라 한다.

성명학의 수리는 81가지의 수리가 있는데, 이는 주역의 근본인 하도와 낙서에서 파생된 것으로 기본수인 9를 자승해서 9× 9 = 81까지의 수리가 있게 된 것이다.

3. 성명학에서 한자의 획수를 계산하는 방법

성명학에서는 한자의 획수를 계산하는 방법은 강희자전(康熙字典)의 원칙에 의해 획수를 산출하는 원획법(原劃法)과 실제로 글을 쓸 때 연필로 쓰는 서획으로 계산하는 필회법(筆劃法), 그리고 글자가 구부러지는 횟수에 따라 획수를 계산하는 곡획법(曲劃法) 등으로 3가지로 나누어진다. 이 책에서는 현재 성명학의 주류를 이루고 있는 부수 본래의 획수에 의한 원획법을 사용한다.

원획법은 한자 자체의 근본 획수에 충실하고, <강희자전>의 원칙을 준수하여 우리가 사용하는 옥편(玉篇)에 적힌 원래의 획수를 계산하는 방법이다. 근본 획수법, 바른 획수법, 역리자획법(易理字劃法) 등의 이름으로 불리기도 한다.

1) 원획법

예로 들면, 池(지)는 부수가 氵(삼수변)으로 3획이지만, 水(물수)이므로 4획인지라 원획법에 따라 4획으로 계산한다. 郡(군)은 부수가 阝(우부방)으로 3획이지만, 邑(고을읍)을 의미하므로 7획으로 계산한다. 또 附(부)는 부수가 阝(좌부방)으로 3획이지만, 阜(언덕부)이므로 8획으로 계산한다. 이 책에서는 현재 성명학의 주류를 이루고 있는 부수 본래의 획수에 의한 원획법을 사용하며, 인명용한자(人名用漢字) 4,953字 모두를 각 한 자마다 원획법 원칙에 따라 획수를 산출하여 놓았다.

2) 필획법

옥편(玉篇)에 적힌 원래의 근본 부수와 우리가 일반적으로 쓰는 부수가 다른 한자의 경우에 서획(書劃)으로 그 획수를 산출하는 방법으로 서획법, 역상법이라고도 부른다. 池(지)는 원획법으로는 氵(삼수변)이 水를 의미하므로 4획이지만, 필획법으로는 氵(삼수변)이 3획이므로 3획으로 계산한다.

3) 곡획법

한자를 쓸 때 구부러지는 횟수에 따라 획수를 산출하는 방법이다. 乙(을)의 경우에 원획법이나 서획법에서는 1획으로 계산하지만 곡획법으로는 4획으로 계산한다. 口(구)는 원획이나 필획에서는 3획이지만 곡획법으로는 4획이다. 永(영)은 곡획법에서는 8획으로 본다. 1부터 10까지의 숫자는 한자의 획수에 관계없이 그 숫자 자체가 뜻하는 수를 획수로 본다. 따라서 一은 1획, 二는 2획, 三은 3획, 四는 4획, 五는 5획, 六은 6획, 七은 7획, 八은 8획, 九는 9획, 十은 10획으로 본다. 십이 넘는 百, 千, 萬 등의 숫자는 그 한자의 본래 획수에 따른다.

2. 이름과 음양오행

1. 음양오행

1) 음양(陰陽)

천지만물은 모두 음양의 조화로 인하여 이루어진다. 음양은 천지만물을 창조한 부모요 조물주이다. 사물이 양성(陽性) 하나만으로 존재할 수 없으며, 또 음성(陰性) 하나만으로도 존재할 수 없는 것이다. 음양은 우주가 존재하는 한 절대적인 요소로써 음양의 조화는 비단 만물의 생성에만 그 조화력이 미치는 것이 아니라 세상만사(世上

萬事)에 있어서도 절대적인 영향력을 지닌 까닭에 음양은 어떤 물체나 형태를 막론하고 음양으로 구분되어 있지 않은 것이 없다.

음양이란 상대성원리와 부합되어 가벼운 것은 하늘로 치솟고 무거운 것은 땅에 가라앉게 되니 양(陽)은 기(氣)로서 火요, 음(陰)은 질(質)로 水를 말한다. 기를 대표하는 것은 火요, 질을 대표하는 것은 水이다. 火는 빛은 있어도 형체는 없고 水는 형체는 있어도 빛이 없으므로 불은 밝고 물은 어둡다. 즉, 불은 뜨겁고 위로 치솟으며 밝아서 양이며, 물은 차고 아래로 흐르며 어두워서 음이라 한다.

기(氣)는 상공에 차있고 질은 땅에 차있으므로 하늘(天)은 양이요 땅(地)은 음이다. 기는 질을 만남으로써 생명으로 변하고, 질은 기를 얻음으로써 호흡을 할 수 있으니 기와 질은 하나가 되는 것이다. 이것이 음양의 원리요 이치인 것이다. 즉, 천지(天地)는 기와 질이니 서로 떨어져 있는 두 개가 아니고 서로 떨어질 수 없는 하나의 결합체인 것이다. 천지 사이에 있는 만물 또한 음양으로 형성된 기와 질의 결합체일 뿐만 아니라 인간의 정신과 물질도 기와 질에 의해서 이루어진다.

인체는 혈이 음이요 기가 양이며, 오장이 음이요 육부가 양이다. 또 흰 것을 양, 검은 것을 음이라 하며 남자는 양이고 여자는 음이다. 더운 것을 양이라 하고 추운 것을 음이라 하니 여름을 양, 겨울을 음이라 한다. 긴 것을 양이라 하고 짧은 것을 음이라 하며, 심지어는 부귀빈천, 춘하추동과 길흉화복에 이르기까지 음양으로 구분하는 것이다. 그런데 주의할 것은 양(陽)의 속에도 음성(陰性)이 섞여 있고 음(陰)의 속에도 양성(陽性)이 섞여 있으며, 반음반양(半陰半陽)의 성질을 띠는 것도 있다는 것이다.

2) 오행(五行)

음(陰)과 양(陽)의 화합에 의해서 인간을 비롯한 우주만물과 만상이 발생하고 성장하며 성숙하고 거두며 갈무리하고 다시 발생하는 운동과 변천과정 그리고 형상을 이루는 5가지 요소, 즉 木 火 土 金 水를 오행이라 한다. 천지만물은 이 오행의 성분으로 이루어진 것이니 음양과 오행은 만물의 생성사멸(生成死滅)하는 근본인 것이다. 이는 음양오행의 작용과 운동과 변화에서 발생하는 우주일체를 분석하고 판단하는 기본이요 진리라고 말할 수 있다.

서양인들은 만물을 음(陰)과 양(陽), 그리고 중성(中性)의 3가지로 나누었다. 음은 전자(電子)라 하고 양은 양자(陽子)라 하며, 중성은 중성자(中性子)라고 하였다. 원자탄의 핵은 이 3가지로 구성된 결합체이다.

전기는 +와 -의 부딪침에서 발생하는 음양의 결합적 현상이다. 동양에서는 음양과 중성 외에 음을 나타내는 음모와 양을 발생시키는 양모를 발견하여 사상을 형설하고 오행을 갖추었다. 양의 대표인 火(木生火)를 발생하는 양의 모체는 木이며, 음을 대표하는 水(金生水)를 발생하는 음의 모체는 金이다. 양의 木火와 음의 金水, 중성자인 土를 포함하여 이 다섯 가지 요소를 오행(五行)이라 한다.

따라서 만물이 왜 봄에 발생하고 여름에 성장하며 가을에 성숙하여 거두어 들이고 겨울에 갈무리하는지의 이치를 분명히 알 수 있다. 인간은 아동에서 청년으로 청년에서 장년으로 장년에서 노년으로 변하고 마침내 땅속으로 갈무리되는가의 이치도 깨달을 수 있다. 인간의 부귀빈천과 수요장단(壽夭長短)도 이 음양오행의 원리에서 기인하는 것이다.

3) 상생과 상극, 비화

(1) 상생(相生)

* 목생화(木生火): 나무는 자신을 태워 불을 낳는다.
  즉, 木은 火를 生한다.
* 화생토(火生土): 불은 타서 흙(재)을 낳는다.
  즉, 火는 土를 生한다.
* 토생금(土生金): 흙이 바위가 되어 쇠(광석)가 나온다.
  즉, 土는 金을 生한다.
* 금생수(金生水): 바위(광석) 틈에서 물이 흘러나온다.
  즉, 金이 水를 生한다.
* 수생목(水生木): 물은 나무를 성장케 하는 근본이 된다.
  즉, 水는 木을 生한다.

(2)상극(相剋)

* 목극토(木剋土): 나무뿌리는 흙을 파헤치며 깊게 침입한다
  즉, 木은 土를 극한다.
* 토극수(土剋水): 흙은 물의 흐름은 막고 가둔다.
  즉, 土는 水를 극한다.
* 수극화(水剋火): 물은 불을 끈다
  즉, 水는 火를 극한다.

* 화극금(火剋金): 불은 쇠를 녹인다.
즉, 火는 金을 극한다.
* 금극목(金剋木): 쇠는 나무를 자른다.
즉, 金은 木을 극한다.

(3) 비화(比和)

* 木木: 木과 木은 비화이면서 반합(反合)되어 흉하다.
* 火火: 火와 火는 비화이면서 반합(反合)되어 흉하다.
* 土土: 土와 土는 비화이면서 상합(相合)되어 길하다.
* 金金: 金과 金은 비화이면서 반합(反合)되어 흉하다.
* 水水: 水와 水는 비화이면서 상합(相合)되어 길하다.

2. 원형이정(元亨利貞)과 사격(四格)

1) 원형이정(元亨利貞)

세계적인 역사학자 토인비 교수가 원형이정(元亨利貞)을 문화의 발생과정에 비유하여 말한 바와 같이 元은 역사의 발생을 말하고, 亨은 문화의 성장을 의미하고, 利는 문화의 쇠퇴과정을 가리키며, 貞은 문화의 해체과정을 상징한다. 원형이정을 일년 사계절에 비유하면 元은 만물이 소생하는 봄이요, 亨은 초목이 무성하게 자라는 여름이요, 利는 만물이 성장을 멈추고 결실을 맞이하는 가을이요, 貞은 만물이 다음 세대를 잉태하기 위하여 휴식을 취하는 겨울에 해당한다. 또한 조석주야를 원형이정으로 바꿔 불러도 의미는 마찬가지이다.

원형이정(元亨利貞)을 인생에 비유하면, 元은 인생의 싹이 피어나는 소년기에 해당되며, 亨은 힘을 한창 쓸 수 있는 청년기를 상징한다. 利는 인생의 황금기인 중년을 의미하며, 貞은 인생의 말기에 해당하는 노년기를 나타낸다. 원형이정을 작명 상 성명과 관련지어 설명하면, 성명에는 다음과 같은 4가지의 격(格)이 있다. 이를 사격(四格)이라 한다.

2) 사격(四格)

(1) 원격(元格)

이름자 위아래 字의 획수를 합한 수로 인간의 기초 운에 영향력을 행사한다. 출생에서 20세 전후의 운을 강하게 지배하며, 초년기의 가정환경이나 신상, 운세에 영향을 미친다. 형격을 주운(主運)이라고 하는데 반해서, 이 원격은 주운보다는 다소 작용력이 미약하고 주운을 보조하는 역할을 한다고 하여 부운(副運)이라고도 한다.

(2) 형격(亨格)

성(姓)과 이름의 첫 字를 합한 수로 성명의 중심 운이 된다. 연령상 청장년기인 20에서 40세 이전의 황금기를 지배하며 원·형·이·정격 중에서 영향력이 가장 강하므로 주운(主運)이라고도 한다. 성명상의 형격은 일생의 중심 운으로 시기를 막론하고 개인의 지능이나 성격에 영향을 크게 미치고 재물운이나 관운, 성공운 등에 주도적 작용을 하므로 인생의 구심점으로써 중추적 기능을 한다고 본다.

(3) 이격(利格)

성(姓)과 이름 끝 字의 획수를 합한 수로 결혼과 환경 운을 강하게 지배한다. 연령상 40에서 55세 사이로 중년에서 말년의 초반까지에 해당한다. 이격은 중년과 말년운을 지배할 뿐만 아니라 대인관계나 사회적인 운, 부부관계의 운을 주관한다고 하여 외운(外運)이라고도 한다. 인덕의 유무라든가 사회활동에서의 득과 실은 이격의 영향력이라고 본다.

(4)정격(貞格)

성(姓)과 이름 상하의 획수를 모두 합한 수로 일생을 종합한 총체적인 운을 지배한다. 연령상 55세 이후부터 말년 운을 지배한다. 정격은 일생동안의 운세와 성격, 재물운과 관직운 등 모든 길흉화복에 관여한다.

예) 원형이정격의 예문

이격(11획:新成格, 삼원오행:木)

金(8획) 先(6획) 于(3획) = 정격(17획:勇進格)

형격(14획:離散格, 삼원오행:火) 원격(9획:窮迫格, 삼원오행:水)

3. 음오행(音五行)과 자변오행(字邊五行)

1) 음오행(音五行)

한글이나 한자를 막론하고 발음되는 글자의 자음을 기준으로 하여 오행으로 나누고, 이를 음오행(音五行) 또는 音響五行(음령오행) 이라고도 하는데 글자의 發音源(발음원)에 의하여 정하는 오행법칙이다.

소리에는 宮商角徵羽(궁상각치우)의 오음이 있다. 宮音은 오행 상 土요, 商音은 오행 상 金이요, 角音은 오행 상 木이요, 徵音은 오행 상 火요, 羽音은 오행 상 水이다. 사람이 소리를 발하는 기관은 이(齒)와 혀(舌)와 입술(脣)과 어금니(牙)와 목구멍(喉)으로써, 이 다섯 군데 기관에서 각각 궁상각치우의 오음이 발하므로 이를 오행으로 분류한 것이 音五行이다.

즉, 다음과 같이

宮音(喉)은 오행상 土로, 자음의 글자가 ㅇ·ㅎ으로 발음되고,

商音(齒)은 오행상 金로, 자음의 글자가 ㅅ·ㅈ·ㅊ으로 발음되고,

角音(牙)은 오행상 木로, 자음의 글자가 ㄱ·ㅋ으로 발음되고,

徵音(舌)은 오행상 火로, 자음의 글자가 ㄴ·ㄷ·ㄹ·ㅌ으로 발음되고,

羽音(脣)은 오행상 水로, 자음의 글자가 ㅁ·ㅂ·ㅍ으로 발음한다.

2) 자변오행(字邊五行)

字邊五行이란 한자의 변으로 오행을 정하는 것을 말한다. 예를 들면 林·朴·東 등의 글자는 오행 상 木이고, 炯·炳·烈 등의 글자는 오행 상 火이고, 地·基·培 등의 글자는 오행 상 土이고, 錫·鎬·錢 등의 글자는 오행 상 金이고, 池·泳·江 등의 글자는 오행 상 水이다. 자변(字邊)에 따른 오행 소속 글자를 더 살펴보면, 다음과 같다.

木 五行

木(字源): 木, 一, 二, 乙, 士, 戶, 艹, 禾, 衣, 衤, 竹, 米, 糸, 角, 豆, 靑, 風, 香, 麻, 麥, 生, 食, 大, 門, 耒, 宀 등

木(훈): 東, 甲, 乙, 寅, 卯, 靑, 綠, 藍, 仁, 一, 二 등

火 五行

火(字源): 火, 忄, 心, 灬, 人, 毛, 氏, 日, 目, 曰, 示, 馬, 鳥, 見, 赤, 飛, 高, 爻, 臣, 舌, 頁, 亠, 斗, 欠, 弓, 卩 등

火(훈) : 南 , 赤, 三, 四, 朱, 紫, 紅, 禮, 日, 丙, 丁, 巳, 午 등

土 五行

土(字源): 土, 山, 己, 田, 支, 止, 瓦 甘, 至, 色, 足, 邑, 阜, 羊, 辰, 里, 阝(左), 阝(右), 女, 黃, 牛, 艮, 犬, 力, 寸, 龍, 方 등

土(훈): 中, 黃, 五, 六, 田, 地, 信, 戊, 己, 辰, 戌, 丑, 未 등

金 五行

金(字源): 金, 刀, 刂, 匕, 斤, 牙, 皮, 立, 谷, 戈, 玉, 白, 貝, 辛, 酉, 攴, 言, 皿, 骨, 鬥, 革, 音, 韋, 矢, 石, 矛, 齒, 八 등

金(훈): 西, 白, 七, 八, 義, 庚, 辛, 申, 酉 등

水 五行

水(字源): 水, 氵, 冫, 子, 又, 夕, 肉, 食, 雨, 非, 氣, 口, 血, 井, 月, 冃, 玄, 豕, 魚, 黑, 尸, 鼠, 穴, 谷, 豕, 十 등

水(훈): 北, 黑, 智, 九, 十, 壬, 癸, 亥, 子 등으로 나눌 수 있다.

4. 음령오행(音靈五行)과 삼원오행(三元五行)

1) 음령오행(音靈五行)

글자를 발음할 때 초성이나 종성의 소리가 ㄱ. ㅋ으로 발음되면 오행 상 木으로 보며, 발음이 ㄴ. ㄷ. ㄹ. ㅌ으로 발음되면 오행 상 火로 본다. 초성이나 종성의 발음이 ㅇ. ㅎ으로 발음되면 오행 상 土로 보며, 발음이 ㅅ. ㅈ. ㅊ으로 발음되면 오행으로는 金으로 보고, 초성이나 종성의 발음이 ㅁ. ㅂ. ㅍ으로 발음되면 음령오행 상 水로 본다.

성명에서 음령오행을 알아내는 방법은 간단하다. 예를 들어 '김선우' 하면 ㄱ, ㅅ, ㅇ이 각 이름자의 초성자음이 된다. 이를 <표2>를 기준으로 음령오행화(音靈五行化) 하면 김의 ㄱ은 木이고, 선의 ㅅ은 金이 되고, 우의 ㅇ은 음령오행 상 土가 되므로 '김선우'의 음령오행은 <木金土>로 이루어진 음령오행의 성명구조가 된다. 그런 다음 '음령오행과 삼원오행의 길흉' 편에서 <木金土>를 찾아보면, <木金土>는 초실후득운(初失後得運)이 되어 중간 정도의 운세적 특징을 갖고 있다는 것을 알 수 있다.

참고로 음령오행과 천간지지 오행조견표를 살펴보면 <표2>와 같다.

오행조견표<표2>

오행	음령오행 (훈민정음운해본)	천간오행	지지오행	오음	오음계
木	ㄱ, ㅋ	甲, 乙	寅, 卯	아음(牙音:어금니소리)	각(角)
火	ㄴ, ㄷ ㄹ, ㅌ	丙, 丁	巳, 午	설음(舌音:혓소리)	치(徵)
土	ㅇ, ㅎ	戊, 己	辰, 未 戌, 丑	후음(喉音:목구멍소리)	궁(宮)
金	ㅅ, ㅈ, ㅊ	庚, 辛	申, 酉	치음(齒音:잇소리)	상(商)
水	ㅁ, ㅂ, ㅍ	壬, 癸	亥, 子	순음(脣音:입술소리)	우(羽)

2) 삼원오행(三元五行)

삼원오행(三元五行)이라 함은 천지인(天地人) 三才를 중심으로 天은 원·형·이·정 사격 중에서 이격(天)으로 하늘이 준 선천적 환경과 부귀빈천 할 기회를 살펴보는 곳이며, 地는 원·형·이·정 중에서 원격(地)으로 땅에 콩 심으면 콩 나고 팥 심으면 팥 나듯이 시간과 노력을 투자하여 얻게 되는 수확의 정도와 기회를 살펴보는 것이고, 人은 원·형·이·정 중에서 형격(人)을 중심으로 자신의 능력을 발휘하여 다가오는 부귀빈천의 기회를 어느 정도 차지할 것인가를 살피는 것이 삼원오행(三元五行)이다. 三才란 인생에 있어서 세 번 찾아오는 기회를 의미하기 때문에 천지인 중에서 어느 운을 가장 강하게 영향 받을지 살피는 곳이기도 하다. 인생에 딱 세 번 찾아온다는 기회는 각각 하늘이 주는 기회와 땅이 주는 기회와 자신이 만드는 기회를 의미하기도 한다.

삼원오행의 구성 원리는 예와 같이 원·형·이·정격을 뽑은 후에 이를 다시 이격, 형격, 원격 순으로 오행을 차례대로 나열하면 상생 상극의 관계가 성립된다. 이 상생상극의 원리로 운세를 판단하는 것이 바로 삼원오행이다.

예) 원형이정과 삼원오행

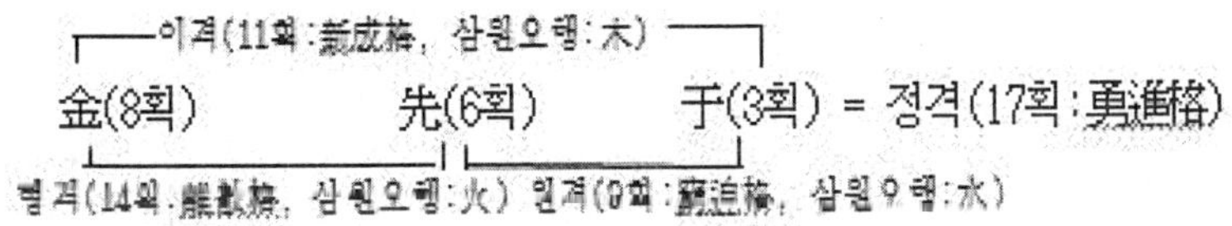

삼원오행은 이격(木)+ 형격(火)+ 원격(水)이므로, 金先于의 삼원오행은 木火水로 질병재액운(疾病災厄運)에 해당된다. 삼원오행 운세는 木火水(질병재액운)가 되어 흉하다고 판단한다. 삼원오행과 음령오행의 길흉과 운세를 살펴보면 다음과 같다.

3) 삼원오행과 음령오행의 길흉

木木木 (吉): 입신출세운(立身出世運)

인격이 곧고 인내력이 강하여 의지력과 끈기로 성공을 쟁취하고 사업을 부흥시키는 입신출세 운이다. 가정 운과 자녀 복이 있어서 가정이 편안하다. 심신이 건강하고 장수한다.

木木火 (吉): 발전상승운(發展尙昇運)

하는 일마다 순조롭게 발전하여 목적을 달성하고 마침내는 부귀공명 하게 되는 발전상승운이다. 부부관계나 자녀교육에 적극적인 관심과 노력을 요한다. 총명하지만 지나치게 예민한 경향이 있다.

木木土 (中): 고난평길운(苦難平吉運)

일이 순조롭지 못하여 도모하는 일마다 힘겹게 이루어지는 고난평길 운이다. 친절하고 사교술이 뛰어나서 사람들의 호감을 받는다. 기초가 튼튼하여 아래 사람과 자녀에게 베푸는 것이 많은 편이다.

木木金 (凶): 성쇠부침운(成衰浮沈運)

성공이 있으나 장애와 모략으로 운세가 불안하며 성패의 굴곡이 많다는 성쇠부침운이다. 의리가 있으나 완고하고 오만하여 남과 어울리지 못하는 경향이 있다. 교통사고와 호흡기질환에 주의해야 한다.

木木水 (吉): 타관열정운(他關熱情運)

기반이 충실하지만 타지로 떠났을 때에 비로소 열정적으로 노력한다는 타관열정 운이다. 재와 명예 운은 좋으나 외부내빈형이 많은 것이 특징이다. 병약하므로 건강증진에 노력을 기울여야 한다.

木火木 (大吉): 봉비만리운(鳳飛萬理運)

맨손으로 출발하여 큰 부를 이루거나 선망 받는 공명이 사해에까지 떨치게 된다는 봉비만리 운이다. 이배치와 같은 오행 조직은 쉽게 성내고 쉽게 풀어지기 때문에 여자에게는 매력적인 결합이다. 인덕으로 지위와 재산이 안정되며 부모와 자녀의 덕을 보지만 색을 조심해야 한다.

木火火 (吉): 조급열정운(躁急熱情運)

용감하고 과단성은 있으나 성질이 매우 급하고 감정이 예민하여 희로애락을 쉽게 표현하는 조급열정 운이다. 허영과 사치를 즐기며 비현실적인 일을 벌이는 경우가 있다. 심장질환과 고혈압 등의 우려가 있으며 이성을 주의해야 한다.

木火土 (大吉): 점진공명운(漸進功名運)

중후한 인품을 지닌 당신은 부모나 위아래 사람들의 도움으로 순조롭게 발전하여 점차로 부귀를 얻는 점진공명 운이다. 기초가 튼튼하고 좋은 가정환경 덕택에 건강장수를 누린다. 감수성이 강하고 친절한 편이다.

木火金 (凶): 풍파공허운(風波空虛運)

일시적인 성공은 있으나 풍파로 인하여 실속과 노력한 보람이 도로 귀공하는 풍파공허 운이다. 혈육의 덕이 적으며 우수한 지혜를 발휘할 기회가 주어지지 않는다. 불화로 심신이 피로해지며 장과 신경질환을 주의해야 한다.

木火水 (凶): 질병재액운(疾病災厄運)

처음에는 부모와 윗사람의 혜택으로 편안함을 누리지만 끝이 좋지 않아서 중년부터 쇠퇴운에 접어들어 재난이 따르고 질병으로 고생하게 된다는 질병재난 운이다. 성질이 강렬하여 남에게 지기 싫어하므로 잘 다투는 편이다.

木土木 (中): 무친자성운(無親自成運)

부모와 연이 박하고 자녀 덕도 적어서 고독한 상이지만 음양이 회합하여 가도창달(家道暢達)하고 필히 자수성가한다는 무친자성 운이다. 가정불화로 위장병과 신경쇠약의 우려가 있다. 마음이 유약한데 호기심이 많아 쓸데없는 짓을 가끔 한다.

木土火 (吉): 평길발전운(平吉發展運)

인내력이 있어 상하의 도움으로 어느 정도의 사회적 성공이 가능하다는 평길발전운이다. 부모의 유산이 적더라도 자수성가하여 가정을 원만히 이끌어 간다. 불평이 많아서 재액을 스스로 불러들이는 경우가 종종 있다.

木土土 (中): 인내성공운(忍耐成功運)

성공 운이 억압되어 발전하지 못하기 때문에 칠전팔기하는 인내와 노력이 있어야만 소기의 목적을 달성하는 인내성공 운이다. 내향적이면서 신중하게 처신하므로 전문직을 갖는 것이 좋다. 가정불화가 따르며 눈과 호흡기계통을 주의해야 한다.

木土金 (中): 희득비실운(喜得悲失運)

소극적이고 조심성이 많아서 활발하지 못하기 때문에 좋을 때는 득이 따르고 비관적일 때는 실이 따르는 희득비실 운이다. 환경이 나쁘더라도 적극적으로 방향전환을 꾀하면 발전하게 되는 길한 오행배치이다. 자손 운은 좋으나 속병알이를 조심해야 한다.

木土水 (凶): 조업파란운(祖業破亂運)

성질이 꽁하고 융통성이 부족하여 부모가 물려 준 조업을 오래 지키기 힘들다는 조업판란 운이다. 파란과 가변성이 많아서 성공을 기대하기 어렵다. 운명이 기구하여 큰 화는 면해도 작은 화는 면하기 어렵다.

木金木 (凶): 암야행인운(暗夜行人運)

여러 액난이 많고 가정 운도 불행하여 근심과 고통으로 어두운 밤길을 걷는 격인 암야행인 운이다. 고집이 세고 의심이 많아 사교 관계가 원만하지 못한 편이다. 뇌질환과 부상으로 인한 불구가 되는 수가 많으므로 특히 교통사고를 조심해야 한다.

木金火 (大凶): 병액신고운(病厄辛苦運)

분수를 모르고 언행을 경솔히 하는 경향이 있으며 각종재난이 연속적으로 발생하여 고통의 병액이 따른다는 병액신고 운이다. 육친의 덕이 없을 뿐만 아니라 가정불화까지 겹쳐서 부상으로 인한 질병과 자해에 의한 신체손상으로 고생하는 경우가 많다. 신경질적이지만 두뇌는 우수하므로 좋은 여건을 만들어 주면 공명을 얻기도 한다.

木金土 (中): 초실후득운(初失後得運)

말이 적고 불평불만이 많아서 초기에는 어려움을 겪지만 극진한 노력 덕택으로 중년 이후에는 소기의 목적을 달성한다는 초실후득 운이다. 일상생활에서 심신이 과로하게 되어 불평과 병액을 초래할 수 있다. 점차로 가정이 화목해지고 자녀의 효성이 늘어난다.

木金金 (凶): 언행난쟁운(言行難爭運)

재주가 뛰어나지만 천성이 완강하고 시비를 잘하여 인화를 하지 못하므로 언행에 자주 트러블이 발생하는 언행 난쟁 운이다. 부모와 주위 사람들에게 거만하고 무례한 인상을 주지 않으려는 수신이 필요하며 가정적인 자세를 가져야 한다. 뇌와 골절상을 주의해야 한다.

木金水 (凶): 만사좌절운(萬事挫折運)

불안과 번민이 잦고 질투심과 반발심이 강하여 노력한 보람도 중도에 수포로 돌아간다는 만사좌절 운이다. 초년은 편안하게 지내나 중년 이후에 재난과 비운 때문에 발전하는가 싶으면 곧 몰락하는 경우가 많다.

木水木 (吉): 발전성공운(發展成功運)

온후한 성품으로 윗사람을 잘 공경하고 아랫사람을 사랑하기 때문에 뜻하는 일마다 순조롭게 발전하여 성공한다는 발전성공 운이다. 부모와 자녀 덕은 약하지만 비교적 순탄한 운이며 성명수리마저 길한 격을 이루면 크게 성공한다.

木水火 (凶): 속성속패운(速成速敗運)

일시적 성공발전을 거두게 되면 기초가 불안정하여 급변이나 급화로 인하여 속패하게 되는 속성속패 운이다. 가정불화가 있는 배치이므로 처자를 극하는 비운이 있다. 감정이 예민하고 신경질적인 면이 있으므로 심장병과 변사를 조심해야 한다.

木水土 (凶): 외화내빈운(外華內貧運)

일시적인 성공으로 뽐내기를 좋아하지만 내면이 불안정하여 기반이 점점 허물어져간다는 외화내빈 운이다. 부모의 덕으로 안락함을 일시적으로 누리지만 중년 이후는 사업 실패와 질병으로 어려움을 겪게 된다.

木水金 (中): 재명성취운(財名成就運)

성공이 순조롭고 기초가 안정되어 재물과 명예를 함께 얻을 수 있는 재명성취 운이다. 그러나 수리가 길하면 성공하지만 수리가 나쁘면 분수에 넘치는 일을 하다가 실패한다. 육친의 덕과 상하의 조력은 좋은 편이다.

木水水 (中): 이기부침운(利己浮沈運)

일시적 성공은 순조로우나 이기적이고 인색하여 욕심이 많기 때문에 얻은 재물과 명예마저도 이기심에 좌우된다는 이기부침 운이다. 부호장수자(富豪長壽者)가 이 오행 배치에서 종종 나오기도 한다. 독신 생활을 주장하는 사람에게 좋은 편이다.

火木木 (吉): 순탄대로운(順坦大路運)

기초가 튼튼하고 귀인의 도움이 많아서 순조롭게 발전하며 쉽게 성공한다는 순탄대로 운이다. 재능이 탁월하여 순운을 타고 큰 발전을 한다. 외유내강의 노력가이지만 남과 다투기를 좋아하는 편이다. 가정이 화목하며 부귀장수를 누린다.

火木火 (吉): 부귀장수운(富貴長壽運)

끈임 없이 부지런히 노력하기 때문에 발전이 현저하고 목적을 쉽게 달성하여 부와 명예를 얻어서 장수하는 부귀장수 운이다. 근면 성실하여 별다른 재난 없이 화평하다. 이해력이 부족하여 다른 사람과 다투는 경우가 가끔 있다.

火木土 (中): 선길후흉운(先吉後凶運)

순조로운 발전을 하다가도 의외의 장애에 부딪쳐 급변하여 몰락하는 비운이 따른다는 선길후흉 운이다. 윗사람은 존경하고 아랫사람에게는 엄숙하게 대하는 편이다. 호색가로 색난을 당할 수 있으므로 이성에 주의해야 한다.

火木金 (凶): 시종병액운(始終病厄運)

신경과민하고 박력이 부족하여 끝까지 밀고 나가는 힘이 부족하며 질병과 액이 따른다는 시종병액 운이다. 기초 운의 동요가 심하여 유랑하거나 사람들의 배신을 조심해야 한다. 가정 운이 약하므로 가정화목에 힘을 기울이고 뇌와 흉부질환 등에 주의해야 한다.

火木水 (大吉): 천지인화운(天地人和運)

다소의 풍파는 있으나 젊어서는 부모의 덕을 입고, 결혼해서는 부부 화락하고 늙어서는 자손의 효성을 받는 천지인 삼재를 겸비한 천지인화 운이다. 빈손으로도 큰 뜻을 이루며 특히 학술이나 기능 방면은 매우 길하다. 자선사업을 하는 사람에게는 명예가 따른다.

火火木 (吉): 왕성융창운(旺盛隆昌運)

명석한 두뇌와 열화 같은 추진력으로 매사를 속결하여 큰 업적을 왕성하게 이룬다는 왕성융창 운이다. 대인관계가 성실하여 사람들에게 호감을 사며 여자는 명랑하고 애교가 만점이다. 상하관계가 원만하며 심신이 건전하여 장수한다. 매사에 운이 융창하여 순조롭게 발전한다.

火火火 (凶): 급진불안운(急進不安運)

급진적인 발전이 있으나 기초가 박약하고 내구력이 부족하므로 방심하여 실패할 우려가 있다는 급진불안 운이다. 성질이 불같이 급하여 참을성이 적으나 매사에 열정적이고 용감하다. 경솔하게 행동하다 각종 재난을 만나 실패하는 경우가 있다. 가정불화로 심장병과 혈압이 염려된다.

火火土 (吉): 수양화합운(修養和合運)

성격이 급하면 만사에 어려움이 많으므로 침착한 태도를 갖으려고 심신을 수신해야 대길해진다는 수양화합 운이다. 가정이 화목하고 사회적인 사업으로 후세에 이름을 남기는 사람이 많다. 단 색난과 단명을 주의해야 한다.

火火金 (凶): 유시무종운(有始無終運)

운세가 불안정하여 난관에 빠지기 쉽고 출발은 호랑이를 삽을 듯하나 끝에는 토끼도 잡지 못한다는 유시무종 운이다. 허영심이 많고 실속이 없어서 겉치례에 치중한다. 내면이 불안하고 심신이 과로하여 처자를 극하는 경향이 있다. 건강은 뇌와 호흡기를 특히 조심해야 한다.

火火水 (大凶): 재명풍파운(財命風波運)

대단히 불안정한 운명으로서 의외의 변란이 생겨서 재명(財命)을 상실하거나 인생살이에 풍파가 많다는 재명풍파 운이다. 일을 성급하고 소심하게 처리하여 좋은 기회를 자주 잃는다. 건강은 뇌출혈과 심장마비를 조심하고 가정적인 생활태도를 가져야 한다.

火土木 (中): 선길후쇠운(先吉後衰運)

부모와 주위의 덕으로 별탈 없이 지내다가 중년 이후부터 운기가 쇠퇴하여 곤고를 겪는다는 선길후쇠운이다. 가정운이 약하고 자녀가 귀한 편이다. 건강은 위장병과 속병을 조심해야 한다. 아량이 넓으며 대인관계가 원만하다.

火土火 (吉): 상하조력운(上下助力運)

이해심이 많고 기초가 튼튼하여 위아래로부터 도움을 받아 성공발전 한다는 상하조력 운이다. 특히 심덕이 후하여 선조와 윗사람의 후광효과가 크게 작용한다. 가정이 화목하고 심신이 건강하여 장수를 누린다.

火土土 (吉): 온후음덕운(溫厚陰德運)

인품이 후덕하고 심신이 건실하여 조상의 음덕과 항상 화기애한 기운이 감돈다는 온후음덕 운이다. 노력형에 속하므로 주위로부터 신망을 얻어 평탄하게 발전한다. 가정생활이 행복하며 건강한 생활을 영위한다.

火土金 (大吉): 부귀평범운(富貴平凡運)

부모형제와 양가의 도움으로 빠른 기간 내에 성공하여 순탄하면서도 평범한 길을 걸어간다는 부귀평범 운이다. 이배치는 최길운의 하나로 재관운과 가정 운이 양호하다. 신체가 허약하여 가끔 가정 운에 영향을 미치기도 한다.

火土水 (凶): 망망대해운(茫茫大海運)

윗사람의 지원으로 일시적으로 성공과 안정을 얻지만 불의의 재난으로 큰 바다에 떠 있는 배와 같다는 망망대해 운이다. 급변몰락 하는 바람에 흉운이 건강에 미쳐 위장병과 심장병으로 고생하는 경우가 많다.

火金木 (大凶): 개화풍란운(開花風亂運)

운명이 억압되어 꽃이 피자마자 뜻밖에 돌풍이 불어오는 격으로 일이 성사직전에 좌절하거나 실패를 맛보게 되는 개화풍란 운이다. 겉으로는 안정되어 보이더라도 실속이 없어서 노력에 대한 결실이 적다. 가정불화에 이별수가 있어서 처자를 극하는 경향이 있다. 건강은 머리와 장이 약하다.

火金火 (大凶): 만사좌절운(萬事挫折運)

언행이 경망스러워 구설수가 따르며 자포자기를 쉽게 하는 바람에 하는 일마다 좌절하게 되는 만사좌절 운이다. 육친과 인연이 적어서 고독한 인생을 보낸다. 흉한 배치이므로 건강은 자해, 부상, 발광, 신경성질환과 호흡기에 주의해야 한다.

火金土 (凶): 선곤후길운(先困後吉運)

초기의 가혹한 시련과 병액을 돌파하면 중년 이후에 발전과 부귀가 찾아온다는 선곤후길 운이다. 가정불화와 자녀의 불효로 고민하고 남의 멸시를 받게 된다. 자신의 총명함을 뽐내고 싶어서 다른 사람의 옳고 그른 것을 비평하기를 좋아한다.

火金金 (凶): 재난연속운(災難連續運)

포부는 크나 뜻대로 되지 않으니 불평불만이 생기게 되고 하는 일마다 재난과 실패가 따르는 재난연속 운이다. 재능은 출중하나 잘난 체하여 사람들의 비난을 받는다. 건강은 심장, 신경성질환과, 호흡기를 주의해야 한다.

火金水 (凶): 파란만장운(波瀾萬丈運)

두뇌 명석하고 부모의 덕도 있으나 성공 운이 억압되어서 불우불신 하고 변란이 많다는 파란만장 운이다. 건강은 뇌출혈과 심장마비로 급사하는 경우도 있으니 주의해야 한다. 감정이 예민하고 의심이 많은 편이다.

火水木 (凶): 재난곤고운(災難困苦運)

어려운 역경을 뚫고 일시적 성공은 거두지만 의외의 재난 때문에 일이 수포로 돌아가서 어려움이 연속된다는 재난곤고 운이다. 소심하고 버릇이 없어서 품행이 불량하다. 건강은 질병으로 고생하며 폐, 신장, 심장과 혈관계통을 주의해야 한다. 뛰어난 자녀를 두게 된다.

火水火 (凶): 재난이별운(災難離別運)

재난이 자주 닥쳐서 생활이 불안정할 뿐만 아니라 가정적으로도 불화가 연속되어 이별하게 되는 재난이별 운이다. 병액이 심하면 자살과 발광에 이르므로 뇌일혈과 심장마비를 조심해야 한다. 재난이 많으므로 가정과 사회에서 신용을 잃지 않으려는 노력이 필요하다.

火水土 (大凶): 풍파연속운(風波連續運)

풍파와 성패가 많아서 급변으로 몰락하기 쉬우며 병액이 자주 발생하여 곤고를 겪게 되는 풍파연속 운이다. 가정 운과 자손 운도 약하다. 질병은 위장병, 심장병과 신장병을 조심해야 하며 수리마저 나쁘면 변사와 단명 운이 있다. 자존심이 강하여 다른 사람을 잘 헐뜯는 편이다.

火水金 (凶): 외화내빈운(外華內貧運)

겉으로는 안정된 것 같으나 내면은 불안하고 인덕이 없어서 배신을 당하여 내실이 없는 외화내빈 운이다. 불평불만이 많고 고심번뇌로 뜻밖의 재난을 불러들인다. 육친 처자와의 인연이 적어서 가정적으로 불행하다.

火水水 (凶): 무덕병액운(無德病厄運)

부모 처자와의 인연이 없어서 무덕하고 머리와 심장이 허약하여 병난을 가져오는 무덕병액 운이다. 일시적 성공을 하더라도 불의의 재난으로 몰락하게 된다. 자존심이 강하여 자기보다 잘난 사람이 없는 것처럼 생각하는 경향이 있다.

土木木 (中): 외화내빈운(外華內貧運)

외견상으로 운기가 강하고 양호한 것 같으나 내심은 고심과 곤란이 많아서 목적달성이 대단히 늦어진다는 외화내빈 운이다. 외유내강하여 윗사람에게 복종하려는 마음이 적다. 노력가이지만 발전이 느려서 고민을 자주 한다.

가족과의 인연이 박한 편이며 건강은 위장병과 신경통을 조심해야 한다.

土木火 (中): 역경발전운(逆境發展運)

성공 운이 비교적 느리고 역경이 많으므로 어려움을 물리치고 역경을 돌파해야 성공을 거두게 된다는 역경발전 운이다. 의지력만 견고하다면 노력 덕택에 점진적으로 발전하여 성공한다. 생활이 점차 안정되며 자녀 운이 좋다.

土木土 (凶): 노공무상운(努功無常運)

주관을 가지고 열정적으로 노력하지만 성공 운이 희박하여 노력한 공마저 없어진다는 노공무상 운이다. 결국은 자신이 노력한 만큼 성과를 얻지 못하는 불운한 오행 배치이다. 건강은 신경쇠약, 위장과 간장을 조심해야 한다.

土木金 (大凶): 수하배신운(手下背信運)

환경이 급변하여 이루어지는 일이 적은데다 아랫사람에게 배신을 당하기 쉽다는 수하배신 운이다. 안일과 오락을 추구하며 윗사람과의 트러블이 잦은 편이다. 가정사를 등한히 하여 배우자를 불안하게 한다. 일상생활에서 아랫사람을 항상 조심하여 다루고 호흡기와 소화기계통을 주의해야 한다.

土木水 (凶): 병액신고운(病厄辛苦運)

정직하게 노력하므로 겉보기에는 성공 운이 있어 보여도 변란이 생겨서 질병과 액으로 인하여 재물과 생명까지도 잃기 쉽다는 병액신고 운이다. 특히 건강은 신경성과 위장병을 조심해야 한다. 일을 추진하면 거의가 용두사미 꼴이 되며 가정 운도 약한 편이다.

土火木 (吉): 귀인공명운(貴人功名運)

기초가 튼튼하고 아랫사람과 처의 도움을 받아서 공명을 얻는다는 귀인공명 운이다. 여자는 활동적이고 적극적이면서도 온순한 성격이다. 순조롭게 발전하여 재물과 관직을 모두 얻는다. 심신이 편안하여 장수한다.

土火火 (吉): 호기성공운(好機成功運)

기초 운이 약하므로 호기에 맞추어 다른 사람의 도움이 있게 되면 크게 성공하여 이름을 떨친다는 호기성공 운이다. 기회를 잘 이용하려면 인내력과 침착성을 쌓아야 한다. 여자는 명랑하고 애교가 넘치지만 남자는 괴벽이 있어서 심적인 고독을 느낀다.

土火土 (吉): 성실발전운(誠實發展運)

평범한 희망으로 분수를 지키며 허욕을 부리지 않기 때문에 순조롭게 발전하여 성공한다는 성실발전 운이다. 대인 관계가 원만하며 적극적인 노력형이다. 초반부터 기반이 튼튼하여 일취월장한다. 생활은 윤택하지만 신장과 혈압을 조심해야 한다.

土火金 (凶): 만난자성운(萬難自成運)

성공 운이 강하여 목표달성은 용이하지만 진정한 승자가 되기 위해서는 여러 어려움을 스스로 물리치고 성공해야 한다는 만난자성 운이다. 적극성과 노력은 갖추었으나 성급하여 생각 없이 밀어붙이는 형이다. 가정불화와 이별 등으로 마음의 안정을 잃는다. 병약하므로 과로와 기관지를 조심해야 한다.

土火水 (凶): 이산풍파운(離散風波運)

일시적 성공으로 모은 재물과 명예가 급변한 돌발사태로 인하여 흩어져 버린다는 이산풍파 운이다. 신경이 과민하고 의지가 약하여 변덕스러우며 여자는 이성의 유혹에 잘 넘어가는 편이다. 가정불화와 손재로 생활이 불안정해져서 병액이 우려된다.

土土木 (凶): 외화내허운(外華內虛運)

기초 운이 불안정하여 변화와 이동이 생기기 쉬운데다가 능력마저 부족하므로 내적인 컴플렉스를 감추기 위하여 외양을 화려하게 하는 외화내허 운이다. 정직하나 뽐내기를 좋아하고 여자는 매력적이다. 중년 이후에 성공하는 경우도 있다. 가정불화에 신경쇠약과 복부질환으로 고생할 수 있다.

土土火 (吉): 과욕지화운(過慾之禍運)

기초 운이 튼튼하여 성공발전을 얻지만 과욕을 부리는 바람에 화를 자초한다는 과욕지화 운이다. 성공이 다소 늦더라도 과욕을 부리지 않으면 상당한 명리와 발전이 있다. 가정 운이 좋은 편이며 건강하여 장수한다.

土土土 (吉): 대기만성운(大器晩成運)

성공 운이 느리기는 해도 성실하고 착실하게 쌓아가므로 세월이 흐를수록 확실한 성공을 한다는 대기만성 운이다. 소년시절은 고생하나 중년 이후에 대기만성 한다. 이 배치에 수리가 길한 격이면 명예와 부를 떠나 완전한 사회적 재벌가로 발돋음 한다. 성격이 괴팍하고 정조관념이 부족한 것이 약점이다.

土土金 (吉): 평길발전운(平吉發展運)

평탄한 길에서 순조롭게 발전하여 재액을 잘 모면하며 생활한다는 평길발전 운이다. 정직하지만 소극적이어서 비약적인 발전이 없다. 가정이 화목하고 심신이 건강하여 장수를 누리지만 색난의 우려가 있다.

土土水 (凶): 고집불통운(固執不通運)

의리를 중히 여기고 언변이 좋으나 복종심이 약한 완강한 성격이라 원만한 대인관계가 어렵다는 고집불통 운이다. 잘 되어가던 일이 기초가 불안정하기 때문에 급변이 발생하여 재물과 생명을 상실할 우려가 있다. 가정풍파로 인하여 뇌일혈, 심장마비와 위장병이 염려된다.

土金木 (中): 상신하배운(上信下背運)

윗사람의 신임과 도움으로 일시적인 성공을 거두더라도 기초 운이 박약하고 아래 사람의 배신으로 일이 어렵게 된다는 상신하배 운이다. 감정이 예민하고 재치가 있으나 의심이 많고 소심하다. 부모 덕은 있어도 처자와의 인연은 좋지 않아서 이별수가 있다. 건강은 신경쇠약과 난치병에 주의해야 한다.

土金火 (凶): 재기무력운(再起無力運)

육친과 주위의 도움으로 일시적인 성공을 거두지만 감정을 억제하지 못하고 과도한 일을 벌리는 바람에 재기하기가 어려워진다는 재기무력 운이다. 자포자기와 환경의 불안으로 가정불화와 자녀의 말썽이 염려된다. 자중하면서 분수를 지키려는 노력이 필요하다.

土金土 (吉): 상하협조운(上下協助運)

기초 운이 튼튼하며 상하의 도움으로 순조롭게 발전한다는 상하협조 운이다. 인품이 중후하여 사람들의 존경을 받으며 부모와 형제 덕을 본다. 원만한 성품에 인덕이 많은 편이다. 가정적으로 화목하고 건강하여 장수한다.

土金金 (吉): 인화발전운(人和發展運)

운이 순조롭게 진행되는 편이지만 도량이 좁은데 자부심이 강하므로 인화에 힘써야 발전한다는 인화발전 운이다. 언행이 건방져 보여 다른 사람의 비난을 받는다. 성명수리가 길한 격이고 인간관계를 원만히 하면 크게 성공한다.

土金水 (吉): 인화부침운(人和浮沈運)

맨주먹의 신분으로 성공하는 운이지만 인화와 순리에 힘쓰면 대성공을 거두고 거만하게 굴면 급전직하로 변란에 빠진다는 인화부침 운이다. 강자에게는 약하고 약자에게는 군림하려는 기질이 있다. 남의 원한을 사지 않도록 노력하면 장수와 오복을 누리는 길한 배치이다.

土水木 (凶): 재다노소운(才多努小運)

운명이 억압되어 하나를 얻으면 다른 하나를 잃기 때문에 재능은 많아도 노력을 하지 않으려는 재다노소 운이다. 실력은 있으나 방심과 태만으로 보람 있는 일을 별로 못해보고 일생을 허비하는 사람이 많다. 심신이 과로하므로 건강은 기관지와 신장을 조심해야 한다.

土水火 (凶): 호기불우운(好機不遇運)

재략은 있으나 지나치게 예민하기 때문에 망설이다가 좋은 기회를 놓친다는 호기불우 운이다. 활동력이 부족하여 좋은 재주를 가지고도 제대로 써먹지 못하고 급변의 재난을 만나는 경우가 많다. 가정 운이 약하여 처자를 극하고 부모의 덕도 적다.

土水土 (大凶): 사면초가운(四面楚歌運)

환경이 불안정하여 사방을 둘러보아도 나를 도와 줄 사람이 보이지 않으니 심신이 불안감에 쌓여 있다는 사면초가 운이다. 생활이 안정되지 못하여 거주지의 이동이 많고 부모 형제의 덕이 약하다. 의외의 재난으로 뇌출혈과 심장마비가 염려된다.

土水金 (凶): 노대성소운(勞大成小運)

노력에 비하여 얻어지는 성과가 미미하므로 불평불만이 많아지는 노대성소 운이다. 포부는 크지만 겹치는 장애로 일이 중도에서 좌절되어 뜻을 이루지 못하는 경우가 많다. 가정 운이 약하며 건강문제로 자주 괴로움을 당한다.

土水水 (凶): 만사귀공운(萬事歸空運)

배짱이 있고 행동이 민첩하여 일시적으로 성공하지만 환경이 급변하여 만사를 어렵게 만들거나 포기하도록 하는 만사귀공 운이다. 이 배치는 자연에 순응하며 사람들과 협력하려는 자세가 필요하다. 종종 비상한 재능을 가진 사람을 배출하기도 한다.

金木木 (凶): 병액고난운(病厄苦難運)

심신이 허약하고 무력하여 각종 질병과 재액으로 인하여 허송세월 하게 된다는 병액고난 운이다. 가족과의 인연이 박하여 홀로 떨어져 외롭게 지낸다. 건강은 신경쇠약, 시력과, 간장이 염려되며 심하면 병액으로 반신불수의 위험이 있다. 부지런하지만 의심이 많아 다른 사람을 잘 믿지 않는다.

金木火 (凶): 다사다난운(多事多難運)

좋으면서도 어려운 일이 많이 발생하여 심신을 피로하게 만든다는 다사다난 운이다. 사업 발전이 느리고 부부간에도 뜻이 맞지 않아 트러블이 자주 발생한다. 감정이 예민하고 자존심이 강하여 다른 사람에게 지지 않으려고 한다. 건강은 두통과 신경쇠약을 조심해야 한다.

金木土 (凶): 심신과로운(心身過勞運)

연속하여 스트레스를 받는 일이 발생하므로 과로와 신경쇠약을 유발한다는 심신과로 운이다. 의심이 많고 남에게 까다롭게 구는 경향이 있다. 생활은 안정되지만 배다른 형제가 생기는 경우도 있다. 목표를 절반도 성취하지 못하므로 목표를 축소하는 경우가 대부분이다.

金木金 (凶): 중도좌절운(中途挫折運)

고향을 일찍 떠나 신고를 당하고 운명과 수족이 억압되어 중도에 좌절을 겪는다는 중도좌절 운이다. 사람들로부터 박해를 많이 받기 때문에 불평불만을 가지고 있다. 가끔 상하의 도움으로 공명을 크게 일으키는 경우도 있다. 건강은 뇌와 호흡기를 조심해야 하며 특히 부상을 예방하여야 한다.

金木水 (中): 선풍후승운(先風後昇運)

전반은 각종 재난과 변란으로 인하여 우여곡절이 많으나 중반 이후는 점진적으로 호전되어 간다는 선풍후승 운이다. 인내력이 강하고 남을 위하는 희생정신이 강하다. 처자와의 인연이 박하여 별거하는 경우가 많다.

金火木 (凶): 욕구불만운(慾求不滿運)

천부의 재능을 가지고도 적성에 맞는 일을 할 기회가 주어지지 않으니 세상에 대한 불평과 불만이 생긴다는 욕구불만 운이다. 여자는 낭만적이고 매력이 넘치는 매너를 가졌다. 한번 성공하면 한번 실패하니 제자리걸음을 벗어나기 힘들다. 정상에 올라서면 자신을 지키려는 노력이 필요하다.

金火火 (凶): 적응부실운(適應不實運)

두뇌가 영민 하지만 적응력이 약하여 스스로 풍파를 불러들이는 바람에 포부를 펴보지 못한다는 적응부실 운이다. 두뇌가 발달한 만큼 다른 신체 부위가 약하여지므로 천식, 호흡기질환과 신경쇠약을 주의해야 한다. 거만하면서도 사람을 꾀는 능력은 탁월하다. 가정적인 자세를 가져야 가족이 화합한다.

金火土 (中): 부덕이산운(父德離散運)

부모에게 물려받은 환경을 더 발전시키지 못하고 오히려 유산마저도 없앨 우려가 있다는 부덕이산 운이다. 잘난 체 수다를 잘 떨며 말재주가 교묘하다. 가정불화로 가정 운이 약한 편이다. 건강은 뇌와 기관지를 조심해야 하며 심하면 발광과 단명의 우려도 있다.

金火金 (凶): 내외상전운(內外相戰運)

내외로 화금(火金)이 상전하니 심신이 과로하여 재난과 병액이 계속된다는 내외상전 운이다. 허풍이 심하여 오만불손하고 독불장군 스타일이다. 건강은 기관지, 치질과 심장병이 염려된다. 색난을 피하려면 풍류와 이성을 조심해야 한다. 처자를 극하지 않도록 수신하는 것이 좋다.

金火水 (大凶): 재액질병운(災厄疾病運)

운세가 불안정하여 발전을 기대하기 어려우며 재난과 급변으로 육친, 처자, 성공과 건강 운이 불길하다는 재액질병 운이다. 고집스러워서 의외의 재난을 자주 당하는 편이다. 정신은 강인하고 행동은 얌전한 면도 있다.

金土木 (凶): 가정풍파운(家庭風波運)

환경의 불안정으로 이동성이 많아서 부모 형제와 불목하고 처자를 극하게 되는 가정풍파 운이다. 자존심이 강하여 남에게 굽히지 않으며 비판력이 뛰어나다. 가정불화가 많은 편이며 건강은 위장병과 간장을 조심해야 한다.

金土火 (吉): 일사천리운(一事千里運)

재관운과 가정환경의 기초 운이 튼튼하여 의외로 빨리 부와 명예를 얻는다는 일사

천리 운이다. 수완이 좋아서 윗사람에게는 아부를 잘하고 아래 사람은 들볶는 편이다. 간혹 엉뚱한 재해로 좌절을 겪기도 하며 건강은 뇌출혈과 부상을 조심해야 한다.

金土土 (吉): 목적달성운(目的達成運)

노력형의 성격에 주위의 조력을 한 몸에 받아 순조롭게 발전하여 목적한 부와 명예를 함께 얻는다는 목적달성 운이다. 가정생활도 원만하게 진행되며 심신이 건강하여 장수한다. 매사에 침착하게 대응하여 재액을 피하고 소기의 목적을 달성하는 실속파다.

金土金 (吉): 재물횡재운(財物橫財運)

가정이 화목하고 부모 형제의 덕과 주위의 도움으로 뜻밖의 재물이 생긴다는 재물횡재 운이다. 소극적이기는 하나 인간관계가 원만하여 신용과 명예를 얻는다. 간혹 중년 이후 부부관계에 변화가 오는 경우도 있다. 재물운이 왕성한 것은 사실이지만 과욕을 삼가해야 한다.

金土水 (凶): 돌발재난운(突發災難運)

성공 운이 있어서 명리를 얻으나 성공의 마지막 단계에서 돌발적인 재난이 발생하여 공든 탑을 무너뜨린다는 돌발재난 운이다. 잔꾀를 부리려다 자기 꾀에 자신이 넘어가는 경우가 가끔 있다. 처자의 덕이 적고 돌발적 재난이 많으므로 부상, 조난과 급사를 조심해야 한다.

金金木 (凶): 강약불협운(强弱不協運)

감정이 지나치게 예민하여 괜히 의심하기 때문에 도량이 좁아 보이는 데다 성격까지 과강하여 강약조절이 어렵다는 강약불협 운이다. 상당한 위치에 군림하더라도 강한 성격 때문에 차츰 인기가 하락한다. 반면에 수양을 잘 하면 길운이 이어진다. 가정불화가 잦아서 처자를 극하거나 부상으로 신체가 부자유스럽게 되는 수가 있다.

金金火 (凶): 언행편협운(言行偏狹運)

자기반성을 못하고 신분에 어긋나는 편협 된 언행으로 불화를 조장한다는 언행편협 운이다. 두뇌는 명석하나 지구력이 없어서 자포자기를 자주 하는 편이다. 건강은 기관지, 뇌와 간질환을 조심해야 한다.

金金土 (吉): 대지대업운(大志大業運)

외교적 수완이 뛰어나고 일이 순조롭게 풀려서 큰 뜻과 업적을 이룬다는 대지대업운이다. 그러나 수리 구성이 불길하면 개화가 발생하여 어려움을 겪는다. 두령 운은 있으나 도량이 좁기 때문에 분수에 넘치는 일을 추진하다가 실패에 직면하는 경우가 많다.

金金金 (凶): 재승박덕운(才昇薄德運)

재주와 지략이 우수하나 재주만 믿고 잘난 체하므로 주위의 미움을 받게되어 인덕이 없다는 재승박덕 운이다. 성격적인 결함으로 시비와 투쟁이 많아서 돌발 사고를 내거나 형액을 당하는 경우도 있다. 육친과의 불화로 고독하며 재산보전이 어렵다.

金金水 (吉): 일취월장운(日就月將運)

천품이 강직하고 두뇌가 명석하여 하루가 다르게 매사에 성공 발전한다는 일취월장운이다. 권위의식이 강하고 사람을 깔보는 경향이 있어서 갑자기 궁지에 빠져서 고생하므로 주의해야 한다. 가정불화와 조난의 우려가 있다.

金水木 (吉): 은덕성공운(恩德成功運)

큰 노력 없이도 기초가 튼튼하게 닦아져 부모와 윗사람의 은혜와 덕으로 성공한다는 은덕성공 운이다. 자력으로 입신출세하여 금의환향하는 사람도 종종 있다. 온후한 성품에 재략은 있으나 활동력이 부족한 것이 흠이다.

金水火 (凶): 유업산재운(遺業散財運)

부모와 윗사람의 도움으로 성공하나 과강하고 신경질적이어서 부모의 유업을 지키지 못하고 산재하게 된다는 유업산재 운이다. 가정불화로 처자를 극하며 자녀 운도 약하다. 건강은 심장병과 순환기계통을 조심해야 한다.

金水土 (中): 불의재난운(不意災難運)

자기 위에 사람이 없는 것 같아서 사람들에게 복종 안 하려고 버팅기다가 불의의 일격을 맞고 어려움에 직면한다는 불의재난 운이다. 어느 정도 성공하여 안정된 것 같으나 내면으로는 트러블과 부조화가 계속되어 불안감이 감돈다. 건강은 신장과 위장병을 조심해야 한다.

金水金 (大吉): 순풍발전운(順風發展運)

명랑한 사교와 재치 있는 임기웅변으로 자신의 운세를 높이는 데다 육친의 은혜를 입어 순풍에 항해하는 배와 같이 발전한다는 순풍발전 운이다. 가정이 화평해지고 재물도 날이 갈수록 쌓여간다. 건강은 과로에 의한 질병을 주의해야 한다.

金水水 (吉): 태평성세운(太平盛世運)

사람들의 신망을 얻어서 순조롭게 발전하며 편안하고 태평한 세월을 유지한다는 태평성쇠 운이다. 사교성이 좋으나 점차 타산적으로 흘러가서 끝에는 운세가 기울어지므로 평소에 수신을 요한다. 이배치는 자기 실력을 과신하거나 태만에 빠지는 결점이 있다.

水木木 (吉): 선곤후길운(先困後吉運)

부지런하고 강인한 성격을 지니고 있으면서도 남에게 의지하려는 마음이 농후하여 먼저는 곤하고 후는 길하게 되는 선곤후길 운이나. 초기의 어려움을 주위 사람의 도움과 자신의 노력으로 순조롭게 성공시켜 부귀영화를 누린다. 가정은 화평하고 건강하여 장수하는 운이다.

水木火 (大吉): 점진공명운(漸進功名運)

두뇌가 우수하고 이해력이 많은데다 주위 사람들의 도움으로 점차 순조롭게 발전하여 공명을 얻는다는 점진공명 운이다. 심덕이 양호하여 상위의 원조로 가문을 일으키게 되는 길한 배치이다. 늙어서 고독하게 되지 않으려면 덕을 평소에 베푸는 것이 좋다.

水木土 (吉): 선길후평운(先吉後平運)

부모의 여덕과 주위의 도움으로 처음은 순조롭게 발전하고 후반에는 운세가 다소 기울어 평범해진다는 선길후평 운이다. 감수성이 풍부하고 재능이 뛰어난 재목이다. 가정환경이 윤택하며 재물이 점점 늘어나는 운이다.

水木金 (中): 성쇠부침운(盛衰浮沈運)

성공 운이 강하여 발전하나 기초 운이 불안하여 성공을 오래 지탱하지 못한다는 성쇠부침 운이다. 성공과 실패가 엇갈리기는 하지만 의지력만 견고하면 만난을 뚫고 성공하는 운이다. 신경질이 많지만 희생정신이 강하여 다른 사람의 귀감이 된다.

水木水 (吉): 춘풍개화운(春風開花運)

부단한 노력의 결과가 봄바람에 꽃이 피는 격으로 성공을 거둔다는 춘풍개화 운이다. 두뇌가 명석하지만 감수성이 많아서 초년은 어려움이 있으나 중년 이후는 목적을 성취한다. 일이 잘 풀리니 태만한 사고방식을 갖게 되어 사치와 방종에 빠지기도 한다.

水火木 (凶): 허무유랑운(虛無流浪運)

운명이 억압되어 성공이 곤란하고 돌발적 재액이 있어서 열심히 노력한 대가가 도루아미타불 되어 돌아다니는 허무유랑 운이다. 관직보다는 자영업을 영위하는 것이 좋다. 여자는 상냥하고 친절하여 매력적이다. 탐욕을 부리지 않는다면 비교적 안정된 생활을 누릴 수 있다.

水火火 (大凶): 재액급락운(災厄急落運)

성질이 급하고 민감하여 조금만 비위에 거슬리면 포악성을 나타내기 때문에 성공이 차츰 후퇴하여 파란으로 급락한다는 재액급락 운이다. 육친 무덕에 처자식을 잃을 우려가 있다. 왕성한 화기가 약한 물을 고갈시키니 눈, 뇌, 심장과 신장을 조심해야 한다.

水火土 (凶): 다재급변운(多災急變運)

성질이 조급하여 불평불만이 많기 때문에 재화가 많이 발생하여 상황을 급락시킨다는 다재급변 운이다. 성공 운이 약하므로 오직 끊임없는 노력을 해야 궁색을 면할 수 있다. 가정 운은 양호한 편이지만 건강은 심장과 순환기계통을 주의해야 한다.

水火金 (凶): 병액재난운(病厄災難運)

불같은 성격 때문에 영민한 두뇌가 제 기능을 발휘하지 못하고 오히려 심신이 과로하여 질병과 재난이 따른다는 병액재난 운이다. 주위 사람의 음해로 재난이 따르므로 사람들과 조화를 이루어야 한다. 육친의 덕이 없고 신세가 고독하니 처자를 극하기 쉽다. 간혹 이 배치에서 풍운아가 나온다.

水火水 (大凶): 병액단명운(病厄短命運)

생사의 기로를 몇 번이나 헤매다가 재난으로 단명하거나 급사하는 경우가 많은 병액단명 운이다. 운세가 불안하고 자기도취에 잘 빠진다. 가정불화로 이별하거나 처자를 극한다. 건강은 순환기와 심장을 주의하고 수액(水厄)을 멀리해야 한다. 재난으로 재산과 직장을 잃기 쉽다.

水土木 (凶): 장해빈발운(障害頻發運)

액운이 중첩되어 직장에서는 트러블이 발생하고 가정에서는 불화가 빈발하게 일어난다는 장해빈발 운이다. 오만하고 편견적이므로 다른 사람의 간섭을 받으려고 하지 않는다. 환경이 불안하여 변동과 이동이 잦은 편이다.

水土火 (吉): 기초안정운(基礎安定運)

기초 운이 안정되어 있고 심신이 건강하여 소기의 목적을 달성하기에 누구보다도 유리한 기초안정 운이다. 기초 운이 안정되어 있지만 쟁론과 불화가 자주 찾아오므로 의지력으로 역경을 극복해야 한다. 허영심이 많아서 넛대로 하고 싶어 한다.

水土土 (中): 심신과로운(心身過勞運)

승부욕이 강하고 허영심이 많아서 재화와 역경을 스스로 자초하는 바람에 심신을 고달프고 과로케 하는 심신과로 운이다. 어려움을 극복하고 착실한 생활기반을 잡기도 한다. 신체상의 재앙으로 불행에 빠지거나 신장병과 신경통으로 고생하는 경우가 많다.

水土金 (吉): 말년회복운(末年回復運)

약간의 실패가 따르기 때문에 운세가 불안하지만 중년과 말년 운이 강하므로 모든 것이 말년에 회복되는 말년회복 운이다. 큰 목적을 세우는 것보다 평범하게 살려고 노력하는 것이 좋다. 건강은 신장과 간을 조심해야 한다.

水土水 (凶): 과욕재난운(過慾災難運)

운세가 불안한데가 허영심이 많아서 과욕을 부리기 때문에 재난을 불러들인다는 과욕재난 운이다. 투기적인 한탕주의를 노리는 까닭에 몸만 고달프고 성과가 없는 편이다. 건강은 소화불량과 급병을 조심해야 한다.

水金木 (中): 가정풍파운(家庭風波運)

기초 운이 불안하고 육친이 불화 하여 이별하는 풍파가 있으니 가정에 근심과 고독이 따르는 가정풍파 운이다. 신경이 예민하고 의심이 많아서 화를 잘 내므로 부상과 형액의 우려가 있다. 가정풍파로 처자를 극하지 않도록 수신하면 평범하게 살아간다.

水金火 (凶): 병난신고운(病難辛苦運)

성공 운은 있으나 신체가 과로하여 따라 주지 못하니 심신으로 더욱 안달되어 질병과 급병이 발생한다는 병난신고 운이다. 부모의 덕이 적은 편이며 건강은 폐 계통과 질병을 조심해야 한다. 언행을 조심하고 분수를 지키려는 노력이 필요하다.

水金土 (吉): 두령통솔운(頭領統率運)

배짱이 세고 주관이 강하여 제법 두령다운 통솔력을 가지고 있다는 두령통솔 운이다. 지혜가 총명하고 발전이 순조로워서 쉽게 목적을 달성하여 명성을 얻는다. 가정생활이 원만하며 건강하여 장수한다. 간혹 불의의 사고로 몸을 다치는 경우가 있다.

水金金 (吉): 재지우수운(才智優秀運)

거만함과 완강한 성격 때문에 손해를 자주 보지만 재능과 지혜가 뛰어나서 크게 성공한다는 재지우수 운이다. 독선적 인간성으로 인해서 사회나 가정적으로 부적응 행동을 일으키기도 한다. 그러나 부모나 상위자에게는 효성이 지극하고 소행이 단정한 편이다.

水金水 (吉): 사회봉사운(社會奉仕運)

온화하고 겸손한 성격이라 모든 일이 뜻과 같이 이루어지지만 주위에 도와줄 사람이 많이 생긴다는 사회봉사 운이다. 고기가 변하여 용이 되는 격으로 상당한 지위와 부를 얻는다. 투기사업을 피하면 반드시 수복이 굴러 들어오고 귀한 자손을 둔다.

水水木 (吉): 고목생화운(枯木生花運)

마른 나무에 꽃 피듯이 나날이 새롭게 발전하여 상당한 성공을 거둔다는 고목생화 운이다. 성격이 방탕하고 자기 과신을 하는 경향이 있으므로 실패하지 않도록 인격수양을 해야 한다. 가족과의 인연은 박한 편이며 건강은 심장병과 부상을 조심해야 한다.

水水火 (凶): 과신급변운(過信急變運)

민감할 정도로 자신을 과신하다가 갑작스러운 재화로 인하여 상황이 급변한다는 과신급변 운이다. 파란과 곤고로 가정이 불화 하여 이별수가 생긴다. 일시적으로 성공하지만 건강 때문에 좌절되는 경우가 있으므로 뇌, 심장과 위장계통을 주의해야 한다.

水水土 (凶): 매사장애운(每事障碍運)

직장 일이 풀릴듯하면 건강에 문제가 생기고, 건강이 좋아질 만하면 가정문제가 생겨서 매사가 장애로 인하여 지체된다는 매사장애 운이다. 총명하여 일시적 성공을 거둔다. 건강은 소화불량과 신장병을 조심해야 한다.

水水金 (吉): 노력발전운(努力發展運)

노력 덕택에 기초 운이 튼튼하게 발전하므로 성공하여 명예와 재산을 얻게 되는 노력발전 운이다. 수리가 길하면 성공 운이 빠르고 수리가 흉하면 병약하거나 단명 한다. 헤프고 방탕하여 가정불화가 발생하므로 고독해지기 쉽다.

水水水 (中): 한수범람운(寒水氾濫運)

일시적으로 크게 성공하여 자신에 대한 과신이 대단하여 찬물이 둑을 넘쳐흐른다는 한수범람 운이다. 이배치는 방심하면 자제와 절제력이 약해져서 길과 흉의 극단으로 달리기 쉬우므로 평소에 수신해야 한다. 간혹 크게 성공하여 부귀영화를 누리는 경우도 있다.

5. 성명 81수리론

1) 길한 성명수리(姓名數理)와 흉한 성명수리

성명의 각 획수를 합한 수로 부귀빈천과 길흉화복을 판단하고 예지하는 것이 성명의 수리론이다. 수리는 성명학에서 가장 큰 영향력을 가지고 있다.

길(吉)한 수리(數理)는 1, 3, 5, 8, 11, 13, 15, 16, 18, 21, 23, 24, 25, 31, 32,

33, 35, 37, 39, 41, 45, 47, 48, 52, 57, 58, 61, 63, 65, 67, 68, 71, 81획 등이 길수(吉數)로서 이 길한 수리가 성명의 원형이정(元亨利貞) 중에서 어느 격에 있더라도, 그 격에 해당하는 운에 좋은 운세를 유도케 하며, 흉을 길로 변하게 하는 작용도 한다. 중간 정도의 길한 수리(數理)로는 6, 7, 17, 29, 38, 51, 53, 70, 73, 75, 77, 78획 등이 중길수(中吉數)에 해당한다.

흉(凶)한 수리(數理)로는 2, 4, 9, 10, 12, 14, 19, 20, 22, 26, 27, 28, 30, 34, 36, 42, 43, 44, 46, 49, 50, 54, 55, 56, 59, 60, 62, 64, 66, 69,, 70, 72, 74, 79, 80획 등이 흉수(凶數)로서 이 수리가 성명의 원형이정(元亨利貞) 중에서 어느 격에 있더라도, 그 격에 해당하는 흉운(凶運)을 유도하고 길을 흉으로 작용하게 한다.

2) 특징 있는 81수리(**원형이정 어느 격에 있어도 영향을 미침**)

①부자 되는 수리

5, 15, 16, 23, 24, 29, 32, 33, 41, 45

②두뇌 발달하는 수리

13, 21, 23, 24, 25, 29, 31, 33, 35, 38, 39, 41, 45

③승부욕이 강한 수리

7, 17, 18, 21, 25, 27, 37

④부부싸움 많이 하는 수리

7, 19, 20, 26, 27, 28, 34

⑤번영의 수리

11, 13, 15, 16, 21, 23, 24, 25, 29, 31, 33, 35, 39, 41, 45

⑥실패의 수리

9, 10, 12, 14, 19, 20, 22, 26, 28, 30, 34, 40, 44

⑦매력 있는 수리

15, 19, 20, 24, 25, 28, 32, 33, 42

⑧외모가 뛰어난 수리

12, 14, 19, 20, 22, 24, 31, 33, 37, 41

⑨고독한 수리

10, 12, 13, 14, 19, 20, 22, 26, 27, 28, 30, 34, 40, 42

⑩교통사고 주의 수리

9, 10, 12, 14, 17, 19, 20, 22, 27, 28

⑪예술예능의 수리

11, 13, 14, 26, 29, 31, 33, 35, 38, 42, 43

⑫허약 •·수술의 수리

9, 10, 12, 14, 19, 20, 22, 26, 27, 28, 30, 34, 36, 40, 42, 44

⑬이성 스캔들의 수리

12, 14, 20, 22, 27, 36

⑭신념이 강한 수리

13, 17, 18, 21, 23, 33, 39

⑮정력적인 수리

11, 17, 19, 21, 23, 26, 28, 31, 33, 38

⑯유동적인 직업의 수리

9, 10, 12, 14, 19, 20, 27, 28, 30, 34, 40, 42

⑰구설을 당하는 수리

9, 10, 12, 14, 19, 27, 28, 34, 40, 46

⑱40세 이후에 성공하는 수리

17, 29, 37, 39, 41

3) 성명 81수리

*1획수: 기본격(基本格) 두령운(頭領運) 남녀-吉

수리의 기본이 되는 으뜸 수로 만물 창시의 근원이며, 희망이 달성되고 성공 운을 유도하는 길한 수리이다. 최상의 권위와 길상을 암시하고 있으므로 자연히 명예, 부귀, 발전, 건강, 장수를 누리는 수리이다. 그러나 자기 과신이나 오만 등의 부덕(不德)에 흐르면 그 반동으로 인하여 흉한 수로 변하게 되며, 덕을 쌓고 수양하면 좋은 일이 계속 있게 된다.

*2획수: 분리격(分離格) 재액운(災厄運) 남녀-凶

만물만상이 둘로 나누어지려는 징조가 있으며, 모태(母胎)의 암시가 있는 수리이다. 분리와 불안의 뜻을 지니고 있기 때문에 좋은 환경의 혜택이 적은 편이다. 주거

와 직업이 안정되지 못하여 가족 간에 생기는 풍파로 인하여 이별 수가 있다. 이 수리가 있는 사람은 용기를 가지고 긍정적이고 진취적인 결단력을 기르려고 힘써야 한다.

*3획수: 형성격(形成格) 명예운(名譽運) 남녀-吉

흩어진 것이 모이고 넘어진 것이 일어나며, 만물이 시생(始生)하여 점점 번식하는 기상의 수리이다. 지혜와 판단력이 출중하므로 약관의 나이에 입신양명하는 좋은 암시가 있다. 이지가 발달하여 두뇌 회전이 비상한 대길수다. 인류 역사 발전에 기여하고 만인에게 이름이 알려지는 순조로움이 있다. 운기가 강하여 행운 수를 타고났지만 자기도취에 빠져 의외의 길로 몰입하는 경우도 있다.

*4획수: 사산격(四散格) 파괴운(破壞運) 남녀-凶

사방으로 흩어져서 파멸되려는 징조를 보이는 수리이다. 분주하지만 마음이 흩어지고 일이 흩어져서 매사가 머리만 있고 꼬리가 없는 격이니 이렇다 할 것을 이루기가 어렵다. 자기주장이 강하고 편벽된 성격을 소유한 사람이 많은 편이다. 가족 간의 이별로 고독 불행하고 심지어는 병난, 형액, 단명의 우려가 있다. 간혹 호걸, 효자와 효녀가 이 수리에서 나오는 경우가 있다. 색난을 조심하고 성격 개조에 노력하여 흉을 최소화하려고 노력해야 한다.

*5획수: 통어격(統御格) 공명운(功名運) 남녀-吉

복과 수를 겸비하고 중추적 위치에 군림하여 사방을 통솔하는 통치자의 수리이다. 큰 업적을 세워 이름을 떨치고 만인의 흠모를 받으며 사업의 기반을 닦아 가는 길한 수리이다. 사교술이 능하므로 신망이 두텁고 육체적으로도 강인하여 질병에 대해서 저항력이 강하다. 재운과 자손 운이 좋은 편이나 이성을 탐닉하다가 좋은 운을 놓쳐 버리는 경우가 있다.

*6획수: 계승격(繼承格) 부귀운(富貴運) 남녀-中吉

적어도 우두머리 다음 가는 위치의 일을 맡아서 부귀를 누리는 수리이다. 자연의 은혜와 조상의 음덕을 입어 부귀영화를 누린다. 확고한 신념과 노력으로 조업이나 사회적 대업을 계승 성취하여 부귀영달 하는 수리이다. 책임성이 강하고 매사에 노력하는 타입으로 문학적 잠재능력과 임기응변적 센스가 빠르다. 재물이 늘어나고 명예와 인기가 사방으로 펴져 사회적 지위가 부상되고 가정 운이 길한 수리이다. 여성의 경우는 원만한 가정을 이루며 살림의 주도권을 쥐게 된다. 이 수는 투기로 큰 성공을 거둘 수 있지만, 주색 때문에 노력이 뒤따르지 못하면 호운이 허사가 되기 쉽다.

*7획수: 독립격(獨立格) 발전운(發展運) 남녀-中吉

독립심이 강한 불굴의 인내력과 독행의 노력을 지닌 자수성가형의 수리이다. 독립적인 정신으로 강인하게 노력해 나가면 상당한 지위와 재산을 얻게 된다. 동화력이 부족하고 고집이 세어서 남과 어울려서 하는 일에는 적당치 못하고 혼자 경영하는 독립적인 일에서 빨리 발전한다. 남녀 공히 억세고 자기주장이 강하므로 다른 사람들과 인화하며 가족과 화합하는 정신을 기르도록 수양하는 것이 좋다.

*8획수: 발달격(發達格) 개물운(開物運) 남녀-吉

사교성이 뛰어나고 다소 외고집이 있으나, 의지가 굳고 부지런하여 한번 세운 뜻은 어려움이 있어도 이를 극복하여 달성하려는 기상의 수리이다. 시작은 어렵게 시작하여도 강인한 정신력으로 노력하여 중반 이후에 성공하는 대기만성형 수리이다. 겉은 다정하고 온화하나 속은 강직한 외유내강형의 기풍이 부부해로 하게 만들며, 자손 역시 영특하게 한다. 특히 여자에게는 조금 강한 수리이므로 현실과 이상을 조화시키려는 노력이 필요하다.

*9획수: 궁박격(窮迫格) 불행운(不幸運) 남녀-凶

두뇌가 영민하고 다재다능한 성격이지만, 이상하게도 여러 가지 어려움이 자주 발생하여 중도에 좌절하게 되는 경우가 많다. 때로는 영웅호걸이 이 수리에서 배출되지만 시세가 불리할 때에 태어난 영웅처럼 성공이 중도에 좌절되어 마무리 성공을 보지 못하는 비운과 재난을 암시한다. 이 수리는 병약, 관재, 구설, 조난, 단명과 역경의 수리이며, 특히 여자는 극부하는 수리로 배우자와 자손으로 인하여 근심을 겪거나 화류계로 흐르기 쉽다.

*10획수: 공허격(空虛格) 단명운(短命運) 남녀-凶

포부와 이상은 원대하나 일관성이 없어서 좋은 계획을 세워 놓고도 흐지부지 용두사

미가 되어 재산이 흩어지고 공허하게 되는 수리이다. 악의가 없고 세상의 흐름과 사물의 이치에 밝아서 남을 일깨우고 지도하는 데는 능하지만, 자신의 일에 있어서는 실효를 거두지 못하고 유시무종이 된다. 부부간에 이상의 차이로 이별수가 있으며 형액, 불구, 질병과 단명 등의 흉운을 겪는다. 사회적으로 큰 성공을 거두는 수가 있으나, 육친 운이 약하여 고독한 생활을 하는 경우가 많으므로 음덕을 많이 쌓아야 한다.

*11획수: 신성격(新成格) 부흥운(復興運) 남녀-吉

대통령이 되는 수리라고 할 만큼 우리나라 역대 대통령에게 가장 많이 들어있는 수리이다. 실패했던 사업을 일으키고 몰락된 가문을 세우며 잃어버린 명예와 지위를 회복하는 데에 좋은 부흥의 수리이다. 이지적인 사고와 치밀한 계획을 수행함으로써 사회적으로 상당한 명예와 부를 얻어서 차츰 부귀영달을 누릴 운수이다. 차남이라 하더라도 가장의 역할을 하는 수가 많으며, 양자나 양녀로 들어가는 사람에게는 더욱 길하다. 양자양녀와 관계가 깊은 수리다.

*12획수: 박약격(薄弱格) 공허운(空虛運) 남녀-凶

운세가 쇠약하고 자신의 의지도 유약하여 의존하려는 경향성이 농후한 수리이다. 사교와 처세에 있어서는 훌륭한 솜씨를 보이지만, 무리하게 발전하려고 하기 때문에 역량 부족과 조급한 나머지 실패를 거듭하게 된다. 사별, 병액, 역경과 고독이 따르며, 육친 운과 부부의 연이 약하여 고독과 좌절에 빠지기 쉬운 수리이다. 이 수리는 허영심이 강하고 성실성이 적어서 신용을 지키지 않는 경향이 있으므로 생활에 적극적으로 임하려는 자세가 필요하다.

*13획수: 총명격(聰明格) 양명운(揚名運) 남녀-吉

두뇌가 명석하고 지혜가 출중하니 어려운 경지에 처해도 수단과 지략으로 대업을 성취하는 수리이다. 슬기롭고 감정이 풍부하여 문학, 철학과 예능 방면에도 두각을 나타낸다. 기회를 잘 포착하고 사람을 요령 있게 다루니 큰 공적을 세워 명예와 이름을 입신양명하는 운이다. 부부가 해로 하니 가정에 행운과 화목한 분위기가 절로 익는다. 매사가 순조롭고 이지가 뛰어나서 자만심에 빠질 염려가 있으므로 폭 넓게 인격을 쌓으면 금상첨화일 것이다.

*14획수: 이산격(離散格) 파괴운(破壞運) 남녀-凶

포부가 원대하고 지혜로 와서 일을 쉽게 성취하여 상당한 지위와 재복을 누리더라도, 일시적인 성공에 지나지 않는 흉한 수리이다. 공교로운 일이 생겨 성공 문턱에서 좌절되기가 일쑤이므로 자포자기로 엉뚱한 생각을 하는 바람에 스스로 함정에 빠져 몸을 망치는 수가 종종 있다. 인덕과 가정 운이 약하여 타향에서 방랑하며 곤액을 겪는다. 꼼꼼하고 의리에 밝기는 하지만, 상식에서 벗어난 행동과 인색하고 지나치게 냉엄하기 때문에 사람들과 친하기가 어렵다. 본분을 지켜 내려다보고 산다는 생각으로 욕망을 줄이며 예술적인 수양을 쌓아야 한다.

*15획수: 통솔격(統率格) 복수운(福壽運) 남녀-吉

운세가 강하여 매사에 희망적이고 통솔력이 있어서 사람들로부터 존경과 신망을 받는 성공과 번영의 수리이다. 친화성이 있고 지식이 풍부하기 때문에 처세가 원만하고 사회적 지위도 높이 올라 최후의 행복을 얻는다. 초년이 곤궁하더라도 반드시 자립대성하여 만인의 추앙을 받는다. 가정 운과 자녀 복이 있는 수로서 여성은 온후하여 가정의 평화를 지켜주는 현모양처형이다. 이 수리는 일찍 좋은 운이 오더라도 거기에 안주하지 말고 보다 큰 이상을 향하여 계속 나아가는 것이 바람직하다.

*16획수: 덕망격(德望格) 상서운(祥瑞運) 남녀-吉

남의 어려운 처지를 보살피고 친절을 베풀어서 덕망을 얻어 성공하는 수리이다. 흉운을 피하고 길운을 조장케 하는 수리로 주위로부터 인망과 발전을 불러들인다. 온화하고 겸양심이 있으나 여성적이고 강인한 의지가 결핍된 것이 흠으로 작용한다. 여자는 온후하고 수복이 있어서 안락한 생활을 한다는 암시가 있다. 여자는 직업에 관심이 많아서 결혼이 종종 늦는 편이다. 정치에 관심이 높은 수리임을 자각하고, 권세를 믿거나 무리하게 일을 추진하는 기질을 순화시키려는 노력이 필요하다.

*17획수: 용맹격(勇猛格) 진취운(進取運) 남녀-中吉

일에는 자신의 안위를 불구하고 뛰어드는 성격이므로, 어떠한 어려움을 만나도 두려움 없이 일을 과감하게 처리해 나가는 수리이다. 이 수리는 행운수이지만 수신과 노력에 의하여 자립 대성한다는 암시가 있다. 여자는 활동력이 활발하고 승부욕이 강하여 집 안 일보다 밖에서 활동하는 것이 자신과 가정에 효과적이다. 늦게 결혼하는 경우가 많으며, 이성을 탐닉하는 사람도 비교적 많다. 주의할 점은 타인과 인화에 힘쓰고 가정을 돌보려는 노력을 기울여야 한다는 점이다.

*18획수: 발전격(發展格) 영달운(榮達運) 남녀-吉

의지가 강하고 사물에 밝아 기회를 잘 포착해서 점차적으로 발전시켜 나간다는 아주 길한 수리이다. 천하를 흔들 만한 권세나 억만장자의 부는 얻지 못하더라도 평범한 입장에서 보면 사업은 융창하고 지위는 점차 오르는 이상적인 수리이다. 만난을 물리치고 명리를 얻을 수 있지만 자아심이 세어서 도량이 좁기 때문에 고립되기 쉬운 결점이 있다. 원형이정격의 배합이 좋으면 출중한 인물이 되지만, 배합이 좋지 못하면 신경쇠약이나 불의의 재난을 당하는 수가 있다. 사업가의 기질과 수완이 뛰어난 수리이지만 온유함과 인화의 덕을 쌓을 필요가 있다.

*19획수: 고난격(苦難格) 병액운(病厄運) 남녀-凶

사람은 뛰어나고 똑똑하여 천재적인 재능을 갖추고 있지만 때를 만나지 못한 영웅호걸처럼 하는 일이 중도에 실패와 좌절이 많아 일시적으로 성공을 거두더라도 유종의 미를 거두기 힘든 수리이다. 성패와 굴곡이 심하여 처음에는 비약적인 발전을 하다가도 난관에 봉착하게 된다. 육친과 가족이 무덕하여 이별하기 쉬우며, 질병, 형액, 조난과 단명의 암시가 있다. 이 수리는 덕을 쌓고 업을 닦는다는 마음으로 살아가는 것이 바람직하다.

*20획수: 허무격(虛無格) 단수운(短壽運) 남녀-凶

활동적이고 우수한 두뇌를 자랑하지만 도량이 좁고 의지는 있어도 역량이 부족하여 일이 허공으로 돌아가는 수리이다. 영웅호걸의 기상이 있더라도 공을 세우지 못하고 노력한 일이 수포로 돌아간다. 가족과의 이별, 고생과 낙담 속에서 번민하거나 불의의 재난으로 마음이 편안할 때가 적은 단명 운이다. 이 수는 흉을 불러들이는 수리로 불량배나 화류계로 흘러가기 쉽다는 암시도 있으므로 작명 시에 피하는 것이 좋다.

*21획수: 두령격(頭領格) 존영운(尊榮運) 남-吉, 여-中吉

가르치는 직업 교사에게 가장 많고 교직에 유리한 수리이다. 혁명을 암시하는 수리로 큰 인물이면 성공해서 천하를 장악하고, 중격의 인물이면 중인의 윗자리에 군림하지만 하격 인물이면 도리어 불길하게 작용하는 수리이다. 우두머리란 좋은 자리이지만 저절로 얻어지는 것이 아니고 모험을 건 투쟁 뒤에야 윗자리에 군림하는 만큼 길한 수리라고 단정할 수 없다. 이 수리는 어려운 난관이 닥치더라도 끝내는 대업을 완수하여 이름을 드날리며, 중인을 영도하는 지도적 지위에 올라 부귀 공명한다. 이성문제로 번민하는 수가 있으며, 여자는 너무 강한 수리이므로 이 수리를 되도록 피하거나 사회활동에 나서는 것이 유익하다.

*22획수: 중절격(中折格) 중쇠운(中衰運) 남녀-大凶

외모가 준수하고 지략도 있으나 타고난 재능과 노력에 비하여 일의 결과가 중도에 좌절되거나 실패하여 비운을 한탄하는 흉조의 수리이다. 두뇌가 우수하고 특히 미인이 많은 수리이다. 학업운이 중단되기 쉽고 마음의 방황을 많이 겪게 하여 전체운을 하락하게 한다. 이 수리는 차츰 쇠운에 빠져들게 되므로 소기의 목적을 달성하기 위해서는 남다른 인격수양에 노력을 기울여야 한다. 이 수리는 대흉하여 육친의 덕이 적고 가족과의 이별, 실직, 파면, 사업실패, 형액과 단명 등의 흉조가 가득하여 고독한 편이므로 작명 시에 특히 피해야할 수리이다.

*23획수: 공명격(功名格) 융창운(隆昌運) 남-吉, 여-中吉

어려운 환경에 처하더라도 수단과 노력을 아끼지 않고 활약함으로써 물고기가 용이 되어 올라가듯 현 위치에서 몇 단계 뛰어오르는 이상적인 수리이다. 주도면밀하고 적극적인 행동으로 대지대업을 이루어 공명 영달하는 자리에 오르는 대길수다. 대장부에겐 가장 이상적이고 유혹적인 수리이지만, 이 수가 중복되거나 21수와 겹치면 대강즉절(大剛則折)의 이치가 적용되어 도리어 불의의 좌절을 당할 수 있다. 이 수리는 남의 눈치를 보는 데 기민하고 화려한 권위를 좋아하기 때문에 온유한 성품과 덕을 베풀려는 자세가 필요하다. 여자는 너무 강한 수리이므로 되도록 사용을 피하고 원만한 결혼생활을 위해서는 사회활동을 병행하는 것이 좋다.

*24획수: 입신격(立身格) 영달운(榮達運) 남녀-吉

재주가 뛰어나고 재운이 좋아서 맨주먹으로 재산을 모아서 크게 번영을 가져오는 무에서 유를 창조하는 수리이다. 이 수는 자수성가의 수리로 1에서부터 시작하여 사업가는 백배의 자산을 늘리고 공명을 구하려는 자는 재능을 인정받아 높은 지위와 권세를 얻는다. 다재다능하여 학문, 발명, 예술과 재물에 이르기까지 큰 업적을 남기는 경우가 많다. 특히 예술방면으로 진출하려는 여자에겐 자신의 재능을 배가시켜 주는 매우 양호한 수리이다. 단번에 대업을 성취하거나 꿈을 이루려는 욕심을 버리고 자수성가형의 목표를 지향하는 것이 좋다.

*25획수: 건창격(健暢格) 안강운(安康運) 남녀-吉

영민하고 의지가 강하여 많은 재물을 모으며 자손복도 많은 자수성가형 수리이다. 성격이 강하고 무뚝뚝하게 말을 함부로 해서 인심을 잃는 경우가 종종 있다. 끈질긴 노력과 강직함 때문에 주위 사람들에게 고집스러운 성격자로 보이기도 한다. 반면에 투기적 사업이나 모험적인 일보다는 안일무사를 추구하다가 의협심이 없는 사람으로 취급받아 사람들로부터 소외를 당할 우려가 있다. 이 수리에서 온유한 성품을 유지하는 사람은 크게 발전하지만, 그렇지 못한 사람은 잦은 의견충돌로 경원 시 당하고 좌절하게 되는 경우가 많다. 여자는 애교가 있어서 사교적이지만 다소 강한 인상을 주므로, 이 점에 유의하여 성격을 조절하도록 인격수양에 힘쓰는 것이 좋다.

*26획수: 영웅격(英雄格) 파란운(波瀾運) 남녀-凶

영웅호걸 기질이 있어서 앞장서기를 좋아하고 대사를 경륜하는 능력도 있어서 좋은 운을 만나면 파죽지세로 영웅적인 지위를 얻는 수리이다. 그러나 영웅적인 지위에 오른다 해도 한번 기울기 시작하면 역경과 재액이 한꺼번에 들이닥친다. 영웅 치고 파란만장한 역경을 겪지 않는 인물이 없으므로 순탄할 수 없는 생애가 예상된다. 영웅호걸, 위인, 열사, 효자, 의협인과 풍운아 등이 이 수리에서 많이 배출된다. 여자는 풍상이 심한 편이며, 남녀 간의 애정에 조심을 해야 한다. 보편적으로 재능과 실력을 과신하여 인간관계에 장애를 초래하므로 현실과 타협하는 정신을 길러야 한다.

*27획수: 불운격(不運格) 중절운(中折運) 남녀-凶

지모와 노력으로 중반까지는 순조롭게 발전하지만 자아심이 강하기 때문에 비난과 불화를 조성하는 이기적인 경향성이 발전에 영향을 미치는 수리이다. 영웅과 재사가 때를 못 만난 상이라 큰그릇이 될 자격을 갖추었어도 좋은 때를 얻지 못하여 불우한 생애를 보내는 경우가 많다. 재물이나 이성에 대한 욕망이 강하여 자기 꾀에 자기가 넘어가는 수도 있다. 자존심이 강하여 실패, 형액과 단명을 불러들이거나 극단적으로는 자살을 택하기도 한다. 대업을 달성하기 위해서는 자기중심성을 버리고 '일일삼성' 하는 자세가 필요하다.

*28획수: 파란격(波瀾格) 조난운(遭難運) 남녀-凶

평온한 바다를 항해하던 배가 망망한 바다 가운데서 거센 비바람을 만난 형상이라 파란이 겹쳐서 안정을 취하기가 어려운 수리이다. 영웅호걸도 이 수를 만나면 속수무책이다. 현실과 이상의 차이가 커서 뜻대로 되는 일이 적으며, 인생에 변동이 많아서 신용이 떨어지고 남의 오해를 받기 쉽다. 배우자와 인연이 박하기 때문에 마음고생과 곤액이 그치지 않는다. 사람 자체는 괜찮지만 지나치게 강건하여 화합을 못하므로 질병, 고독, 형액, 살상, 사기와 단명의 암시가 있으므로 작명 시에 주의해야 할 수리이다. 타인의 오해나 역경 등에서 벗어나기 위해서는 화평한 마음씨와 진지한 자세가 요구된다.

*29획수: 성공격(成功格) 재복운(才福運) 남-吉, 여-中吉

지모가 뛰어나고 재력도 충분하여 영화를 누릴 길조가 있으면서도 불만과 불평을 품고 있는 수리이다. 왕성한 활동력으로 대업을 성취하여 부귀공명은 물론 장수도 누린다. 이 수는 玉을 다듬어 보배를 만들고 쇠를 단련하여 정금(精金)을 만드는데 있으므로 숱한 역경과 수련을 겪고서야 성공한다는 암시가 강하다. 욕망이 크다보니 항상 부족한 것처럼 느끼고 불평불만을 갖게 된다. 자기 자신을 망각하는 행동을 할 경우 실패를 면하기 어려운 수리다. 여자에게 21획수, 23획수, 33획수, 39획수와 더불어 29획수는 다소 강한 수리여서 남성적인 기질이 농후하므로 능력에 맞는 사회생활이 필요하다.

*30획수: 부몽격(浮夢格) 부침운(浮沈運) 남녀-凶

허영심이 많아서 내실보다는 겉치레에 치중하므로 남 보기는 호화스럽지만 신분에 넘치는 망상과 야망을 꿈꾸기 때문에 흥망의 극단을 걷는 수리이다. 흥망성쇠가 심하여 요행 운수가 들어맞아서 성공하기도 하고 크게 실패하여 파경에 이르는 부침 운에 속한다. 만약 성공했을 때에 손을 떼고 물러나 자기 위치를 지키지 않으면 자신도 모르는 사이에 성공을 잃는다. 이 수리는 주인공의 생활태도에 따라 성패가 좌우되므로 허영심을 버리고 분수에 맞도록 노력하면 도리어 짭짤한 재미를 보게 된다. 여자는 허영심 때문에 일생을 망치는 경우가 있으므로 조심해야 한다.

*31획수: 융창격(隆昌格) 흥가운(興家運) 남녀-吉

가뭄에 단비를 맞은 초목과 같이 비약적인 발전이 있으며, 조상의 몰락했던 가운을 부흥시키는 흥가운의 수리이다. 학문과 예술 분야에서 탁월한 소질과 운의 뒷받침으로 크게 성공하는 사람들이 많다. 사물에 밝고 활동성이 강하여 빈손으로도 큰 업적을 이룩해서 대중의 지지로 부귀를 동시에 얻는다. 그러나 부유한 환경에서 자란 사람 중에는 주색으로 어려움에 봉착하는 경우도 있다. 배우자 인연이 양호한 편이나, 여자는 수리가 강하여 극부수가 있으므로 부업이나 사회생활을 하는 것이 좋다.

*32획수: 요행격(僥倖格) 강령운(康寧運) 남-吉, 여-中吉

어려운 환경에 태어났다 하더라도 하고자 하는 일이 순풍에 돛달고 항해하는 상이니 모든 일이 순조롭게 진행되는 수리이다. 이 수는 우연한 요행과 뜻밖의 행운을 만나서 파죽지세로 대성공을 거두어 부귀번영 한다. 주위의 도움도 많고 운세도 좋아 상당한 발전을 기약하지만, 은혜를 베픈 사람에게 배은망덕하는 일이 없도록 해야 한다. 여자는 매력적이고 색정이 강한 편이므로 애정문제에 주의해야 한다. 자신의 힘만으로 성공한 것이 아니므로 되도록 겸양의 미덕을 많이 베풀어야 한다.

*33획수: 승천격(昇天格) 왕성운(旺盛運) 남-吉, 여-中吉

재능과 지모가 출중하므로 대망의 명성과 권위를 차지하게 되어 복운이 번창하고 용이 하늘을 오르는 형세의 수리이다. 용이 하늘에 오르면 풍운의 조화를 부리지만 물속에서는 그러한 힘이 없으므로 착실히 실력 배양에 힘쓰고 때를 기다리면 세상을 흔들만한 권세를 얻는다. 운수가 매우 왕성하기 때문에 범인에게는 벅찬 수이며, 이 수는 극왕 운이므로 갑자기 급변 몰락하는 흉한 암시도 내포하고 있으므로 선천 운인 사주와 조화를 이루도록 해야 한다. 종교와 예술가에게는 길한 수리이지만, 여자에게는 이별수가 있으니 필히 사회활동을 해야 좋다.

*34획수: 파멸격(破滅格) 변란운(變亂運) 남녀-凶

요행으로 일시적 성공을 얻어 재물을 쌓고 안락하게 살기도 하지만, 예기치 않은 난관이 속출하여 불행해지기 쉬운 흉한 수리이다. 처음에는 타오르는 불꽃의 기세가 왕성하나 곧 큰 재화가 닥 쳐 모진 세파를 맛보게 되며, 마치 불이 꺼지고 재가 되는 운세와 비슷하다. 육친과의 이별, 살상, 질병, 단명과 형액 등으로 소생하기 힘든 수렁으로 빠지는 가장 흉한 수리 중의 하나이다. 여자는 히스테리성 질환으로 고생하게 되며, 또 대흉 수에 해당되므로 작명시에는 주의할 수리이다. 인생을 돌다리도 두드려 본다는 심정으로 살아가는 것이 좋다.

*35획수: 평안격(平安格) 안강운(安康運) 남녀-吉

대업을 일으키는 데는 담력과 계략이 부족하지만 학문연구, 문학가, 교육과 예능 방면에는 길한 수리이다. 용맹 과감한 기상이 적어서 큰 성공은 어렵지만 자기 본분을 알아서 맡은 일에만 충실하면 안락한 삶을 누린다. 풍파 없이 안정된 생활을 하면서 오붓하게 살아갈 수 있어 여자에게는 가장 좋은 수리 중에 하나이다. 이상주의자가 많아서 결혼은 늦게 하는 경우가 종종 있으며, 여자는 내조를 잘하는 현모양처의 수리로 주위에 남자들이 많이 따른다.

*36획수: 괴걸격(怪傑格) 파란운(波瀾運) 남녀-凶

영웅적 포부와 의협적 기질 때문에 정의로운 일이라면 물불을 가리지 않고 뛰어 들어 해결하려는 점은 대중의 추앙을 받으나 자신은 항상 파란곡절이 많이 따르는 풍운아 수리이다. 일세의 풍운아로 군림하면서도 파란곡절의 부침이 심하여 질병, 재난, 조난, 단명과 형액의 운이 작용한다. 여자는 팔자가 세어 파란 많은 인생을 경험하기 쉬우며, 배우자 운이 약하여 고독하게 지내는 경우가 많다. 종종 기인과 풍운아가 이 수리에서 나온다. 세상사는 정의감만으로 모두 해결되는 것이 아니므로 생각과 행동을 바꾸어 작은 것에서부터 출발하려는 자세가 필요하다.

*37획수: 인덕격(仁德格) 공명운(功名運) 남녀-吉

천성이 온화하고 너그러워 군자의 풍모를 갖추었으므로 사람들의 존경과 신망을 얻어서 사표의 위치에 이르는 수리이다. 용기와 지략으로 어려움을 극복하고 유시유종하므로 명성과 권위가 명예롭다. 학자로서 명예를 얻을 수 있는 수리이니 문학과 예술방면에 힘쓰면 대길하다. 여자는 영리하고 마음이 풍요로워서 행복한 가정생활을 영위하는 내조 형 현모양처이다. 한 가지 일에만 열중할 뿐만 아니라 독단적으로 행동하기 쉬워서 고립되는 경향이 있으므로, 덕성을 함양하면서 다른 사람들과 화합을 이루도록 노력해야 한다.

*38획수: 문예격(文藝格) 창작운(創作運) 남-吉, 여-中吉

두뇌가 우수하고 자신과의 싸움에도 강하지만 대외적으로 권위가 없어 남을 통솔하거나 지도자적인 자질이 부족한 수리이다. 적극성이 적어서 정계와 재계에서는 남에게 뒤떨어지는 수가 많으나 인품이 고상하고 총명하여 문학, 종교, 예능, 발명과 기술 방면에는 뛰어나므로 전문적인 노력을 가하면 명성과 부귀를 얻을 수 있다. 여자는 매사에 성실하고 성의를 다하므로 현부인이 될 수리이다. 환상적이고 고귀한 이상주의자가 많은 관계로 결혼이 늦는 경향이 있다. 자신의 분수와 역량을 인식하고 정도를 지키려는 자세를 견지하면 부귀공명 할 운이다.

*39획수: 번영격(繁榮格) 안락운(安樂運) 남-吉, 여-中吉

변동을 겪은 다음에 운기가 평탄하여져 재력과 덕망을 얻어 뭇 사람을 거느리며 위세를 떨치는 수리이다. 적극적이고 박력 있는 자세는 군인과 정치가로 크게 발전하는 경우가 많다. 이 수는 강해서 극성(極盛)한 이면에 극쇠(極衰)의 운을 내포하고 있으므로 조심할 필요가 있으며, 작명 시에도 선천 운과 조화를 이루게 하거나 여자 이름에는 쓰지 않는 것이 좋다. 여자에게는 너무 강해서 극부수에 해당하므로 사회생활을 하거나 부업을 하는 것이 좋다.

*40획수: 무상격(無常格) 공허운(空虛運) 남녀-凶

재주와 지혜가 많고 담력이 뛰어나서 일시적인 성공은 있으나, 운세가 미약하여 마침내는 공허한 상태로 돌아가는 수리이다. 임기응변에 능하고 이론적이지만, 운세가 변화무쌍하여 좌절과 실패를 겪게 된다. 성격이 좌충우돌하기 때문에 하락하는 운을 맞으면 가족과의 이별, 질병, 재액과 단명 운이 찾아든다. 성격이 거칠어서 자신이 득세할 때는 남이 따르지만 몰락하면 사람들이 상대하려고 하지 않는다. 허욕으로 망하는 운이니 분수를 지키면서 덕행을 베풀면 뒤에는 행운이 찾아온다.

*41획수: 고명격(高名格) 명예운(名藝運) 남녀-吉

사물의 처리가 우수하여 창조 발전의 운세가 작용하므로 창작과 발명에 힘쓰면 만인의 빛이 되어 명성을 날린다는 수리이다. 중년에는 다소의 파란을 겪지만 의지가 굳고 앞을 내다보는 안목이 있어서 결국은 명리를 얻게 된다. 용모가 준수하여 이성에게 흠모의 대상이 되니 이성문제를 주의해야 한다. 여자는 현모양처의 길수로서 너무 값을 올리려다 혼기가 늦어지기도 한다. 용의 꼬리보다 뱀의 머리가 되려는 성격이 독단으로 흐르면 반격을 당할 가능성이 높으므로 이 점을 유의해야 한다.

*42획수: 고행격(苦行格) 박약운(薄弱運) 남녀-凶

박학다예 하여 무엇에나 능하지만 모험심과 의지력이 약하여 깊이가 없는 팔방미인 수준에서 머무르는 수리이다. 사물을 사색적이고 객관적으로 관찰할 뿐 좀처럼 행동으로 옮기지 못하는 단점이 있다. 다방면에 걸쳐 많이 알고도 어느 하나 제대로 못 써먹는 것보다는 한 가지라도 정통하여 존경받는 전문인이 되도록 노력해야 한다. 성공을 했다 하더라도 기력이 약하여 오래가지 못하고 재액을 초래할 수 있으므로 적극적인 사고와 한 우물을 파는 노력이 필요하다. 이 수리는 가족과의 이별, 병액, 이성문제, 조난과 역경의 어려움이 겹쳐오기도 한다. 동료와의 암투와 사업부진 등으로 고뇌를 느끼는 수리이다.

*43획수: 산재격(散財格) 고뇌운(苦惱運) 남녀-凶

지혜와 재주는 있으나 의지가 박약하여 일이 뜻대로 되지 않고, 산재 운이 있어서 돈을 벌어도 모이지 않는다. 마음은 하늘에 있고 몸은 개천에 있으니 이루어지는 일이 적다. 겉으로는 행복해 보여도 내면적으로는 고민이 많고 이성문제로 방탕의 길로 흐르기 쉽다. 결혼은 늦게 하는 경우가 많으며, 여자는 허영심과 변덕이 심하여 배우자 운을 극하는 사례가 많다. 처지가 불우하면서도 이상이 높아 단숨에 큰 성과를 거두려 하지만 운이 허락하지 않아 정신과로에 의한 신경쇠약, 가족과의 불화, 사회로부터의 소외감 등으로 고독한 생활을 한다. 따라서 높은 이상과 허황된 유혹을 버리고 아래를 내려다보며 현실 감각적으로 살아야 무엇인가를 이룬다.

*44획수: 분산격(分散格) 파멸운(波滅運) 남녀-凶

다람쥐 쳇바퀴 돌듯 모이면 흩어지고 취하면 잃게 되기 때문에 노력해도 제자리걸음이 되는 수리이다. 지재가 우수하여 수재와 발명가가 나오는 수이지만 방향을 잘못 잡으면 사기나 횡령으로 신세를 망치는 경우도 있다. 이 수리는 가족과의 이별, 발광, 변사, 역경과 단명의 흉운을 암시하는 수이다. 가족이 흩어지고 재물이 흩어지는 것은 세상일을 쉽게 보고 과신하는 데에 실패의 원인이 있으므로 평범하게 살려는 자세가 필요하다.

*45획수: 지혜격(智慧格) 현달운(顯達運) 남녀-吉

타고난 지혜와 의지는 대업을 성취할 수 있으며, 지모는 천하를 경영할 수 있으므로 지도적인 높은 지위까지 오를 수 있는 수리이다. 애로를 겪으며 성장하기 때문에, 남 보기는 평범해 보여도 내적으로 총명하여 일단 착수한 일은 실패하지 않으려고 한다. 남녀를 불문하고 이성과 음주를 조심해야 하며, 여자는 슬기롭고 상냥하여 배우자를 내조하여 살림을 일으킨다. 성명수의 배합이 좋지 못하면 재난과 고독으로 생활하는 수도 있다. 성공의 단계에 이르기까지 한 두 차례 실패할 수 있으므로 승부근성을 길러야 한다.

*46획수: 불행격(不幸格) 비애운(悲哀運) 남녀-凶

큰 재난을 딛고 일어나 성공에 이르는 사람도 있으나 예기치 않은 재난이 속출하여 불행을 면키 어려운 수리이다. 영웅 재사가 재능은 있어도 때를 만나지 못하여 초야에 묻혀 지내는 형상이다. 때를 못 만난 것도 이유이지만 의욕이 부족하여 사회에 진출해도 부정적인 생각 때문에 실패와 좌절을 맛보게 된다. 여자는 특수한 예재와 기예로 크게 발전하는 경우도 있으며, 남녀 모두 배우자 운이 약하여 이별, 병액과 단명수가 있다. 운이 약한 편이므로 자신과 싸움을 해야 하는 발명, 연구, 정신수양과 창작 등의 일에 매진하는 것이 성공의 길이 될 수 있다.

*47획수: 출세격(出世格) 개화운(開花運) 남녀-吉

영웅호걸이 때를 만나고 초목이 봄을 만난 형상이라, 재능을 마음껏 발휘할 수 있는 직위와 환경이 조성되고 일이 순조롭게 발달하여 명예와 부를 축적하는 수리이다. 단독 사업보다는 동업으로 성공을 거두는 사람이 많으며, 타인의 사업체 후계자로 자리를 계승하여 부귀를 누리기도 한다. 이 수리는 일이 순조롭게 발달되어 자손에게 재물과 영화를 물려준다. 여자는 현모양처형이면서도 지성미가 뛰어나기 때문에 배우자 운을 좋게 만들고 자손이 번영하도록 한다. 특히 이 수리는 다른 사람들과 당신의 힘이 합하여질 때 당신의 출세 문이 열린다는 것을 기억해야 한다.

*48획수: 귀인격(貴人格) 영화운(榮華運) 남녀-吉

지모가 깊고 성실과 덕망이 넓어서 진취적인 기상으로 부귀영달을 누리는 수리이다. 하늘이 복을 내려주기 때문에 하는 일마다 성공을 거두어 재물이 흥하고 가정적으로는 화평 속에 자손이 번영한다. 당신 스스로 사업을 일으키기보다는 남을 선도하는 입장에서 고문역이나 상담역할을 하면 복덕이 더욱 높아진다. 덕망과 탁월한 지도력으로 먼 앞날을 내다보는 식견은 뭇 사람들의 사표가 된다. 부귀공명 하는 동안에 어려운 때를 대비하는 자세가 필요하다.

*49획수: 은퇴격(隱退格) 성쇠운(盛衰運) 남-中吉, 여-凶

공을 이루어 지위와 재산을 성취하였으면 때와 분수를 알아서 지위는 물려주고 재산은 의로운 일에 사용하여야 명예와 가족의 행복을 지킨다는 교훈적인 수리이다. 순풍에 성공하여 영달하지만 만년에 흐를수록 흉운으로 재해가 속출하므로, 성공했을 때는 신중을 기하여 은퇴하는 것이 좋다는 의미이다. 여자는 편안한 삶을 누리기가 쉽지 않은 수리이므로 산업전선으로 나서야 할 경우가 많다. 이 수리는 길흉성쇠의 변화가 심하여 예기치 않은 재난으로 고통을 당할 가능성이 높으므로 심신을 단련하여 매사에 공명정대하고 진실된 마음으로 임해야 한다.

*50획수: 절망격(絶望格) 불행운(不幸運) 남녀-凶

처음은 길하여 되는듯하나 초목이 서리를 만나고, 물고기가 그물에 걸린 신세와 같으니 희망이 절망이라는 흉운을 의미하는 수리이다. 한때 발전하기도 하지만 예기치 않은 재난으로 고통을 당하는 경우가 많다. 성격이 묘한 데가 있어서 좌충우돌하므로 의견충돌이 많고 타인에게 경원시 당하기 쉽다. 재운과 가정운 모두 보통 이하여서 어려운 역경을 헤쳐 나가야 한다는 암시가 강한 수리이다. 말년이 어렵게 진행되는 수리이므로 노후를 미리 대비하는 것이 최선의 방법이다.

*51획수: 혁신격(革新格) 변동운(變動運) 남녀-中吉

사업과 직업의 변혁, 심지어는 같이 살던 부부관계도 청산하고 새 살림을 꾸며야 좋다는 혁신적인 변동운을 의미하는 수리이다. 옛것을 버리고 새것을 좇아야 좋다고 한다. 강건한 기상과 정직으로 어려움을 극복하고 대업을 성취하지만, 흥망성쇠의 파란변동이 심하여 좌절과 실패가 찾아오므로 꼭 혁신을 해야 살길이 생긴다는 수리이다. 이 수리는 변동운이 강하게 작용하기 때문에 운을 초월할 수 있는 고도의 심신수련이나 종교계통의 직업을 갖는 것이 좋다.

*52획수: 약진격(躍進格) 조화운(造化運) 남녀-吉

운세가 강력하기 때문에 어려운 일도 극복하여 성공시킨다는 약진의 수리이다. 계획력과 착상 아이디어가 뛰어나 투기사업도 비약적으로 성공시켜 부귀공명 한다. 용이 하늘에 올라가 풍운의 조화를 부리는 형상이니, 유능한 인물이 자신이 지닌 재능을 마음껏 발휘한다. 남녀 모두 이성에 주의하지 않으면 이성문제로 어려움에 봉착하게 된다. 이 수리에서 큰 학자나 위대한 정치가를 많이 배출한다. 대성하는 길이 열려 별 장애 없이 큰 뜻을 이루고 그 영예를 후손에까지 물려주는 대길수이다.

*53획수: 평범격(平凡格) 내허운(內虛運) 남녀-中吉

길흉화복이 평범하고 단조롭게 진행되어 노력한 만큼 얻어지는 수리이다. 외면적으로는 행복해 보이나 내면은 역경들이 도사리고 있어서 고난에 직면하는 경우가 많은 내허운이다. 이 수리는 인생의 전반기가 행복하면 인생의 후반기가 불편하고, 인생의 전반기가 어려우면 인생의 후반기가 편안해진다는 암시가 강하다. 여자는 길한 수리에 해당하지만 남자에게는 별로 탐탁하지 못한 수리이다. 가족의 연이 약하고, 재액과 질병 등으로 어려움을 겪는다. 외면보다는 자신의 허하고 공허한 상태를 심신의 안정을 통하여 내실을 기하려는 자세가 필요하다.

*54획수: 빈궁격(貧窮格) 무공운(無功運) 남녀-凶

고집불통에다 세상 물정에 어두워 생활자세가 남에게 뒤지는 편이며, 다른 사람의 충고도 듣지 않고 욕심내다가 실패하여 빈궁하게 산다는 흉수의 수리이다. 일시적인 행복은 누릴 수 있으나 인생항로가 불행하여 질병, 불화, 손실, 고독, 횡사, 패가망신과 단명 등의 흉운이 자주 찾아온다. 부유한 집안에 태어나더라도 이렇다 할 성공을 얻기 어렵고, 엉뚱한 욕심을 내다가 실패하여 부모 유산을 축내는 경우도 있다. 이 수리는 흉운을 가져오기 때문에 성명에는 마땅하지 않으므로 사용을 자제하는 것이 좋다. 가끔 충신이나 효자를 배출하여 가문을 빛내기도 한다. 개인 사업을 하기보다는 급여생활을 하거나 공무원 계통의 직업이 좋다.

*55획수: 불안격(不安格) 미달운(未達運) 남녀-凶

인내력이 부족하고 성격이 급하여 일을 계획하고 추진하는 과정에서 생기는 실패가 잦기 때문에 모래 위에 지은 집처럼 불안하다는 수리이다. 즉흥적으로 일을 처리하고 경거망동에 의한 실수가 많다 보니 자연히 위축되어서 용기마저 상실하는 경향이 있다. 극성극쇠 하는 운이므로 노력 끝에 성공하여 영달을 누리지만, 그 번영이 지나쳐 겉은 화려하고 융성하나 내적으로는 재해가 속출하여 마음이 편안하지 않은 수리이다. 이러한 실패를 반복하지 않기 위해서는, 외적으로만 성공할 것이 아니라 내외적으로 균형을 맞추어 성공하는 것이 성패의 관건이다.

*56획수: 불운격(不運格) 한탄운(恨歎運) 남녀-凶

덕망과 재질을 지녔으나 용기와 인내가 부족하여 귀인을 만나기 어려워서 실패와 좌절을 맛보게 된다는 불운의 수리이다. 옥이 진흙에 묻힌 형상으로 재능이 많더라도 나를 알아주는 사람을 만나지 못하여 인품보다 훨씬 못한 환경에서 불우한 삶을 보낸다. 일이 때를 만나지 못하고 출세하기 어려운 상이니 하늘과 땅을 보고 탄식한다는 수리이다. 용기와 실천력이 부족하여 재난, 병액, 손실과 불행 속에서 허덕이게 된다. 이 수리는 만사가 뜻대로 이루어지지 않으므로 노력 이하의 결과가 나오더라도 순응하면서 살겠다는 자세가 필요하다.

*57획수: 행운격(幸運格) 봉시운(逢時運) 남녀-吉

힘든 고난과 역경을 겪은 다음에 자연의 혜택을 입어 영달하는 행운이 찾아온다는 수리이다. 끈기와 노력으로 매사에 임하니 드디어 성공하는 기회를 얻게 되어 의외의 재물을 얻게 된다. 지혜와 슬기를 사물에 따라 적절히 응용함으로써 재능을 인정받아 천하의 권세를 얻는다. 학위를 받거나 고시공부를 하면 행운과 때를 만나기에 좋은 수리이다. 백절불굴의 투지와 노력으로 행운을 잡는 격이니 '객권유익'의 철학을 견지하는 것이 좋다.

*58획수: 만달격(晩達格) 후영운(後榮運) 남녀-吉

처음은 난관에 봉착하고 곤고하지만 맨주먹으로 대업을 일으키게 되거나, 큰 실패 뒤에 다시 번영을 누린다는 칠전팔기의 암시가 있는 대길한 수리이다. 겨울에 초목이 봄을 기다리는 형상이니 머지않아 영화로움이 찾아온다. 여자는 아름다운 미모를 가졌을 뿐만 아니라 마음씨도 유덕하여 배우자 운과 자녀 복이 좋다. 현재보다는 내일이 더 멋진 인생이 전개된다는 신념하에 노력을 기울이면 유종의 미를 거두고 행복한 삶을 누리게 된다.

***59획수: 재화격(災禍格) 비애운(悲哀運) 남녀-凶**

의기소침하고 인내력이 결핍되어 지능도 변변치 못하니 큰 뜻을 이룰 가능성이 없다는 흉수의 수리이다. 역경 속에서 재난이 이어 닥치니 재산을 탕진하고, 파산, 병액, 조난과 비명 등으로 어려움을 겪는다. 이 수리는 매사에 발전성이 없을 뿐만 아니라 온갖 불운의 흉을 가져오므로 되도록 쓰지 않는 것이 좋다. 여자는 첫 결혼을 실패하기 쉬우며, 남녀 모두 배우자 운이 적은 편이다. 자신과의 싸움을 통하여 기상을 함양하고 인내력으로 목적을 향하여 꾸준히 노력한다면 흉이 많이 감소된다.

***60획수: 재액격(災厄格) 암흑운(暗黑運) 남녀-凶**

계획하는 일이 실패로 돌아가고 재액이 속출하여 앞길이 까마득하다는 암흑운의 수리이다. 정신력이 약하고 판단력이 부족하여 자신의 나갈 길을 갈피잡지 못하는, 이러한 사람은 피지배자의 입장에서 행동하는 것이 좋은 수리이다. 이 수리는 극도의 곤궁에 빠져 이별, 살상, 병액, 형액, 재난과 단명에 이르는 경우도 있다. 총명하고 재능이 뛰어나다 할지라도 겹치는 불운으로 인하여 절망의 수렁으로 빠지는 경우가 많다. 바람 부는 대로 파도치는 대로 흘러가는 것보다는 작은 계획이라도 끈질기게 노력함으로써 자신의 인생을 살아 보겠다는 자세가 필요하다.

***61획수: 영화격(榮華格) 부귀운(富貴運) 남녀-吉**

지혜가 뛰어나고 운세도 강하여 어떠한 경우라도 명예와 재물을 얻어서 부귀를 누린다는 길한 수리이다. 신념을 굽히지 않고 저력으로 매사에 임하니 자연적으로 직업에 발전이 오고 사회적으로도 인정을 받아 영화를 누린다. 이 수리의 가정 운은 부부가 화합하고 덕을 쌓으니 자녀가 효행으로 답한다. 영화를 누리게 되면 불손하여지는 것이 이격의 단점이다. 따라서 육친이나 형제간에 싸움을 일으키고 재난을 만나는 경우가 있으므로 평소에 화목한 덕을 쌓아야 한다.

***62획수: 쇠약격(衰弱格) 고독운(孤獨運) 남녀-凶**

해가 서산으로 넘어가듯 일장춘몽의 영화와 운기가 쇠약하여 기울어져 간다는 수리이다. 이 수리는 재력과 신용이 떨어지고, 성격적으로도 결점이 드러나기 때문에 재난을 당하여 고독하게 된다. 가정불화로 이별수가 생기며 노년에는 병액으로 고생하는 경우가 많다. 어려움이 연속되므로 신세타령을 일삼다가 패가망신하게 된다. 분수밖의 일을 자주 도모하는 바람에 실속 없는 일로 문제를 일으켜서 신용과 권위를 스스로 떨어뜨린다. 사람들과 불화를 일으키지 않기 위해서는 꾀와 기교를 부리지 않는 것이 좋다.

*63획수: 길상격(吉祥格) 순리운(順理運) 남녀-吉

두뇌회전이 빠르고 포용력 있는 처세술은 귀인의 협조를 얻게 되어 뜻밖에 부귀공명을 누린다는 길한 수리이다. 왕성한 운세의 도움으로 경영하는 일마다 순조로운 성과를 거두기 때문에 사회적인 명성을 얻게 된다. 이 수는 재액이 닥친다 해도 스스로 피해가므로 목적한 바를 능히 이룬다. 부부애가 각별하여 가정은 가도(家道)가 중흥되고 가족끼리는 다복하여지며, 자손은 여경 한다. 무궁한 발전을 얻기 위해서는 사회를 위하여 좋은 일을 많이 하여야 한다.

*64획수: 고행격(苦行格) 쇠멸운(衰滅運) 남녀-凶

두뇌는 명석하나 그 재능을 써먹지 못하고 불황과 침체에 빠져 고행을 겪는다는 흉한 수리이다. 파란곡절이 중첩하여 재산과 명예가 수포로 돌아가는 쇠멸운의 암시가 있다. 쇠멸운이 닥쳐오면 사업실패, 이별, 병액, 단명과 재난으로 고생한다. 이 수리는 가정에 나쁜 영향을 미쳐서 배우자 운을 약화시키며, 자녀를 극하여 이별 수를 만든다. 여자는 육친과 반목하며, 독신생활 하는 사람이 많다. 무모한 계획을 추진하면 결국은 실패하게 되는 수리이므로 자신의 능력에 맞는 목표를 세워야 한다.

*65획수: 중천격(中天格) 휘양운(輝陽運) 남녀-吉

태양이 중천에 떠서 온 천지를 골고루 비추듯이, 모든 일이 형통하여 금은보화가 집안에 가득하고 사회적으로는 중심적인 위치에서 번영을 누린다는 길한 수리이다. 사회적으로 상당한 지위에 올라 모든 일이 순풍에 항해하듯이 전도양양한 미래가 펼쳐진다. 공사가 분명하고 목적한 바는 반드시 성취하려는 노력형으로 부귀와 명예가 따른다. 가정적으로는 부부애가 다정하고 자손이 번창하는 대길수이다. 따라서 스스로 개화(開花)하여야 행복이 찾아오는 호운이므로 가운(家運)을 일으키려고 노력해야 길하다.

*66획수: 우매격(愚昧格) 우환운(憂患運) 남녀-凶

사고력이 부족하여 사물의 판단에 어두워서 좋은 뜻을 성취하기 어렵다는 수리이다. 산 너머 산이니 내우외환(內憂外患)이 교대로 닥쳐와서 진퇴의 재능을 제대로 펴보지도 못하고 비운에 빠진다. 이 수리는 불평불만이 많이 쌓이고, 믿을 수 있는 사람에게조차 배신을 당하는 경우가 있다. 이 수는 이성문제로 인한 색난, 패가망신, 병액, 수난(水難)과 도난을 종종 만나게 된다. 배우자 운이 별로 좋지 않아서 심신이 불안하고 부부간에 성격과 이상의 차이로 갈등을 일으킨다. 흉운을 완화시키기 위해서는 부부간에 화합하는 정신을 먼저 길러야 한다.

*67획수: 재복격(財福格) 성장운(成長運) 남녀-吉

고난과 실패의 수렁은 지나가고 닥쳐올 모든 일이 재물과 복록으로 가득 차게 된다는 길한 수리이다. 총명하고 수단이 좋아서 실패의 역경을 딛고 일어나 전보다 더 큰 업적을 성취하여 고속으로 성장한다. 기업을 경영하는 사람은 대업을 이루고, 많은 돈을 축재하는 운이다. 세상을 보는 안목이 넓을 뿐만 아니라 하늘과 주위에서 주는 복이 강하여 경영하는 일이 순조롭게 발전한다. 가운이 번창하고 행운이 따라 부귀영달 하는 대길수이다. 모든 일을 혼자 경영하려고 욕심부리면 실패할 가능성이 많으므로 누이 좋고 매부 좋도록 경영하는 것이 좋다.

*68획수: 부흥격(復興格) 발명운(發明運) 남녀-吉

조상 때에 몰락한 가문의 명예와 재산을 되찾으며, 잃어버린 자신의 권위와 지위를 회복한다는 부흥 운의 수리이다. 지혜가 총명하여 창의력과 발명의 재능이 우수한 편이다. 생각이 깊고 계획이 주도면밀하여 목표를 세운 일은 어떻게든 성취하는 성격이다. 탁월한 창의력이 있으므로 아이디어를 활용하는 분야로 진출하면 빠르게 출세하여 명예와 재물을 얻는다. 사람들의 신망을 얻어 목적을 달성하고 부귀영화의 혜택을 말년까지 누린다. 가정은 화평해지고 자손은 귀하게 되는 수리이다.

*69획수: 궁박격(窮迫格) 고통운(苦痛運) 남녀-凶

꺼져 가는 등불에 바람이 부는 것처럼, 점차 운이 쇠퇴하여 모든 일이 불안전하고 파란이 돌출하여 궁박해진다는 흉한 수리이다. 사업의 실패와 배우자와의 이별 등으로 마음이 불안하고 고통스러움을 경험하게 된다. 배우자 운과 자녀 운이 나쁘기 때문에 가정이 불화 하여 이별, 고독, 병액, 불구와 재난 등의 악운으로 고생하게 된다. 이 수리는 뛰어난 재능이 있더라도 불가항력으로 어찌해 볼 도리가 없는 경우가 많다. 행운이나 횡재를 바라지말고 현실에 만족하며 내일을 기약하는 것이 좋다.

*70획수: 고난격(苦難格) 적막운(寂寞運) 남녀-凶

고기가 물을 떠나서 괴로워하는 것처럼 아무리 몸부림을 쳐봐도 어찌할 수 없는 운수로서 직업이나 환경을 바꾸어도 조건이 계속 나빠진다는 고난운의 수리이다. 멸망의 징조가 있기 때문에 일에서 손을 뗄 수밖에 없다는 흉을 암시하는 운이다. 실패로 인하여 실직, 파산, 우환, 사기, 병액과 단명의 운을 초래하기도 한다. 근심과 고통이 이어지기 때문에 고난 속에서 생활하게 된다. 상황을 극복하는 최선의 방법은, 다른 사람의 의견을 존중하려는 자세를 갖으면서 급여생활을 하면 재와 부가 따른다.

*71획수: 홍왕격(興旺格) 만달운(晩達運) 남녀-吉

용모가 준수하고 언행이 일치하여 하는 일마다 신의가 있으므로 대업을 성취하여 영달한다는 길운의 수리이다. 보이지 않게 음양으로 열심히 노력하고 힘을 길러서 뒤늦게 위력을 떨친다는 만달운 형상이다. 이 수리는 진취적인 기상으로 매진할 때 비로소 잠재된 재능이 발현하여 공명이 널이 알려지게 된다. 사회적으로 명성을 떨치거나 가운을 번창하게 하여 자손이 여경 하도록 한다. 우유부단한 처세는 많은 어려움을 따르게 하는 수리이므로 항상 최선을 다하여 노력하려는 자세가 필요하다.

*72획수: 부침격(浮浸格) 성패운(成敗運) 남녀-凶

유약한 성격에 결단성이 없으므로 한 번 성공하면 얼마 후에 실패하고, 실패한 뒤에 다시 성공하는 식으로 성패가 반복되어 나타나는 부침운의 수리이다. 전반은 행복하지만 후반이 불행해지는 선부후곤(先富後困) 형태가 되거나, 전반은 불행하지만 후반이 행복해지는 선곤후부(先困後富) 현상이 나타나는 경우도 있다. 이 수리는 대체로 희노애락을 모두 겪는 운이다. 이익과 손해가 상반(相半)이라 투기적인 사업에 흥미를 갖으면 재액을 만나기 쉬우므로 정직하고 건실하게 살아야 한다.

*73획수: 순천격(順天格) 평난운(平難運) 남녀-中吉

아무리 급해도 일에는 순서가 있으므로 부질없이 허둥거리는 것보다는 차라리 형세의 흐름을 잘 살펴서 자연의 섭리에 순응하라는 수리이다. 뜻은 원대하지만 지략과 실천력이 부족하여 대성은 어려워도 작은 성공은 가능하다. 유종의 미를 거두는 수리이기 때문에 큰 성공은 어렵더라도 비교적 안정된 삶 속에서 발전이 순조롭게 진행되는 운이다. 여자는 절개가 있고 지혜로운 내조형이라 살림을 잘 하면서도 행복한 가정을 만들어 간다.

*74획수: 무능격(無能格) 비애운(悲哀運) 남녀-凶

지혜가 우둔하고 무능한 인간형으로 사고력이 결핍되어 창의적 발전을 기하기 어려울 뿐만 아니라 험난한 길을 헤어나기 힘들다는 수리이다. 인생살이에 신고가 많아서 평생 큰일을 이루지 못하고 뜻밖의 재액으로 어려움을 겪느라고 무용지물처럼 사는 경우가 많다. 이 수리를 가진 사람은 종교에 귀의하거나 출가하는 것이 좋다. 어려움을 가중시키는 변고, 불구, 조난과 변란 등을 불러오는 수리이다. 이 수는 역경을 헤쳐나가면서 세속 사회에 살기란 힘들기 때문에 수도하는 자세로 인생을 살아야 한다.

*75획수: 안길격(安吉格) 분수운(分數運) 남녀-中吉

분수를 알아 적절히 처신해야만 자신의 명예와 지위를 안전하게 지킬 수 있다는 수리이다. 영달의 운기를 지니고 있으나 넘어야 할 벽이 많아서 우여곡절을 겪는다. 행복과 번영을 얻을 길상이지만 급진적으로 방향 전환을 하거나 자신의 분수를 망각하면 실패가 따른다. 이 수리는 가업을 잇지 못하고 지략으로써 새로운 사업 분야를 개척하여 부귀를 얻는다는 암시가 강하다. 욕심이 앞서 충분한 사전 계획 없이 급하게 일을 벌리면 좌절을 겪는 운이기 때문에 심사숙고한 후에 행동으로 옮겨야 한다.

*76획수: 후길격(後吉格) 곤액운(困厄運) 남녀-中吉

맨손으로 출발하여 노력과 성실성으로 금전 운이 상승하도록 만들기 때문에 후반기가 길하다는 선흉후길(先凶後吉)의 수리이다. 처음에는 다소 풍파가 있지만 인내심과 노력으로 자중하면 평화로움을 찾는다. 이 수리는 후반기에 가정이 부흥하고 부부 운도 상승하여 자녀가 귀하게 된다. 중년까지는 이별, 형액, 사기, 질병, 좌절과 실패 등이 찾아오므로 주의해야 한다. 한 번 어려움이 닥치면 불운이 연속되는 경향이 있으므로 좌절하지 않도록 강인한 정신력을 키워야 한다.

*77획수: 상반격(相反格) 기대운(期待運) 남녀-中吉

이 수리의 특징은 길한 기운 중에서도 흉한 기운이 나타나고, 흉한 기운 중에서도 길한 기운이 발현되기 때문에 어려운 역경 속에서도 항상 자신에게 영광의 시대가 온다는 꿈을 갖고 있어야 성공한다는 길흉상반격 수리이다. 선배와 윗사람의 도움으로 성공 발달했다가도 차츰 쇠운으로 접어드는 경향이 많으며, 전반이 흉한 운이면 후반은 길운이 작용하는 경우가 많다. 이격은 항상 어려울 때는 좋아지는 시기를 꿈꾸어야 하고, 좋은 시절에는 어려워지는 시기를 대비해야 굴곡 없는 삶을 산다.

*78획수: 평복격(平福格) 선길운(先吉運) 남녀-中吉

전반기는 삶을 성공적으로 이끌어 영화를 누리지만 중년 후반부터는 운이 쇠퇴하기 시작한다는 선길후흉(先吉後凶)의 수리이다. 그러나 쇠퇴하는 기운이 약하기 때문에 큰 재앙이나 파란 없이 비교적 안일한 삶을 누린다. 재치와 수완에는 능하지만 실천력이 부족하여 점차로 운세를 쇠퇴하게 하여 경제적으로 고충을 겪는다. 이별 수는 별로 없지만 부부간에 의견 충돌이 잦아서 갈등을 일으키는 편이며, 자녀 유도 약하다. 욕심을 내어 사업을 확장하거나 사업에 미련을 버리지 못 하면 그 동안 쌓아 올린 부귀가 사라진다. 선길후흉운(先吉後凶運) 임으로 적당한 때에 물러날 줄 알아야 한다.

*79획수: 종말격(終末格) 종극운(終極運) 남녀-凶

인간이 흙에서 나서 흙으로 돌아가는 것처럼, 할 일을 다 했으면 자기 자리로 돌아가야 한다는 종말의 수리이다. 이 수는 종극을 의미하기 때문에 성장 발전의 기상은 없고, 교통사고, 조난, 횡액, 재난, 단명과 적막만이 기다리고 있다. 신체는 건강하나 정신력이 박약하고 용감하지만 꾀가 없는 형상이므로 노력을 해도 성공을 기대하기 어렵다. 고난이 연속되어 심신이 온전치 못하니 신세타령이나 하면서 종말을 맞이해야 할 처지이다. 지성(至誠)을 다한다는 마음을 가지고 행하면 나름대로의 행복을 누리게 된다.

*80획수: 종멸격(終滅格) 귀공운(歸空運) 남녀-凶

만물이 귀공(歸空)할 뿐만 아니라 흉과 악의 극단을 가리키므로 생명의 종멸을 의미하는 흉한 수리이다. 고난이 연속되어 사회 생활을 영위하기가 고통스러우니 세상사에 대해 불평불만이 많다. 애써도 보람을 얻지 못하니 곤궁, 병액, 형액과 재난이 따른다. 생각이 졸렬하고 고집이 강하여 사람들과 융화하기 어려우니 일이 유시무종으로 끝난다. 이 수리는 음의 극단이기 때문에 최악의 흉을 암시하는 운이다. 지구의 종말이 내일 오더라도 오늘 한 그루의 사과나무를 심겠다는 생각이 필요하다.

*81획수: 환원격(還元格) 왕성운(旺盛運) 남녀-吉

최극수(最極數) 81에서 다시 1로 환원하는 일도광명(一道光明)의 수이니 운기력이 왕성하여 매사에 길한 경사가 발생되는 수리이다. 무(無)에서 1이 다시 생기는 형상이라 시생(始生)한다는 암시가 있으므로 운명적 유도력은 1획수리와 비슷하다. 새로운 일을 시작하고 잃었던 지위와 권세를 다시 찾으려고 하는데는 더 없이 길하다. 이 수리는 부귀, 공명, 건강, 장수, 번영과 다복을 가져오는 행운이 있다.

82획수 이상의 수는 그 수에 80을 뺀 수를 적용한다. 예로 83획수가 있다면, 83-80=3이 되어 3획 수리를 찾아서 '형성격, 명예운' 을 보면 된다.

3. 이름의 수리구성

이름의 수리구성에는 여러 가지 설이 있으나, 여기서는 2가지 방식만을 설명하기로 한다. 필자는 작명에서 현재 우리 사회에서 가장 많이 사용하고 있는 예1)의 방식을 따르기로 한다. 金先于(김선우)를 예로 들어 설명하면 다음과 같다.

1. 성자 한자에 이름이 두 자인 경우

예1)

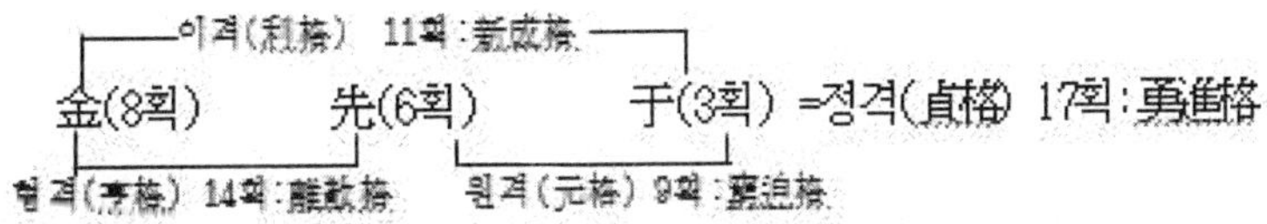

예2)

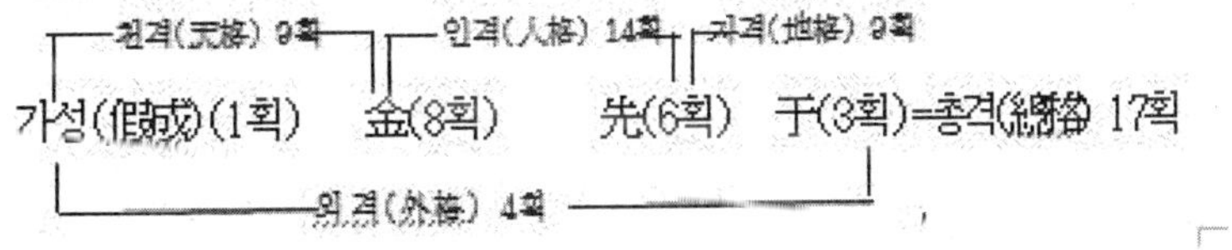

2. 성자 한자에 이름이 한 자인 경우

예1)

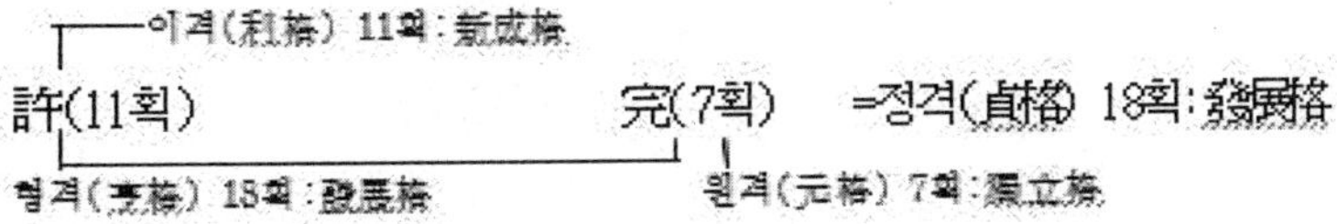

예2)

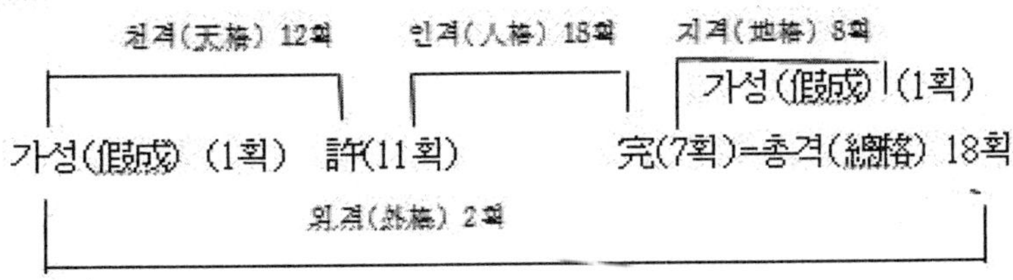

3. 성자 두 자에 이름이 두 자인 경우

예1)

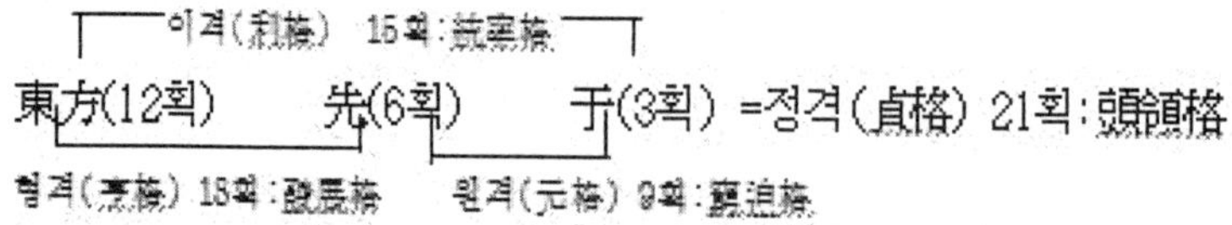

예2)

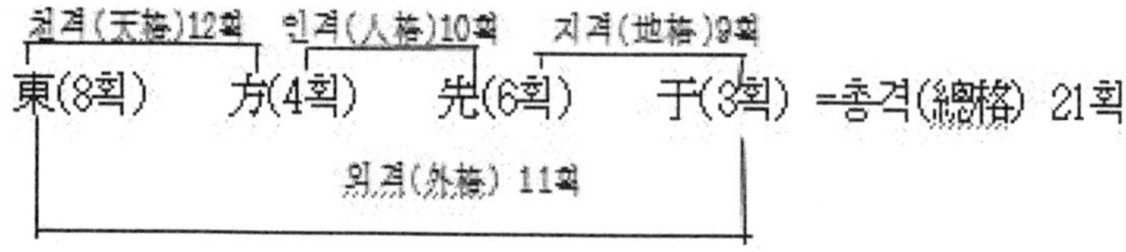

4. 성자 두 자에 이름이 한 자인 경우

예1)

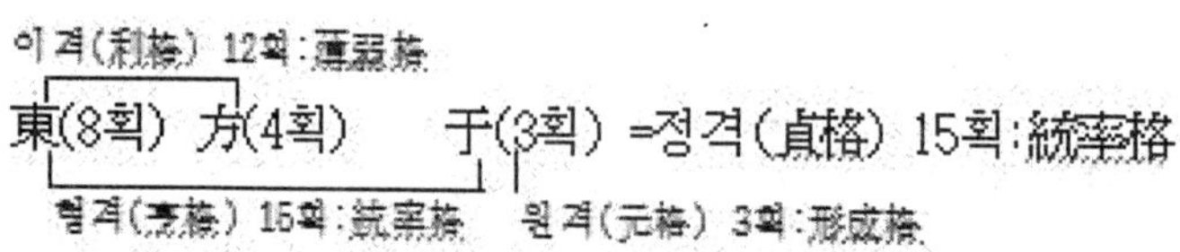

예2)

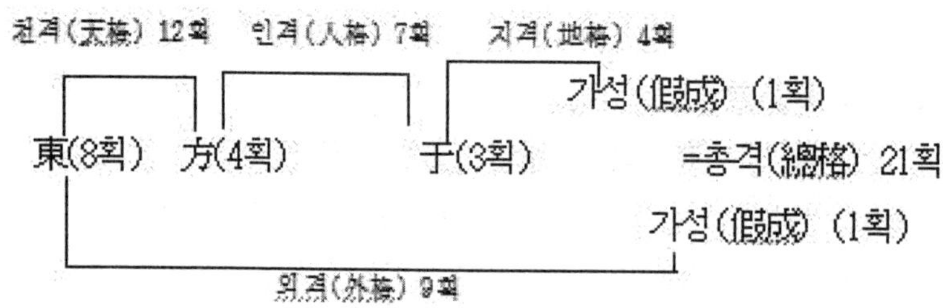

Ⅲ부. 이름에 쓰는 한자

1. 인명용 한자 8142자 -대법원지정 인명용 한자의 변천과정

1990년까지는 인명에 사용하는 한자를 마음대로 쓸 수 있었으나, 사회생활의 기초인 이름을 쉽게 알 수 있도록 1990년 12월 31일 호적법 제49조 제3항을 신설하여 이름에는 한글 또는 대법원규칙으로 정하는 통상 사용되는 한자를 사용하도록 했다.

또한 1990년 12월 31일 호적법시행규칙을 개정하여, 호적법 제49조 3항에 의거 제37조에 그 범위를 정하였다.

1) 1991년 4월 1일부터 시행하기 위해 교육부지정 한문교육용 기초한자 1,800자, 대법원시징 931자, 총 2,731자로 정하였다.

2) 1991년 3월 29일 교육부지정 한문교육용 기초한자 1,800자와 개인과 단체 등 각계에서 보내온 의견을 수렴하여 대법원지정자 931자 중 24자를 삭제하고 149자를 추가하여 1056자로 조정하였다. 동자, 속자, 약자 등을 61자로 정리하여 1991년 4월 1일부터 총 2,917자를 인명용 한자로 지정하였다.

3) 1994년 7월 11일 호적법시행규칙을 개정하여, 교육부지정 한문교육용 기초한자 1,800자, 대법원지정 인명용 한자 1,056자에 108자를 추가하여 1,164자로 조정하여 총 3,025를 1994년 9월 1일부터 인명용 한자로 지정하였다.

4) 1997년 12월 2일 호적법시행규칙을 개정하여 교육부지정 한문교육용 기초한자 1,800자, 대법원지정자 1,164자에 75자를 추가하여 1,239자로 조정하였다. 동자, 속자, 약자를 61자에 24자를 추가하여 85자로 조정하여 총 3,063자를 지정하여 1998년 1월 1일부터 시행하였다.

5) 2001년 1월 4일 호적법시행규칙을 개정하여 교육부지정 한문교육용 기초한자 1,800자, 대법원지정자 1,239자에 1,755자를 추가하여 총 4,794자를 인명용 한자로 지정하였다.

6) 2005년 1월 1일 호적법시행규칙을 개정하여 교육부지정 한문교육용 기초한자 1,800자, 대법원지정자 2,994자에 159자를 추가하여 총 4,953자를 대법원지정 인명용 한자로 지정하였다.

7) 2007년 3월 4일 호적법시행규칙을 개정하여 교육부지정 한문교육용 기초한자 1,800자, 대법원지정자 3,153자에 113자를 추가하여 5,066자에 동자·속자·약자 85자를 합하여, 총 5,151자를 대법원지정 인명용 한자로 지정하였다.

8) 2010년 3월 1일 호적법시행규칙을 개정하여 교육부지정 한문교육용 기초한자 1,800자, 대법원지정자 3,266자에 221자를 추가하여, 총 5,376자를 대법원지정 인명용 한자로 지정하였다.

9) 2015년 1월 1일 호적법시행규칙을 개정하여 교육부지정 한문교육용 기초한자 1,800자, 대법원지정자 5,761자에 2,381자를 추가하여 총 8,142자를 대법원지정 인명용 한자로 지정하여 시행하고 있다.

음	한자	뜻(훈)	획수(자원오행) 부수(명칭)
가	可	옳을 허락할	5 (水) 口(입구)
	加	더할 베풀	5 (土) 力(힘력변)
	伽	절 가지	7 (火) 人(사람인변)
	佳	아름다울 좋을	8 (火) 人(사람인변)
	呵	웃을 꾸짖을	8 (水) 口(입구)
	坷	험할 고생할	8 (土) 土(흙토변)
	架	시렁 건너지를	9 (木) 木(나무목변)
	柯	줄기, 바리 자루	9 (木) 木(나무목변)
	枷	칼 도리깨	9 (木) 木(나무목변)
	家	집 집안	10 (木) 宀(갓머리)
	哥	노래 소리	10 (水) 口(입구)
	痂	헌데딱지 팔다리 병	10 (水) 疒(병질엄)
	珂	옥 이름 구슬이름	10 (金) 玉(구슬옥변)
	哿	옳을, 좋을 맷돌, 돌	10 (水) 口(입구)
	珈	머리꾸미개	10 (金) 玉(구슬옥변)
	假	거짓 바꿀	11 (火) 人(사람인변)
	苛	잔풀 매울	11 (木) 艸(초두밑)
	茄	연 연 줄기	11 (木) 艸(초두밑)

음	한자	뜻(훈)	획수(자원오행) 부수(명칭)
가	袈	가사 승려 옷	11 (木) 衣(옷의)
	舸	배, 큰 배 작은 배	11 (木) 舟(배주)
	笳	호가,날라리 풀피리	11 (木) 竹(대죽변)
	耞	도리깨	11 (木↔金) 耒(쟁기뢰변)
	街	거리 한길	12 (火) 行(다닐행)
	迦	부처이름	12 (土) 辵(책받침)
	訶	꾸짖을 책망할	12 (金) 言(말씀언변)
	跏	난쟁이 책상다리할	12 (土) 足(발족변)
	軻	굴래 차축	12 (火) 車(수레거)
	斝	그리워할 사모할	12 (火) 斗(말두)
	暇	겨를 한가할	13 (火) 日(날일변)
	嫁	시집갈 일할	13 (土) 女(여자녀변)
	賈	값 가격	13 (金) 貝(조개패)
	歌	노래 새 지저귈	14 (火↔金) 欠(하품흠몸)
	嘉	아름다울 착할	14 (水) 口(입구)
	嘏	클 복이 클	14 (水) 口(입구)
	榎	檟(17)통용 개오동나무	14 (木) 木(나무목변)
	價	값 가치	15 (火) 人(사람인변)

음	한자	뜻(훈)	획수(자원오행) 부수(명칭)	음	한자	뜻(훈)	획수(자원오행) 부수(명칭)
가	稼	심을 농사	15 (木) 禾(벼화변)	각	閣	누각 선반	14 (木) 門(문문)
	駕	탈것, 부릴 수레	15 (火) 馬(말마변)		愨	慤(15)통용 성실할,	14 (火) 心(마음심)
	葭	갈대 갈 피리	15 (木) 艸(초두밑)		慤	愨(14)통용 성실할,	15 (火) 心(마음심)
	檟	榎(14)통용 개오동나무	17 (木) 木(나무목변)		擱	놓을, 버릴 멈출, 좌초	18 (木) 手(재방변)
	謌	노래 칭송할	17 (金) 言(말씀언변)		覺	깨달을 드러날	20 (火) 見(볼견)
각	各	각각 서로	6 (水) 口(입구)	간	干	방패 천간	3 (木) 干(방패간)
	角	뿔 견줄	7 (木) 角(뿔각)		刊	책 펴낼 새길	5 (金) 刀(칼도)
	却	물리칠 그칠	7 (火) 卩(병부절)		艮	머무를 간 괘	6 (土) 艮(머무를간)
	刻	새길 모질	8 (金) 刀(칼도)		奸	범할 간통할	6 (土) 女(여자녀변)
	卻	물리칠 물러날	9 (火↔水) 卩(병부절)		杆	桿(11)통용 박달나무,방패	7 (木) 木(나무목변)
	咯	토할 말다툼할	9 (水) 口(입구)		忓	범할 방해할	7 (火) 心(심방변)
	珏	쌍옥	10 (金) 玉(구슬옥변)		侃	偘(11)통용 강직 할	8 (火) 人(사람인변)
	恪	삼갈 조심할	10 (火) 心(심방변)		玕	그리워할 사모할	8 (金) 玉(구슬옥변)
	埆	메마를 가파를	10 (土) 土(흙토변)		矸	그리워할 사모할	8 (金) 石(돌석변)
	桷	서까래	11 (木) 木(나무목변)		秆	稈(12)통용 짚, 볏짚	8 (木) 禾(벼화변)
	殼	껍질 내려칠	12 (金) 殳(갖은등글월문)		看	볼 지켜볼	9 (木) 目(눈목))
	脚	다리 발	13 (水) 肉(육달월)		柬	가릴 분별할	9 (木) 木(나무목변)
	搉	칠, 대강 두드릴	14 (木) 手(재방변)		肝	간 마음	9 (水↔木) 肉(육달월)

음	한자	뜻(훈)	획수(자원오행) 부수(명칭)	음	한자	뜻(훈)	획수(자원오행) 부수(명칭)
간	姦	간사할 간음할	9 (土) 女(여자녀변)	간	懇	그리워할 사모할	17 (火) 心(마음심)
	竿	장대 횃대	9 (木) 竹(대죽변)		癇	癎(17)통용 간질, 경기	17 (水) 疒(병질엄)
	衎	즐길, 바를 기뻐할	9 (火) 行(다닐행)		癎	癇(17)통용 간질, 경기	17 (水) 疒(병질엄)
	栞	표할 표지	10 (木) 木(나무목변)		磵	도랑, 시내 산골 물	17 (金) 石(돌석변)
	赶	쫓을, 달릴 탑승할	10 (火) 走(달릴주)		艱	어려울 괴로울	17 (土) 艮(머무를간)
	迁	구할 요구할	10 (土) 辵(책받침)		簡	편지 대쪽	18 (木) 竹(대죽변)
	桿	杆(7)통용 박달나무,방패	11 (木) 木(나무목변)		齦	물을 깨 물을	21 (金) 齒(이치)
	偘	侃(8)통용 강직 할	11 (火) 人(사람인변)	갈	乫	땅이름	6 (木→土) 乙(새을변)
	間	사이 이간할	12 (木↔土) 門(문문)		曷	어찌 언제	9 (火↔水) 曰(가로왈)
	稈	秆(8) 동자 짚, 볏짚	12 (木) 禾(벼화변)		秸	볏짚 새 이름	11 (木) 禾(벼화변)
	茛	구문, 모간 독초이름	12 (木) 艸(초두밑)		喝	꾸짖을 더위 먹을	12 (水) 口(입구)
	幹	줄기 맡을	13 (木) 干(방패간)		渴	목마를 서두를	13 (水) 水(삼수변)
	揀	가릴 분별할	13 (木) 手(재방변)		楬	푯말 산 이름	13 (木) 木(나무목변)
	榦	줄기 주관할	14 (木) 木(나무목변)		碣	비석 돌 세울	14 (金) 石(돌석변)
	慳	아낄 가로막을	15 (火) 心(심방변)		竭	다할 마를	14 (金↔木) 立(설립)
	諫	간할 충고할	16 (金) 言(말씀언변)		葛	칡 덩굴	15 (木) 艸(초두밑)
	墾	개간할 힘쓸	16 (土) 土(흙토변)		褐	털옷 베옷	15 (木) 衣(옷의변)
	澗	산골 물 시내	16 (水) 水(삼수변)		蝎	나무 좀 전갈	15 (水) 虫(벌레충)

음	한자	뜻(훈)	획수(자원오행) 부수(명칭)
갈	羯	불깐 양 오랑캐	15 (土) 羊(양양)
	噶	다짐할 맹세할	16 (水) 口(입구)
	鞨	말갈 말갈보석	18 (金) 革(가죽혁)
	蠍	전갈 전갈 궁	19 (水) 虫(벌레충)
감	甘	달 느슨할	5 (土) 甘(달감)
	坎	구덩이 8괘의 하나	7 (土) 土(흙토변)
	坩	도가니	8 (土) 土(흙토변)
	柑	감귤 감자나무	9 (木) 木(나무목변)
	弇	덮을 좁은 길	9 (土) 廾(받들공)
	泔	뜨물 찰	9 (水) 水(삼수변)
	玪	옥 이름 옥돌	9 (金) 玉(구슬옥변)
	疳	감적 감병	10 (水) 疒(병질엄)
	紺	감색 야청빛	11 (木) 糸(실사변)
	勘	헤아릴 정할	11 (土) 力(힘력변)
	埳	구덩이	11 (土) 土(흙토변)
	敢	굳셀 감히 할	12 (金) 攴(등글월문)
	堪	견딜 하늘	12 (土) 土(흙토변)
	嵌	산 깊을 골짜기	12 (土) 山(뫼산변)
	邯	땅 이름 강 이름	12 (土) 邑(우부방)

음	한자	뜻(훈)	획수(자원오행) 부수(명칭)
감	嵁	험준할	12 (土) 山(뫼산변)
	欿	시름할 서운할	12 (火↔金) 欠(하품흠)
	淦	배에 괸 물 강 이름	12 (水) 水(삼수변)
	酣	즐길 한참 성할	12 (金) 酉(닭유)
	減	덜 감할	13 (水) 水(삼수변)
	感	느낄 감동할	13 (火) 心(마음심)
	戡	이길 평정할	13 (金) 戈(창과)
	監	볼감 거울삼을	14 (金) 皿(그릇명)
	橄	감람나무	16 (木) 木(나무목변)
	憨	어리석을	16 (火) 心(마음심)
	澉	씻을 맛 싱거울	16 (水) 水(삼수변)
	瞰	볼 내려다볼	17 (木) 目(눈목)
	憾	서운할 근심할	17 (火) 心(심방변)
	撼	흔들	17 (木) 手(재방변)
	歛	바랄 탐할	17 (火↔金) 欠(하품흠)
	轗	가기 힘들 불우할	20 (火) 車(수레거)
	鹻	소금기 간수	21 (水) 鹵(소금밭로)
	鑒	鑑(22)통용 거울, 비칠	22 (金) 金(쇠금변)
	鑑	鑒(22)통용 거울, 비칠	22 (金) 金(쇠금변)

음	한자	뜻(훈)	획수(자원오행) 부수(명칭)
감	龕	감실, 평정 절의 탑	22 (土) 龍(용룡)
	瞰	엿볼	25 (木) 目(눈목)
갑	甲	갑옷, 껍질 첫째, 손톱	5 (土→木) 田(밭전)
	匣	갑 작은 상자	7 (木) 匚 (터진입구)
	岬	산허리 산기슭	8 (土) 山(뫼산변)
	胛	어깨 어깨뼈	11 (水) 肉(육달월)
	閘	수문 물문	13 (木) 門(문문)
	鉀	갑옷	13 (金) 金(쇠금변)
강	江	강, 큰 내 별 이름	7 (水) 水(삼수변)
	杠	다리 깃대	7 (木) 木(나무목변)
	扛	들 멜	7 (木) 手(재방변)
	岡	崗(11)통용 산등성이	8 (土) 山(뫼산변)
	羌	종족이름 오랑캐	8 (土) 羊(양양)
	忼	강개할	8 (火) 心(심방변)
	矼	징검다리 돌다리	8 (金) 石(돌석)
	玒	옥 이름	8 (金) 玉(구슬옥변)
	姜	강할, 굳셀 생강	9 (土) 女(여자녀변)
	舡	배, 선박 술잔	9 (木) 舟(배주)
	剛	굳셀 억셀	10 (金) 刀(칼도)
강	豇	강두 광저기	10 (木↔水) 豆(콩두)
	堈	언덕 항아리	11 (土) 土(흙토변)
	康	편안할 튼튼할	11 (木) 广(엄호밑)
	崗	岡(8) 동자 산등성이	11 (土) 山(뫼산변)
	罡	천강성 별이름	11 (木) 网(그물망)
	强	強(12)통용 강할, 힘쓸	11 (火↔金) 弓(활궁)
	強	强(11)통용 강할, 힘쓸	12 (火↔金) 弓(활궁)
	絳	진홍색 땅이름	12 (木) 糸(실사변)
	傋	어리석을	12 (火) 人(사람인변)
	悾	정성, 진심 어리석을	12 (火) 心(심방변)
	茳	천궁 모종 향초, 강토	12 (木) 艸(초두밑)
	畺	지경 밭두둑	13 (土) 田(밭전)
	跭	세울 머뭇거릴	13 (土) 足(발족변)
	降	내릴 내려올	14 (土) 阜(좌부변)
	綱	벼리 대강	14 (木) 糸(실사변)
	腔	빈속 가락	14 (水) 肉(육달월)
	嫝	여자이름자	14 (土) 女(여자녀변)
	羫	갈빗대 양 갈빗대	14 (土) 羊(양양)
	慷	강개할 개탄할	15 (火) 心(심방변)

음	한자	뜻(훈)	획수(자원오행) 부수(명칭)	음	한자	뜻(훈)	획수(자원오행) 부수(명칭)
강	僵	쓰러질 넘어지게 할	15 (火) 人(사람인변)	개	介	끼일 도울	4 (火) 人(사람인변)
	彊	강할 힘쓸	16 (火↔金) 弓(활궁)		匃	빌, 줄 청구할	5 (金) 勹(쌀포)
	鋼	鎠(18)통용 강철, 강쇠	16 (金) 金(쇠금변)		价	착할 클	6 (火) 人(사람인변)
	壃	지경 굳은 땅	16 (土) 土(흙토변)		改	고칠 고쳐질	7 (金) 攴(등글월문)
	穅	겨, 쌀겨	16 (木) 禾(벼화변)		皆	다 두루 미칠	9 (金↔火) 白(흰백)
	講	강론할 익힐	17 (金) 言(말씀언변)		疥	옴 학질	9 (水) 疒(병질엄)
	橿	굳셀 감탕나무	17 (木) 木(나무목변)		玠	홀 큰 홀	9 (金) 玉(구슬옥변)
	糠	겨, 쌀겨	17 (木) 米(쌀미변)		芥	겨자 먼지	10 (木) 艸(초두밑)
	殭	굳어질 말라죽을	17 (水) 歹(죽을사)		豈	어찌, 개가 화락할	10 (木↔水) 豆(콩두)
	繈	포대기 밧줄	17 (木) 糸(실사변)		個	箇(14)통용 낱, 치우칠	10 (火) 人(사람인변)
	襁	襁(18)통용 포대기,업을	17 (木) 衣(옷의변)		盖	蓋(16)속자 덮을, 덮개	11 (金↔木) 皿(그릇명)
	襁	襁(17)통용 포대기,업을	18 (木) 衣(옷의변)		凱	이길, 화할 착할, 개선	12 (水↔木) 几(안석궤)
	鎠	鋼(16)통용 강철, 강쇠	18 (金) 金(쇠금변)		開	열, 개척할 깨우칠	12 (木↔火) 門(문문)
	疆	지경 굳은 땅	19 (土) 田(밭전)		剴	알맞을 큰 낫	12 (金) 刀(칼도)
	顜	밝을, 바를 고울, 화할	19 (火) 頁(머리혈)		塏	밝을 높고건조할	13 (土) 土(흙토변)
	鏹	돈 돈꿰미	19 (金) 金(쇠금변)		揩	문지를 악기이름	13 (木) 手(재방변)
	薑	생강 새앙	19 (木) 艸(초두밑)		愷	즐거울 편안할	14 (火) 心(심방변)
	鱇	아귀 꺽 저기	22 (水) 魚(고기어변)		愾	성낼 가득할	14 (火) 心(심방변)
	韁	고삐	22 (金) 革(가죽혁)		箇	個(10)통용 낱, 치우칠	14 (木) 竹(대죽변)

음	한자	뜻(훈)	획수(자원오행) 부수(명칭)
개	慨	분개할 슬퍼할	15 (火) 心(심방변)
	槪	절개 풍채	15 (木) 木(나무목변)
	漑	물댈 닦을	15 (水) 水(삼수변)
	槩	평미레 대개	15 (木) 木(나무목변)
	磕	돌 소리 북 소리	15 (金) 石(돌석)
	蓋	盖(11)통용 덮을, 덮개	16 (木) 艸(초두밑)
	鎧	갑옷 무장	18 (金) 金(쇠금변)
	闓	열, 풀 생각할	18 (木) 門(문문)
객	客	손 나그네	9 (木) 宀(갓머리)
	喀	토할 기침할	12 (水) 口(입구)
갱	更	다시, 더욱 반대로	7 (火↔金) 曰(가로왈)
	坑	구덩이 묻을	7 (土) 土(흙토변)
	硜	돌 소리 경쇠 소리	12 (金) 石(돌석)
	粳	메벼	13 (木) 米(쌀미변)
	賡	이을 갚을	15 (金) 貝(조개패)
	羹	국 땅이름	19 (土) 羊(양양)
	鏗	금옥 소리 거문고소리	19 (金) 金(쇠금변)
갹	醵	술잔치 수렴할	20 (金) 酉(닭유)
거	去	갈 버릴	5 (水) 厶(마늘모)
	巨	클 많을	5 (火) 工(장인공)
	車	수레 그물	7 (火) 車(수레거)
	居	살, 있을 앉을	8 (水↔木) 尸(주검시)
	呿	벌릴 하품할	8 (水) 口(입구)
	炬	횃불 사를	9 (火) 火(불화변)
	拒	막을 겨를	9 (木) 手(재방변)
	昛	밝을	9 (火) 日(날일변)
	倨	거만할 걸터앉을	10 (火) 人(사람인변)
	祛	보낼 실마리	10 (木) 示(보일시)
	秬	검은 기장	10 (木) 禾(벼화변)
	胠	겨드랑, 열 우익군	11 (水) 肉(육달월)
	苣	상추, 참깨 횃불	11 (木) 艸(초두밑)
	袪	소매, 떠날 옷소매	11 (木) 衣(옷의변)
	距	떨어질 막을	12 (土) 足(발족변)
	据	일할 교만할	12 (木) 手(재방변)
	鉅	클 강할	13 (金) 金(쇠금변)
	渠	우두머리 도랑	13 (水) 水(삼수변)

음	한자	뜻(훈)	획수(자원오행) 부수(명칭)
거	筥	광주리 볏단	13 (木) 竹(대죽변)
	莒	감자 나라이름	13 (木) 艸(초두밑)
	腒	꿩 포 구운 포	14 (水) 肉(육달월)
	裾	옷자락 거만할	14 (木) 衣(옷의변)
	踞	웅크릴 걸터앉을	15 (土) 足(발족변)
	駏	버새 튀기 마	15 (火) 馬(말마변)
	鋸	톱 톱질할	16 (金) 金(쇠금변)
	據	의거할 웅거할	17 (木) 手(재방변)
	擧	들, 행동 거사	18 (木) 手(손수)
	蕖	연꽃 토란	18 (木) 艸(초두밑)
	遽	역말 급할	20 (土) 辵(책받침)
	籧	대자리 대광주리	23 (木) 竹(대죽변)
	蘧	패랭이꽃 연꽃	23 (木) 艸(초두밑)
건	巾	수건 덮을	3 (木) 巾(수건건)
	件	사건 구분할	6 (火) 人(사람인변)
	建	𨓦(13)통용 세울, 열쇠	9 (木) 廴(민책받침)
	虔	베풀, 삼갈 공경할	10 (木) 虍(범호밑)
	乾	漧(15)통용 하늘, 건괘	11 (木↔金) 乙(새을변)
	健	굳셀 튼튼할	11 (火) 人(사람인변)
	湕	물 이름	13 (水) 水(삼수변)

음	한자	뜻(훈)	획수(자원오행) 부수(명칭)
건	楗	문빗장 방죽	13 (木) 木(나무목변)
	愆	허물 과실	13 (火) 心(마음심)
	揵	멜 막을	13 (木) 手(재방변)
	犍	불깐 소 거세할	13 (土) 牛(소우변)
	𨓦	建(9)통용 세울, 열쇠	13 (土) 辵(책받침)
	睷	셀 헤아릴	14 (木) 目(눈목)
	搴	빼낼 들어 올릴	14 (木) 手(손수)
	腱	힘줄 힘줄밑동	15 (水) 肉(육달월)
	漧	乾(11)통용 하늘, 건괘	15 (水) 水(삼수변)
	褰	걷어 올릴 주름잡을	16 (木) 衣(옷의)
	踺	밟을 가는 모양	16 (土) 足(발족변)
	鍵	절뚝발이 굼뜰	17 (金) 金(쇠금변)
	蹇	절뚝발이 굼뜰	17 (土) 足(발족변)
	謇	떠듬거릴 어려울	17 (金) 言(말씀언변)
	鞬	동개 화살 통	18 (金) 革(가죽혁)
	騫	이지러질 둔할, 뺄	20 (火) 馬(말마변)
걸	乞	빌 구할	3 (木↔金) 乙(새을변)
	乬	걸, 매달을 걸어둘	6 (木) 乙(새을변)
	杰	傑(12)통용 준걸, 뛰어날	8 (木) 木(나무목변)

음	한자	뜻(훈)	획수(자원오행) 부수(명칭)	음	한자	뜻(훈)	획수(자원오행) 부수(명칭)
걸	桀	홰, 준걸 흉포,용감	10 (木) 木(나무목변)	게	偈	쉴 불시, 가타	11 (火) 人(사람인변)
	傑	杰(8)통용 준걸, 뛰어날	12 (火) 人(사람인변)		揭	높이들 걸	13 (木) 手(재방변)
	朅	갈 떠날	14 (火) 曰(가로왈)		憩	쉴 휴식할	16 (火) 心(마음심)
	榤	홰 말뚝	14 (木) 木(나무목변)	격	格	인격, 격식 지위, 지주	10 (木) 木(나무목변)
검	芡	가시연 가시연밥	10 (木) 艸(초두밑)		挌	칠 두드릴	10 (木) 手(재방변)
	鈐	비녀장 자물쇠	12 (金) 金(쇠금변)		鬲	솥, 막을 노예	10 (土) 鬲(다리굽은솥력)
	儉	검소할 흉년들	15 (火) 人(사람인변)		覡	박수 사내무당	14 (火) 見(볼견)
	劍	劒(16)통용 칼, 죽일	15 (金) 刀(칼도)		毄	부딪칠 애쓸	14 (金) 殳(갖은등글월문)
	黔	검을 그을	16 (水) 黑(검을흑)		鴃	때까치 백로	15 (火) 鳥(새조변)
	劒	劍(15)통용 칼, 죽일	16 (金) 刀(칼도)		膈	가슴, 종틀 칸막이	16 (水↔土) 肉(고기육)
	檢	봉할 조사할	17 (木) 木(나무목변)		骼	뼈, 해골 광대뼈	16 (金) 骨(뼈골)
	撿	검사할 단속할	17 (木) 手(재방변)		擊	칠, 마주칠 죽일	17 (木) 手(재방변)
	瞼	눈꺼풀 눈시울	18 (木) 目(눈목)		激	부딪칠 과격할	17 (水) 水(삼수변)
겁	劫	위협할 겁탈, 무한	7 (土↔水) 力(힘력변)		檄	격서 편지	17 (木) 木(나무목변)
	刦	겁탈할 무한할	7 (金) 刀(칼도)		闃	고요할 조용할	17 (木) 門(문문)
	刧	겁탈할 무한할	7 (金) 刀(칼도)		隔	막을 뜰	18 (土) 阜(좌부변)
	怯	겁 낼 무서워할	9 (火) 心(심방변)	견	犬	개, 겸칭 멸시하는말	4 (土) 犬(개견)
	迲	갈 생선 자래	12 (土) 辵(책받침)		見	볼 견해	7 (火) 見(볼견)

음	한자	뜻(훈)	획수(자원오행) 부수(명칭)	음	한자	뜻(훈)	획수(자원오행) 부수(명칭)
견	畎	밭도랑 밭이랑	9 (土) 田(밭전)	결	決	결정할 끊을	8 (水) 水(삼수변)
	肩	어깨 이길	10 (水) 肉(육달월)		抉	도려낼 들추어낼	8 (木) 手(재방변)
	堅	굳을 굳셀	11 (土) 土(흙토변)		㛃	맑을 깨끗할	9 (土) 女(여자녀변)
	牽	끌 이끌	11 (土) 牛(소우변)		玦	패옥 깍지	9 (金) 玉(구슬옥변)
	狷	성급할 의심할	11 (土) 犬(개사슴록)		缺	이지러질 모자랄	10 (土) 缶(장군부)
	絹	명주 비단	13 (木) 糸(실사변)		訣	비결, 이별 헤어질	11 (金) 言(말씀언변)
	筧	대 홈통 대나무이름	13 (木) 竹(대죽변)		焆	불빛	11 (火) 火(불화변)
	甄	가마, 살필 질그릇	14 (土) 瓦(기와와)		觖	서운할 원망, 바랄	11 (木) 角(뿔각)
	遣	보낼 버릴	17 (土) 辵(책받침)		結	맺을, 마칠 엉길	12 (木) 糸(실사변)
	縳	흴, 감을 흰, 장목	17 (木) 糸(실사변)		迼	뛸	13 (土) 辵(책받침)
	鵑	두견새 소쩍새	18 (火) 鳥(새조변)		㓗	潔(16)통용 깨끗할	14 (水) 冫(이수변)
	繭	누에고치 솜옷, 비단	19 (木) 糸(실사변)		潔	㓗(14)통용 깨끗할	16 (水) 水(삼수변)
	羂	올무 그물	19 (木) 网(그물망)		鍥	새길 절단할	17 (金) 金(쇠금변)
	繾	극진할 정성스런	20 (木) 糸(실사변)		闋	문 닫을 끝날, 쉴	17 (木) 門(문문)
	譴	꾸짖을 허물	21 (金) 言(말씀언변)	겸	岒	산 작고 높을 산 이름	7 (土) 山(뫼산)
	鰹	가물치 민물고기	22 (水) 魚(고기어변)		拑	입 다물 재갈물릴	9 (木) 手(재방변)
	蠲	밝을 빠를	23 (水) 虫(벌레충)		兼	겸할, 포용 쌓을, 합칠	10 (金) 八(여덟팔)
					傔	시중들 하인	12 (火) 人(사람인변)

음	한자	뜻(훈)	획수(자원오행) 부수(명칭)
겸	鉗	칼 낫	13 (金) 金(쇠금변)
	嗛	겸손할 흉년들	13 (水) 口(입구변)
	慊	한탄할	14 (火) 心(심방변)
	箝	재갈 먹일 끼울	14 (木) 竹(대죽변)
	槏	문설주 문, 대접	14 (木) 木(나무목변)
	歉	흉년들 부족할	14 (火↔金) 欠(하품흠)
	縑	비단 명주	16 (木) 糸(실사변)
	蒹	갈대 물 억새	16 (木) 艸(초두밑)
	謙	겸손, 겸허 공손, 사양	17 (金) 言(말씀언변)
	黚	금향빛 검누른 빛	17 (水) 黑(검을흑)
	鎌	낫 화살촉	18 (金) 金(쇠금변)
	鼸	두더지 사향뒤쥐	23 (水) 鼠(쥐서)
경	冂	멀 빌	2 (土) 冂(멀경)
	更	바꿀 고칠	7 (火↔金) 曰(가로왈)
	冏	囧(7)통용 빛날, 밝을	7 (土↔火) 冂(멀경)
	囧	冏(7)통용 빛날, 밝을	7 (水↔火) 囗(큰입구)
	巠	물줄기 지하수	7 (水) 巛(개미허리)
	京	京(9)통용 서울, 클	8 (火↔土) 亠(돼지해밑)
경	庚	별, 천간 나이	8 (木↔金) 广(엄호밑)
	坰	들 교외	8 (土) 土(흙토변)
	炅	빛날 밝을	8 (火) 火(불화변)
	俓	곧을 지름길	9 (火) 人(사람인변)
	勁	셀 굳셀	9 (土↔金) 力(힘력변)
	涇	통할 곧을	9 (水) 冫(이수변)
	剄	목 벨 굳셀	9 (金) 刀(칼도)
	扃	문빗장 살필	9 (木) 戶(지게호)
	畊	밭갈 농사지을	9 (土) 田(밭전)
	京	京(8)통용 서울, 클	9 (火↔土) 亠(돼지해밑)
	耕	갈, 농사 밭 갈	10 (木↔土) 耒(쟁기뢰변)
	徑	지름길 빠를	10 (火) 彳(두인변)
	倞	굳셀 겨룰	10 (火) 人(사람인변)
	耿	빛 밝을	10 (火) 耳(귀이변)
	勍	셀, 강할 굳셀	10 (土↔金) 力(힘력변)
	哽	목멜 더듬거릴	10 (水) 口(입구변)
	竟	마칠, 지경 마침내	11 (金) 立(설립)
	頃	잠깐 기울	11 (火) 頁(머리혈)

음	한자	뜻(훈)	획수(자원오행) 부수(명칭)
경	梗	막힐 굳셀	11 (木) 木(나무목변)
	涇	통할 곧을	11 (水) 水(삼수변)
	烱	빛날	11 (火) 火(불화변)
	絅	끌어 죌 엄할, 홑옷	11 (木) 糸(실사변)
	景	暻(16)통용 볕, 경치	12 (火) 日(날일변)
	硬	강할 단단할	12 (金) 石(돌석변)
	卿	卿(12)통용 벼슬, 선생	12 (火↔木) 卩(병부절)
	卿	卿(12)통용 벼슬, 선생	12 (火↔木) 卩(병부절)
	痙	경련, 중풍 힘줄당길	12 (水) 疒(병질엄)
	焭	근심할 외로울	12 (火) 火(불화변)
	經	글, 경서 날실, 목맬	13 (木) 糸(실사변)
	敬	공경, 훈계 삼갈, 절제	13 (金) 攴(등글월문)
	傾	기울일 다툴	13 (火) 人(사람인변)
	莖	줄기 칼자루	13 (木) 艸(초두밑)
	脛	정강이 종아리	13 (水) 肉(육달월)
	惸	근심할 독신자	13 (火) 心(심방변)
	煢	외로울 근심할	13 (火) 火(불화변)
	綆	두레박줄 밧줄	13 (木) 糸(실사변)

음	한자	뜻(훈)	획수(자원오행) 부수(명칭)
경	逕	좁은 길 지날	14 (土) 辵(책받침)
	輕	가벼울 경솔할	14 (火) 車(수레거변)
	境	지경 경계	14 (土) 土(흙토변)
	熲	빛, 빛날 불빛	15 (火) 火(불화변)
	儆	경계할	15 (火) 人(사람인변)
	慶	경사 착할	15 (火) 心(마음심)
	駉	살찔, 목장 준마	15 (火) 馬(말마변)
	磬	경쇠 다할	16 (金) 石(돌석변)
	頸	목 목 줄기	16 (火) 頁(머리혈)
	憬	깨달을 동경할	16 (火) 心(심방변)
	暻	景(12)통용 볕, 경치	16 (火) 日(날일변)
	熞	밝을 빛	16 (火) 火(불화변)
	褧	홑옷 한 겹옷	16 (木) 衣(옷의변)
	璄	璟(17)통용 옥빛, 광채	16 (金) 玉(구슬옥변)
	璟	璄(16)통용 옥빛, 광채	17 (金) 玉(구슬옥변)
	擎	들, 받들 우뚝 솟을	17 (木) 手(손수)
	檠	檠(17)통용 도지개	17 (木) 木(나무목변)
	檠	檠(17)통용 도지개	17 (木) 木(나무목변)

음	한자	뜻(훈)	획수(자원오행) 부수(명칭)	음	한자	뜻(훈)	획수(자원오행) 부수(명칭)
경	憼	공경 경계할	17 (火) 心(마음심)	계	季	계절, 끝 막내, 말년	8 (水) 子(아들자)
	曔	밝을 마를	17 (火) 日(날일변)		届	이를 지극할	8 (水↔木) 尸(주검시)
	罄	빌, 경쇠 공허할	17 (土) 缶(장군부)		癸	열째천간 경도	9 (水) 癶(필발밑)
	顈	홑옷, 잇을 느슨할	17 (木↔火) 糸(실사변)		界	堺(12)통용 지경, 경계	9 (土) 田(밭전)
	璥	경옥 옥 이름	18 (金) 玉(구슬옥변)		計	셀 꾀할	9 (金) 言(말씀언변)
	謦	기침 속삭일	18 (金) 言(말씀언변)		係	이을, 맬 끌	9 (火) 人(사람인변)
	鯁	생선 뼈 재앙, 정직	18 (水) 魚(고기어변)		契	계약 맺을	9 (木) 大(큰대)
	鏡	거울 안경	19 (金) 金(쇠금변)		桂	계수나무	10 (木) 木(나무목변)
	鯨	고래	19 (水) 魚(고기어변)		烓	화덕 밝을	10 (火) 火(불화변)
	鶊	꾀꼬리	19 (火) 鳥(새조변)		械	기구 형틀	11 (木) 木(나무목변)
	競	다툴,굳셀 좇을,성할	20 (金) 立(설립)		啓	열 인도할	11 (水) 口(입구)
	警	경계할 경보	20 (金) 言(말씀언변)		堺	界(9)통용 지경, 경계	12 (土) 土(흙토변)
	瓊	옥 구슬	20 (金) 玉(구슬옥변)		悸	두근거릴 두려워할	12 (火) 心(심방변)
	黥	자자할 묵형	20 (水) 黑(검을흑)		棨	창(무기) 기달린 창	12 (木) 木(나무목변)
	竸	다툴,굳셀 좇을,성할	22 (金) 立(설립)		堦	섬돌, 층계 사다리	12 (土) 土(흙토변)
	驚	놀랄 두려울	23 (火) 馬(말마변)		溪	시내 산골짜기	14 (水) 水(삼수변)
계	系	실, 핏줄 실마리	7 (木) 糸(실사변)		誡	경계할 경계	14 (金) 言(말씀언변)
	戒	경계할 고할	7 (金) 戈(창과)		瘈	미칠 지랄병	14 (水) 疒(병질엄)

음	한자	뜻(훈)	획수(자원오행) 부수(명칭)
계	禊	계제사 목욕재계	14 (木) 示(보일시)
	綮	발고운비단 힘줄얽힌곳	14 (木) 糸(실사변)
	磎	谿(17)통용 시내, 계곡	15 (金) 石(돌석변)
	稽	머무를 상고할	15 (木) 禾(벼화변)
	縘	맬 죄수	16 (木) 糸(실사변)
	髻	상투 부엌귀신	16 (火) 髟(터럭발)
	階	섬돌, 차례 층계	17 (土) 阜(좌부변)
	谿	磎(15)통용 시내, 계곡	17 (水) 谷(골곡)
	雞	닭 옹골찬	18 (火) 隹(새추)
	罽	그물, 융단 담, 양탄자	18 (木) 网(그물망)
	繫	맬 죄수	19 (木) 糸(실사변)
	薊	삽주 마계	19 (木) 艸(초두밑)
	繼	이을 맬	20 (木) 糸(실사변)
	鷄	닭 식화계	21 (火) 鳥(새조변)
고	古	옛, 선조 예, 우선	5 (水) 口(입구)
	叩	두드릴 조아릴	5 (水) 口(입구)
	尻	꽁무니 자리 잡을	5 (水) 尸(주검시)
	攷	考(8)통용 생각할	6↔7 (金) 攴(등글월문)
고	估	값, 팔 값 놓을	7 (火) 人(사람인변)
	告	고할 물을	7 (水) 口(입구)
	考	攷(6)통용 생각할	8 (土) 老(늙을로)
	固	굳을 진실로	8 (水) 囗(큰입구)
	姑	시어미 고모	8 (土) 女(여자녀변)
	孤	외로울 홀로	8 (水) 子(아들자)
	呱	울고 울음소리	8 (水) 口(입구)
	杲	밝을 높을	8 (木) 木(나무목변)
	刳	가를, 쪼갤 도려낼	8 (金) 刀(칼도)
	故	연고, 사건 옛, 이유	9 (金) 攴(등글월문)
	枯	마를 쇠할	9 (木) 木(나무목변)
	沽	팔 매매할	9 (水) 水(삼수변)
	牯	암소 거세한	9 (土) 牛(소우)
	高	높을 높일	10 (火) 高(높을고)
	庫	곳집 창고	10 (木) 广(엄호밑)
	拷	칠고 두드릴	10 (木) 手(재방변)
	羔	새끼 양 흑양	10 (土) 羊(양양)
	股	넓적다리 정강이	10 (水) 肉(육달월)

음	한자	뜻(훈)	획수(자원오행) 부수(명칭)
고	凅	얼 엉길	10 (水) 冫(이수변)
	栲	북나무 고리짝	10 (木) 木(나무목변)
	羖	검은 암양 거세한	10 (土) 羊(양양)
	皋	皋(10)통용 언덕, 못	10 (金↔水) 白(흰백)
	苦	쓸 괴로울	11 (木) 艸(초두밑)
	皐	皋(10)통용 언덕, 못	11 (金↔水) 白(흰백)
	苽	줄 교미	11 (木) 艸(초두밑)
	罟	그물 그물질	11 (木) 网(그물망)
	袴	바지 사타구니	12 (木) 衣(옷의변)
	辜	허물, 죄 재난, 대강	12 (金) 辛(매울신)
	雇	품팔, 품실 고용할	12 (火) 隹(새추)
	稁	볏짚	12 (木) 禾(변화변)
	胯	사타구니 다리	12 (水) 肉(육달월)
	觚	술잔 네모	12 (木) 角(뿔각)
	詁	주낼 해석할	12 (金) 言(말씀언변)
	酤	계명주 술 팔	12 (金) 酉(닭유)
	鼓	북칠, 키질 연주할	13 (金) 鼓(북고)
	皷	북칠, 키질 연주할	13 (金) 鼓(북고)
	痼	고질	13 (水) 疒(병질엄)
고	賈	장사 상인	13 (金) 貝(조개패)
	鈷	다리미 제기	13 (金) 金(쇠금변)
	敲	두드릴 회초리	14 (金) 攴(등글월문)
	暠	흴 밝을	14 (火) 日(날일변)
	槁	마를 때릴	14 (木) 木(나무목변)
	菰	향초 옥 이름	14 (木) 艸(초두밑)
	睾	불알, 고환 못, 늪	14 (木) 目(눈목)
	誥	고할 가르칠	14 (金) 言(말씀언변)
	槀	마를 때릴	14 (木) 木(나무목변)
	箍	테 둘레	14 (木) 竹(대죽변)
	郜	나라이름 고을이름	14 (土) 邑(우부방)
	稿	초 볏짚	15 (木) 禾(벼화변)
	靠	기댈 배반할	15 (水) 非(아닐비)
	膏	살찔 기름질	16 (水) 肉(육달월)
	錮	땜질할 가둘	16 (金) 金(쇠금변)
	篙	상앗대	16 (木) 竹(대죽변)
	糕	떡 가루 떡	16 (木) 米(쌀미변)
	鴣	자고	16 (火) 鳥(새조변)
	盬	소금밭 호렴	18 (金↔水) 皿(그릇명)

음	한자	뜻(훈)	획수(자원오행) 부수(명칭)	음	한자	뜻(훈)	획수(자원오행) 부수(명칭)
고	瞽	소경, 장님 악인	18 (木) 目(눈목)	곡	嚳	고할 급히 아뢸	20 (水) 口(입구)
	翺	날, 노닐 비상할	18 (火) 羽(깃우)	곤	困	곤할, 지칠 위태, 부족	7 (水↔木) 囗(큰입구)
	櫜	활집, 칼집 큰 자루	19 (木) 木(나무목변)		坤	땅 곤괘	8 (土) 土(흙토변)
	藁	볏짚 초고	20 (木) 艸(초두밑)		昆	형, 맏 자손	8 (火) 日(날일변)
	顧	돌아볼 당길	21 (火) 頁(머리혈)		衮	袞(11)통용 곤룡포	10 (木) 衣(옷의)
	蠱	독 뱃속벌레	23 (水) 虫(벌레충)		崑	곤륜산 산 이름	11 (土) 山(뫼산변)
	鷱	비둘기	23 (火) 鳥(새조변)		梱	문지방 문턱, 칠	11 (木) 木(나무목변)
곡	曲	굽을, 가락 불합리,구석	6 (火↔土) 曰(가로왈)		袞	衮(10)통용 곤룡포	11 (木) 衣(옷의)
	谷	골 막힐	7 (水) 谷(골곡)		堃	땅, 곤괘 땅 이름	11 (土) 土(흙토변)
	哭	울 곡할	10 (水) 口(입구)		崐	산 이름 서곤	11 (土) 山(뫼산변)
	斛	헤아릴 휘, 말	11 (火) 斗(말두)		悃	정성	11 (火) 心(심방변)
	梏	쇠고랑 수갑, 묶을	11 (木) 木(나무목변)		捆	두드릴	11 (木) 手(재방변)
	穀	곡식 기를	15 (木) 禾(벼화변)		棍	몽둥이 곤장	12 (木) 木(나무목변)
	槲	떡갈나무	15 (木) 木(나무목변)		琨	옥돌 패옥	13 (金) 玉(구슬옥변)
	縠	주름비단 명주	16 (木) 糸(실사변)		裍	걷어 올릴 두드릴	13 (木) 衣(옷의)
	觳	뿔잔, 다할 살전대	17 (木) 角(뿔각)		髡	머리 깎을 삭발할	13 (火) 髟(터럭발)
	轂	바퀴통 수레바퀴	17 (火) 車(수레거)		緄	띠, 노끈 꿰맬	14 (木) 糸(실사변)
	鵠	고니 흰빛	18 (火) 鳥(새조변)		滾	흐를 샘솟을	15 (水) 水(삼수변)

음	한자	뜻(훈)	획수(자원오행) 부수(명칭)	음	한자	뜻(훈)	획수(자원오행) 부수(명칭)
곤	裈	잠방이 속곳	15 (木) 衣(옷의변)	공	攻	칠 다스릴	7 (金) 攴(등글월문)
	閫	문지방	15 (木) 門(문문)		空	하늘 공간	8 (水) 穴(구멍혈)
	錕	곤오산 구리	16 (金) 金(쇠금변)		供	베풀 받들	8 (火) 人(사람인변)
	鯤	물고기알 곤이,곤어	19 (水) 魚(고기어변)		恭	공손할 받들	10 (火) 心(마음심밑)
	鵾	곤계 고니	19 (火) 鳥(새조)		恐	두려울 염려할	10 (火) 心(마음심)
	鶤	봉황 댓 닭	20 (火) 鳥(새조)		貢	바칠 천거할	10 (金) 貝(조개패)
	齫	이날, 씹을 이 새로 날	22 (金) 齒(이치)		蚣	지네 여치	10 (水) 虫(벌레충)
골	汨	빠질,통할 다스릴	8 (水) 水(삼수변)		拱	껴안을 맞잡을	10 (木) 手(재방변)
	骨	뼈 뼈대	10 (金) 骨(뼈골)		倥	바쁠 어리석을	10 (火) 人(사람인변)
	滑	어지러울 미끄러울	14 (水) 水(삼수변)		栱	두공 말뚝	10 (木) 木(나무목변)
	搰	팔, 힘쓸 들출	14 (木) 手(재방변)		珙	옥 구슬	11 (金) 玉(구슬옥변)
	榾	등걸 장작	14 (木) 木(나무목변)		崆	산 이름 산 험할	11 (土) 山(뫼산변)
	鶻	송골매 나라이름	21 (火) 鳥(새조)		釭	화살촉 등잔	11 (金) 金(쇠금변)
공	工	장인 교묘할	3 (火) 工(장인공)		控	당길 고할	12 (木) 手(재방변)
	公	공변될 공적, 공작	4 (金) 八(여덟팔)		蛩	메뚜기 그리마	12 (水) 虫(벌레충)
	孔	구멍 매우, 클	4 (水) 子(아들자)		蛬	귀뚜라미	12 (水) 虫(벌레충)
	功	공, 공로 공치사	5 (土↔木) 力(힘력변)		跫	발자국소리 발소리	13 (土) 足(발족변)
	共	함께 공경할	6 (金) 八(여덟팔)		箜	공후 바구니	14 (木) 竹(대죽변)

음	한자	뜻(훈)	획수(자원오행) 부수(명칭)
공	槓	지렛대 막대	14 (木) 木(나무목변)
	鞏	묶을 가죽 테	15 (金) 革(가죽혁)
	龔	공손할 받들	22 (土) 龍(용룡)
	贛	줄 하사할	24 (金) 貝(조개패)
곶	串	곶, 땅이름 익힐	7 (金) 丨(뚫을곤)
과	戈	창 싸움	4 (金) 戈(창과)
	瓜	오이 참외	5 (木) 瓜(오이과)
	夸	자랑할 아름다울	6 (木) 大(큰대)
	果	과실 해낼	8 (木) 木(나무목변)
	侉	자랑할 뽐낼	8 (火) 人(사람인변)
	科	과정, 과거 조목, 정도	9 (木) 禾(벼화변)
	堝	도가니 쇠녹이는 통	12 (土) 土(흙토변)
	猓	긴꼬리원숭이 메뚜기	12 (土) 犬(개사슴록)
	誇	자랑할 거칠	13 (金) 言(말씀언변)
	跨	넘을 건너갈	13 (土) 足(발족변)
	稞	보리 알곡식	13 (木) 禾(벼화변)
	窠	보금자리	13 (水) 穴(구멍혈)
	寡	적을,과부 홀어미	14 (木) 宀(갓머리)
과	菓	실과 과자	14 (木) 艸(초두밑)
	裹	쌀 꾸러미	14 (木) 衣(옷의)
	銙	대구 띠쇠	14 (金) 金(쇠금변)
	夥	많을, 모일 동아리	14 (水) 夕(저녁석)
	課	부서, 매길 조세, 시험	15 (金) 言(말씀언변)
	蝌	올챙이	15 (水) 虫(벌레충)
	踝	복사뼈 뒤꿈치	15 (土) 足(발족변)
	過	지날, 경과 왕래, 허물	16 (土) 辵(책받침)
	鍋	냄비 노구솥	17 (金) 金(쇠금변)
	顆	낟알 흙덩이	17 (火) 頁(머리혈)
	撾	칠, 북채 음곡	17 (木) 手(재방변)
	騍	암말 암컷	18 (火) 馬(말마변)
곽	椁	덧널, 외관 관 담는 궤	12 (木) 木(나무목변)
	廓	넓을 외성	14 (木) 广(엄호밑)
	郭	성곽 둘레	15 (土) 邑(우부방)
	槨	덧널, 외관 관 담는 궤	15 (木) 木(나무목변)
	霍	빠를 곽란	16 (水) 雨(비우)
	鞹	가죽	20 (金) 革(가죽혁)
	癨	곽란	21 (水) 疒(병질엄)

음	한자	뜻(훈)	획수(자원오행) 부수(명칭)
곽	藿	콩잎 향초,미역	22 (木) 艸(초두밑)
관	丱	쌍상투 총각	5 (木) 丨(뚫을곤)
	串	익힐 습관	7 (金) 丨(뚫을곤)
	官	벼슬 관청	8 (木) 宀(갓머리)
	冠	갓 어른	9 (木) 冖(민갓머리)
	貫	꿸 익숙할	11 (金) 貝(조개패)
	梡	도마, 적대 장작	11 (木) 木(나무목변)
	款	정성 사랑할	12 (火↔金) 欠(하품흠)
	棺	널 입관	12 (木) 木(나무목변)
	涫	끓을 대야	12 (水) 水(삼수변)
	琯	피리 옥저	13 (金) 玉(구슬옥변)
	祼	강신제	13 (木) 示(보일시)
	筦	피리 꾸릿대	13 (木) 竹(대죽변)
	管	관 맡을	14 (木) 竹(대죽변)
	菅	골풀 난초	14 (木) 艸(초두밑)
	綰	얽을 관통할	14 (木) 糸(실사변)
	寛	寬(15)통용 너그러울	14↔13 (木) 宀(갓머리)
	寬	寛(14)통용 너그러울	15 (木) 宀(갓머리)

음	한자	뜻(훈)	획수(자원오행) 부수(명칭)
관	慣	익숙할 버릇	15 (火) 心(심방변)
	輨	줏대 비녀장	15 (火) 車(수레거)
	錧	휘감쇠 바퀴철	16 (金) 金(쇠금변)
	舘	館(17)통용 집, 관사	16 (水) 舌(혀설)
	盥	대야 양치질	16 (金↔水) 皿(그릇명)
	館	舘(16)통용 집, 관사	17 (水) 食(밥식변)
	窾	빌, 구멍 법도	17 (水) 穴(구멍혈)
	雚	황새 물억새	18 (火) 隹(새추)
	關	기관 관계할	19 (木) 門(문문)
	灌	물댈 씻을	22 (水) 水(삼수변)
	爟	봉화	22 (火) 火(불화변)
	瓘	옥 옥 이름	23 (金) 玉(구슬옥변)
	罐	두레박 항아리	24 (土) 缶(장군부)
	觀	볼 생각할	25 (火) 見(볼견)
	髖	허리뼈	25 (金) 骨(뼈골)
	鑵	두레박	26 (金) 金(쇠금변)
	顴	광대뼈	27 (火↔土) 頁(머리혈)
	鸛	황새 구관조	29 (火) 鳥(새조)

음	한자	뜻(훈)	획수(자원오행) 부수(명칭)
괄	刮	깎을 긁을	8 (金) 刀(칼도)
	佸	이를 모일	8 (火) 人(사람인변)
	括	묶을 담을	10 (木) 手(재방변)
	恝	걱정 없을 괄시할	10 (火) 心(마음심)
	栝	노송나무 전나무	10 (木) 木(나무목변)
	筈	오늬 하눌타리	12 (木) 竹(대죽변)
	聒	떠들썩할 어리석을	12 (火) 耳(귀이)
	适	빠를 신속할	13 (土) 辵(책받침)
	髺	머리 묶을	16 (火) 髟(터럭발)
	鴰	재두루미	17 (火) 鳥(새조)
광	広	廣(15)통용 넓을, 널리	5 (木) 广(엄호밑)
	光	光•炚•灮 빛, 빛낼	6 (木↔火) 儿(어진사람인)
	匡	바를 구원할	6 (土) 匚(터진입구)
	侊	성찬, 클 진수성찬	8 (火) 人(사람인변)
	狂	미칠 사나울	8 (土) 犬(개사슴록)
	炚	光•炚•灮 빛, 빛낼	8 (火) 火(불화변)
	灮	光•炚•灮 빛, 빛낼	8 (火) 火(불화변)
	洸	굳셀 성낼	10 (水) 水(삼수변)
광	桄	베틀 나무	10 (木) 木(나무목변)
	恇	겁낼 허약할	10 (火) 心(심방변)
	框	문테	10 (木) 木(나무목변)
	珖	옥피리 옥 이름	11 (金) 玉(구슬옥변)
	筐	침상 광주리	12 (木) 竹(대죽변)
	胱	방오줌통	12 (水) 肉(육달월)
	絖	솜, 솜옷	12 (木) 糸(실사변)
	茪	초결명 결명차	12 (木) 艸(초두밑)
	誆	속일, 광언 거짓말	13 (金) 言(말씀언변)
	誑	속일 유혹할	14 (金) 言(말씀언변)
	廣	広(5)통용 넓을, 널리	15 (木) 广(엄호밑)
	磺	쇠돌, 조광 원석	17 (金) 石(돌석변)
	壙	광 공허할	18 (土) 土(흙토변)
	曠	밝을 빌	19 (火) 日(날일변)
	爌	불빛 환할	19 (火) 火(불화변)
	獷	사나울	19 (土) 犬(개사슴록)
	纊	솜, 솜옷 누에고치	21 (木) 糸(실사변)
	鑛	쇠돌 광물	23 (金) 金(쇠금변)

음	한자	뜻(훈)	획수(자원오행) 부수(명칭)
괘	卦	점칠,걸칠 매달,통과	8 (火↔木) 卜(점복)
	咼	입 삐뚤어질	9 (水) 口(입구)
	挂	걸, 나눌 통과할	10 (木) 手(재방변)
	掛	걸 걸쳐놓을	12 (木) 手(재방변)
	罣	걸 방해할	12 (木) 网(그물망)
	詿	그르칠 기만할	13 (金) 言(말씀언변)
	罫	줄 거리낄	14 (木) 网(그물망)
괴	乖	어그러질 떨어질	8 (火) 丿(삐침)
	怪	괴이할 도깨비	9 (火) 心(심방변)
	拐	속일 유인할	9 (木) 手(재방변)
	傀	클 성할	12 (火) 人(사람인변)
	塊	덩어리 흙덩이	13 (土) 土(흙토변)
	媿	창피 줄 부끄러울	13 (土) 女(여자녀변)
	愧	부끄러울 탓할	14 (火) 心(심방변)
	槐	홰나무 느티나무	14 (木) 木(나무목변)
	魁	으뜸 우두머리	14 (火) 鬼(귀신귀)
	瑰	구슬이름 뛰어날	15 (金) 玉(구슬옥변)
	廥	곳간, 창고 여물 광	16 (木) 广(엄호밑)
괴	蒯	황모 땅이름	16 (木) 艸(초두밑)
	璝	구슬이름 아름다울	17 (金) 玉(구슬옥변)
	壞	무너질 파괴될	19 (土) 土(흙토변)
	襘	띠 매듭 옷고름	19 (木) 衣(옷의)
괵	馘	귀 벨, 뺨 얼굴, 볼	17 (水) 首(머리수)
굉	宏	클 넓을	7 (木) 宀(갓머리)
	訇	큰소리 속일	9 (金) 言(말씀언변)
	紘	갓끈 넓을	10 (木) 糸(실사변)
	肱	팔 팔뚝	10 (水) 肉(육달월)
	浤	용솟음칠 빨리 흐를	11 (水) 水(삼수변)
	閎	이문, 성문 사당문	12 (木) 門(문문)
	觥	뿔잔 강직할	13 (木) 角(뿔각)
	轟	울림 우레 소리	21 (火) 車(수레거)
교	巧	공교로울 꾸밀	5 (火) 工(장인공)
	交	사귈 섞일	6 (火) 亠(돼지해밑)
	佼	예쁠 사귈	8 (火) 人(사람인변)
	咬	음란할 새소리	9 (水) 口(입구)
	姣	예쁠 부드러울	9 (土) 女(여자녀변)

음	한자	뜻(훈)	획수(자원오행) 부수(명칭)
교	狡	간교할 교활할	10 (土) 犬(개사슴록)
	校	학교 교정볼	10 (木) 木(나무목변)
	晈	달빛 깨끗할	10 (火) 日(날일변)
	敎	敎(11)통용 가르칠, 학교	11 (金) 攴(등글월문)
	敎	敎(11)통용 가르칠, 학교	11 (金) 攴(등글월문)
	皎	달빛 힐	11 (金) 白(흰백)
	喬	높을 교만할	12 (水) 口(입구)
	絞	목맬 급할	12 (木) 糸(실사변)
	蛟	교룡, 상어 뿔 없는 용	12 (水) 虫(벌레충)
	窖	움, 움집 구멍	12 (水) 穴(구멍혈)
	郊	들, 교외 근교	13 (土) 邑(우부방)
	較	비교할 대략	13 (火) 車(수레거)
	僑	더부살이 높을	14 (火) 人(사람인변)
	嘐	소리 새소리	14 (水) 口(입구)
	嘄	웃는 소리	14 (水) 口(입구)
	暞	밝을 깨끗할	14 (火) 日(날일변)
	榷	외나무다리	14 (木) 木(나무목변)
	鉸	가위 장식	14 (金) 金(쇠금변)

음	한자	뜻(훈)	획수(자원오행) 부수(명칭)
교	嬌	아리따울 맵시	15 (土) 女(여자녀변)
	嶠	높은 산 산길	15 (土) 山(뫼산변)
	餃	경단 엿	15 (水) 食(밥식변)
	橋	다리, 교량 강할	16 (木) 木(나무목변)
	噭	주둥이 부르짖을	16 (水) 口(입구)
	憍	교만할 방자할	16 (火) 心(심방변)
	撟	들 올라갈	16 (木) 手(재방변)
	骹	발회목뼈 정강이	16 (金) 骨(뼈골)
	矯	바로잡을 거짓	17 (金) 矢(살시변)
	膠	아교 굳을	17 (水) 肉(육달월)
	鮫	상어 교령	17 (水) 魚(고기어변)
	鄗	땅이름 산 이름	17 (土) 邑(우부방)
	磽	메마른 땅 단단할	17 (金) 石(돌석변)
	鵁	해오라기	17 (火) 鳥(새조)
	翹	꼬리 날개	18 (火) 羽(깃우)
	蕎	메밀 대극	18 (木) 艸(초두밑)
	嚙	깨물	18 (水) 口(입구)
	轎	가마 수레	19 (火) 車(수레거)

음	한자	뜻(훈)	획수(자원오행) 부수(명칭)	음	한자	뜻(훈)	획수(자원오행) 부수(명칭)
교	趫	재빠를 용감할	19 (火) 走(달릴주)	구	劬	수고로울	7 (土↔水) 力(힘력변)
	蹻	발돋움할 교만할	19 (土) 足(발족변)		扣	두드릴 당길	7 (木) 手(재방변)
	齩	깨물 씹을	21 (金) 齒(이치)		具	갖출 차림	8 (金) 八(여덟팔)
	驕	교만할 무례할	22 (火) 馬(말마변)		坵	丘(5)통용 언덕, 무덤	8 (土) 土(흙토변)
	攪	손 놀릴 어지러울	24 (木) 手(재방변)		玖	옥돌 검은 옥돌	8 (金) 玉(구슬옥변)
구	口	입 인구	3 (水) 口(입구)		咎	허물 재앙	8 (水) 口(입구)
	久	오랠 기다릴	3 (水) 丿(삐침)		坸	때, 수치 티끌	8 (土) 土(흙토변)
	仇	원수 원망할	4 (火) 人(사람인변)		岣	산꼭대기 봉우리이름	8 (土) 山(뫼산변)
	勾	굽을 글 귀절	4 (金) 勹(쌀포)		疚	오랜 병 고질병	8 (水) 疒(병질엄)
	厹	세모창 세모진 창	4 (金) 厶(마늘모)		九	아홉 아홉 번	9 (木↔水) 乙(새을변)
	句	글귀 굽을	5 (水) 口(입구)		拘	잡을, 안을망설일	9 (木) 手(재방변)
	丘	坵(8)통용 언덕, 무덤	5 (木↔土) 一(한일)		狗	개 강아지	9 (土) 犬(개사슴록)
	叴	소리높일 세모창	5 (水) 口(입구)		枸	구기자나무 탱자나무	9 (木) 木(나무목변)
	臼	절구 별이름	6 (土) 臼(절구구)		垢	때 티끌	9 (土) 土(흙토변)
	求	구할 탐할	6 (水) 水(아래물수)		柩	널 관	9 (木) 木(나무목변)
	究	연구할 궁구할	7 (水) 穴(구멍혈)		俅	공손할 몸에 걸칠	9 (火) 人(사람인변)
	灸	뜸 구을	7 (火) 火(불화변)		姤	만날, 추할 우아할	9 (土) 女(여자녀변)
	佝	꼽추 거리낄	7 (火) 人(사람인변)		昫	따뜻할	9 (火) 日(날일변)

음	한자	뜻(훈)	획수(자원오행) 부수(명칭)
구	韭	부추 산부추	9 (木) 韭(부추구)
	俱	함께 갖출	10 (火) 人(사람인변)
	矩	모날, 곱자 법도, 네모	10 (金) 矢(화살시)
	玽	옥돌	10 (金) 玉(구슬옥변)
	冓	짤 지밀	10 (木) 冂(멀경)
	痀	곱사등이	10 (水) 疒(병질엄)
	救	구원할 도울	11 (金) 攴(등글월문)
	區	구역 나눌	11 (土) 匸(터진입구)
	苟	진실로 구차할	11 (木) 艸(초두밑)
	耇	耉(11)통용 명길,오래살	11 (土) 老(늙을로)
	耉	耇(11)통용 명길,오래살	11 (土) 老(늙을로)
	寇	도둑 해칠	11 (木↔水) 宀(갓머리)
	毬	공, 제기 공 모양	11 (火) 毛(터럭모)
	捄	담을 건질	11 (木) 手(재방변)
	胊	구운, 포	11 (水) 月(육달월)
		멍에	9 (水↔木) 月(달월변)
	蚯	지렁이	11 (水) 虫(벌레충)
	釦	금테 두를 구슬 박을	11 (金) 金(쇠금변)
	球	구슬, 공 경석	12 (金) 玉(구슬옥변)

음	한자	뜻(훈)	획수(자원오행) 부수(명칭)
구	邱	언덕, 구릉 땅이름, 무덤	12 (土) 邑(우부방)
	鳩	비둘기 편안할	13 (火) 鳥(새조)
	絿	구할 급박할	13 (木) 糸(실사변)
	舅	장인 시아비	13 (土) 臼(절구구)
	鉤	낫, 창 갈고리	13 (金) 金(쇠금변)
	傴	구부릴 곱추	13 (火) 人(사람인변)
	媾	화친할 겹혼인	13 (土) 女(여자녀변)
	彀	당길, 과녁 활고자	13 (火↔金) 弓(활궁)
	裘	갖옷 가죽옷	13 (木) 衣(옷의)
	詬	꾸짖을	13 (金) 言(말씀언변)
	構	얽을 맺을	14 (木) 木(나무목변)
	溝	도랑 어리석을	14 (水) 水(삼수변)
	嘔	토할 노래할	14 (水) 口(입구)
	嶇	험할 깍지	14 (土) 山(뫼산변)
	廐	廏(14)통용 마구간	14 (木) 广(엄호밑)
	廏	廐(14)통용 마구간	14 (木) 广(엄호밑)
	逑	짝 모을	14 (土) 辵(책받침)
	嫗	할미, 여자 어미	14 (土) 女(여자녀변)

음	한자	뜻(훈)	획수(자원오행) 부수(명칭)	음	한자	뜻(훈)	획수(자원오행) 부수(명칭)
구	搆	얽을, 지을 이해 못할	14 (木) 手(재방변)	구	屨	신, 짚신 가죽신	17 (水↔木) 尸(주검시)
	榘	곱자, 법 곡척	14 (木) 木(나무목변)		覯	만날 합칠	17 (火) 見(볼견)
	銶	끌 끌의 일종	15 (金) 金(쇠금변)		龜	龜(16)통용 땅 이름	18 (水) 龜(거북귀)
	歐	토할 때릴	15 (火↔金) 欠(하품흠)		舊	옛, 오랠 친구	18 (土) 臼(절구구)
	毆	칠 때릴	15 (金) 殳(갖은등글월문)		軀	몸 신체	18 (火↔土) 身(신체)
	駒	망아지 젊은이	15 (火) 馬(말마변)		謳	노래할 흥얼거릴	18 (金) 言(말씀언변)
	摳	추킬 던질	15 (木) 手(재방변)		瞿	살필 노려볼	18 (木) 目(눈목)
	漚	담글 거품	15 (水) 水(삼수변)		韝	깍찌 팔찌	19 (金) 韋(가죽위)
	龜	龜(18)통용 땅 이름	16 (水) 龜(거북귀)		匶	널 관	20 (木) 匚(터진입구)
	蒟	구장 필발의 열매	16 (木) 艸(초두밑)		驅	몰, 대열 내보낼	21 (火) 馬(말마변)
	璆	아름다운 옥경쇠	16 (金) 玉(구슬옥변)		鷇	새 새끼 기를	21 (火) 鳥(새조)
	甌	사발, 주발 종족이름	16 (土) 瓦(기와와)		鷗	갈매기 백	22 (火) 鳥(새조)
	窶	가난할 좁은 땅	16 (水) 穴(구멍혈)		懼	두려워할 으를	22 (火) 心(심방변)
	篝	배롱 대그릇	16 (木) 竹(대죽변)		戵	창 네갈래 창	22 (金) 戈(창과)
	糗	볶은 쌀 말린 밥	16 (木) 米(쌀미변)		癯	여윌	23 (水) 疒(병질엄)
	遘	만날	17 (土) 辵(책받침)		衢	네거리 갈구, 기로	24 (火) 行(다닐행)
	購	살 구해드릴	17 (金) 貝(조개패)		鬮	제비 추첨	26 (金) 鬥(싸울투)
	颶	구풍	17 (木) 風(바람풍)		鸜	구관조	29 (火) 鳥(새조)

음	한자	뜻(훈)	획수(자원오행) 부수(명칭)
국	局	판 사태	7 (水↔木) 尸(주검시)
	匊	움킬	8 (金↔木) 勹(쌀포)
	国	國(11)통용 나라, 세상	8 (水) 口(큰입구)
	國	国(8) 동자 나라, 세상	11 (水) 口(큰입구)
	掬	움킬 한주먹	12 (木) 手(재방변)
	菊	국화 대	14 (木) 艸(초두밑)
	跼	구부릴 굽힐	14 (土) 足(발족변)
	⿱竹匊	대뿌리 대나무뿌리	14 (木) 竹(대죽변)
	鞠	기를 굽힐	17 (金) 革(가죽혁)
	麯	누룩 곡자	17 (木) 麥(보리맥)
	鞫	국문할 문초할	18 (金) 革(가죽혁)
	麴	술 누룩	19 (木) 麥(보리맥)
군	君	임금 남편	7 (水) 口(입구)
	軍	군사 진칠	9 (火) 車(수레거)
	捃	주울 취할	11 (木) 手(재방변)
	桾	고욤나무	11 (木) 木(나무목변)
	窘	막힐 궁색할	12 (水) 穴(구멍혈)
	群	무리 많을	13 (土) 羊(양양)
군	裙	속옷 치마	13 (木) 衣(옷의)
	郡	고을, 관청 쌓을, 무리	14 (土) 邑(우부방)
	皸	틀 손발틀	14 (金) 皮(가죽피)
굴	屈	굽을 다할	8 (水↔土) 尸(주검시)
	倔	고집셀 입신할	10 (火) 人(사람인변)
	堀	굴 땅팔	11 (土) 土(흙토변)
	崛	우뚝할 우뚝 솟을	11 (土) 山(뫼산변)
	掘	팔 파낼	12 (木) 手(재방변)
	淈	흐릴	12 (水) 水(삼수변)
	詘	굽힐 복종할	12 (金) 言(말씀언변)
	窟	굴, 움집 토굴	13 (水) 穴(구멍혈)
궁	弓	활 궁형	3 (火) 弓(활궁)
	穹	높을 하늘	8 (水) 穴(구멍혈)
	芎	궁궁이 천궁	9 (木) 艸(초두밑)
	宮	집 대궐	10 (木) 宀(갓머리)
	躬	몸 몸소	10 (火↔水) 身(몸신)
	躳	몸, 신체 활, 곤궁	14 (火↔水) 身(몸신)
	窮	궁할 궁리할	15 (水) 穴(구멍혈)

음	한자	뜻(훈)	획수(자원오행) 부수(명칭)
권	卷	책 두루마리	8 (火↔木) 㔾(병부절)
	券	문서 계약	8 (金) 刀(칼도)
	拳	주먹 지닐	10 (木) 手(손수변)
	倦	게으를 피로할	10 (火) 人(사람인변)
	勌	게으를 권할	10 (土) 力(힘력변)
	圈	둘레 동그라미	11 (水) 口(큰입구)
	眷	돌볼 친척	11 (木) 目(눈목)
	淃	물돌아흐를 물, 물 모양	12 (水) 水(삼수변)
	捲	거둘 힘쓸	12 (木) 手(재방변)
	惓	삼갈 싫증날	12 (火) 心(심방변)
	棬	나무그릇	12 (木) 木(나무목변)
	睠	돌아볼	13 (木) 目(눈목)
	綣	정다울	14 (木) 糸(실사변)
	蜷	굽을	14 (水) 虫(벌레충)
	権	權(22)통용 권세, 저울	15 (木) 木(나무목변)
	勸	권할 도울	20 (土) 力(힘력변)
	權	権(15)통용 권세, 저울	22 (木) 木(나무목변)
궐	厥	속일 짧을	12 (土) 厂(민엄호밑)

음	한자	뜻(훈)	획수(자원오행) 부수(명칭)
궐	獗	날뛸	16 (土) 犬(개사슴록)
	闕	대궐문 뚫을	18 (木) 門(문문)
	蕨	고사리 고비	18 (木) 艸(초두밑)
	蹶	넘어질 미끄러질	19 (土) 足(발족변)
궤	几	안석, 제기 책상	2 (水) 几(안석궤)
	机	책상 나무이름	6 (木) 木(나무목변)
	氿	샘 결구멍 샘	6 (水) 水(삼수변)
	佹	괴이할 어긋날	8 (火) 人(사람인변)
	軌	바퀴굴대 법도, 궤도	9 (火) 車(수레기)
	詭	속일 꾸짖을	13 (金) 言(말씀언변)
	跪	꿇어앉을 집게발	13 (土) 足(발족변)
	麂	큰 노루 큰 순록	13 (土) 鹿(사슴록)
	劂	새김칼 조각칼	14 (金) 刀(칼도)
	匱	함, 삼태기 상자	14 (木) 匚(터진입구)
	潰	무너질 흩어질	16 (水) 水(삼수변)
	憒	심란할 어두울	16 (火) 心(심방변)
	撅	걷을 공격할	16 (木) 手(재방변)
	樻	나무이름 영수목	16 (木) 木(나무목변)

음	한자	뜻(훈)	획수(자원오행) 부수(명칭)
궤	簋	궤, 기장 제기이름	17 (木) 竹(대죽변)
	櫃	함 궤	18 (木) 木(나무목변)
	繢	토끝 채색할	18 (木) 糸(실사변)
	餽	보낼, 식사 선사, 흉년	19 (水) 食(밥식변)
	闠	저자, 문 바깥문	20 (木) 門(문문)
	饋	먹일 대접할	21 (水) 食(밥식변)
귀	句	구절 굽을	5 (水) 口(입구)
	鬼	귀신 도깨비	10 (火) 鬼(귀신귀)
	貴	귀할, 숭상 공경, 존칭	12 (金) 貝(조개패)
	晷	햇빛 해 그림자	12 (火) 日(날일변)
	⿰金危	쟁기 날 줄	14 (金) 金(쇠금변)
	龜	龜(18)통용 거북,등골뼈	16 (水) 龜(거북귀)
	龜	龜(16)통용 거북,등골뼈	18 (水) 龜(거북귀)
	歸	돌아올 시집갈	18 (土) 止(그칠지)
규	叫	부르짖을	5 (水) 口(입구)
	圭	홀, 서옥 저울눈	6 (土) 土(흙토변)
	糺	糾(8)통용 얽힐, 규명	7 (木) 糸(실사변)
	糾	糺(7)통용 얽힐, 규명	8 (木) 糸(실사변)
규	刲	찌를 빼앗을	8 (金) 刀(칼도)
	虯	규룡 새끼용	8 (水) 虫(벌레충)
	奎	별, 별이름 글, 문장	9 (木↔土) 大(큰대)
	赳	재능 용맹할	9 (火) 走(달릴주)
	規	법, 간할 바로잡을	11 (火) 見(볼견)
	珪	서옥 홀	11 (金) 玉(구슬옥변)
	硅	규소 깨뜨릴	11 (金) 石(돌석변)
	馗	광대뼈 길거리	11 (水) 首(머리수)
	茥	딸기	12 (木) 艸(초두밑)
	揆	헤아릴 법도	13 (木) 手(재방변)
	郌	마을이름 보옥	13 (土) 邑(우부방)
	湀	물솟아흐를 샘솟아흐를	13 (水) 水(삼수변)
	烓	불꽃	13 (火) 火(불화변)
	暌	어길 떨어져있을	13 (火) 日(날일변)
	楏	호미자루 감탕나무	13 (木) 木(나무목변)
	跬	반걸음 가까운	13 (土) 足(발족변)
	頍	머리들 머리장식	13 (火) 頁(머리혈)
	閨	협문, 규수 침실	14 (木) 門(문문)

음	한자	뜻(훈)	획수(자원오행) 부수(명칭)
규	嫢	가는허리 그림쇠	14 (土) 女(여자녀변)
	睽	사팔 눈 배반, 반목	14 (木) 目(눈목)
	葵	해바라기 아욱	15 (木) 艸(초두밑)
	槻	느티나무 물푸레나무	15 (木) 木(나무목변)
	逵	큰길, 길 수중 동굴	15 (土) 辵(책받침)
	嬀	강 이름 고을이름	15 (土) 女(여자녀변)
	樛	휘어질 묶을	15 (木) 木(나무목변)
	窺	엿볼 반걸음	16 (水) 穴(구멍혈)
	潙	강 이름 물 이름	16 (水) 水(삼수변)
	竅	구멍, 요점 통할, 비결	18 (水) 穴(구멍혈)
	闚	엿볼 훔쳐볼	19 (木) 門(문문)
	巋	험준할 홀로 설	20 (土) 山(뫼산변)
균	匀	勻(4)통용 적을, 고를	4 (金) 勹(쌀포)
	勻	匀(4)통용 적을, 고를	4 (金) 勹(쌀포)
	均	고를 평평할	7 (土) 土(흙토변)
	囷	곳집 꼬불거릴	8 (水↔土) 口(큰입구)
	畇	밭 개간할 따비	9 (土) 田(밭전)
	鈞	서른, 녹로 도르레	12 (金) 金(쇠금변)

음	한자	뜻(훈)	획수(자원오행) 부수(명칭)
균	筠	대나무 대껍질	13 (木) 竹(대죽변)
	菌	버섯 곰팡이	14 (木) 艸(초두밑)
	䝼	크게 볼 사람이름	14 (火) 見(볼견)
	龜	龜(18)통용 터질,갈라질	16 (水) 龜(거북귀)
	龜	龜(16)통용 터질,갈라질	18 (水) 龜(거북귀)
	麏	노루 고라니	18 (土) 鹿(사슴록)
귤	橘	귤 귤나무	16 (木) 木(나무목변)
극	克	이길, 참을 능할	7 (木) 儿(어진사람인)
	剋	이길, 정할 다스릴	9 (金) 刀(칼도)
	亟	빠를 성급할	9 (木↔火) 二(두이)
	尅	이길, 참을 급할	10 (土↔金) 寸(마디촌)
	屐	나막신	10 (水↔木) 尸(주검시)
	戟	창 갈라진 창	12 (金) 戈(창과)
	棘	가시나무 창	12 (木) 木(나무목변)
	極	지극할 다할	13 (木) 木(나무목변)
	郤	틈, 틈새 싸움, 기회	13 (土) 邑(우부방)
	劇	심할, 혹독할 장난할	15 (金) 刀(칼도)
	隙	틈 기를	18 (土) 阜(좌부변)

음	한자	뜻(훈)	획수(자원오행) 부수(명칭)
근	斤	도끼	4 (金) 斤(날근)
	劤	힘셀 강할	6 (土↔金) 力(힘력변)
	巹	술잔, 삼갈 합환주	9 (土) 己(몸기)
	觔	힘줄, 근 무게단위	9 (木) 角(뿔각)
	根	뿌리 근본	10 (木) 木(나무목변)
	芹	미나리	10 (木) 艸(초두밑)
	近	가까울 사랑할	11 (土) 辵(책받침)
	筋	힘줄, 살 정맥, 힘	12 (木) 竹(대죽변)
	釿	큰 자귀	12 (金) 金(쇠금변)
	勤	부지런할 근무할	13 (土) 力(힘력변)
	僅	겨우 적을	13 (火) 人(사람인변)
	跟	뒤꿈치 따를	13 (土) 足(발족변)
	靳	가슴걸이 수레의 채	13 (金) 革(가죽혁)
	墐	매흙질할 묻을	14 (土) 土(흙토변)
	嫤	아름다울 고울	14 (土) 女(여자녀변)
	菫	제비꽃 오랑캐꽃	14 (木) 艸(초두밑)
	廑	작은집 겨우	14 (木) 广(엄호밑)
	漌	맑을 물 맑을	15 (水) 水(삼수변)

음	한자	뜻(훈)	획수(자원오행) 부수(명칭)
근	槿	무궁화 무궁화나무	15 (木) 木(나무목변)
	瑾	옥 아름다운 옥	16 (金) 玉(구슬옥변)
	懃	은근할 부지런할	17 (火) 心(마음심)
	謹	삼갈 공경할	18 (金) 言(말씀언변)
	覲	뵐 만나볼	18 (火) 見(볼견)
	饉	주릴 흉년들	20 (水) 食(밥식변)
글	勂	뜻, 힘 있는 지친모양	6 (土) 力(힘력변)
	契	맺을 언약할	9 (木) 大(큰대)
금	今	이제 바로	4 (火) 人(사람인변)
	妗	외숙 방정맞을	7 (土) 女(여자녀변)
	金	쇠, 금빛 금•김 통용	8 (金) 金(쇠금변)
	昑	밝을 환할	8 (火) 日(날일변)
	衾	이불 침구	10 (木) 衣(옷의)
	衿	옷깃 옷고름	10 (木) 衣(옷의)
	芩	풀이름 수초이름	10 (木) 艸(초두밑)
	笒	대 이름 첨대, 죽첨	10 (木) 竹(대죽변)
	唫	입 다물 말더듬을	11 (水) 口(입구)
	禁	금지할 대궐	13 (木) 示(보일시)

음	한자	뜻(훈)	획수(자원오행) 부수(명칭)
금	禽	날 짐승 짐승, 포로	13 (木↔金) 内(자귀유)
	琴	거문고 거문고소리	13 (金) 玉(구슬옥변)
	嶔	높고 험할 가파른	15 (土) 山(뫼산변)
	錦	비단 비단옷	16 (金) 金(쇠금변)
	噤	입 다물 문 닫을	16 (水) 口(입구)
	黅	누른빛	16 (土) 黃(누를황)
	擒	생포할 사로잡을	17 (木) 手(재방변)
	檎	능금나무 사과나무	17 (木) 木(나무목변)
	襟	옷깃 마음	19 (木) 衣(옷의변)
급	及	미칠 이를	4 (水) 又(또우)
	伋	속일 생각할	6 (火) 人(사람인변)
	圾	위태할 위태로울	7 (土) 土(흙토변)
	岌	높을 위태로울	7 (土) 山(뫼산변)
	皀	고소할 향기로울	7 (金↔火) 白(흰백)
	汲	물길을 당길	8 (水) 水(삼수변)
	扱	미칠 처리할	8 (木) 手(재방변)
	急	급할 서두를	9 (火) 心(마음심)
	級	등급 층계	10 (木) 糸(실사변)
급	笈	책 상자 책, 길마	10 (木) 竹(대죽변)
	芨	말오줌나무 대왕 풀	10 (木) 艸(초두밑)
	給	줄, 베풀 선사, 하사	12 (木) 糸(실사변)
	礏	산우뚝솟을 뾸날카로운	18 (金) 石(돌석변)
긍	亘	亙(6) 동자 건널, 뻗칠	6 (木↔火) 二(두이변)
	亙	亘(6) 동자 건널, 뻗칠	6 (木↔火) 二(두이변)
	矜	숭상할 창 자루	9 (金) 矛(창모변)
	肯	긍정할 감히	10 (水) 肉(육달월)
	殑	까무러칠 유령 나타날	11 (水) 歹(죽을사)
	兢	조심할 떨릴	14 (木↔木) 儿(어진사람인)
기	己	몸 자기	3 (土) 己(몸기)
	企	도모할 발돋음 할	6 (火) 人(사람인변)
	伎	재주 기생	6 (火) 人(사람인변)
	屺	민둥산	6 (土) 山(뫼산변)
	忌	미워할 기일	7 (火) 心(마음심)
	杞	소태나무 나무이름	7 (木) 木(나무목변)
	岐	산 이름 갈림길	7 (土) 山(뫼산변)
	圻	서울지경 언덕	7 (土) 土(흙토변)

음	한자	뜻(훈)	획수(자원오행) 부수(명칭)	음	한자	뜻(훈)	획수(자원오행) 부수(명칭)
기	妓	기생 창녀,미녀	7 (土) 女(여자녀변)	기	記	기록할 기억할	10 (金) 言(말씀언변)
	庋	시렁 올려놓을	7 (木) 广(엄호밑)		起	일어날 시작할	10 (火) 走(달릴주)
	弃	버릴	7 (木) 廾(스물입발)		氣	기운, 숨 기후	10 (水) 气(기운기밑)
	其	그 어조사	8 (金) 八(여덟팔)		豈	어찌 그	10 (木↔水) 豆(콩두)
	技	재주 재능	8 (木) 手(재방변)		耆	늙을 힘셀	10 (土) 老(늙을로)
	奇	기이할 속임수	8 (木↔土) 大(큰대)		剞	새김칼 조각칼	10 (金) 刀(칼도)
	玘	패옥 노리개	8 (金) 玉(구슬옥변)		旂	기 용그림 기	10 (土↔水) 方(모방)
	汽	김 증기	8 (水) 水(삼수변)		肵	공경할 적대	10 (水) 肉(육달월)
	沂	물 이름	8 (水) 水(삼수변)		芰	마름	10 (木) 艸(초두밑)
	祁	성할 많을	8 (木) 示(보일시)		芪	단너삼 황기 풀	10 (木) 艸(초두밑)
	肌	살 근육	8 (水) 肉(육달월)		基	터기 근본	11 (土) 土(흙토변)
	忯	공경할 사랑할	8 (火) 心(심방변)		旣	이미 다할	11 (水) 无(이미기몸)
	忮	해칠 원망할	8 (火) 心(심방변)		寄	부칠 의지할	11 (木) 宀(갓머리)
	歧	갈림길 육발이	8 (土) 止(그칠지)		飢	주릴 흉년들	11 (水) 食(밥식변)
	炁	기운 운기	8 (火) 火(연화발)		埼	갑,해안머리 언덕머리	11 (土) 土(흙토변)
	紀	벼리, 해 세월, 단서	9 (木) 糸(실사변)		崎	험할 어려울	11 (土) 山(뫼산변)
	祈	빌 고할	9 (木) 示(보일시)		跂	육발이 발돋음 할	11 (土) 足(발족변)
	祇	빌 고할	9 (木) 示(보일시)		期	때 기약할	12 (水) 月(달월변)

음	한자	뜻(훈)	획수(자원오행) 부수(명칭)	음	한자	뜻(훈)	획수(자원오행) 부수(명칭)
기	幾	빌기, 바랄 얼마	12 (火) 幺(작을요)	기	旗	기 표지	14 (土↔木) 方(모방)
	欺	속일 거짓	12 (火) 欠(하품흠)		綺	비단 아름다울	14 (木) 糸(실사변)
	棄	버릴 그만둘	12 (木) 木(나무목변)		箕	삼태기 별이름	14 (木) 竹(대죽변)
	淇	물 이름 강 이름	12 (水) 水(삼수변)		暣	날씨, 일기 볕 기운	14 (火) 日(날일변)
	猉	강아지 기린	12 (土) 犬(개사슴록)		僛	춤출 엄포	14 (火) 人(사람인변)
	朞	돌 아기 돌	12 (水) 月(달월변)		墍	맥질할 취할	14 (土) 土(흙토변)
	掎	끌 뽑아낼	12 (木) 手(재방변)		愭	공손할 공경할	14 (火) 心(심방변)
	攲	기울 높이 솟을	12 (土) 支(버틸지)		榿	오리나무	14 (木) 木(나무목변)
	棊	바둑 장기	12 (木) 木(나무목변)		綦	연듯빛비난 무늬비단	14 (木) 糸(실사변)
	棋	碁(13)통용 바둑, 장기	12 (木) 木(나무목변)		綨	연듯빛 둘 메 끈	14 (木) 糸(실사변)
	碁	棋(12)통용 바둑, 장기	13 (金) 石(돌석변)		蜝	방게 왕 거머리	14 (水) 虫(벌레충)
	祺	복 편안할	13 (木) 示(보일시)		畿	경기 지경	15 (土) 田(밭전)
	琦	옥 옥 이름	13 (金) 玉(구슬옥변)		嵌	높을 험할	15 (土) 山(뫼산변)
	畸	뙈기밭 불구, 병신	13 (土) 田(밭전)		器	그릇 재능	16 (水) 口(입구)
	琪	옥 이름 아름다울	13 (金) 玉(구슬옥변)		機	기계 베틀	16 (木) 木(나무목변)
	嗜	즐길 좋아할	13 (水) 口(입구)		璂	피변 옥 꾸미개 옥	16 (金) 玉(구슬옥변)
	稘	돌 한주기	13 (木) 禾(변화변)		錤	호미	16 (金) 金(쇠금변)
	頎	헌걸찰 측은할	13 (火) 頁(머리혈)		錡	세발솥 가마솥	16 (金) 金(쇠금변)

음	한자	뜻(훈)	획수(자원오행) 부수(명칭)
기	冀	바랄 바라건데	16 (金) 八(여덟팔)
	暨	및 함께	16 (火) 日(날일변)
	璣	璣(20)통용 구슬	17 (金) 玉(구슬옥변)
	磯	물가 몸부딪칠	17 (金) 石(돌석변)
	禨	제사 좋은조짐	17 (木) 示(보일시)
	覬	바랄	17 (火) 見(볼견)
	騎	말탈 기병	18 (火) 馬(말마변)
	騏	준마 검푸른말	18 (火) 馬(말마변)
	耭	밭갈 받을 갈	18 (木↔金) 耒(쟁기뢰변)
	蟣	서캐, 수질 거머리	18 (水) 虫(벌레충)
	隑	후미, 언덕 굽이질	18 (土) 阜(좌부변)
	麒	기린	19 (土) 鹿(사슴록)
	譏	나무랄 원망할	19 (金) 言(말씀언변)
	璣	璣(17)통용 구슬	20 (金) 玉(구슬옥변)
	鬐	갈기 말갈기	20 (火) 髟(터럭발)
	夔	조심할, 뙬 외발짐승	20 (土) 夊(천천히걸을쇠)
	饑	주릴 흉년들	21 (水) 食(밥식변)
	鰭	지느러미	21 (水) 魚(고기어변)
기	蘄	풀이름 고을이름	22 (木) 艸(초두밑)
	羇	나그네 말굴레	23 (火) 网(그물망)
	虁	조심할, 뙬 외발짐승	25↔26 (木) 艸(초두밑)
	羈	재갈 말굴레	25 (木) 网(그물망)
	驥	천리마 준마	27 (火) 馬(말마변)
긴	緊	굽을, 급할 팽팽할	14 (木) 糸(실사변)
길	吉	길할 상서로울	6 (水) 口(입구)
	佶	바를 강건할	8 (火) 人(사람인변)
	姞	삼갈 계집	9 (土) 女(여자녀변)
	桔	도라지 두레박틀	10 (木) 木(나무목변)
	拮	일할 깍지 낄	10 (木) 手(재방변)
	蛣	장구 벌레 풍뎅이	12 (水) 虫(벌레충)
김	金	성(姓)씨	8 (金) 金(쇠금변)
끽	喫	마실 끽 먹을 끽	12 (水) 口(입구)

음	한자	뜻(훈)	획수(자원오행) 부수(명칭)
나	奈	나락 어찌	8 (木↔火) 大(큰대)
	柰	능금나무 어찌	9 (木) 木(나무목변)
	拏	잡을 맞잡을	9 (木) 手(손수변)
	娜	아리따울 휘청거릴	10 (土) 女(여자녀변)
	拿	붙잡을 사로잡을	10 (木) 手(손수변)
	挐	잡을 붙잡을	10 (木) 手(손수변)
	𡖈	많을	10 (水) 夕(저녁석)
	那	어찌 편안할	11 (土) 邑(우부방)
	挪	옮길 문지를	11 (木) 手(재방변)
	梛	나무이름 전할, 난할	11 (木) 木(나무목변)
	喇	나팔 승려	12 (水) 口(입구)
	㫊	깃발펄럭일	12 (土↔木) 方(모방)
	䏧	성질 살찔	12 (水) 肉(육달월)
	䛔	끌어당길 잡아당길	13 (金) 言(말씀언변)
	懦	나약할 부드러울	18 (火) 心(심방변)
	糯	찰벼	20 (木) 米(쌀미변)
	儺	귀신쫓을 푸닥거리	21 (火) 人(사람인변)
낙	諾	대답할 허락할	16 (金) 言(말씀언변)

음	한자	뜻(훈)	획수(자원오행) 부수(명칭)
난	偄	연약할 속일	11 (火) 人(사람인변)
	赧	얼굴 붉힐 두려워할	12 (火) 赤(붉을적)
	暖	따뜻할 온순할	13 (火) 日(날일변)
	煖	더울 따뜻할	13 (火) 火(불화변)
	愞	약할	13 (火) 心(심방변)
	餪	풀보기잔치 음식대접할	18 (水) 食(밥식변)
	難	어려울 재앙	19 (火) 隹(새추)
날	捏	이길 주워모을	11 (木) 手(재방변)
	捺	누를, 삐침 도장찍을	12 (木) 手(재방변)
남	男	사내, 아들 장정, 남자	7 (土) 田(밭전)
	枏	녹나무	8 (木) 木(나무목변)
	南	남녘, 임금 풍류이름	9 (水↔火) 十(열십)
	喃	재잘거릴 글읽는소리	12 (水) 口(입구)
	楠	녹나무 매화나무	13 (木) 木(나무목변)
	湳	물이름 추장	13 (水) 水(삼수변)
납	納	들일 바칠	10 (木) 糸(실사변)
	衲	옷수선 할 중의 옷	10 (木) 衣(옷의)
낭	娘	아가씨 여자, 어미	10 (土) 女(여자녀변)

음	한자	뜻(훈)	획수(자원오행) 부수(명칭)
낭	曩	접때, 앞서 전에	21 (火) 日(날일변)
	囊	주머니 자루, 고환	22 (水) 口(입구)
내	乃	이에, 아무 접때, 곧	2 (金) 丿(삐침)
	內	안 들일	4 (木) 入(들입)
	奶	유모, 젖 어머니	5 (土) 女(여자녀변)
	奈	나락 어찌	8 (木↔火) 大(큰대)
	耐	견딜 참을	9 (水) 而(말이을이)
	柰	능금나무 어찌	9 (木) 木(나무목변)
	迺	이에 지시대명사	13 (土) 辶(책받침)
	鼐	가마솥 큰솥	15 (火) 鼎(솥정)
	嬭	젖, 유모 낮잠	17 (土) 女(여자녀변)
녀 (녀↔여)	女	계집, 딸 처녀, 여자	3 (土) 女(여자녀변)
녁 (녁↔역)	惄	허출할 근심, 생각	12 (火) 心(마음심)
년 (년↕연)	年	秊(8)통용 해, 나이	6 (木) 干(방패간)
	秊	年(6)통용 해, 나이	8 (木) 禾(벼화변)
	碾	맷돌 돌절구	15 (金) 石(돌석변)
	撚	비틀 잡을	16 (木) 手(재방변)
념	念	생각 윌	8 (火) 心(마음심)
념 (념↕염)	拈	집을 집어 비틀	9 (木) 手(재방변)
	恬	편안할 조용할	10 (火) 心(심방변)
	捻	비틀 집어들	12 (木) 手(재방변)
녑 (녑↔엽)	惗	사랑할 생각할	12 (火) 心(심방변)
녕 (녕↕영)	佞	아첨할 간사할	7 (火) 人(사람인변)
	寗	寧(14)통용 편안할,차라리	13 (木) 宀(갓머리)
	寧	寗(13)통용 편안할,차라리	14 (木) 宀(갓머리)
	儜	괴로워할 약할	16 (火) 人(사람인변)
	嚀	간곡할 정중할	17 (水) 口(입구)
	獰	모질 흉악할	18 (土) 犬(개사슴록)
	濘	진창 끓을	18 (水) 水(삼수변)
노	奴	종, 사내종 놈, 접미사	5 (土) 女(여자녀변)
	努	힘쓸 힘들일	7 (土) 力(힘력변)
	弩	쇠뇌, 큰활 군사이름	8 (火↔金) 弓(활궁)
	呶	지껄일	8 (水) 口(입구)
	孥	자식, 처자 처노, 종	8 (水) 子(아들자)
	怒	성낼 기세	9 (火) 心(마음심)
	峱	산 이름 개	10 (土) 山(뫼산변)

음	한자	뜻(훈)	획수(자원오행) 부수(명칭)
노	笯	새장 새 기를	11 (木) 竹(대죽변)
	猱	원숭이 희롱거릴	13 (土) 犬(개사슴록)
	瑙	옥돌 마노	14 (金) 玉(구슬옥변)
	[illegible]	수수께끼 기뻐할	14 (金) 言(말씀언변)
	駑	둔할 둔한 말	15 (火) 馬(말마변)
	臑	팔꿈치 앞다리	20 (水) 肉(육달월)
농	農	농사 힘쓸	13 (土) 辰(별진)
	儂	나, 당신 아무게	15 (火) 人(사람인변)
	噥	수군거릴 헛된 소리	16 (水) 口(입구)
	濃	짙을 두터울	17 (水) 水(삼수변)
	穠	무성할 깊을	18 (木) 禾(벼화변)
	膿	고름 진한국물	19 (水) 肉(육달월)
	醲	진한 후한	20 (金) 酉(닭유)
뇌	惱	괴로워할 괴롭힐	13 (火) 心(심방변)
	腦	뇌 머리	15 (水) 肉(육달월)
	餒	주릴 굶주릴	16 (水) 食(밥식변)
뇨 뇨↔요	尿	오줌 소변	7 (水) 尸(주검시)
	淖	진흙, 이토 온화할	12 (水) 水(삼수변)

음	한자	뜻(훈)	획수(자원오행) 부수(명칭)
뇨 뇨 ↕ 요	嫋	예쁠 아름다울	13 (土) 女(여자녀변)
	鬧	시끄러울 들렐	15 (金) 門(싸움투)
	撓	흔들릴 어지러울	16 (木) 手(재방변)
	嬲	희롱할 놀릴	17 (土) 女(여자녀변)
	鐃	징, 굽힐 작은 징	20 (金) 金(쇠금변)
누	啂	젖 먹을 젖을 줄	11 (水) 口(입구)
	耨	김맬, 호미 괭이	16 (木↔金) 耒(쟁기뢰)
눈	嫩	어릴 예쁠	14 (土) 女(여자녀변)
눌	吶	말더듬을	7 (水) 口(입구)
	肭	살찔 물개	10 (水) 肉(육달월)
	訥	과묵할 입 무거울	11 (金) 言(말씀언변)
뉴 뉴 ↕ 유	杻	박달나무 감탕나무	8 (木) 木(나무목변)
	忸	익을 길들	8 (火) 心(심방변)
	紐	끈 묶을	10 (木) 糸(실사변)
	[illegible]	부드러운옷 매듭	10 (木) 衣(옷의변)
	鈕	손잡이 꼭지	12 (金) 金(쇠금변)
뉵 뉵↔육	衄	코피, 모욕 기세 꺾일	10 (水) 血(피혈)
능	能	능할 재능	12 (水) 肉(육달월)

음	한자	뜻(훈)	획수(자원오행) 부수(명칭)
니 (니↕이)	尼	여승 비구니	5 (水) 尸(주검시)
	呢	소곤거릴 붕사, 나사	8 (水) 口(입구)
	泥	진흙 진창	9 (水) 水(삼수변)
	柅	무성할 괴목	9 (木) 木(나무목변)
	怩	부끄러워할	9 (火) 心(심방변)
	祢	아비 사당 사당, 신주	10 (木) 示(보일시)
	香尼	진한향기 향기로울	14 木) 香(향기향)
	忄貳	마음 좋을	16 (火) 心(심방변)
	瀰	많을 총괄할	18 (水) 水(삼수변)
	膩	미끄러울 기름질	18 (水) 肉(육달월)
	禰	아비 사당 사당, 신주	19 (木) 示(보일시)
닉 (닉↔익)	匿	숨을 숨길	11 (水) 匸(터진입구)
	溺	빠질 잠길	14 (水) 水(삼수변)
닐 (닐↔일)	昵	친할, 측근 아비사당	9 (火) 日(날일변)
	暱	친할 친족	15 (火) 日(날일변)
다	多	夛(6)통용 많을, 뛰어날	6 (水) 夕(저녁석)
	夛	多(6)통용 많을, 뛰어날	6 (水) 夕(저녁석)
	爹	아비, 어른 존칭	10 (木) 父(아비부)
	茶	차 차나무	12 (木) 艸(초두밑)
	穴茶	깊을 깊은 모양	12 (水) 穴(구멍혈)
	茤	마름 남녘오랑캐	12 (木) 艸(초두밑)
	木茶	차나무	15 (木) 木(나무목변)
	觰	뿔 밑동 쇠뿔	16 (木) 角(뿔각)
단	丹	붉을 주사	4 (火) 丶(점)
	旦	아침, 밝을 해 돋을	5 (火) 日(날일변)
	但	다만 단지	7 (火) 人(사람인변)
	段	조각 고를	9 (金) 殳(갖은등글월문)
	彖	판단할 결단할	9 (火) 彐(튼가로왈)
	日旦	밝을	9 (火) 日(날일변)
	担	떨칠 멜, 짐	9 (木) 手(재방변)
	耑	끝, 실마리 꼭대기	9 (水) 而(말이을이)
	蛋	새알 해녀	11 (水) 虫(벌레충)
	袒	옷 벗어 멜 웃통 벗을	11 (木) 衣(옷의)

음	한자	뜻(훈)	획수(자원오행) 부수(명칭)
단	胆	어깨 벗을 침	11 (水) 肉(육달월)
	單	홀로 클	12 (水) 口(입구)
	短	짧을 허물	12 (金) 矢(살시변)
	亶	믿을 진실	13 (火↔土) 亠(돼지해밑)
	湍	여울 빠를, 급류	13 (水) 水(삼수변)
	煓	빛날 성할	13 (火) 火(불화변)
	椴	자작나무 무궁화나무	13 (木) 木(나무목변)
	蜑	오랑캐이름 구불구불할	13 (水) 虫(벌레충)
	端	바를 실마리	14 (金↔木) 立(설립)
	團	둥글 모을	14 (水) 囗(큰입구)
	緞	비단	15 (木) 糸(실사변)
	慱	근심할 둥글	15 (火) 心(심방변)
	漙	이슬 많을 둥글	15 (水) 水(삼수변)
	腶	약포 육포	15 (水) 肉(육달월)
	壇	단 제단	16 (土) 土(흙토변)
	檀	박달나무 단향목	17 (木) 木(나무목변)
	鍛	쇠칠 익힐	17 (金) 金(쇠금변)
	癉	앓을 황달, 학질	17 (水) 疒(병질엄)

음	한자	뜻(훈)	획수(자원오행) 부수(명칭)
단	斷	끊을 결단할	18 (金) 斤(날근)
	簞	대광주리 상자	18 (木) 竹(대죽변)
	鄲	현 이름 나라이름	19 (土) 邑(우부방)
달	妲	여자 이름 여자의 자	8 (土) 女(여자녀변)
	怛	슬플, 놀랄 근심할	9 (火) 心(심방변)
	疸	황달 쥐부림	10 (水) 疒(병질엄)
	靼	다룸가죽 부드러울	14 (金) 革(가죽혁)
	達	통달 할 이를,사무칠	16 (土) 辵(책받침)
	撻	매실할 종아리칠	17 (木) 手(재방변)
	澾	미끄러울	17 (水) 水(삼수변)
	獺	수달 물개	20 (土) 犬(개사슴록)
	闥	문, 관청 문의 총칭	21 (木) 門(문문)
	韃	종족이름 배불리먹을	22 (金) 革(가죽혁)
담	坍	무너질 물이언덕칠	7 (土) 土(흙토변)
	炎	불꽃 불탈	8 (火) 火(불화변)
	倓	고요할	10 (火) 人(사람인변)
	啖	먹을 탐할	11 (水) 口(입구)
	聃	귓바퀴없을 노자 이름	11 (火) 耳(귀이변)

음	한자	뜻(훈)	획수(자원오행) 부수(명칭)
담	埮	평평한	11 (土) 土(흙토변)
	啗	먹을, 먹일 속일	11 (水) 口(입구)
	淡	엷을 싱거울	12 (水) 水(삼수변)
	覃	퍼질 넓을	12 (金) 襾(덮을아)
	啿	넉넉할 많은	12 (水) 口(입구)
	毯	담요	12 (火) 毛(터럭모)
	湛	즐길 빠질	13 (水) 水(삼수변)
	痰	천식 담	13 (水) 疒(병질엄)
	談	말씀 이야기할	15 (金) 言(말씀언변)
	儋	멜, 독 항아리	15 (火) 人(사람인변)
	噉	먹일, 먹일 탐할	15 (水) 口(입구)
	墰	단지, 술병 항아리	15 (土) 土(흙토변)
	郯	나라이름 성(姓)씨	15 (土) 邑(우부방)
	潭	못 깊을	16 (水) 水(삼수변)
	曇	흐릴 구름 낄	16 (火) 日(날일변)
	錟	창, 긴 창 날카로울	16 (金) 金(쇠금변)
	憺	편안 할, 고요, 참담	17 (火) 心(심방변)
	擔	멜, 맡을 책임질	17 (木) 手(재방변)
담	澹	싱거울 담박할	17 (水) 水(삼수변)
	禫	담제, 담사 조용할	17 (木) 示(보일시)
	蕁	지모 쐐기풀	18 (木) 艸(초두밑)
	譚	클, 말씀 이야기할	19 (金) 言(말씀언변)
	膽	쓸개 씻을	19 (水) 肉(육달월)
	壜	술병	19 (土) 土(흙토변)
	薝	치자나무	19 (木) 艸(초두밑)
	黮	검을 흑황색	21 (水) 黑(검을흑)
	罎	술병	22 (土) 缶(장군부)
	黵	자자할 묻을	25 (水) 黑(검을흑)
답	沓	합할, 탐할 거듭, 끓을	8 (水) 水(물수)
	畓	논 수전	9 (土) 田(밭전)
	答	대답할 갚을	12 (木) 竹(대죽변)
	踏	밟을 발판	15 (土) 足(발족변)
	遝	뒤섞일 미칠	17 (土) 辵(책받침)
당	唐	당나라 길, 제방	10 (水) 口(입구)
	倘	혹시 아마	10 (火) 人(사람인변)
	堂	집 당당할	11 (土) 土(흙토변)

음	한자	뜻(훈)	획수(자원오행) 부수(명칭)
당	棠	해당화 팥배나무	12 (木) 木(나무목변)
	當	마땅할 맡을	13 (土) 田(밭전)
	塘	못 방죽	13 (土) 土(흙토변)
	搪	부딪칠 막을, 켕길	14 (木) 手(재방변)
	溏	진 수렁 진흙, 못	14 (水) 水(삼수변)
	幢	휘장 기	15 (木) 巾(수건건)
	瑭	옥 이름	15 (金) 玉(구슬옥변)
	糖	사탕 엿	16 (木) 米(쌀미변)
	撞	부딪칠 칠	16 (木) 手(재방변)
	瞠	볼 똑바로 볼	16 (木) 目(눈목)
	螳	매미 사마귀	17 (水) 虫(벌레충)
	檔	걸상, 귀틀 문서	17 (木) 木(나무목변)
	璫	귀고리 옥 구슬	18 (金) 玉(구슬옥변)
	礑	밑바닥 찰싹 소리	18 (金) 石(돌석변)
	餳	엿 쌀강정	18 (水) 食(밥식변)
	蟷	사마귀	19 (水) 虫(벌레충)
	襠	잠방이 배자	19 (木) 衣(옷의변)
	鏜	종소리 북소리	19 (金) 金(쇠금변)

음	한자	뜻(훈)	획수(자원오행) 부수(명칭)
당	餹	엿 쌀강정	19 (水) 食(밥식변)
	黨	무리 마을	20 (水) 黑(검을흑)
	鐺	쇠사슬, 솥 종고 소리	21 (金) 金(쇠금변)
	儻	뛰어날 만일, 문득	22 (火) 人(사람인변)
	讜	곧은 말 바른말,직언	27 (金) 言(말씀언변)
	戇	어리석을 고지식할	28 (火) 心(마음심)
대	大	큰, 존귀한 중요한	3 (木) 大(큰대)
	代	대신 할 시대	5 (火) 人(사람인변)
	旲	햇빛 날빛	7 (火) 日(날일변)
	汏	일, 씻을 큰 물결	7 (水) 水(삼수변)
	垈	터 집터	8 (土) 土(흙토변)
	坮	臺(14)통용 대, 돈대	8 (土) 土(흙토변)
	岱	클 태산	8 (土) 山(뫼산변)
	待	기다릴 대할	9 (火) 彳(두인변)
	抬	擡(18)통용 들, 치켜들	9 (木) 手(재방변)
	玳	대모 바다거북	10 (金) 玉(구슬옥변)
	帶	띠, 찰 뱀, 근처	11 (木) 巾(수건건)
	袋	자루 주머니	11 (木) 衣(옷의)

음	한자	뜻(훈)	획수(자원오행) 부수(명칭)
대	貸	빌릴 줄	12 (金) 貝(조개패)
	曃	해가 돋을	13 (火) 日(날일변)
	碓	방아, 망치 디딜방아	13 (金) 石(돌석변)
	對	대답할 대할	14 (土↔木) 寸(마디촌)
	臺	坮(8)통용 대, 돈대	14 (土) 至(이를지)
	儓	하인, 가신 농부	16 (火) 人(사람인변)
	隊	무리, 떼 군대	17 (土) 阜(좌부변)
	黛	눈썹 먹 눈썹그릴	17 (水) 黑(검을흑)
	戴	일 받들	18 (金) 戈(창과)
	擡	抬(9)통용 들, 치켜들	18 (木) 手(재방변)
	曃	무성할	18 (火) 日(날일변)
	懟	원망할 위배될	18 (火) 心(마음심)
	鐓	창고달 쇠방망이	20 (金) 金(쇠금변)
댁	宅	댁, 집 대지	6 (木) 宀(갓머리)
덕	悳	悳•德•徳 덕, 인품	12 (火) 心(마음심)
	徳	悳•德•徳 덕, 인품	14 (火) 彳(두인변)
	德	悳•德•徳 덕, 인품	15 (火) 彳(두인변)
도	刀	칼, 화폐 거룻배	2 (金) 刀(칼도)

음	한자	뜻(훈)	획수(자원오행) 부수(명칭)
도	夲	나아갈 빨리나갈	5 (木) 大(큰대)
	叨	탐낼 함부로 할	5 (水) 口(입구)
	忉	근심할 걱정할	6 (火) 心(심방변)
	到	이를 주밀할	8 (金) 刀(칼도))
	弢	활집, 정낭 두겁	8 (火↔木) 弓(활궁)
	度	법, 자 도수, 횟수	9 (木) 广(엄호밑)
	島	嶋(14)통용 섬, 도서	10 (土) 山(뫼산변)
	徒	무리, 걸을 문하생	10 (火) 彳(두인변)
	倒	넘어질 거꾸로	10 (火) 人(사람인변)
	挑	돋울, 가릴 부추길	10 (木) 手(재방변)
	桃	복숭아 복숭아나무	10 (木) 木(나무목변)
	洮	씻을, 호수 이름	10 (水) 水(삼수변)
	涂	길 도로	11 (水) 水(삼수변)
	堵	담 담장	12 (土) 土(흙토변)
	棹	노, 키 노 저을	12 (木) 木(나무목변)
	屠	잡을 무찌를	12 (水) 尸(주검시)
	悼	슬퍼할 두려워할	12 (火) 心(심방변)
	掉	흔들 움직일	12 (木) 手(재방변)

음	한자	뜻(훈)	획수(자원오행) 부수(명칭)
도	淘	일 씻을	12 (水) 水(삼수변)
	稌	찰벼 메벼	12 (木) 禾(벼화변)
	掏	가릴 움켜질	12 (木) 手(재방변)
	盜	도둑 훔칠	12 (金) 皿(그릇명)
	跳	뛸 달아날	13 (土) 足(발족변)
	逃	달아날 떠날	13 (土) 辵(책받침)
	渡	건널 나루	13 (水) 水(삼수변)
	塗	진흙 매흙질할	13 (土) 土(흙토변)
	祹	복, 신 행복	13 (木) 示(보일시)
	圖	그림 꾀할	14 (水) 口(큰입구)
	途	길 도로	14 (土) 辵(책받침)
	嶋	島(10)통용 섬, 도서	14 (土) 山(뫼산변)
	睹	볼 분별할	14 (木) 目(눈목)
	搗	찧을 두드릴	14 (木) 手(재방변)
	滔	물 넘칠 그득할	14 (水) 水(삼수변)
	萄	포도, 머루 풀이름	14 (木) 艸(초두밑)
	慆	방자할 기뻐할	14 (火) 心(심방변)
	搯	꺼낼, 칠 뽑을	14 (木) 手(재방변)

음	한자	뜻(훈)	획수(자원오행) 부수(명칭)
도	菟	범 토끼	14 (木) 艸(초두밑)
	酴	술밑, 누룩 탁주	14 (金) 酉(닭유)
	鞀	노도 소고	14 (金) 革(가죽혁)
	稻	벼 쌀 일을	15 (木) 禾(벼화변)
	道	길, 다스릴 인도할	16 (土) 辵(책받침)
	都	도읍, 도시 마을	16 (土) 邑(우부방)
	覩	볼, 분별 알, 국명	16 (火) 見(볼견)
	陶	질그릇 만들	16 (土) 阜(좌부변)
	導	인도할 이끌	16 (土↔木) 寸(마디촌)
	賭	도박 내기	16 (金) 貝(조개패)
	馟	향기 날 향내 날	16 (木) 香(향기향)
	鋾	쇠 덩이	16 (金) 金(쇠금변)
	鍍	올릴 도금할	17 (金) 金(쇠금변)
	蹈	밟을 슬퍼할	17 (土) 足(발족변)
	壔	성채, 언덕 제방	17 (土) 土(흙토변)
	闍	망루 성곽의 문	17 (木) 門(문문)
	燾	비칠 덮을	18 (火) 火(연화발)
	濤	큰 물결 물결	18 (水) 水(삼수변)

음	한자	뜻(훈)	획수(자원오행) 부수(명칭)
도	櫂	노, 배 노 저을	18 (木) 木(나무목변)
	擣	찧을 찌를	18 (木) 手(재방변)
	檮	등걸, 관 그루터기	18 (木) 木(나무목변)
	禱	빌 기원할	19 (木) 示(보일시)
	韜	활집 감출	19 (金) 韋(가죽위)
	鼗	땡땡이 소고	19 (金) 鼓(북고)
	鞱	감출 팔찌	19 (金) 革(가죽혁)
	饕	탐할	22 (水) 食(밥식)
독	禿	대머리 민둥산	7 (木) 禾(벼화변)
	毒	해칠 독	8 (土) 毋(말무)
	督	감독할 재촉할	13 (木) 目(눈목)
	篤	도타울 단단할	16 (木) 竹(대죽변)
	獨	홀로 외로울	17 (土) 犬(개사슴록)
	瀆	도랑 하수도	19 (水) 水(삼수변)
	牘	편지 나무 조각	19 (木) 片(조각편)
	犢	송아지	19 (土) 牛(소우변)
	櫝	함, 관, 궤 간직할	19 (木) 木(나무목변)
	讀	읽을 셀	22 (金) 言(말씀언변)
독	纛	기, 둑 의장기	25 (木) 糸(실사변)
	黷	더럽힐 욕을 당할	27 (水) 黑(검을흑)
돈	旽	밝을 친밀할	8 (火) 日(날일변)
	沌	흐릴 어두울	8 (水) 水(삼수변)
	豚	돼지 지척거릴	11 (水↔木) 豕(돼지시)
	弴	활 붉은색 활	11 (火↔金) 弓(활궁)
	敦	도타울 힘쓸	12 (金) 攴(등글월문)
	惇	도타울 진심	12 (火) 心(심방변)
	焞	귀갑지지는불 어스레할	12 (火) 火(불화변)
	頓	조아릴 머무를	13 (火) 頁(머리혈)
	墩	돈대 걸상	15 (土) 土(흙토변)
	暾	아침 해 해 돋을	16 (火) 日(날일변)
	燉	불빛 불이글거릴	16 (火) 火(불화변)
	潡	큰 물 물 깊을	16 (水) 水(삼수변)
	躉	거룻배 작은 배	20 (土) 足(발족변)
돌	乭	돌, 아이 음역자	6 (金) 石(돌석변)
	咄	꾸짖을 혀를 찰	8 (水) 口(입구)
	突	부딪칠 내밀	9 (水) 穴(구멍혈)

음	한자	뜻(훈)	획수(자원오행) 부수(명칭)
돌	堗	부엌 창 구들, 굴뚝	12 (土) 土(흙토변)
동	冬	겨울 겨울지낼	5 (水) 冫(이수변)
	仝	同(6)통용 한가지, 무리	5 (火) 人(사람인변)
	同	仝(5)통용 한가지, 무리	6 (水) 口(입구)
	彤	붉을 붉게 칠할	7 (火) 彡(터럭삼)
	東	동녘 봄	8 (木) 木(나무목변)
	侗	정성 성실할	8 (火) 人(사람인변)
	垌	동막이 항아리	9 (土) 土(흙토변)
	哃	큰말 할 허풍 칠	9 (水) 口(입구)
	峒	산 이름 산굴, 묘족	9 (土) 山(뫼산변)
	洞	동네, 마을 골, 동굴	10 (水) 水(삼수변)
	桐	오동나무 거문고	10 (木) 木(나무목변)
	凍	얼 얼음	10 (水) 冫(이수변)
	疼	아플 욱신거릴	10 (水) 疒(병질엄)
	烔	태울 열기	10 (火) 火(불화변)
	動	움직일 동물	11 (土↔水) 力(힘력변)
	苳	겨우살이 상록관목	11 (木) 艸(초두밑)
	童	아이, 종 대머리	12 (金) 立(설립)

음	한자	뜻(훈)	획수(자원오행) 부수(명칭)
동	棟	마룻대 들보	12 (木) 木(나무목변)
	胴	큰창자 대장	12 (水) 肉(육달월)
	涷	소나기, 얼 축축해질	12 (水) 水(삼수변)
	茼	쑥갓 쑥갓나물	12 (木) 艸(초두밑)
	蝀	무지개	14 (水) 虫(벌레충)
	銅	구리, 동화 동기	14 (金) 金(쇠금변)
	勭	자랄, 어른 움직일	14 (土) 力(힘력변)
	僮	아이, 하인 사동	14 (火) 人(사람인변)
	董	바로잡을 물을	15 (木) 艸(초두밑)
	憧	그리워할 어리석을	16 (火) 心(심방변)
	潼	물 이름 높을	16 (水) 水(삼수변)
	朣	달떠오를 흐릿할	16 (水) 月(달월변)
	曈	동틀 밝은모양	16 (火) 日(날일변)
	橦	나무이름 북소리	16 (木) 木(나무목변)
	瞳	눈동자 볼	17 (木) 目(눈목)
	艟	배 병선	18 (木) 舟(배주)
	蕫	동독할 독촉할	18 (木) 艸(초두밑)
두	斗	말, 구기 별이름	4 (火) 斗(말두)

음	한자	뜻(훈)	획수(자원오행) 부수(명칭)	음	한자	뜻(훈)	획수(자원오행) 부수(명칭)
두	豆	콩 제기이름	7 (木) 豆(콩두)	둔	屯	진칠, 모일 언덕	4 (木) 屮(왼손좌)
	杜	막을 팥배나무	7 (木) 木(나무목변)		窀	광중, 둔석 무덤구덩이	9 (水) 穴(구멍혈)
	枓	구기 두공	8 (木) 木(나무목변)		芚	싹 나올 둔 나물	10 (木) 艸(초두밑)
	抖	떨, 구할 들어올릴	8 (木) 手(재방변)		迍	머뭇거릴 망설일	11 (土) 辵(책받침)
	肚	배, 위 밥통	9 (水) 肉(육달월)		鈍	무딜 굼뜰	12 (金) 金(쇠금변)
	蚪	올챙이	10 (水) 虫(벌레충)		遁	숨을 달아날	16 (土) 辵(책받침)
	兜	투구 두건	11 (木↔金) 儿(어진사람인)		遯	달아날 피할	18 (土) 辵(책받침)
	痘	천연두 역질	12 (水) 疒(병질엄)		臀	볼기 바닥	19 (水) 肉(육달월)
	阧	치솟을 가파를	12 (土) 阜(좌부변)	둘	乭	'둘'음 표기 음역자	5 (木) 乙(새을)
	荳	콩 수레이름	13 (木) 艸(초두밑)	득	得	얻을, 탐할 깨달을	11 (火) 彳(두인변)
	脰	목, 목구멍 정강이	13 (水) 肉(육달월)	등	等	무리 등급	12 (木) 竹(대죽변)
	逗	머무를 무덤	14 (土) 辵(책받침)		登	오를 나아갈	12 (火) 癶(필발밑)
	陡	험할 갑자기	15 (土) 阜(좌부변)		凳	걸상, 등상 평상	14 (水↔木) 几(안석궤)
	頭	머리, 처음 우두머리	16 (火) 頁(머리혈)		滕	물 솟을 물 끓을	14 (水) 水(아래물수)
	斁	패할, 깰 섞을	17 (金) 攴(등글월문)		墱	자드락길 비탈진 길	15 (土) 土(흙토변)
	竇	구멍 물길	20 (水) 穴(구멍혈)		嶝	고개 언덕	15 (土) 山(뫼산변)
	讀	구절, 구두 읽을	22 (金) 言(말씀언변)		燈	등잔 촛불	16 (火) 火(불화변)
	蠹	좀, 해칠 나무굼벵이	24 (水) 虫(벌레충)		橙	등자나무 귤, 오렌지	16 (木) 木(나무목변)

음	한자	뜻(훈)	획수(자원오행) 부수(명칭)
등	縢	봉할, 노끈 행전	16 (木) 糸(실사변)
	螣	등사,등뱀 전설의동물	16 (水) 虫(벌레충)
	謄	베낄 등서할	17 (金) 言(말씀언변)
	磴	돌 비탈길 돌다리	17 (金) 石(돌석변)
	鄧	나라이름 땅이름	19 (土) 邑(우부방)
	騰	오를 탈	20 (火) 馬(말마변)
	鐙	등잔, 등불 등잔접시	20 (金) 金(쇠금변)
	藤	등나무 덩굴	21 (木) 艸(초두밑)
	籐	대 기구 등 덩굴	21 (木) 竹(대죽변)

음	한자	뜻(훈)	획수(자원오행) 부수(명칭)
라 라 ↕ 나	剆	칠 가지 칠	9 (金) 刀(칼도)
	砢	돌 쌓일 서로도울	10 (金) 石(돌석변)
	倮	알몸, 벗을 발가숭이	10 (火) 人(사람인변)
	喇	나팔 승려	12 (水) 口(입구)
	裸	벗을, 나체 알몸	14 (木) 衣(옷의)
	摞	정돈할 다스릴	15 (木) 手(재방변)
	蓏	열매, 보낼 이후	16 (木) 艸(초두밑)
	瘰	연주 창 옴	16 (水) 疒(병질엄)
	螺	소라, 고둥 다슬기	17 (水) 虫(벌레충)
	覶	자세할 좋게 볼	19 (火) 見(볼견)
	羅	벌일, 그물 그물질	20 (木) 网(그물망)
	懶	게으를 미워할	20 (火) 心(심방변)
	癩	문둥병 약물중독	21 (水) 疒(병질엄)
	儸	간능 할 부덕할	21 (火) 人(사람인변)
	騾	노새	21 (火) 馬(말마)
	囉	소리 얽힐 추임새	22 (水) 口(입구)
	臝	벌거벗을 털짧은맹수	23 (水) 肉(육달월)
	曪	햇빛 없을 어두울	23 (火) 日(날일변)

음	한자	뜻(훈)	획수(자원오행) 부수(명칭)
라 라↕나	驘	노새	23 (火) 馬(말마)
	蘿	쑥, 무 미나리	25 (木) 艸(초두밑)
	邏	순행할 둘러막을	26 (土) 辵(책받침)
	鑼	징, 동발 자바라	27 (金) 金(쇠금변)
락 락↕낙	洛	낙수 강 이름	10 (水) 水(삼수변)
	烙	지질, 화침 단근질	10 (火) 火(불화변)
	珞	구슬목걸이 옥돌	11 (金) 玉(구슬옥변)
	絡	두를 묶을	12 (木) 糸(실사변)
	酪	과즙 죽	13 (金) 酉(닭유)
	[予+各]	진한 유즙 식초, 술	13 (水) 口(입구)
	犖	얼룩소 뛰어날	14 (土) 牛(소우변)
	落	떨어질 낙엽, 마을	15 (木) 艸(초두밑)
	樂	즐길,풍류 즐거울	15 (木) 木(나무목변)
	駱	낙타 종족이름	16 (火) 馬(말마)
란 란↕난	丹	붉을 정성	4 (火) 丶(점주)
	卵	알 기를	7 (火↔水) 卩(병부절)
	亂	어지러울 난리	13 (木) 乙(새을변)
	闌	가로막을 무늬	17 (木) 門(문문)
란 란↕난	嬾	게으를 태만할	19 (土) 女(여자녀변)
	幱	내리닫이 난삼	20 (木) 巾(수건건)
	欄	난간, 테 외양간	21 (木) 木(나무목변)
	爛	빛날 문드러질	21 (火) 火(불화변)
	瀾	큰 물결 뜨물	21 (水) 水(삼수변)
	攔	막을 칸막이	21 (木) 手(재방변)
	瓓	옥 무늬 옥 광채	22 (金) 玉(구슬옥변)
	蘭	난초, 목련 난간, 방랑	23 (木) 艸(초두밑)
	欒	나무이름 가름대	23 (木) 木(나무목변)
	灤	새어 흐를 적실	23 (水) 水(물수)
	襴	난삼 내리닫이	23 (木) 衣(옷의변)
	鑾	방울 제왕의수레	27 (金) 金(쇠금변)
	鸞	난새, 방울 임금의수레	30 (火) 鳥(새조변)
랄 랄↕람	剌	어그러질 어지러울	9 (金) 刀(칼도)
	埒	담, 둑 경계	10 (土) 土(흙토변)
	辣	매울 몹시 매울	14 (金) 辛(매울신)
	辢	매울 지독할	14 (金) 辛(매울신)
람 람↔남	[女+林]	예쁠, 고울 예쁜 모양	11 (土) 女(여자녀변)

음	한자	뜻(훈)	획수(자원오행) 부수(명칭)
람 람 ↕ 남	婪	탐할 욕심 부릴	11 (土) 女(여자녀변)
	嵐	남기 산바람	12 (土) 山(뫼산변)
	惏	탈할 차가울	12 (火) 心(심방변)
	擥	擥•擥•攬 잡을, 당길	14 (木) 手(손수)
	漤	과실장아찌 감을 우릴	15 (水) 水(삼수변)
	濫	퍼질 물 넘칠	18 (水) 水(삼수변)
	擥	擥•擥•攬 잡을, 당길	18 (木) 手(손수)
	爁	불 번질 세력이강한	18 (火) 火(불화변)
	璼	옥 이름	19 (金) 玉(구슬옥변)
	藍	쪽 남빛	20 (木) 艸(초두밑)
	籃	바구니 광주리	20 (木) 竹(대죽변)
	襤	누더기 해진 옷	20 (木) 衣(옷의변)
	覽	볼 두루 볼	21 (火) 見(볼견)
	灆	물 맑을	22 (水) 水(삼수변)
	欖	감람나무	25 (木) 木(나무목변)
	攬	擥•擥•攬 잡을, 당길	25 (木) 手(재방변)
	纜	닻줄 밧줄	27 (木) 糸(실사변)
랍	拉 랍↔납	끌, 꺾을 부러뜨릴	9 (木) 手(재방변)
랍 랍 ↕ 납	臘	납향 섣달	21 (水) 肉(육달월))
	蠟	밀랍 밀초	21 (水) 虫(벌레충)
	鑞	땜납, 주석 백철	23 (金) 金(쇠금변)
랑 랑 ↕ 낭	㢃	높을 그릇	10 (木) 广(엄호밑)
	浪	물결 방자할	11 (水) 水(삼수변)
	朗	밝을 맑을	11 (水) 月(달월변)
	狼	이리 짐승이름	11 (土) 犬(개사슴록)
	烺	빛 밝을 밝고 환할	11 (火) 火(불화변)
	琅	옥돌 방자할	12 (金) 玉(구슬옥변)
	硠	돌 소리 우레 소리	12 (金) 石(돌석변)
	稂	강아지 풀 가라지	12 (木) 禾(벼화변)
	廊	행랑 곁채	13 (木) 广(엄호밑)
	蜋	螂(16)통용 사마귀	13 (水) 虫(벌레충)
	莨	수크령 미치광이	13 (木) 艸(초두밑)
	郎	郞(14)통용 사내, 낭군	13 (土) 邑(우부방)
	郞	郎(13)통용 사내, 낭군	14 (土) 邑(우부방)
	榔	나무이름 빈랑나무	14 (木) 木(나무목변)
	瑯	옥돌 금옥소리	15 (金) 玉(구슬옥변)

음	한자	뜻(훈)	획수(자원오행) 부수(명칭)
랑 랑↕낭	閬	솟을대문 불알, 고환	15 (木) 門(문문)
	螂	蜋(13)통용 사마귀	16 (水) 虫(벌레충)
	駺	꼬리흰말	17 (火) 馬(말마변)
래 래↕내	来	来•來•𧼯 올, 미래	7 (木) 木(나무목변)
	來	来•來•𧼯 올, 미래	8 (火↔木) 人(사람인변)
	崍	산 이름	11 (土) 山(뫼산변)
	徠	올래 위로할	11 (火) 彳(두인변)
	淶	강 이름 고을이름	12 (水) 水(삼수변)
	萊	명아주 잡초	14 (木) 艸(초두밑)
	𧼯	来•來•𧼯 올, 미래	15 (火) 走(달릴주)
	騋	큰말 키가 큰말	18 (火) 馬(말마변)
랭 랭↔냉	冷	찰, 쓸쓸할 맑을	7 (水) 冫(이수변)
략 략↕약	略	간약할 다스릴	11 (土) 田(밭전)
	畧	다스릴 대략	11 (土) 田(밭전)
	掠	노략질할 매질할	12 (木) 手(재방변)
량 량↕양	良	어질 곧을	7 (土) 艮(머무를간)
	兩	두, 둘 짝. 쌍	8 (木↔土) 入(들입)
	亮	밝을 도울	9 (火) 亠(돼지해밑)

음	한자	뜻(훈)	획수(자원오행) 부수(명칭)
량 량↕양	俍	어질 떠돌	9 (火) 人(사람인변)
	倆	재주 솜씨	10 (火) 人(사람인변)
	凉	涼(12)통용 서늘할, 맑을	10 (水) 冫(이수변)
	梁	들보 징검돌	11 (木) 木(나무목변)
	悢	슬퍼할 돌볼	11 (火) 心(심방변)
	量	양, 기량 헤아릴	12 (土↔火) 里(마을리변)
	涼	凉(10)통용 서늘할, 맑을	12 (水) 水(삼수변)
	喨	소리 맑을	12 (水) 口(입구)
	粮	糧(18)통용 양식, 급여	13 (木) 米(쌀미변)
	粱	기장 기장밥	13 (木) 米(쌀미변)
	踉	뛸 허둥지둥갈	14 (土) 足(발족변)
	諒	진실 믿을	15 (金) 言(말씀언변)
	樑	들보 나무다리	15 (木) 木(나무목변)
	輛	수레 필적할	15 (火) 車(수레거)
	駺	꼬리흰말	17 (火) 馬(말마변)
	糧	粮(13)통용 양식, 급여	18 (木) 米(쌀미변)
	魎	도깨비 원령, 이매	18 (火) 鬼(귀신귀)
려 려↔여	呂	풍류, 등뼈 법칙, 음률	7 (水) 口(입구)

음	한자	뜻(훈)	획수(자원오행) 부수(명칭)
려 려↕여	戾	어그러질 사나울	8 (木↔金) 戶(지게호)
	侶	짝 벗할	9 (火) 人(사람인변)
	旅	나그네 무리, 군대	10 (土) 方(모방)
	唳	울 새소리	11 (水) 口(입구)
	梠	평고대 처마	11 (木) 木(나무목변)
	慮	생각할 걱정할	15 (火) 心(마음심)
	閭	마을 이문	15 (木) 門(문문)
	黎	검을, 많을 무리, 늙을	15 (木) 黍(기장서)
	厲	사나울 갈, 힘쓸	15 (水) 厂(민엄호밑)
	膂	등골뼈 척추골	16 (水) 肉(육달월)
	勵	힘쓸 권장할	17 (土) 力(힘력변)
	儢	힘쓰지않을 물러날	17 (火) 人(사람인변)
	癘	유행병 염병	18 (水) 疒(병질엄)
	麗	고울 빛날	19 (土) 鹿(사슴록)
	廬	주막 오두막집	19 (木) 广(엄호밑)
	濾	거를 씻을	19 (水) 水(삼수변)
	櫚	종려나무 모과나무	19 (木) 木(나무목변)
	曞	퍼질 햇살 퍼질	19 (火) 日(날일변)

음	한자	뜻(훈)	획수(자원오행) 부수(명칭)
려 려↕여	礪	거친 숫돌 굴	20 (金) 石(돌석변)
	儷	짝 부부	21 (火) 人(사람인변)
	蠣	굴 굴 조개	21 (水) 虫(벌레충)
	藜	명아주 나라이름	21 (木) 艸(초두밑)
	蠡	좀, 소라 달팽이	21 (水) 虫(벌레충)
	糲	현미 매조미쌀	21 (木) 米(쌀미변)
	臚	벌일, 가죽 제사이름	22 (水) 肉(육달월)
	邌	천천히 갈 늦을	22 (土) 辵(책받침)
	鑢	줄로 쓸 다스릴	23 (金) 金(쇠금변)
	驢	나귀 당나귀	26 (火) 馬(말마변)
	驪	검은말 가라말	29 (火) 馬(말마변)
력 력↕역	力	힘 힘쓸	2 (土) 力(힘력변)
	歷	지낼 다닐	16 (土) 止(그칠지)
	曆	책력 일기	16 (火) 日(날일변)
	櫟	상수리나무 난간	19 (木) 木(나무목변)
	瀝	거를 스밀	20 (水) 水(삼수변)
	礫	조약돌 자갈	20 (金) 石(돌석변)
	攊	칠 때릴	20 (木) 手(재방변)

음	한자	뜻(훈)	획수(자원오행) 부수(명칭)
력 력↕역	櫪	마판 말구유	20 (木) 木(나무목변)
	癧	연주 창 갑상선종	21 (水) 疒(병질엄)
	轢	삐걱거릴 업신여길	22 (火) 車(수레거)
	轣	갈, 새소리 수레소리	23 (火) 車(수레거)
	靂	벼락 천둥	24 (水) 雨(비우)
	酈	땅이름 고을이름	26 (土) 邑(우부방)
련 련↕연	煉	이길, 달굴 연단할	13 (火) 火(불화변)
	楝	멀구슬나무 소태나무	13 (木) 木(나무목변)
	湅	누일 단련할	13 (水) 水(삼수변)
	連	이을 이어질	14 (土) 辵(책받침)
	練	익힐 겪을	15 (木) 糸(실사변)
	漣	물놀이 물문채	15 (水) 水(삼수변)
	輦	손수레 연	15 (火) 車(수레거)
	憐	어여삐여길 불쌍히여길	16 (火) 心(심방변)
	璉	호련 종묘제기	16 (金) 玉(구슬옥변)
	鍊	익힐 불린 쇠	17 (金) 金(쇠금변)
	聯	연이을 나란히 할	17 (火) 耳(귀이변)
	蓮	연 연밥	17 (木) 艸(초두밑)

음	한자	뜻(훈)	획수(자원오행) 부수(명칭)
련 련↕연	鏈	쇠사슬 케이블	19 (金) 金(쇠금변)
	鰊	청어 비웃	20 (水) 魚(고기어변)
	孌	아름다울 예쁠	22 (土) 女(여자녀변)
	鰱	연어 못고기	22 (水) 魚(고기어변)
	戀	그리워할 사모, 생각	23 (火) 心(마음심)
	攣	걸릴 얽매일	23 (木) 手(손수변)
	臠	고기도막 여윌	25 (水) 肉(고기육변)
	[illegible]	맬 철할	26 (火) 車(수레거)
렬 렬↕열	列	줄지울 벌릴	6 (金) 刀(칼도)
	劣	용렬할 못할	6 (土) 力(힘력변)
	冽	찰 맵게 추울	8 (水) 冫(이수변)
	烈	세찰 굳셀	10 (火) 火(연화발)
	洌	맑을, 찰 추울	10 (水) 水(삼수변)
	挒	비틀, 내릴 내걸을	10 (木) 手(재방변)
	裂	찢을, 터질 자투리	12 (木) 衣(옷의)
	捩	비틀, 거세 검은 암양	12 (木) 手(재방변)
	颲	사나운바람 열풍, 질풍	15 (木) 風(바람풍)
렴 렴↔염	廉	청렴할 살필	13 (木) 广(엄호밑)

음	한자	뜻(훈)	획수(자원오행) 부수(명칭)
렴 렴↕염	磏	거친 숫돌 모난 돌	15 (金) 石(돌석변)
	濂	엷을 시내이름	17 (水) 水(삼수변)
	斂	거둘 감출	17 (金) 攴(등글월문)
	殮	빈소 염할	17 (水) 歹(죽을사)
	簾	발, 주렴 주막기	19 (木) 竹(대죽변)
	瀲	넘칠, 뜰 물가	21 (水) 水(삼수변)
렵 렵↕엽	獵	사냥, 소리 사로잡을	19 (土) 犬(개사슴록)
	躐	밟을 뛰어넘을	22 (土) 足(발족변)
	鬣	갈기, 수염 뱀의 비늘	25 (火) 髟(터럭발)
령 령↕영	令	법령, 규칙 하여금	5 (火) 人(사람인변)
	另	헤어질 분리할	5 (水) 口(입구)
	伶	영리할 악공	7 (火) 人(사람인변)
	姈	슬기로울 여자이름	8 (土) 女(여자녀변)
	囹	옥 감옥	8 (水↔金) 口(큰입구)
	岭	岺(8)통용 고개	8 (土) 山(뫼산변)
	岺	岭(8)통용 고개	8 (土) 山(뫼산변)
	呤	속삭일 말할	8 (水) 口(입구)
	怜	영리할 지혜로울	9 (火) 心(심방변)

음	한자	뜻(훈)	획수(자원오행) 부수(명칭)
령 령↕영	昤	날빛 빛날	9 (火) 日(날일변)
	泠	깨우칠 떨어질	9 (水) 水(삼수변)
	玲	금옥소리 고울	10 (金) 玉(구슬옥변)
	秢	첫 벼 익을	10 (木) 禾(벼화변)
	笭	종다래끼 멍석, 어롱	11 (木) 竹(대죽변)
	羚	큰 양 영양	11 (土) 羊(양양)
	翎	새 깃 화살 깃	11 (火) 羽(깃우)
	聆	들을, 나이 깨달을	11 (火) 耳(귀이변)
	苓	도꼬마리 원추리	11 (木) 艸(초두밑)
	蛉	잠자리 뽕나무벌레	11 (水) 虫(벌레충)
	軨	사냥수레 격자 틀	12 (火) 車(수레거)
	零	떨어질 영, 비올	13 (水) 雨(비우)
	鈴	방울 방울소리	13 (金) 金(쇠금변)
	領	다스릴 받을	14 (火) 頁(머리혈)
	逞	굳셀 통할	14 (土) 辵(책받침)
	鹷	소금 소금밭	16 (水) 鹵(소금로)
	鴒	할미새 옹거	16 (火) 鳥(새조변)
	嶺	재, 고개 산봉우리	17 (土) 山(뫼산변)

음	한자	뜻(훈)	획수(자원오행) 부수(명칭)
령 령↕영	澪	맑을 물 이름	17 (水) 水(삼수변)
	齡	나이 연령	20 (金) 齒(이치)
	靈	신령 영혼	24 (水) 雨(비우)
	欞	격자창 처마, 난간	28 (木) 木(나무목변)
례 례↕예	礼	禮(18)통용 예도, 예절	6 (木) 示(보일시)
	例	법식 본보기	8 (火) 人(사람인변)
	隷	종, 죄인 종속할	16 (水) 隶(미칠이)
	澧	강 이름 물 이름	17 (水) 水(삼수변)
	隸	종, 죄인 종속할	17 (水) 隶(미칠이)
	禮	礼(6)통용 예도, 예절	18 (木) 示(보일시)
	醴	단술 좋은 맛	20 (金) 酉(닭유)
	鱧	가물치 칠성장어	24 (水) 魚(고기어변)
로 로↕노	老	늙을 어른	6 (土) 老(늙을로)
	窂	우리, 감옥 곳간, 녹미	9 (水) 穴(구멍혈)
	鹵	소금 염밭	11 (水) 鹵(염밭로)
	玈	검을, 흑색 나그네	11 (水) 玄(검을현)
	勞	수고할 일할, 노곤	12 (土↔火) 力(힘력변)
	虜	虜(12)통용 노복, 포로	12 (木) 虍(범호엄)

음	한자	뜻(훈)	획수(자원오행) 부수(명칭)
로 로↕노	虜	虜(12)통용 노복, 포로	13 (木) 虍(범호엄)
	路	길, 도로 도의, 방도	13 (土) 足(발족변)
	輅	수레 큰 수레	13 (火) 車(수레거)
	魯	둔할, 미련 노나라	15 (水) 魚(고기어변)
	滷	소금 밭 간수, 짠물	15 (水) 水(삼수변)
	盧	밥그릇 검을	16 (金↔水) 皿(그릇명)
	撈	잡을 건져낼	16 (木) 手(재방변)
	潞	강 이름 물 이름	16 (水) 水(삼수변)
	潦	큰비, 장마 적실	16 (水) 水(삼수변)
	澇	큰 물결 장마	16 (水) 水(삼수변)
	擄	사로잡을 노략질할	17 (木) 手(재방변)
	癆	폐결핵 중독, 아픔	17 (水) 疒(병질엄)
	璐	아름다운옥	18 (金) 玉(구슬옥변)
	蕗	감초 머위	18 (木) 艸(초두밑)
	櫓	방패, 망루 배젓는 노	19 (木) 木(나무목변)
	嚧	웃을 향료	19 (水) 口(입구)
	壚	흑토, 화로 술집, 주막	19 (土) 土(흙토변)
	瀘	강 이름 물 이름	20 (水) 水(삼수변)

음	한자	뜻(훈)	획수(자원오행) 부수(명칭)
로 (로↕노)	露	이슬 드러날	20 (水) 雨(비우)
	爐	화로 향로	20 (火) 火(불화변)
	櫨	두공 거망옻나무	20 (木) 木(나무목변)
	瓐	비취옥 푸른 옥	21 (金) 玉(구슬옥변)
	艪	고물, 노 방패, 망루	21 (木) 舟(배주)
	鐪	부레그릇 칼자루	21 (金) 金(쇠금변)
	蘆	갈대 호리병박	22 (木) 艸(초두밑)
	艫	고물 배꼬리 쪽	22 (木) 舟(배주)
	鷺	백로 해오라기	23 (火) 鳥(새조변)
	轤	고패, 물레 도르래	23 (火) 車(수레거)
	鑪	화로, 풀무 주막	24 (金) 金(쇠금변)
	顱	머리뼈 해골	25 (火) 頁(머리혈)
	髗	두개골 해골	26 (金) 骨(뼈골)
	鸕	가마우지 더펄새	27 (火) 鳥(새조변)
	鱸	농어	27 (水) 魚(고기어변)
록 (록↕녹)	彔	새길, 본래 근본	8 (金) 彐(튼가로왈)
	鹿	사슴 산기슭	11 (土) 鹿(사슴록)
	淥	밭을, 받침 강 이름	12 (水) 水(삼수변)

음	한자	뜻(훈)	획수(자원오행) 부수(명칭)
록 (록↕녹)	祿	녹, 봉급 복, 제육	13 (木) 示(보일시)
	碌	푸른 돌 푸른빛, 녹	13 (金) 石(돌석변)
	綠	초록빛 조개풀	14 (木) 糸(실사변)
	菉	조개풀 녹두	14 (木) 艸(초두밑)
	漉	거를, 칠 물이 마를	15 (水) 水(삼수변)
	錄	기록할 나타낼	16 (金) 金(쇠금변)
	簏	대나무상자 원통광주리	17 (木) 竹(대죽변)
	轆	도르래 물레, 상여	18 (火) 車(수레거)
	鵦	새 이름 잡털박이새	19 (火) 鳥(새조변)
	麓	산림 산기슭	19 (土) 鹿(사슴록)
론 (론↔논)	論	논할, 견해 의논할	15 (金) 言(말씀언변)
롱 (롱↕농)	弄	희롱할 즐길, 곡조	7 (金) 廾(스물입발)
	儱	미숙할 불우할	18 (火) 人(사람인변)
	壟	언덕 밭이랑	19 (土) 土(흙토변)
	瀧	적실 비올	20 (水) 水(삼수변)
	朧	흐릿할 달처럼밝을	20 (水) 月(달월변)
	攏	누를, 빗을 묶을	20 (木) 手(재방변)
	曨	어스레할 동이 틀	20 (火) 日(날일변)

음	한자	뜻(훈)	획수(자원오행) 부수(명칭)
롱 롱↕농	瓏	옥 소리 환할	21 (金) 玉(구슬옥변)
	礱	갈, 숫돌 벼를 찧을	21 (金) 石(돌석변)
	籠	대그릇 새장	22 (木) 竹(대죽변)
	聾	귀먹을 어리석을	22 (火) 耳(귀이)
	蘢	개여뀌 마료,모일	22 (木) 艸(초두밑)
	隴	고개이름 땅이름	24 (土) 阜(좌부변)
뢰 뢰↕뇌	耒	쟁기 쟁기 자루	6 (木) 耒(쟁기뢰)
	牢	우리, 감옥 희생	7 (土) 牛(소우변)
	雷	천둥, 우레 북칠, 위엄	13 (水) 雨(비우)
	賂	재화 뇌물 줄	13 (金) 貝(조개패)
	誄	뇌사 복을 빌을	13 (金) 言(말씀언변)
	酹	부을, 제주 강신할	14 (金) 酉(닭유)
	賚	뇌물 줄 하사할	15 (金) 貝(조개패)
	磊	돌무덤 돌 첩첩할	15 (金) 石(돌석변)
	賴	頼(16)통용 의뢰할,억지	16 (金) 貝(조개패)
	頼	頼(16)통용 의뢰할,억지	16 (火↔金) 頁(머리혈)
	儡	꼭두각시 영락할	17 (火) 人(사람인변)
	礌	바위 돌무더기	18 (金) 石(돌석변)

음	한자	뜻(훈)	획수(자원오행) 부수(명칭)
뢰 뢰↕뇌	擂	갈, 북 칠 돌 굴릴	19 (木) 手(재방변)
	蕾	꽃봉오리	19 (木) 艸(초두밑)
	瀨	여울, 급류 물 이름	20 (水) 水(삼수변)
	礧	큰 돌 돌 굴릴	20 (金) 石(돌석변)
	罍	술독 대야	21 (土) 缶(장군부)
	纇	실마디 어그러질	21 (木) 糸(실사변)
	籟	퉁소, 소리 음향	22 (木) 竹(대죽변)
료 료↕요	了	마칠 똑똑할	2 (金) 亅(갈고리궐)
	料	헤아릴 거리, 값	10 (火) 斗(말두)
	聊	애오라지 의지, 이명	11 (火) 耳(귀이변)
	僚	동료, 관리 벼슬아치	14 (火) 人(사람인변)
	廖	공허할 나라이름	14 (木) 广(엄호밑)
	寮	동관, 창문 벼슬아치	15 (木) 宀(갓머리)
	嘹	먼 소리 피리소리	15 (水) 口(입구)
	嫽	예쁠 희롱할	15 (土) 女(여자녀변)
	燎	밝을 화롯불	16 (火) 火(불화변)
	撩	다스릴 부추길	16 (木) 手(재방변)
	暸	밝을 환할	16 (火) 日(날일변)

음	한자	뜻(훈)	획수(자원오행) 부수(명칭)
료 료↕요	潦	큰비, 적실 장마, 담금	16 (水) 水(삼수변)
	獠	밤 사냥 사냥	16 (土) 犬(개사슴록)
	膋	발기름 지방덩어리	16 (水) 肉(육달월)
	瞭	눈 밝을 아득할	17 (木) 目(눈목)
	療	병 고칠 극복할	17 (水) 疒(병질엄)
	蓼	여뀌 괴로울	17 (木) 艸(초두밑)
	繚	감길, 맬 다스릴	18 (木) 糸(실사변)
	醪	막걸리 탁주, 술	18 (金) 酉(닭유)
	遼	멀, 느슨할 강 이름	19 (土) 辵(책받침)
	鐐	은, 천은 족쇄, 화로	20 (金) 金(쇠금변)
	飂	바람소리 서풍	20 (木) 風(바람풍)
	飉	바람 산들바람	21 (木) 風(바람풍)
룡 룡↕용	竜	龍(16)통용 용, 임금	10 (金↔土) 立(설립)
	龍	竜(10)통용 용, 임금	16 (土↔木) 龍(용룡)
	龑	용, 임금 비범한사람	21 (土) 龍(용룡)
루 루↕누	累	포갤 누끼칠	11 (木) 糸(실사변)
	婁	별이름 빌	11 (土) 女(여자녀변)
	淚	눈물 울	12 (水) 水(삼수변)

음	한자	뜻(훈)	획수(자원오행) 부수(명칭)
루 루↕누	僂	구부릴 꼽추, 삼갈	13 (火) 人(사람인변)
	屢	여러, 자주 빨리, 번잡	14 (水) 尸(주검시)
	陋	좁을 더러울	14 (土) 阜(좌부변)
	嶁	봉우리 산꼭대기	14 (土) 山(뫼산변)
	嘍	도둑 시끄러울	14 (水) 口(입구)
	樓	다락 망루	15 (木) 木(나무목변)
	漏	샐 빠뜨릴	15 (水) 水(삼수변)
	慺	정성스러울 공근할	15 (火) 心(심방변)
	熡	불꽃	15 (火) 火(불화변)
	瘻	부스럼 연주 창	16 (水) 疒(병질엄)
	縷	실 명주	17 (木) 糸(실사변)
	褸	남루할 옷 해질	17 (木) 衣(옷의변)
	蔞	쑥 물쑥	17 (木) 艸(초두밑)
	耬	파종기 논밭 갈	17 (木↔土) 耒(쟁기뢰)
	螻	땅강아지 청개구리	17 (水) 虫(벌레충)
	壘	성채 진	18 (土) 土(흙토변)
	鏤	강철 새길	19 (金) 金(쇠금변)
	髏	해골 두개골	21 (金) 骨(뼈골)

음	한자	뜻(훈)	획수(자원오행) 부수(명칭)
류 (류 ↕ 유)	柳	버드나무 별이름	9 (木) 木(나무목변)
	留	머무를 오랠	10 (土) 田(밭전)
	流	흐를 귀양 보낼	11 (水) 水(삼수변)
	琉	瑠(15)통용 유리	12 (金) 玉(구슬옥변)
	硫	유황	12 (金) 石(돌석변)
	旒	깃발 면류관	13 (土↔木) 方(모방)
	榴	석류나무 석류	14 (木) 木(나무목변)
	溜	물방울 여울, 급류	14 (水) 水(삼수변)
	劉	죽일 도끼	15 (金) 刀(칼도)
	瑠	琉(12)통용 유리	15 (金) 玉(구슬옥변)
	瘤	혹 육봉	15 (水) 疒(병질엄)
	橊	석류나무 짐승이름	16 (木) 木(나무목변)
	縲	포승 오라줄	17 (木) 糸(실사변)
	遛	머무를 정지할	17 (土) 辶(책받침)
	謬	속일 그릇될	18 (金) 言(말씀언변)
	類	무리, 패 동아리	19 (火) 頁(머리혈)
	瀏	맑을, 밝을 물 맑을	19 (水) 水(삼수변)
	纍	맬, 얽힐 연루시킬	21 (木) 糸(실사변)

음	한자	뜻(훈)	획수(자원오행) 부수(명칭)
류	鷚	올빼미 수리부엉이	21 (火) 鳥(새조)
륙 (륙 ↕ 육)	六	여섯 여섯 번	6 (土) 八(여덟팔)
	勠	합할 함께 힘쓸	13 (土) 力(힘력변)
	戮	형벌 죽일	15 (金) 戈(창과)
	陸	뭍, 언덕 여섯	16 (土) 阜(좌부변)
륜 (륜 ↕ 윤)	侖	생각할 덩어리	8 (火) 人(사람인변)
	倫	인륜, 윤리 무리, 차례	10 (火) 人(사람인변)
	崙	崘 (12)통용 곤륜산, 뫼	11 (土) 山(뫼산변)
	崘	崙(12)통용 곤륜산, 뫼	11 (土) 山(뫼산변)
	圇	완전할 덩어리	11 (水↔土) 口(큰입구)
	淪	물놀이 잔물결	12 (水) 水(삼수변)
	掄	가릴, 선택 꿰뚫을	12 (木) 手(재방변)
	綸	낚싯줄 다스릴	14 (木) 糸(실사변)
	輪	바퀴 둘레	15 (火) 車(수레거)
	錀	금 금색	16 (金) 金(쇠금변)
률 (률 ↕ 율)	律	법(칙),지위 비율, 가락	9 (火) 彳(두인변)
	栗	밤, 견실할 공손, 위엄	10 (木) 木(나무목변)
	率	비율 제한	11 (水↔火) 玄(검을현)

음	한자	뜻(훈)	획수(자원오행) 부수(명칭)
률 (률↕율)	嵂	가파를 산높고험할	12 (土) 山(뫼산변)
	慄	떨 두려워할	14 (火) 心(심방변)
	溧	강이름 모래섬	14 (水) 水(삼수변)
	⿰禾栗	볏가리	15 (木) 禾(벼화변)
	瑮	옥 무늬 아름다운모양	15 (金) 玉(구슬옥변)
륭 (륭↕융)	隆	높을 성할	17 (土) 阜(좌부변)
	癃	느른할 위독할	17 (水) 疒(병질엄)
	窿	활꼴 활꼴모양	17 (水) 穴(구멍혈)
륵 (륵↕늑)	肋	길비 힘줄	8 (水) 肉(육달월)
	泐	돌결 일 물결, 새길	9 (水) 水(삼수변)
	勒	굴레 자갈	11 (土↔金) 力(힘력변)
름 (름↕늠)	菻	지칭개 풀이름	14 (木) 艸(초두밑)
	凜	凛(15)통용 찰, 흐릿할	15 (水) 冫(이수변)
	凛	凜(15)통용 찰, 흐릿할	15 (水) 冫(이수변)
	廩	곳집, 녹미 구호미	16 (木) 广(엄호밑)
	澟	서늘할 차거 울	17 (水) 水(삼수변)
릉 (릉↔능)	凌	까볼 능가할	10 (水) 冫(이수변)
	倰	속일, 범할 건널, 넘을	10 (火) 人(사람인변)

음	한자	뜻(훈)	획수(자원오행) 부수(명칭)
릉 (릉↕능)	稜	논두렁 모서리	13 (木) 禾(벼화변)
	楞	楞(13)통용 네모질,위엄	13 (木) 木(나무목변)
	楞	楞(13)통용 네모질,위엄	13 (木) 木(나무목변)
	綾	비단 무늬비단	14 (木) 糸(실사변)
	菱	마름 마름열매	14 (木) 艸(초두밑)
	陵	언덕, 능 무덤	16 (土) 阜(좌부변)
	蔆	마름 모가 날	17 (木) 艸(초두밑)
리 (리↕이)	吏	아전 벼슬아치	6 (水) 口(입구)
	里	마을, 저택 이웃, 거리	7 (土) 里(마을리변)
	利	이로울 날카로울	7 (金) 刀(칼도)
	李	오얏, 도리 다스릴	7 (木) 木(나무목변)
	俚	속될 힘입을	9 (火) 人(사람인변)
	俐	悧(11)통용 영리할,똑똑할	9 (火) 人(사람인변)
	厘	釐(18)통용 다스릴,개정	9 (土) 厂(민엄호밑)
	唎	작은 소리 가는 소리	10 (水) 口(입구)
	哩	어조사 거리 단위	10 (水) 口(입구)
	悧	俐(9)통용 영리할,똑똑할	11 (火) 心(심방변)
	犁	犂(12)통용 얼룩소	11 (土) 牛(소우변)

음	한자	뜻(훈)	획수(자원오행) 부수(명칭)
리 (리↕이)	狸	삵, 살쾡이 너구리	11 (土) 犬(개사슴록)
	离	離(19)통용 떠날, 산신	11 (火) 内(자귀유)
	梨	배나무 배	11 (木) 木(나무목변)
	浬	해리 해상거리	11 (水) 水(삼수변)
	涖	임할 다스릴	11 (水) 水(삼수변)
	痢	설사 이질	12 (水) 疒(병질엄)
	理	다스릴 이치, 도리	12 (金) 玉(구슬옥변)
	犂	犁(11)통용 얼룩소	12 (土) 牛(소우변)
	裏	裡(13)통용 안, 속마음	13 (木) 衣(옷의)
	莉	말리 말리 꽃	13 (木) 艸(초두밑)
	裡	裏(13)통용 안, 속마음	13 (木) 衣(옷의변)
	剺	벗길, 나눌 칼로 벨	13 (金) 刀(칼도)
	莅	다다를 계급, 녹	13 (木) 艸(초두밑)
	蜊	참조개 바드락	13 (水) 虫(벌레충)
	嫠	과부 홀어머니	14 (土) 女(여자녀변)
	貍	삵, 살쾡이 너구리	14 (水) 豸(돼지시)
	履	밟을, 신발 행실, 예	15 (水↔木) 尸(주검시)
	摛	펼 표현할	15 (木) 手(재방변)
리 (리↕이)	漓	스며들 엷을	15 (水) 水(삼수변)
	璃	유리 구슬이름	16 (金) 玉(구슬옥변)
	[illegible]	바를, 지울 반듯할	16 (土) 支(지탱할지)
	罹	근심 어려울	17 (木) 网(그물망)
	螭	교룡 새끼짐승	17 (水) 虫(벌레충)
	釐	厘(9)통용 다스릴,개정	18 (土) 里(마을리변)
	鯉	잉어, 편지 서찰	18 (水) 魚(고기어변)
	離	离(11)통용 떠날, 산신	19 (火) 隹(새추)
	羸	여윌 파리할	19 (土) 羊(양양)
	魑	도깨비 요괴	21 (火) 鬼(귀신귀)
	黐	끈끈이 새잡는 풀	23 (木) 黍(기장서)
	籬	울타리	25 (木) 竹(대죽변)
	邐	이어질 줄지어갈	26 (土) 辵(책받침)
린 (린↕인)	吝	아낄, 소중한 인색, 주저할	7 (水) 口(입구)
	悋	아낄, 소중한 인색, 주저할	11 (火) 心(심방변)
	粦	도깨비불 반딧불	12 (木) 米(쌀미변)
	粼	물 맑을 속이 찬 대	14 (木) 米(쌀미변)
	嶙	가파를 강직한	15 (土) 山(뫼산변)

음	한자	뜻(훈)	획수(자원오행) 부수(명칭)
린 린↕인	潾	돌샘 맑을	16 (水) 水(삼수변)
	燐	반딧불 도깨비불	16 (火) 火(불화변)
	撛	뺄 뽑을	16 (木) 手(재방변)
	獜	튼튼할 기린	16 (土) 犬(개사슴록)
	橉	나무이름 문지방	16 (木) 木(나무목변)
	璘	옥빛 옥의 모양	17 (金) 玉(구슬옥변)
	麐	麟(23)통용 기린	17 (土) 鹿(사슴록)
	磷	돌 문채 얇은 돌	17 (金) 石(돌석변)
	蟍	반딧불	18 (水) 虫(벌레충)
	繗	이을 실 뽑을	18 (木) 糸(실사변)
	鄰	隣(20)통용 이웃, 보필	19 (土) 邑(우부방)
	轔	수레소리 바퀴, 밟을	19 (火) 車(수레거)
	隣	鄰(19)통용 이웃, 보필	20 (土) 阜(좌부변)
	鏻	굳셀 굳센 모양	20 (金) 金(쇠금변)
	藺	골 풀 꽃창포	22 (木) 艸(초두밑)
	驎	얼룩말 화마, 준마	22 (火) 馬(말마변)
	麟	麐(17)통용 기린	23 (土) 鹿(사슴록)
	鱗	비늘 물고기	23 (水) 魚(고기어변)

음	한자	뜻(훈)	획수(자원오행) 부수(명칭)
린 린↔인	躙	짓밟을 수레자국	23 (土) 足(발족변)
	躪	짓밟을 유린할	27 (土) 足(발족변)
림 림↕임	林	수풀 많을	8 (木) 木(나무목변)
	玪	옥, 옥돌 아름다운옥	9 (金) 玉(구슬옥변)
	淋	물 뿌릴 장마	12 (水) 水(삼수변)
	棽	무성할	12 (木) 木(나무목변)
	晽	알고자 할	12 (火) 日(날일변)
	琳	옥 옥 이름	13 (金) 玉(구슬옥변)
	碄	깊을 깊은 모양	13 (金) 石(돌석변)
	痳	임질, 산증 대하증	13 (水) 疒(병질엄)
	霖	장마 장마비올	16 (水) 雨(비우)
	臨	임할, 곡할 내려다볼	17 (火) 臣(신하신)
립 립↕입	立	설 세울	5 (金) 立(설립)
	岦	산 우뚝할	8 (土) 山(뫼산변)
	砬	돌 소리 약돌	10 (金) 石(돌석변)
	笠	삿갓 우산	11 (木) 竹(대죽변)
	粒	낟알 쌀밥 먹을	11 (木) 米(쌀미변)

음	한자	뜻(훈)	획수(자원오행) 부수(명칭)
마	馬	말, 나쁠 클, 산가지	10 (火) 馬(말마변)
	麻	삼 참깨	11 (木) 麻(삼마)
	痲	저릴 홍역	13 (水) 疒(병질엄)
	媽	어미, 할미 여자종	13 (土) 女(여자녀변)
	麽	작을 하찮은	14 (木) 麻(삼마)
	摩	연마할 어루만질	15 (木) 手(손수)
	瑪	마노 석영이름	15 (金) 玉(구슬옥변)
	碼	마노, 야드 저울추	15 (金) 石(돌석변)
	磨	갈 맷돌	16 (金) 石(돌석변)
	螞	말거머리 왕개미	16 (水) 虫(벌레충)
	蟇	두꺼비	17 (水) 虫(벌레충)
	魔	마귀 악귀	21 (火) 鬼(귀신귀)
	劘	깎을, 벨 연마할	21 (金) 刀(칼도)
막	莫	없을, 장막 어두울	13 (木) 艸(초두밑)
	幕	장막 막부	14 (木) 巾(수건건)
	寞	쓸쓸할	14 (木) 宀(갓머리)
	漠	사막 넓을	15 (水) 水(삼수변)
	瞙	흐릴 백태눈	16 (木) 目(눈목)
막	膜	막 어루만질	17 (水) 肉(육달월)
	鏌	칼 이름	19 (金) 金(쇠금변)
	邈	멀, 근심할 업신여길	21 (土) 辵(책받침)
만	万	萬(15)통용 일만, 만무	3 (木) 一(한일)
	卍	만자 길상의 표시	6 (水↔土) 十(열십)
	娩	해산할 순박할	10 (土) 女(여자녀변)
	晩	저물 늦을	11 (火) 日(날일변)
	曼	길, 뻗을 아름다울	11 (火↔土) 日(날일변)
	挽	당길 말릴	11 (木) 手(재방변)
	輓	끌, 수레끌 애도, 만사	14 (火) 車(수레거)
	墁	흙손 벽의 장식	14 (土) 土(흙토변)
	嫚	업신여길 문란할	14 (土) 女(여자녀변)
	幔	막, 천막 휘장, 포장	14 (木) 巾(수건건)
	萬	万(3)통용 일만, 만무	15 (木) 艸(초두밑)
	滿	찰 채울	15 (水) 水(삼수변)
	慢	게으를 거만한	15 (火) 心(심방변)
	漫	질펀할 넓을	15 (水) 水(삼수변)
	瞞	속일 눈이 어두운	16 (木) 目(눈목)

음	한자	뜻(훈)	획수(자원오행) 부수(명칭)
만	蔓	덩굴 퍼질	17 (木) 艸(초두밑)
만	縵	명주 무늬 없을	17 (木) 糸(실사변)
만	謾	속일 업신여길	18 (金) 言(말씀언변)
만	蹣	넘을 뛰어넘을	18 (土) 足(발족변)
만	鏋	황금, 정금 금정틀	19 (金) 金(쇠금변)
만	鏝	흙손 날 없는 창	19 (金) 金(쇠금변)
만	饅	만두	20 (水) 食(밥식변)
만	鬘	머리장식 옷, 장식품	21 (火) 髟(터럭발)
만	巒	뫼 산봉우리	22 (土) 山(뫼산변)
만	鰻	뱀장어	22 (水) 魚(고기어변)
만	彎	굽을 당길	22 (火↔金) 弓(활궁)
만	蠻	오랑캐 야만족	25 (水) 虫(벌레충)
만	灣	물굽이, 만 배 정박할	26 (水) 水(삼수변)
말	末	끝, 다할 말세	5 (木) 木(나무목변)
말	帕	머리띠 머리동이	8 (木) 巾(수건건)
말	抹	바를 칠할	9 (木) 手(재방변)
말	沫	침 물방울	9 (水) 水(삼수변)
말	唜	끝	10 (水↔木) 口(입구)
말	秣	꼴 막 먹이	10 (木) 禾(벼화변)
말	茉	말리 말리 꽃	11 (木) 艸(초두밑)
말	靺	말갈, 버선 오랑캐	14 (金) 革(가죽혁)
말	襪	버선, 족의 허리띠	21 (木) 衣(옷의변)
망	亡	잃을 죽을	3 (火↔水) 亠(돼지해밑)
망	妄	허망할 거짓	6 (土) 女(여자녀변)
망	忙	바쁠 빠를	7 (火) 心(심방변)
망	忘	잊을 건망증	7 (火) 心(마음심)
망	汒	황급할 질편할,바쁠	7 (水) 水(삼수변)
망	罔	그물 없을	9 (木) 网(그물망)
망	芒	가시 까끄라기	9 (木) 艸(초두밑)
망	邙	산 이름 고을이름	10 (土) 邑(우부방)
망	望	朢(14)통용 바랄, 보름	11 (水) 月(달월변)
망	茫	망망할 멍할	12 (木) 艸(초두밑)
망	惘	경황없을 멍할	12 (火) 心(심방변)
망	莽	莾(14)통용 풀 우거질	12 (木) 艸(초두밑)
망	朢	望(11)통용 바랄, 보름	14 (水) 月(달월변)
망	莾	莽(12)통용 풀 우거질	14 (木) 艸(초두밑)

음	한자	뜻(훈)	획수(자원오행) 부수(명칭)	음	한자	뜻(훈)	획수(자원오행) 부수(명칭)
망	網	그물, 조직 포위망	14 (木) 糸(실사변)	매	煤	그을음 석탄, 먹	13 (火) 火(불화변)
	輞	바퀴 테	15 (火) 車(수레거)		楳	매화나무 장마, 신맛	13 (木) 木(나무목변)
	漭	넓을 어둑어둑할	15 (水) 水(삼수변)		莓	나무딸기 딸기, 이끼	13 (木) 艸(초두밑)
	魍	도깨비 요괴	18 (火) 鬼(귀신귀)		酶	술 밑 누룩	14 (金) 酉(닭유)
매	每	매양 마다	7 (土) 毋(말무)		賣	팔 퍼트릴	15 (金) 貝(조개패)
	呆	어리석을 미련할	7 (水↔木) 口(입구)		魅	도깨비 미혹할	15 (火) 鬼(귀신귀)
	妹	누이 손아래누이	8 (土) 女(여자녀변)		霉	매우, 창병 곰팡이	15 (水) 雨(비우)
	枚	줄기, 낱 석가래	8 (木) 木(나무목변)		罵	욕할 꾸짖을	16 (木) 网(그물망)
	昧	새벽 어두울	9 (火) 日(날일변)		邁	갈 떠날	20 (土) 辵(책받침)
	沬	땅이름 별이름	9 (水) 水(삼수변)	맥	麥	보리 귀리	11 (木) 麥(보리맥)
	玫	매괴 붉은빛 돌	9 (金) 玉(구슬옥변)		脈	맥 연달을	12 (水) 肉(육달월)
	埋	묻을 묻힐	10 (土) 土(흙토변)		貃	북방종족 맥국	12 (水) 豸(돼지시)
	眛	눈 어두울 흐릴	10 (木) 目(눈목)		貊	오랑캐 고용할	13 (水) 豸(돼지시)
	梅	매화나무 매우, 장마	11 (木) 木(나무목변)		陌	밭두렁 길	14 (土) 阜(좌부변)
	苺	딸기 나무딸기	11 (木) 艸(초두밑)		貘	짐승이름 민족이름	18 (水) 豸(돼지시)
	買	살 구매할	12 (金) 貝(조개패)		驀	말탈, 곧장 갑자기	21 (火) 馬(말마변)
	媒	중매 중개자	12 (土) 女(여자녀변)	맹	孟	맏, 맹랑할 맏이, 맹자	8 (水) 子(아들자)
	寐	잠잘 죽을	12 (木) 宀(갓머리)		盲	장님, 소경 어두울	8 (木) 目(눈목)

음	한자	뜻(훈)	획수(자원오행) 부수(명칭)	음	한자	뜻(훈)	획수(자원오행) 부수(명칭)
맹	氓	백성 서민	8 (火) 氏(각시씨)	면	棉	목화 목화솜	12 (木) 木(나무목변)
	甿	백성 농부	8 (土) 田(밭전)		湎	빠질, 바뀔 변천할	13 (水) 水(삼수변)
	虻	등에, 패모 새 이름	9 (水) 虫(벌레충)		綿	솜 솜옷	14 (木) 糸(실사변)
	猛	사나울 엄할	12 (土) 犬(개사슴록)		緬	멀, 아득할 가는 실	15 (木) 糸(실사변)
	盟	맹세 맹세할	13 (金↔土) 皿(그릇명)		麪	麵(20)통용 국수, 밀가루	15 (木) 麥(보리맥)
	萌	싹 싹틀	14 (木) 艸(초두밑)		緜	솜, 솜옷 명주, 햇솜	15 (木) 糸(실사변)
	甍	용마루 수키와	16 (土) 瓦(기와와)		麵	麪(15)통용 국수, 밀가루	20 (木) 麥(보리맥)
멱	覓	찾을 곁눈질	11 (火) 見(볼견)	멸	滅	멸망할 죽을	14 (水) 水(삼수변)
	幎	덮을 가릴	13 (木) 巾(수건건)		蔑	없을 업신여길	17 (木) 艸(초두밑)
	冪	덮을, 보 흙손질할	16 (土) 冖(민갓머리)		篾	대 껍질 도죽, 덩굴	17 (木) 竹(대죽변)
면	免	벗어날 면할	7 (木) 儿(어진사람인)		衊	업신여길 멸할, 속일	21 (水) 血(피혈)
	沔	물 흐를 씻을	8 (水) 水(삼수변)	명	皿	그릇, 접시 그릇 덮개	5 (金) 皿(그릇명)
	勉	힘쓸 권면할	9 (土↔金) 力(힘력변)		名	이름 이름날	6 (水) 口(입구)
	面	낯, 표정 면, 얼굴	9 (火) 面(낯면)		命	목숨, 수명 운수, 명령	8 (水) 口(입구)
	眄	애꾸 눈 곁눈질	9 (木) 目(눈목)		明	밝을 나타낼	8 (火) 日(날일변)
	俛	힘쓸 부지런할	9 (火) 人(사람인변)		眀	밝게 볼 밝을	9 (木) 目(눈목)
	眠	잠잘, 시들 휴식할	10 (木) 目(눈목)		冥	어두울 저승	10 (水) 冖(민갓머리)
	冕	면류관 관을 쓸	11 (木) 冂(멀경)		洺	강 이름 고을이름	10 (水) 水(삼수변)

음	한자	뜻(훈)	획수(자원오행) 부수(명칭)	음	한자	뜻(훈)	획수(자원오행) 부수(명칭)
명	椧	홈통 절 이름	12 (木) 木(나무목변)	모	皃	얼굴, 모양 자태, 예모	7 (金) 白(흰백)
	茗	차, 차 싹 차나무	12 (木) 艸(초두밑)		姆	유모,여스승 맏동서	8 (土) 女(여자녀변)
	酩	술 취할 비틀거릴	13 (金) 酉(닭유변)		侔	가지런할 해충 이름	8 (火) 人(사람인변)
	鳴	울, 울릴 부를, 말할	14 (火) 鳥(새조변)		某	아무 익명	9 (木) 木(나무목변)
	銘	새길, 금석 명심할	14 (金) 金(쇠금변)		冒	무릅쓸 가릴, 범할	9 (水) 冂(멀경)
	溟	바다 어두울	14 (水) 水(삼수변)		侮	깔볼, 능멸 업신여길	9 (火) 人(사람인변)
	暝	저녁 어두울	14 (火) 日(날일변)		姥	할머니 유모, 아내	9 (土) 女(여자녀변)
	慏	너그러울 생각 깊을	14 (火) 心(심방변)		眊	눈 흐릴 늙은이	9 (木) 目(눈목)
	瞑	눈감을 눈 어두울	15 (木) 目(눈목)		芼	나물 풀 우거질	10 (木) 艸(초두밑)
	蓂	명협 달력 풀	16 (木) 艸(초두밑)		耗	줄, 흉년들 소비할	10 (木↔火) 耒(쟁기뢰)
	螟	해충 마디충	16 (水) 虫(벌레충)		恈	탐낼 탐내는모양	10 (火) 心(심방변)
	䳟	초명새 신조, 길조	19 (火) 鳥(새조변)		旄	깃대장식 늙은이	10 (土) 方(모방)
메	袂	소매 도포소매	10 (木) 衣(옷의변)		耄	늙은이 혼몽할	10 (土) 老(늙을로)
모	毛	털 모피	4 (火) 毛(터럭모)		眸	눈 눈동자	11 (木) 目(눈목)
	母	어미, 할미 모체, 근본	5 (土) 毋(말무)		茅	띠, 띳집 깃발, 두름	11 (木) 艸(초두밑)
	矛	창 세모진 창	5 (金) 矛(창모변)		軞	병거 군용수레	11 (火) 車(수레거)
	牟	보리, 제기 소우는소리	6 (土) 牛(소우변)		帽	모자, 두건 붓두껍	12 (木) 巾(수건건)
	牡	수컷, 양성 남근, 열쇠	7 (土) 牛(소우변)		媢	강샘할 노려볼	12 (土) 女(여자녀변)

음	한자	뜻(훈)	획수(자원오행) 부수(명칭)
모	募	뽑을, 모을 부름, 햇빛	13 (土) 力(힘력변)
	貌	모양, 얼굴 자태, 예모	14 (水) 豸(돼지시)
	瑁	서옥 바다거북	14 (金) 玉(구슬옥변)
	嫫	추녀 못생긴	14 (土) 女(여자녀변)
	髦	다팔머리 뛰어날	14 (火) 髟(터럭발)
	暮	저물 늦을	15 (火) 日(날일변)
	模	법, 법식 모양, 본뜰	15 (木) 木(나무목변)
	慕	사모할 본받을	15 (火) 心(마음심밑)
	摸	본뜰 더듬을	15 (木) 手(재방변)
	摹	베낄 본뜰	15 (木) 手(손수)
	慔	힘쓸	15 (火) 心(심방변)
	蝥	해충, 가뢰 기이름	15 (水) 虫(벌레충)
	謀	꾀할 상의할	16 (金) 言(말씀언변)
	橅	법 규범	16 (木) 木(나무목변)
	蟊	해충, 가뢰 기 이름	17 (水) 虫(벌레충)
	謨	꾀, 계책 계획할	18 (金) 言(말씀언변)
목	木	나무, 목재 목재기구	4 (木) 木(나무목변)
	目	눈, 시력 조목, 제목	5 (木) 目(눈목)

음	한자	뜻(훈)	획수(자원오행) 부수(명칭)
목	牧	목장, 기를 다스릴	8 (土) 牛(소우변)
	沐	목욕할 머리감을	8 (水) 水(삼수변)
	苜	거여목 콩과 풀	11 (木) 艸(초두밑)
	睦	화목할 온화할	13 (木) 目(눈목)
	穆	화목할 공경할	16 (木) 禾(벼화변)
	鶩	집오리 순일한	20 (火) 鳥(새조변)
몰	沒	빠질, 죽을 잠수할	8 (水) 水(삼수변)
	歿	죽을, 끝날 떨어질	8 (水) 歹(죽을사)
몽	雺	안개 아지랑이	13 (水) 雨(비우)
	夢	꿈 꿈꿀	14 (水) 夕(저녁석)
	溕	이슬비 가랑비	14 (水) 水(삼수변)
	蒙	어릴 우매할	16 (木) 艸(초두밑)
	瞢	어두울 번민할	16 (木) 目(눈목)
	幪	덮을 머리띠	17 (木) 巾(수건건)
	朦	흐릴, 어두울 우매할	18 (水) 月(달월변)
		풍부할, 클 풍성할	20 (水) 肉(육달월)
	懞	어두울,멍청 돈독할	18 (火) 心(심방변)
	曚	어두울 어리석을	18 (火) 日(날일변)
	濛	가랑비 큰 물	18 (水) 水(삼수변)

음	한자	뜻(훈)	획수(자원오행) 부수(명칭)
몽	朦	청맹과니 수경,어두울	19 (木) 目(눈목)
	艨	싸움배 몽동, 병선	20 (木) 舟(배주)
	鸏	물새 새끼 열대조	25 (火) 鳥(새조변)
묘	卯	토끼, 기한 넷째 지지	5 (火↔木) 卩(병부절)
	妙	竗(9)통용 묘할, 예쁠	7 (土) 女(여자녀변)
	杳	어두울 아득할	8 (木) 木(나무목변)
	昴	별이름 별자리이름	9 (火) 日(날일변)
	竗	妙(7)통용 묘할, 예쁠	9 (金↔土) 立(설립)
	眇	애꾸눈 짝눈, 이룰	9 (木) 目(눈목)
	畝	이랑, 두둑 면적단위	10 (土) 田(밭전)
	苗	모, 모종 핏줄, 백성	11 (木) 艸(초두밑)
	淼	물 가득할 넓은 물	12 (水) 水(물수)
	渺	아득할 작을	13 (水) 水(삼수변)
	猫	고양이 살쾡이	13 (土) 犬(개사슴록)
	描	그릴 묘사할	13 (木) 手(재방변)
	墓	무덤, 묘지 장사지낼	14 (土) 土(흙토변)
	廟	사당 묘당	15 (木) 广(엄호밑)
	貓	고양이 살쾡이	16 (水↔土) 豸(돼지시)

음	한자	뜻(훈)	획수(자원오행) 부수(명칭)
묘	錨	닻 닻줄	17 (金) 金(쇠금변)
	藐	작을 희미할	20 (木) 艸(초두밑)
무	毋	아닐 없을	4 (土) 毋(말무)
	无	無(12)통용 없을, 아닐	4 (火) 无(없을무)
	戊	천간, 창 무성할	5 (金↔土) 戈(창과)
	巫	무당, 무녀 의사	7 (火) 工(장인공)
	武	호반, 군인 병법, 병기	8 (土) 止(그칠지)
	拇	엄지손가락 엄지발가락	9 (木) 手(재방변)
	畝	이랑, 두둑 면적단위	10 (土) 田(밭전)
	茂	무성할 빼어날	11 (木) 艸(초두밑)
	務	일, 권면 정사, 업무	11 (土) 力(힘력변)
	無	无(4)통용 없을, 아닐	12 (火) 火(연화발)
	貿	바꿀 장사할	12 (金) 貝(조개패)
	珷	옥돌 옥돌이름	12 (金) 玉(구슬옥변)
	楙	무성할 모과나무	13 (木) 木(나무목변)
	舞	춤, 무용 희롱할	14 (木) 舛(어그러질천)
	誣	무고할 속일	14 (金) 言(말씀언변)
	嘸	분명치않을 모호할	15 (水) 口(입구)

음	한자	뜻(훈)	획수(자원오행) 부수(명칭)
무	廡	집, 복도 무성할	15 (木) 广(엄호밑)
	憮	어루만질 애무할	16 (火) 心(심방변)
	撫	어루만질 사랑할	16 (木) 手(재방변)
	橅	법, 규범 어루만질	16 (木) 木(나무목변)
	儛	춤출, 무용 조롱할	16 (火↔木) 人(사람인변)
	繆	묶을, 얽을 삼열단	17 (木) 糸(실사변)
	懋	힘쓸 성대히 할	17 (火) 心(마음심)
	膴	포, 건육 두터울	18 (水) 肉(육달월)
	蕪	거칠, 순무 황무지	18 (木) 艸(초두밑)
	鵡	앵무새	18 (火) 鳥(새조변)
	霧	안개 안개 낄	19 (水) 雨(비우)
	騖	달릴, 힘쓸 종사할	19 (火) 馬(말마변)
묵	墨	먹, 먹줄 점괘, 형벌	15 (土) 土(흙토변)
	嘿	잠잠할 입 다물	15 (水) 口(입구)
	默	잠잠할 고요할	16 (水) 黑(검을흑)
문	文	글월, 법도 문서, 서적	4 (木) 文(글월문)
	刎	목 벨 끊을	6 (金) 刀(칼도)
	吻	입술 말투	7 (水) 口(입구)

음	한자	뜻(훈)	획수(자원오행) 부수(명칭)
문	門	문, 집안 동문, 부문	8 (木) 門(문문)
	汶	물 이름 불결한	8 (水) 水(삼수변)
	炆	따뜻(훈)할 뭉근한 불	8 (火) 火(불화변)
	抆	닦을 문지를	8 (木) 手(재방변)
	紋	무늬 문체	10 (木) 糸(실사변)
	們	들(인칭) 무리	10 (火) 人(사람인변)
	蚊	모기	10 (水) 虫(벌레충)
	紊	어지러울 문란할	10 (木) 糸(실사변)
	問	물을 찾을	11 (水) 口(입구)
	悗	잊을 봉할	11 (火) 心(심방변)
	雯	구름무늬	12 (水) 雨(비우)
	捫	어루만질 붙잡을	12 (木) 手(재방변)
	聞	들을 소문	14 (火) 耳(귀이변)
	璊	붉은 옥 붉은색 옥	16 (金) 玉(구슬옥변)
	懣	번거로울 분개할	18 (火) 心(마음심)
물	勿	말, 없을 근심할	4 (金) 勹(쌀포)
	物	만물, 재물 물건, 사람	8 (土) 牛(소우변)
	沕	숨을 아득할	8 (水) 水(삼수변)

음	한자	뜻(훈)	획수(자원오행) 부수(명칭)
미	未	아닐, 미래 장차	5 (木↔土) 木(나무목변)
	米	쌀미 미터	6 (木) 米(쌀미변)
	尾	꼬리 끝	7 (水) 尸(주검시)
	味	맛 맛볼	8 (水) 口(입구)
	弥	彌(17)통용 두루, 그칠	8 (火↔金) 弓(활궁)
	侎	어루만질	8 (火) 人(사람인변)
	冞	점점, 더욱 두루 다닐	8 (土) 冖(민갓머리)
	美	아름다울 미국, 맛난	9 (土) 羊(양양)
	眉	눈썹 가장자리	9 (木) 目(눈목변)
	弭	활고자 그칠, 각궁	9 (火↔土) 弓(활궁)
	娓	장황할 힘쓸, 예쁠	10 (土) 女(여자녀변)
	洣	강 이름 물 이름	10 (水) 水(삼수변)
	敉	어루만질 편안한	10 (金) 攵(등글월문)
	梶	나무 끝 문미, 처마	11 (木) 木(나무목변)
	宷	깊이 들 그물	11 (木) 米(쌀미변)
	茉	맛, 맛볼 뜻, 빛깔	11 (木) 艸(초두밑)
	媚	아첨할 사랑할	12 (土) 女(여자녀변)
	媄	예쁠, 고울 아름다울	12 (土) 女(여자녀변)
미	嵋	산 이름	12 (土) 山(뫼산변)
	嵄	산 깊은 산	12 (土) 山(뫼산변)
	楣	처마 인중방	13 (木) 木(나무목변)
	迷	헤맬 미혹할	13 (土) 辶(책받침)
	微	작을 희미할	13 (火) 彳(두인변)
	渼	잔물결 물 이름	13 (水) 水(삼수변)
	湄	물가 더운 물	13 (水) 水(삼수변)
	煝	빛날, 불꽃 가무는기운	13 (火) 火(불화변)
	媺	착할, 좋을 선미할	13 (土) 女(여자녀변)
	媺	착할, 좋을 선미할	13 (土) 女(여자녀변)
	瑂	옥돌	14 (金) 玉(구슬옥변)
	躾	가르칠 예절교육	16 (火↔土) 身(몸신)
	彌	弥(8) 동자 두루, 그칠	17 (火↔金) 弓(활궁)
	謎	수수께끼 미혹할	17 (金) 言(말씀언변)
	溦	이슬비 물가	17 (水) 水(삼수변)
	麋	큰 사슴 고라니	17 (土) 鹿(사슴록)
	糜	죽, 된죽 문드러질	17 (木) 米(싸미변)
	縻	얽어맬 묶을, 밧줄	17 (木) 糸(실사변)

음	한자	뜻(훈)	획수(자원오행) 부수(명칭)	음	한자	뜻(훈)	획수(자원오행) 부수(명칭)
미	濔	물 가득할 넘칠	18 (水) 水(삼수변)	민	泯	멸할, 망할 문란할	9 (水) 水(삼수변)
	薇	고비, 장미 백일홍	19 (木) 艸(초두밑)		䀕	볼 당황할	9 (木) 目(눈목변)
	靡	쓰러질 흩어질	19 (水↔木) 非(아닐비)		珉	옥돌	10 (金) 玉(구슬옥변)
	瀰	물 넓을 치런치런할	21 (水) 水(삼수변)		敏	민첩할,힘쓸 공손할,총명	11 (金) 攴(등글월문)
	獼	원숭이	21 (土) 犬(개사슴록)		罠	낚싯줄 토끼그물	11 (木) 网(그물망)
	亹	힘쓸 부지런할	22 (火↔土) 亠(돼지해밑)		苠	속대 대껍질	11 (木) 艸(초두밑)
	黴	썩을 곰팡이	23 (水) 黑(검을흑)		閔	근심, 노력 위문할	12 (木) 門(문문)
	蘪	천궁 풀이 거칠	23 (木) 艸(초두밑)		悶	답답할 민망, 번민	12 (火) 心(마음심)
	蘼	장미, 천궁 천궁이	25 (木) 艸(초두밑)		愍	근심할 노력할	13 (火) 心(마음심)
민	民	백성, 사람 직업인, 나	5 (火) 氏(각시씨)		暋	강할, 애쓸 번민할	13 (火) 日(날일변)
	旻	하늘 가을하늘	8 (火) 日(날일변)		鈱	돈꿰미 생업, 세금	13 (金) 金(쇠금변)
	旼	온화할 화할	8 (火) 日(날일변)		脗	꼭 맞을 입술, 합할	13 (水) 肉(육달월)
	岷	산 이름 산봉우리	8 (土) 山(뫼산변)		琝	砇•珉•瑉•碈 옥돌	13 (金) 玉(구슬옥변)
	忞	忟(8)통용 힘쓸,노력할	8 (火) 心(마음심)		琘	옥돌	13 (金) 玉(구슬옥변)
	忟	忞(8)통용 힘쓸,노력할	8 (火) 心(심방변)		黽	힘쓸 노력할	13 (土) 黽(맹꽁이맹)
	玟	옥돌 아름다운돌	9 (金) 玉(구슬옥변)		[illegible]	강할	14 (火) 頁(머리혈)
	敃	강할 힘쓸	9 (金) 攴(등글월문)		碈	砇•珉•瑉•碈 옥돌	14 (金) 石(돌석변)
	砇	砇•珉•瑉•碈 옥돌	9 (金) 石(돌석변)		瑉	砇•珉•瑉•碈 옥돌	14 (金) 玉(구슬옥변)

음	한자	뜻(훈)	획수(자원오행) 부수(명칭)
민	閩	종족이름 나라이름	14 (木) 門(문문)
	緡	낚싯줄 성할, 합할	14 (木) 糸(실사변)
	慜	총명할 민첩할	15 (火) 心(마음심)
	緍	낚싯줄 실 끝	15 (木) 糸(실사변)
	憫	민망할 근심할	16 (火) 心(심방변)
	潣	물흘러내릴 물 질편할	16 (水) 水(삼수변)
	[illegible]	강할	18 (火) 頁(머리혈)
	鰵	다금바리 참조기	22 (水) 魚(고기어변)
밀	密	빽빽할 은밀할	11 (木) 宀(갓머리)
	蜜	꿀 꿀벌	14 (水) 虫(벌레충)
	樒	침향 향나무	15 (木) 木(나무목변)
	滵	빨리 흐를 물빨리흐를	15 (水) 水(삼수변)
	謐	고요할 상세할	17 (金) 言(말씀언변)
박	朴	순박할 나무껍질	6 (木) 木(나무목변)
	泊	배댈 머무를	9 (水) 水(삼수변)
	拍	칠 박자	9 (木) 手(재방변)
	珀	호박 호박그릇	10 (金) 玉(구슬옥변)
	剝	벗길 괘 이름	10 (金) 刀(칼도)

음	한자	뜻(훈)	획수(자원오행) 부수(명칭)
박	亳	땅 이름 나라이름	10 (火↔土) 亠(돼지해밀)
	舶	배, 선박 옷깃	11 (木) 舟(배주)
	粕	지개미 자강	11 (木) 米(쌀미변)
	迫	피박할 닥칠	12 (土) 辵(책받침)
	博	넓을, 많을 노름	12 (水) 十(열십)
	鉑	금박 금종이	13 (金) 金(쇠금변)
	雹	우박 누리	13 (水) 雨(비우)
	箔	발 금속조각	14 (木) 竹(대죽변)
	駁	얼룩말 어긋날	14 (火) 馬(말마변)
	牔	박공 지붕끝판지	14 (木) 片(조각편)
	撲	칠, 회초리 엎드러질	16 (木) 手(재방변)
	樸	통나무 질박할	16 (木) 木(나무목변)
	縛	묶을 얽을	16 (木) 糸(실사변)
	膊	포 어깨	16 (水) 肉(육달월)
	駮	짐승이름 풀이름	16 (火) 馬(말마변)
	璞	옥덩이 소박할	17 (金) 玉(구슬옥변)
	鎛	종, 괭이 호미, 금준	18 (金) 金(쇠금변)
	薄	얇을 박할	19 (木) 艸(초두밑)

음	한자	뜻(훈)	획수(자원오행) 부수(명칭)
박	髆	어깨뼈 종지뼈	20 (金↔火) 骨(뼈골)
	欂	두공 중깃	21 (木) 木(나무목변)
반	反	돌이킬 거스를	4 (水) 又(또우)
	半	반 가운데	5 (水↔土) 十(열십)
	伴	짝 모실	7 (火) 人(사람인변)
	攽	나눌 나누어줄	8 (金) 攵(등글월문)
	扳	끌어당길 더위잡을	8 (木) 手(재방변)
	肦	나눌,부세 구실매길	8 (水) 月(달월변) 10 (水) 月(육달월)
	叛	배반할 배반	9 (水↔木) 又(또우)
	拌	버릴 쪼갤	9 (木) 手(재방변)
	泮	학교 반궁	9 (水) 水(삼수변)
	盼	눈 예쁠 돌아볼	9 (木) 目(눈목변)
	般	돌, 옮길 즐길	10 (木) 舟(배주)
	畔	두둑,물가 배반할	10 (土) 田(밭전)
	絆	줄 말 옭아맬	11 (木) 糸(실사변)
	班	나눌 돌아갈	11 (金) 玉(구슬옥변)
	返	돌아올 갚을	11 (土) 辵(책받침)
	胖	희생 반쪽 편안할	11 (水) 肉(육달월)
반	斑	얼룩 아롱질	12 (木) 文(글월문)
	飯	밥 먹을	13 (水) 食(밥식변)
	頒	나눌 반쯤 셀	13 (火) 頁(머리혈)
	媻	비틀거릴 뽐낼	13 (土) 女(여자녀변)
	搬	옮길 운반할	14 (木) 手(재방변)
	槃	쟁반 소반	14 (木) 木(나무목변)
	搫	덜, 옮길 터 없앨	14 (木) 手(손수)
	頖	학교이름 반궁	14 (火) 頁(머리혈)
	瘢	흉터 자국	15 (水) 疒(병질엄)
	盤	쟁반 돌	15 (金) 皿(그릇명)
	磐	니력바위 넓을	15 (金) 石(돌석변)
	潘	쌀뜨물 소용돌이	16 (水) 水(삼수변)
	螌	가뢰, 바퀴 가뢰과 곤충	16 (水) 虫(벌레충)
	磻	강 이름 두살독추	17 (金) 石(돌석변)
	豳	나라이름 얼룩무늬	17 (水) 豕(돼지시)
	蟠	서릴 두를	18 (水) 虫(벌레충)
	攀	당길 더위잡을	19 (木) 手(손수)
	礬	명반, 백반 꽃 이름	20 (金) 石(돌석변)

음	한자	뜻(훈)	획수(자원오행) 부수(명칭)	음	한자	뜻(훈)	획수(자원오행) 부수(명칭)
발	拔	뽑을, 가릴 뛰어날	9 (木) 手(재방변)	방	仿	배회할 비슷할	6 (火) 人(사람인변)
	勃	노할, 성할 갑자기	9 (土) 力(힘력변)		尨	삽살개 말빗, 잡색	7 (土) 尢(절름발이왕)
	炦	불기운	9 (火) 火(불화변)		妨	방해할 거리낄	7 (土) 女(여자녀변)
	哱	어지러울 군용취악기	10 (水) 口(입구)		坊	동네, 관청 별채, 집	7 (土) 土(흙토변)
	浡	일어날 용솟음칠	11 (水) 水(삼수변)		彷	거닐 비슷할	7 (火) 彳(두인변)
	發	쏠, 떠날 드러날	12 (火) 癶(필발밑)		枋	나무이름 다목	8 (木) 木(나무목변)
	跋	밟을 갈	12 (土) 足(발족변)		房	집, 방 규방, 침실	8 (木) 戶(지게호)
	鉢	바리때 중 밥그릇	13 (金) 金(쇠금변)		放	내놓을 방자할	8 (金) 攴(등글월문)
	渤	바다이름 안개 낄	13 (水) 水(삼수변)		昉	밝을 비로소	8 (火) 日(날일변)
	脖	배꼽 목덜미	13 (水) 肉(육달월)		厖	클 풍족할	9 (水) 厂(민엄호밑)
	鈸	방울, 동발 자바라	13 (金) 金(쇠금변)		芳	꽃다울 향내 날	10 (木) 艸(초두밑)
	髮	머리털 초목	15 (火) 髟(터럭발밑)		倣	본뜰 모방할	10 (火) 人(사람인변)
	魃	가물귀신 한발의신	15 (火) 鬼(귀신귀)		旁	곁, 옆 두루, 보좌	10 (土) 方(모방)
	潑	물뿌릴 솟아날	16 (水) 水(삼수변)		舫	배, 선박 방주, 꽃배	10 (木) 舟(배주)
	撥	없앨 다스릴	16 (木) 手(재방변)		肪	살찔, 기름 비계, 배	10 (水) 肉(육달월)
	鵓	집비둘기	18 (火) 鳥(새조변)		紡	길쌈, 실 비단	10 (木) 糸(실사변)
	醱	술 괴일 술 빚을	19 (金) 酉(닭유)		蚌	방합, 조개 펄 조개	10 (水) 虫(벌레충)
방	方	모, 본뜰 방향, 방법	4 (土) 方(모방)		訪	찾을, 방문 물을, 정찰	11 (金) 言(말씀언변)

음	한자	뜻(훈)	획수(자원오행) 부수(명칭)
방	邦	나라, 수도 봉할, 제후	11 (土) 邑(우부방)
	旊	옹기장 옹기장이	11 (土↔木) 方(모방)
	梆	목어, 목탁 딱딱이	11 (木) 木(나무목변)
	防	막을, 둑 방죽, 요새	12 (土) 阜(좌부변)
	傍	곁, 옆 가까이	12 (火) 人(사람인변)
	幇	幫(17)통용 도울, 무리	12 (木) 巾(수건건)
	艕	배, 선박 오나라 배	12 (木) 舟(배주)
	徬	시중들 곁방	13 (火) 彳(두인변)
	榜	방목 매질할	14 (木) 木(나무목변)
	滂	큰비 폭우	14 (水) 水(삼수변)
	搒	배 저을 매질할	14 (木) 手(재방변)
	牓	방 도지개	14 (木) 片(조각편))
	髣	비슷할 닮을	14 (火) 髟(터럭발)
	磅	돌 소리 파운드	15 (金) 石(돌석변)
	魴	방어 전갱이	15 (水) 魚(고기어변)
	膀	오줌통 방광	16 (水) 肉(육달월)
	蒡	우엉 인동덩굴	16 (木) 艸(초두밑)
	螃	방게	16 (水) 虫(벌레충)
방	謗	헐뜯을 비방할	17 (金) 言(말씀언변)
	幫	幇(12)통용 도울, 무리	17 (木) 巾(수건건)
	鎊	깎을 파운드화	18 (金) 金(쇠금변)
	龐	클, 높을 어지러울	19 (土) 龍(용룡)
배	北	달아날 북녘	5 (金↔水) 匕(비수비)
	扒	뺄, 뽑을 발굴할	6 (木) 手(재방변)
	坏	언덕, 벽 담장	7 (土) 土(흙토변)
	貝	성(姓)씨 보배(寶貝)	7 (金) 貝(조개패)
	杯	盃(9)통용 잔, 대접	8 (木) 木(나무목변)
	拜	절, 공경 방문, 벼슬	9 (木) 手(손수)
	盃	杯(8)통용 잔, 대접	9 (金↔木) 皿(그릇명)
	倍	곱, 더욱 곱할, 암송	10 (火) 人(사람인변)
	配	짝지을 나눌	10 (金) 酉(닭유)
	俳	장난 광대	10 (火) 人(사람인변)
	培	북돋울 가꿀	11 (土) 土(흙토변)
	背	등 등질	11 (水) 肉(육달월)
	徘	노닐, 배회 어정거릴	11 (火↔土) 彳(두인변)
	胚	아이 밸 주걱턱	11 (水) 肉(육달월)

음	한자	뜻(훈)	획수(자원오행) 부수(명칭)	음	한자	뜻(훈)	획수(자원오행) 부수(명칭)
배	排	물리칠 늘어설	12 (木) 手(재방변)	백	栢	柏(9)통용 측백,잣나무	10 (木) 木(나무목변)
	焙	불에 쬘 배롱	12 (火) 火(불화변)		珀	호박	10 (金) 玉(구슬옥변)
	湃	물결소리 물결 셀	13 (水) 水(삼수변)		苩	성(姓)씨 팔성 씨	11 (木) 艸(초두밑)
	琲	구슬꿰미 꿰뚫을	13 (金) 玉(구슬옥변)		趏	넘칠, 급할 개가 짖을	12 (火) 走(달릴주)
	裴	裵(14)통용 치렁치렁할	14 (木) 衣(옷의)		魄	혼, 넋 몸, 달빛	15 (火) 鬼(귀신귀)
	裵	裴(14)통용 성씨, 치렁치렁할	14 (木) 衣(옷의변)	번	袢	속옷 땀받이 옷	11 (木) 衣(옷의변)
	賠	배상할 물어줄	15 (金) 貝(조개패)		番	차례, 짝 횟수	12 (土) 田(밭전)
	褙	속적삼 배접	15 (木) 衣(옷의변)		煩	번민할 번거로울	13 (火) 火(불화변)
	輩	무리 견줄	15 (火) 車(수레거)		幡	깃발, 행주 먹수건	15 (木) 巾(수건건)
	陪	모실 도울	16 (土) 阜(좌부변)		樊	새장 울타리	15 (木) 木(나무목변)
	蓓	꽃봉오리 풀이름	16 (木) 艸(초두밑)		燔	구울 말릴	16 (火) 火(불화변)
	蓓	꽃봉오리 황배풀	17 (木) 艸(초두밑)		繁	많을 무성할	17 (木) 糸(실사변)
백	白	흰 깨끗할	5 (金) 白(흰백)		磻	강 이름	17 (金) 石(돌석변)
	百	일백 백번	6 (金↔水) 白(흰백)		蕃	우거질 번성할	18 (木) 艸(초두밑)
	伯	맏 큰아버지	7 (火) 人(사람인변)		翻	飜(21)통용 날, 번역할	18 (火) 羽(깃우)
	佰	일백 우두머리	8 (火) 人(사람인변)		繙	번역할 연구할	18 (木) 糸(실사변)
	帛	비단 명주	8 (木) 巾(수건건)		膰	제사고기 음복, 간	18 (水) 肉(육달월)
	柏	栢(10)통용 측백,잣나무	9 (木) 木(나무목변)		飜	翻(18)통용 날, 번역할	21 (火) 飛(날비)

음	한자	뜻(훈)	획수(자원오행) 부수(명칭)	음	한자	뜻(훈)	획수(자원오행) 부수(명칭)
번	藩	덮을 지킬	21 (木) 艸(초두밑)	범	釩	떨칠, 그릇 잔	11 (金) 金(쇠금변)
	蘩	산흰쑥 머위, 토혜	23 (木) 艸(초두밑)		笵	법, 법률 거푸집	11 (木) 竹(대죽변)
벌	伐	칠, 벨 자랑할	6 (火) 人(사람인변)		渢	풍류소리 큰 소리	13 (水) 水(삼수변)
	筏	뗏목, 떼 큰 배	12 (木) 竹(대죽변)		範	법, 규범 모범, 한계	15 (木) 竹(대죽변)
	閥	가문, 문벌 기둥, 공훈	14 (木) 門(문문)		潾	뜰	15 (水) 水(삼수변)
	罰	벌, 죄 벌줄	15 (木) 网(그물망)		颿	돛 달릴	19 (木) 風(바람풍)
	橃	뗏목 큰 배	16 (木) 木(나무목변)	법	法	법, 방법 본받을	9 (水) 水(삼수변)
	罸	벌, 죄 별이름	16 (木) 网(그물망)		琺	법랑 에나멜	13 (金) 玉(구슬옥변)
범	凡	무릇, 대강 범상할	3 (水) 几(안석궤)	벽	辟	임금, 친자 주군, 장관	13 (金) 辛(매울신)
	犯	범할 침범할	6 (土) 犬(개사슴록)		碧	옥돌 푸른 옥돌	14 (金) 石(돌석변)
	帆	돛 돛달	6 (木) 巾(수건건)		僻	피할 후미질	15 (火) 人(사람인변)
	氾	넘칠 넘을	6 (水) 水(삼수변)		劈	쪼갤 깨뜨릴	15 (金) 刀(칼도)
	汎	뜰 넓을	7 (水) 水(삼수변)		壁	벽 울타리	16 (土) 土(흙토변)
	杋	뗏목 수부나무	7 (木) 木(나무목변)		擘	나눌 엄지손가락	17 (木) 手(손수)
	泛	뜰 띄울	9 (水) 水(삼수변)		檗	蘗(23)통용 회양목	17 (木) 木(나무목변)
	訉	말 많을 잔소리	10 (金) 言(말씀언변)		擗	가슴 칠 열	17 (木) 手(재방변)
	范	법, 규범 벌, 풀이름	11 (木) 艸(초두밑)		癖	버릇 적취	18 (水) 疒(병질엄)
	梵	범어 불경	11 (木) 木(나무목변)		璧	둥글 옥 구슬	18 (金) 玉(구슬옥변)

음	한자	뜻(훈)	획수(자원오행) 부수(명칭)
벽	甓	벽돌 기와	18 (土) 瓦(기와와)
	襞	주름 치마 주름	19 (木) 衣(옷의)
	疈	가를, 나눌 쪼갤	20 (土) 田(밭전)
	闢	문열 열릴	21 (木) 門(문문)
	霹	벼락 천둥	21 (水) 雨(비우)
	蘗	檗(17)통용 회양목	23 (木) 艸(초두밑)
	鷿	농병아리	24 (火) 鳥(새조변)
	鼊	거북	26 (土) 黽(맹꽁이맹)
변	卞	법, 법도 성급할	4 (火↔土) 卜(점복)
	弁	고를 빠를	5 (木) 廾(밑스물입)
	釆	나눌 분별할	7 (火) 釆(나눌변)
	忭	좋아할 기뻐할	8 (火) 心(심방변)
	抃	손뼉 칠 박수칠	8 (木) 手(재방변)
	便	똥오줌 문득, 편할	9 (火) 人(사람인변)
	賆	더할 늘어날	13 (金) 貝(조개패)
	胼	살갗 틀 굳을	14 (水) 肉(육달월)
	辨	분별할 나눌	16 (金) 辛(매울신)
	駢	나란히 할 합칠, 겹칠	16 (火) 馬(말마변)

음	한자	뜻(훈)	획수(자원오행) 부수(명칭)
변	鴘	매, 초지니 두 살 된	16 (火) 鳥(새조변)
	骿	통 갈비 굳은살	16 (金↔火) 骨(뼈골)
	辮	땋을, 엮음 꼼	20 (木) 糸(실사변)
	辯	말잘할 바로잡을	21 (金) 辛(매울신)
	邊	변방 가장자리	22 (土) 辵(책받침)
	變	변할 고칠	23 (金) 言(말씀언변)
	籩	제기이름 변두, 벼슬	25 (木) 竹(대죽변)
별	別	나눌, 다를 이별, 구별	7 (金) 刀(칼도)
	炦	불기운	9 (火) 火(불화변)
	[illegible]	클 힘센 모양	12 (土) 力(힘력변)
	[illegible]	향기 향기날	13 (木) 香(향기향)
	莂	모종낼 씨 뿌릴	13 (木) 艸(초두밑)
	彆	활 뒤틀릴 활짱 틀릴	15 (火↔金) 弓(활궁)
	瞥	잠깐 볼 언뜻 볼	17 (木) 目(눈목변)
	[illegible]	짙지않은향	17 (木) 香(향기향)
	襒	털어낼 벼락	18 (木) 衣(옷의변)
	鱉	鼈(25)통용 금계, 자라	23 (水) 魚(고기어변)
	鷩	금계 붉은 꿩	23 (火) 鳥(새조변)

음	한자	뜻(훈)	획수(자원오행) 부수(명칭)
별	鼈	鼈(23)통용 금계, 자라	25 (土) 黽(맹꽁이맹)
병	丙	남녘, 불 사물의등급	5 (木↔火) 一(한일)
	并	幷(8)통용 아우를,합할	6 (木) 干(방패간)
	兵	병사, 군사 무기, 전쟁	7 (金) 八(여덟팔)
	幷	并(6)통용 아우를,합할	8 (木) 干(방패간)
	秉	잡을, 자루 볏단	8 (木) 禾(벼화변)
	並	竝(10)통용 나란히,모두	8 (木↔火) 一(한일)
	炳	빛날 밝을	9 (火) 火(불화변)
	柄	棅(12)통용 자루, 권세	9 (木) 木(나무목변)
	昺	昞(9)통용 밝을, 불꽃	9 (火) 日(날일변)
	昞	昺(9)통용 밝을, 불꽃	9 (火) 日(날일변)
	抦	잡을 붙잡을	9 (木) 手(재방변)
	病	병, 근심 질병, 결점	10 (水) 疒(병질엄)
	竝	並(8)통용 나란히,모두	10 (金) 立(설립)
	倂	나란히 할 다툴	10 (火) 人(사람인변)
	屛	병풍, 가릴 물리칠	11 (水) 尸(주검시)
	棅	柄(9)통용 자루, 권세	12 (木) 木(나무목변)
	甁	병, 두레박 시루, 단지	13 (土) 瓦(기와와)
병	鈵	굳을 단단한	13 (金) 金(쇠금변)
	迸	솟아나올 달아날	13 (土) 辵(책받침)
	缾	두레박 물장군	14 (土) 缶(장군부)
	鉼	鉼(16)통용 판금, 금화	14 (金) 金(쇠금변)
	絣	이을, 섞을 먹줄을 칠	14 (木) 糸(실사변)
	輧	수레 거마소리	15 (火) 車(수레거)
	鉼	鉼(14)통용 판금, 금화	16 (金) 金(쇠금변)
	餠	떡, 밀국수 밀가루 떡	17 (水) 食(밥식변)
	騈	나란히 할 굳은살,이웃	18 (火) 馬(말마변)
보	步	步(8)통용 걸을, 보병	7 (土) 止(그칠지)
	甫	클, 많을 겨우, 자	7 (水) 用(쓸용)
	宝	宝•珤•⿰王疋•寶 보배,국새,돈	8 (木↔金) 宀(갓머리)
	步	步(7)통용 걸을, 보병	8 (土) 止(그칠지)
	⿰王土	옥 그릇	8 (金) 玉(구슬옥변)
	保	보전할 보증, 기를	9 (火) 人(사람인변)
	俌	도울 보필할	9 (火) 人(사람인변)
	洑	나루 보	10 (水) 水(삼수변)
	珤	宝•珤•⿰王疋•寶 보배,국새,돈	11 (金) 玉(구슬옥변)

음	한자	뜻(훈)	획수(자원오행) 부수(명칭)	음	한자	뜻(훈)	획수(자원오행) 부수(명칭)
보	珤	宝•珤•琔•寶 보배,국새,돈	11 (金) 玉(구슬옥변)	보	寶	보배, 국새 불법승	27 (水↔金) 雨(비우)
	報	갚을, 알릴 나아갈	12 (土) 土(흙토변)	복	卜	점, 점괘 점쟁이	2 (火) 卜(점복)
	普	넓을 나라이름	12 (火) 日(날일변)		伏	엎드릴 숨을	6 (火) 人(사람인변)
	堡	작은 성 방죽, 둑	12 (土) 土(흙토변)		扑	칠 넘어질	6 (木) 手(재방변)
	脯	볼 바라 볼	12 (火) 目(눈목변)		服	옷 복종할	8 (水) 月(달월변)
	盙	제기이름 보궤	12 (金) 皿(그릇명)		宓	편안할 몰래	8 (木) 宀(갓머리)
	補	도울, 맡길 옷 기울	13 (木) 衣(옷의변)		匐	길, 엎드릴 무너질	11 (金↔土) 勹(쌀포)
	湺	보 사람이름	13 (水) 水(삼수변)		復	회복할 돌아올	12 (火) 彳(두인변)
	輔	도울, 재상 광대뼈	14 (火) 車(수레거)		茯	복령 수레의장식	12 (木) 艸(초두밑)
	菩	보살 보리	14 (木) 艸(초두밑)		福	복, 행복 간직할	14 (木) 示(보일시)
	褓	포대기	15 (木) 衣(옷의변)		僕	종 마부	14 (火) 人(사람인변)
	葆	더부룩할 보전할	15 (木) 艸(초두밑)		箙	전동 화살 통	14 (木) 竹(대죽변)
	鴇	능에, 너새 창부	15 (火) 鳥(새조변)		菔	무 칼집	14 (木) 艸(초두밑)
	潽	끓을 물 넓을	16 (水) 水(삼수변)		腹	배, 마음 두터울	15 (水↔土) 肉(육달월)
	簠	보궤 제기이름	18 (木) 竹(대죽변)		複	겹칠, 겹옷 솜옷	15 (木) 衣(옷의변)
	譜	족보, 적을 계보, 악보	19 (金) 言(말씀언변)		墣	흙덩이	15 (土) 土(흙토변)
	黼	수, 무늬 광채	19 (木) 黹(바느질치)		幞	건 두건	15 (木) 巾(수건건)
	寶	宝•珤•琔•寶 보배,국새,돈	20 (木↔金) 宀(갓머리)		蝠	박쥐 살무사	15 (水) 虫(벌레충)

음	한자	뜻(훈)	획수(자원오행) 부수(명칭)
복	蝮	살무사 큰 뱀	15 (水) 虫(벌레충)
	輹	복토 바퀴통	16 (火) 車(수레거)
	輻	모여들 바퀴살	16 (火) 車(수레거)
	鍑	솥 술 가마	17 (金) 金(쇠금변)
	蔔	무, 나복 치자 꽃	17 (木) 艸(초두밑)
	馥	향기 향기로울	18 (木) 香(향기향)
	覆	다시, 배반 엎어질	18 (金) 襾(덮을아)
	濮	강 이름 물 이름	18 (水) 水(삼수변)
	鵩	수리부엉이 올빼미	19 (火) 鳥(새조변)
	鰒	전복 떡조개	20 (水) 魚(고기어변)
본	本	근본, 뿌리 마음, 본성	5 (木) 木(나무목변)
볼	乶	땅이름, 폴 음역자	8 (木) 乙(새을)
봉	丰	어여쁠 무성할	4 (木) 丨(뚫을곤)
	夆	이끌, 만날 넉넉할	7 (水) 夊(뒤져올치)
	奉	받들, 녹봉 이바지할	8 (木) 大(큰대)
	封	봉할, 편지 무덤	9 (土) 寸(마디촌)
	芃	우거질 풀이름	9 (木) 艸(초두밑)
	俸	녹, 봉급 봉직할	10 (火) 人(사람인변)

음	한자	뜻(훈)	획수(자원오행) 부수(명칭)
봉	峯	峰(10)통용 산봉우리	10 (土) 山(뫼산변)
	峰	峯(10)통용 산봉우리	10 (土) 山(뫼산변)
	烽	봉화 경계	11 (火) 火(불화변)
	浲	漨(15)통용 물 이름	11 (水) 水(삼수변)
	捧	받들 공경할	12 (木) 手(재방변)
	棒	몽둥이 칠	12 (木) 木(나무목변)
	蜂	벌, 꿀벌 봉망	13 (水) 虫(벌레충)
	琫	칼집 장식 칼장식 옥	13 (金) 玉(구슬옥변)
	綘	꿰맬, 기울 붙일	13 (木) 糸(실사변)
	逢	만날 맞을	14 (土) 辵(책받침)
	鳳	봉새, 봉황 산 이름	14 (火) 鳥(새조변)
	菶	무성할 열매풍성할	14 (木) 艸(초두밑)
	鋒	칼날, 병기 선봉	15 (金) 金(쇠금변)
	熢	봉화 봉화대	15 (火) 火(불화변)
	漨	浲(11)통용 물 이름	15 (水) 水(삼수변)
	鴌	봉새 성(姓)씨	15 (火) 鳥(새조변)
	蓬	쑥, 뜸 흐트러질	17 (木) 艸(초두밑)
	縫	붙일 꿰맬	17 (木) 糸(실사변)

음	한자	뜻(훈)	획수(자원오행) 부수(명칭)	음	한자	뜻(훈)	획수(자원오행) 부수(명칭)
봉	篷	뜸, 거룻배 마상이	17 (木) 竹(대죽변)	부	拊	어루만질 손잡이	9 (木) 手(재방변)
부	夫	지아비 사내	4 (木) 大(큰대)		玞	옥돌	9 (金) 玉(구슬옥변)
	父	아비 아버지	4 (木) 父(아비부)		芙	연꽃 부용	10 (木) 艸(초두밑)
	不	아닐 아니	4 (木) 一(한일)		俯	숨을 구부릴	10 (火) 人(사람인변)
	付	줄 부탁할	5 (火) 人(사람인변)		剖	쪼갤 가를	10 (金) 刀(칼도)
	缶	장군, 양병 질장구	6 (土) 缶(장군부)		釜	가마 솥의 범칭	10 (金) 金(쇠금변)
	否	아닐 막힐	7 (水) 口(입구)		祔	합사할 합장할	10 (木) 示(보일시)
	孚	성실할 알깔, 기를	7 (水) 子(아들자)		罘	그물 덮치기	10 (木) 网(그물망)
	扶	도울 부축할	8 (木) 手(재방변)		芣	질경이 당 아욱	10 (木) 艸(초두밑)
	府	마을 관청	8 (木↔土) 广(엄호밑)		蚨	파랑강충이 돈의 이칭	10 (水) 虫(벌레충)
	咐	분부할 숨 내쉴	8 (水) 口(입구)		婦	며느리 아내, 여자	11 (土) 女(여자녀변)
	斧	도끼 베일	8 (金) 斤(날근)		浮	뜰, 가벼울 덧없을	11 (水) 水(삼수변)
	阜	언덕, 산 백성, 성할	8 (土) 阜(언덕부)		符	부호, 증거 부적,예언서	11 (木) 竹(대죽변)
	抔	움킬 움큼	8 (木) 手(재방변)		副	버금, 도울 둘째, 부본	11 (金) 刀(칼도)
	負	질, 빚질 탄식, 감탄	9 (金) 貝(조개패)		埠	부두 선창	11 (土) 土(흙토변)
	赴	다다를 알릴	9 (火) 走(달릴주)		趺	책상다리할 발등, 받침	11 (土) 足(발족변)
	訃	부고 알릴	9 (金) 言(말씀언변)		桴	마룻대 뗏목, 북채	11 (木) 木(나무목변)
	俘	사로잡을 포로, 탈취	9 (火) 人(사람인변)		胕	장기, 발 종기, 살갗	11 (水) 肉(육달월)

음	한자	뜻(훈)	획수(자원오행) 부수(명칭)
부	苻	귀목 풀 백영, 깍지	11 (木) 艸(초두밑)
	袝	나들이옷 외출복	11 (木) 衣(옷의변)
	富	부유할,성할 부자, 행복	12 (木) 宀(갓머리)
	傅	스승, 도울 수표, 증서	12 (火) 人(사람인변)
	復	다시 중복될	12 (火) 彳(두인변)
	媍	며느리 아내, 여자	12 (土) 女(여자녀변)
	掊	끌어 모을 넘어질	12 (木) 手(재방변)
	涪	물거품 강 이름	12 (水) 水(삼수변)
	跗	발등, 받침 꽃받침	12 (土) 足(발족변)
	鈇	도끼 작두	12 (金) 金(쇠금변)
	附	붙을, 붙일 창자	13 (土) 阜(좌부변)
	艀	거룻배 작은 배	13 (木) 舟(배주)
	莩	풀이름 갈대청	13 (木) 艸(초두밑)
	鳧	오리 물오리	13 (火) 鳥(새조변)
	筟	대나무청 죽여, 북통	13 (木) 竹(대죽변)
	罦	그물 덮치기	13 (木) 网(그물망)
	蜉	하루살이 왕개미	13 (水) 虫(벌레충)
	裒	모을, 많을 포로	13 (木) 衣(옷의)
부	腐	썩을, 상할 궁형	14 (水) 肉(고기육)
	溥	펼 베풀을	14 (水) 水(삼수변)
	孵	알 깔 자랄	14 (水) 子(아들자)
	腑	육부, 장부 마음, 충심	14 (水) 肉(육달월)
	榑	부상 뽕나무	14 (木) 木(나무목변)
	部	거느릴 마을, 분류	15 (土) 邑(우부방)
	賦	부세, 구실 군사, 문채	15 (金) 貝(조개패)
	敷	펼, 두루 분할, 널리	15 (金) 攵(등글월문)
	駙	곁마 가까울	15 (火) 馬(말마변)
	頫	숙일 잠복할	15 (火) 頁(머리혈)
	麩	밀기울 과실이름	15 (木) 麥(보리맥)
	鮒	붕어 즉어	16 (水) 魚(고기어변)
	膚	살갗 아름다울	17 (水) 肉(육달월)
	賻	부의 부의할	17 (金) 貝(조개패)
	蔀	빈지문 별 가리개	17 (木) 艸(초두밑)
	簿	문서, 장부 다스릴	19 (木) 竹(대죽변)
북	北	북녘, 북쪽 북쪽으로갈	5 (金↔水) 匕(비수비)
분	分	나눌 분명할	4 (金) 刀(칼도)

음	한자	뜻(훈)	획수(자원오행) 부수(명칭)	음	한자	뜻(훈)	획수(자원오행) 부수(명칭)
분	吩	뿜을 명령할	7 (水) 口(입구)	분	笨	거칠 댓속껍질	11 (木) 竹(대죽변)
	体	용렬할 조잡할	7 (火) 人(사람인변)		焚	탈 불사를	12 (火) 火(불화변)
	坌	티끌, 먼지 뿌릴	7 (土) 土(흙토변)		雰	눈날릴,기운 안개, 먼지	12 (水) 雨(비우)
	帉	걸레, 행주 차는 수건	7 (木) 巾(수건건)		賁	클, 날랠 아름다울	12↔13 (金) 貝(조개패)
	奔	달릴 달아날	8 (木) 大(큰대)		棼	마룻대 삼베, 마포	12 (木) 木(나무목변)
	汾	클, 많을 물 이름	8 (水) 水(삼수변)		棻	향나무 마룻대	12 (木) 木(나무목변)
	忿	분할 성낼	8 (火) 心(마음심)		犇	달아날 패주, 야합	12 (土) 牛(소우변)
	扮	꾸밀 쥘	8 (木) 手(재방변)		湓	용솟음할 강 이름	13 (水) 水(삼수변)
	昐	햇빛	8 (火) 日(날일변)		墳	무덤, 봉분 책, 클, 둑	15 (土) 土(흙토변)
	枌	느릅나무 마룻대	8 (木) 木(나무목변)		噴	노할 꾸짖을	15 (水) 口(입구)
	氛	기운, 조짐 재앙	8 (水) 气(기운기)		憤	성낼, 분할 분발, 왕성	16 (火) 心(심방변)
	盆	동이 질그릇	9 (金) 皿(그릇명)		奮	떨칠 휘두를	16 (木) 大(큰대)
	砏	큰소리 천둥소리	9 (金) 石(돌석변)		濆	뿜을, 물가 용솟음칠	16 (水) 水(삼수변)
	紛	어지러울 번잡할	10 (木) 糸(실사변)		黺	수놓을 그림 그릴	16 (木) 黹(바느질치)
	粉	가루 색칠	10 (木) 米(쌀미변)		糞	똥, 비료 제거할	17 (木) 米(쌀미변)
	芬	향내 날 향내	10 (木) 艸(초두밑)		鼢	두더지 전서	17 (水) 鼠(쥐서)
	畚	삼태기	10 (土) 田(밭전)		膹	고깃국 곰국, 화낼	18↔19 (水) 肉(육달월)
	肦	머리 클 많은 모양	10 (水) 肉(육달월)		蕡	열매 많을 들깨, 삼씨	18 (木) 艸(초두밑)

음	한자	뜻(훈)	획수(자원오행) 부수(명칭)
분	轒	병거, 전차 상여	19 (火) 車(수레거)
불	不	아니 아니할	4 (木) 一(한일)
	弗	아닐, 달러 근심할	5 (火↔木) 弓(활궁)
	佛	부처, 불교 불경,불안한	7 (火) 人(사람인변)
	彿	비슷할 서로 같을	8 (火) 彳(두인변)
	岪	산길 산모롱이	8 (土) 山(뫼산변)
	拂	떨칠, 닦을 거스를	9 (木) 手(재방변)
	祓	푸닥거리할 제거할	10 (木) 示(보일시)
	紱	인끈, 인수 제복, 입을	11 (木) 糸(실사변)
	艴	발끈할 색칠할	11 (土) 色(빛색)
	茀	우거질 주살	11 (木) 艸(초두밑)
	韍	폐슬 인끈	14 (金) 韋(가죽위)
	髴	비슷할 방불할	15 (火) 髟(터럭발)
	黻	수, 폐슬 슬갑	17 (木) 黹(바느질치)
붕	朋	벗 무리	8 (水) 月(달월변)
	崩	무너질 죽을	11 (土) 山(뫼산변)
	堋	묻을, 활터 하관할	11 (土) 土(흙토변)
	棚	시렁 선반	12 (木) 木(나무목변)
붕	硼	붕사, 붕산 돌 이름	13 (金) 石(돌석변)
	漰	물결소리 물소리	15 (水) 水(삼수변)
	繃	감을 묶을	17 (木) 糸(실사변)
	鬅	흐트러질 더벅머리	18 (火) 髟(터럭발)
	鵬	붕새, 큰새 대붕	19 (火) 鳥(새조변)
비	匕	비수 수저	2 (金) 匕(비수비)
	比	견줄, 도울 친할	4 (火) 比(견줄비)
	丕	클 으뜸	5 (木↔水) 一(한일)
	庀	다스릴 감출, 덮을	5 (木↔金) 广(엄호밑)
	妃	왕비, 아내 여신	6 (土) 女(여자녀변)
	仳	떠날, 추할 이별	6 (火) 人(사람인변)
	圮	무너질 쳐부술	6 (土) 土(흙토변)
	庇	덮을 감쌀	7 (木) 广(엄호밑)
	伾	힘셀 많은	7 (火) 人(사람인변)
	妣	죽은 어미 모친, 할미	7 (土) 女(여자녀변)
	屁	방귀	7 (水) 尸(주검시)
	非	아닐 헐뜯을	8 (水) 非(아닐비)
	批	비평할 칠, 깎을	8 (木) 手(재방변)

음	한자	뜻(훈)	획수(자원오행) 부수(명칭)
비	卑	낮을 낮출	8 (水↔土) 十(열십)
	枇	비파나무 참빗	8 (木) 木(나무목변)
	沘	시내이름 고을이름	8 (水) 水(삼수변)
	飛	날 높을	9 (火) 飛(날비)
	毖	삼갈 근신할	9 (火↔水) 比(견줄비)
	毗	毘(9)통용 도울, 쇠퇴	9 (火) 比(견줄비)
	毘	毗(9)통용 도울, 쇠퇴	9 (火) 比(견줄비)
	沸	물 끓을 들끓을	9 (水) 水(삼수변)
	泌	샘물 흐를	9 (水) 水(삼수변)
	秕	쭉정이 더럽힐	9 (木) 禾(벼화변)
	砒	비상 비소	9 (金) 石(돌석변)
	狒	비비 원숭이	9 (土) 犬(개사슴록)
	狉	삵의 새끼 새끼 떼	9 (土) 犬(개사슴록)
	肥	살찔, 비옥 거름, 지방	10 (水) 肉(육달월)
	祕	秘(10)통용 숨길,신비할	10 (木) 示(보일시)
	秘	祕(10)통용 숨길,신비할	10 (木) 禾(벼화변)
	粃	쭉정이 더럽힐	10 (木) 米(쌀미변)
	匪	비적, 문채 대나무상자	10 (木) 匚(터진입구)

음	한자	뜻(훈)	획수(자원오행) 부수(명칭)
비	俾	시킬 흘겨볼	10 (火) 人(사람인변)
	剕	발 벨 발베는형벌	10 (金) 刀(칼도)
	紕	가선, 꾸밀 모직물	10 (木) 糸(실사변)
	芘	당 아욱 금규, 가릴	10 (木) 艸(초두밑)
	芾	작은 모양 성(姓)씨	10 (木) 艸(초두밑)
	蚍	왕 개미 당아욱	10 (水) 虫(벌레충)
	婢	계집종 소첩	11 (土) 女(여자녀변)
	奜	클	11 (木) 大(큰대)
	埤	더할, 낮은 낮은 담	11 (土) 土(흙토변)
	庳	집 낮을 낮을, 짧을	11 (木) 广(엄호밑)
	悲	슬플 슬퍼할	12 (火) 心(마음심)
	備	갖출 예방할	12 (火) 人(사람인변)
	費	소모할 비용, 용도	12 (金) 貝(조개패)
	扉	문짝, 가옥 사립문	12 (木) 戶(지게호)
	斐	문채 날 문채	12 (木) 文(글월문)
	棐	도울, 얇을 광주리	12 (木) 木(나무목변)
	悱	표현 못할 슬플	12 (火) 心(심방변)
	椑	술통, 술잔 감나무	12 (木) 木(나무목변)

음	한자	뜻(훈)	획수(자원오행) 부수(명칭)
비	淝	강 이름 꼴, 꼴꾼	12 (水) 水(삼수변)
	淠	강 이름 많은 모양	12 (水) 水(삼수변)
	痞	뱃속결릴 가슴답답할	12 (水) 疒(병질엄)
	邳	클, 언덕 나라이름	12 (土) 邑(우부방)
	痺	저릴 왜소할	13 (水) 疒(병질엄)
	碑	비석, 비문 돌기둥	13 (金) 石(돌석변)
	琵	비파 비파 탈	13 (金) 玉(구슬옥변)
	痹	저릴 신경통	13 (水) 疒(병질엄)
	睥	흘겨볼 엿볼	13 (木) 目(눈목변)
	閟	문 닫을 숨을, 멈출	13 (木) 門(문문)
	鼻	코 손잡이	14 (金) 鼻(코비)
	榧	비자나무	14 (木) 木(나무목변)
	菲	엷을, 둔할 향기, 향초	14 (木) 艸(초두밑)
	脾	지라 소의 밥통	14 (水↔土) 肉(육달월)
	緋	비단, 명주 붉은 빛	14 (木) 糸(실사변)
	翡	물총새 비치	14 (火) 羽(깃우)
	蜚	바퀴, 날 쌕새기	14 (水) 虫(벌레충)
	裨	도울 보탤	14 (木) 衣(옷의변)
비	腓	장딴지 피할, 덮을	14 (水) 肉(육달월)
	萆	비해, 쓴마 도롱이	14 (木) 艸(초두밑)
	誹	헐뜯을 비방할	15 (金) 言(말씀언변)
	郫	고을이름	15 (土) 邑(우부방)
	憊	고달플 피곤할	16 (火) 心(마음심)
	霏	눈펄펄날릴 보슬비	16 (水) 雨(비우)
	篦	빗치개 참빗, 통발	16 (木) 竹(대죽변)
	蓖	아주까리	16 (木) 艸(초두밑)
	陴	성가퀴 보필, 도울	16 (土) 阜(좌부변)
	馡	향기로울	17 (木) 香(향기향)
	貔	비휴, 맹수 너구리	17 (水) 豸(돼지시)
	髀	넓적다리 장딴지	18 (金) 骨(뼈골)
	鄙	더러울 어리석을	18 (土) 邑(우부방)
	濞	물소리 강 이름	18 (水) 水(삼수변)
	騑	곁말, 부마 계속달릴	18 (火) 馬(말마변)
	臂	팔, 팔뚝 쇠뇌자루	19 (水↔木) 肉(육달월)
	鞴	말채비할 허풍선	19 (金) 革(가죽혁)
	騛	빠른 말 준마	19 (火) 馬(말마변)

음	한자	뜻(훈)	획수(자원오행) 부수(명칭)
비	譬	비유할 깨달을	20 (金) 言(말씀언변)
	羆	큰 곰 말 곰	20 (木↔火) 网(그물망)
	贔	힘쓸, 성낼 역성들	21 (金) 貝(조개패)
	鼙	마상고 작은북	21 (金) 鼓(북고)
	轡	고삐 재갈	22 (火) 車(수레거)
빈	牝	암컷, 계곡 골짜기	6 (土) 牛(소우변)
	份	彬(11)통용 빛날, 밝을	6 (火) 人(사람인변)
	玭	구슬이름	9 (金) 玉(구슬옥변)
	彬	份(6)통용 빛날, 밝을	11 (火) 彡(터럭삼)
	邠	나라이름 문채성할	11 (土) 邑(우부방)
	浜	물가, 끝 임박할	11 (水) 水(삼수변)
	貧	가난할 모자랄	11 (金) 貝(조개패)
	斌	빛날,아롱질 문채 날	12 (木) 文(글월문)
	賓	손님, 사위 인도할	14 (金) 貝(조개패)
	頻	급할 자주	16 (火) 頁(머리혈)
	儐	인도할 대접할	16 (火) 人(사람인변)
	嬪	아내 궁녀	17 (土) 女(여자녀변)
	豳	나라이름 성(姓)씨	17 (水) 豕(돼지시)

음	한자	뜻(훈)	획수(자원오행) 부수(명칭)
빈	濱	물가 가까울	18 (水) 水(삼수변)
	檳	빈랑나무	18 (木) 木(나무목변)
	殯	빈소, 염할 초빈할	18 (水) 歹(죽을사)
	擯	물리칠 인도할	18 (木) 手(재방변)
	贇	예쁠, 빛날 문채	19 (金) 貝(조개패)
	璸	옥 무늬 구슬이름	19 (金) 玉(구슬옥변)
	穦	향기 말더듬을	19 (木) 禾(벼화변)
	嚬	찡그릴 웃는 모양	19 (水) 口(입구)
	霦	옥 광채 정승	19 (水) 雨(비우)
	矉	찡그릴 급할	19 (木) 目(눈목변)
	瀕	물가 따를	20 (水) 水(삼수변)
	繽	성할 어지러울	20 (木) 糸(실사변)
	臏	종지뼈 경골, 월형	20 (水) 肉(육달월)
	鑌	강철 광채 낼	22 (金) 金(쇠금변)
	蘋	마름 풀이름	22 (木) 艸(초두밑)
	馪	향내 날 향내많이날	23 (木) 香(향기향)
	顰	찡그릴 눈살찌푸릴	24 (火) 頁(머리혈)
	鬢	살쩍 귀밑 털	24 (火) 髟(터럭발)

음	한자	뜻(훈)	획수(자원오행) 부수(명칭)
빙	氷	얼음 얼	5 (水) 水(물수)
	凭	기댈, 성할 대단할	8 (水↔木) 几(안석궤)
	娉	장가들 예쁠	10 (土) 女(여자녀변)
	聘	부를, 찾을 장가들	13 (火) 耳(귀이변)
	憑	의지할 건널	16 (火) 心(마음심)
	騁	달릴 회포 풀	17 (火) 馬(말마변)
사	巳	뱀, 자식 복, 태아	3 (土↔火) 己(몸기)
	士	선비, 관리 직무, 칭호	3 (木) 士(선비사)
	四	넷, 넉 사방	4 (火) 口(입구)
	仕	벼슬 섬길	5 (火) 人(사람인변)
	史	사기 사관	5 (水) 口(입구)
	司	맡을, 벼슬 관아	5 (水) 口(입구)
	乍	잠깐 갑자기	5 (金) 丿(삐침)
	寺	절 사찰	6 (土↔木) 寸(마디촌)
	死	죽을 말라죽을	6 (水) 歹(죽을사)
	糸	실, 견사 가는 실	6 (木) 糸(실사변)
	私	사사, 가족 간통, 은혜	7 (木) 禾(벼화변)
	似	같을 흉내 낼	7 (火) 人(사람인변)

음	한자	뜻(훈)	획수(자원오행) 부수(명칭)
사	些	적을 조금	7 (木) 二(두이변)
	伺	살필 엿볼	7 (火) 人(사람인변)
	汜	지류 웅덩이	7 (水) 水(삼수변)
	使	부릴, 사신 하여금	8 (火) 人(사람인변)
	舍	집, 여관 머무를	8 (火) 舌(혀설)
	事	일, 재능 사업, 관직	8 (木) 亅(갈고리궐)
	社	모일, 단체 제사, 행정	8 (木) 示(보일시)
	沙	모래 사막	8 (水) 水(삼수변)
	祀	제사, 해 제사지낼	8 (木) 示(보일시)
	卸	풀, 벗을 떨어질	8 (火↔木) 卩(병부절)
	咋	잠깐 잠시 동안	8 (水) 口(입구)
	姒	동서, 언니 손윗동서	8 (土) 女(여자녀변)
	思	생각, 심정 사상, 마음	9 (火) 心(마음심)
	査	조사할 사실할	9 (木) 木(나무목변)
	泗	물 이름 콧물	9 (水) 水(삼수변)
	砂	모래, 물가 사막, 단사	9 (金) 石(돌석변)
	俟	클 기다릴	9 (火) 人(사람인변)
	柶	수저 숟가락	9 (木) 木(나무목변)

음	한자	뜻(훈)	획수(자원오행) 부수(명칭)	음	한자	뜻(훈)	획수(자원오행) 부수(명칭)
사	射	쏠 빠를	10 (土) 寸(마디촌)	사	斯	쪼갤 떠날	12 (金) 斤(날근)
	唆	대답할 부추길	10 (水) 口(입구)		奢	사치할 넉넉할	12 (木) 大(큰대)
	祠	사당 제사	10 (木) 示(보일시)		傞	춤출 취해서춤출	12 (火) 人(사람인변)
	師	스승, 군사 벼슬, 신령	10 (木) 巾(수건건)		竢	기다릴 떼지어갈	12 (金) 立(설립)
	紗	비단, 깁 견직물	10 (木) 糸(실사변)		痧	괴질, 곽란 마진, 홍역	12 (水) 疒(병질엄)
	娑	춤출 앉을	10 (土) 女(여자녀변)		覗	엿볼 훔쳐볼	12 (火) 見(볼견)
	剚	찌를 칼 꽂을	10 (金) 刀(칼도)		嗣	이을, 후사 익힐	13 (水) 口(입구)
	蛇	뱀, 자벌레 별 이름	11 (水) 虫(벌레충)		莎	향부자 베짱이	13 (木) 艸(초두밑)
	邪	간사할 사기, 열병	11 (土) 邑(우부방)		渣	찌꺼기 강 이름	13 (水) 水(삼수변)
	斜	기울 비스듬할	11 (火) 斗(말두)		肆	방사할 극에 달할	13 (火) 聿(붓율)
	徙	옮길 넘길	11 (火) 彳(두인변)		裟	가사 승려 옷	13 (木) 衣(옷의)
	赦	용서할 사면할	11 (火) 赤(붉을적)		楂	떼, 뗏목 나무 등걸	13 (木) 木(나무목변)
	梭	북 베짜는 북	11 (木) 木(나무목변)		獅	사자	14 (土) 犬(개사슴록)
	笥	상자 대 밥그릇	11 (木) 竹(대죽변)		飼	먹일 사료	14 (水) 食(밥식변)
	絲	실, 명주실 생사, 견사	12 (木) 糸(실사변)		榭	정자, 사당 도장, 곳집	14 (木) 木(나무목변)
	詞	말, 말씀 글, 고할	12 (金) 言(말씀언변)		皶	여드름 주부 코	14 (金) 皮(가죽피)
	捨	버릴 베풀	12 (木) 手(재방변)		蜡	납향제 납제, 납향	14 (水) 虫(벌레충)
	詐	속일 거짓	12 (金) 言(말씀언변)		賜	줄 하사할	15 (金) 貝(조개패)

음	한자	뜻(훈)	획수(자원오행) 부수(명칭)
사	寫	베낄, 그릴 토로할	15 (木) 宀(갓머리)
	僿	잘게 부술 성의 없을	15 (火) 人(사람인변)
	駟	말 사마	15 (火) 馬(말마변)
	駛	달릴 빠를	15 (火) 馬(말마변)
	魦	모래무지 문절망둑	15 (水) 魚(고기어변)
	蓑	도롱이 덮을	16 (木) 艸(초두밑)
	篩	체, 왕대 체로 칠	16 (木) 竹(대죽변)
	謝	사례할 사양, 끊을	17 (金) 言(말씀언변)
	鯊	모래무지 문절망둑	18 (水) 魚(고기어변)
	辭	말씀, 사퇴 사양할	19 (金) 辛(매울신)
	瀉	물 쏟을 물 흐를	19 (水) 水(삼수변)
	麝	사향 사향노루	21 (土) 鹿(사슴록)
	鰤	방어 노어	21 (水) 魚(고기어변)
삭	削	깎을 빼앗을	9 (金) 刀(칼도)
	朔	초하루 처음, 북쪽	10 (水) 月(달월변)
	索	노끈, 노 동아줄	10 (木) 糸(실사변)
	搠	바를 찌를	14 (木) 手(재방변)
	槊	창 쌍륙	14 (木) 木(나무목변)
삭	數	자주 여러 번	15 (金) 攵(등글월문)
	蒴	깎지, 삭조 접골 목	16 (木) 艸(초두밑)
	爍	빛날, 끊을 무너뜨릴	19 (火) 火(불화변)
	鑠	녹일, 태울 아름다울	23 (金) 金(쇠금변)
산	山	뫼, 산, 능 산신, 사찰	3 (土) 山(뫼산변)
	刪	깎을, 정할 삭제할	7 (金) 刀(칼도)
	汕	통발, 오구 물고기잡을	7 (水) 水(삼수변)
	疝	산증 배 아플	8 (水) 疒(병질엄)
	姍	헐뜯을 비웃을	8 (土) 女(여자녀변)
	珊	산호 패옥소리	10 (金) 玉(구슬옥변)
	祘	셈, 수효 나이, 지혜	10 (木↔金) 示(보일시)
	訕	헐뜯을 꾸짖을	10 (金) 言(말씀언변)
	産	낳을, 산물 자산, 가축	11 (木) 生(날생)
	產	낳을, 기를 출신, 재산	11 (木) 生(날생)
	狻	사자	11 (土) 犬(개사슴록)
	散	헤어질 한가할	12 (金) 攵(등글월문)
	傘	우산 일산	12 (火) 人(사람인변)
	剷	깎을 벨	13 (金) 刀(칼도)

음	한자	뜻(훈)	획수(자원오행) 부수(명칭)
산	算	셈, 수효 수명, 세금	14 (木) 竹(대죽변)
	酸	초, 신맛 괴로울	14 (金) 酉(닭유)
	㦃	온전한 덕 많을	15 (火) 心(심방변)
	蒜	마늘 달래	16 (木) 艸(초두밑)
	橵	산자 사람이름	16 (木) 木(나무목변)
	澘	눈물 흐를 비올	16 (水) 水(삼수변)
	潸	눈물 흐를 비올	16 (水) 水(삼수변)
	繖	일산 우산	18 (木) 糸(실사변)
	鏟	대패, 자귀 낫, 깎을	19 (金) 金(쇠금변)
	霰	싸락눈 이슬비	20 (水) 雨(비우)
	孿	쌍둥이 이어질	22 (水) 子(아들자)
살	乷	음역자 우리식한자	8 (木) 乙(새을변)
	殺	죽일, 지울 감할	11 (金) 殳(갖은등글월문)
	煞	죽일, 흉신 결속할	13 (火) 火(연화발)
	撒	뿌릴 헤쳐 버릴	16 (木) 手(재방변)
	薩	보살, 보리 여신도	20 (木) 艸(초두밑)
삼	三	석, 셋 자주, 거듭	3 (木↔火) 一(한일)
	杉	삼나무 적삼	7 (木) 木(나무목변)

음	한자	뜻(훈)	획수(자원오행) 부수(명칭)
삼	衫	적삼, 옷 윗도리	9 (木) 衣(옷의변)
	芟	풀벨 풀꽃	10 (木) 艸(초두밑)
	參	석, 셋 인삼	11 (火) 厶(마늘모)
	釤	낫, 벨 사마륨	11 (金) 金(쇠금변)
	森	빽빽할 심을, 성할	12 (木) 木(나무목변)
	滲	스밀 흘러나올	15 (水) 水(삼수변)
	蔘	인삼 늘어질	17 (木) 艸(초두밑)
	糝	국 죽 나물죽	17 (木) 米(쌀미변)
	鬖	헝클어질 털이 긴	21 (火) 髟(터럭발)
삽	卅	서른 삼십	4 (水) 十(열십)
	唼	쪼아 먹을 훌쩍 마실	11 (水) 口(입구)
	鈒	창, 새길 아로새길	12 (金) 金(쇠금변)
	插	揷(13)통용 꽂을, 가래	13 (木) 手(재방변)
	揷	插(13)통용 꽂을, 가래	13 (木) 手(재방변)
	歃	마실, 맛볼 맹약의 피	13 (火↔金) 欠(하품흠)
	颯	꺾을 바람소리	14 (木) 風(바람풍)
	翣	운불삽 덮개, 부채	14 (水) 羽(깃우)
	霅	흩어질 비올,회식할	15 (水) 雨(비우)

음	한자	뜻(훈)	획수(자원오행) 부수(명칭)
삽	澁	떫을, 막힐 껄끄러울	16 (水) 水(삼수변)
	霎	가랑비 빗소리	16 (水) 雨(비우)
	鍤	가래, 바늘 돗바늘	17 (金) 金(쇠금변)
상	上	위, 이전 군주, 오를	3 (木) 一(한일)
	床	밥상 평상	7 (木) 广(엄호밑)
	尙	오히려 자랑, 숭상	8 (水↔金) 小(작을소)
	牀	평상 마루	8 (木) 爿(조각편)
	狀	모양 형상	8 (土) 犬(개견)
	峠	고개 고비	9 (土) 山(뫼산변)
	相	서로, 정승 형상, 접대	9 (木) 目(눈목변)
	庠	학교, 태학 점잖을	9 (木) 广(엄호밑)
	桑	뽕나무 뽕잎 딸	10 (木) 木(나무목변)
	晌	한낮, 대낮 정오	10 (火) 日(날일변)
	常	항상, 범상 떳떳할	11 (木) 巾(수건건)
	商	장사, 장수 몫, 헤아릴	11 (木) 口(입구)
	祥	상서로울 재앙, 제사	11 (木↔土) 示(보일시)
	爽	시원할 밝을, 굳셀	11 (火) 爻(점괘효)
	徜	어정거릴 배회할	11 (火↔土) 彳(두인변)

음	한자	뜻(훈)	획수(자원오행) 부수(명칭)
상	喪	복 입을 잃을	12 (水) 口(입구)
	象	코끼리, 법 모양, 점괘	12 (水) 豕(돼지시)
	翔	날, 돌을 상서로울	12 (火) 羽(깃우)
	廂	행랑 곁채	12 (木) 广(엄호밑)
	想	생각, 사색 상상, 원할	13 (火) 心(마음심)
	傷	상할 근심할	13 (火) 人(사람인변)
	詳	자세할 상서로울	13 (金) 言(말씀언변)
	湘	물 이름 물에 삶을	13 (水) 水(삼수변)
	甞	맛볼, 이전 경험할	13 (土) 甘(달감)
	嘗	맛볼, 이전 시험할	14 (水) 口(입구)
	裳	치마, 바지 보통	14 (木) 衣(옷의)
	像	형상, 본뜰 닮을, 규범	14 (火) 人(사람인변)
	塽	높고 밝은 높고밝은땅	14 (土) 土(흙토변)
	賞	상줄, 증여 숭상, 칭찬	15 (金) 貝(조개패)
	箱	상자 곳집	15 (木) 竹(대죽변)
	樣	상수리나무	15 (木) 木(나무목변)
	慡	성품 밝을	15 (火) 心(심방변)
	殤	요절할 일찍 죽을	15 (水) 歹(죽을사)

음	한자	뜻(훈)	획수(자원오행) 부수(명칭)	음	한자	뜻(훈)	획수(자원오행) 부수(명칭)
상	緗	담황색	15 (木) 糸(실사변)	색	槭	앙상할	15 (木) 木(나무목변)
	橡	상수리나무 도토리	16 (木) 木(나무목변)		濇	껄끄러울	17 (水) 水(삼수변)
	潒	세찰, 떠돌 흐름이세찰	16 (水) 水(삼수변)		穡	거둘, 농사 검소할	18 (木) 禾(벼화변)
	霜	서리, 세월 깨끗한절개	17 (水) 雨(비우)		濇	깔깔할 떫을	19 (水) 水(삼수변)
	償	갚을, 배상 보상, 속죄	17 (火) 人(사람인변)	생	生	날 목숨	5 (木) 生(날생)
	觴	잔, 술잔 잔을 낼	18 (木) 角(뿔각)		牲	희생 제사에쓰는소	9 (土) 牛(소우변)
	鎟	방울소리	18 (金) 金(쇠금변)		省	덜 생략할	9 (木) 目(눈목변)
	顙	이마, 머리 조아릴	19 (火) 頁(머리혈)		眚	눈에백태낄 잘못, 재앙	10 (木) 目(눈목변)
	孀	과부, 수절 홀어머니	20 (土) 女(여자녀변)		笙	생황, 악기 대자리	11 (木) 竹(대죽변)
	鬺	삶을 익힐	21 (水) 鬲(다리굽은솥력)		甥	생질, 사위 외손자	12 (木) 生(날생)
새	塞	변방 요새	13 (土) 土(흙토변)		鉎	녹, 동록 구리에녹쓸	13 (金) 金(쇠금변)
	賽	굿할 제사	17 (金) 貝(조개패)	서	西	서녘, 구미 서양, 옮길	6 (金) 襾(덮을아)
	璽	도장 옥새	19 (金) 玉(구슬옥변)		序	차례 서문	7 (木) 广(엄호밑)
	鰓	아가미	20 (水) 魚(고기어변)		恕	恕(10)통용 용서, 어질	7 (火) 心(마음심)
색	色	빛, 색채 낯, 색정	6 (土) 色(빛색)		抒	풀, 표현할 털어놓을	8 (木) 手(재방변)
	索	찾을 더듬을	10 (木) 糸(실사변)		叙	敍·敍·敘 차례, 서문	9 (金) 又(또우)
	嗇	탐낼 인색할	13 (水) 口(입구)		書	글, 장부 문장, 기록	10 (火↔木) 曰(가로왈)
	塞	막힐 채울	13 (土) 土(흙토변)		徐	천천히 찬찬할	10 (火) 彳(두인변)

음	한자	뜻(훈)	획수(자원오행) 부수(명칭)	음	한자	뜻(훈)	획수(자원오행) 부수(명칭)
	恕	⿱女心(7)통용 용서, 어질	10 (火) 心(마음심)		⿱臤火	밝을	12 (火) 火(불화변)
	栖	栖•棲•捿 깃들일, 살	10 (木) 木(나무목변)		暑	더울, 더위 여름	13 (火) 日(날일변)
	紓	느슨할 화해할	10 (木) 糸(실사변)		⿰忄胥	지혜 지혜로울	13 (火) 心(심방변)
	芧	상수리나무 도토리	10 (木) 艸(초두밑)		筮	점, 점대 점칠	13 (木) 竹(대죽변)
	敍	叙•敍•敘 펼, 차례	11 (金) 攴(칠복)		鼠	쥐, 좀도둑 근심, 간신	13 (水) 鼠(쥐서)
	敘	叙•敍•敘) 펼, 차례	11 (金) 攵(등글월문)		揟	고기 잡을 거를	13 (木) 手(재방변)
	庶	무리 서민	11 (木) 广(엄호밑)		湑	거를 거른 술	13 (水) 水(삼수변)
	胥	縃(15)통용 서로, 함께	11 (水) 肉(육달월)		耡	호미, 구실 공조	13 (木↔土) 耒(쟁기뢰)
	悆	기뻐할 느슨해질	11 (火) 心(마음심)		鉏	호미, 괭이 어긋날	13 (金) 金(쇠금변)
서	偦	재주 있을 도둑 잡을	11 (火) 人(사람인변)	서	瑞	상서, 부절 서옥, 길조	14 (金) 玉(구슬옥변)
	壻	婿(12)통용 사위, 남편	12 (木↔土) 士(선비사)		誓	맹세할 경계할	14 (金) 言(말씀언변)
	婿	壻(12)통용 사위, 남편	12 (土) 女(여자녀변)		墅	농막, 별장 교외	14 (土) 土(흙토변)
	黍	기장 무게 단위	12 (木) 黍(기장서)		逝	갈, 죽을 맹세할	14 (土) 辵(책받침)
	絮	솜, 솜옷 두건, 헌솜	12 (木) 糸(실사변)		稰	거두어들일 추수할	14 (木) 禾(벼화변)
	犀	물소, 박씨 무소뿔	12 (土) 牛(소우변)		署	임명할 마을, 부서	15 (木) 网(그물망)
	棲	栖•棲•捿 깃들일, 살	12 (木) 木(나무목변)		緖	실마리 시초, 차례	15 (木) 糸(실사변)
	捿	栖•棲•捿 깃들일, 살	12 (木) 手(재방변)		鋤	호미, 김맬 없앨	15 (金) 金(쇠금변)
	舒	펼, 퍼질 드러낼	12 (火) 舌(혀설)		縃	胥(11)통용 서로, 함께	15 (木) 糸(실사변)

음	한자	뜻(훈)	획수(자원오행) 부수(명칭)
서	諝	諝(16)통용 슬기, 지혜	15 (金) 言(말씀언변)
	諝	諝(15)통용 슬기, 지혜	16 (金) 言(말씀언변)
	噬	씹을, 삼킬 깨물, 미칠	16 (水) 口(입구)
	撕	이끌, 훈계 잡도리할	16 (木) 手(재방변)
	嶼	嶼(17)통용 섬, 작은섬	17 (土) 山(뫼산변)
	嶼	嶼(17)통용 섬, 작은섬	17 (土) 山(뫼산변)
	澨	물가 강 이름	17 (水) 水(삼수변)
	曙	새벽, 밝을 동이 틀	18 (火) 日(날일변)
	薯	감자, 마 고구마	20 (木) 艸(초두밑)
	藇	아름다울 우거질	20 (木) 艸(초두밑)
	遾	미칠 닿을	20 (土) 辵(책받침)
석	夕	저녁 밤	3 (水) 夕(저녁석)
	石	돌, 녹봉 섬, 비석	5 (金) 石(돌석변)
	汐	저녁조수 석수	7 (水) 水(삼수변)
	昔	예, 접때 포, 저녁	8 (火) 日(날일변)
	析	쪼갤 가를	8 (木) 木(나무목변)
	矽	규소 석비레	8 (金) 石(돌석변)
	席	자리, 베풀 돗자리	10 (木) 巾(수건건)

음	한자	뜻(훈)	획수(자원오행) 부수(명칭)
석	䄷	섬 멱라수	10 (木) 禾(벼화변)
	惜	아낄 애석해 할	12 (火) 心(심방변)
	淅	쌀일 썰렁할	12 (水) 水(삼수변)
	晳	晰(12)통용 밝을,분석할	12 (火) 日(날일변)
	晰	晳(12)통용 밝을,분석할	12 (火) 日(날일변)
	舃	신발, 개펄 주춧돌	12 (土) 臼(절구구)
	鉐	놋쇠 성(姓)씨	13 (金) 金(쇠금변)
	碩	클, 찰 충실할	14 (金) 石(돌석변)
	腊	건육 포	14 (水) 肉(육달월)
	蜥	도마뱀 파충류	14 (水) 虫(벌레충)
	奭	클, 성할 쌍백, 성낼	15 (木↔火) 大(큰대)
	蓆	자리, 석곡 돗자리	16 (木) 艸(초두밑
	潟	개펄, 염전 소금밭	16 (水) 水(삼수변)
	錫	주석, 구리 지팡이	16 (金) 金(쇠금변)
	褯	자리	16 (木) 衣(옷의변)
	鼫	석서, 누고 날다람쥐	18 (水) 鼠(쥐서)
	釋	풀, 깨달을 용서할	20 (火) 釆(분별할변)
선	仙	신선, 선교 신선될	5 (火) 人(사람인변)

음	한자	뜻(훈)	획수(자원오행) 부수(명칭)
선	仚	신선, 선교 신선될	5 (土) 山(뫼산변)
	先	먼저, 처음 선구, 조상	6 (木) 儿(어진사람인)
	亘	돌 널리 알림	6 (木↔火) 二(두이)
	宣	베풀 밝힐	9 (木↔火) 宀(갓머리)
	扇	부채질할 문짝	10 (木) 戶(지게호)
	洒	삼갈, 놀랄 엄숙할	10 (水) 水(삼수변)
	洗	깨끗할 결백할	10 (水) 水(삼수변)
	船	배, 선박 술잔	11 (木) 舟(배주)
	旋	돌릴 돌아올	11 (土↔水) 方(모방)
	珗	옥돌	11 (金) 玉(구슬옥변)
	善	착할, 친할 훌륭할	12 (水) 口(입구)
	琁	옥, 구슬 옥 이름	12 (金) 玉(구슬옥변)
	筅	솔, 부엌솔 병기이름	12 (木) 竹(대죽변)
	渲	바림, 연근 작은 시내	13 (水) 水(삼수변)
	愃	잊을 유쾌할	13 (火) 心(심방변)
	羨	부러워할 풍요로울	13 (土) 羊(양양)
	僊	춤출, 신선 선인, 장수	13 (火) 人(사람인변)
	跣	맨발 돌아다닐	13 (土) 足(발족변)
선	詵	많을 모일	13 (金) 言(말씀언변)
	尟	적을, 드물 희소할	13 (水) 少(적을소)
	瑄	도리옥 여섯치 옥	14 (金) 玉(구슬옥변)
	銑	무쇠, 꾸밀 뿌릴	14 (金) 金(쇠금변)
	嫙	예쁠 아리따울	14 (土) 女(여자녀변)
	煽	부칠 부추길	14 (火) 火(불화변)
	綫	줄, 노선 단서, 범위	14 (木) 糸(실사변)
	線	줄, 실 노선, 단서	15 (木) 糸(실사변)
	墡	백도 하얀 흙	15 (土) 土(흙토변)
	嬋	고울, 예쁠 끊이지않을	15 (土) 女(여자녀변)
	腺	샘선 살 구멍	15 (水) 肉(육달월)
	璇	옥 별이름	16 (金) 玉(구슬옥변)
	敾	기울, 필사 수선할	16 (金) 攵(등글월문)
	暶	아름다운 아리따울	16 (木) 目(눈목변)
	歚	고을 다스릴	16 (火) 欠(하품흠)
	鮮	고울, 생선 싱싱할	17 (水) 魚(고기어변)
	禪	선, 봉선 양위할	17 (木) 示(보일시)
	繕	기울, 필사 다스릴	18 (木) 糸(실사변)

음	한자	뜻(훈)	획수(자원오행) 부수(명칭)	음	한자	뜻(훈)	획수(자원오행) 부수(명칭)
선	膳	饍(21)통용 반찬, 먹을	18 (水) 肉(육달월)	설	屑	가루 부스러기	10 (水) 尸(주검시)
	蟬	매미, 날 두려워할	18 (水) 虫(벌레충)		洩	샐 폭포	10 (水) 水(삼수변)
	瓗	아름다운옥	18 (金) 玉(구슬옥변)		雪	눈, 눈 올 씻을	11 (水) 雨(비우)
	選	가릴, 뽑을 선거할	19 (土) 辵(책받침)		設	베풀 설령	11 (金) 言(말씀언변)
	璿	옥, 구슬 선기	19 (金) 玉(구슬옥변)		偰	맑을 깨끗할	11 (火) 人(사람인변)
	譔	가르칠 기릴	19 (金) 言(말씀언변)		紲	고삐, 줄 도지개	11 (木) 糸(실사변)
	鏇	갈이틀 고패, 선반	19 (金) 金(쇠금변)		卨	禼(12)통용 성(姓)씨, 이름	11 (火↔土) 卜(점복)
	鐥	복자 좋은 쇠	20 (金) 金(쇠금변)		禼	卨(11)통용 성(姓)씨,이름	12 (土) 内(자귀유)
	譱	착할 좋게 여길	20 (金) 言(말씀언변)		媟	친압할 문란할	12 (土) 女(여자녀변)
	騸	불깔, 거세 접붙일	20 (火) 馬(말마변)		楔	문설주 쐐기	13 (木) 木(나무목변)
	饍	膳(18)통용 반찬, 먹을	21 (水) 食(밥식변)		渫	칠 흩어질	13 (水) 水(삼수변)
	癬	옴, 버짐 종기	22 (水) 疒(병질엄)		揲	셀, 짚을 두드릴	13 (木) 手(재방변)
	蘚	이끼	23 (木) 艸(초두밑)		說	말씀, 말할 문체	14 (金) 言(말씀언변)
	鱓	드렁 허리 악어	23 (水) 魚(고기어변)		碟	가죽 다룰	14 (金) 石(돌석변)
	鱻	생선 드물	33 (水) 魚(고기어변)		稧	볏짚	14 (木) 禾(벼화변)
설	舌	혀, 말 언어	6 (火) 舌(혀설)		⿰扌彗	없앨	15 (木) 手(재방변)
	泄	물샐 일어날	9 (水) 水(삼수변)		暬	설만할 무례할	15 (火) 日(날일변)
	契	사람이름	9 (木) 大(큰대)		褻	더러울 음탕, 속옷	17 (木) 衣(옷의)

음	한자	뜻(훈)	획수(자원오행) 부수(명칭)	음	한자	뜻(훈)	획수(자원오행) 부수(명칭)
설	蔎	향풀, 차 향기로울	17 (木) 艸(초두밑)	섬	纖	가늘 고운비단	23 (木) 糸(실사변)
설	薛	쑥, 향부자 성(姓)씨	19 (木) 艸(초두밑)	섭	涉	건널, 겪을 넓을, 간섭	11 (水) 水(삼수변)
설	爇	불사를	19 (火) 火(연화발)	섭	緤	명주 비단	14 (木) 糸(실사변)
설	齧	깨물, 물 침식할	21 (金) 齒(이치)	섭	葉	고을이름 땅이름	15 (木) 艸(초두밑)
섬	剡	땅이름 강 이름	10 (金) 刀(칼도)	섭	燮	화할, 불꽃 낙엽소리	17 (火) 火(불화변)
섬	閃	번쩍할 언뜻(훈) 볼	10 (木) 門(문문)	섭	聶	소곤거릴 잡을, 주름	18 (火) 耳(귀이)
섬	睒	언뜻 볼 엿볼, 빛날	13 (木) 目(눈목변)	섭	欇	삿자리 돗자리	21 (木) 木(나무목변)
섬	銛	가래 작살	14 (金) 金(쇠금변)	섭	囁	소곤거릴 머뭇거릴	21 (水) 口(입구)
섬	陝	고을이름 땅이름	15 (土) 阜(좌부변)	섭	攝	다스릴 잡을, 겸할	22 (木) 手(재방변)
섬	摻	가늘 부드러울	15 (木) 手(재방변)	섭	懾	두려워할 협박, 가질	22 (火) 心(심방변)
섬	暹	해떠오를 섬라, 태국	16 (火) 日(날일변)	섭	灄	강이름 흠치르르할	22 (水) 水(삼수변)
섬	憸	간사할 생각이많을	17 (火) 心(심방변)	섭	躞	걸을, 축심 족자마구리	24 (土) 足(발족변)
섬	韱	부추, 섬세 산 부추	17 (木) 韭(부추구)	섭	躡	밟을, 오를 다다를	25 (土) 足(발족변)
섬	蟾	두꺼비 연적, 달	19 (水) 虫(벌레충)	섭	鑷	족집게 털을 뽑을	26 (金) 金(쇠금변)
섬	贍	도울 넉넉할	20 (金) 貝(주개패)	섭	顳	관자놀이 귀밑 뼈	27 (火↔土) 頁(머리혈)
섬	孅	가늘, 작을 세밀할	20 (土) 女(여자녀변)	성	成	成(7)통용 이룰, 비대	7↔6(金↔火) 戈(창과)
섬	譫	헛소리 말 많을	20 (金) 言(말씀언변)	성	成	成(7)통용 이룰, 비대	7 (金↔火) 戈(창과)
섬	殲	멸할, 섬멸 다 죽일	21 (水) 歹(죽을사)	성	姓	성, 성씨 겨레, 천성	8 (土) 女(여자녀변)

음	한자	뜻(훈)	획수(자원오행) 부수(명칭)
성	性	성품, 마음 목숨, 성별	9 (火) 心(심방변)
	星	별, 세월 점, 천문	9 (火) 日(날일변)
	省	살필, 관청 마음, 명심	9 (木) 目(눈목변)
	城	城(10)통용 재, 성, 무덤	10↔9 (土) 土(흙토변)
	城	城(9)통용 재, 성, 무덤	10 (土) 土(흙토변)
	娍	아름다울 훤칠할	10 (土) 女(여자녀변)
	宬	서고 장서실	10 (木) 宀(갓머리)
	晟	晠•晠•晟 빛날, 찬미	11↔10 (火) 日(날일변)
	晠	晠•晠•晟동 빛날, 찬미	11↔10 (火) 日(날일변)
	晟	晠•晠•晟 빛날, 찬미	11 (火) 日(날일변)
	胜	버릴 여윌	11 (水) 肉(육달월)
	盛	盛(12)통용 성할, 담을	12↔11(金↔火) 皿(그릇명)
	盛	盛(12)통용 성할, 담을	12 (金↔火) 皿(그릇명)
	珹	옥 이름 구슬이름	12 (金) 玉(구슬옥변)
	貹	재물 재물관리인	12 (金) 貝(조개패)
	惺	깨달을 영리할	13 (火) 心(심방변)
	猩	오랑우탄 붉은 빛	13 (土) 犬(개사슴록)
	筬	베틀, 바디 대나무이름	13 (木) 竹(대죽변)
성	聖	聖(14)통용 성인, 천자	13 (火) 耳(귀이변)
	聖	聖(13)통용 성인, 천자	13 (火) 耳(귀이변)
	誠	誠(14)통용 정성, 만약	14↔13 (金) 言(말씀언변)
	誠	誠(14)통용 정성, 만약	14 (金) 言(말씀언변)
	珵	옥, 옥빛 빛날	14 (金) 玉(구슬옥변)
	腥	비릴 날고기	15 (水) 肉(육달월)
	⿰耳星	귀 밝을 잘 들릴	15 (火) 耳(귀이변)
	醒	깰, 깨달을 청신할	16 (金) 酉(닭유)
	聲	소리, 풍류 명예, 선언	17 (火) 耳(귀이변)
	騂	붉은 말 붉은 소	17 (火) 馬(말마변)
세	世	인간, 평생 세대, 세상	5 (木↔火) 一(한일)
	忕	익숙할	7 (火) 心(심방변)
	⿰女囟	여자 이름	9 (土) 女(여자녀변)
	洗	씻을 그릇	10 (水) 水(삼수변)
	洒	물뿌릴 깊을	10 (水) 水(삼수변)
	帨	수건 닦을	10 (木) 巾(수건건)
	細	가늘 자세할	11 (木) 糸(실사변)
	笹	조릿대 가는대	11 (木) 竹(대죽변)

음	한자	뜻(훈)	획수(자원오행) 부수(명칭)
세	涗	잿물, 맑을 미온탕	11 (水) 水(삼수변)
	彗	혜성, 총명 빗자루	11 (火) 彐(튼가로왈)
	稅	거둘 보낼	12 (木) 禾(벼화변)
	貰	세낼 용서할	12 (金) 貝(조개패)
	勢	세력 형세 기회 동향	13 (土↔金) 力(힘력변)
	歲	해 나이	13 (土) 止(그칠지)
	蛻	허물, 껍질 허물 벗을	13 (水) 虫(벌레충)
	說	달랠 유세할	14 (金) 言(말씀언변)
	銴	구리 녹날	15 (金) 金(쇠금변)
	繐	베 삼베	18 (木) 糸(실사변)
소	小	작을, 소인 어릴, 삼갈	3 (水) 小(작을소)
	少	젊을, 적을 부족, 경멸	4 (水) 小(작을소)
	召	부를, 알릴 청할	5 (水) 口(입구)
	卲	높을 뛰어날	7 (火) 卩(병부절)
	劭	힘쓸, 권할 아름다울	7 (土↔木) 力(힘력변)
	佋	소목, 도울 소개할	7 (火) 人(사람인변)
	所	곳, 방법 얼마	8 (木) 戶(지게호)
	昭	밝을 밝힐	9 (火) 日(날일변)

음	한자	뜻(훈)	획수(자원오행) 부수(명칭)
소	沼	늪, 못 연못	9 (水) 水(삼수변)
	炤	밝을, 환할 환히 보일	9 (火) 火(불화변)
	柖	흔들릴 과녁	9 (木) 木(나무목변)
	泝	거스를 향할, 방탕	9 (水) 水(삼수변)
	咲	笑(10)통용 웃음, 조소	9 (水) 口(입구)
	笑	咲(9)통용 웃음, 조소	10 (木) 竹(대죽변)
	宵	밤, 초저녁 명주	10 (木↔水) 宀(갓머리)
	素	흴, 바탕 정성, 평소	10 (木) 糸(실사변)
	玿	아름다운옥	10 (金) 玉(구슬옥변)
	消	사라질 꺼질	11 (水) 水(삼수변)
	紹	이을 소개할	11 (木) 糸(실사변)
	巢	새집, 망루 집지을	11 (水) 巛(개미허리)
	梳	빗 얼레빗	11 (木) 木(나무목변)
	埽	쓸 흙 부대	11 (土) 土(흙토변)
	捎	벨, 칠 덜	11 (木) 手(재방변)
	疏	疎(12)통용 트일, 적을	11 (土) 疋(짝필)
	疎	疏(11)통용 트일, 적을	12 (土) 疋(짝필)
	訴	송사할 하소연할	12 (金) 言(말씀언변)

음	한자	뜻(훈)	획수(자원오행) 부수(명칭)	음	한자	뜻(훈)	획수(자원오행) 부수(명칭)
소	邵	고을이름 아름다울	12 (土) 邑(우부방)	소	瘙	종기 부스럼	15 (水) 疒(병질엄)
	掃	쓸, 소제 칠할	12 (木) 手(재방변)		銷	녹일 흩어질	15 (金) 金(쇠금변)
	甦	穌(16)통용 소생할,모을	12 (木↔水) 生(날생)		霄	䨭(19)통용 하늘, 밤	15 (水) 雨(비우)
	傃	향할 분수 지킬	12 (火) 人(사람인변)		橾	풀막, 움막 떠올릴	15 (木) 木(나무목변)
	酥	연유 술의 이칭	12 (金) 酉(닭유)		嘯	휘파람 울부짖을	16 (水) 口(입구)
	塑	흙 빚을 토우	13 (土) 土(흙토변)		燒	불사를 익힐	16 (火) 火(불화변)
	嗉	멀떠구니 모이주머니	13 (水) 口(입구)		篠	조릿대 가는 대	16 (木) 竹(대죽변)
	塐	토우 흙 빚을	13 (土) 土(흙토변)		穌	甦(12)통용 소생할,모을	16 (木) 禾(벼화변))
	筱	가는 대 조릿대	13 (木) 竹(대죽변)		衛	깨끗할 멈출, 그칠	16 (火) 行(다닐행)
	蛸	갈거미 사마귀 알	13 (水) 虫(벌레충)		膆	멀떠구니 소낭, 살찔	16 (水) 肉(육달월)
	翛	날개소리 날개찢어질	13 (火) 羽(깃우)		艘	배, 척 배의 총칭	16 (木) 舟(배주)
	搔	긁을, 소란할	14 (木) 手(재방변)		璅	옥돌, 장식 영소	16 (金) 玉(구슬옥변)
	溯	遡(17)통용 거스를,향할	14 (水) 水(삼수변)		蔬	푸성귀 나물, 성길	17 (木) 艸(초두밑)
	逍	거닐 노닐	14 (土) 辶(책받침)		遡	溯(14)통용 거스를, 향할	17 (土) 辶(책받침)
	韶	아름다울 풍류이름	14 (金) 音(소리음)		繅	고치켤 실을 뽑을	17 (木) 糸(실사변)
	愫	정성 성심	14 (火) 心(심방변)		魈	이매 산의 요괴	17 (火) 鬼(귀신귀)
	愬	하소연할 일러바칠	14 (火) 心(마음심)		鮹	민물고기 낙지, 문어	18 (水) 魚(고기어변)
	箾	통소, 칼집 소소악기	15 (木) 竹(대죽변)		鹵肖	소금	18 (水) 鹵(짠땅로)

음	한자	뜻(훈)	획수(자원오행) 부수(명칭)	음	한자	뜻(훈)	획수(자원오행) 부수(명칭)
소	簫	통소 활고자	19 (木) 竹(대죽변)	손	飡	飧(12)통용 저녁밥, 먹을	11 (水) 食(밥식변)
	蕭	쓸쓸할 맑은 대쑥	19 (木) 艸(초두밑)		飧	飡(11)통용 저녁밥, 먹을	12 (水) 食(밥식변)
	䨭	霄(15)통용 하늘, 밤	19 (水) 雨(비우)		巽	부드러울 사양, 손괘	12 (土↔木) 己(몸기)
	騷	떠들 근심할	20 (火) 馬(말마변)		損	덜, 잃을 상할, 비난	14 (木) 手(재방변)
	瀟	강 이름 맑을	21 (水) 水(삼수변)		蓀	난초, 향풀 창포	16 (木) 艸(초두밑)
	蘇	깨날 깎을	22 (木) 艸(초두밑)		遜	겸손할 달아날	17 (土) 辵(책받침)
속	束	묶을, 단속 약속할	7 (木) 木(나무목변)	솔	帥	거느릴 앞장, 따를	9 (木) 巾(수건건)
	俗	풍습 속될	9 (火) 人(사람인변)		乺	솔 털이개	9 (水) 乙(새을)
	沨	비올 큰비바람	10 (水) 水(삼수변)		率	거느릴 소탈, 경솔	11 (水↔火) 玄(검을현)
	涑	빨, 헹굴 강 이름	11 (水) 水(삼수변)		窣	갑작스러울 천천히걸을	13 (水) 穴(구멍혈)
	粟	조, 벼 곡식	12 (木) 米(쌀미변)		𧗳	거느릴	17 (火) 行(다닐행)
	速	빠를, 부를 삼가 할	14 (土) 辵(책받침)		蟀	귀뚜라미	17 (水) 虫(벌레충)
	謖	일어날 뛰어날	17 (金) 言(말씀언변)		𨓬	거느릴 군사거느릴	18 (木) 辵(책받침)
	遬	빠를, 변할 오그라들	18 (土) 辵(책받침)	송	宋	성(姓)씨 송나라	7 (木) 宀(갓머리)
	續	이을 계속	21 (木) 糸(실사변)		松	솔, 여유로운 더벅머리	8 (木) 木(나무목변)
	屬	무리, 혈족 벼슬아치	21 (水) 尸(주검시)		悚	두려울 당황할	11 (火) 心(심방변)
	贖	바칠, 바꿀 속죄할	22 (金) 貝(조개패)		訟	송사, 쟁론 자책, 기릴	11 (金) 言(말씀언변)
손	孫	손자, 자손 겸손할	10 (水) 子(아들자)		淞	강 이름 상고대	12 (水) 水(삼수변)

음	한자	뜻(훈)	획수(자원오행) 부수(명칭)
송	竦	두려워할 삼갈	12 (金) 立(설립)
	送	보낼, 전송 배웅, 선물	13 (土) 辶(책받침)
	頌	칭송할 암송, 점사	13 (火) 頁(머리혈)
	誦	읽을, 말할 암송, 비방	14 (金) 言(말씀언변)
	憽	똑똑할 또렷할	17 (火) 心(심방변)
	鬆	더벅머리 부실할	18 (火) 髟(터럭발)
쇄	刷	인쇄할 닦을, 씻을	8 (金) 刀(칼도)
	殺	빠를, 감할 매우, 내릴	11 (金) 殳(갖은등글월문)
	碎	깨뜨릴 잘게 부술	13 (金) 石(돌석변)
	瑣	자질구레할 세분할	15 (金) 玉(구슬옥변)
	鎖	鎻(18)통용 쇠사슬,자물쇠	18 (金) 金(쇠금변)
	鎻	鎖(18)통용 쇠사슬,자물쇠	18 (金) 金(쇠금변)
	灑	뿌릴, 청소 드리울	23 (水) 水(삼수변)
	曬	볕에 쬘 볕이 날	23 (火) 日(날일변)
쇠	衰	쇠할 약할	10 (木) 衣(옷의)
	釗	쇠, 철 사람이름	10 (金) 金(쇠금변)
수	水	물, 수성 액체, 홍수	4 (水) 水(물수)
	手	손, 재주 가락, 계략	4 (木) 手(손수)

음	한자	뜻(훈)	획수(자원오행) 부수(명칭)
수	殳	창, 몽둥이 나무지팡이	4 (金) 殳(갖은등글월문)
	囚	가둘, 옥사 죄인	5 (水) 口(큰입구)
	守	지킬, 직책 임무	6 (木) 宀(갓머리)
	收	거둘, 잡을 가질	6 (金) 攵(등글월문)
	戍	수자리 지킬, 둔영	6 (金) 戈(창과)
	秀	빼어날 이삭	7 (木) 禾(벼화변)
	寿	壽(14)통용 목숨, 수명	7 (土) 寸(마디촌)
	汓	헤엄칠	7 (水) 水(삼수변)
	受	받을 이을	8 (水) 又(또우)
	垂	드리울 변방, 거의	8 (土) 土(흙토변)
	岫	峀(8)통용 산굴, 암혈	8 (土) 山(뫼산변)
	峀	岫(8)통용 산굴, 암혈	8 (土) 山(뫼산변)
	首	머리, 으뜸 우두머리	9 (水) 首(머리수)
	帥	장수 거느릴	9 (木) 巾(수건건)
	泅	헤엄칠	9 (水) 水(삼수변)
	殊	죽일, 다를 뛰어날	10 (水) 歹(죽을사)
	洙	물가 물 이름	10 (水) 水(삼수변)
	狩	사냥, 정벌 순행, 임지	10 (土) 犬(개사슴록)

음	한자	뜻(훈)	획수(자원오행) 부수(명칭)	음	한자	뜻(훈)	획수(자원오행) 부수(명칭)
수	修	脩(13)통용 닦을,다스릴	10 (火) 人(사람인변)	수	脩	修(10)통용 닦을,다스릴	13 (水) 肉(육달월)
	叟	늙은이 쌀 씻을	10 (水) 又(또우)		睢	濉(17)통용 강이름, 대궁	13 (木) 目(눈목변)
	祟	빌미 앙화 입을	10 (木↔金) 示(보일시)		睟	바로 볼 윤이 날	13 (木) 目(눈목변)
	羞	바칠 드릴	11 (土) 羊(양양)		廋	숨길, 셀 찾을	13 (木) 广(엄호밑)
	袖	소매 반소매저고리	11 (木) 衣(옷의변)		壽	寿(7)통용 목숨, 수명	14 (木↔水) 士(선비사)
	宿	별자리 지킬, 성수	11 (木) 宀(갓머리)		需	구할, 요구 머뭇거릴	14 (水) 雨(비우)
	售	팔을 행할	11 (水) 口(입구)		銖	중량단위 무딜,저울눈	14 (金) 金(쇠금변)
	授	줄, 전수 가르칠	12 (木) 手(재방변)		粹	순수할 정밀할	14 (木) 米(쌀미변)
	須	수염, 바랄 기다릴	12 (火) 頁(머리혈)		搜	찾을 가릴	14 (木) 手(재방변)
	茱	수유 수유나무	12 (木) 艸(초두밑)		嗽	기침할 양치질할	14 (水) 口(입구)
	琇	옥돌 빛날	12 (金) 玉(구슬옥변)		綬	끈, 줄 인끈	14 (木) 糸(실사변)
	晬	돌, 첫돌 일주년	12 (火) 日(날일변)		溲	반죽할 적실, 오줌	14 (水) 水(삼수변)
	愁	근심, 시름 원망할	13 (火) 心(마음심)		脺	윤택할 두뇌, 약할	14 (水) 肉(육달월)
	睡	졸음, 잠잘 꽃봉오리질	13 (木) 目(눈목변)		誰	누구, 옛날 발어사	15 (金) 言(말씀언변)
	嫂	형수 결혼한여자	13 (土) 女(여자녀변)		瘦	여윌 파리할	15 (水) 疒(병질엄)
	竪	豎(15)통용 세울, 아이	13 (金) 立(설립)		豎	竪(13)통용 세울, 아이	15 (木) 豆(콩두)
	綏	편안할 안심할	13 (木) 糸(실사변)		數	셈, 등급 이치, 책략	15 (金) 攵(등글월문)
	酬	갚을 술 권할	13 (金) 酉(닭유)		漱	씻을 양치질할	15 (水) 水(삼수변)

음	한자	뜻(훈)	획수(자원오행) 부수(명칭)
수	銹	녹슬, 녹 동록	15 (金) 金(쇠금변)
	賥	재물 재화	15 (金) 貝(조개패)
	穂	穗(17)통용 이삭,벼이삭	15 (木) 禾(벼화변)
	瞍	소경, 여윌 총명할	15 (木) 目(눈목변)
	樹	나무, 심을 세울, 막을	16 (木) 木(나무목변)
	輸	보낼, 짐 경혈, 깰	16 (火) 車(수레거)
	遂	이룰 나갈	16 (土) 辵(책받침)
	蒐	모을, 은닉 검열, 사냥	16 (木) 艸(초두밑)
	蓚	수산 옥살산	16 (木) 艸(초두밑)
	膄	여윌 줄어들	16 (水) 肉(육달월)
	陲	변방, 변경 위태할	16 (土) 阜(좌부변)
	雖	비록 추천할	17 (火) 隹(새추)
	穗	穂(15)통용 이삭,벼이삭	17 (木) 禾(벼화변)
	隋	수나라	17 (土) 阜(좌부변)
	燧	봉화 부싯돌	17 (火) 火(불화변)
	濉	睢(13)통용 강이름,대궁	17 (水) 水(삼수변)
	瓗	옥 이름	18 (金) 玉(구슬옥변)
	璲	패옥 서옥	18 (金) 玉(구슬옥변)
수	繡	수놓을 비단	19 (木) 糸(실사변)
	獸	짐승, 야만 사냥, 포육	19 (土) 犬(개견)
	[illegible]	새매	19 (火) 鳥(새조)
	颼	바람소리 빗소리	19 (木) 風(바람풍)
	膸	골수, 뼈골 뼛속 기름	19 (水) 肉(육달월)
	饈	드릴 반찬	20 (水) 食(밥식변)
	隨	따를, 추종 즉시,발꿈치	21 (土) 阜(좌부변)
	藪	늪, 수풀 덤불, 똬리	21 (木) 艸(초두밑)
	邃	깊을, 심오 정통, 멀	21 (土) 辵(책받침)
	隧	길, 도로 굴, 돌을	21 (土) 阜(좌부변)
	瓍	구슬 진주조개	21 (金) 玉(구슬옥변)
	籔	휘, 조리 또 아리	21 (木) 竹(대죽변)
	鬚	수염, 술 모름지기	22 (火) 髟(터럭발)
	髓	뼛골, 골수요점, 정수	23 (金) 骨(뼈골)
	讐	讎(23)통용 원수, 동류	23 (金) 言(말씀언변)
	讎	讐(23)통용 원수, 동류	23 (金) 言(말씀언변)
숙	夙	일찍 이를	6 (木) 歹(죽을사)
	叔	아저씨 시동생,말세	8 (水) 又(또우)

음	한자	뜻(훈)	획수(자원오행) 부수(명칭)
숙	倏	갑자기 문득, 빛날	10 (火) 人(사람인변)
	俶	비롯할 비로소	10 (火) 人(사람인변)
	宿	묵을, 지킬 당직, 숙소	11 (木) 宀(갓머리)
	孰	누구, 익을 정통, 익숙	11 (水) 子(아들자)
	婌	궁녀벼슬이 름	11 (土) 女(여자녀변)
	淑	착할, 맑을 사모할	12 (水) 水(삼수변)
	肅	엄숙할 공경할	13 (火) 聿(붓율)
	琡	옥 이름 근 홀	13 (金) 玉(구슬옥변)
	塾	글방 문 옆방	14 (土) 土(흙토변)
	菽	콩 대두	14 (木) 艸(조두밑)
	熟	익을, 정통 숙련, 깊이	15 (火) 火(연화발)
	橚	밋밋할 무성할	17 (木) 木(나무목변)
	潚	빠를 강 이름	17 (水) 水(삼수변)
	璹	옥그릇 옥 이름	19 (金) 玉(구슬옥변)
	儵	빠를 잿빛	19 (火) 人(사람인변)
	驌	말 이름 좋은 말	23 (火) 馬(말마)
	鷫	새 이름 서방 신조	24 (火) 鳥(새조변)
순	旬	열흘, 두루 열번, 십년	6 (火) 日(날일변)

음	한자	뜻(훈)	획수(자원오행) 부수(명칭)
순	巡	돌 순행할	7 (水) 巛(개미허리)
	畃	사귈, 명령 하여금	8 (土) 田(밭전)
	侚	빠를, 깊을 따라 죽을	8 (火) 人(사람인변)
	盾	방패, 피할 화폐이름	9 (木) 目(눈목변)
	徇	두루 주창할	9 (火) 彳(두인변)
	峋	깊숙할 차례	9 (土) 山(뫼산변)
	姰	미칠, 닮을 처음 올	9 (土) 女(여자녀변)
	盹	졸, 눈감을 정성스러울	9 (木) 目(눈목변)
	紃	끈, 규칙 따를	9 (木) 糸(실사변)
	純	순수할 착할	10 (木) 糸(실사변)
	殉	따라 죽을 경영할	10 (水) 歹(죽을사)
	洵	진실로 눈물 흘릴	10 (水) 水(삼수변)
	恂	정성 믿을	10 (火) 心(심방변)
	栒	가름대 나무이름	10 (木) 木(나무목변)
	肫	광대뼈 말린 고기	10 (水) 肉(육달월)
	珣	옥 이름 옥그릇	11 (金) 玉(구슬옥변)
	眴	눈짓할 아찔할	11 (木) 目(눈목변)
	順	순할, 순응 가르칠	12 (火) 頁(머리혈)

음	한자	뜻(훈)	획수(자원오행) 부수(명칭)	음	한자	뜻(훈)	획수(자원오행) 부수(명칭)
순	循	돌, 질서 머뭇거릴	12 (火) 彳(두인변)	순	鬊	더벅머리 머릿수건	19 (火) 髟(터럭발)
	荀	풀이름 사람이름	12 (木) 艸(초두밑)		鶉	메추라기 별이름	19 (火) 鳥(새조변)
	筍	대순 가마	12 (木) 竹(대죽변)	술	戌	개, 온기 정성	6 (金↔土) 戈(창과)
	舜	순임금 무궁화	12 (木) 舛(어그러질천)		埱	높을	8 (土) 土(흙토변)
	淳	순박할 맑을, 돈독	12 (水) 水(삼수변)		術	재주, 사업 술수, 학문	11 (火) 行(다닐행)
	焞	밝을 성할	12 (火) 火(불화변)		絉	끈, 줄 묶을	11 (木) 糸(실사변)
	脣	입술 가장자리	13 (水) 肉(육달월)		述	펼, 말할 저술, 서술	12 (土) 辵(책받침)
	楯	난간 빼낼	13 (木) 木(나무목변)		鉥	돗바늘 이끌, 찌를	13 (金) 金(쇠금변)
	詢	물을 꾀할	13 (金) 言(말씀언변)	숭	崇	높을, 존중 채울, 마칠	11 (土) 山(뫼산변)
	馴	따를 길들일	13 (火) 馬(말마)		崧	산이름 우뚝 솟을	11 (土) 山(뫼산변)
	諄	도울 지극할	15 (金) 言(말씀언변)		嵩	높을 높은 산	13 (土) 山(뫼산변)
	醇	진할, 순수 도타울	15 (金) 酉(닭유)		菘	배추	14 (木) 艸(초두밑)
	錞	사발 종 악기이름	16 (金) 金(쇠금변)	쉬	倅	버금, 다음 수령, 원님	10 (火) 人(사람인변)
	橓	무궁화나무	16 (木) 木(나무목변)		淬	담금질할 물들, 범할	12 (水) 水(삼수변)
	駨	말이 달릴	16 (火) 馬(말마)		焠	담금질 지질, 칠할	12 (火) 火(불화변)
	瞬	깜박일 잠깐, 주시	17 (木) 目(눈목변)	슬	虱	이, 참깨 섞일	8 (水) 虫(벌레충)
	蓴	순 채 순 나물	17 (木) 艸(초두밑)		瑟	큰 거문고 비파, 엄숙	14 (金) 玉(구슬옥변)
	蕣	무궁화	18 (木) 艸(초두밑)		蝨	이, 참깨 섞일	15 (水) 虫(벌레충)

음	한자	뜻(훈)	획수(자원오행) 부수(명칭)
슬	⿰王率	진주 푸른 구슬	16 (金) 玉(구슬옥변)
	膝	무릎 종지뼈	17 (水) 肉(육달월)
	璱	진주 푸른 구슬	18 (金) 玉(구슬옥변)
	䨲	적청색 적청 빛깔	21 (木) 靑(푸를청)
습	拾	주을, 모을 습득할	10 (木) 手(재방변)
	習	익힐, 연습 앙감질	11 (火) 羽(깃우)
	慴	두려워할 협박할	15 (火) 心(심방변)
	槢	쐐기, 들보 비녀장	15 (木) 木(나무목변)
	褶	주름	17 (木) 衣(옷의변)
	濕	축축할 습기	18 (水) 水(삼수변)
	襲	인습, 인할 엄습할	22 (木) 衣(옷의)
	隰	진펄, 물가 따비밭	22 (土) 阜(좌부변)
승	升	되, 오를 천거할	4 (水↔木) 十(열십)
	氶	이을, 받들 장가들	5 (水) 水(물수)
	丞	정승, 받들 도울, 잠길	6 (木) 一(한일)
	承	이을, 받들 도울, 후계	8 (木) 手(재방변)
	昇	오를, 올릴 임금 죽을	8 (火) 日(날일변)
	⿱丞山	도울, 정승 이어 받을	8 (土) 山(뫼산변)

음	한자	뜻(훈)	획수(자원오행) 부수(명칭)
승	乘	탈, 오를 곱할	10 (火) 丿(삐침)
	勝	이길, 나을 뛰어날	12 (土) 力(힘력변)
	阩	陞(15)통용 오를, 승진	12 (土) 阜(좌부변)
	塍	밭두둑 둑, 제방	13 (土) 土(흙토변)
	僧	중, 승려 마음 편한	14 (火) 人(사람인변)
	榺	바디 잉아	14 (木) 木(나무목변)
	陞	阩(12)통용 오를, 승진	15 (土) 阜(좌부변)
	⿰阝昇	오를, 올릴 임금 죽을	16 (土) 阜(좌부변)
	蠅	파리 깡충거미	19 (水) 虫(벌레충)
	繩	노끈, 법도 먹줄, 통제	19 (木) 糸(실사변)
	鬙	헝클어질 짧은 머리	22 (火) 髟(터럭발)
시	尸	주검 시체	3 (水) 尸(주검시)
	市	저자, 장사 가격, 시가	5 (木) 巾(수건건)
	示	보일, 간주 고시, 명령	5 (木) 示(보일시)
	矢	화살, 곧을 대변, 시행	5 (金) 矢(화살시)
	豕	돼지	7 (水) 豕(돼지시)
	始	비로소 처음, 근본	8 (土) 女(여자녀변)
	侍	모실, 기를 부탁, 권할	8 (火) 人(사람인변)

음	한자	뜻(훈)	획수(자원오행) 부수(명칭)
시	兕	외뿔 소	8 (木) 儿(어진사람인)
	是	이, 옳을 바로잡을	9 (火) 日(날일변)
	施	베풀 전할	9 (土) 方(모방)
	柴	섶, 지킬 시제사	9 (木) 木(나무목변)
	屍	주검, 시체 송장	9 (水) 尸(주검시)
	屎	똥, 대변 분비물	9 (水) 尸(주검시)
	枾	柿•柹 동자 감나무, 감	9 (木) 木(나무목변)
	柹	柿•柹 동자 감나무, 감	9 (木) 木(나무목변)
	柿	柿•柹 동자 감나무, 감	9 (木) 木(나무목변)
	眡	볼, 맡을 다스릴	9 (木) 目(눈목변)
	沶	시내이름 물가,바닷가	9 (水) 水(삼수변)
	枲	모시풀 삼	9 (木) 木(나무목변)
	翅	날개, 다만 지느러미	10 (火) 羽(깃우)
	恃	믿을, 의뢰 어머니	10 (火) 心(심방변)
	豺	승냥이 포유동물	10 (水) 豸(갖은돼지시)
	時	때, 철 때맞출	10 (火) 日(날일변)
	匙	숟가락 열쇠	11 (金) 匕(비수비)
	偲	굳셀, 재능 책선할	11 (火) 人(사람인변)

음	한자	뜻(훈)	획수(자원오행) 부수(명칭)
시	絁	깁, 가늘 거친 비단	11 (木) 糸(실사변)
	豉	메주, 된장 청국장	11 (木↔水) 豆(콩두)
	視	볼, 맡을 본받을	12 (火) 見(볼견)
	媤	시집 남편의 집	12 (土) 女(여자녀변)
	猜	원망할 의심할	12 (土) 犬(개사슴록)
	媞	편안할 아름다울	12 (土) 女(여자녀변)
	啻	뿐 다만	12 (水) 口(입구)
	弑	죽일 윗사람죽일	13 (金) 弋(주살익)
	詩	시, 시경 기록, 받들	13 (金) 言(말씀언변)
	試	시험, 검증 훈련, 비교	13 (金) 言(말씀언변)
	毸	날개 칠 수염	13 (火) 毛(터럭모)
	愢	책선할 권장할	13 (火) 心(심방변)
	塒	홰, 깃 횃대	13 (土) 土(흙토변)
	厮	하인, 노예 천할, 부릴	14 (水) 厂(민엄호밑)
	禔	복, 행복 편안할	14 (木) 示(보일시)
	翤	날개, 마칠 지느러미	14 (火) 羽(깃우)
	嘶	울 흐느낄	15 (水) 口(입구)
	廝	하인, 천할 서로, 나눌	15 (木) 广(엄호밑)

음	한자	뜻(훈)	획수(자원오행) 부수(명칭)
시	緦	시마복 모을	15 (木) 糸(실사변)
	漦	흐를, 침 거품, 피	15 (水) 水(물수)
	蓍	시초 서초	16 (木) 艸(초두밑)
	諡	시호 행장	16 (金) 言(말씀언변)
	諟	바로 잡을 살필	16 (金) 言(말씀언변)
	諰	두려워할 생각할	16 (金) 言(말씀언변)
	蒔	모종 낼 옮겨 심을	16 (木) 艸(초두밑)
	澌	다할 망할	16 (水) 水(삼수변)
	鍉	숟가락	17 (金) 金(쇠금변)
	顋	뺨, 턱 아가미	18 (火) 頁(머리혈)
	釃	술 거를 나눌	26 (金) 酉(닭유)
식	式	법, 의식 삼갈	6 (金) 弋(주살익)
	食	밥, 제사 벌이, 생계	9 (水) 食(밥식)
	拭	씻을 닦을	10 (木) 手(재방변)
	栻	점판 점치는 판	10 (木) 木(나무목변)
	息	쉴, 숨쉴 중지, 번식	10 (火) 心(마음심)
	埴	찰흙 점토	11 (土) 土(흙토변)
	植	심을, 세울 번식, 식물	12 (木) 木(나무목변)

음	한자	뜻(훈)	획수(자원오행) 부수(명칭)
식	殖	번성할 불릴, 수립	12 (水) 歹(죽을사)
	寔	이것, 방치 진실로	12 (木) 宀(갓머리)
	湜	맑을 엄정할	13 (水) 水(삼수변)
	軾	수레난간 절할	13 (火) 車(수레거)
	媳	며느리	13 (土) 女(여자녀변)
	飾	꾸밀 가선 두를	14 (水) 食(밥식변)
	熄	꺼질 없어질	14 (火) 火(불화변)
	篒	대밥통 사람이름	15 (木) 竹(대죽변)
	蝕	좀먹을 일식, 월식	15 (水) 食(밥식변)
	識	알, 지식 식건, 친분	19 (金) 言(말씀언변)
신	申	납, 펼 거듭, 아뢸	5 (土↔金) 田(밭전)
	臣	신하, 백성 하인, 포로	6 (火) 臣(신하신)
	囟	정수리 숫구멍,정문	6 (水) 口(큰입구)
	身	몸, 줄기 자신, 출신	7 (火) 身(몸신)
	辰	때, 기회 별, 택일	7 (土) 辰(별진)
	辛	매울, 고생 살생, 허물	7 (金) 辛(매울신)
	伸	펼, 누울 해명, 사뢸	7 (火) 人(사람인변)
	汛	물 뿌릴 만조, 힐문	7 (水) 水(삼수변)

음	한자	뜻(훈)	획수(자원오행) 부수(명칭)	음	한자	뜻(훈)	획수(자원오행) 부수(명칭)
신	侁	걷는 모양 떼지어갈	8 (火) 人(사람인변)	신	腎	콩팥, 굳을 고환, 불알	14 (水) 肉(육달월)
	呻	읊을, 옥돌 끙끙거릴	8 (水) 口(입구)		顖	눈뜨고 볼 사람을 볼	15 (火) 頁(머리혈)
	信	믿을, 성실 신용, 편지	9 (火) 人(사람인변)		駪	말이 많을 말의 무리	16 (火) 馬(말마변)
	哂	비웃을 웃을	9 (水) 口(입구)		燼	깜부기 불 불똥, 유민	18 (火) 火(불화변)
	姺	나라이름 걸을	9 (土) 女(여자녀변)		薪	땔나무 섶나무	19 (木) 艸(초두밑)
	矧	하물며 잇몸, 치은	9 (金) 矢(화살시)		璶	옥돌	19 (金) 玉(구슬옥변)
	神	귀신, 정신 초상, 표정	10 (木↔金) 示(보일시)		藎	조개풀 나갈	20 (木) 艸(초두밑)
	迅	빠를 억셀	10 (土) 辵(책받침)		贐	전별할 노자, 예물	21 (金) 貝(조개패)
	訊	물을, 간할 나무랄	10 (金) 言(말씀언변)	실	失	잃을, 잘못 달아날	5 (木↔火) 大(큰대)
	娠	애밸, 잉태 하인, 마부	10 (土) 女(여자녀변)		実	實(14)통용 열매, 내용	8 (木) 宀(갓머리)
	宸	집, 처마 대궐, 하늘	10 (木) 宀(갓머리)		室	집, 아내 거실, 가족	9 (木) 宀(갓머리)
	晨	새벽, 시일 별이름	11 (火) 日(날일변)		悉	다, 다 갖출 깨달을, 펼	11 (火) 心(마음심)
	紳	큰 띠 벼슬아치	11 (木) 糸(실사변)		實	実(8)통용 열매, 내용	14 (木) 宀(갓머리)
	新	새, 개선할 처음, 신년	13 (金) 斤(날근)		蟋	귀뚜라미	17 (水) 虫(벌레충)
	莘	족두리 풀 세신, 많을	13 (木) 艸(초두밑)	심	心	마음, 염통 가운데	4 (火) 心(마음심)
	蜃	대합조개 상여, 제기	13 (水) 虫(벌레충)		沁	물 스며들 물 이름	8 (水) 水(삼수변)
	脤	제육 제사용고기	13 (水) 肉(육달월)		沈	성(姓)씨 즙	8 (水) 水(삼수변)
	愼	삼갈, 근심 진실로	14 (火) 心(심방변)		甚	심할, 탓할 무엇, 매우	9 (土) 甘(달감)

음	한자	뜻(훈)	획수(자원오행) 부수(명칭)
심	芯	골풀 등심초	10 (木) 艸(초두밑)
	深	깊을 깊게 할	12 (水) 水(삼수변)
	尋	찾을, 연구 토벌, 계승	12 (土↔金) 寸(마디촌)
	審	살필, 들을 조사, 정할	15 (木) 宀(갓머리)
	葚	오디 뽕나무열매	15 (木) 艸(초두밑)
	諶	진실 헤아릴	16 (金) 言(말씀언변)
	潯	물가, 소 강 이름	16 (水) 水(삼수변)
	燖	삶을, 데울 부활	16 (火) 火(불화변)
	瀋	습낼 강 이름	19 (水) 水(삼수변)
	鐔	날밑, 칼 요새지	20 (金) 金(쇠금변)
	鱏	철갑상어 가오리	23 (水) 魚(고기어변)
십	什	열, 십 열사람	4 (火) 人(사람인변)
	十	열, 열 번 열배, 전부	10 (水) 十(열십)
	拾	열, 십	10 (木) 手(재방변)
쌍	双	雙(18)통용 둘, 쌍, 짝수	4 (水) 又(또우)
	雙	双(4)통용 둘, 쌍, 짝수	18 (火) 隹(새추)
씨	氏	씨, 성씨 존칭, 호칭	4 (火) 氏(각시씨)

음	한자	뜻(훈)	획수(자원오행) 부수(명칭)
아	丫	가닥, 총각 가장귀	3 (火) 丨(뚫을곤)
	牙	어금니, 관아 대장기, 말뚝	4 (金) 牙(어금니아)
	我	나, 우리 외고집	7 (金) 戈(창과)
	亜	亞(8)통용 버금, 동서	7 (木↔火) 二(두이변)
	児	兒(8)통용 아이,연약할	7 (木↔水) 儿(어진사람인)
	兒	児(7)통용 아이,연약할	8 (木↔水) 儿(어진사람인)
	亞	亜(7)통용 버금, 동서	8 (木↔火) 二(두이변)
	妸	고울 아름다울	8 (土) 女(여자녀변)
	娿	여자 스승	8 (土) 女(여자녀변)
	枒	가장귀	8 (木) 木(나무목변)
	俄	기울 갑자기	9 (火) 人(사람인변)
	砑	갈, 광택 광석, 맷돌	9 (金) 石(돌석변)
	芽	싹 싹틀	10 (木) 艸(초두밑)
	娥	예쁠 항아	10 (土) 女(여자녀변)
	哦	옳을 노래할	10 (水) 口(입구)
	峨	峩(10)통용 높을, 위엄	10 (土) 山(뫼산변)
	峩	峨(10)통용 높을, 위엄	10 (土) 山(뫼산변)
	疴	병, 질병 입앓이	10 (水) 疒(병질엄)

음	한자	뜻(훈)	획수(자원오행) 부수(명칭)
아	笌	대순 죽순	10 (木) 竹(대죽변)
아	啞	벙어리 까마귀소리	11 (水) 口(입구)
아	訝	맞을 의심할	11 (金) 言(말씀언변)
아	婀	娿(11)통용 아름다울	11 (土) 女(여자녀변)
아	娿	婀(11)통용 아름다울	11 (土) 女(여자녀변)
아	婭	동서, 몸종 아양 떨	11 (土) 女(여자녀변)
아	啊	사랑할 어조사	11 (水) 口(입구)
아	迓	마중할	11 (土) 辵(책받침)
아	雅	맑을, 바를 고상, 어릴	12 (火) 隹(새추)
아	硪	바위 산이 높을	12 (金) 石(돌석변)
아	皒	흰빛 흰색	12 (金) 白(흰백)
아	椏	가장귀 가장귀질	12 (木) 木(나무목변)
아	猗	부드러울	12 (土) 犬(개사슴록)
아	阿	언덕, 아첨 아름다울	13 (土) 阜(좌부변)
아	莪	쑥, 지칭개 약초이름	13 (木) 艸(초두밑)
아	蛾	나방 눈썹	13 (水) 虫(벌레충)
아	衙	관청 대궐	13 (火) 彳(두인변)
아	鴉	검을 갈가마귀	15 (火) 鳥(새조변)
아	餓	주릴 굶주릴	16 (水) 食(밥식변)
아	錏	경개 목가리개	16 (金) 金(쇠금변)
아	鵝	거위 진의 이름	18 (火) 鳥(새조변)
아	鵞	거위 진의 이름	18 (火) 鳥(새조변)
악	岳	큰산, 조종 제후, 대신	8 (土) 山(뫼산변)
악	咢	말다툼할 놀랄, 북칠	9 (水) 口(입구)
악	垩	백토 진흙 벽	11 (土) 土(흙토변)
악	偓	꺼릴길 악착할	11 (火) 人(사람인변)
악	鄂	위턱 위쪽의 턱	11 (火↔木) 卩(병부절)
악	惡	악할, 흉년 못생길	12 (火) 心(마음심)
악	幄	휘장 천막	12 (木) 巾(수건건)
악	喔	닭소리 선웃음	12 (水) 口(입구)
악	愕	놀랄 갑자기	13 (火) 心(심방변)
악	握	쥘 잡을	13 (木) 手(재방변)
악	渥	젖을 두터울	13 (水) 水(삼수변)
악	樂	노래, 악기 풍류, 아뢸	15 (木) 木(나무목변)
악	腭	잇몸, 치은 입천장	15 (水) 肉(육달월)
악	萼	꽃받침	15 (木) 艸(초두밑)

음	한자	뜻(훈)	획수(자원오행) 부수(명칭)
악	鄂	경계, 한계 고을이름	16 (土) 邑(우부방)
	噩	놀랄 엄숙할	16 (水) 口(입구)
	覨	오래 볼 오래 살	16 (火) 見(볼견)
	諤	직언할	16 (金) 言(말씀언변)
	嶽	큰 산 크고 높을	17 (土) 山(뫼산변)
	鍔	칼날 칼등	17 (金) 金(쇠금변)
	顎	턱, 엄할 근엄할	18 (火) 頁(머리혈)
	鰐	악어	20 (水) 魚(고기어변)
	鶚	물수리 저구	20 (火) 鳥(새조변)
	齷	악착할 잡을, 잗달	24 (金) 齒(이치)
	齶	잇몸	24 (金) 齒(이치)
안	安	편안, 안존 좋아할	6 (木) 宀(갓머리)
	犴	들개, 야견 옥	7 (土) 犬(개사슴록)
	岸	언덕, 층계 뛰어날	8 (土) 山(뫼산변)
	矸	산돌, 돌 다듬잇돌	8 (金) 石(돌석변)
	侒	편안할 잔치할	8 (火) 人(사람인변)
	姲	종용할	9 (土) 女(여자녀변)
	晏	맑을, 늦을 편안할	10 (火) 日(날일변)

음	한자	뜻(훈)	획수(자원오행) 부수(명칭)
안	案	桉(10)통용 안건, 책상	10 (木) 木(나무목변)
	桉	案(10)통용 안건, 책상	10 (木) 木(나무목변)
	按	살필 생각할	10 (木) 手(재방변)
	眼	눈, 안광 요점, 만날	11 (木) 目(눈목변)
	婩	고울	11 (土) 女(여자녀변)
	雁	鴈(15)통용 기러기	12 (火) 隹(새추)
	鴈	雁(12)통용 기러기	15 (火) 鳥(새조변)
	鞍	안장 안장지울	15 (金) 革(가죽혁)
	⿸厂焦	불빛 불	16 (火) 火(연화발)
	鮟	아귀 메기	17 (水) 魚(고기어변)
	顔	낯, 표정 색채, 체면	18 (火) 頁(머리혈)
	⿰飠豈	은안 배부를	19 (水) 食(밥식변)
알	穵	구멍 구멍 뚫을	6 (水) 穴(구멍혈)
	軋	삐걱거릴 형벌이름	8 (火) 車(수레거)
	訐	들추어낼 직언, 비방	10 (金) 言(말씀언변)
	揠	뽑을	13 (木) 手(재방변)
	斡	관리할 돌이킬	14 (火) 斗(말두)
	嘎	학소리 새소리	14 (水) 口(입구)

음	한자	뜻(훈)	획수(자원오행) 부수(명칭)
알	頞	콧마루 콧대, 비경	15 (火) 頁(머리혈)
	謁	뵐, 고할 객사, 명함	16 (金) 言(말씀언변)
	閼	그칠 가로막을	16 (木) 門(문문)
	遏	막을, 금할 해칠	16 (土) 辶(책받침)
	鴶	뻐꾸기 두견새	17 (火) 鳥(새조변)
암	岩	巖(23)통용 바위, 석굴	8 (土) 山(뫼산변)
	庵	암자 초막	11 (木) 广(엄호밑)
	唵	머금을 움켜먹을	11 (水) 口(입구)
	⿰口弇	코 골 입을 다물	12 (水) 口(입구)
	⿰女弇	머뭇거릴	12 (土) 女(여자녀변)
	嵒	바위	12 (土) 山(뫼산변)
	晻	어두울	12 (火) 日(날일변)
	暗	어두울 은폐, 암송	13 (火) 日(날일변)
	菴	우거질 암자	14 (木) 艸(초두밑)
	腤	고기 삶을 끓일	15 (水) 肉(육달월)
	葊	암자, 초막 우거질	15 (木) 艸(초두밑)
	諳	욀, 암송 깨달을	16 (金) 言(말씀언변)
	頷	끄덕일 함련	16 (火) 頁(머리혈)
암	癌	암, 괴병 종기	17 (水) 疒(병질엄)
	闇	어두울 닫힌 문	17 (木↔水) 門(문문)
	蓭	암자	17 (木) 艸(초두밑)
	馣	향기로울 향기	17 (木) 香(향기향)
	黯	검을, 슬픔 슬퍼할	21 (水) 黑(검을흑)
	巖	岩(8)통용 바위, 석굴	23 (土) 山(뫼산변)
압	押	찍을, 잡을 주관할	9 (木) 手(재방변)
	狎	익숙할 업신여길	9 (土) 犬(개사슴록)
	鴨	오리 집오리	16 (火) 鳥(새조변)
	壓	누를 막을	17 (土) 土(흙토변)
앙	卬	나, 자기 우러러볼	4 (火) 卩(병부절)
	央	가운데 넓을	5 (木↔土) 大(큰대)
	仰	우러러볼 높을	6 (火) 人(사람인변)
	坱	먼지, 티끌 아득한	8 (土) 土(흙토변)
	昂	昻(9)통용 오를, 밝을	8 (火) 日(날일변)
	昻	昂(8)통용 오를, 밝을	9 (火) 日(날일변)
	殃	재앙 해칠	9 (水) 歹(죽을사)
	怏	불만 원망할	9 (火) 心(심방변)

음	한자	뜻(훈)	획수(자원오행) 부수(명칭)
앙	泱	끝없을 광대할	9 (水) 水(삼수변)
	秧	모, 모내기 재배, 묘목	10 (木) 禾(벼화변)
	盎	동이 가득 찰	10 (金) 皿(그릇명)
	鞅	가슴걸이 교활할	14 (金) 革(가죽혁)
	鴦	원앙 원앙새	16 (火) 鳥(새조변)
애	厓	언덕, 물가 한계, 흘길	8 (土) 厂(민엄호밑)
	艾	약쑥 늙은이	8 (木) 艸(초두밑)
	哀	슬플 서러울	9 (水) 口(입구)
	埃	먼지 티끌	10 (土) 土(흙토변)
	唉	묻을, 대답 한탄	10 (水) 口(입구)
	娭	희롱할 몸종, 하녀	10 (土) 女(여자녀변)
	崖	모날 낭떠러지	11 (土) 山(뫼산변)
	焥	빛날, 더울 이글이글할	11 (火) 火(불화변)
	啀	으르렁거릴	11 (水) 口(입구)
	崕	벼랑, 언덕 경계, 물가	11 (土) 山(뫼산변)
	挨	두들길 밀칠, 접근	11 (木) 手(재방변)
	欸	한숨 쉴 화낼	11 (火↔金) 欠(하품흠)
	涯	물가, 끝 근처, 단속	12 (水) 水(삼수변)
	捱	막을	12 (木) 手(재방변)
애	愛	사랑, 인정 탐욕, 소중	13 (火) 心(마음심)
	碍	礙(19)통용 방해, 그칠	13 (金) 石(돌석변)
	睚	눈초리 노려볼	13 (木) 目(눈목변)
	獃	어리석을 실의할	14 (土) 犬(개견)
	⿰貝厓	사람이름 넉넉할	15 (金) 貝(조개패)
	僾	어렴풋할 흐느낄	15 (火) 人(사람인변)
	漄	물가, 근처 한계, 단속	15 (水) 水(삼수변)
	皚	흴 새하얄	15 (金) 白(흰백)
	磑	맷돌 단단할	15 (金) 石(돌석변)
	噯	내쉬는 숨 감탄사	16 (水) 口(입구)
	曖	가릴 날 흐릴	17 (火) 日(날일변)
	騃	어리석을	17 (火) 馬(말마변)
	隘	좁을 험할	18 (土) 阜(좌부변)
	瞹	가릴, 숨을 희미할	18 (木) 目(눈목변)
	礙	碍(13)통용 방해, 그칠	19 (金) 石(돌석변)
	薆	우거질 숨을, 가릴	19 (木) 艸(초두밑)
	藹	우거질 윤택할	22 (木) 艸(초두밑)
	靄	아지랑이 기운, 운무	24 (水) 雨(비우)
	靉	구름 낄 돋보기이칭	25 (水) 雨(비우)

음	한자	뜻(훈)	획수(자원오행) 부수(명칭)
액	厄	재앙, 액 멍에, 고생	4 (水) 厂(민엄호밑)
	戹	좁을, 고생 재난, 액	5 (木) 戶(지게호)
	扼	누를 잡을	8 (木) 手(재방변)
	呃	울, 새소리 딸꾹질	8 (水) 口(입구)
	液	즙, 진, 염 겨드랑이	12 (水) 水(삼수변)
	掖	겨드랑이 곁채, 부축	12 (木) 手(재방변)
	阨	좁을 좁고 험할	12 (土) 阜(좌부변)
	腋	겨드랑이	14 (水) 肉(육달월)
	搤	잡을, 조를 멍에, 막을	14 (木) 手(재방변)
	縊	목맬	16 (木) 糸(실사변)
	額	이마 현판	18 (火) 頁(머리혈)
앵	嫈	새색시 나라이름	13 (土) 女(여자녀변)
	罃	물동이 물독, 양병	16 (土) 缶(장군부)
	嚶	새 지저귈 울, 새소리	20 (水) 口(입구)
	罌	양병, 물독 항아리	20 (土) 缶(장군부)
	鶯	꾀꼬리 무늬	21 (火) 鳥(새조변)
	櫻	앵두, 벚꽃 앵두나무	21 (木) 木(나무목변)
	鸚	앵무새 앵무조개	28 (火) 鳥(새조변)
야	也	잇기, 또한 어조사, 딴	3 (木↔水) 乙(새을변)

음	한자	뜻(훈)	획수(자원오행) 부수(명칭)
야	冶	대장간 주물	7 (水) 冫(이수변)
	夜	밤, 침실 휴식할	8 (水) 夕(저녁석)
	耶	어조사 아버지,예수	9 (火) 耳(귀이변)
	倻	가야 나라이름	11 (火) 人(사람인변)
	野	埜(11)통용 들,문밖,민간	11 (土) 里(마을리)
	埜	野(11)통용 들,문밖,민간	11 (土) 土(흙토변)
	若	반야, 난야 지혜 얻을	11 (木) 艸(초두밑)
	挪	揶(13)통용 놀릴, 희롱	11 (木) 手(재방변)
	揶	挪(11)통용 놀릴, 희롱	13 (木) 手(재방변)
	惹	이끌 끌어당길	13 (火) 心(마음심)
	椰	야자나무 야자, 무릇	13 (木) 木(나무목변)
	爺	아버지 어르신	13 (木) 父(아비부)
약	約	묶을 간략할	9 (木) 糸(실사변)
	弱	약할 어릴	10 (火↔金) 弓(활궁)
	若	같을, 만일 어조사	11 (木) 艸(초두밑)
	葯	구릿대 잎 부들 싹	15 (木) 艸(초두밑)
	蒻	부들 구약 풀	16 (木) 艸(초두밑)
	篛	대 껍질	16 (木) 竹(대죽변)
	龠	피리, 악기 용량 단위	17 (火) 龠(피리약)

음	한자	뜻(훈)	획수(자원오행) 부수(명칭)
약	藥	약, 약초 아편, 화약	21 (木) 艸(초두밑)
	躍	뛸 뛰게 할	21 (土) 足(발족변)
	爚	빛날, 광휘 번개, 녹음	21 (火) 火(불화변)
	鸙	댓닭, 투계 싸움닭	21 (火) 鳥(새조변)
	禴	봄 제사 약소할	22 (木) 示(보일시)
	籥	피리, 잠금 자물쇠	23 (木) 竹(대죽변)
	鑰	자물쇠 빗장, 단속	25 (金) 金(쇠금변)
양	羊	양, 배회할 상서로울	6 (土) 羊(양양)
	佯	거짓 헤맬	8 (火) 人(사람인변)
	昜	陽(17)통용 볕, 해, 양기	9 (火) 日(날일변)
	徉	어정거릴	9 (火) 彳(두인변)
	洋	큰 바다 서양, 외국	10 (水) 水(삼수변)
	恙	병, 독충 근심, 걱정	10 (火) 心(마음심)
	烊	구울 녹일	10 (火) 火(불화변)
	痒	종기 앓을	11 (水) 疒(병질엄)
	眻	아름다운눈 미간	11 (木) 目(눈목변)
	椋	푸조나무	12 (木) 木(나무목변)
	揚	敭(13)통용 오를, 날릴	13 (木) 手(재방변)
	敭	揚(13)통용 오를, 날릴	13 (金) 攵(등글월문)
양	楊	버들 버드나무	13 (木) 木(나무목변)
	暘	해돋이 밝을, 말릴	13 (火) 日(날일변)
	煬	쬘, 환할 태울, 덮을	13 (火) 火(불화변)
	瘍	종기 상처	14 (水) 疒(병질엄)
	養	기를, 봉양 가르칠	15 (水) 食(밥식변)
	樣	본 모양	15 (木) 木(나무목변)
	漾	출렁거릴 물 이름	15 (水) 水(삼수변)
	輰	수레 상여	16 (火) 車(수레거)
	陽	昜(9)통용 볕, 해, 양기	17 (土) 阜(좌부변)
	襄	오를, 도울 치울, 높을	17 (木) 衣(옷의)
	颺	날릴 날아오를	18 (木) 風(바람풍)
	瀁	물 이름 망망할	19 (水) 水(삼수변)
	壤	땅 고운 흙	20 (土) 土(흙토변)
	孃	아가씨 어머니	20 (土) 女(여자녀변)
	癢	가려울 넓을	20 (水) 疒(병질엄)
	攘	뺏을 물리칠	21 (木) 手(재방변)
	瀼	이슬 많을 강 이름	21 (水) 水(삼수변)
	禳	제사이름 기도할	22 (木) 示(보일시)
	穰	번성할 벼줄기	22 (木) 禾(벼화변)

음	한자	뜻(훈)	획수(자원오행) 부수(명칭)
양	蘘	양하 생강	23 (木) 艸(초두밑)
	讓	겸손할 사양할	24 (金) 言(말씀언변)
	釀	술 술빚을	24 (金) 酉(닭유)
	鑲	거푸집 속 가선 두를	25 (金) 金(쇠금변)
	驤	머리 들 뛸, 빠를	27 (火) 馬(말마변)
어	於	어조사 의지, 존재	8 (土) 方(모방)
	圄	감옥 지킬	10 (水) 囗(큰입구)
	魚	고기, 어대 고기 잡을	11 (水) 魚(고기어변)
	御	모실 부릴	11 (火) 彳(두인변)
	唹	웃을 웃음 지을	11 (水) 口(입구)
	圉	마부, 변방 감옥, 막을	11 (水) 囗(큰입구)
	敔	막을 악기이름	11 (金) 攵(등글월문)
	馭	다스릴 말부릴	12 (火) 馬(말마변)
	淤	진흙, 싫증 삼각주	12 (水) 水(삼수변)
	瘀	병, 어혈 어혈질	13 (水) 疒(병질엄)
	飫	포식할 하사할	13 (水) 食(밥식변)
	語	말씀, 소리 의논, 발표	14 (金) 言(말씀언변)
	漁	고기 잡을 낚을	15 (水) 水(삼수변)
	禦	막을 지킬	16 (木) 示(보일시)

음	한자	뜻(훈)	획수(자원오행) 부수(명칭)
어	[illegible]	깨끗할 멈출, 그칠	16 (火) 行(다닐행)
	齬	어긋날 맞지 않을	22 (金) 齒(이치)
억	抑	누를 굽힐	8 (木) 手(재방변)
	億	억, 헤아릴 편안할	15 (火) 人(사람인변)
	檍	참죽나무 박달나무	17 (木) 木(나무목변)
	憶	생각, 기억 추억, 우울	17 (火) 心(심방변)
	臆	가슴 생각	19 (水↔火) 肉(육달월)
	繶	끈, 무늬 다발	19 (木) 糸(실사변)
언	言	말씀 여쭐	7 (金) 言(말씀언변)
	彦	彥(9)통용 선비,뛰어날	9 (火) 彡(터럭삼)
	彥	彦(9)통용 선비,뛰어날	9 (火) 彡(터럭삼)
	匽	눕일, 휴식 변소, 도랑	9 (水) 匚(감출혜몸)
	焉	어찌 어조사	11 (火) 火(연화발)
	偃	쓰러질 자빠질	11 (火) 人(사람인변)
	堰	방죽 막을	12 (土) 土(흙토변)
	傿	고을이름 에누리	13 (火) 人(사람인변)
	嫣	웃을 예쁜 모양	14 (土) 女(여자녀변)
	諺	언문, 상말 속담, 조문	16 (金) 言(말씀언변)

음	한자	뜻(훈)	획수(자원오행) 부수(명칭)
언	鄢	고을이름 나라이름	18 (土) 邑(우부방)
	鼴	두더지 큰 쥐	22 (水) 鼠(쥐서)
	鼹	두더지 전서	23 (水) 鼠(쥐서)
	讞	평의할 조사할	27 (金) 言(말씀언변)
얼	乻	땅 이름	9 (木→土) 乙(새을)
	臬	과녁, 목표 한도, 말뚝	10 (木) 自(스스로자)
	孼	서자 첩의 자식	19 (水) 子(아들자)
	糱	糵(23)통용 누룩, 곡자	22 (木) 米(쌀미변)
	糵	糱(22)통용 누룩, 곡자	23 (木) 米(쌀미변)
	蘖	움, 재앙 그루터기	23 (木) 艸(초두밑)
엄	广	집 마룻대	3 (木) 广(엄호밑)
	奄	문득 가릴	8 (木↔水) 大(큰대)
	俺	클 어리석을	10 (火) 人(사람인변)
	崦	산 이름	11 (土) 山(뫼산변)
	掩	가릴 닫을	12 (木) 手(재방변)
	淹	담글 적실	12 (水) 水(삼수변)
	罨	그물 그물질할	14 (木) 网(그물망)
	醃	절인 남새 절인 채소	15 (金) 酉(닭유)

음	한자	뜻(훈)	획수(자원오행) 부수(명칭)
엄	閹	내시, 고자 하인, 덮음	16 (木) 門(문문)
	巌	嚴(20)통용 엄할, 높을	17 (水) 厂(민엄호밑)
	嚴	巌(17)통용 엄할, 높을	20 (水) 口(입구)
	龑	고명할 높고 맑을	20 (土) 龍(용룡)
	儼	공경할 의젓할	22 (火) 人(사람인변)
	曮	해 다닐 해 운행길	24 (火) 日(날일변)
업	業	업, 공적 시작할	13 (木) 木(나무목변)
	嶪	험준할 산 높을	16 (土) 山(뫼산변)
	嶫	높고 험할	16 (土) 山(뫼산변)
	鄴	땅 이름	20 (土) 邑(우부방)
에	恚	성낼	10 (火) 心(마음심)
	曀	구름 낄	16 (火) 日(날일변)
엔	円	화폐 단위 엔화	4 (土) 冂(멀경)
여	予	나, 줄, 팔 승인, 용서	4 (金) 亅(갈고리궐)
	如	같을, 대항 어조사	6 (土) 女(여자녀변)
	余	나, 남을 여가, 다른	7 (火) 人(사람인변)
	汝	너 물 이름	7 (水) 水(삼수변)
	妤	궁녀, 여관 아름다울	7 (土) 女(여자녀변)

음	한자	뜻(훈)	획수(자원오행) 부수(명칭)
여	舁	마주 들 흥기할	10 (土) 臼(절구구)
	悆	잊을, 편안 기뻐할	11 (火) 心(마음심)
	茹	먹을, 썩을 받을, 채소	12 (木) 艸(초두밑)
	艅	나룻배 배이름	13 (木) 舟(배주)
	與	줄, 참여 함께, 간섭	14 (土) 臼(절구구)
	餘	나머지 남길	16 (水) 食(밥식변)
	輿	수레, 가마 땅, 하인	17 (火) 車(수레거)
	歟	어조사 편안한	18 (火↔金) 欠(하품흠)
	璵	옥 보배 옥	19 (金) 玉(구슬옥변)
	礖	숫돌 돌 이름	19 (金) 石(돌석변)
	轝	수레, 가마 땅, 하인	21 (火) 車(수레거)
역	亦	또한, 가령 단지, 모두	6 (火↔水) 亠(돼지해밑)
	役	일꾼 부릴	7 (火) 彳(두인변)
	易	바꿀, 무역 배반, 주역	8 (火) 日(날일변)
	疫	도림병 전염병	9 (水) 疒(병질엄)
	域	지경 나라	11 (土) 土(흙토변)
	晹	볕 날 해 반짝 날	12 (火) 日(날일변)
	淢	빨리 흐를 우울할	12 (水) 水(삼수변)

음	한자	뜻(훈)	획수(자원오행) 부수(명칭)
역	逆	거스를 맞을	13 (土) 辵(책받침)
	嶧	산 이름 산 잇닿을	16 (土) 山(뫼산변)
	閾	ns지방 한정할	16 (木) 門(문문)
	懌	기뻐할 순종할	17 (火) 心(심방변)
	繹	풀어낼 다스릴	19 (木) 糸(실사변)
	譯	통변할 풀이할	20 (金) 言(말씀언변)
	驛	역말, 역관 정거장	23 (火) 馬(말마변)
연	延	끌, 미칠 늘일, 인도	7 (土↔木) 廴(민책받침)
	妍	姸(9)통용 예쁠,총명할	7 (土) 女(여자녀변)
	均	따를 물 따라 갈	7 (土) 土(흙토변)
	囦	못, 소 연못	7 (水) 口(큰입구)
	沇	물 흐를 물 이름	8 (水) 水(삼수변)
	兖	兗(9)통용 바를, 믿음 단정, 땅이름	8 (木↔土) 儿(어진사람인)
	兗	兖(8)통용 바를, 믿음 단정, 땅이름	9 (木↔土) 儿(어진사람인)
	姸	妍(7)통용 예쁠,총명할	9 (土) 女(여자녀변)
	沿	물 따라 갈 좇을	9 (水) 水(삼수변)
	衍	넘칠 퍼질	9 (火↔水) 行(다닐행)
	娟	娟(10)통용 예쁠, 날씬	9 (土) 女(여자녀변)

음	한자	뜻(훈)	획수(자원오행) 부수(명칭)
연	宴	잔치, 즐길 편안할	10 (木) 宀(갓머리)
	娟	姢(9)통용 예쁠, 날씬	10 (土) 女(여자녀변)
	娫	빛날, 예쁠 환할	10 (土) 女(여자녀변)
	烟	煙(13)통용 연기, 담배	10 (火) 火(불화변)
	埏	땅 끝 무덤길	10 (土) 土(흙토변)
	研	갈, 벼루 연구할	11 (金) 石(돌석변)
	軟	輭(16)통용 연할, 약할	11 (火) 車(수레거)
	涓	물방울 깨끗할	11 (水) 水(삼수변)
	捐	버릴 없앨	11 (木) 手(재방변)
	挻	늘일 이길	11 (木) 手(재방변)
	涎	침 점액	11 (水) 水(삼수변)
	悁	성낼 근심할	11 (火) 心(심방변)
	硱	硯(12)통용 벼루,탐구할	11 (金) 石(돌석변)
	硯	硱(11)통용 벼루,탐구할	12 (金) 石(돌석변)
	然	그럴, 불탈 허락, 명백	12 (火) 火(연화발)
	堧	빈터, 공지 성하전	12 (土) 土(흙토변)
	渊	淵(13)통용 못, 깊을	12 (水) 水(삼수변)
	淵	渊(12)통용 못, 깊을	13 (水) 水(삼수변)

음	한자	뜻(훈)	획수(자원오행) 부수(명칭)
연	椽	석가래 사닥다리	13 (木) 木(나무목변)
	莚	만연할 풀뿌리	13 (木) 艸(초두밑)
	筵	대자리 자리	13 (木) 竹(대죽변)
	鉛	납, 흑연 분, 연필심	13 (金) 金(쇠금변)
	煙	烟(10)통용 연기, 담배	13 (火) 火(불화변)
	掾	아전, 도울 테두리	13 (木) 手(재방변)
	渷	물 이름 침향	13 (水) 水(삼수변)
	瑌	옥돌	14 (金) 玉(구슬옥변)
	鳶	솔개, 연 나무 연	14 (火) 鳥(새조변)
	演	흐를 윤택할	15 (水) 水(삼수변)
	緣	인연, 이유 가설, 장식	15 (木) 糸(실사변)
	㜣	성(姓)씨 여자의자태	15 (土) 女(여자녀변)
	戭	사람 이름	15 (金) 戈(창과)
	蜵	장구벌레	15 (水) 虫(벌레충)
	燃	탈, 사를 불붙일	16 (火) 火(불화변)
	燕	제비, 잔치 업신여길	16 (火) 火(연화발)
	輭	軟(11)통용 연할, 약할	16 (火) 車(수레거)
	縯	길 당길	17 (木) 糸(실사변)

음	한자	뜻(훈)	획수(자원오행) 부수(명칭)
연	嚥	삼킬 마실	19 (水) 口(입구)
	嬿	아름다울 편할, 안락	19 (土) 女(여자녀변)
	瓀	옥돌	19 (金) 玉(구슬옥변)
	櫞	구연	19 (木) 木(나무목변)
	曣	맑을, 성할 청명할	20 (火) 日(날일변)
	蠕	꿈틀거릴	20 (水) 虫(벌레충)
	臙	연지, 목 인후	22 (水) 肉(육달월)
	醼	잔치, 안락 연회, 주석	23 (金) 酉(닭유)
	讌	잔치, 주연 환담할	23 (金) 言(말씀언변)
열	咽	목멜, 막힐 목구멍	9 (水) 口(입구)
	悅	기쁠, 사랑 심복할	11 (火) 心(심방변)
	說	기뻐할 공경, 아첨	14 (金) 言(말씀언변)
	熱	더울, 바쁠 흥분할	15 (火) 火(연화발)
	閱	볼, 읽을 분간, 지체	15 (木↔金) 門(문문)
	噎	목멜, 근심 울음소리	15 (水) 口(입구)
	潱	물 흐를	16 (水) 水(삼수변)
염	冉	나아갈 연약할	5 (土) 冂(멀경)
	炎	불꽃 더울	8 (火) 火(불화변)

음	한자	뜻(훈)	획수(자원오행) 부수(명칭)
염	染	물들, 전염 염색, 연루	9 (木) 木(나무목변)
	苒	덧없을 풀 우거질	11 (木) 艸(초두밑)
	焰	불꽃, 불빛 불붙을	12 (火) 火(불화변)
	扊	문빗장 처자, 아내	12 (木) 戶(지게호)
	琰	옥 깎을	13 (金) 玉(구슬옥변)
	厭	싫어할 조용, 막을	14 (水) 厂(민엄호밑)
	髥	수염 구렛나루	14 (火) 髟(터럭발)
	閻	한길 이문	16 (木) 門(문문)
	懕	편안할 앓을	18 (火) 心(마음심)
	檿	산뽕나무	18 (木) 木(나무목변)
	艶	艷(24)통용 고울, 예쁠	19 (土) 色(빛색)
	饜	물릴, 포식 흐뭇할	23 (水) 食(밥식변)
	鹽	소금 절일	24 (水) 鹵(소금밭로)
	魘	가위눌릴	24 (火) 鬼(귀신귀)
	艷	艶(19)통용 고울, 예쁠	24 (土) 色(빛색)
	黶	검정사마귀 속이 검을	26 (水) 黑(검을흑)
	灩	물 그득할 물결칠	32 (水) 水(삼수변)
엽	熀	이글거릴 환할	14 (火) 火(불화변)

음	한자	뜻(훈)	획수(자원오행) 부수(명칭)	음	한자	뜻(훈)	획수(자원오행) 부수(명칭)
엽	葉	잎, 장 꽃잎, 후손	15 (木) 艸(초두밑)	영	䁝	똑바로 볼	12 (木) 目(눈목변)
	燁	빛날 번쩍거릴	16 (火) 火(불화변)		渶	물 맑을 강 이름	13 (水) 水(삼수변)
	曄	빛날 광채 날	16 (火) 日(날일변)		煐	빛날 사람이름	13 (火) 火(불화변)
	曅	빛날 광채 날	16 (火) 日(날일변)		塋	무덤, 산소 장지, 매장	13 (土) 土(흙토변)
	爗	빛날 밝힐	20 (火) 火(불화변)		暎	映(9)통용 비칠, 햇빛	13 (火) 日(날일변)
	靨	보조개	23 (火) 面(낯면)		楹	기둥 둥근기둥	13 (木) 木(나무목변)
영	永	길, 영원히 읊을, 깊을	5 (水) 水(물수)		朠	달빛	13 (水) 月(달월변)
	咏	읊을, 시가 노래할	8 (水) 口(입구)		榮	栄•荣•榮 영화, 성할	14 (木) 木(나무목변)
	泳	헤엄 헤엄칠	9 (水) 水(삼수변)		瑛	옥빛 패옥	14 (金) 玉(구슬옥변)
	映	暎(13)통용 비칠, 햇빛	9 (火) 日(날일변)		碤	화반석 물속의 돌	14 (金) 石(돌석변)
	盈	찰, 증가 충만, 교만	9 (金↔水) 皿(그릇명)		郢	띵 이름 절기이름	14 (土) 邑(우부방)
	栐	나무이름	9 (木) 木(나무목변)		影	그림자 화상	15 (火) 彡(터럭삼)
	栄	栄•荣•榮 영화, 성할	9 (木) 木(나무목변)		潁	강 이름 물 이름	15 (水) 水(물수)
	荣	栄•荣•榮 영화, 성할	9 (木) 木(나무목변)		瑩	밝을, 맑을 옥빛, 명백	15 (金) 玉(구슬옥변)
	迎	맞이할 맞출	11 (土) 辵(책받침)		穎	이삭 빼어날	16 (木) 禾(벼화변)
	浧	거침없이흐를 낭독, 앙금	11 (水) 水(삼수변)		嬴	찰, 나타날 바구니	16 (土) 女(여자녀변)
	英	꽃부리 명예, 재주	11 (木) 艸(초두밑)		縈	얽힐 굽을	16 (木) 糸(실사변)
	詠	읊을, 시가 노래할	12 (金) 言(말씀언변)		嶸	산 높을 가파를	17 (土) 山(뫼산변)

음	한자	뜻(훈)	획수(자원오행) 부수(명칭)	음	한자	뜻(훈)	획수(자원오행) 부수(명칭)
영	霙	눈꽃 진눈개비	17 (水) 雨(비우)	예	汭	물속 물굽이	8 (水) 水(삼수변)
	營	경영할 다스릴	17 (火) 火(불화변)		艾	다스릴, 낫 징계, 벨	8 (木) 艸(초두밑)
	鍈	방울소리	17 (金) 金(쇠금변)		兒	연약할	8 (木↔水) 儿(어진사람인)
	嬰	어릴, 더할 연약	17 (土) 女(여자녀변)		枘	장부	8 (木) 木(나무목변)
	濚	瀯(21)통용 물소리	18 (水) 水(삼수변)		羿	사람이름 날아오를	9 (金) 羽(깃우)
	韺	풍류이름	18 (金) 音(소리음)		帠	법	9 (木) 巾(수건건)
	濴	물 흐르를 물돌아나갈	18 (水) 水(삼수변)		芮	물가, 옷솜 방패 끈	10 (木) 艸(초두밑)
	瀛	바다, 늪 못	20 (水) 水(삼수변)		倪	어린이 가장자리	10 (火) 人(사람인변)
	蠑	영원	20 (水) 虫(벌레충)		玴	옥돌	10 (金) 玉(구슬옥변)
	贏	남을, 이득 잉여, 성장	20 (金) 貝(조개패)		拽	끌	10 (木) 手(재방변)
	瀯	濚(18)통용 물소리	21 (水) 水(삼수변)		蚋	파리매 독충	10 (水) 虫(벌레충)
	[illegible]	호위할 지킬	21 (火) 心(심방변)		芸	芸•埶•藝 재주,심을,학문	10 (木) 艸(초두밑)
	瓔	옥돌 구슬목걸이	22 (金) 玉(구슬옥변)		埶	芸•埶•藝 재주,심을,학문	11 (土) 土(흙토변)
	癭	혹, 벙어리 군더더기	22 (水) 疒(병질엄)		堄	성가퀴	11 (土) 土(흙토변)
	纓	갓끈, 새끼 노끈, 오라	23 (木) 糸(실사변)		猊	사자	12 (土) 犬(개사슴록)
예	乂	깎을, 치료 다스릴	2 (金) 丿(삐침)		淣	물가	12 (水) 水(삼수변)
	刈	벨 자를	4 (金) 刀(칼도)		掜	비길 땅길	12 (木) 手(재방변)
	曳	끌릴 고달플	6 (火↔金) 曰(가로왈)		䜜	䜜•睿•叡•壡 밝을, 총명	12 (水) 谷(골곡)

음	한자	뜻(훈)	획수(자원오행) 부수(명칭)	음	한자	뜻(훈)	획수(자원오행) 부수(명칭)
예	裔	후손, 옷단 가선, 변방	13 (木) 衣(옷의)	예	濊	깊을 막힐	17 (水) 水(삼수변)
	詣	이를 도착할	13 (金) 言(말씀언변)		蓺	심을, 다할 끝낼, 과녁	17 (木) 艸(초두밑)
	預	미리 즐길	13 (火) 頁(머리혈)		獩	민족이름	17 (土) 犬(개사슴록)
	睨	흘겨볼 엿볼, 기울	13 (木) 目(눈목변)		繄	창전대 탄성	17 (木) 糸(실사변)
	嫕	유순할	14 (土) 女(여자녀변)		翳	일산, 방패 몸 가리개	17 (火) 羽(깃우)
	嫛	유순할 갓난아이	14 (土) 女(여자녀변)		穢	거칠 더러울	18 (木) 禾(벼화변)
	蜺	무지개 쓰르라미	14 (水) 虫(벌레충)		蕊	蘂(22)통용 꽃술, 열매	18 (木) 艸(초두밑)
	睿	壡•睿•叡•壡 밝을, 총명	14 (木↔火) 目(눈목변)		壡	壡•睿•叡•壡 밝을, 총명	19 (土↔火) 土(흙토변)
	銳	날카로울 날랠	15 (金) 金(쇠금변)		薉	거칠, 잡초 더러울	19 (木) 艸(초두밑)
	[illegible]	다스릴 편안할	15 (金) 辛(매울신)		鯢	도롱뇽 산초어	19 (水) 魚(고기어변)
	[illegible]	재주, 심을 기예, 학문	15 (土) 土(흙토변)		麑	사슴 새끼 사자	19 (土) 鹿(사슴록)
	郳	나라이름 부용국	15 (土) 邑(우부방)		[illegible]	아름다울	19 (金) 殳(갖은등글월문)
	豫	미리 기뻐할	16 (水) 豕(돼지시)		藝	芸•埶•藝 재주,심을,학문	21 (木) 艸(초두밑)
	叡	壡•睿•叡•壡 밝을, 총명	16 (水↔火) 又(또우)		譽	기릴 명예	21 (金) 言(말씀언변)
	霓	무지개 벼락	16 (水) 雨(비우)		蘂	蕊(18)통용 꽃술, 열매	22 (木) 艸(초두밑)
	橤	드리울 꽃술	16 (木) 木(나무목변)		囈	잠꼬대	22 (水) 口(입구)
	瘱	고요할 편안할	16 (水) 疒(병질엄)		鷖	갈매기 검푸른 빛	22 (火) 鳥(새조변)
	瞖	백태 낄	16 (木) 目(눈목변)				

음	한자	뜻(훈)	획수(자원오행) 부수(명칭)	음	한자	뜻(훈)	획수(자원오행) 부수(명칭)
오	午	낮, 정오 다섯, 교착	4 (水↔火) 十(열십)	오	梧	오동나무 책상, 기둥	11 (木) 木(나무목변)
	五	다섯, 오행 제위	5 (木↔土) 二(두이)		晤	만날, 총명 밝을, 대면	11 (火) 日(날일변)
	伍	다섯 사람 대오,동반자	6 (火) 人(사람인변)		敖	놀, 거만할 시끄러울	11 (金) 攵(등글월문)
	仵	짝, 같을 거스를	6 (火) 人(사람인변)		浯	강 이름 오수, 오산	11 (水) 水(삼수변)
	圬	흙손	6 (土) 土(흙토변)		捂	닿을 거스를	11 (木) 手(재방변)
	吾	나, 우리 글읽는소리	7 (水) 口(입구)		迕	거스를 등질, 침범	11 (土↔火) 辵(책받침)
	汚	더러울 더럽힐	7 (水) 水(삼수변)		珸	옥돌 옥빛	12 (金) 玉(구슬옥변)
	吳	오나라 큰소리할	7 (水) 口(입구)		惡	미워할 부끄러울	12 (火) 心(마음심)
	汙	더러울 씻을	7 (水) 水(삼수변)		嗚	탄식할 노랫소리	13 (水) 口(입구)
	旿	밝을 한낮	8 (火) 日(날일변)		塢	둑 마을	13 (土) 土(흙토변)
	忤	거스를 어지러울	8 (火) 心(심방변)		筽	대 이름 버들고리	13 (木) 竹(대죽변)
	俉	맞이할 만날	9 (火) 人(사람인변)		蜈	지네	13 (水) 虫(벌레충)
	俣	갈래지을	9 (火) 人(사람인변)		傲	거만할 업신여길	13 (火) 人(사람인변)
	烏	까마귀 검을	10 (火) 火(연화발)		奧	깊을, 흐릴 그윽할	13 (木) 大(큰대)
	娛	즐길, 농담 안정	10 (土) 女(여자녀변)		茣	풀이름	13 (木) 艸(초두밑)
	唔	글읽는소리	10 (水) 口(입구)		誤	잘못, 의혹 그르칠	14 (金) 言(말씀언변)
	迃	멀	10 (土) 辵(책받침)		寤	잠깰 깨달을	14 (木↔火) 宀(갓머리)
	悟	깨달을 슬기로울	11 (火) 心(심방변)		嗷	시끄러울	14 (水) 口(입구)

음	한자	뜻(훈)	획수(자원오행) 부수(명칭)
오	嫯	교만할 깔볼	14↔12 (土) 女(여자녀변)
	熬	볶을 누울	15 (火) 火(연화발)
	獒	개, 맹견 굼실거릴	15 (土) 犬(개견)
	噁	성낼	15 (水) 口(입구)
	慠	오만할 젠체할	15 (火) 心(심방변)
	墺	물가, 뭍 육지	16 (土) 土(흙토변)
	窹	부엌 깨달을	16 (水) 穴(구멍혈)
	懊	한할, 탐낼 괴로워할	17 (火) 心(심방변)
	澳	깊을 강 이름	17 (水) 水(삼수변)
	燠	따뜻할	17 (火) 火(불화변)
	聱	말듣지않을	17 (火) 耳(귀이)
	謷	헐뜯을 오만할	18 (金) 言(말씀언변)
	遨	놀	18 (土) 辵(책받침)
	襖	웃옷, 겹옷 두루마기	19 (木) 衣(옷의변)
	鏊	번철	19 (金) 金(쇠금변)
	鏖	무찌를 놋동이	19 (金) 金(쇠금변)
	顤	높고 클 굵을	20 (火) 頁(머리혈)
	鼯	날다람쥐	20 (水) 鼠(쥐서)

음	한자	뜻(훈)	획수(자원오행) 부수(명칭)
오	隩	굽이, 깊을 간직할	21 (土) 阜(좌부변)
	驁	준마, 깔볼 오만할	21 (火) 馬(말마변)
	鰲	鼇(24)통용 자라, 가재	22 (水) 魚(고기어변)
	鼇	鰲(22)통용 자라, 가재	24 (土) 黽(맹꽁이맹)
옥	玉	구슬, 옥 임금, 소중	5 (金) 玉(구슬옥변)
	沃	기름질 물댈	8 (水) 水(삼수변)
	屋	집, 주거 지붕, 덮개	9 (水↔木) 尸(주검시)
	鈺	보배 쇠	13 (金) 金(쇠금변)
	獄	감옥 송사	14 (土) 犬(개사슴록)
온	昷	𥁕(10)통용 어질, 온화	9 (火) 日(날일변)
	𥁕	昷(9)동용 어질, 온화	10 (水) 皿(그릇명)
	媪	할머니 노모, 여자	12 (土) 女(여자녀변)
	媼	할머니 노모, 여자	13 (土) 女(여자녀변)
	溫	따뜻할 온천, 쌓을	14 (水) 水(삼수변)
	榲	기둥 마르멜로	14 (木) 木(나무목변)
	慍	성낼, 화낼 원망할	14 (火) 心(심방변)
	氳	기운 성할 기운 어릴	14 (水) 气(기운기)
	熅	숯불, 더울 다릴	14 (火) 火(불화변)

음	한자	뜻(훈)	획수(자원오행) 부수(명칭)	음	한자	뜻(훈)	획수(자원오행) 부수(명칭)
온	稳	穩(19)통용 평안, 신중	14 (木) 禾(벼화변)	옹	禺	땅 이름 짐승이름	9 (土) 禸(자귀유)
온	瑥	사람이름	15 (金) 玉(구슬옥변)	옹	翁	늙은이 아버지	10 (火) 羽(깃우)
온	瘟	염병, 온역 괴로워할	15 (水) 疒(병질엄)	옹	邕	막힐, 화할 화락할	10 (土) 邑(우부방)
온	榲	번성할	15 (木) 禾(벼화변)	옹	喁	숨쉴 쳐다볼	12 (木) 口(입구)
온	縕	헌솜 어지러울	16 (木) 糸(실사변)	옹	雍	화할, 막을 화목할	13 (火) 隹(새추)
온	轀	수레	17 (火) 車(수레거)	옹	滃	구름일 샘이 솟을	14 (水) 水(삼수변)
온	醞	빚을, 온화 조화	17 (金) 酉(닭유)	옹	壅	막을 북돋을	16 (土) 土(흙토변)
온	穩	稳(14)통용 평안, 신중	19 (木) 禾(벼화변)	옹	蓊	동, 장다리 우거질	16 (木) 艸(초두밑)
온	馧	향기로울	19 (木) 香(향기향)	옹	擁	안을 막을	17 (木) 手(재방변)
온	饐	보리 먹을 밥이 쉴	19 (水) 食(밥식변)	옹	甕	독 단지	18 (土) 瓦(기와와)
온	韞	감출, 활집 상자	19 (金) 韋(가죽위)	옹	癰	등창	18 (水) 疒(병질엄)
온	薀	붕어마름 쌓을, 익힐	19 (木) 艸(초두밑)	옹	雝	화락할 막을, 늪	18 (火) 隹(새추)
온	蘊	쌓을 간직할	22 (木) 艸(초두밑)	옹	顒	엄숙할 온화할	18 (火) 頁(머리혈)
올	兀	우뚝할 위태로울	3 (木↔土) 儿(어진사람인)	옹	罋	독, 두레박 항아리	19 (土) 缶(장군부)
올	杌	위태로울 걸상	7 (木) 木(나무목변)	옹	廱	허락할 막을, 학사	21 (木) 广(엄호밑)
올	嗢	목멜 크게 웃을	13 (水) 口(입구)	옹	饔	조반 조리할	22 (水) 食(밥식변)
올	膃	살찔, 병들 물개, 해구	16 (水) 肉(육달월)	옹	灉	등창 악창	23 (水) 疒(병질엄)
옹	瓮	독 항아리	9 (土) 瓦(기와와)	와	瓦	기와 질그릇	5 (土) 瓦(기와와)

음	한자	뜻(훈)	획수(자원오행) 부수(명칭)	음	한자	뜻(훈)	획수(자원오행) 부수(명칭)
와	囮	후림새 속일	7 (水↔土) 口(큰입구)	완	妧	좋을 고울	7 (土) 女(여자녀변)
	臥	누울 침실	8 (土) 臣(신하신)		岏	산 높을 산봉우리	7 (土) 山(뫼산변)
	枙	옹이	8 (木) 木(나무목변)		宛	굽을 완연할	8 (木) 宀(갓머리)
	哇	토할, 아첨 음란할	9 (水) 口(입구)		抏	꺾을 무지러질	8 (木) 手(재방변)
	洼	웅덩이, 못 강 이름	10 (水) 水(삼수변)		杬	나무이름 어루만질	8 (木) 木(나무목변)
	窊	우묵할 우묵한 땅	10 (水) 穴(구멍혈)		忨	탐할 아낄	8 (火) 心(심방변)
	訛	거짓말 그릇될	11 (金) 言(말씀언변)		玩	장난, 익힐 사랑할	9 (金) 玉(구슬옥변)
	婐	날씬할	11 (土) 女(여자녀변)		垸	바를, 칠할 굴러갈	10 (土) 土(흙토변)
	蛙	음란할 개구리	12 (水) 虫(벌레충)		盌	주발	10 (金) 皿(그릇명)
	渦	소용돌이 보조개	13 (水) 水(삼수변)		浣	씻을, 말미 열흘	11 (水) 水(삼수변)
	猧	발바리	13 (土) 犬(개사슴록)		婠	품성 좋을 예쁠, 살찔	11 (土) 女(여자녀변)
	窩	굴 움집	14 (水) 穴(구멍혈)		婉	아름다울 순할	11 (土) 女(여자녀변)
	窪	웅덩이 맑은 물	14 (水) 穴(구멍혈)		梡	도마 땔나무	11 (木) 木(나무목변)
	蝸	고둥 달팽이	15 (水) 虫(벌레충)		琓	서옥 사람이름	12 (金) 玉(구슬옥변)
	萵	상추	15 (木) 艸(초두밑)		椀	주발 바리	12 (木) 木(나무목변)
	譌	거짓말 거짓, 요언	19 (金) 言(말씀언변)		阮	관문이름 나라이름	12 (土) 阜(좌부변)
완	刓	깎을, 닳을 깎아 둥글	6 (金) 刀(칼도)		惋	탄식할	12 (火) 心(심방변)
	完	완전할 튼튼할	7 (木) 宀(갓머리)		涴	물 흐를 물 굽이칠	12 (水) 水(삼수변)

음	한자	뜻(훈)	획수(자원오행) 부수(명칭)	음	한자	뜻(훈)	획수(자원오행) 부수(명칭)
완	莞	왕골, 골풀 웃을	13 (木) 艸(초두밑)	왜	娃	예쁠 미인	9 (土) 女(여자녀변)
	琬	아름다운옥 홀	13 (金) 玉(구슬옥변)		歪	기울 삐뚤어질	9 (土) 止(그칠지)
	碗	식기, 사발 주발	13 (金) 石(돌석변)		倭	왜국 일본	10 (火) 人(사람인변)
	脘	밥통 위	13 (水↔土) 肉(육달월)		媧	여신 사람이름	12 (土) 女(여자녀변)
	頑	둔할 완고할	13 (火) 頁(머리혈)		矮	난장이 키 작을	13 (金) 矢(화살시)
	腕	팔뚝, 손 재주, 기량	14 (水↔木) 肉(육달월)	외	外	밖, 외국 외댈	5 (水↔火) 夕(저녁석)
	緩	느릴 부드러울	15 (木) 糸(실사변)		畏	두려워할 두려움	9 (土) 田(밭전)
	翫	희롱할 탐할, 연습	15 (火) 羽(깃우)		偎	어렴풋할 친근할	11 (火) 人(사람인변)
	豌	완두	15 (木) 豆(콩두)		嵔	구불구불할 산 이름	12 (土) 山(뫼산변)
	鋺	식기, 주발 바리	16 (金) 金(쇠금변)		崴	산 높을 높고 험할	12 (土) 山(뫼산변)
왈	曰	가로되 이에, 이를	4 (火) 曰(가로왈)		嵬	높을 허망할	13 (土) 山(뫼산변)
왕	王	임금, 으뜸 왕성, 갈	4↔部:5(金) 玉(구슬옥변)		猥	함부로 더러울	13 (土) 犬(개사슴록)
	往	갈, 보낼 과거, 이후	8 (火) 彳(두인변)		渨	잠길 더러워질	13 (水) 水(삼수변)
	旺	고울 왕성할	8 (火) 日(날일변)		煨	불씨 구울	13 (火) 火(불화변)
	汪	넓을, 연못 바다, 눈물	8 (水) 水(삼수변)		碨	우툴두툴할 고르지않은	14 (金) 石(돌석변)
	枉	굽을, 복종 능멸, 원통	8 (木) 木(나무목변)		磈	높고 험할 돌 많을	15 (金) 石(돌석변)
	迋	갈 향할	12 (土) 辵(책받침)		聵	귀머거리 발등, 껍질	18 (火) 耳(귀이변)
	瀇	깊을 물깊고넓을	19 (水) 水(삼수변)		隗	험할 산 이름	18 (土) 阜(좌부변)

음	한자	뜻(훈)	획수(자원오행) 부수(명칭)
외	巍	높고 클 장원할	21 (土) 山(뫼산변)
요	幺	작을, 어릴 어두울	3 (水) 幺(작을요)
	夭	요절, 어릴 굽힐, 성할	4 (木↔水) 大(큰대)
	凹	오목할 팬 곳	5 (水) 凵(위튼입구)
	妖	요사, 요염 재앙, 요괴	7 (土) 女(여자녀변)
	坳	우묵할	8 (土) 土(흙토변)
	殀	일찍 죽을 죽일	8 (水) 歹(죽을사)
	要	중요, 요약 요구, 요긴	9 (金) 襾(덮을아)
	姚	예쁠 날랠	9 (土) 女(여자녀변)
	拗	꺾을 부러뜨릴	9 (木) 手(재방변)
	祅	재앙	9 (木) 示(보일시)
	窔	깊을 지도리소리	9 (水) 穴(구멍혈)
	窈	고요할 그윽할	10 (水) 穴(구멍혈)
	窅	움펑눈 멀리 볼	10 (水) 穴(구멍혈)
	偠	호리호리할 단아할	11 (火) 人(사람인변)
	堯	높을 요임금	12 (土) 土(흙토변)
	喓	벌레소리	12 (水) 口(입구)
	徭	부역 구실	13 (火) 彳(두인변)
요	搖	흔들 움직일	14 (木) 手(재방변)
	僥	요행 바랄	14 (火) 人(사람인변)
	暚	밝을 햇빛	14 (火) 日(날일변)
	腰	허리, 신장 밑동, 기슭	15 (水) 肉(육달월)
	嶢	산 높을	15 (土) 山(뫼산변)
	瑤	옥돌 아름다울	15 (金) 玉(구슬옥변)
	窯	가마 오지그릇	15 (水) 穴(구멍혈)
	樂	좋아할 바랄	15 (木) 木(나무목변)
	墝	메마른 우툴두툴할	15 (土) 土(흙토변)
	嬈	예쁠 아름다울	15 (土) 女(여자녀변)
	橈	꺾을 굽을	16 (木) 木(나무목변)
	徼	구할, 경계 순찰할	16 (火) 彳(두인변)
	澆	물댈 경박할	16 (水) 水(삼수변)
	遙	멀 거닐	17 (土) 辵(책받침)
	謠	노래할 소문	17 (金) 言(말씀언변)
	繇	역사 부역	17 (木) 糸(실사변)
	曜	요일, 빛날 일월성신	18 (火) 日(날일변)
	燿	빛날 비칠	18 (火) 火(불화변)

음	한자	뜻(훈)	획수(자원오행) 부수(명칭)
요	繞	얽을 두를	18 (木) 糸(실사변)
	蟯	요충 촌충	18 (水) 虫(벌레충)
	蕘	땔나무 나무꾼	18 (木) 艸(초두밑)
	擾	요란할 어지러울	19 (木) 手(재방변)
	遶	두를	19 (土) 辵(책받침)
	耀	빛날, 광채 영광, 현혹	20 (火) 羽(깃우)
	邀	맞을 초대할	20 (土) 辵(책받침)
	饒	넉넉할 용서할	21 (水) 食(밥식변)
	鷂	새매 오색의 꿩	21 (火) 鳥(새조변)
욕	辱	욕볼 욕되게 할	10 (土) 辰(별진)
	欲	하고자할 욕심	11 (火↔金) 欠(하품흠)
	浴	목욕 미역 감길	11 (水) 水(삼수변)
	溽	무더울 기름질	14 (水) 水(삼수변)
	慾	욕심 탐낼	15 (火) 心(마음심)
	縟	무늬 화문 놓을	16 (木) 糸(실사변)
	褥	요 까는 침구	16 (木) 衣(옷의변)
	蓐	자리, 거적 산실, 잠족	16 (木) 艸(초두밑)
용	冗	宂(5)통용 무익, 여가	4 (木) 冖(민갓머리)

음	한자	뜻(훈)	획수(자원오행) 부수(명칭)
용	宂	冗(4)통용 무익, 여가	5 (木) 宀(갓머리)
	用	쓸, 등용 시행, 베풀	5 (水) 用(쓸용)
	甬	길 물 솟을	7 (水) 用(쓸용)
	勇	날랠 용감할	9 (土) 力(힘력변)
	俑	목우 목우인형	9 (火) 人(사람인변)
	容	얼굴, 담을 용서할	10 (木) 宀(갓머리)
	埇	길돋울 땅이름	10 (土) 土(흙토변)
	戜	사나울 날랠	10 (金) 戈(창과)
	庸	고용할 범상할	11 (木) 广(엄호밑)
	涌	湧(13)통용 솟을, 오를	11 (水) 水(삼수변)
	舂	방아 찧을 해질	11 (土↔金) 臼(절구구)
	茸	우거질 녹용, 버섯	12 (木) 艸(초두밑)
	傛	아름다울 용화	12 (火) 人(사람인변)
	硧	숫돌	12 (金) 石(돌석변)
	湧	涌(11)통용 솟을, 오를	13 (水) 水(삼수변)
	傭	품팔이 임금	13 (火) 人(사람인변)
	嵱	산 이름 울쑥불쑥한	13 (土) 山(뫼산변)
	蛹	번데기 초파리	13 (水) 虫(벌레충)

음	한자	뜻(훈)	획수(자원오행) 부수(명칭)
용	溶	녹을 질펀히흐를	14 (水) 水(삼수변)
	榕	용나무 나무이름	14 (木) 木(나무목변)
	踊	뛸 오를	14 (土) 足(발족변)
	墉	담 성채	14 (土) 土(흙토변)
	慂	권할 억지로권유	14 (火) 心(마음심)
	熔	鎔(18)통용 놀일, 주조	14 (火) 火(불화변)
	瑢	옥 소리	15 (金) 玉(구슬옥변)
	槦	나무이름 화살대	15 (木) 木(나무목변)
	慵	게으를 마음에안들	15 (火) 心(심방변)
	憃	천치 우매할	15 (火) 心(마음심)
	蓉	부용 연꽃	16 (木) 艸(초두밑)
	踴	뛸, 춤출 오를, 신발	16 (土) 足(발족변)
	聳	솟을 솟게 할	17 (火) 耳(귀이변)
	鎔	熔(14)통용 놀일, 주조	18 (金) 金(쇠금변)
	鏞	쇠북 큰 종	19 (金) 金(쇠금변)
우	又	또, 더욱 용서할	2 (水) 又(또우)
	于	어조사 행할, 광대	3 (木↔水) 二(두이변)
	牛	소, 별이름 희생, 고집	4 (土) 牛(소우변)
우	友	벗, 우애 사랑, 순종	4 (水) 又(또우)
	尤	더욱, 으뜸 허물, 원한	4 (土) 尢(절름발이왕)
	右	오른, 우익 숭상, 서쪽	5 (水) 口(입구)
	宇	집, 하늘 천하, 도량	6 (木) 宀(갓머리)
	圩	둑 우목할	6 (土) 土(흙토변)
	羽	깃, 새 살깃, 부채	6 (火) 羽(깃우)
	吁	탄식할 숨 내쉴	6 (水) 口(입구)
	佑	도울, 도움 올릴, 진헌	7 (火) 人(사람인변)
	旴	클, 해뜰 해뜨는모양	7 (火) 日(날일변)
	扜	당길 끌어당길	7 (木) 手(재방변)
	杅	잔, 누를 물그릇	7 (木) 木(나무목변)
	[illegible]	雨(8)통용 비, 비올	7 (水) 水(물수)
	雨	[illegible](7)통용 비, 비올	8 (水) 雨(비우)
	玗	옥돌	8 (金) 玉(구슬옥변)
	盂	사발 밥그릇	8 (金) 皿(그릇명)
	盱	쳐다볼 부릅뜰	8 (木) 目(눈목변)
	禹	임금, 벌레 곡척, 도울	9 (土) 禸(자귀유)
	紆	굽을 얽을	9 (木) 糸(실사변)

음	한자	뜻(훈)	획수(자원오행) 부수(명칭)	음	한자	뜻(훈)	획수(자원오행) 부수(명칭)
우	芋	토란, 덮을 보유할	9 (木) 艸(초두밑)	우	愚	어리석을 우직,고지식	13 (火) 心(마음심)
	俁	얼굴 클	9 (火) 人(사람인변)		虞	헤아릴 염려할	13 (火) 虍(범호)
	疣	사마귀 군살	9 (水) 疒(병질엄)		麀	암사슴	13 (土) 鹿(사슴록)
	竽	피리, 괴수 두목	9 (木) 竹(대죽변)		瑀	패옥 옥돌	14 (金) 玉(구슬옥변)
	祐	복, 도울 올릴, 진헌	10 (木) 示(보일시)		雨羽	물소리 깃털, 살깃	14 (水) 雨(비우)
	迂	굽을 멀	10 (土) 辵(책받침)		禑	복	14 (木) 示(보일시)
	邘	땅 이름	10 (土) 邑(우부방)		憂	근심, 고통 질병, 상중	15 (火) 心(마음심)
	偶	짝, 짝수 만날, 배필	11 (火) 人(사람인변)		郵	역발, 우편 오두막집	15 (土) 邑(우부방)
	釪	창고달 바리때	11 (金) 金(쇠금변)		慪	공경, 삼갈 화낼, 유혹	15 (火) 心(심방변)
	雩	기우제 기우제지낼	11 (水) 雨(비우)		耦	짝, 쌍 상대자	15 (木↔金) 耒(쟁기뢰)
	盓	소용돌이칠 물소용돌이	11 (金↔水) 皿(그릇명)		遇	만날 대접할	16 (土) 辵(책받침)
	偊	혼자 걸을 구부릴	11 (火) 人(사람인변)		踽	홀로 갈 곱사등이	16 (土) 足(발족변)
	寓	부칠, 위탁 기탁, 우거	12 (木) 宀(갓머리)		優	넉넉할 뛰어날	17 (火) 人(사람인변)
	堣	모퉁이 땅이름	12 (土) 土(흙토변)		隅	모퉁이, 귀 구석, 절개	17 (土) 阜(좌부변)
	嵎	산모롱이 구석	12 (土) 山(뫼산변)		燠	따뜻할 불안할	17 (火) 火(불화변)
	庽	머무를	12 (木) 广(엄호밑)		鍝	톱 귀고리	17 (金) 金(쇠금변)
	亴	날 날아갈	13 (火) 亠(돼지해밑)		謣	망령될 망언	18 (金) 言(말씀언변)
	惆	기뻐할 황홀할	13 (火) 心(심방변)		麌	수사슴 무리	18 (土) 鹿(사슴록)

음	한자	뜻(훈)	획수(자원오행) 부수(명칭)
우	藕	연 연뿌리	21 (木) 艸(초두밑)
	耰	씨 덮을 갈, 곰방메	21 (木↔金) 耒(쟁기뢰)
	齲	충치, 덧니 이가 아플	24 (金) 齒(이치)
욱	旭	아침 해 해뜰, 만족	6 (火) 日(날일변)
	昱	빛날, 환할 햇빛 밝을	9 (火) 日(날일변)
	彧	문채, 광채 무성할	10 (火) 彡(터럭삼)
	栯	산 앵두	10 (木) 木(나무목변)
	勖	힘쓸, 노력 권면할	11 (土) 力(힘력변)
	煜	빛날 불꽃	13 (火) 火(불화변)
	郁	땅이름 성할	13 (土) 邑(우부방)
	頊	삼갈 멍할	13 (火) 頁(머리혈)
	稢	稶(15)통용 서직무성할	13 (木) 禾(벼화변)
	稶	稢(13)통용 서직무성할	15 (木) 禾(벼화변)
	戫	빛날, 빠를 문채 날	16 (火) 彡(터럭삼)
	燠	위로할 위태할	17 (火) 火(불화변)
운	云	이를, 구름 운행, 하늘	4 (木↔水) 二(두이변)
	夽	높을 클	7 (木) 大(큰대)
	沄	넓을 돌아 흐를	8 (水) 水(삼수변)

음	한자	뜻(훈)	획수(자원오행) 부수(명칭)
운	耘	김맬 없앨	10 (木↔金) 耒(쟁기뢰)
	芸	궁궁이 평지, 향기	10 (木) 艸(초두밑)
	員	더할 늘릴	10 (水) 口(입구)
	紜	어지러울 많을	10 (木) 糸(실사변)
	雲	구름, 습기 높음, 많음	12 (水) 雨(비우)
	暈	무리, 멀미 달무리	13 (火) 日(날일변)
	惲	중후할	13 (火) 心(심방변)
	韵	운치, 운 정취, 기호	13 (金) 音(소리음)
	殞	죽을 떨어질	14 (水) 歹(죽을사)
	熉	누런빛 누런 모양	14 (火) 火(불화변)
	䆬	떨이질 추락, 죽을	15 (水) 穴(구멍혈)
	運	옮길, 운 궁리, 운용	16 (土) 辵(책받침)
	澐	큰물결 큰 물결일	16 (水) 水(삼수변)
	賱	재운 넉넉할	16 (金) 貝(조개패)
	橒	나무무늬 나무이름	16 (木) 木(나무목변)
	篔	䉙(18)통용 왕대,대이름	16 (木) 竹(대죽변)
	鄆	나라이름 땅이름	17 (土) 邑(우부방)
	䉙	篔(16)통용 왕대,대이름	18 (木) 竹(대죽변)

음	한자	뜻(훈)	획수(자원오행) 부수(명칭)
운	蕓	평지, 향기 궁궁이	18 (木) 艸(초두밑)
	隕	잃을 떨어질	18 (土) 阜(좌부변)
	霣	떨어질 구름, 비	18 (水) 雨(비우)
	韻	울림 운치	19 (金) 音(소리음)
	䪳	둥글 훈훈할	19 (火) 頁(머리혈)
울	乯	땅이름	4 (木) 乙(새을)
	菀	무성할	14 (木) 艸(초두밑)
	蔚	고을이름 빽빽할	17 (木) 艸(초두밑)
	鬱	답답할 우울, 울창	29 (木) 鬯(울창주창)
웅	雄	수컷, 굳셀 뛰어날	12 (火) 隹(새추)
	熊	곰 빛날	14 (火) 火(연화발)
원	元	으뜸 근원	4 (木) 儿(어진사람인)
	沅	강 이름 물 이름	8 (水) 水(삼수변)
	朊	달빛희미할 알부민	8 (水) 月(달월변)
	杬	나무이름 주무를	8 (木) 木(나무목변)
	怨	원망할 원수	9 (火) 心(마음심)
	垣	담, 담장 별이름	9 (土) 土(흙토변)
	爰	이에, 곧 성낼, 속일	9 (木) 爪(손톱조)

음	한자	뜻(훈)	획수(자원오행) 부수(명칭)
원	貟	員(10)통용 인원, 관원	9 (金↔水) 貝(조개패)
	員	貟(9)통용 인원, 관원	10 (水) 口(입구)
	原	근원, 언덕 저승, 벌판	10 (土) 厂(민엄호밑)
	袁	옷깃 옷치렁거릴	10 (木) 衣(옷의변)
	洹	물 이름 세차게흐를	10 (水) 水(삼수변)
	笎	대 무늬	10 (木) 竹(대죽변)
	倇	즐거워할 권할, 사색	10 (火) 人(사람인변)
	芫	팥꽃나무	10 (木) 艸(초두밑)
	冤	寃(11)통용 원통할,원수	10 (水) 冖(민갓머리)
	寃	冤(10)통용 원통할,원수	11 (木↔水) 宀(갓머리)
	苑	동산, 쌓일 문채 날	11 (木) 艸(초두밑)
	婉	고울 아름다울	11 (土) 女(여자녀변)
	媛	여자, 미인 예쁜, 궁녀	12 (土) 女(여자녀변)
	阮	관청 이름 나라이름	12 (土) 阜(좌부변)
	園	동산, 담장 뜰, 밭, 능	13 (水↔木) 囗(큰입구)
	圓	둥글, 원만 둘레, 온전	13 (水↔土) 囗(큰입구)
	援	당길 구조할	13 (木) 手(재방변)
	嫄	사람이름 여자의 자	13 (土) 女(여자녀변)

음	한자	뜻(훈)	획수(자원오행) 부수(명칭)
원	湲	맑을 물 흐를	13 (水) 水(삼수변)
	楥	느티나무	13 (木) 木(나무목변)
	猨	원숭이	13 (土) 犬(개사슴록)
	源	근원, 기원 수원, 출처	14 (水) 水(삼수변)
	瑗	옥, 구슬 도리옥	14 (金) 玉(구슬옥변)
	愿	원할, 삼갈성실, 공손	14 (火) 心(마음심)
	猿	원숭이	14 (土) 犬(개사슴록)
	蜿	구불거릴 지렁이	14 (水) 虫(벌레충)
	院	집, 절, 담 마을, 관아	15 (土) 阜(좌부변)
	褑	패옥 띠 옷	15 (木) 衣(옷의변)
	鴛	원앙 원앙새	16 (火) 鳥(새조변)
	鋺	식기 양수사	16 (金) 金(쇠금변)
	遠	멀, 깊을 추방, 오랠	17 (土) 辵(책받침)
	轅	끌채 멍에 채	17 (火) 車(수레거)
	謜	천천히말할 끊임없을	17 (金) 言(말씀언변)
	黿	자라, 영원 바다거북	17 (土) 黽(맹꽁이맹)
	願	바랄, 소망 사모할	19 (火) 頁(머리혈)
	薗	동산	19 (木) 艸(초두밑)

음	한자	뜻(훈)	획수(자원오행) 부수(명칭)
원	鵷	원추새	19 (火) 鳥(새조변)
	騵	흰배월따말	20 (火) 馬(말마변)
	邍	넓은 들판 넓은 언덕	23 (土) 辵(책받침)
월	月	달, 세월 광음, 달빛	4 (水) 月(달월변)
	刖	벨, 자름 위태로움	6 (金) 刀(칼도)
	越	넘을, 지날 멀리할	12 (火) 走(달릴주)
	粵	어조사 종족이름	12 (木) 米(쌀미변)
	鉞	도끼 뛰어넘을	13 (金) 金(쇠금변)
위	危	위태할 두려워할	6 (火↔金) 卩(병부절)
	位	자리, 지위 왕위, 방위	7 (火) 人(사람인변)
	委	맡길, 버릴 옹용할	8 (土) 女(여자녀변)
	威	위엄, 세력 공덕, 형벌	9 (土) 女(여자녀변)
	韋	가죽 어길	9 (金) 韋(가죽위)
	偉	클, 기이할 성할, 위대	11 (火) 人(사람인변)
	胃	밥통, 마음 별이름	11 (水↔土) 肉(육달월)
	尉	벼슬, 편안 위로할	11 (土) 寸(마디촌)
	爲	할, 위할 다스릴	12 (金) 爪(손톱조)
	圍	둘레, 에울 포위, 아람	12 (水↔土) 口(큰입구)

음	한자	뜻(훈)	획수(자원오행) 부수(명칭)	음	한자	뜻(훈)	획수(자원오행) 부수(명칭)
위	喟	한숨	12 (水) 口(입구)	위	衛	지킬, 막을 경영, 의심	15 (火) 行(다닐행)
	幃	휘장, 향낭 부인의정복	12 (木) 巾(수건건)		謂	이를, 설명 고할, 힘쓸	16 (金) 言(말씀언변)
	暐	환할 햇빛	13 (火) 日(날일변)		衞	지킬, 막을 경영, 의심	16 (火) 行(다닐행)
	渭	물 이름 강 이름	13 (水) 水(삼수변)		違	어길 달아날	16 (土) 辵(책받침)
	痿	저릴 음위증	13 (水) 疒(병질엄)		闈	대궐작은문 쪽문	17 (木) 門(문문)
	骫	굽을, 방기 모여들	13 (金) 骨(뼈골)		餧	먹일, 밥 음식물	17 (水) 食(밥식변)
	僞	거짓 속일	14 (火) 人(사람인변)		魏	높을 나라이름	18 (火) 鬼(귀신귀)
	萎	마를 시들	14 (木) 艸(초두밑)		蔿	애기 풀 고을이름	18 (木) 艸(초두밑)
	瑋	옥 진기할	14 (金) 玉(구슬옥변)		韙	옳을 바를	18 (金) 韋(가죽위)
	緯	씨줄, 주관 예언서	15 (木) 糸(실사변)		韡	활짝 필 성할, 빛날	21 (金) 韋(가죽위)
	慰	위로할 위안할	15 (火) 心(마음심)	유	尤	망설일 게으를	4 (木) 冖(민갓머리)
	葦	갈대 작은 배	15 (木) 艸(초두밑)		由	말미암을 좇을, 까닭	5 (土) 田(밭전)
	蝟	고슴도치 운집할	15 (水) 虫(벌레충)		幼	어릴 어릴 때	5 (火) 幺(작을요)
	褘	아름다울 장막	15 (木) 衣(옷의변)		有	있을 가질	6 (水) 月(달월변)
	熨	덥게 할 고약, 다릴	15 (火) 火(불화변)		酉	닭, 술 연못, 물댈	7 (金) 酉(닭유)
	葳	우거질 능소화	15 (木) 艸(초두밑)		攸	곳, 달릴 아득할	7 (金) 攵(등글월문)
	諉	핑계할 맡길, 전가	15 (金) 言(말씀언변)		臾	잠깐, 잠시 비옥, 활	8 (土) 臼(절구구)
	逶	구불구불갈	15 (土) 辵(책받침)		侑	권할, 도울 배식, 용서	8 (火) 人(사람인변)

음	한자	뜻(훈)	획수(자원오행) 부수(명칭)
유	乳	젖, 유방 기를, 부화	8 (木→水) 乙(새을변)
	呦	울	8 (水) 口(입구)
	油	기름, 광택 유막, 유동	9 (水) 水(삼수변)
	柔	부드러울 복종할	9 (木) 木(나무목변)
	幽	그윽할 숨을	9 (火) 幺(작을요)
	宥	너그러울 용서, 도울	9 (木) 宀(갓머리)
	俞	兪(9)통용 대답, 수긍	9 (木↔土) 入(들입)
	兪	俞(9)통용 대답, 수긍	9 (木↔土) 入(들입)
	柚	유자나무	9 (木) 木(나무목변)
	囿	동산, 담장 영토, 모일	9 (水↔木) 囗(큰입구)
	姷	짝	9 (土) 女(여자녀변)
	泑	잿물	9 (水) 水(삼수변)
	洧	물 이름 땅 이름	10 (水) 水(삼수변)
	秞	무성할 곡식무성할	10 (木) 禾(벼화변)
	唯	오직, 다만 대답할	11 (水) 口(입구)
	悠	멀 한가할	11 (火) 心(마음심)
	婑	아리따울 날씬할	11 (土) 女(여자녀변)
	蚰	그리마	11 (水) 虫(벌레충)

음	한자	뜻(훈)	획수(자원오행) 부수(명칭)
유	聈	고요할	11 (火) 耳(귀이변)
	帷	휘장, 장막 덮개	11 (木) 巾(수건건)
	蚴	꿈틀거릴 나나니벌	11 (水) 虫(벌레충)
	甤	꽃, 꽃술 장식, 유빈	12 (木↔水) 生(날생)
	惟	생각할 오직, 홀로	12 (火) 心(심방변)
	庾	곳집 미곡창고	12 (木) 广(엄호밑)
	喩	깨달을 좋아할	12 (水) 口(입구)
	釉	광택, 보배 보물, 잿물	12 (金) 釆(분별할변)
	莠	강아지풀 추할	13 (木) 艸(초두밑)
	裕	넉넉할 너그러울	13 (木) 衣(옷의변)
	愈	나을, 고칠 즐길, 근심	13 (火) 心(마음심)
	楡	느릅나무	13 (木) 木(나무목변)
	猶	원숭이 오히려	13 (土) 犬(개사슴록)
	猷	꾀, 모략 법칙, 공적	13 (土) 犬(개견)
	愉	기뻐할 즐길	13 (火) 心(심방변)
	琟	옥돌 새 이름	13 (金) 玉(구슬옥변)
	揄	끌 이끌	13 (木) 手(재방변)
	楢	졸참나무 내 이름	13 (木) 木(나무목변)

음	한자	뜻(훈)	획수(자원오행) 부수(명칭)	음	한자	뜻(훈)	획수(자원오행) 부수(명칭)
유	游	헤엄칠 여행, 교제	13 (水) 水(삼수변)	유	腴	살찔, 창자 기름질	15 (水↔土) 肉(육달월)
	渪	濡(18)통용 젖을, 베풀	13 (水) 水(삼수변)		蝤	하루살이	15 (水) 虫(벌레충)
	湵	물 이름	13 (水) 水(삼수변)		褕	고울, 홑옷 옷아름다울	15 (木) 衣(옷의변)
	揉	주무를 휠, 섞일	13 (木) 手(재방변)		遊	놀, 여행 유세할	16 (土) 辵(책받침)
	逌	만족할 어조사	14 (土) 辵(책받침)		儒	선비, 유교 학자, 유약	16 (火) 人(사람인변)
	維	밧줄, 맬 벼리, 오직	14 (木) 糸(실사변)		諛	아첨할 비위맞출	16 (金) 言(말씀언변)
	誘	꾈, 유혹 가르칠	14 (金) 言(말씀언변)		諭	인도할 깨우칠	16 (金) 言(말씀언변)
	瑜	옥 옥빛	14 (金) 玉(구슬옥변)		踰	넘을, 건널 물가언덕	16 (土) 足(발족변)
	瑈	옥 이름	14 (金) 玉(구슬옥변)		蹂	밟을, 빠를 축축할	16 (土) 足(발족변)
	需	부드러울 나약할	14 (水) 雨(비우)		逾	멀 넘을	16 (土) 辵(책받침)
	瘉	병 나을 해칠,뛰어날	14 (水) 疒(병질엄)		孺	젖 먹을 젖먹이	17 (水) 子(아들자)
	瘐	앓을 속박할	14 (水) 疒(병질엄)		鍮	놋쇠 자연동	17 (金) 金(쇠금변)
	窬	협문, 뒷간 작은 문	14 (水) 穴(구멍혈)		黝	검푸를 검은 흙	17 (水) 黑(검을흑)
	緌	갓끈, 기 앞치마 끈	14 (木) 糸(실사변)		鮪	다랑어	17 (水) 魚(고기어변)
	萸	수유 풀이름	15 (木) 艸(초두밑)		濡	渪(13)통용 젖을, 베풀	18 (水) 水(삼수변)
	牖	들창 깨우칠	15 (木) 片(조각편)		癒	병 나을 해칠,뛰어날	18 (水) 疒(병질엄)
	窳	이지러질 나태, 문란	15 (水) 穴(구멍혈)		曘	어두울 물정어둘	18 (火) 日(날일변)
	糅	섞을 잡곡밥	15 (木) 米(쌀미변)		鼬	족제비	18 (水) 鼠(쥐서)

음	한자	뜻(훈)	획수(자원오행) 부수(명칭)
유	鞣	다룸가죽 무두질	18 (金) 革(가죽혁)
	蕕	누린내 풀	18 (木) 艸(초두밑)
	蕤	꽃, 꽃술 장식, 유빈	18 (木) 艸(초두밑)
	遺	남을 남길	19 (土) 辵(책받침)
	壝	제단	19 (土) 土(흙토변)
	讉	성낼, 통변 꾸짖을	23 (金) 言(말씀언변)
	龥	부를, 고를 조화	26 (火) 龠(피리약)
	籲	부를, 구할 부르짖을	32 (木) 竹(대죽변)
육	肉	고기, 몸 혈연, 살	6 (水) 肉(고기육)
	育	기를, 어릴 자랄, 낳을	10 (水) 肉(육달월)
	堉	기름진 땅	11 (土) 土(흙토변)
	毓	기를 번성할	14 (土) 毋(말무)
	儥	팔, 살 물건살사람	17 (火) 人(사람인변)
윤	尹	다스릴 벼슬, 믿음	4 (水) 尸(주검시)
	允	진실로, 맏 믿음, 아첨	4 (木↔土) 儿(어진사람인)
	昀	햇빛 일광	8 (火) 日(날일변)
	沇	물이름,유행 고을이름	8 (水) 水(삼수변)
	玧	귀막이옥	9 (金) 玉(구슬옥변)
윤	胤	[illegible](11)통용 이을, 자손	11 (水) 肉(육달월)
	[illegible]	胤(11)통용 이을, 자손	11 (火) 彳(두인변)
	阭	높을 우뚝 솟을	12 (土) 阜(좌부변)
	銃	병기 창	12 (金) 金(쇠금변)
	閏	閠•[illegible]동자 윤달, 잉여	12 (木↔火) 門(문문)
	閠	閏•[illegible]동자 윤달, 잉여	13 (木↔火) 門(문문)
	[illegible]	연뿌리	13 (木) 艸(초두밑)
	奫	물 충충할 물깊고넓을	15 (木↔水) 大(큰대)
	[illegible]	閏•閠동자 윤달, 잉여	15 (木↔火) 門(문문)
	鋆	금, 쇠 황금	15 (金) 金(쇠금변)
	潤	젖을, 은혜 이익,윤택할	16 (水) 水(삼수변)
	橍	나무이름	16 (木) 木(나무목변)
	贇	예쁠, 빛날 문채	19 (金) 貝(조개패)
율	聿	붓, 몸소 마침내	6 (火) 聿(붓율)
	汩	물 흐를 다스릴	8 (水) 水(삼수변)
	矞	송곳질할	12 (金) 矛(창모)
	[illegible]	걸어 갈 나누어줄	13 (土) 辵(책받침)
	[illegible]	큰바람,나라 벼슬이름	13 (木) 風(바람풍)

음	한자	뜻(훈)	획수(자원오행) 부수(명칭)
율	燏	빛날 불빛	16 (火) 火(불화변)
	潏	물 흐를 샘솟을	16 (水) 水(삼수변)
	鴥	날 빨리 날	16 (火) 鳥(새조변)
융	戎	병거, 전쟁 오랑캐	6 (金) 戈(창과)
	狨	원숭이이름 융, 사나울	10 (土) 犬(개사슴록)
	絨	융 고운 베	12 (木) 糸(실사변)
	融	녹을, 통할 화합할	16 (水) 虫(벌레충)
	瀜	물 깊을	20 (水) 水(삼수변)
은	听	웃는 모양 따질	7 (水) 口(입구)
	圻	지경, 영토 전야	7 (土) 土(흙토변)
	垠	지경, 땅끝 벼랑, 형상	9 (土) 土(흙토변)
	恩	은혜, 인정 온정, 사랑	10 (火) 心(마음심)
	殷	성할, 클 부유, 험준	10 (金) 殳(둥글월문)
	泿	물가	10 (水) 水(삼수변)
	圁	물 이름 고을이름	10 (水) 囗(큰입구)
	垽	앙금, 돌을 찌꺼기	10 (土) 土(흙토변)
	訔	언쟁할 논쟁, 삼갈	10 (金) 言(말씀언변)
	珢	옥돌 옥 무늬	11 (金) 玉(구슬옥변)

음	한자	뜻(훈)	획수(자원오행) 부수(명칭)
은	訢	화평할	11 (金) 言(말씀언변)
	狺	으르렁거릴	11 (土) 犬(개사슴록)
	銀	은, 은빛 화폐, 경계	14 (金) 金(쇠금변)
	溵	물소리 물 이름	14 (水) 水(삼수변)
	慇	괴로워할 친절, 부유	14 (火) 心(마음심)
	[illegible]	물 이름	14 (水) 水(삼수변)
	誾	[illegible](19)통용 온화, 향기	15 (金) 言(말씀언변)
	[illegible]	사람이름	15 (金) 玉(구슬옥변)
	[illegible]	기댈 의지할	16 (火) 人(사람인변)
	蒑	풀빛 푸른 야채 이름	16 (木) 艸(초두밑)
	蒽	풀이름	16 (木) 艸(초두밑)
	憖	억지로 삼갈, 근심	16 (火) 心(마음심)
	檃	도지개	17 (木) 木(나무목변)
	嶾	산 높을	17 (土) 山(뫼산변)
	濦	강 이름	18 (水) 水(삼수변)
	檼	도지개 마룻대	18 (木) 木(나무목변)
	嚚	어리석을 벙어리	18 (水) 口(입구)
	鄞	땅 이름 현 이름	18 (土) 邑(우부방)

음	한자	뜻(훈)	획수(자원오행) 부수(명칭)
은	[illegible]	誾(15)통용 온화, 향기	19 (木↔金) 門(문문)
	齗	잇몸, 치은 말다툼	19 (金) 齒(이치)
	隱	숨을, 점칠 근신할	22 (土) 阜(좌부변)
	癮	두드러기	22 (水) 疒(병질엄)
	蘟	은인 나물이름	23 (木) 艸(초두밑)
	[illegible]	웃을, 이날 이가지런할	27 (金) 齒(이치)
을	乙	새, 제비 생선창자	1 (木) 乙(새을)
	圪	우뚝할	6 (土) 土(흙토변)
	鳦	제비	12 (火) 鳥(새조변)
음	吟	읊을, 탄식 노래, 취수	7 (水) 口(입구)
	音	소리, 그늘 음악, 소식	9 (金) 音(소리음)
	崟	험준할 산봉우리	11 (土) 山(뫼산변)
	淫	음란, 탐할 간사, 미혹	12 (水) 水(삼수변)
	喑	벙어리 외칠	12 (水) 口(입구)
	愔	화평할 그윽할	13 (火) 心(심방변)
	飮	마실, 호흡 음식, 숨길	13 (水) 食(밥식변)
	廕	덮을, 그늘 가릴	14 (木) 广(엄호밑)
	陰	응달, 음기 암컷, 저승	16 (土) 阜(좌부변)

음	한자	뜻(훈)	획수(자원오행) 부수(명칭)
음	蔭	덮을 그늘	17 (木) 艸(초두밑)
	霪	장마	19 (水) 雨(비우)
	韾	화할 화음소리	20 (金) 音(소리음)
읍	邑	고을, 읍 도읍, 영지	7 (土) 邑(우부방)
	泣	울 눈물	9 (水) 水(삼수변)
	悒	근심할 흐느낄	11 (火) 心(심방변)
	挹	뜰, 당길 권장할	11 (木) 手(재방변)
	浥	젖을 축축할	11 (水) 水(삼수변)
	揖	읍할 사양할	13 (木) 手(재방변)
응	凝	엉길, 얼을 모을, 멈출	16 (水) 冫(이수변)
	應	응할, 응당 승낙, 조짐	17 (火) 心(마음심)
	膺	가슴, 마음 접수, 담당	19 (水↔土) 肉(육달월)
	[illegible]	물끄러미볼	22 (木) 目(눈목변)
	鷹	매 맹금	24 (火) 鳥(새조변)
의	衣	옷 입을	6 (木) 衣(옷의)
	矣	어조사 말 그칠	7 (金) 矢(화살시)
	依	의지할 좇을	8 (火) 人(사람인변)
	宜	옳을 마땅할	8 (木) 宀(갓머리)

음	한자	뜻(훈)	획수(자원오행) 부수(명칭)	음	한자	뜻(훈)	획수(자원오행) 부수(명칭)
의	㛄	여자이름 여자의 자	9 (土) 女(여자녀변)	의	擬	헤아릴 비길	18 (木) 手(재방변)
	倚	의지할 맡길, 믿을	10 (火) 人(사람인변)		礒	돌 모양	18 (金) 石(돌석변)
	椅	의자, 걸상 의나무	12 (木) 木(나무목변)		艤	배댈, 정박 출항준비	19 (木) 舟(배주)
	猗	아름다울 더할, 붙을	12 (土) 犬(개사슴록)		薏	율무 연밥	19 (木) 艸(초두밑)
	欹	감탄 소리	12 (火↔金) 欠(하품흠)		蟻	개미, 검을 미천할	19 (水) 虫(벌레충)
	凒	눈서리가흰	12 (水) 冫(이수변)		議	의논, 토의 분간, 주장	20 (金) 言(말씀언변)
	意	뜻, 생각 의심, 기억	13 (火) 心(마음심)		饐	쉴 상할	21 (水) 食(밥식변)
	義	옳을, 정의 순응, 혼합	13 (土) 羊(양양)		懿	아름다울 칭송, 탄식	22 (火) 心(마음심)
	疑	의심할 두려워할	14 (土) 疋(짝필)	이	二	두, 두마음 버금, 둘째	2 (木) 二(두이변)
	儀	거동, 법 본받을	15 (火) 人(사람인변)		已	이미 그칠	3 (土) 己(몸기)
	誼	옳을 의논할	15 (金) 言(말씀언변)		以	써, 까닭 닮을	5 (火) 人(사람인변)
	毅	굳셀, 용맹 화낼, 잔혹	15 (金) 殳(갖은등글월문)		尔	너, 그, 뿐 어조사	5 (水) 小(작을소)
	漪	물놀이 물가	15 (水) 水(삼수변)		耳	귀, 들을 뿐, 성할	6 (火) 耳(귀이)
	儗	망설일 참람할	16 (火) 人(사람인변)		而	말 이을, 너 만약, 능히	6 (水) 而(말이을이)
	螘	개미	16 (水) 虫(벌레충)		夷	오랑캐 죽일, 평온	6 (木↔火) 大(큰대)
	劓	코 벨	16 (金) 刀(칼도)		伊	저, 그, 또 이리하여	6 (火) 人(사람인변)
	嶷	산 이름	17 (土) 山(뫼산변)		弛	늦출, 방종 활 부릴	6 (火↔金) 弓(활궁)
	醫	의원, 의사 무당, 치료	18 (金) 酉(닭유)		杝	나무이름 단목	7 (木) 木(나무목변)

음	한자	뜻(훈)	획수(자원오행) 부수(명칭)
이	易	쉬울, 평온 경시, 간략	8 (火) 日(날일변)
	佴	버금	8 (火) 人(사람인변)
	隶	근본	8 (水) 隶(미칠이)
	怡	기뻐할 온화할	9 (火) 心(심방변)
	姨	이모, 서모 처형제	9 (土) 女(여자녀변)
	㚷	여자이름 여자의 자	9 (土) 女(여자녀변)
	巸	아름다울 성장할	9 (土) 己(몸기)
	咿	선웃음 칠 소리 날	9 (水) 口(입구)
	珆	옥돌	10 (金) 玉(구슬옥변)
	栮	목이 버섯	10 (木) 木(나무목변)
	洟	콧물 비액	10 (水) 水(삼수변)
	訑	으쓱거릴 만족할	10 (金) 言(말씀언변)
	異	다를 이상할	11 (土) 田(밭전)
	痍	상처 다칠	11 (水) 疒(병질엄)
	苡	질경이 율무	11 (木) 艸(초두밑)
	珥	귀고리 해무리	11 (金) 玉(구슬옥변)
	移	옮길, 변할 연루, 베풀	11 (木) 禾(벼화변)
	荑	벨 깎을	12 (木) 艸(초두밑)
이	貳	두, 변할 두마음	12 (金) 貝(조개패)
	貽	끼칠, 증여 전할, 남길	12 (金) 貝(조개패)
	胹	힘줄이질길	12 (水) 肉(육달월)
	羡	땅 이름	12 (土) 羊(양양)
	迤	비스듬할 굽을	12 (土) 辵(책받침)
	媐	기쁠 즐거워할	12 (土) 女(여자녀변)
	肄	익힐 노력할	13 (火) 聿(붓율)
	爾	너, 그러할 어조사	14 (火) 爻(점괘효)
	飴	엿, 단맛 먹일, 음식	14 (水) 食(밥식변)
	廙	공경할	14 (木) 广(엄호밑)
	頤	턱, 기를 보양, 부릴	15 (火) 頁(머리혈)
	彛	彝(18)통용 떳떳할, 법	16 (火) 彐(튼가로왈)
	鴯	제비	17 (火) 鳥(새조변)
	彝	彛(16)통용 떳떳할, 법	18 (火) 彐(튼가로왈)
	邇	가까울 가까이 할	21 (土) 辵(책받침)
익	弋	주살, 사냥 말뚝, 잡을	3 (金) 弋(주살익)
	益	더할, 이익 향상, 방해	10 (金↔水) 皿(그릇명)
	翊	도울, 공경 삼갈, 날개	11 (火) 羽(깃우)

음	한자	뜻(훈)	획수(자원오행) 부수(명칭)	음	한자	뜻(훈)	획수(자원오행) 부수(명칭)
익	翌	이튿 날 명일	11 (火) 羽(깃우)	인	牣	충만할 가득 찰	7 (土) 牛(소우변)
	熤	사람이름	15 (火) 火(불화변)		婣	혼인, 장인 인척, 연분	9 (土) 女(여자녀변)
	翼	날개, 법칙 도울, 명일	17 (火) 羽(깃우)		咽	목구멍 삼킬	9 (水) 口(입구)
	謚	웃을 웃는 모양	17 (金) 言(말씀언변)		蚓	지렁이	10 (水) 虫(벌레충)
	瀷	강 이름 물결의무늬	21 (水) 水(삼수변)		芢	풀이름 씨	10 (木) 艸(초두밑)
	鷁	새 이름 익조, 배	21 (火) 鳥(새조변)		氤	기운 성할	10 (水) 气(기운기)
인	人	사람, 남자 백성, 인격	2 (火) 人(사람인변)		洇	묻힐	10 (水) 水(삼수변)
	儿	사람	2 (木) 儿(어진사람인)		寅	범, 동관 공경, 당길	11 (木) 宀(갓머리)
	刃	칼날 벨	3 (金) 刀(칼도)		秵	벼꽃	11 (木) 禾(벼화변)
	引	끌, 인도 천거, 당길	4 (火) 弓(활궁)		絪	기운, 깔개 기운이성한	12 (木) 糸(실사변)
	仁	忈(6)•忎(7) 어질, 사랑	4 (火) 人(사람인변)		茵	자리, 깔개 사철쑥	12 (木) 艸(초두밑)
	仞	길, 잴 측량, 높을	5 (火) 人(사람인변)		靭	韌(12)통용 질길	12 (金) 革(가죽혁)
	因	인할, 원인 의지, 부탁	6 (水) 口(큰입구)		韌	靭(12)통용 질길	12 (金) 韋(가죽위)
	印	도장, 관직 찍을, 인상	6 (火↔木) 卩(병부절)		堙	막을, 묻힐 멸망	12 (土) 土(흙토변)
	忈	仁(4)•忎(7) 어질, 사랑	6 (火) 心(마음심)		媔	혼인, 장인 인척, 연분	12 (土) 女(여자녀변)
	忎	仁(4)•忎(7) 어질, 사랑	7 (火) 心(마음심)		裀	요, 겹옷 까는 침구	12 (木) 衣(옷의변)
	忍	참을 잔인할	7 (火) 心(마음심)		湮	잠길 막힐	13 (水) 水(삼수변)
	汈	젖어맞붙을	7 (水) 水(삼수변)		靷	가슴걸이 잡아당길	13 (金) 革(가죽혁)

음	한자	뜻(훈)	획수(자원오행) 부수(명칭)
인	認	알, 인식 허가, 인정	14 (金) 言(말씀언변)
	[illegible]	朄(14)통용 작은 북	14 (火↔金) 日(가로왈)
	朄	[illegible](14)통용 작은 북	14 (火↔金) 日(가로왈)
	禋	제사지낼 삼갈	14 (木) 示(보일시)
	夤	조심할	14 (水↔木) 夕(저녁석)
	戭	창 긴 창	15 (金) 戈(창과)
	璌	사람이름	16 (金) 玉(구슬옥변)
	諲	공경할 삼갈	16 (金) 言(말씀언변)
	[illegible]	등심 등뼈부위	17 (水) 肉(육달월)
	濥	물줄기	18 (水) 水(삼수변)
일	一	한, 모두 하나, 만약	1 (木) 一(한일)
	日	날, 해, 낮 태양, 햇빛	4 (火) 日(날일변)
	佚	편안할 숨을	7 (火) 人(사람인변)
	劮	기쁠, 외람 방탕	7 (土) 力(힘력변)
	佾	줄 춤 춤 줄	8 (火) 人(사람인변)
	泆	넘칠	9 (水) 水(삼수변)
	壹	한, 오직 통일, 순박	12 (木) 士(선비사)
	軼	지나칠 뛰어날	12 (火) 車(수레거)

음	한자	뜻(훈)	획수(자원오행) 부수(명칭)
일	溢	넘칠, 교만 삼갈, 홍수	14 (水) 水(삼수변)
	馹	역말 역마	14 (火) 馬(말마변)
	逸	逸(15)통용 편안할,숨을	14 (土) 辵(책받침)
	逸	逸(14)통용 편안할,숨을	15 (土) 辵(책받침)
	鎰	무게이름 중량단위	18 (金) 金(쇠금변)
임	壬	북방, 간사 아첨, 성대	4 (木→水) 士(선비사)
	任	맡길, 맞을 능할, 임신	6 (火) 人(사람인변)
	妊	姙(9)통용 애밸, 임신	7 (土) 女(여자녀변)
	姙	妊(7)통용 애밸, 임신	9 (土) 女(여자녀변)
	恁	믿을 생각할	10 (火) 心(마음심)
	衽	옷깃, 소매 요	10 (木) 衣(옷의변)
	[illegible]	생각할	11 (金) 言(말씀언변)
	荏	들깨 누에콩	12 (木) 艸(초두밑)
	紝	짤, 길쌈 명주, 비단	12 (木) 糸(실사변)
	賃	품삯, 품팔 고용, 세낼	13 (金) 貝(조개패)
	稔	여물 쌓일	13 (木) 禾(벼화변)
	[illegible]	믿을 생각할	13 (金) 言(말씀언변)
	飪	익힐 잘익은음식	13 (水) 食(밥식변)

음	한자	뜻(훈)	획수(자원오행) 부수(명칭)	음	한자	뜻(훈)	획수(자원오행) 부수(명칭)
임	鈓	젖을 구부러질	14 (金) 金(쇠금변)	자	炙	친근할 고기구울	8 (火) 火(불화변)
입	入	들, 수입 투신, 섬길	2 (木) 入(들입)		秄	북돋울 망령, 속일	8 (木) 禾(벼화변)
	卄	廿(4)통용 스물, 이십	3 (水) 十(열십)		呰	꾸짖을 재앙, 약할	8 (水) 口(입구)
	廿	卄(4)통용 스물, 이십	4 (水) 廾(스물입발)		姿	맵시 풍치	9 (土) 女(여자녀변)
잉	仍	인할, 슬픔 거듭, 따를	4 (火) 人(사람인변)		咨	물을 탄식할	9 (水) 口(입구)
	孕	품을 아이 밸	5 (水) 子(아들자)		柘	산뽕나무 사탕수수	9 (木) 木(나무목변)
	芿	풀, 잡초 새 풀싹	10 (木) 艸(초두밑)		耔	북돋울	9 (木↔水) 耒(쟁기뢰)
	剩	남을, 거세 길, 더욱	12 (金) 刀(칼도)		虸	며루 자방 충	9 (水) 虫(벌레충)
	媵	보낼, 몸종 시녀	13 (土) 女(여자녀변)		泚	강 이름	9 (水) 水(삼수변)
자	子	아들, 사람 경칭, 번식	3 (水) 子(아들자)		玆	茲(12)통용 검을, 이에	10 (水↔火) 玄(검을현)
	仔	자세할 견딜, 새끼	5 (火) 人(사람인변)		恣	방자할 방종할	10 (火) 心(마음심)
	字	글자, 낳을 정혼할	6 (水) 子(아들자)		疵	허물, 흠 혹, 재앙	10 (水) 疒(병질엄)
	自	스스로 몸소, 자기	6 (木) 自(스스로자)		眥	노려볼	10 (木) 目(눈목변)
	孖	쌍둥이	6 (水) 子(아들자)		牸	암컷 암소	10 (土) 牛(소우)
	孜	힘쓸 부지런할	7 (水) 子(아들자)		眦	노려볼	10 (木) 目(눈목변)
	姊	姉(8)통용 누이, 여자	8 (土) 女(여자녀변)		茈	지치, 고비 올방개	11 (木) 艸(초두밑)
	姉	姊(8)통용 누이, 여자	8 (土) 女(여자녀변)		者	놈, 장소 무리, 사람	11 (土) 老(늙을로)
	刺	찌를, 바늘 꾸짖을	8 (金) 刀(칼도)		紫	자줏빛 자줏빛 옷	11 (木) 糸(실사변)

음	한자	뜻(훈)	획수(자원오행) 부수(명칭)
자	瓷	오지그릇 사기그릇	11 (土) 瓦(기와와)
	茲	玆(10)통용 검을, 이에	12 (木) 艸(초두밑)
	茨	지붕 이을 가시나무	12 (木) 艸(초두밑)
	胾	고깃점 산적	12 (水) 肉(고기육변)
	觜	별이름 털 뿔	12 (木) 角(뿔각)
	訾	헐뜯을 나쁠	12 (金) 言(말씀언변)
	貲	재물, 자본 대속, 측량	12 (金) 貝(조개패)
	粢	기장, 떡 쌀떡	12 (木) 米(쌀미변)
	雌	암컷 약할	13 (火) 隹(새추)
	資	재물, 비용 의뢰, 도움	13 (金) 貝(조개패)
	煮	삶을 익힐	13 (火) 火(연화발)
	孶	부지런할 낳을, 무성	13 (水) 子(아들자)
	滋	불을, 번식 맛있을	13 (水) 水(삼수변)
	慈	사랑, 동정 어머니	14 (火) 心(마음심)
	莿	깔끄라기 가시	14 (木) 艸(초두밑)
	磁	지남석 사기그릇	14 (金) 石(돌석변)
	髭	코밑수염 콧수염	15 (火) 髟(터럭발)
	諮	물을 자문할	16 (金) 言(말씀언변)
자	褯	포대기 기저귀	16 (木) 衣(옷의변)
	鮓	젓, 젓갈 해파리	16 (水) 魚(고기어변)
	赭	붉은 흙 벌거벗길	16 (火) 赤(붉을적)
	嬨	너그럽고순 할	17 (土) 女(여자녀변)
	蔗	맛좋을 사탕수수	17 (木) 艸(초두밑)
	頾	코밑수염 머리 예쁠	17 (火) 頁(머리혈)
	鎡	호미	18 (金) 金(쇠금변)
	藉	깔개, 빌릴 도울	20 (木) 艸(초두밑)
	鷀	가마우지	21 (火) 鳥(새조변)
	鷓	자고	22 (火) 鳥(새조변)
작	勺	잔 구기	3 (金) 勹(쌀포)
	作	지을 일할	7 (火) 人(사람인변)
	灼	불사를 밝을, 성할	7 (火) 火(불화변)
	汋	삶을 퍼낼	7 (水) 水(삼수변)
	犳	아롱 짐승 표범	7 (土) 犬(개사슴록)
	岝	산 높을	8 (土) 山(뫼산변)
	昨	어제, 예날 이전	9 (火) 日(날일변)
	芍	작약 함박꽃	9 (木) 艸(초두밑)

음	한자	뜻(훈)	획수(자원오행) 부수(명칭)	음	한자	뜻(훈)	획수(자원오행) 부수(명칭)
작	斫	벨 찍을	9 (金) 斤(날근)	잔	盞	술잔 등잔	13 (金) 皿(그릇명)
작	炸	터질 폭발할	9 (火) 火(불화변)	잔	潺	물소리	16 (水) 水(삼수변)
작	怍	부끄러워할	9 (火) 心(심방변)	잔	驏	안장없는말	22 (火) 馬(말마변)
작	柞	떡갈나무 작목	9 (木) 木(나무목변)	잠	岑	봉우리 산작고높은	7 (土) 山(뫼산변)
작	酌	따를, 더할 가릴	10 (金) 酉(닭유)	잠	涔	괸 물	11 (水) 水(삼수변)
작	雀	참새 공작새	11 (火) 隹(새추)	잠	暫	잠깐 별안간	15 (火) 日(날일변)
작	舄	까치	12 (土) 臼(절구구)	잠	箴	바늘, 침 경계할	15 (木) 竹(대죽변)
작	焯	밝을, 화기 불에 지질	12 (火) 火(불화변)	잠	潛	潜(16)통용 잠길, 감출	16 (水) 水(삼수변)
작	斮	벨, 때릴 어리석을	13 (金) 斤(날근)	잠	潜	潛(16)통용 잠길, 감출	16 (水) 水(삼수변)
작	碏	삼갈	13 (金) 石(돌석변)	잠	簪	비녀 빠를	18 (木) 竹(대죽변)
작	綽	여유 너그러울	14 (木) 糸(실사변)	잠	蠶	누에 누에칠	24 (水) 虫(벌레충)
작	爵	벼슬, 술잔 참새	18 (金) 爪(손톱조)	잡	卡	관 경비초소	5 (火↔金) 卜(점복)
작	鵲	까치	19 (火) 鳥(새조변)	잡	眨	눈깜작일 애꾸눈	10 (木) 目(눈목변)
작	嚼	씹을 맛볼	21 (水) 口(입구)	잡	磼	높을 산 높을	17 (金) 石(돌석변)
잔	剗	깎을	10 (金) 刀(칼도)	잡	雜	섞일 번거로울	18 (火) 隹(새추)
잔	殘	남을 해칠	12 (水) 歹(죽을사)	잡	襍	섞일	18 (木) 衣(옷의변)
잔	孱	나약할 작약할	12 (水) 子(아들자)	잡	囃	메기는소리 흥 돋울	21 (水) 口(입구)
잔	棧	잔도 사다리	12 (木) 木(나무목변)	장	丈	어른 길이	3 (木) 一(한일)

음	한자	뜻(훈)	획수(자원오행) 부수(명칭)	음	한자	뜻(훈)	획수(자원오행) 부수(명칭)
장	仗	무기 호위	5 (火) 人(사람인변)	장	場	마당, 때 장소, 무대	12 (土) 土(흙토변)
	匠	장인 궁리	6 (土) 匚(터진입구)		粧	단장할 화장, 분장	12 (木) 米(쌀미변)
	庄	莊(13)통용 씩씩할,전장	6 (木↔土) 广(엄호밑)		掌	손바닥 맡을	12 (木) 手(손수)
	壮	壯(7)통용 장할, 굳셀	6 (木) 士(선비사)		莊	庄(6)통용 씩씩할,전장	13 (木) 艸(초두밑)
	壯	壮(6)통용 장할, 굳셀	7 (木) 士(선비사)		裝	꾸밀 넣을	13 (木) 衣(옷의)
	杖	지팡이 몽둥이	7 (木) 木(나무목변)		傽	놀랄 시숙	13 (火) 人(사람인변)
	妝	꾸밀, 치장 단장, 화장	7 (土) 女(여자녀변)		臧	착할 두터울	14 (水) 臣(신하신)
	長	긴, 어른 나이 먹을	8 (木) 長(긴장변)		嶂	산봉우리	14 (土) 山(뫼산변)
	狀	모양 형상	8 (土) 犬(개견)		萇	양도 오릉자	14 (木) 艸(초두밑)
	戕	죽일, 손상 어지러울	8 (金) 戈(창과)		奬	獎(15)통용 장려, 권면	14 (木) 大(큰대)
	奘	클 몸집 클	10 (木) 大(큰대)		獎	奬(14)통용 장려, 권면	15 (土↔木) 犬(개견)
	牂	암양, 성할 배말뚝	10 (木) 爿(장수장)		葬	장사 장사지낼	15 (木) 艸(초두밑)
	羘	숫양, 양양 소의밥통	10 (土) 羊(양양)		腸	창자, 충심 마음	15 (水) 肉(육달월)
	将	將(11)통용 장수, 장차	10 (土) 寸(마디촌)		漳	물 이름 고을이름	15 (水) 水(삼수변)
	將	将(10)통용 장수, 장차	11 (土) 寸(마디촌)		樟	녹나무 예장나무	15 (木) 木(나무목변)
	章	글, 조목 표지, 단락	11 (金) 立(설립)		暲	해 돋을 밝을	15 (火) 日(날일변)
	張	베풀 펼	11 (火↔金) 弓(활궁)		漿	음료 미음	15 (水) 水(물수)
	帳	휘장 장부	11 (木) 巾(수건건)		獐	노루	15 (土) 犬(개사슴록)

음	한자	뜻(훈)	획수(자원오행) 부수(명칭)
장	璋	홀, 반쪽홀 구슬, 밝을	16 (金) 玉(구슬옥변)
	瘴	장기	16 (水) 疒(병질엄)
	嬙	궁녀	16 (土) 女(여자녀변)
	廧	담, 신하 오랑캐	16 (木) 广(엄호밑)
	墻	牆(17)통용 담, 경계	16 (土) 土(흙토변)
	牆	墻(16)통용 담, 경계	17 (木) 爿(장수장)
	蔣	줄, 깔개 나라이름	17 (木) 艸(초두밑)
	檣	돛대	17 (木) 木(나무목변)
	粧	꾸밀, 치장 단장, 화장	17 (木) 米(쌀미변)
	餦	산자, 유과 떡, 엿	17 (水) 食(밥식변)
	醬	간장 젓갈	18 (金) 酉(닭유)
	鄣	나라이름 막을	18 (土) 邑(우부방)
	障	막을, 보루 병풍, 지경	19 (土) 阜(좌부변)
	薔	장미 장미꽃	19 (木) 艸(초두밑)
	鏘	금옥소리	19 (金) 金(쇠금변)
	藏	감출, 곳집 오장	20 (木) 艸(초두밑)
	贓	장물 장물 잡힐	21 (金) 貝(조개패)
	欌	장롱 의장	22 (木) 木(나무목변)

음	한자	뜻(훈)	획수(자원오행) 부수(명칭)
장	麞	노루	22 (土) 鹿(사슴록)
	臟	오장 내장	24 (水) 肉(육달월)
재	才	재주, 재능 바탕, 결단	4 (木) 手(재방변)
	在	있을 살필	6 (土) 土(흙토변)
	再	두 번 두번할	6 (木) 冂(먼데경)
	材	재목 재주	7 (木) 木(나무목변)
	災	화재 재앙	7 (火) 火(불화변)
	扗	있을	7 (木) 手(재방변)
	灾	재앙	7 (火) 火(불화변)
	哉	비로소 비롯할	9 (水) 口(입구)
	[illegible]	재계, 공손 삼갈, 집	9 (水) 夊(천천히걸을쇠)
	栽	심을, 분재 묘목	10 (木) 木(나무목변)
	宰	재상 주관할	10 (木) 宀(갓머리)
	財	재물, 재화 재단할	10 (金) 貝(조개패)
	梓	가래나무 판목	11 (木) 木(나무목변)
	[illegible]	손으로받을	11 (木) 手(재방변)
	裁	결단, 판결 마름질할	12 (木) 衣(옷의변)
	崽	자식 저것	12 (土) 山(뫼산변)

음	한자	뜻(훈)	획수(자원오행) 부수(명칭)	음	한자	뜻(훈)	획수(자원오행) 부수(명칭)
재	載	싣을, 등재 오를, 재앙	13 (火) 車(수레거)	저	宁	쌓을, 저장 멈추어 설	5 (木) 宀(갓머리)
	渽	맑을	13 (水) 水(삼수변)		氐	근본, 뿌리 낮을, 천한	5 (火) 氏(각시씨)
	滓	앙금 찌끼	14 (水) 水(삼수변)		低	낮을 숙일	7 (火) 人(사람인변)
	溨	물 이름	14 (水) 水(삼수변)		佇	기다릴 우두커니	7 (火) 人(사람인변)
	榟	가래나무	14 (木) 木(나무목변)		底	밑, 이룰 그칠	8 (木) 广(엄호밑)
	縡	일 실을	16 (木) 糸(실사변)		咀	씹을 저주	8 (水) 口(입구)
	賳	재물, 재화 곧바로	16 (金) 貝(조개패)		姐	누이 계집아이	8 (土) 女(여자녀변)
	齋	재계, 공경 시주, 정진	17 (土) 齊(가지런할제)		杵	방망이 절구공이	8 (木) 木(나무목변)
	齎	보낼 보내올	21 (土) 齊(가지런할제)		岨	돌산 울퉁불퉁할	8 (土) 山(뫼산변)
	纔	재주, 재능 근본, 바탕	23 (木) 糸(실사변)		杼	북, 도토리 개수통	8 (木) 木(나무목변)
쟁	爭	다툴 간할	8 (火) 爪(손톱조)		抵	닥트릴 겨를,다다를	9 (木) 手(재방변)
	崢	가파를 산이 험할	11 (土) 山(뫼산변)		沮	막을 저지할	9 (水) 水(삼수변)
	猙	흉악할 개의 털	12 (土) 犬(개사슴록)		狙	속일 원숭이	9 (土) 犬(개사슴록)
	琤	옥 소리 부딪는소리	13 (金) 玉(구슬옥변)		柢	뿌리, 근본 기초	9 (木) 木(나무목변)
	箏	쟁 풍경	14 (木) 竹(대죽변)		牴	부딪칠 숫양, 대략	9 (土) 牛(소우변)
	諍	간할 다툴	15 (金) 言(말씀언변)		疽	종기 등창	10 (水) 疒(병질엄)
	錚	쇳소리 징	16 (金) 金(쇠금변)		苧	모시 매자기	11 (木) 艸(초두밑)
	鎗	종소리 술그릇	18 (金) 金(쇠금변)		紵	모시 모시 베	11 (木) 糸(실사변)

음	한자	뜻(훈)	획수(자원오행) 부수(명칭)
저	罝	짐승 그물 그물	11 (木) 网(그물망)
	羝	숫양 양의 수컷	11 (土) 羊(양양)
	苴	속창, 숲속 마른풀	11 (木) 艸(초두밑)
	蛆	구더기 지네	11 (水) 虫(벌레충)
	袛	속적삼	11 (木) 衣(옷의변)
	貯	쌓을, 저축 상점, 행복	12 (金) 貝(조개패)
	邸	집, 주막 병풍	12 (土) 邑(우부방)
	詛	저주할 방자할	12 (金) 言(말씀언변)
	觝	닥뜨릴 도달할	12 (木) 角(뿔각)
	詆	꾸짖을 욕할, 규범	12 (金) 言(말씀언변)
	楮	닥나무 종이, 돈	13 (木) 木(나무목변)
	渚	물가 모래섬	13 (水) 水(삼수변)
	猪	돼지 멧돼지	13 (土) 犬(개사슴록)
	雎	물수리 저구새	13 (火) 隹(새추)
	菹	젓갈 채소절임	14 (木) 艸(초두밑)
	這	이, 이것 맞이할	14 (土) 辵(책받침)
	著	나타날 지을, 비축	15 (木) 艸(초두밑)
	樗	가죽나무	15 (木) 木(나무목변)
저	箸	대통 젓가락	15 (木) 竹(대죽변)
	褚	솜옷, 쌓을 보자기	15 (木) 衣(옷의변)
	潴	웅덩이	16 (水) 水(삼수변)
	陼	삼각주 사주	17 (土) 阜(좌부변)
	儲	쌓을, 저축 버금, 태자	18 (火) 人(사람인변)
	躇	머뭇거릴 밟을	20 (土) 足(발족변)
	齟	어긋날 씹을	20 (金) 齒(이치)
	瀦	웅덩이 물이 괼	20 (水) 水(삼수변)
	藷	참마 사탕수수	22 (木) 艸(초두밑)
적	吊	이를 조상할	6 (水) 口(입구)
	赤	붉을, 빌 벌거벗을	7 (火) 赤(붉을적)
	的	과녁 목표	8 (金↔火) 白(흰백)
	狄	오랑캐 낮은 관리	8 (土) 犬(개사슴록)
	炙	고기구울 가까이할	8 (火) 火(불화변)
	笛	피리, 저 대나무	11 (木) 竹(대죽변)
	寂	고요할 막막할	11 (木) 宀(갓머리)
	迪	나아갈 이끌	12 (土) 辵(책받침)
	賊	도둑 죽일	13 (金) 貝(조개패)

음	한자	뜻(훈)	획수(자원오행) 부수(명칭)	음	한자	뜻(훈)	획수(자원오행) 부수(명칭)
적	跡	자취 뒤밟을	13 (土) 足(발족변)	적	謫	유배 귀양살이	18 (金) 言(말씀언변)
	勣	공적, 공로 업적	13 (土) 力(힘력변)		鏑	살촉 우는살	19 (金) 金(쇠금변)
	荻	갈대 물억새	13 (木) 艸(초두밑)		籍	문서, 호적 올릴	20 (木) 竹(대죽변)
	迹	행적 발자국	13 (土) 辵(책받침)		覿	볼, 만날 눈이 붉을	22 (火) 見(볼견)
	馰	별박이 준마	13 (火) 馬(말마변)		糴	쌀 사들일 구두쇠	22 (木) 米(쌀미변)
	嫡	본처 맏아들	14 (土) 女(여자녀변)	전	田	밭, 봉토 사냥, 농사	5 (土) 田(밭전)
	翟	꿩, 깃옷 오랑캐	14 (火) 羽(깃우)		全	온전할 모두, 낫을	6 (木↔土) 入(들입)
	菂	연밥 연실	14 (木) 艸(초두밑)		甸	경기, 경계 사냥할	7 (土) 田(밭전)
	逖	멀, 근심 멀리할	14 (土) 辵(책받침)		佃	빌길 소작인	7 (火) 人(사람인변)
	敵	적, 원수 필적할	15 (金) 攴(등글월문)		吮	빨 핥을	7 (水) 口(입구)
	滴	물방울 물댈	15 (水) 水(삼수변)		典	법, 경전 책, 저당	8 (金) 八(여덟팔)
	摘	잡아뗄 들추어낼	15 (木) 手(재방변)		佺	이름 신선이름	8 (火) 人(사람인변)
	樀	추녀, 처마 실패	15 (木) 木(나무목변)		屇	구멍	8 (水) 尸(주검시)
	積	쌓을 주름	16 (木) 禾(벼화변)		前	앞, 미래 소멸, 인도	9 (金) 刀(칼도)
	磧	서덜, 여울 사막	16 (金) 石(돌석변)		畑	화전 밭	9 (土) 田(밭전)
	績	공, 일 길쌈할	17 (木) 糸(실사변)		畋	밭갈 사냥할	9 (土) 田(밭전)
	適	갈 맞을	18 (土) 辵(책받침)		展	펼, 나갈 기록, 살필	10 (水) 尸(주검시)
	蹟	자취 좇을	18 (土) 足(발족변)		栓	나무못 병마개	10 (木) 木(나무목변)

음	한자	뜻(훈)	획수(자원오행) 부수(명칭)	음	한자	뜻(훈)	획수(자원오행) 부수(명칭)
전	旃	기, 장막 휘장	10 (土) 方(모방)	전	殿	큰집 대궐	13 (金) 殳(갖은등글월문)
	栴	단향목	10 (木) 木(나무목변)		雋	살찐고기 새 살찔	13 (火) 隹(새추)
	專	오로지 홀로, 전일	11 (土) 寸(마디촌)		揃	자를, 적을 뽑아낼	13 (木) 手(재방변)
	剪	가위	11 (金) 刀(칼도)		湔	씻을, 빨을 더럽힐	13 (水) 水(삼수변)
	悛	고칠 깨달을	11 (火) 心(심방변)		輇	상여, 작은 저울질할	13 (火) 車(수레거)
	痊	병 나을	11 (水) 疒(병질엄)		銓	저울질할 가릴, 전형	14 (金) 金(쇠금변)
	奠	정할, 제물 제사	12 (木) 大(큰대)		塼	벽돌 지명	14 (土) 土(흙토변)
	荃	향초 풀 통발	12 (木) 艸(초두밑)		箋	기록할 문서, 명함	14 (木) 竹(대죽변)
	筌	통발	12 (木) 竹(대죽변)		嫥	오로지 사랑, 전일	14 (土) 女(여자녀변)
	牋	장계 종이	12 (木) 片(조각편)		戩	멸할, 모두 행운, 복록	14 (金) 戈(창과)
	飦	죽, 된죽 범벅	12 (水) 食(밥식변)		腆	두터울 많을, 착할	14 (水) 肉(육달월)
	電	번개 전기	13 (水) 雨(비우)		廛	가게 집터	15 (木) 广(엄호밑)
	傳	전할 전기	13 (火) 人(사람인변)		箭	화살 대나무	15 (木) 竹(대죽변)
	鈿	비녀 금장식	13 (金) 金(쇠금변)		篆	전자, 관인 도장, 새길	15 (木) 竹(대죽변)
	煎	달일, 끓일 애태울	13 (火) 火(연화발)		翦	자를 화살	15 (火) 羽(깃우)
	詮	설명할 법, 도리	13 (金) 言(말씀언변)		鐫	새길, 깎을 조각할	15 (金) 金(쇠금변)
	琠	옥 이름 귀막이	13 (金) 玉(구슬옥변)		戰	싸움, 시합 두려워할	16 (金) 戈(창과)
	塡	메울 채울	13 (土) 土(흙토변)		錢	돈, 동전 자금, 세금	16 (金) 金(쇠금변)

음	한자	뜻(훈)	획수(자원오행) 부수(명칭)
전	甎	벽돌	16 (土) 瓦(기와와)
	磚	벽돌	16 (金) 石(돌석변)
	錪	가마 추	16 (金) 金(쇠금변)
	靛	족, 청대 남색물감	16 (木) 靑(푸를청)
	靦	부끄러워할 뻔뻔한	16 (火) 面(낯면)
	澱	앙금 찌끼	17 (水) 水(삼수변)
	輾	구를 발전할	17 (火) 車(수레거)
	餞	보낼 전별할	17 (水) 食(밥식변)
	氈	양탄자 모전	17 (火) 毛(터럭모)
	澶	땅 이름 물 흐를	17 (水) 水(삼수변)
	膞	썰, 설육 창자, 무릎	17 (水) 肉(육달월)
	轉	구를 옮길	18 (火) 車(수레거)
	癜	어루러기	18 (水) 疒(병질엄)
	顓	전단할 어리석을	18 (火) 頁(머리혈)
	餰	된죽 범벅	18 (水) 食(밥식변)
	顚	이마 정수리	19 (火) 頁(머리혈)
	羶	누린내 냄새	19 (土) 羊(양양)
	鬋	살쩍늘어질 깎을	19 (火) 髟(터럭발)
전	邅	머뭇거릴 변천할	20 (土) 辵(책받침)
	纏	얽힐 묶을	21 (木) 糸(실사변)
	鐫	새길 쪼갤	21 (金) 金(쇠금변)
	囀	지저귈 가람, 울림	21 (水) 口(입구)
	顫	떨릴 놀랄	22 (火) 頁(머리혈)
	巓	산이마 머리	22 (土) 山(뫼산변)
	籛	언치	22 (木) 竹(대죽변)
	躔	궤도 자취	22 (土) 足(발족변)
	鄽	가게 상점	22 (土) 邑(우부방)
	癲	미칠 지랄병	24 (水) 疒(병질엄)
	鱣	철갑상어	24 (水) 魚(고기어변)
	鸇	새매	24 (火) 鳥(새조변)
절	切	벨, 간절히 절박할	4 (金) 刀(칼도)
	岊	산굽이 산모퉁이	7 (土) 山(뫼산변)
	折	꺾을 깎을	8 (木) 手(재방변)
	晢	밝을, 총명 슬기로울	11 (火) 日(날일변)
	浙	쌀 씻을 강 이름	11 (水) 水(삼수변)
	絶	絕(12)통용 끊을, 건널	12 (木) 糸(실사변)

음	한자	뜻(훈)	획수(자원오행) 부수(명칭)
절	絕	絶(12)통용 끊을, 건널	12 (木) 糸(실사변)
	截	끊을 다스릴	14 (金) 戈(창과)
	節	마디, 절개 예절, 절기	15 (木) 竹(대죽변)
	癤	부스럼	20 (水) 疒(병질엄)
	竊	얕을 훔칠	22(水) 穴(구멍혈)
점	占	점칠 물을	5 (火) 卜(점복)
	佔	엿볼 속삭일	7 (火) 人(사람인변)
	店	가게, 상점 여관	8 (木) 广(엄호밑)
	岾	고개 땅 이름	8 (土) 山(뫼산변)
	奌	点(9)•點(17) 점, 얼룩	8 (木) 大(큰대)
	点	奌(8)•點(17) 점, 얼룩	9 (火) 火(연화발)
	玷	이지러질 헤아릴	10 (金) 玉(구슬옥변)
	粘	붙을 끈끈할	11 (木) 米(쌀미변)
	笘	회초리 분판	11 (木) 竹(대죽변)
	苫	이엉, 거적 덮을	11 (木) 艸(초두밑)
	蛅	쐐기	11 (水) 虫(벌레충)
	覘	엿볼 볼	12 (火) 見(볼견)
	墊	빠질 파내려갈	14 (土) 土(흙토변)
점	颭	물결 일	14 (木) 風(바람풍)
	漸	점점, 적실 차츰, 험할	15 (水) 水(삼수변)
	霑	젖을 잠길	16 (水) 雨(비우)
	鮎	메기	16 (水) 魚(고기어변)
	點	奌(8)•点(9) 점, 얼룩	17 (水) 黑(검을흑)
	蔪	쌀 풀이 얽힐	17 (木) 艸(초두밑)
	黏	차질, 떡 풀, 죽	17 (木) 黍(기장서)
	簟	대자리 방문석	18 (木) 竹(대죽변)
접	接	접할, 모일 대접할	12 (木) 手(재방변)
	椄	접붙일 형틀, 형구	12 (木) 木(나무목변)
	跕	밟을, 서행 떨어질	12 (土) 足(발족변)
	楪	평상, 접을 살평상	13 (木) 木(나무목변)
	蜨	나비	14 (水) 虫(벌레충)
	蝶	나비 들나비	15 (水) 虫(벌레충)
	摺	접을 두려워할	15 (木) 手(재방변)
	蹀	밟을, 장식 잔걸음	16 (土) 足(발족변)
	鰈	가자미 넙치	20 (水) 魚(고기어변)
정	丁	고무래 일꾼, 장정	2 (木↔火) 一(한일)

음	한자	뜻(훈)	획수(자원오행) 부수(명칭)	음	한자	뜻(훈)	획수(자원오행) 부수(명칭)
정	井	우물, 정전 마을, 법도	4 (木↔水) 二(두이)	정	亭	정자 머무를	9 (火) 亠(돼지해밑)
	正	바를, 정당 정직, 결정	5 (土) 止(그칠지)		訂	바로잡을 맺을	9 (金) 言(말씀언변)
	叮	정성스러울 신신당부할	5 (水) 口(입구)		柾	나무 나무 바를	9 (木) 木(나무목변)
	汀	물가 모래섬	6 (水) 水(삼수변)		炡	빛날 불번쩍거릴	9 (火) 火(불화변)
	灯	열화 맹렬한불	6 (火) 火(불화변)		穽	함정 구덩이	9 (水) 穴(구멍혈)
	朾	칠, 쐐기 도리깨	6 (木) 木(나무목변)		酊	술 취할	9 (金) 酉(닭유)
	廷	조정, 관서 마을, 공정	7 (木) 廴(민책받침)		侹	평평할 꼿꼿할	9 (火) 人(사람인변)
	町	밭두둑 경계	7 (土) 田(밭전)		怔	두려워할 신경쇠약증	9 (火) 心(심방변)
	呈	나타낼 드릴	7 (水) 口(입구)		庭	뜰, 조정 궁중, 관청	10 (木) 广(엄호밑)
	玎	옥 소리	7 (金) 玉(구슬옥변)		釘	못, 독촉 융기물	10 (金) 金(쇠금변)
	姘	안존할 얌전할	7 (土) 女(여자녀변)		眐	바라 볼 홀로 갈	10 (木) 目(눈목변)
	佂	허둥댈 두려워할	7 (火) 人(사람인변)		頂	이마 꼭대기	11 (火) 頁(머리혈)
	疔	정 악성종기	7 (水) 疒(병질엄)		挺	뽑을 빼어날	11 (木) 手(재방변)
	定	정할 머무를	8 (木) 宀(갓머리)		梃	몽둥이 줄기	11 (木) 木(나무목변)
	征	칠, 갈 취할	8 (火) 彳(두인변)		偵	염탐, 정탐 염탐꾼	11 (火) 人(사람인변)
	姃	단정할 여자의 자	8 (土) 女(여자녀변)		桯	기둥, 탁자 서안, 장대	11 (木) 木(나무목변)
	政	정사, 법규 칠, 조세	9↔8 (金) 攴(등글월문)		停	머무를 멈출, 정비	11 (火) 人(사람인변)
	貞	곧을, 정조 점칠, 성심	9 (金) 貝(조개패)		涏	곧을 반질반질할	11 (水) 水(삼수변)

음	한자	뜻(훈)	획수(자원오행) 부수(명칭)	음	한자	뜻(훈)	획수(자원오행) 부수(명칭)
정	旌	기장목	11 (木) 方(모방)	정	湞	물 이름	13 (水) 水(삼수변)
	埩	밭갈 밭일굴	11 (土) 土(흙토변)		綎	인끈 가죽 띠	13 (木) 糸(실사변)
	彭	청정할	11 (木) 靑(푸를청)		楨	광나무 쥐똥나무	13 (木) 木(나무목변)
	胜	비릴 여윌	11 (水) 肉(육달월)		鼎	솥, 점괘 말뚝, 의자	13 (火) 鼎(솥정)
	婧	날씬할 단정할	11 (土) 女(여자녀변)		鉦	징 징소리	13 (金) 金(쇠금변)
	情	뜻, 욕망 사랑, 진상	12 (火) 心(심방변)		靖	꾀할, 편할 다스릴	13 (木) 靑(푸를청)
	淨	깨끗할 밝을, 악역	12 (水) 水(삼수변)		睛	눈동자	13 (木) 目(눈목변)
	程	한도, 법 계량기, 길	12 (木) 禾(벼화변)		渟	멈출 물괴일	13 (水) 水(삼수변)
	珵	패옥 노리개	12 (金) 玉(구슬옥변)		碇	닻 배 멈출	13 (金) 石(돌석변)
	幀	그림족자 수틀	12 (木) 巾(수건건)		艇	배 거룻배	13 (木) 舟(배주)
	珽	옥 이름 옥홀	12 (金) 玉(구슬옥변)		筳	꾸릿대 들보, 점대	13 (木) 竹(대죽변)
	晶	수정 맑을	12 (火) 日(날일변)		莛	줄기, 들보 봇장	13 (木) 艸(초두밑)
	晸	해뜰 해뜨는모양	12 (火) 日(날일변)		精	찧을, 정할 우수, 총명	14 (木) 米(쌀미변)
	淀	배댈 얕은 물	12 (水) 水(삼수변)		禎	상서, 바를 길조, 복	14 (木) 示(보일시)
	婷	예쁠 아리따울	12 (土) 女(여자녀변)		静	靜(16)통용 고요할,깨끗	14 (木) 靑(푸를청)
	掟	벌릴 규정	12 (木) 手(재방변)		靘	검푸른 빛 그늘진 곳	14 (木) 靑(푸를청)
	棖	문설주 사람이름	12 (木) 木(나무목변)		醒	숙취, 술병 싫증날	14 (金) 酉(닭유)
	証	증거 간할	12 (金) 言(말씀언변)		鋌	광석, 동석 달릴, 판금	15 (金) 金(쇠금변)

음	한자	뜻(훈)	획수(자원오행) 부수(명칭)	음	한자	뜻(훈)	획수(자원오행) 부수(명칭)
정	靚	단장할 조용할	15 (木) 靑(푸를청)	제	第	집, 차례 과거	11 (木) 竹(대죽변)
	鋥	칼날세울 칼갈	15 (金) 金(쇠금변)		祭	제사 제사지낼	11 (木↔土) 示(보일시)
	霆	번개 천둥소리	15 (水) 雨(비우)		悌	화락할 공손할	11 (火) 心(심방변)
	靜	静(14)통용 고요할,깨끗	16 (木) 靑(푸를청)		梯	사다리 기댈, 새싹	11 (木) 木(나무목변)
	整	정돌할 가지런할	16 (金) 攴(등글월문)		俤	준걸, 슬기 고달플	11 (火) 人(사람인변)
	諪	고를 조정할	16 (金) 言(말씀언변)		晢	별 빛날 총명, 슬기	11 (火) 日(날일변)
	錠	제기이름 은화, 정제	16 (金) 金(쇠금변)		堤	둑 제방	12 (土) 土(흙토변)
	頲	곧을, 바를 머리가 긴	16 (火) 頁(머리혈)		啼	울, 눈물 울부짖을	12 (水) 口(입구)
	遉	엿볼	16 (土) 辵(책받침)		媞	편안할 아름다울	12 (土) 女(여자녀변)
	檉	능수버들	17 (木) 木(나무목변)		猘	미친개 광견, 거칠	12 (土) 犬(개사슴록)
	頱	아름다울	17 (火) 頁(머리혈)		睇	흘끗 볼 맞아서 볼	12 (木) 目(눈목변)
	鄭	정나라 정나라풍류	19 (土) 邑(우부방)		稊	돌피, 싹 움	12 (木) 禾(벼화변)
	瀞	맑을 청결할	20 (水) 水(삼수변)		済	濟(18)통용 건널,성취,구제 성공,유익,도움	12 (水) 水(삼수변)
제	弟	아우, 제자 순서, 공경	7 (火↔水) 弓(활궁)		提	끌, 단절 거느릴	13 (木) 手(재방변)
	制	법, 마를 억제할	8 (金) 刀(칼도)		製	지을, 만들 모습, 비옷	14 (木) 衣(옷의)
	帝	임금, 천자 하느님, 클	9 (木) 巾(수건건)		齊	가지런할 다스릴	14 (土) 齊(가지런할제)
	姼	예쁠	9 (土) 女(여자녀변)		瑅	옥 이름	14 (金) 玉(구슬옥변)
	娣	여동생 작은 이모	10 (土) 女(여자녀변)		禔	복, 기쁨 편안할	14 (木) 示(보일시)

음	한자	뜻(훈)	획수(자원오행) 부수(명칭)	음	한자	뜻(훈)	획수(자원오행) 부수(명칭)
제	除	덜, 제외 숙청, 임명	15 (土) 阜(좌부변)	제	薺	냉이	20 (木) 艸(초두밑)
	緹	붉은 비단 붉을	15 (木) 糸(실사변)		鯷	큰메기	20 (水) 魚(고기어변)
	諸	모두, 모든 무릇, 지차	16 (金) 言(말씀언변)		躋	오를 진보할	21 (土) 足(발족변)
	劑	약 지을	16 (金) 刀(칼도)		霽	갤 눈비 그칠	22 (水) 雨(비우)
	蹄	올무, 발 밟을, 굽	16 (土) 足(발족변)	조	刁	조두, 동라 간사할	2 (金) 刀(칼도)
	醍	맑은술	16 (金) 酉(닭유)		弔	조상할 상심할	4 (火↔土) 弓(활궁)
	儕	무리, 동배 함께, 동행	16 (火) 人(사람인변)		爪	손톱 깍지	4 (金) 爪(손톱조)
	踶	뒷발질 굽, 밟을	16 (土) 足(발족변)		兆	조, 조짐 사람, 묘지	6 (木↔火) 儿(어진사람인)
	蹏	발굽, 달릴 올가미	17 (土) 足(발족변)		早	새벽 이를	6 (火) 日(날일변)
	鍗	큰 가마 가마솥	17 (金) 金(쇠금변)		助	도울, 원조 유익, 조세	7 (土) 力(힘력변)
	隄	둑, 제방 언덕, 다리	17 (土) 阜(좌부변)		皁	하인, 구유 마구간	7 (金↔水) 白(흰백)
	鮧	메기	17 (水) 魚(고기어변)		枣	棗(12)통용 대추	8 (木) 木(나무목변)
	題	제목, 물음 이마, 품평	18 (火) 頁(머리혈)		佻	경박할 구차할	8 (火) 人(사람인변)
	濟	済(12)통용 건널,성취,구제 성공,유익,도움	18 (水) 水(삼수변)		徂	갈, 떠날 죽을	8 (火) 彳(두인변)
	擠	밀칠, 해칠 배척할	18 (木) 手(재방변)		找	보충할 찾을	8 (木) 手(재방변)
	際	즈음, 사이, 사귈, 끝	19 (土) 阜(좌부변)		俎	도마 제기	9 (火) 人(사람인변)
	齏	회 양념	19 (木) 韭(부추구)		昭	밝을 밝힐	9 (火) 日(날일변)
	臍	배꼽	20 (水) 肉(육달월)		殂	죽을	9 (水) 歹(죽을사)

음	한자	뜻(훈)	획수(자원오행) 부수(명칭)	음	한자	뜻(훈)	획수(자원오행) 부수(명칭)
조	祖	할아버지 조상, 시조	10 (木↔金) 示(보일시)	조	祧	조묘, 사당 조묘로옮길	11 (木↔土) 示(보일시)
	租	구실, 징수 세금, 벼	10 (木) 禾(벼화변)		胙	제육, 섬돌 계단, 보답	11 (水) 肉(육달월)
	晁	아침 땅이름	10 (火) 日(날일변)		朝	아침, 조정 정사, 문안	12 (水) 月(달월)
	祚	복, 해 제위, 보답	10 (木↔金) 示(보일시)		措	높을, 베풀 처리할	12 (木) 手(재방변)
	凋	시들 슬퍼할	10 (水) 冫(이수변)		詔	조서, 왕호 지도, 보좌	12 (金) 言(말씀언변)
	蚤	벼룩 일찍	10 (水) 虫(벌레충)		棗	枣(6)통용 대추	12 (木) 木(나무목변)
	厝	둘, 방치할 가매장	10 (金) 厂(민엄호밑)		絩	실 수효 올, 명주	12 (木) 糸(실사변)
	笊	조리, 둥지 보금자리	10 (木) 竹(대죽변)		鈟	낚시, 낚을 유혹, 탐할	12 (金) 金(쇠금변)
	曺	曹(11)통용 무리, 마을	10 (火↔土) 曰(가로왈)		照	비칠 거울	13 (火) 火(연화발)
	曹	曺(10)통용 무리, 마을	11 (火↔土) 曰(가로왈)		稠	고를 빽빽할	13 (木) 禾(벼화변)
	鳥	새, 봉황 별이름	11 (火) 鳥(새조변)		阻	험할 걱정할	13 (土) 阜(좌부변)
	條	가지, 조리 법규	11 (木) 木(나무목변)		傮	마칠	13 (火) 人(사람인변)
	組	끈 짤	11 (木) 糸(실사변)		琱	옥 다듬을 새길, 그릴	13 (金) 玉(구슬옥변)
	彫	새길, 꾸밀 시들	11 (火) 彡(터럭삼)		絛	끈 줄	13 (木) 糸(실사변)
	窕	조용할 아리따울	11 (水) 穴(구멍혈)		誂	꾈, 유혹 희롱할	13 (金) 言(말씀언변)
	釣	낚시, 낚을 유혹, 탐할	11 (金) 金(쇠금변)		造	지을, 처음 이를	14 (土) 辵(책받침)
	眺	살필 바라볼	11 (木) 目(눈목변)		趙	나라, 찌를 빠를, 넘을	14 (火) 走(달릴주)
	粗	거칠 약간	11 (木) 米(쌀미변)		肇	시작할 바로잡을	14 (火) 聿(붓율)

음	한자	뜻(훈)	획수(자원오행) 부수(명칭)	음	한자	뜻(훈)	획수(자원오행) 부수(명칭)
조	嶆	깊을 산 깊을	14 (土) 山(뫼산변)	조	糙	매조미 쌀 현미, 거칠	17 (木) 米(쌀미변)
	嘈	시끄러울	14 (水) 口(입구)		艚	거룻배 배	17 (木) 舟(배주)
	蜩	매미 굼틀거릴	14 (水) 虫(벌레충)		蔦	담쟁이	17 (木) 艸(초두밑)
	銚	가래, 쟁기 긴 창	14 (金) 金(쇠금변)		遭	만날, 둘레 바퀴	18 (土) 辵(책받침)
	調	고를, 구실 조롱할	15 (金) 言(말씀언변)		璪	면류관 옥 옥 무늬	18 (金) 玉(구슬옥변)
	嘲	비웃을 조롱할	15 (水) 口(입구)		鼂	아침	18 (土) 黽(맹꽁이맹)
	槽	구유 말구유	15 (木) 木(나무목변)		繰	야청통견 야청빛	19 (木) 糸(실사변)
	漕	배질할 수레	15 (水) 水(삼수변)		臊	누린내 부끄러워할	19 (水) 肉(육달월)
	潮	조수 밀물	16 (水) 水(삼수변)		鯛	도미	19 (水) 魚(고기어변)
	雕	새길 독수리	16 (火) 隹(새추)		鵰	수리	19 (火) 鳥(새조변)
	噪	시끄러울 지저귈	16 (水) 口(입구)		躁	조급, 성급 시끄러울	20 (土) 足(발족변)
	錞	불리지않은 쇠	16 (金) 金(쇠금변)		譟	시끄러울 기뻐할	20 (金) 言(말씀언변)
	燥	마를 말릴	17 (火) 火(불화변)		竈	부엌, 조왕 부엌귀신	21 (水) 穴(구멍혈)
	操	잡을 지조	17 (木) 手(재방변)		藻	무늬 바다말	22 (木) 艸(초두밑)
	糟	지게미 술 재강	17 (木) 米(쌀미변)		糶	쌀낼 쌀 팔을	25 (木) 米(쌀미변)
	嬥	날씬할 춤출, 바꿀	17 (土) 女(여자녀변)	족	足	발, 엿볼 근본, 족할	7 (土) 足(발족변)
	懆	조심할	17 (火) 心(심방변)		族	겨레 무리	11 (土↔木) 方(모방)
	澡	씻을, 깨끗 다스릴	17 (水) 水(삼수변)		瘯	옴, 진버짐 피부병	16 (水) 疒(병질엄)

음	한자	뜻(훈)	획수(자원오행) 부수(명칭)
족	簇	모일 조릿대	17 (木) 竹(대죽변)
	鏃	화살촉 날카로울	19 (金) 金(쇠금변)
존	存	있을 보존할	6 (水) 子(아들자)
	拵	의거할 꽂을	10 (木) 手(재방변)
	尊	높을, 어른 공경, 관리	12 (土↔木) 寸(마디촌)
졸	卒	군사, 하인 마칠	8 (水↔金) 十(열십)
	拙	졸할 옹졸할	9 (木) 手(재방변)
	猝	창졸 갑자기	12 (土) 犬(개사슴록)
종	伀	두려워할 당황, 널리	6 (火) 人(사람인변)
	宗	종묘, 마루 높일	8 (木) 宀(갓머리)
	柊	나무이름 메	9 (木) 木(나무목변)
	倧	한배 신인	10 (火) 人(사람인변)
	終	끝날 마칠	11 (木) 糸(실사변)
	從	좇을, 세로 종사할	11 (火) 彳(두인변)
	淙	물댈 물소리	12 (水) 水(삼수변)
	悰	즐길 즐거울	12 (火) 心(심방변)
	棕	椶(13)통용 종려나무	12 (木) 木(나무목변)
	椶	棕(12)통용 종려나무	13 (木) 木(나무목변)
종	琮	옥홀 모난 옥	13 (金) 玉(구슬옥변)
	種	씨, 종류 심을	14 (木) 禾(벼화변)
	綜	모을 바디	14 (木) 糸(실사변)
	瘇	수중다리 각기	14 (水) 疒(병질엄)
	慫	권할 놀랄	15 (火) 心(마음심)
	踪	蹤(18)통용 자취,발자취	15 (土) 足(발족변)
	腫	부스럼 종기	15 (水) 肉(육달월)
	慒	생각할 꾀할	15 (火) 心(심방변)
	樅	진나무 무성할	15 (木) 木(나무목변)
	瑽	패옥소리 옥 소리	16 (金) 玉(구슬옥변)
	踵	발꿈치 좇을	16 (土) 足(발족변)
	縱	세로, 놓을 늘어질	17 (木) 糸(실사변)
	鍾	쇠북, 술병 모을, 부여	17 (金) 金(쇠금변)
	螽	누리, 황충 베짱이	17 (水) 虫(벌레충)
	蹤	踪(15)통용 자취,발자취	18 (土) 足(발족변)
	鐘	쇠북, 종 시계	20 (金) 金(쇠금변)
좌	左	왼, 어긋날 증거, 근처	5 (火) 工(장인공)
	坐	앉을, 연루 지킬	7 (土) 土(흙토변)

음	한자	뜻(훈)	획수(자원오행) 부수(명칭)	음	한자	뜻(훈)	획수(자원오행) 부수(명칭)
좌	佐	도울, 보좌 속료, 권할	7 (火) 人(사람인변)	주	呪	빌, 기원 저주, 주술	8 (水) 口(입구)
	剉	꺾을 쪼갤	9 (金) 刀(칼도)		侜	가릴 속일	8 (火) 人(사람인변)
	座	자리, 자리 좌, 방석	10 (木) 广(엄호밑)		妵	사람이름 예쁠	8 (土) 女(여자녀변)
	挫	꺾을 결박할	11 (木) 手(재방변)		注	흐를, 물댈 주낼	9 (水) 水(삼수변)
	痤	부스럼 옴, 등창	12 (水) 疒(병질엄)		柱	기둥, 버틸 줄기, 비방	9 (木) 木(나무목변)
	莝	여물, 꼴 소먹이	13 (木) 艸(초두밑)		奏	아뢸, 상소 곡조	9 (木) 大(큰대)
	髽	복 상투	17 (火) 髟(터럭발)		炷	심지, 자루 불사를	9 (火) 火(불화변)
죄	罪	허물, 과실 재앙, 죄인	14 (木) 网(그물망)		紂	말고삐 말치 끈	9 (木) 糸(실사변)
주	主	주인, 등불 주장할	5 (木) 丶(점)		拄	버틸 반박할	9 (木) 手(재방변)
	朱	붉을, 화장 연지, 주목	6 (木) 木(나무목변)		冑	투구 정재용투구	9 (水) 冂(멀경몸)
	舟	배, 선박 배타고건널	6 (木) 舟(배주)		姝	예쁠 연약할	9 (土) 女(여자녀변)
	州	고을, 섬 나라, 모일	6 (水) 巛(개미허리)		株	그루, 줄기 주식	10 (木) 木(나무목변)
	丟	아주 갈 잃어버릴	6 (木↔水) 一(한일)		洲	물, 섬 모래섬	10 (水) 水(삼수변)
	住	살, 머무를 그칠, 세울	7 (火) 人(사람인변)		酎	소주 진한 술	10 (金↔水) 酉(닭유)
	走	달릴 달아날	7 (火) 走(달릴주)		酒	술, 잔치 무술, 주연	10 (金↔水) 酉(닭유)
	宙	집, 하늘 때, 주거	8 (木) 宀(갓머리)		珠	구슬, 진주 방울, 붉은	11 (金) 玉(구슬옥변)
	周	두루, 둘레 주나라	8 (水) 口(입구)		做	지을, 만들 맡을, 가령	11 (火) 人(사람인변)
	侏	난장이 광대	8 (火) 人(사람인변)		紬	명주	11 (木) 糸(실사변)

음	한자	뜻(훈)	획수(자원오행) 부수(명칭)	음	한자	뜻(훈)	획수(자원오행) 부수(명칭)
주	紸	댈 서로 닿을	11 (木) 糸(실사변)	주	邾	나라이름 고을이름	13 (土) 邑(우부방)
	硃	주사 붉은 먹	11 (金) 石(돌석변)		趎	사람이름	13 (火) 走(달릴주)
	胕	팔꿈치 만류할	11 (水) 肉(육달월)		輈	끌채, 거여 굳센 모양	13 (火) 車(수레거)
	蛀	나무좀 좀 먹을	11 (水) 虫(벌레충)		湊	항구, 모일 달릴, 살결	13 (水) 水(삼수변)
	珘	옥, 구슬 사람이름	11 (金) 玉(구슬옥변)		綢	얽을 숨길	14 (木) 糸(실사변)
	晝	낮, 정오 땅이름	11 (火) 日(날일변)		逎	遒(16)통용 닥칠, 모일	14 (土) 辵(책받침)
	蛛	거미	12 (水) 虫(벌레충)		[illegible]	귀 귀가 밝을	14 (火) 耳(귀이)
	絑	붉을 분홍색비단	12 (木) 糸(실사변)		裯	홑이불 장막, 휘장	14 (木) 衣(옷의변)
	貯	재물	12 (金) 貝(조개패)		嗾	부추길 위협할	14 (水) 口(입구)
	[illegible]	밝을	12 (火) 日(날일변)		駐	머무를 낙타, 체류	15 (火) 馬(말마변)
	晭	햇빛	12 (火) 日(날일변)		廚	부엌, 상자 주방, 장농	15 (木) 广(엄호밑)
	尌	세울, 섬 하인, 종	12 (土↔木) 寸(마디촌)		調	아침, 심할 무거울	15 (金) 言(말씀언변)
	詋	저주할	12 (金) 言(말씀언변)		腠	살결	15 (水) 肉(육달월)
	椆	영수목 상앗대	12 (木) 木(나무목변)		賙	진휼할 줄, 보탤	15 (金) 貝(조개패)
	註	주해, 기록 해석, 물댈	12 (金) 言(말씀언변)		週	돌, 둘레 전체, 주일	15 (土) 辵(책받침)
	誅	벨, 책할 형벌	13 (金) 言(말씀언변)		遒	逎(14)통용 닥칠, 모일	16 (土) 辵(책받침)
	鉒	쇳돌, 광석 손잡이	13 (金) 金(쇠금변)		輳	모일 몰려들	16 (火) 車(수레거)
	皗	밝을 비단 흴	13 (金) 白(흰백)		澍	단비, 물댈 적실	16 (水) 水(삼수변)

음	한자	뜻(훈)	획수(자원오행) 부수(명칭)	음	한자	뜻(훈)	획수(자원오행) 부수(명칭)
주	儔	짝, 동배 동아리	16 (火) 人(사람인변)	준	隼	송골매 새매	10 (火) 隹(새추)
	霌	운우 구름과 비	16 (水) 雨(비우)		純	선두를 테두리	10 (木) 糸(실사변)
	霔	장마, 시우 적실	16 (水) 雨(비우)		彳夋	따를 물러날	10 (火) 彳(두인변)
	幬	휘장, 커튼 모기장	17 (木) 巾(수건건)		浚	깊을, 맑을 준설할	11 (水) 水(삼수변)
	蔟	대주 정월	17 (木) 艸(초두밑)		晙	밝을 이를	11 (火) 日(날일변)
	燽	밝을 드러날	18 (火) 火(불화변)		焌	구울 불붙을	11 (火) 火(불화변)
	疇	이랑, 북 세습, 삼밭	19 (土) 田(밭전)		埻	과녁, 법 표준, 기준	11 (土) 土(흙토변)
	鼄	거미 *蛛와 동자	19 (土↔水) 黽(맹꽁이맹)		竣	마칠 끝날	12 (金↔土) 立(설립)
	籌	산가지 투호 살	20 (木) 竹(대죽변)		畯	농부 권농관	12 (土) 田(밭전)
	躊	주저할 머뭇거릴	21 (土) 足(발족변)		睃	볼, 소매 흘겨볼	12 (木) 目(눈목변)
	籒	주문, 주서 주전	21 (木) 竹(대죽변)		凖	準(14)통용 법도,본받을	12 (水) 冫(이수변)
	鑄	부어 만들 쇠 불릴	22 (金) 金(쇠금변)		容	濬(18)통용 준설할	12 (水) 谷(골곡)
죽	竹	대, 대쪽 피리, 죽간	6 (木) 竹(대죽변)		皴	주름, 트일 살갗	12 (金) 皮(가죽피)
	粥	죽, 미음 허약할	12 (木) 米(쌀미변)		雋	영특할,준걸 뛰어날	13 (火) 隹(새추)
준	俊	뛰어날 준걸, 높을	9 (火) 人(사람인변)		迿	앞설 앞 다툴	13 (土) 辶(책받침)
	峻	높을, 험할 가파를	10 (土) 山(뫼산변)		惷	흐트러질 어리석을	13 (火) 心(마음심)
	埈	陖(15)통용 높을, 험할	10 (土) 土(흙토변)		逡	주저할 뒷걸을 칠	14 (土) 辶(책받침)
	准	허가할 승인, 법도	10 (水) 冫(이수변)		僔	모일, 많을 겸손할	14 (火) 人(사람인변)

음	한자	뜻(훈)	획수(자원오행) 부수(명칭)
준	準	準(12)통용 법도,본받을	14 (水) 水(삼수변)
	綧	어지러울 법도	14 (木) 糸(실사변)
	踆	마칠 쭈그려앉을	14 (土) 足(발족변)
	儁	영특할 뛰어날	15 (火) 人(사람인변)
	葰	클 성할	15 (木) 艸(초두밑)
	墫	술그릇 술 단지	15 (土) 土(흙토변)
	陖	埈(10)통용 높을, 험할	15 (土) 阜(좌부변)
	寯	모일, 준걸 뛰어날	16 (木) 宀(갓머리)
	樽	술통 그칠	16 (木) 木(나무목변)
	餕	대궁 익힌 음식	16 (水) 食(밥식변)
	撙	누를, 억제 절약할	16 (木) 手(재방변)
	懏	똑똑할 슬기로울	17 (火) 心(심방변)
	駿	준마 준걸	17 (火) 馬(말마변)
	竴	기쁠	17 (金) 立(설립)
	[illegible]	뛰어날 우수할	18 (木) 門(문문)
	濬	㕡(12)통용 준설할	18 (水) 水(삼수변)
	罇	술독	18 (土) 缶(장군부)
	鵔	금계, 적치 관청이름	18 (火) 鳥(새조변)
준	遵	따라갈 좇을	19 (土) 辵(책받침)
	蹲	웅크릴 모일, 춤출	19 (土) 足(발족변)
	鐏	창고달	20 (金) 金(쇠금변)
	蠢	꿈틀거릴 어리석을	21 (水) 虫(벌레충)
	鱒	송어	23 (水) 魚(고기어변)
줄	乼	줄, 음역자 묶는 줄	9 (木) 乙(새을)
	茁	풀싹 성할	11 (木) 艸(초두밑)
중	中	가운데, 속 마음, 장부	4 (土) 丨(뚫을곤)
	仲	버금, 둘째 가운데,중간	6 (火) 人(사람인변)
	重	무거울 소중, 삼갈	9 (土) 里(마을리)
	眾	무리, 군신 백성, 토지	11 (木) 目(눈목변)
	衆	무리, 군신 백성, 토지	12 (水) 血(피혈)
즉	即	卽(9)통용 곧, 나아갈	7 (火↔水) 卩(병부절)
	卽	即(7)통용 곧, 나아갈	9 (火↔水) 卩(병부절)
	喞	두런거릴 탄식소리	12 (水) 口(입구)
즐	櫛	빗, 빗질할 늘어설	19 (木) 木(나무목변)
	騭	수말,말부릴 오를, 이룰	20 (火) 馬(말마변)

음	한자	뜻(훈)	획수(자원오행) 부수(명칭)	음	한자	뜻(훈)	획수(자원오행) 부수(명칭)
즙	汁	즙 국물	6 (水) 水(삼수변)	증	贈	줄 선물	19 (金) 貝(조개패)
	楫	노 돛대	13 (木) 木(나무목변)	지	支	지탱할 가지, 계산	4 (土) 支(지탱할지)
	葺	기울 지붕 이을	15 (木) 艸(초두밑)		止	그칠 머무를	4 (土) 止(그칠지)
	檝	노, 배 수집	17 (木) 木(나무목변)		之	갈 어조사	4 (土) 丿(삐침)
	蕺	삼백초	19 (木) 艸(초두밑)		只	다만 말 그칠	5 (水) 口(큰입구)
증	症	증세 병세	10 (水) 疒(병질엄)		地	땅, 처지 장소, 논밭	6 (土) 土(흙토변)
	拯	건질 구조할	10 (木) 手(재방변)		至	이를 동지	6 (土) 至(이를지)
	烝	찔 많을	10 (火) 火(연화발)		旨	맛, 조서 뜻, 성지	6 (火) 日(날일변)
	曾	일찍 거듭	12 (火) 曰(가로왈)		劧	굳건할	6 (土) 力(힘력변)
	增	늘 더할	15 (土) 土(흙토변)		志	뜻, 적을 본심, 기억	7 (火) 心(마음심)
	嶒	산높고험할	15 (土) 山(뫼산변)		池	못, 연못 해자, 수로	7 (水) 水(삼수변)
	憎	미워할 증오할	16 (火) 心(심방변)		址	터	7 (土) 土(흙토변)
	蒸	많을, 백성 찔	16 (木) 艸(초두밑)		厎	숫돌 갈	7 (土) 厂(민엄호밑)
	甑	시루	17 (土) 瓦(기와와)		吱	가는 소리 헐떡일	7 (水) 口(입구)
	矰	주살 짧은 화살	17 (金) 矢(화살시)		坁	머무를	7 (土) 土(흙토변)
	繒	비단 명주	18 (木) 糸(실사변)		枝	가지, 사지 분산, 버틸	8 (木) 木(나무목변)
	罾	그물 어망	18 (木) 网(그물망)		知	矨(10)통용 알, 슬기	8 (金) 矢(화살시)
	證	증거 깨달을	19 (金) 言(말씀언변)		沚	물가 모래톱	8 (水) 水(삼수변)

음	한자	뜻(훈)	획수(자원오행) 부수(명칭)	음	한자	뜻(훈)	획수(자원오행) 부수(명칭)
지	汦	붙을, 멈출 가지런할	8 (水) 水(삼수변)	지	舐	핥을 빨을	10 (火) 舌(혀설)
	忯	사랑할	8 (火) 心(심방변)		[矢+可]	知(8)통용 알, 슬기	10 (金) 矢(화살시)
	坻	모래톱 토대, 머물	8 (土) 土(흙토변)		趾	발, 터 발가락	11 (土) 足(발족변)
	抵	손뼉 칠 비방할	8 (木) 手(재방변)		觝	만날 합할	11 (木) 角(뿔각)
	祉	복 천복	9 (木) 示(보일시)		智	䂡(16)통용 슬기, 재능	12 (火↔水) 日(날일변)
	咫	길이, 짧을 여덟 치	9 (水) 口(입구)		脂	기름 비게	12 (水) 肉(육달월)
	枳	해칠 탱자나무	9 (木) 木(나무목변)		痣	사마귀 점	12 (水) 疒(병질엄)
	泜	물 이름	9 (水) 水(삼수변)		軹	굴대 끝 두 갈래	12 (火) 車(수레거)
	指	손발가락 가리킬	10 (木) 手(재방변)		阯	토, 토대 산기슭	12 (土) 阜(좌부변)
	紙	종이, 장 신문	10 (木) 糸(실사변)		誌	기록할 표지, 기억	14 (金) 言(말씀언변)
	持	가질, 버틸 주장, 도울	10 (木) 手(재방변)		蜘	거미	14 (水) 虫(벌레충)
	祗	다만,편안할 오직,공경할	10 (木↔金) 示(보일시)		榰	주춧돌 주추, 버틸	14 (木) 木(나무목변)
	芝	영지 버섯	10 (木) 艸(초두밑)		馶	굳셀 검은호랑이	14 (火) 馬(말마변)
	砥	숫돌 평평할	10 (金) 石(돌석변)		搘	버틸 괼	14 (木) 手(재방변)
	肢	사지 팔다리	10 (水↔木) 肉(육달월)		禔	복, 즐거울 행복, 다만	14 (木) 示(보일시)
	芷	구리 때 지초	10 (木) 艸(초두밑)		摯	잡을, 지극 사나울	15 (木) 手(손수)
	洔	섬 모래톱	10 (水) 水(삼수변)		鋕	새길, 명심 기록할	15 (金) 金(쇠금변)
	秖	다만 곡식여물	10 (木) 禾(벼화변)		漬	담글 적실	15 (水) 水(삼수변)

음	한자	뜻(훈)	획수(자원오행) 부수(명칭)
지	墀	지대 뜰 마룻바닥	15 (土) 土(흙토변)
	踟	머뭇거릴 주저할	15 (土) 足(발족변)
	𥏼	智(12)통용 슬기, 재능	16 (金) 矢(화살시)
	篪	피리	16 (木) 竹(대죽변)
	鮨	다랑어	17 (水) 魚(고기어변)
	贄	폐백	18 (金) 貝(조개패)
	遲	더딜 기다릴	19 (土) 辵(책받침)
	識	적을, 표 표현할	19 (金) 言(말씀언변)
	躓	넘어질 실패, 차질	22 (土) 足(발족변)
	鷙	맹금, 매 공격할	22 (火) 鳥(새조변)
직	直	곧을, 대할 바로잡을	8 (木) 目(눈목변)
	稙	올벼 이른 벼	13 (木) 禾(벼화변)
	稷	기장 농관	15 (木) 禾(벼화변)
	禝	사람이름 오곡신	15 (木) 示(보일시)
	職	직분, 맡을 벼슬	18 (火) 耳(귀이변)
	織	짤 직물	18 (木) 糸(실사변)
진	尽	盡(14)통용 다할, 극치	6 (水↔金) 尸(주검시)
	辰	별, 수성 별이름	7 (土) 辰(별진)

음	한자	뜻(훈)	획수(자원오행) 부수(명칭)
진	枃	바디 사침대	8 (木) 木(나무목변)
	抮	되돌릴 고착, 알갈	9 (木) 手(재방변)
	殄	다할 끊을	9 (水) 歹(죽을사)
	昣	밝을	9 (火) 日(날일변)
	侲	동자 어린이	9 (火) 人(사람인변)
	眞	真(10)통용 참, 본질	10 (木) 目(눈목변)
	真	眞(10)통용 참, 본질	10 (木) 目(눈목변)
	晉	晋(10)통용 나아갈,누를	10 (火) 日(날일변)
	晋	晉(10)통용 나아갈,누를	10 (火) 日(날일변)
	珍	鉁(13)통용 보배, 귀할	10 (金) 玉(구슬옥변)
	津	나루, 인연 윤택, 수단	10 (水) 水(삼수변)
	秦	진나라 벼 이름	10 (木) 禾(벼화변)
	唇	놀랄	10 (水) 口(입구)
	畛	밭두렁 밭 지경	10 (土) 田(밭전)
	疹	홍역 역질	10 (水) 疒(병질엄)
	振	떨칠, 건질 정돈할	11 (木) 手(재방변)
	桭	대청 평고대	11 (木) 木(나무목변)
	袗	홑옷 고운 옷	11 (木) 衣(옷의변)

음	한자	뜻(훈)	획수(자원오행) 부수(명칭)	음	한자	뜻(훈)	획수(자원오행) 부수(명칭)
진	𦣞	밝을	11 (火) 臣(신하신)	진	進	나아갈 오를, 힘쓸	15 (土) 辵(책받침)
	眹	눈동자 조짐, 점괘	11 (木) 目(눈목변)		陣	진칠, 싸움 한바탕	15 (土) 阜(좌부변)
	珒	옥 이름	11 (金) 玉(구슬옥변)		瑨	瑨(15)통용 옥돌, 옥석	15 (金) 玉(구슬옥변)
	敒	다스릴 귀 늘어질	11 (金) 攵(등글월문)		瑨	瑱(15)통용 옥돌, 옥석	15 (金) 玉(구슬옥변)
	軫	수레 슬퍼할	12 (火) 車(수레거)		瑱	귀막이옥 옥	15 (金) 玉(구슬옥변)
	診	볼, 점칠 진찰할	12 (金) 言(말씀언변)		震	천둥소리 진동, 놀랄	15 (水) 雨(비우)
	趁	좇을 떠들	12 (火) 走(달릴주)		禛	복 받을	15 (木) 示(보일시)
	塡	누를 다할	13 (土) 土(흙토변)		瞋	성낼 눈 부릅뜰	15 (木) 目(눈목변)
	嗔	성낼 미워할	13 (水) 口(입구)		稹	떨기로 날 치밀할	15 (木) 禾(벼화변)
	鉁	珍(10)통용 보배, 귀할	13 (金) 金(쇠금변)		陳	늘어놓을 묵을, 말할	16 (土) 阜(좌부변)
	靕	바를 품행 바를	13 (木) 靑(푸를청)		縝	고울, 촘촘 검은머리	16 (木) 糸(실사변)
	溱	많을, 퍼질 성할, 이를	14 (水) 水(삼수변)		縉	붉은비단 분홍빛	16 (木) 糸(실사변)
	搢	꽂을 흔들	14 (木) 手(재방변)		臻	이를 모일	16 (土) 至(이를지)
	盡	尽(6)통용 다할, 극치	14 (金) 皿(그릇명)		蓁	우거질 개암나무	16 (木) 艸(초두밑)
	塵	티끌 더럽힐	14 (土) 土(흙토변)		儘	다할, 조금 어떻든	16 (火) 人(사람인변)
	賑	넉넉할 구휼할	14 (金) 貝(조개패)		璡	옥돌	17 (金) 玉(구슬옥변)
	榛	덤불 개암나무	14 (木) 木(나무목변)		蔯	약쑥 더위지기	17 (木) 艸(초두밑)
	槇	뿌리 모일 고울	14 (木) 木(나무목변)		螴	설렐 불안한모양	17 (水) 虫(벌레충)

음	한자	뜻(훈)	획수(자원오행) 부수(명칭)
진	鎭	누를, 안택 진정, 항상	18 (金) 金(쇠금변)
	鬒	숱 많을 강할	20 (火) 髟(터럭발)
질	叱	욕할 꾸짖을	5 (水) 口(입구)
	侄	굳을 어리석을	8 (火) 人(사람인변)
	帙	책권 차례 책갑, 책	8 (木) 巾(수건건)
	姪	조카, 이질 조카딸	9 (土) 女(여자녀변)
	垤	개밋둑 작은 언덕	9 (土) 土(흙토변)
	秩	차례, 벼슬 녹봉, 항상	10 (木) 禾(벼화변)
	疾	병 괴로움	10 (水) 疒(병질엄)
	桎	차꼬 족쇄	10 (木) 木(나무목변)
	窒	막힐 막을	11 (水) 穴(구멍혈)
	蛭	거머리 개밋둑	12 (水) 虫(벌레충)
	跌	넘어질 거꾸러질	12 (土) 足(발족변)
	迭	번갈아들 침노할	12 (土) 辵(책받침)
	絰	질 수질과요질	12 (木) 糸(실사변)
	嫉	시기할 미워할	13 (土) 女(여자녀변)
	郅	고을이름 이를, 성할	13 (土) 邑(우부방)
	質	바탕, 품질 저당물	15 (金) 貝(조개패)
질	蒺	납가새 벌레이름	16 (木) 艸(초두밑)
	膣	음도, 음문 새살 날	17 (水) 肉(육달월)
	瓆	사람 이름	20 (金) 玉(구슬옥변)
	鑕	모루 참요대	23 (金) 金(쇠금변)
짐	朕	나, 짐 조짐, 징조	10 (水) 月(달월변)
	斟	짐작할 요리, 음료	13 (火) 斗(말두)
	鴆	짐새 짐주	15 (火) 鳥(새조변)
집	什	세간, 가구 시편	4 (火) 人(사람인변)
	咠	소곤거릴 참소할	9 (水) 口(입구)
	執	잡을 막을	11 (土) 土(흙토변)
	集	모을, 도달 가지런할	12 (火) 隹(새추)
	楫	노 노 저을	13 (木) 木(나무목변)
	戢	거둘 그칠	13 (金) 戈(창과)
	緝	낳을 길쌈	15 (木) 糸(실사변)
	潗	潗(16)통용 샘솟을,세찰	16 (水) 水(삼수변)
	潗	潗(16)통용 샘솟을,세찰	16 (水) 水(삼수변)
	輯	모을 화목할	16 (火) 車(수레거)
	鏶	판금 금속판	20 (金) 金(쇠금변)

음	한자	뜻(훈)	획수(자원오행) 부수(명칭)
징	徵	부를 조짐	15 (火) 彳(두인변)
	澄	맑을 말게 할	16 (水) 水(삼수변)
	澂	맑을	16 (水) 水(삼수변)
	瞪	바로 볼 멍할, 주시	17 (木) 目(눈목변)
	懲	징계할 응징, 징계	19 (火) 心(마음심)
	瀓	맑을	19 (水) 水(삼수변)
	癥	적취, 적병 발 부스럼	20 (水) 疒(병질엄)
차	叉	깍지 낄 갈래	3 (水) 又(또우)
	且	또, 만일 장차	5 (木) 一(한일)
	次	버금, 차례 장소, 위계	6 (火) 欠(하품흠)
	此	이, 이에 발어사	6 (土) 止(그칠지)
	車	수레, 잇몸 이틀	7 (火) 車(수레거)
	岔	갈림길 세 갈래길	7 (土) 山(뫼산변)
	侘	뽐낼 실의할	8 (火) 人(사람인변)
	佽	재빠를 도울, 버금	8 (火) 人(사람인변)
	姹	자랑할 소녀, 예쁜	9 (土) 女(여자녀변)
	借	빌릴 가령	10 (火) 人(사람인변)
	差	다를, 선택 파견, 한탄	10 (火) 工(장인공)

음	한자	뜻(훈)	획수(자원오행) 부수(명칭)
차	徣	빌릴, 핑계 동아줄	11 (火) 彳(두인변)
	茶	차, 소녀 동백나무	12 (木) 艸(초두밑)
	硨	차거 조개껍데기	12 (金) 石(돌석변)
	嗟	탄식할 감탄할	13 (水) 口(입구)
	嵯	우뚝 솟을	13 (土) 山(뫼산변)
	箚	찌를, 닿을 적을	14 (木) 竹(대죽변)
	槎	나무 벨	14 (木) 木(나무목변)
	瑳	고울 웃을	15 (金) 玉(구슬옥변)
	磋	갈, 연마 연구, 논의	15 (金) 石(돌석변)
	蹉	넘어질 실패할	17 (土) 足(발족변)
	遮	막을 가릴	18 (土) 辵(책받침)
	鹺	소금 소금기	21 (水) 鹵(염전로)
	奲	관대할	24 (木) 大(큰대)
착	窄	좁을 닥칠	10 (水) 穴(구멍혈)
	捉	잡을, 체포 지탱할	11 (木) 手(재방변)
	着	입을, 붙을 신을, 계책	12 (木) 目(눈목변)
	搾	짤 압박할	14 (木) 手(재방변)
	斲	깎을, 벨 새길	14 (金) 斤(날근)

음	한자	뜻(훈)	획수(자원오행) 부수(명칭)
착	錯	꾸밀, 섞일 어긋날	16 (金) 金(쇠금변)
	擉	찌를 작살	17 (木) 手(재방변)
	戳	찌를, 도장 도장 찍을	18 (金) 戈(창과)
	齪	악착할 이 마주칠	22 (金) 齒(이치)
	鑿	끌 뚫을	28 (金) 金(쇠금변)
찬	粲	밝을, 정미 쌀 찧을	13 (木) 米(쌀미변)
	賛	贊(19)통용 도울, 찬사	15 (金) 貝(조개패)
	撰	지을, 기록 저술, 규칙	16 (木) 手(재방변)
	餐	먹을 음식물	16 (水) 食(밥식변)
	簒	篡(17)통용 빼앗을, 강탈	16 (木) 竹(대죽변)
	篡	簒(16)통용 빼앗을, 강탈	17 (木) 竹(대죽변)
	澯	맑을, 녹두 조개풀	17 (水) 水(삼수변)
	燦	빛날 찬란할	17 (火) 火(불화변)
	儧	儹(21)통용 모을, 빠를	17 (火) 人(사람인변)
	璨	옥 빛날	18 (金) 玉(구슬옥변)
	竄	숨을 도망할	18 (水) 穴(구멍혈)
	贊	賛(15)통용 도울, 찬사	19 (金) 貝(조개패)
	纂	모을 이을	20 (木) 糸(실사변)

음	한자	뜻(훈)	획수(자원오행) 부수(명칭)
찬	饌	반찬, 음식 저술, 법칙	21 (水) 食(밥식변)
	儹	儧(17)통용 모을, 빠를	21 (火) 人(사람인변)
	劗	깎을, 모일 머뭇거릴	21 (金) 刀(칼도)
	巑	산 높을 높이 솟을	22 (土) 山(뫼산변)
	讃	讚(26)통용 기릴, 도울	22 (金) 言(말씀언변)
	㜺	희고 환할	22 (土) 女(여자녀변)
	攢	모일, 뚫을 토롱할	23 (木) 手(재방변)
	欑	떨기 이룰 모을, 가매	23 (木) 木(나무목변)
	瓚	술그릇 제기이름	24 (金) 玉(구슬옥변)
	纘	이을 모을	25 (木) 糸(실사변)
	讚	讃(22)통용 기릴, 도울	26 (金) 言(말씀언변)
	趲	놀라흩어질 재촉할	26 (火) 走(달릴주)
	鑽	끊을 뚫을	27 (金) 金(쇠금변)
	爨	부뚜막 조미할	29 (火) 火(불화변)
찰	札	패 편지	5 (木) 木(나무목변)
	扎	뺄, 쪽지 구축할	5 (木) 手(재방변)
	刹	절, 기둥 탑, 사원	8 (金) 刀(칼도)
	紮	감을 묶을	11 (木) 糸(실사변)

음	한자	뜻(훈)	획수(자원오행) 부수(명칭)
찰	察	살필 자세할	14 (木) 宀(갓머리)
	擦	비빌 문지를	18 (木) 手(재방변)
참	站	역마을 일어설	10 (金) 立(설립)
	參	참여, 관계 섞일, 탄핵	11 (火) 厶(마늘모)
	斬	벨 매우	11 (金) 斤(날근)
	僭	거짓 범할	14 (火) 人(사람인변)
	塹	팔 구덩이	14 (土) 土(흙토변)
	嶄	높을 도려낼	14 (土) 山(뫼산변)
	慘	아플 혹독할	15 (火) 心(심방변)
	慙	慚(15)통용 부끄러울	15 (火) 心(마음심)
	慚	慙(15)통용 부끄러울	15 (火) 心(심방변)
	槧	판, 판목 편지, 문서	15 (木) 木(나무목변)
	憯	슬퍼할 참혹할	16 (火) 心(심방변)
	毚	약은 토끼 탐욕부릴	17 (火↔木) 比(견줄비)
	儳	어긋날 경솔, 참견	19 (火) 人(사람인변)
	譖	헐뜯을 참소, 속일	19 (金) 言(말씀언변)
	鏨	새길	19 (金) 金(쇠금변)
	巉	가파를 산이 험할	20 (土) 山(뫼산변)

음	한자	뜻(훈)	획수(자원오행) 부수(명칭)
참	懺	뉘우칠 회피할	21 (火) 心(심방변)
	欃	혜성, 수문 나무이름	21 (木) 木(나무목변)
	攙	찌를, 섞을 날카로울	21 (木) 手(재방변)
	驂	곁말, 배승 승용마	21 (火) 馬(말마변)
	黲	검푸를 날씨 흐릴	23 (水) 黑(검을흑)
	讒	참소할 속일, 해칠	24 (金) 言(말씀언변)
	讖	예언, 참서 비결, 조짐	24 (金) 言(말씀언변)
	鑱	쟁기보습, 침, 송곳	25 (金) 金(쇠금변)
	饞	탐할	26 (水) 食(밥식변)
창	昌	창성할 착할	8 (火) 日(날일변)
	刱	비롯할	8 (金) 刀(칼도)
	昶	해길 화창할	9 (火) 日(날일변)
	倉	곳집 푸를	10 (火) 人(사람인변)
	倡	가무 여광대	10 (火) 人(사람인변)
	倀	미칠, 성길 홀로 설	10 (火) 人(사람인변)
	鬯	울창주 활집, 자랄	10 (木) 鬯(울창주창)
	唱	부를 노래	11 (水) 口(입구)
	窓	창 창문	11 (水) 穴(구멍혈)

음	한자	뜻(훈)	획수(자원오행) 부수(명칭)
창	娼	창녀, 갈보 여광대	11 (土) 女(여자녀변)
	創	비롯할 다칠	12 (金) 刀(칼도)
	敞	통창할 넓을	12 (金) 攴(등글월문)
	猖	미쳐 날뛸	12 (土) 犬(개사슴록)
	淐	물 이름	12 (水) 水(삼수변)
	晿	사람이름	12 (火) 日(날일변)
	淌	큰 물결	12 (水) 水(삼수변)
	傖	천할 문란할	12 (火) 人(사람인변)
	凔	찰	12 (水) 冫(이수변)
	悵	슬퍼할 원망, 멍한	12 (火) 心(심방변)
	惝	실심할 낙심, 놀랄	12 (火) 心(심방변)
	窗	창 창문	12 (水) 穴(구멍혈)
	滄	큰 바다 한랭할	14 (水) 水(삼수변)
	暢	통할, 자랄 화창할	14 (火) 日(날일변)
	菖	창포	14 (木) 艸(초두밑)
	彰	밝을 드러낼	14 (火) 彡(터럭삼)
	槍	창, 나무 어지럽힐	14 (木) 木(나무목변)
	愴	슬퍼할 차가울	14 (火) 心(심방변)
창	脹	창자 배부를	14 (水) 肉(육달월)
	戧	비롯할 다칠, 징계	14 (金) 戈(창과)
	搶	닿을, 올릴 어지러울	14 (木) 手(재방변)
	廠	헛간 공장	15 (木) 广(엄호밑)
	漲	물불을 물넘쳐흐를	15 (水) 水(삼수변)
	瘡	종기 부스럼	15 (水) 疒(병질엄)
	瑲	옥 소리 방울소리	15 (金) 玉(구슬옥변)
	艙	선창 갑판밑	16 (木) 舟(배주)
	蒼	푸를. 늙을 우거질	16 (木) 艸(초두밑)
	氅	새털 새의 우모	16 (火) 毛(터럭모)
	鋹	날카로울 예리할	16 (金) 金(쇠금변)
	閶	천문 왕성할	16 (木) 門(문문)
	蹌	주창할 비틀거릴	17 (土) 足(발족변)
	鶬	왜가리 꾀꼬리	21 (火) 鳥(새조변)
채	采	캘, 가릴 풍채, 벼슬	8 (木) 釆(분별할채)
	砦	진칠, 성채 울타리	10 (金) 石(돌석변)
	彩	무늬 채색	11 (火) 彡(터럭삼)
	埰	식읍 사패지	11 (土) 土(흙토변)

음	한자	뜻(훈)	획수(자원오행) 부수(명칭)
채	寀	녹봉(급료, 토지), 봉직	11 (木) 宀(갓머리)
	釵	비녀 인동덩굴	11 (金) 金(쇠금변)
	責	꾸짖을 책망, 직책	11 (金) 貝(조개패)
	婇	여자이름 사람이름	11 (土) 女(여자녀변)
	採	가릴, 캘 나무꾼	12 (木) 手(재방변)
	棌	떡갈나무	12 (木) 木(나무목변)
	茝	구리 때 어수리	12 (木) 艸(초두밑)
	債	빚 부채	13 (火) 人(사람인변)
	琗	옥빛 옥 무늬	13 (金) 玉(구슬옥변)
	睬	참견할 주목할	13 (木) 目(눈목변)
	菜	나물, 반찬 채식, 창백	14 (木) 艸(초두밑)
	綵	비단, 채색 무늬	14 (木) 糸(실사변)
	寨	울타리 울짱	14 (木) 宀(갓머리)
	蔡	풀, 거북 법, 먼지	17 (木) 艸(초두밑)
책	冊	册(5)통용 책, 칙서	5 (木) 冂(멀데경)
	册	冊(5)통용 책, 칙서	5 (木) 冂(멀데경)
	柵	목책 울타리	9 (木) 木(나무목변)
	責	꾸짖을 책임	11 (金) 貝(조개패)
	笧	책, 칙서 점대, 채찍	11 (木) 竹(대죽변)
	蚱	벼메뚜기 말매미	11 (水) 虫(벌레충)
	策	꾀, 문서 대쪽	12 (木) 竹(대죽변)
	嘖	떠들썩할 처음, 으뜸	14 (水) 口(입구)
	幘	건, 머리띠 꼭대기	14 (木) 巾(수건건)
	磔	찢을, 가를 형벌이름	15 (金) 石(돌석변)
	簀	살평상 대자리	17 (木) 竹(대죽변)
처	妻	아내 시집보낼	8 (土) 女(여자녀변)
	凄	쓸쓸할 차가울	10 (水) 冫(이수변)
	處	곳 머무를	11 (土) 虍(범호밑)
	悽	슬퍼할 야윌	12 (火) 心(심방변)
	淒	쓸쓸할 빠른	12 (水) 水(삼수변)
	萋	우거질 공손할	14 (木) 艸(초두밑)
	郪	고을 이름	15 (土) 邑(우부방)
	覰	엿볼	19 (火) 見(볼견)
척	尺	자 길이	4 (水↔木) 尸(주검시)
	斥	물리칠 가리킬	5 (金) 斤(날근)
	刺	찌를 꾸짖을	8 (金) 刀(칼도)

음	한자	뜻(훈)	획수(자원오행) 부수(명칭)
척	坧	墌(14)통용 터, 기지	8 (土) 土(흙토변)
	拓	넓힐, 주을 꺾을	9 (木) 手(재방변)
	倜	높이들 대범할	10 (火) 人(사람인변)
	剔	바를 깎을	10 (金) 刀(칼도)
	隻	외짝 새한마리	10 (火) 隹(새추)
	戚	슬퍼할 겨레, 도끼	11 (金) 戈(창과)
	捗	칠	11 (木) 手(재방변)
	脊	등뼈 등마루	12 (水) 肉(육달월)
	惕	두려워할 삼갈, 놀랄	12 (火) 心(심방변)
	跖	발바닥 밟을	12 (土) 足(발족변)
	塉	박토	13 (土) 土(흙토변)
	墌	坧(8)통용 터, 기지	14 (土) 土(흙토변)
	蜴	도마뱀	14 (水) 虫(벌레충)
	慽	慼(15)통용 슬플, 근심	15 (火) 心(심방변)
	慼	慽(15)통용 슬플, 근심	15 (火) 心(마음심)
	滌	씻을 닦을	15 (水) 水(삼수변)
	瘠	여윌 파리할	15 (水) 疒(병질엄)
	陟	오를 올릴	15 (土) 阜(좌부변)
척	摭	주울, 습득 주워 모을	15 (木) 手(재방변)
	蹠	밟을 나아갈	18 (土) 足(발족변)
	擲	던질 버릴	19 (木) 手(재방변)
	躑	머뭇거릴 철쭉	22 (土) 足(발족변)
천	千	일천 천 번	3 (水) 十(열십)
	川	내, 물귀신 굴, 들판	3 (水) 川(내천)
	天	하늘, 자연 하느님,운명	4 (木↔火) 大(큰대)
	仟	일천 무성할	5 (火) 人(사람인변)
	舛	어그러질 틀릴	6 (木) 舛(어그러질천)
	玔	옥고리 옥팔찌	8 (金) 玉(구슬옥변)
	泉	샘, 지하수 돈, 저승	9 (水) 水(물수)
	穿	구멍 뚫을	9 (水) 穴(구멍혈)
	祆	하늘	9 (木) 示(보일시)
	芊	우거질 초목 섞일	9 (木) 艸(초두밑)
	俴	엷을 맨몸	10 (火) 人(사람인변)
	倩	예쁠 입모양예쁜	10 (火) 人(사람인변)
	洊	이를, 자주 연거푸	10 (水) 水(삼수변)
	辿	천천히걸을	10 (土) 辵(책받침)

음	한자	뜻(훈)	획수(자원오행) 부수(명칭)
천	阡	길, 일천 무성할	11 (土) 阜(좌부변)
	釧	팔찌	11 (金) 金(쇠금변)
	淺	얕을 엷을	12 (水) 水(삼수변)
	喘	기침 헐떡거릴	12 (水) 口(입구)
	茜	천초 진홍색	12 (木) 艸(초두밑)
	臶	거듭 거듭 올	12 (土) 至(이를지)
	荐	거듭할 돗자리	12 (木) 艸(초두밑)
	僢	등질 마주향할	14 (火) 人(사람인변)
	賤	천할 천히 여길	15 (金) 貝(조개패)
	踐	밟을 오를	15 (土) 足(발족변)
	儃	머뭇거릴 주저할	15 (火) 人(사람인변)
	蒨	꼭두서니 우거질	16 (木) 艸(초두밑)
	擅	멋대로 마음대로	17 (木) 手(재방변)
	蕆	갖출, 경계 바로잡을	18 (木) 艸(초두밑)
	靝	하늘, 태양 자연, 임금	18 (木) 靑(푸를청)
	遷	옮길 천도	19 (土) 辵(책받침)
	薦	드릴 천거할	19 (木) 艸(초두밑)
	濺	흩뿌릴 빨리 흐를	19 (水) 水(삼수변)
천	闡	열 넓힐	20 (木) 門(문문)
	韆	그네	24 (金) 革(가죽혁)
철	凸	볼록할 뾰족할	5 (火) 凵(위터진입구)
	哲	喆(12)통용 밝을, 슬기	10 (水) 口(입구)
	剟	깎을 찌를	10 (金) 刀(칼도)
	埑	밝을, 결단 슬기로울	10 (土) 土(흙토변)
	悊	공경할 지혜로울	11 (火) 心(마음심)
	啜	마실, 먹을 울	11 (木) 口(입구)
	喆	哲(10)통용 밝을, 슬기	12 (水) 口(입구)
	惙	근심할 고달플	12 (火) 心(심방변)
	掇	주울, 깎을 선택할	12 (木) 手(재방변)
	鉄	鐵(21)통용 쇠, 철물	13 (金) 金(쇠금변)
	綴	꿰맬 지을	14 (木) 糸(실사변)
	銕	쇠, 검은빛 무기, 갑옷	14 (金) 金(쇠금변)
	餮	탐할	14 (水) 食(밥식변)
	徹	통할, 뚫을 치울	15 (火) 彳(두인변)
	輟	그칠 멈출	15 (火) 車(수레거)
	澈	맑을 물 맑을	16 (水) 水(삼수변)

음	한자	뜻(훈)	획수(자원오행) 부수(명칭)
철	撤	거둘 치울	16 (木) 手(재방변)
	錣	물미, 산대 산가지	16 (金) 金(쇠금변)
	瞮	눈 밝을	17 (木) 目(눈목변)
	餮	탐식할	18 (水) 食(밥식변)
	轍	흔적 바퀴자국	19 (火) 車(수레거)
	歠	마실	19 (火↔金) 欠(하품흠)
	鐵	鉄(13)통용 쇠, 철물	21 (金) 金(쇠금변)
첨	尖	뾰족할 작을	6 (水↔金) 小(작을소)
	忝	더럽힐, 욕 수치, 겸사	8 (火) 心(마음심밑)
	沾	더할, 젖을 첨가, 엿볼	9 (水) 水(삼수변)
	甛	甜(11)통용 달, 낮잠	11 (土) 甘(달감)
	甜	甛(11)통용 달, 낮잠	11 (土) 甘(달감)
	添	더할, 보탤 안주, 기를	12 (水) 水(삼수변)
	惉	목소리막힐	12 (火) 心(마음심)
	僉	모두 도리깨	13 (火) 人(사람인변)
	詹	이를 도달할	13 (金) 言(말씀언변)
	諂	아첨할 알랑거릴	15 (金) 言(말씀언변)
	幨	휘장, 커튼 단절, 옷깃	16 (木) 巾(수건건)

음	한자	뜻(훈)	획수(자원오행) 부수(명칭)
첨	檐	처마 짊어질	17 (木) 木(나무목변)
	瞻	볼 우러러볼	18 (木) 目(눈목변)
	簽	농 쪽지	19 (木) 竹(대죽변)
	簷	처마, 차양 모첨	19 (木) 竹(대죽변)
	襜	행주치마 적삼, 단삼	19 (木) 衣(옷의변)
	櫼	쐐기	21 (木) 木(나무목변)
	瀸	적실, 망할 두루 미칠	21 (水) 水(삼수변)
	籤	제비 심지	23 (木) 竹(대죽변)
첩	妾	첩, 시비 계집아이	8 (土) 女(여자녀변)
	帖	문서, 장부 편안할	8 (木) 巾(수건건)
	呫	소곤거릴 적은, 맛볼	8 (水) 口(입구)
	怗	고요할 따를	9 (火) 心(심방변)
	倢	이길	10 (火) 人(사람인변)
	捷	이길 빠를	12 (木) 手(재방변)
	堞	치첩 성가퀴	12 (土) 土(흙토변)
	貼	붙을 전당잡을	12 (金) 貝(조개패)
	喋	재잘거릴 밟을, 마실	12 (水) 口(입구)
	牒	공문서 글씨판	13 (木) 片(조각편)

음	한자	뜻(훈)	획수(자원오행) 부수(명칭)
첩	睫	속눈썹 깜짝일	13 (木) 目(눈목변)
	輒	문득, 항상 오로지	14 (火) 車(수레거)
	諜	이간할 염탐할	16 (金) 言(말씀언변)
	褺	겹옷 고을이름	17 (木) 衣(옷의)
	疊	거듭, 연속 접을, 진동	22 (土) 田(밭전)
청	靑	青(8)통용 푸를, 젊을	8 (木) 靑(푸를청)
	青	靑(8)통용 푸를, 젊을	8 (木) 靑(푸를청)
	凊	서늘할 추울	10 (水) 冫(이수변)
	圊	뒷간 변소	11 (水↔木) 口(큰입구)
	婧	날씬할 단정할	11 (土) 女(여자녀변)
	淸	清(12)통용 맑을,깨끗할	12 (水) 水(삼수변)
	清	淸(12)통용 맑을,깨끗할	12 (水) 水(삼수변)
	晴	晴(12)통용 갤, 맑을	12 (火) 日(날일변)
	晴	晴(12)통용 갤, 맑을	12 (火) 日(날일변)
	菁	우거질 부초꽃	14 (木) 艸(초두밑)
	蜻	귀뚜라미 잠자리	14 (水) 虫(벌레충)
	請	請(15)통용 청할, 물을	15 (金) 言(말씀언변)
	請	請(15)통용 청할, 물을	15 (金) 言(말씀언변)
청	鯖	청어	19 (水) 魚(고기어변)
	鶄	해오라기	19 (火) 鳥(새조변)
	聽	들을 기다릴	22 (火) 耳(귀이변)
	廳	마을, 관청 대청	25 (木) 广(엄호밑)
체	切	일체 몸통	4 (金) 刀(칼도)
	剃	털 깎을 머리 깎을	9 (金) 刀(칼도)
	砌	섬돌	9 (金) 石(돌석변)
	玼	옥빛 깨끗할	10 (金) 玉(구슬옥변)
	涕	울 눈물	11 (水) 水(삼수변)
	替	바꿀, 패할 쇠할	12 (火) 日(가로왈)
	棣	산앵두나무	12 (木) 木(나무목변)
	彘	돼지	12 (水) 彐(튼가로왈)
	締	맺을 맺힐	15 (木) 糸(실사변)
	滯	막힐 빠질	15 (水) 水(삼수변)
	逮	잡을 미칠	15 (土) 辵(책받침)
	殢	나른할 정체할	15 (水) 歹(죽을사)
	蒂	꼭지 작은 가시	15 (木) 艸(초두밑)
	髰	머리 깎을 털 깎을	15 (火) 髟(터럭발)

음	한자	뜻(훈)	획수(자원오행) 부수(명칭)
체	諦	살필 이치	16 (金) 言(말씀언변)
	諟	바로잡을 살필	16 (金) 言(말씀언변)
	遞	번갈아 역말	17 (土) 辵(책받침)
	蔕	꼭지 작은 가시	17 (木) 艸(초두밑)
	體	몸, 형체 체험, 생각	23 (金) 骨(뼈골)
	靆	구름 낄	24 (水) 雨(비우)
초	艸	草(12)통용 풀, 거칠	6 (木) 艸(풀초)
	初	처음 시작	7 (金) 刀(칼도)
	抄	베낄 거를	8 (木) 手(재방변)
	炒	볶을 떠들	8 (火) 火(불화변)
	岧	높을 높고 험할	8 (土) 山(뫼산변)
	杪	끝, 작을 나무 끝	8 (木) 木(나무목변)
	肖	닮을 본받을	9 (水) 肉(육달월)
	招	부를 요구할	9 (木) 手(재방변)
	秒	초 초심	9 (木) 禾(벼화변)
	俏	닮을, 본뜰 예쁠	9 (火) 人(사람인변)
	怊	슬퍼할 아파할	9 (火) 心(심방변)
	哨	망볼 말 많을	10 (水) 口(입구)
초	峭	가파를 엄할, 급할	10 (土) 山(뫼산변)
	耖	써레 거듭 갈	10 (木↔金) 耒(쟁기뢰)
	梢	꼬리 나무 끝	11 (木) 木(나무목변)
	苕	원두 능소화	11 (木) 艸(초두밑)
	釥	좋은	11 (金) 金(쇠금변)
	偢	인정 없을 걱정, 돌볼	11 (火) 人(사람인변)
	悄	근심할 엄할	11 (火) 心(심방변)
	草	艸(6)통용 풀, 거칠	12 (木) 艸(초두밑)
	超	뛰어넘을 뛰어날	12 (火) 走(달릴주)
	焦	그을릴 탄내, 초조	12 (火) 火(연화발)
	硝	망초 초석	12 (金) 石(돌석변)
	椒	후초 산초나무	12 (木) 木(나무목변)
	酢	초 신맛	12 (金) 酉(닭유)
	稍	점점 벼줄기 끝	12 (木) 禾(벼화변)
	貂	담비 담비 가죽	12 (水) 豸(갖은돼지시)
	迢	멀, 높을 아득할	12 (土) 辵(책받침)
	鈔	노략질할 돈, 지폐	12 (金) 金(쇠금변)
	軺	수레 영구차	12 (火) 車(수레거)

음	한자	뜻(훈)	획수(자원오행) 부수(명칭)
초	楚	가시나무 매질,초나라	13 (木) 木(나무목변)
	剿	노곤할 괴로워할	13 (金) 刀(칼도)
	勦	노곤할 빼앗을	13 (土) 力(힘력변)
	愀	근심, 걱정 발끈, 삼갈	13 (火) 心(심방변)
	綃	생사 명주실	13 (木) 糸(실사변)
	僬	밝게 살필 달릴	14 (火) 人(사람인변)
	誚	꾸짖을 책망할	14 (金) 言(말씀언변)
	醋	초 술 권할	15 (金) 酉(닭유)
	噍	씹을 지저귈	15 (水) 口(입구)
	嫶	수척할	15 (土) 女(여자녀변)
	嶕	높을 산꼭대기	15 (土) 山(뫼산변)
	趠	뛸 질주할	15 (火) 走(달릴주)
	髫	다박머리	15 (火) 髟(터럭발)
	樵	나무할 장작, 망루	16 (木) 木(나무목변)
	憔	수척할 애태울	16 (火) 心(심방변)
	燋	홰 거북 태울	16 (火) 火(불화변)
	鞘	칼집 선후걸이	16 (金) 革(가죽혁)
	礁	암초 모서리	17 (金) 石(돌석변)
초	鍬	가래	17 (金) 金(쇠금변)
	鍫	가래 괭이	17 (金) 金(쇠금변)
	礎	주춧돌 기초, 밑	18 (金) 石(돌석변)
	蕉	파초 땔나무	18 (木) 艸(초두밑)
	醮	제사지낼 기원, 수척	19 (金) 酉(닭유)
	譙	꾸짖을 망루	19 (金) 言(말씀언변)
	齠	이 갈, 젖니 이갈 나이	20 (金) 齒(이치)
	顦	파리할 근심할	21 (火) 頁(머리혈)
	鷦	뱁새	23 (火) 鳥(새조변)
	[illegible]	오색선명할 오색 빛	23 (木) 黹(바느질치)
촉	促	절박할 재촉할	9 (火) 人(사람인변)
	蜀	촉나라 고을이름	13 (水) 虫(벌레충)
	燭	촛불, 등불 비칠, 간파	17 (火) 火(불화변)
	薥	접시 꽃 철쭉나무	19 (木) 艸(초두밑)
	觸	닿을 범할	20 (木) 角(뿔각)
	躅	머뭇거릴 밟을	20 (土) 足(발족변)
	髑	해골	23 (金) 骨(뼈골)
	囑	맡길 부탁할	24 (水) 口(입구)

음	한자	뜻(훈)	획수(자원오행) 부수(명칭)
촉	矗	곧을 우거질	24 (木) 目(눈목변)
	曯	비출 비칠	25 (火) 日(날일변)
	爥	촛불	25 (火) 火(불화변)
	矚	볼, 주목 주시	26 (木) 目(눈목변)
촌	寸	마디, 촌수 마음, 약간	3 (土) 寸(마디촌)
	吋	마디, 치 촌수, 마음	6 (水) 口(입구)
	村	邨(11)통용 마을, 시골	7 (木) 木(나무목변)
	忖	헤아릴	7 (火) 心(심방변)
	邨	村(11)통용 마을, 시골	11 (土) 邑(우부방)
총	冢	塚(13)통용 무덤, 봉토	10 (土) 冖(민갓머리)
	悤	바쁠 급할	11 (火) 心(마음심)
	塚	冢(10)통용 무덤, 봉토	13 (土) 土(흙토변)
	銃	총 도끼구멍	14 (金) 金(쇠금변)
	総	總(17)통용 합할, 종합	14 (木) 糸(실사변)
	聡	聰(17)통용 밝을, 총명	14 (火) 耳(귀이변)
	憁	분주할 무지할	15 (火) 心(심방변)
	摠	다, 늘, 총괄 거느릴	15 (木↔火) 手(재방변)
	葱	파, 부들 검 이름	15 (木) 艸(초두밑)

음	한자	뜻(훈)	획수(자원오행) 부수(명칭)
총	總	総(14)통용 합할, 종합	17 (木) 糸(실사변)
	聰	聡(14)통용 밝을, 총명	17 (火) 耳(귀이변)
	蔥	파, 부들 검 이름	17 (木) 艸(초두밑)
	蓯	순무, 만정 우거질	17 (木) 艸(초두밑)
	叢	모일, 떨기 번잡할	18 (水) 又(또우)
	寵	총애, 사랑 교만, 영예	19 (木) 宀(갓머리)
	鏦	창, 작은 찌를	19 (金) 金(쇠금변)
	驄	총이말 청총이	21 (火) 馬(말마변)
촬	撮	모을, 취합 취할, 자방	16 (木) 手(재방변)
최	崔	높을, 헛될 뒤섞일	11 (土) 山(뫼산변)
	最	가장, 모을 으뜸, 요점	12 (火↔水) 曰(가로왈)
	催	재촉, 베풀 일어날	13 (火) 人(사람인변)
	朘	불알, 고환 어린아이	13 (水) 肉(육달월)
	榱	서까래	14 (木) 木(나무목변)
	嘬	깨물, 탐욕 한입 먹을	15 (水) 口(입구)
	摧	꺾을, 억압 배제	15 (木) 手(재방변)
	漼	깊을, 선명 눈 쌓일	15 (水) 水(삼수변)
	璀	빛날, 광채 옥 이름	16 (金) 玉(구슬옥변)

음	한자	뜻(훈)	획수(자원오행) 부수(명칭)
최	磪	산높고험할 굵은 실	16 (金) 石(돌석변)
	縗	상복 이름 깃옷	16 (木) 糸(실사변)
추	帚	비, 깨끗할 별 이름	8 (木) 巾(수건건)
	隹	새, 뻐꾸기 산 모양	8 (火) 隹(새추)
	秋	가을, 때 세월, 근심	9 (木) 禾(벼화변)
	抽	뽑을, 제거 당길, 싹틀	9 (木) 手(재방변)
	酋	두목, 살해 가을, 성숙	9 (金) 酉(닭유)
	芻	꼴 말린 풀	10 (木) 艸(초두밑)
	娵	별 이름 미녀	11 (土) 女(여자녀변)
	推	밀 읊을	12 (木) 手(재방변)
	椎	뭉치 방망이	12 (木) 木(나무목변)
	啾	뭇소리 읊조릴	12 (水) 口(입구)
	惆	슬퍼할 낙심할	12 (火) 心(심방변)
	捶	종아리 칠 채찍, 망치	12 (木) 手(재방변)
	追	쫓을 뒤따라	13 (土) 辵(책받침)
	楸	개오동나무 바둑판	13 (木) 木(나무목변)
	湫	늪 다할	13 (水) 水(삼수변)
	揫	모을 묶을	13 (木) 手(손수)

음	한자	뜻(훈)	획수(자원오행) 부수(명칭)
추	僦	세낼, 임차 고용할	14 (火) 人(사람인변)
	搥	칠 망치로 칠	14 (木) 手(재방변)
	甃	벽돌담 우물벽돌	14 (土) 瓦(기와와)
	箠	채찍, 태형 채찍질	14 (木) 竹(대죽변)
	墜	떨어질 잃을	15 (土) 土(흙토변)
	皺	주름 마른대추	15 (金) 皮(가죽피)
	萩	사철쑥 가래나무	15 (木) 艸(초두밑)
	諏	꾀할 물을	15 (金) 言(말씀언변)
	樞	지도리 고동	15 (木) 木(나무목변)
	錐	송곳 무게	16 (金) 金(쇠금변)
	錘	저울추 도가니	16 (金) 金(쇠금변)
	瘳	나을 줄임	16 (水) 疒(병질엄)
	縋	매어달 밧줄	16 (木) 糸(실사변)
	縐	주름질	16 (木) 糸(실사변)
	蒭	꼴	16 (木) 艸(초두밑)
	陬	모퉁이 산기슭	16 (土) 阜(좌부변)
	醜	추할 못생길	17 (金) 酉(닭유)
	鄒	추나라 마을	17 (土) 邑(우부방)

음	한자	뜻(훈)	획수(자원오행) 부수(명칭)
추	趨	쫓을 달릴	17 (火) 走(달릴주)
	簉	버금, 부거 정제할	17 (木) 竹(대죽변)
	鎚	저울 쇠망치	18 (金) 金(쇠금변)
	雛	큰새 병아리	18 (火) 隹(새추)
	鞦	그네 밀치끈	18 (金) 革(가죽혁)
	騅	오추마 말 이름	18 (火) 馬(말마변)
	魋	몽치 머리	18 (火) 鬼(귀신귀)
	鵻	염주비둘기 메추라기	19 (火) 鳥(새조변)
	騶	마부 승마	20 (火) 馬(말마변)
	鰍	鰌(20)통용 미꾸라지	20 (水) 魚(고기어변)
	鰌	鰍(20)통용 미꾸라지	20 (水) 魚(고기어변)
	鶖	무수리 물새	20 (火) 鳥(새조변)
	鶵	난새 원추 새	21 (火) 鳥(새조변)
	穐	가을, 때 세월, 근심	21 (木) 禾(변화변)
	麤	거칠, 대략 난폭할	33 (土) 鹿(사슴록)
축	丑	소, 수갑 둘째지지	4 (木↔土) 一(한일)
	竺	대나무 두터울	8 (木) 竹(대죽변)
	妯	동서 동서지간	8 (土) 女(여자녀변)

음	한자	뜻(훈)	획수(자원오행) 부수(명칭)
축	豖	돼지의걸음	8 (水) 豕(돼지시)
	祝	빌, 축문할 기원, 축하	10 (木↔金) 示(보일시)
	畜	저축, 가축 기를	10 (土) 田(밭전)
	舳	고물, 선물 키	11 (木) 舟(배주)
	軸	굴대 두루마리	12 (火) 車(수레거)
	筑	쌓을, 비파 공이, 지을	12 (木) 竹(대죽변)
	逐	쫓을 달릴	14 (土) 辵(책받침)
	蓄	쌓을, 기를 저축	16 (木) 艸(초두밑)
	築	건축물 쌓을	16 (木) 竹(대죽변)
	縮	줄 오그라들	17 (木) 糸(실사변)
	蹙	닥칠, 재촉 고생, 삼갈	18 (土) 足(발족변)
	蹜	종종걸음칠	18 (土) 足(발족변)
	鼀	두꺼비	18 (土) 黽(맹꽁이맹)
	蹴	찰 밟을	19 (土) 足(발족변)
춘	春	봄, 청춘 정욕, 사귈	9 (火) 日(날일변)
	椿	참죽나무 부친, 신령	13 (木) 木(나무목변)
	瑃	옥, 차오 집게발	14 (金) 玉(구슬옥변)
	賰	넉넉할 부유할	16 (金) 貝(조개패)

음	한자	뜻(훈)	획수(자원오행) 부수(명칭)
출	出	날, 추방 뛰어날	5 (土) 凵(위터진입구)
	朮	차주 삽주	5 (木) 木(나무목변)
	秫	차조, 찹쌀 찰수수	10 (木) 禾(벼화변)
	黜	물리칠 내리칠	17 (水) 黑(검을흑)
충	充	찰, 막을 살찔, 가득	6↔5 (木) 儿(어진사람인)
	虫	蟲(18)통용 벌레,살무사	6 (水) 虫(벌레충)
	冲	沖(8)통용 화할, 상충	6 (水) 冫(이수변)
	沖	冲(8)통용 화할, 상충	8 (水) 水(삼수변)
	忠	충성, 정성 공평	8 (火) 心(마음심)
	忡	근심할	8 (火) 忄(심방변)
	衷	참마음 정성, 속옷	10 (木) 衣(옷의변)
	珫	귀고리	11 (金) 玉(구슬옥변)
	衝	거리, 찌를 부딪칠	15 (火) 行(다닐행)
	蟲	虫(18)통용 벌레,살무사	18 (水) 虫(벌레충)
췌	悴	근심할 파리할	12 (火) 心(심방변)
	惴	두려워할	13 (火) 心(심방변)
	揣	잴, 측량 생각, 단련	13 (木) 手(재방변)
	瘁	병들, 여윌 근심, 헐릴	13 (水) 疒(병질엄)

음	한자	뜻(훈)	획수(자원오행) 부수(명칭)
췌	萃	모을, 도달 야윌, 무리	14 (木) 艸(초두밑)
	顇	파리할 병들, 순수	17 (火) 頁(머리혈)
	膵	췌장	18 (水) 肉(육달월)
	贅	혹 군더더기	18 (金) 貝(조개패)
취	吹	불 바람	7 (水) 口(입구)
	取	취할 장가들	8 (水) 又(또우)
	炊	불땔 밥 지을	8 (火) 火(불화변)
	臭	냄새, 향내 썩을	10 (水) 自(스스로자)
	冣	모을 쌓을	10 (土) 冖(민갓머리)
	娶	장가들 아내 맞을	11 (土) 女(여자녀변)
	就	나아갈 이룰, 마칠	12 (土) 尢(절름발이왕)
	脆	연할 무를	12 (水) 肉(육달월)
	毳	솜털, 썰매 털가죽	12 (火) 毛(터럭모)
	翠	비취색 물총새	14 (火) 羽(깃우)
	聚	모을, 무리 마을	14 (火) 耳(귀이변)
	醉	취할 취하게 할	15 (金) 酉(닭유)
	趣	뜻, 취지 풍취, 자태	15 (火) 走(달릴주)
	嘴	부리 주둥이	15 (水) 口(입구)

음	한자	뜻(훈)	획수(자원오행) 부수(명칭)
취	橇	덧신 썰매	16 (木) 木(나무목변)
	鷲	수리 독수리	23 (火) 鳥(새조변)
	驟	달릴, 빠를 별안간	24 (火) 馬(말마변)
측	仄	기울 우뚝 솟을	4 (火) 人(사람인변)
	昃	기울 오후	8 (火) 日(날일변)
	側	곁, 기울 어렴풋할	11 (火) 人(사람인변)
	厠	廁(12)통용 뒷간, 곁	11 (木) 厂(민엄호밑)
	廁	厠(11)통용 뒷간, 곁	12 (木) 广(엄호밑)
	測	잴 맑을	13 (水) 水(삼수변)
	惻	슬퍼할 불쌍할	13 (火) 心(심방변)
층	層	층, 계단 겹, 층집	15 (水↔木) 尸(주검시)
치	卮	잔, 잇 꽃 큰 술잔	5 (火↔水) 卩(병부절)
	豸	발없는벌레 지렁이	7 (水) 豸(갖은돼지시)
	侈	사치할 거만할	8 (火) 人(사람인변)
	治	다스릴 익힐, 수양	9 (水) 水(삼수변)
	峙	우뚝솟을 쌓을	9 (土) 山(뫼산변)
	哆	클 많을	9 (水) 口(입구)
	致	이를, 보낼 면밀, 다할	10↔9 (土) 至(이를지)
치	値	값, 가치 즈음, 당번	10 (火) 人(사람인변)
	恥	부끄럼 욕보일	10 (火) 心(마음심)
	蚩	어리석을 속일, 추악	10 (水) 虫(벌레충)
	梔	치자나무	11 (木) 木(나무목변)
	痔	치질	11 (水) 疒(병질엄)
	畤	제터, 지경 한계	11 (土) 田(밭전)
	痓	악할 풍병	11 (水) 疒(병질엄)
	阤	비탈, 고개 낭떠러지	11 (土) 阜(좌부변)
	淄	검은빛 강 이름	12 (水) 水(삼수변)
	稚	어릴 어린애	13 (木) 禾(벼화변)
	雉	꿩, 장원 벨, 평정	13 (火) 隹(새추)
	馳	달릴 전할	13 (火) 馬(말마변)
	嗤	냉소할 웃는 모양	13 (水) 口(입구)
	痴	어리석을 열중, 술병	13 (水) 疒(병질엄)
	寘	둘, 채울 받아들일	13 (木) 宀(갓머리)
	絺	칡베, 갈포 수놓을	13 (木) 糸(실사변)
	跱	머뭇거릴 비축할	13 (土) 足(발족변)
	置	둘, 버릴 베풀, 석방	14 (木) 网(그물망)

음	한자	뜻(훈)	획수(자원오행) 부수(명칭)
치	緇	검은 옷 검은 비단	14 (木) 糸(실사변)
	菑	묵정밭 고묵	14 (木) 艸(초두밑)
	齒	이, 나이 어금니	15 (金) 齒(이치)
	幟	기 표적	15 (木) 巾(수건건)
	緻	고울 찬찬할	15 (木) 糸(실사변)
	輜	짐수레	15 (火) 車(수레거)
	熾	맹렬할 불꽃	16 (火) 火(불화변)
	褫	옷벗길 빼앗을	16 (木) 衣(옷의변)
	錙	저울눈 적은 양	16 (金) 金(쇠금변)
	鴟	소리개 올빼미	16 (火) 鳥(새조변)
	鴙	꿩	16 (火) 鳥(새조변)
	穉	어릴 어린 벼	17 (木) 禾(벼화변)
	鵄	소리개	17 (火) 鳥(새조변)
	癡	어리석을 미치광이	19 (水) 疒(병질엄)
	薙	목련 깎을	19 (木) 艸(초두밑)
	鯔	숭어	19 (水) 魚(고기어변)
칙	則	법칙, 이치 본받을	9 (金) 刀(칼도)
	勅	칙서, 신칙 삼갈, 정돈	9 (土) 力(힘력변)

음	한자	뜻(훈)	획수(자원오행) 부수(명칭)
칙	敕	조서	11 (金) 攵(등글월문)
	飭	경계할 신칙할	13 (水) 食(밥식변)
친	親	친할, 몸소 어버이	16 (火) 見(볼견)
	櫬	널, 내관 오동나무	20 (木) 木(나무목변)
	襯	속옷, 접근 베풂, 노출	22 (木) 衣(옷의변)
칠	七	일곱, 칠재 일곱 번	7 (木↔金) 一(한일)
	柒	옷, 검은 일곱, 삼갈	9 (木) 木(나무목변)
	漆	옻칠, 검은 일곱, 문체	15 (水) 水(삼수변)
침	沈	가라앉을 빠질	8 (水) 水(삼수변)
	枕	베개 말뚝	8 (木) 木(나무목변)
	忱	정성, 믿음 참마음	8 (火) 心(심방변)
	侵	침범할 차츰 나갈	9 (火) 人(사람인변)
	針	바늘, 침 찌를	10 (金) 金(쇠금변)
	砧	다듬잇돌 모탕	10 (金) 石(돌석변)
	浸	적실 잠길	11 (水) 水(삼수변)
	棽	우거질 무성할	12 (木) 木(나무목변)
	琛	보배	13 (金) 玉(구슬옥변)
	寖	잠길, 점점 차례로	13 (木) 宀(갓머리)

음	한자	뜻(훈)	획수(자원오행) 부수(명칭)	음	한자	뜻(훈)	획수(자원오행) 부수(명칭)
침	椹	모탕 다듬잇돌	13 (木) 木(나무목변)	타	咤	꾸짖을 슬퍼할	9 (水) 口(입구)
침	寑	잠, 쉴 누울	14 (木) 宀(갓머리)	타	拖	당길 잡아끌	9 (木) 手(재방변)
침	郴	고을이름	15 (土) 邑(우부방)	타	拕	끌 당길	9 (木) 手(재방변)
침	鋟	새길, 송곳 날카로울	15 (金) 金(쇠금변)	타	柁	키, 선박키 나무단단할	9 (木) 木(나무목변)
침	鍼	침, 바늘 녹로, 찌를	17 (金) 金(쇠금변)	타	沱	물 이름 물 흐를	9 (水) 水(삼수변)
침	駸	달릴 빨리지나칠	17 (火) 馬(말마변)	타	唾	침 침 뱉을	11 (木) 口(입구)
칩	蟄	숨을 모일	17 (水) 虫(벌레충)	타	舵	선박키	11 (木) 舟(배주)
칭	秤	저울 공평할	10 (木) 禾(벼화변)	타	詑	속일 가벼이보일	12 (金) 言(말씀언변)
칭	稱	일컬을 칭찬, 저울	14 (木) 禾(벼화변)	타	跎	헛디딜	12 (土) 足(발족변)
쾌	夬	터놓을 결정, 나눌	4 (木) 大(큰대)	타	惰	버릇 게으를	13 (火) 心(심방변)
쾌	快	쾌할, 빠를 방종할	8 (火) 心(심방변)	타	楕	橢(16)통용 길쭉할	13 (木) 木(나무목변)
쾌	噲	목구멍 상쾌, 밝을	16 (水) 口(입구)	타	陀	험할 비탈길	13 (土) 阜(좌부변)
타	他	남 다를	5 (火) 人(사람인변)	타	馱	태울 짐 실을	13 (火) 馬(말마변)
타	打	칠, 더할 다스, 말할	6 (木) 手(재방변)	타	詫	속일, 자랑 놀라워할	13 (金) 言(말씀언변)
타	朶	꽃송이 늘어질	6 (木) 木(나무목변)	타	躱	비킬, 숨을 몸소	13 (火↔土) 身(몸신)
타	妥	편안할 온당할	7 (土) 女(여자녀변)	타	墮	떨어질 게으를	15 (土) 土(흙토변)
타	佗	다를, 더할 끌, 덮을	7 (火) 人(사람인변)	타	駝	낙타 곱사등이	15 (火) 馬(말마변)
타	坨	비탈길 소금야적장	8 (土) 土(흙토변)	타	駞	낙타	15 (火) 馬(말마변)

음	한자	뜻(훈)	획수(자원오행) 부수(명칭)
타	橢	楕(16)통용 길쭉할	16 (木) 木(나무목변)
	鮀	모래무지	16 (水) 魚(고기어변)
	鴕	타조	16 (火) 鳥(새조변)
	鼉	악어	25 (土) 黽(맹꽁이맹)
탁	托	맡길, 받침 의지할	7 (木) 手(재방변)
	卓	높을 탁자	8 (水↔木) 十(열십)
	坼	터질 갈라질	8 (土) 土(흙토변)
	矺	나무이름	8 (金) 石(돌석변)
	度	잴, 셀 물을	9 (木) 广(엄호밑)
	拓	박을 밀칠	9 (木) 手(재방변)
	柝	열 갈라질	9 (木) 木(나무목변)
	拆	터질 쪼갤	9 (木) 手(재방변)
	沰	떨어뜨릴 붉을	9 (水) 水(삼수변)
	倬	클 환할	10 (火) 人(사람인변)
	託	부탁할 의지할	10 (金) 言(말씀언변)
	啄	쪼을 두드릴	11 (水) 口(입구)
	晫	환할 밝을	12 (火) 日(날일변)
	涿	들을, 갈을 땅 이름	12 (水) 水(삼수변)
탁	琢	쫄, 닦을 가릴	13 (金) 玉(구슬옥변)
	琸	이름 사람이름	13 (金) 玉(구슬옥변)
	槖	橐(16)통용 전대, 풀무	14 (木) 木(나무목변)
	踔	멀, 탁월 아득할	15 (土) 足(발족변)
	逴	멀, 비출 뛰어날	15 (土) 辵(책받침)
	橐	槖(14)통용 전대, 풀무	16 (木) 木(나무목변)
	濁	흐릴 흐리게 할	17 (水) 水(삼수변)
	濯	씻을, 클 빛날	18 (水) 水(삼수변)
	擢	뽑을 빼낼	18 (木) 手(재방변)
	鐸	방울 요령	21 (金) 金(쇠금변)
	籜	대 껍질 풀이름	22 (木) 竹(대죽변)
	蘀	낙엽 갈대 잎	22 (木) 艸(초두밑)
탄	呑	삼킬 감출	7 (水) 口(입구)
	坦	평평할 너그러울	8 (土) 土(흙토변)
	炭	숯 석탄	9 (火) 火(불화변)
	誕	태어날 클, 거짓	14 (金) 言(말씀언변)
	嘆	탄식할 한숨 쉴	14 (水) 口(입구)
	綻	터질 옷 터질	14 (木) 糸(실사변)

음	한자	뜻(훈)	획수(자원오행) 부수(명칭)
탄	歎	한숨 쉴 칭찬, 화답	15 (火↔金) 欠(하품흠)
	彈	탄알, 튀길 탄핵할	15 (火↔金) 弓(활궁)
	憚	꺼릴 화낼	16 (火) 心(심방변)
	暺	밝을	16 (火) 日(날일변)
	殫	다할, 앓을 두루, 없앨	16 (水) 歹(죽을사)
	憻	평평할	17 (火) 心(심방변)
	驒	연전총 야생마	22 (火) 馬(말마변)
	灘	여울 물가	23 (水) 水(삼수변)
	攤	펼, 배당 도박, 가게	23 (木) 手(재방변)
	癱	사지틀릴 중풍증	24 (水) 疒(병질엄)
탈	侻	경박할 합당, 소략	9 (火) 人(사람인변)
	脫	벗을, 빠질 떨어질	13 (水) 肉(육달월)
	奪	빼앗을 삭탈, 징수	14 (木) 大(큰대)
탐	忐	마음허탈 두려울	7 (火) 心(마음심)
	眈	노려볼	9 (木) 目(눈목)
	耽	즐길, 처질 빠질	10 (火) 耳(귀이변)
	貪	탐할, 탐욕 희망, 자초	11 (金) 貝(조개패)
	酖	술에 빠질 술 탐닉할	11 (金) 酉(닭유)
탐	探	찾을, 염탐 연구, 유람	12 (木) 手(재방변)
	嗿	많을	14 (水) 口(입구)
탑	傝	나쁠, 경솔 어리석을	12 (火) 人(사람인변)
	塔	탑, 층집 절	13 (土) 土(흙토변)
	塌	떨어질 애벌갈이	13 (土) 土(흙토변)
	榻	걸상, 평상 책상, 침상	14 (木) 木(나무목변)
	搨	베낄, 박을 탑본	14 (木) 手(재방변)
탕	宕	방탕할 거치를	8 (木↔金) 宀(갓머리)
	帑	금고, 곳집 처자, 자손	8 (木) 巾(수건건)
	湯	끓일, 온천 탕약	13 (水) 水(삼수변)
	碭	무늬있는돌 클, 지나칠	14 (金) 石(돌석변)
	糖	엿, 사탕 설탕, 캔디	16 (木) 米(쌀미변)
	燙	데울, 사를 손에 쬘	16 (火) 火(불화변)
	盪	씻을,깨끗할 부딪칠	17 (金↔水) 皿(그릇명)
	蕩	흐리게할 쓸어버릴	18 (木) 艸(초두밑)
	蘯	쓸어 없앨 넓을	23 (木) 艸(초두밑)
태	太	클, 심할 처음, 매우	4 (木) 大(큰대)
	台	별 이름 지명, 태풍	5 (水) 口(입구)

음	한자	뜻(훈)	획수(자원오행) 부수(명칭)
태	兌	바꿀, 기쁠 통할, 서방	7 (木↔金) 儿(어진사람인)
	汰	지날, 씻을 사치할	8 (水) 水(삼수변)
	孡	잉태, 태아 단련, 근원	8 (水) 子(아들자)
	泰	클, 심할 편안, 통할	9 (水) 水(아래물수)
	怠	게으를 업신여길	9 (火) 心(마음심)
	殆	위태할 가까울	9 (水) 歹(죽을사)
	珆	옥 무늬 옥 이름	10 (金) 玉(구슬옥변)
	娧	아름다울 기뻐할	10 (土) 女(여자녀변)
	苔	이끼	11 (木) 艸(초두밑)
	笞	매질할 볼기칠	11 (木) 竹(대죽변)
	胎	아이 밸 태아, 조짐	11 (水) 肉(육달월)
	埭	보 둑	11 (土) 土(흙토변)
	邰	나라이름	12 (土) 邑(우부방)
	跆	밟을 유린할	12 (土) 足(발족변)
	鈦	티타늄 원소기호	12 (金) 金(쇠금변)
	迨	미칠, 바랄 원할	12 (土) 辵(책받침)
	脫	기뻐할 허물 벗을	13 (水) 肉(육달월)
	態	모양 형상	14 (火) 心(마음심)
태	颱	태풍 바람	14 (木) 風(바람풍)
	駘	둔마, 둔할 들피질	15 (火) 馬(말마변)
	鮐	복, 복어 늙은이	16 (水) 魚(고기어변)
택	宅	집, 무덤 임용, 안정	6 (木) 宀(갓머리)
	垞	언덕 비탈길	9 (土) 土(흙토변)
	澤	못, 늪, 윤윤택, 은혜	17 (水) 水(삼수변)
	擇	가릴, 뽑을 선택할	17 (木) 手(재방변)
탱	牚	버팀목 버팀	12 (木) 牙(어금니아)
	撐	버팀목 배 저을	16 (木) 手(재방변)
	撑	버팀	16 (木) 手(재방변)
터	攄	펼, 발표 약동, 베풀	19 (木) 手(재방변)
토	土	흙, 육지 국토, 고향	3 (土) 土(흙토변)
	吐	토할 뱉을	6 (水) 口(입구)
	兎	兔(9)통용 토끼,달이칭	7 (木) 儿(어진사람인)
	兔	兎(8)통용 토끼,달이칭	8 (木) 儿(어진사람인)
	討	칠, 찾을 다스릴	10 (金) 言(말씀언변)
톤	噋	느릿할	15 (水) 口(입구)
통	洞	밝을, 통달 꿰뚫을	10 (水) 水(삼수변)

음	한자	뜻(훈)	획수(자원오행) 부수(명칭)	음	한자	뜻(훈)	획수(자원오행) 부수(명칭)
통	恫	상심할 두려워할	10 (火) 心(심방변)	투	妬	투기할 강새암할	8 (土) 女(여자녀변)
	桶	통 용기	11 (木) 木(나무목변)		套	덮개 전례	10 (木) 大(큰대)
	統	거느릴 합칠, 계통	12 (木) 糸(실사변)		偸	훔칠 가벼울	11 (火) 人(사람인변)
	痛	아플, 고민 슬픔, 원망	12 (水) 疒(병질엄)		渝	달라질 풀어질	13 (水) 水(삼수변)
	筒	대통	12 (木) 竹(대죽변)		透	펼, 환할 환히 비칠	14 (土) 辵(책받침)
	筩	대통 낚시	13 (木) 竹(대죽변)		骰	주사위	14 (金) 骨(뼈골)
	通	통할, 통 내왕, 통정	14 (土) 辵(책받침)		鬪	싸움 다툴	20 (金) 鬥(싸울투)
	慟	애통할 서럽게 울	15 (火) 心(심방변)	퉁	佟	성(姓)씨 강 이름	7 (火) 人(사람인변)
	樋	나무이름	15 (木) 木(나무목변)	특	忒	틀릴, 변할 의심, 매우	7 (火) 心(마음심)
퇴	堆	흙무더기 쌓을	11 (土) 土(흙토변)		特	특히, 수컷 뛰어날, 짝	10 (土) 牛(소우변)
	退	물러날 물리칠	13 (土) 辵(책받침)		慝	간사할 사특할	15 (火) 心(마음심)
	槌	망치 방망이	14 (木) 木(나무목변)	틈	闖	엿볼, 충돌 개척, 말썽	18 (木) 門(문문)
	腿	정강이 넓적다리	16 (水↔木) 肉(육달월)	파	巴	꼬리, 바랄 뱀, 아비	4 (土) 己(몸기)
	褪	바랠 옷 벗을	16 (木) 衣(옷의변)		叵	어려울 마침내	5 (水) 口(입구)
	頹	기울 무너질	16 (火) 頁(머리혈)		妑	새앙머리 두갈래머리	7 (土) 女(여자녀변)
	隤	무너뜨릴 내릴, 경사	20 (土) 阜(좌부변)		把	잡을, 묶을 손잡이	8 (木) 手(재방변)
투	妒	강새암할 투기할	7 (土) 女(여자녀변)		坡	비탈 둑	8 (土) 土(흙토변)
	投	던질, 줄 의탁할	8 (木) 手(재방변)		杷	피피나무	8 (木) 木(나무목변)

음	한자	뜻(훈)	획수(자원오행) 부수(명칭)
파	爬	긁을, 잡을 기어 다닐	8 (金) 爪(손톱조)
	岥	비탈 고개	8 (土) 山(뫼산변)
	爸	아비	8 (木) 父(아비부)
	波	물결, 풍파 눈빛, 은총	9 (水) 水(삼수변)
	怕	두려워할 부끄러워할	9 (火) 心(심방변)
	破	깨뜨릴 흩뜨릴	10 (金) 石(돌석변)
	派	갈래, 가를 학파, 종파	10 (水) 水(삼수변)
	芭	파초 풀이름	10 (木) 艸(초두밑)
	笆	가시대 대바자	10 (木) 竹(대죽변)
	玻	유리	10 (金) 玉(구슬옥변)
	耙	써레	10 (木↔金) 耒(쟁기뢰)
	婆	할머니 늙은 여자	11 (土) 女(여자녀변)
	跛	절뚝발이	12 (土) 足(발족변)
	琶	비파 탈	13 (金) 玉(구슬옥변)
	頗	자못, 편파 매우, 몹시	14 (火) 頁(머리혈)
	菠	시금치	14 (木) 艸(초두밑)
	葩	꽃 흰 화초	15 (木) 艸(초두밑)
	播	뿌릴, 베풀 달아날	16 (木) 手(재방변)
파	罷	파할 내칠	16 (木) 网(그물망)
	皤	머리가 센 흴, 풍족할	17 (金↔木) 白(흰백)
	擺	열릴 배열할	19 (木) 手(재방변)
	簸	까부를 키질, 가릴	19 (木) 竹(대죽변)
	鄱	고을이름	19 (土) 邑(우부방)
	灞	물 이름	25 (水) 水(삼수변)
판	判	판단, 구별 한쪽, 활판	7 (金) 刀(칼도)
	坂	비탈 고개	7 (土) 土(흙토변)
	板	널조각 판목, 글	8 (木) 木(나무목변)
	版	널판, 책 인쇄, 명부	8 (木) 片(조각편)
	販	팔 장사할	11 (金) 貝(조개패)
	阪	비탈, 둑 비탈길	12 (土) 阜(좌부변)
	鈑	금박, 금화 판금	12 (金) 金(쇠금변)
	辦	힘쓸 갖출	16 (金) 辛(매울신)
	瓣	꽃잎 오이씨	19 (木) 瓜(오이과)
팔	叭	나팔 입 벌릴	5 (水) 口(입구)
	朳	고무래 쓰레받기	6 (木) 木(나무목변)
	汃	물결소리	6 (水) 水(삼수변)

음	한자	뜻(훈)	획수(자원오행) 부수(명칭)
팔	八	여덟, 나눌 여덟 번	8 (金) 八(여덟팔)
	捌	깨뜨릴 쳐부술	11 (木) 手(재방변)
패	貝	조개, 돈 비단, 패할	7 (金) 貝(조개패)
	孛	살별, 혜성 광채 날	7 (水) 子(아들자)
	佩	찰 노리개	8 (火) 人(사람인변)
	沛	늪 습지	8 (水) 水(삼수변)
	唄	찬불 염불소리	10 (水) 口(입구)
	旆	기, 선구 대장기	10 (土↔木) 方(모방)
	敗	패할, 썩을 무너질	11 (金) 攴(등글월문)
	浿	물가 물 이름	11 (水) 水(삼수변)
	悖	거스릴 어그러질	11 (火) 心(심방변)
	狽	이리, 낭패 허둥지둥	11 (土) 犬(개사슴록)
	珮	찰	11 (金) 玉(구슬옥변)
	牌	패, 간판 방패	12 (木) 片(조각편)
	稗	피 돌피	13 (木) 禾(벼화변)
	霈	비 쏟아질 큰비, 젖을	15 (水) 雨(비우)
	覇	霸(21)통용 으뜸, 두목	19 (金) 襾(덮을아)
	霸	覇(19)통용 으뜸, 두목	21 (水) 雨(비우)

음	한자	뜻(훈)	획수(자원오행) 부수(명칭)
팽	祊	제사이름	9 (木) 示(보일시)
	砰	돌 소리 물결소리	10 (金) 石(돌석변)
	烹	삶을 익힌 음식	11 (火) 火(연화발)
	彭	땅이름 볼록할,띵띵	12 (火) 彡(터럭삼)
	澎	물소리 물결소리	16 (水) 水(삼수변)
	膨	부풀 배부를	18 (水↔木) 肉(육달월)
	蟚	방게	18 (水) 虫(벌레충)
	蟛	방게	18 (水) 虫(벌레충)
퍅	愎	강할 괴팍할	13 (火) 心(심방변)
편	片	조각, 한쪽 명함, 꽃잎	4 (木) 片(조각편)
	便	편할, 소식 말 잘할	9 (火) 人(사람인변)
	扁	납작할 거룻배,현판	9 (木) 戶(지게호)
	偏	치우칠 한쪽	11 (火) 人(사람인변)
	匾	얇은 그릇 네모질	11 (金) 匸(감출혜몸)
	徧	두루 치우칠	12 (火) 彳(두인변)
	惼	편협할	13 (火) 心(심방변)
	編	엮을, 편집 편성, 책	15 (木) 糸(실사변)
	篇	책, 서책 편, 편액	15 (木) 竹(대죽변)

음	한자	뜻(훈)	획수(자원오행) 부수(명칭)
편	翩	빨리 날 나부낄	15 (火) 羽(깃우)
	緶	꿰맬 가선 두를	15 (木) 糸(실사변)
	艑	거룻배 큰 배	15 (木) 舟(배주)
	萹	마디풀	15 (木) 艸(초두밑)
	蝙	박쥐	15 (水) 虫(벌레충)
	褊	좁을, 한계 성급할	15 (木) 衣(옷의변)
	遍	두루, 모든 번, 횟수	16 (土) 辵(책받침)
	諞	말잘할 교묘할	16 (金) 言(말씀언변)
	鞭	채찍 회초리	18 (金) 革(가죽혁)
	騙	속일 기만할	19 (火) 馬(말마변)
폄	砭	돌침, 경계 계명	10 (金) 石(돌석변)
	窆	하관할 광중	10 (水) 穴(구멍혈)
	貶	감할 떨어뜨릴	12 (金) 貝(조개패)
평	平	평상, 화친 평평할	5 (木) 干(방패간)
	坪	들, 평 평평할	8 (土) 土(흙토변)
	枰	판, 바둑판 은행나무	9 (木) 木(나무목변)
	泙	물소리 물결 셀	9 (水) 水(삼수변)
	怦	곧을, 충직 모자랄	9 (火) 心(심방변)

음	한자	뜻(훈)	획수(자원오행) 부수(명칭)
평	抨	탄핵할	9 (木) 手(재방변)
	苹	개구리밥 부평초	11 (木) 艸(초두밑)
	評	품평할 평론할	12 (金) 言(말씀언변)
	萍	부평초 개구리밥	14 (木) 艸(초두밑)
	鮃	넙치	16 (水) 魚(고기어변)
	蓱	부평초 우사, 평예	17 (木) 艸(초두밑)
폐	吠	개 짖을	7 (水) 口(입구)
	肺	허파, 마음 충심, 붉을	10 (水↔金) 肉(육달월)
	閉	닫을 감출	11 (木) 門(문문)
	狴	짐승이름 감옥	11 (土) 犬(개사슴록)
	敝	해질, 깨질 패할	12 (金) 攵(등글월문)
	廢	폐할 못쓰게 될	15 (木) 广(엄호밑)
	弊	해질, 곤란 폐해	15 (木) 廾(밑스물입)
	幣	폐백, 비단 재물	15 (木) 巾(수건건)
	陛	섬돌 층계	15 (土) 阜(좌부변)
	嬖	사랑할 총애 받을	16 (土) 女(여자녀변)
	獘	넘어질 해어질	16 (土) 犬(개견)
	癈	폐질, 고질 못쓸	17 (水↔木) 疒(병질엄)

음	한자	뜻(훈)	획수(자원오행) 부수(명칭)
폐	蔽	가릴 덮을	18 (木) 艸(초두밑)
	斃	죽을 넘어질	18 (金) 攵(등글월문)
포	布	베, 펼, 돈 베풀, 조세	5 (木) 巾(수건건)
	包	쌀 꾸러미	5 (金) 勹(쌀포)
	佈	펼, 알릴 무서워할	7 (火) 人(사람인변)
	咆	성낼 범의 소리	8 (水) 口(입구)
	庖	부엌, 요리 정육점	8 (木) 广(엄호밑)
	抛	拋(9)통용 던질, 전차	8 (木) 手(재방변)
	拋	抛(8)통용 던질, 전차	9 (木) 手(재방변)
	抱	안을 품을	9 (木) 手(재방변)
	匍	길, 문지를 힘을 다할	9 (金) 勹(쌀포)
	怖	떨 두려워할	9 (火) 心(심방변)
	泡	거품 성할	9 (水) 水(삼수변)
	炮	구울 터질	9 (火) 火(불화변)
	炰	구울, 굳셀 통째 구울	9 (火) 火(불화변)
	砲	대포 돌쇠뇌	10 (金) 石(돌석변)
	哺	먹을 먹일	10 (水) 口(입구)
	圃	밭 채전	10 (水↔木) 囗(큰입구)

음	한자	뜻(훈)	획수(자원오행) 부수(명칭)
포	疱	마마 천연두	10 (水) 疒(병질엄)
	胞	세포, 태보 자궁,여드름	11 (水) 肉(육달월)
	浦	개펄, 물가 바닷가	11 (水) 水(삼수변)
	捕	잡을 구할	11 (木) 手(재방변)
	匏	박 바가지	11 (金↔木) 勹(쌀포)
	袍	두루마기 도포, 속옷	11 (木) 衣(옷의변)
	苞	풀이름 쌀	11 (木) 艸(초두밑)
	晡	신시 저녁나절	11 (火) 日(날일변)
	脯	포 어육	13 (水) 肉(육달월)
	鉋	대패	13 (金) 金(쇠금변)
	飽	배부를 만족할	14 (水) 食(밥식변)
	逋	달아날 체납할	14 (土) 辵(책받침)
	誧	도울, 간할 꾀할	14 (金) 言(말씀언변)
	鞄	혁공 가방	14 (金) 革(가죽혁)
	葡	포도 포도나무	15 (木) 艸(초두밑)
	褒	칭찬할 도포	15 (木) 衣(옷의)
	鋪	펼, 베풀 가게, 역참	15 (金) 金(쇠금변)
	暴	해칠 사나울	15 (火) 日(날일변)

음	한자	뜻(훈)	획수(자원오행) 부수(명칭)
포	蒲	창포 부들	16 (木) 艸(초두밑)
	鮑	절인어물 전복, 혁공	16 (水) 魚(고기어변)
	餔	새참, 밥 먹일, 하사	16 (水) 食(밥식변)
	儤	번, 숙직할 도임할	17 (火) 人(사람인변)
	暴	사나울 해칠, 모질	17 (火) 日(날일변)
	鯆	돌고래	18 (水) 魚(고기어변)
폭	幅	폭, 포백 족자	12 (木) 巾(수건건)
	暴	사나울 갑자기	15 (火) 日(날일변)
	輻	몰려들 바퀴살	16 (火) 車(수레거)
	爆	터질 폭발할	19 (火) 火(불화변)
	曝	볕 쬘 볕에 말릴	19 (火) 日(날일변)
	瀑	폭포 소나기	19 (水) 水(삼수변)
표	杓	자루, 맬 당길	7 (木) 木(나무목변)
	表	모습, 웃옷 나타낼	9 (木) 衣(옷의)
	豹	표범	10 (水) 豸(갖은돼지시)
	俵	흩을, 헤칠 나누어줄	10 (火) 人(사람인변)
	髟	머리늘어질 반백, 갈기	10 (水) 髟(터럭발)
	票	쪽지, 불똥 훌쩍 날릴	11 (木↔火) 示(보일시)

음	한자	뜻(훈)	획수(자원오행) 부수(명칭)
표	彪	범, 문채날 빛날, 선명	11 (木) 彡(터럭삼)
	殍	굶어죽을 아사자	11 (水) 歹(죽을사)
	剽	빠를 사나울	13 (金) 刀(칼도)
	僄	가벼울 민첩, 얕볼	13 (火) 人(사람인변)
	勡	으를	13 (土) 力(힘력변)
	嘌	빠를 절도 없는	14 (水) 口(입구)
	嫖	날랠, 빠를 음란할	14 (土) 女(여자녀변)
	裱	장황 목도리	14 (木) 衣(옷의변)
	標	표, 표할 나무 끝	15 (木) 木(나무목변)
	漂	떠다닐 빨래할	15 (水) 水(삼수변)
	慓	급할, 날랠 용맹할	15 (火) 心(심방변)
	熛	불똥, 빛날 질풍	15 (火) 火(불화변)
	摽	칠, 경박 손짓할	15 (木) 手(재방변)
	瓢	박 표주박	16 (木) 瓜(오이과)
	𦗟	들을	17 (火) 耳(귀이변)
	縹	옥색 옥색비단	17 (木) 糸(실사변)
	鏢	칼끝 칼끝장식	19 (金) 金(쇠금변)
	飄	질풍 회오리바람	20 (木) 風(바람풍)

음	한자	뜻(훈)	획수(자원오행) 부수(명칭)	음	한자	뜻(훈)	획수(자원오행) 부수(명칭)
표	驃	굳셀 빠를	21 (火) 馬(말마변)	피	被	입을, 당할 씌울, 베풀	11 (木) 衣(옷의변)
	飇	飆(21)통용 폭풍, 광풍	21 (木) 風(바람풍)		詖	치우칠	12 (金) 言(말씀언변)
	飆	飇(21)통용 폭풍, 광풍	21 (木) 風(바람풍)		陂	비탈 기울어질	13 (土) 阜(좌부변)
	鰾	부레	22 (水) 魚(고기어변)		鞁	가슴걸이 고삐, 안갑	14 (金) 革(가죽혁)
	鑣	재갈 성할	23 (金) 金(쇠금변)		髲	다리, 가발 월자	15 (火) 髟(터럭발)
품	品	물건, 종류 법, 품계	9 (水) 口(입구)		避	피할, 떠날 벗어날	20 (土) 辵(책받침)
	稟	바탕, 받을 사뢸	13 (木) 禾(벼화변)	픽	腷	답답할 울적할	15 (水) 肉(육달월)
풍	風	바람, 관습 노래, 중풍	9 (木) 風(바람풍)	필	匹	짝, 필, 벗 맞수, 혼자	4 (水) 匸(감출혜몸)
	馮	성(姓)씨	12 (火) 馬(말마변)		必	반드시 오로지	5 (火) 心(마음심)
	楓	단풍나무	13 (木) 木(나무목변)		疋	짝, 하나 필, 피륙	5 (土) 疋(짝필)
	豊	豐(18)통용 풍년, 성할	13 (木) 豆(콩두)		佖	점잖을 위엄스러울	7 (火) 人(사람인변)
	瘋	두풍 문둥병	14 (水) 疒(병질엄)		咇	향기로울	8 (水) 口(입구)
	諷	욀 풍자할	16 (金) 言(말씀언변)		泌	샘물흐를 스며나올	9 (水) 水(삼수변)
	豐	豊(13)통용 풍년, 성할	18 (木) 豆(콩두)		珌	칼집장식	10 (金) 玉(구슬옥변)
피	皮	가죽 껍질	5 (金) 皮(가죽피)		畢	그물, 마칠 다할	11 (土) 田(밭전)
	彼	저, 저쪽 그, 아닐	8 (火) 彳(두인변)		苾	향내 향기	11 (木) 艸(초두밑)
	披	나눌 개척할	9 (木) 手(재방변)		筆	붓, 필법 획수, 글씨	12 (木) 竹(대죽변)
	疲	고달플 야윌	10 (水) 疒(병질엄)		弼	도울, 보필 도지개	12 (火↔金) 弓(활궁)

음	한자	뜻(훈)	획수(자원오행) 부수(명칭)
필	彔	샘솟을	12 (水) 水(물수)
	鉍	창 자루	13 (金) 金(쇠금변)
	馝	향기로울 향내 날	14 (木) 香(향기향)
	⿰畢攵	다할 불 모양	15 (金) 攵(등글월문)
	滭	용솟음칠	15 (水) 水(삼수변)
	駜	말 살찔 배불리먹을	15 (火) 馬(말마변)
	觱	필률, 각적 쌀쌀할	16 (水) 角(뿔각)
	篳	사립문 바자, 필률	17 (木) 竹(대죽변)
	罼	족대, 달릴 토끼그물	17 (木) 网(그물망)
	蓽	필발 휘수리	17 (木) 艸(초두밑)
	蹕	길 치울 거둥, 벽제	18 (土) 足(발족변)
	鷝	갈가마귀	19 (火) 鳥(새조변)
	鞸	슬갑, 칼집 수레밧줄	20 (金) 革(가죽혁)
	韠	폐슬 슬갑	20 (金) 韋(가죽위)
핍	乏	가난할 고달플	5 (金) 丿(삐침)
	偪	다가올 핍박, 행전	11 (火) 人(사람인변)
	逼	닥칠 협박할	16 (土) 辵(책받침)
하	下	아래 내릴	3 (木↔水) 一(한일)
하	何	어찌 무엇	7 (火) 人(사람인변)
	呀	입 벌릴 휑뎅그렁할	7 (水) 口(입구)
	岈	산골 휑할 산 깊을	7 (土) 山(뫼산변)
	河	물, 강, 섬 운하, 은하	9 (水) 水(삼수변)
	⿰可欠	껄껄 웃을 크게 웃을	9 (火↔金) 欠(하품흠)
	昰	夏(10)통용 여름, 중국	9 (火) 日(날일변)
	抲	지휘할 멜, 연	9 (木) 手(재방변)
	夏	昰(9)통용 여름, 중국	10 (火) 夊(천천히걸을쇠)
	賀	하례할 경사, 위로	12 (金) 貝(조개패)
	厦	廈(13)통용 큰집, 행랑	12 (木) 厂(민엄호밑)
	廈	厦(12)통용 큰집, 행랑	13 (木) 广(엄호밑)
	荷	연꽃 짐, 멜	13 (木) 艸(초두밑)
	閜	크게 열릴 큰 술잔	13 (木) 門(문문)
	煆	불사를 구울, 빛날	13 (火) 火(불화변)
	瑕	허물 옥의 티	14 (金) 玉(구슬옥변)
	嘏	클, 장대 복, 하사	14 (水) 口(입구)
	碬	숫돌 돌 자갈땅	14 (金) 石(돌석변)
	瘕	목병	14 (水) 疒(병질엄)

음	한자	뜻(훈)	획수(자원오행) 부수(명칭)
하	蝦	새우 두꺼비	15 (水) 虫(벌레충)
	遐	멀 멀어질	16 (土) 辶(책받침)
	赮	붉을, 노을 붉은빛	16 (火) 赤(붉을적)
	[口+閜]	웃을 휑덩그러할	16 (水) 口(입구)
	霞	노을 멀	17 (水) 雨(비우)
	嚇	으를 위협할	17 (水) 口(입구)
	罅	틈, 구멍 갈라질	17 (土) 缶(장군부)
	鍜	목투구 경개	17 (金) 金(쇠금변)
	㦁	속일 공갈할	18 (火) 心(심방변)
	蕸	연잎 갈대	19 (木) 艸(초두밑)
	[言+賀]	응락하는말 응, 네	19 (金) 言(말씀언변)
	鰕	새우 고래	20 (水) 魚(고기어변)
학	学	學(16)통용 배울, 학교	8 (水) 子(아들자)
	虐	해칠 사나울	9 (木) 虍(범호)
	狢	오소리 담비	10 (土) 犬(개사슴록)
	确	자갈땅 박할, 정확	12 (金) 石(돌석변)
	嗃	엄할 엄한모양	13 (水) 口(입구)
	郝	고을이름	14 (土) 邑(우부방)

음	한자	뜻(훈)	획수(자원오행) 부수(명칭)
학	瘧	학질	14 (水) 疒(병질엄)
	學	学(8)통용 배울, 학교	16 (水) 子(아들자)
	謔	희롱할 농담할	16 (金) 言(말씀언변)
	壑	골 골짜기	17 (土) 土(흙토변)
	鶴	두루미 흴	21 (火) 鳥(새조변)
	皬	흴 희고깨끗할	21 (金) 白(흰백)
	鷽	메까치 산작	24 (火) 鳥(새조변)
한	旱	가물 한발	7 (火) 日(날일변)
	汗	땀 땀날	7 (水) 水(삼수변)
	扞	막을, 거절 덮개	7 (木) 手(재방변)
	忓	방해할 어지럽힐	7 (火) 心(심방변)
	罕	드물, 희소 그물, 깃발	9 (木) 网(그물망)
	恨	한 한할	10 (火) 心(심방변)
	邗	땅 이름 운하이름	10 (土) 邑(우부방)
	悍	사나울 성급할	11 (火) 心(심방변)
	捍	막을, 지킬 팔찌	11 (木) 手(재방변)
	閈	이문, 마을 주거, 문	11 (木↔土) 門(문문)
	閑	한가할 등한, 보위	12 (木↔水) 門(문문)

음	한자	뜻(훈)	획수(자원오행) 부수(명칭)
한	寒	찰 궁할	12 (木↔水) 宀(갓머리)
	閒	틈 한가할	12 (木↔土) 門(문문)
	限	한정 기한	14 (土) 阜(좌부변)
	僩	용맹스런 우아할	14 (火) 人(사람인변)
	漢	한나라 물 이름	15 (水) 水(삼수변)
	嫺	우아할 조용, 익힐	15 (土) 女(여자녀변)
	嫻	우아할	15 (土) 女(여자녀변)
	暵	말릴	15 (火) 日(날일변)
	翰	편지, 문서 문장, 기둥	16 (火) 羽(깃우)
	澖	넓을 끝없이넓을	16 (水) 水(삼수변)
	橌	큰 나무	16 (木) 木(나무목변)
	[illegible]	익힐 법	16 (木) 門(문문)
	韓	한국 나라	17 (金) 韋(가죽위)
	澣	씻을 열흘	17 (水) 水(삼수변)
	[illegible]	산 형상 산높은모양	17 (土) 山(뫼산변)
	駻	사나운 말	17 (火) 馬(말마변)
	鼾	코골 코고는소리	17 (金) 鼻(코비)
	瀚	넓을 사막이름	20 (水) 水(삼수변)

음	한자	뜻(훈)	획수(자원오행) 부수(명칭)
한	鷴	소리개 흰꿩, 백한	23 (火) 鳥(새조변)
할	割	나눌, 해칠 재앙	12 (金) 刀(칼도)
	瞎	애꾸눈 척안, 소경	15 (木) 目(눈목)
	轄	비녀장 굴대빗장	17 (火) 車(수레거)
함	含	머금을 품을	7 (水) 口(입구)
	函	함, 갑옷 글월, 편지	8 (木) 凵(위튼입구)
	咸	다, 짤 두루, 충만	9 (水) 口(입구)
	啣	啣(14)통용 머금을,품을	11 (水) 口(입구)
	涵	담글 넣을	12 (水) 水(삼수변)
	喊	소리 소리칠	12 (水) 口(입구)
	莟	꽃봉오리 핀꽃, 연꽃	13 (木) 艸(초두밑)
	銜	啣(11)통용 머금을,품을	14 (金) 金(쇠금변)
	菡	연꽃, 풍성 연꽃봉오리	14 (木) 艸(초두밑)
	緘	봉할, 묶을 봉투, 편지	15 (木) 糸(실사변)
	陷	빠질 함정	16 (土) 阜(좌부변)
	諴	화할, 정성 지성, 익살	16 (金) 言(말씀언변)
	檻	감옥 우리	18 (木) 木(나무목변)
	艦	싸움배 군함	20 (木) 舟(배주)

음	한자	뜻(훈)	획수(자원오행) 부수(명칭)	음	한자	뜻(훈)	획수(자원오행) 부수(명칭)
함	鹹	짤 소금	20 (水) 鹵(소금밭로)	항	夯	멜 달구질할	5 (木) 大(큰대)
	闞	범 소리 개소리	20 (木) 門(문문)		伉	짝, 부부 강직, 저항	6 (火) 人(사람인변)
	轞	함거 수레소리	21 (火) 車(수레거)		行	항렬 걸을	6 (火) 行(다닐행)
합	合	합할 모일	6 (水) 口(입구)		抗	막을, 겨룰 높을	8 (木) 手(재방변)
	匌	돌, 만날 숨 막힐	8 (金) 勹(쌀포)		沆	넓을 광대할	8 (水) 水(삼수변)
	哈	웃는 소리 크게 마실	9 (水) 口(입구)		杭	건널 나룻배	8 (木) 木(나무목변)
	柙	우리, 궤 잡아가둘	9 (木) 木(나무목변)		炕	마를, 뻗을 온돌	8 (火) 火(불화변)
	盍	덮을 합할	10 (金) 皿(그릇명)		巷	거리, 복도 마을, 주택	9 (土) 己(몸기)
	盒	함 그릇	11 (金) 皿(그릇명)		姮	嫦(14)통용 항아, 상아	9 (土) 女(여자녀변)
	蛤	대합조개 큰 두꺼비	12 (水) 虫(벌레충)		缸	항아리	9 (土) 缶(장군부)
	嗑	입 다물 웃음소리	13 (水) 口(입구)		肛	항문	9 (水) 肉(육달월)
	郃	고을이름 맞을, 이치	13 (土) 邑(우부방)		恒	恆(10)통용 항상, 영구	10 (火) 心(심방변)
	閤	침실 쪽문	14 (木) 門(문문)		恆	恒(10)통용 항상, 영구	10 (火) 心(심방변)
	榼	통, 물통 뚜껑, 칼집	14 (木) 木(나무목변)		航	배, 방주 날, 항해	10 (木) 舟(배주)
	溘	갑자기 이를	14 (水) 水(삼수변)		桁	수갑 도리	10 (木) 木(나무목변)
	陜	좁을 땅이름	15 (土) 阜(좌부변)		項	조목, 항목 클, 목덜미	12 (火) 頁(머리혈)
	闔	문짝 간직할	18 (木) 門(문문)		缿	저금통 투서함	12 (土) 缶(장군부)
항	亢	굳셀, 막을 거만할	4 (火↔水) 亠(돼지해밑)		港	항구, 뱃길 도랑	13 (水) 水(삼수변)

음	한자	뜻(훈)	획수(자원오행) 부수(명칭)
항	頏	날아 내릴 목, 목구멍	13 (火) 頁(머리혈)
	嫦	姮(9)통용 항아, 상아	14 (土) 女(여자녀변)
	降	항복할 화합, 기쁠	14 (土) 阜(좌부변)
해	亥	돼지, 해 간직할	6 (火↔水) 亠(돼지해밑)
	咍	비웃을 기뻐할	8 (水) 口(입구)
	咳	기침 웃을	9 (水) 口(입구)
	垓	지경 경계	9 (土) 土(흙토변)
	孩	어릴 어린아이	9 (水) 子(아들자)
	祄	도울 뿔이 많은	9 (木) 示(보일시)
	害	해, 해칠 시기할	10 (木) 宀(갓머리)
	奚	종 어찌	10 (木↔水) 大(큰대)
	晐	갖출, 충분 햇빛 비칠	10 (火) 日(날일변)
	欬	기침, 감기 천식, 트림	10 (火↔金) 欠(하품흠)
	海	海(11)통용 바다, 해수	10 (水) 水(삼수변)
	海	海(10)통용 바다, 해수	11 (水) 水(삼수변)
	偕	함께, 맞을 굳셀	11 (火) 人(사람인변)
	痎	학질	11 (水) 疒(병질엄)
	解	풀, 분할 설명, 통달	13 (木) 角(뿔각)

음	한자	뜻(훈)	획수(자원오행) 부수(명칭)
해	該	갖출, 포용 마땅, 겸할	13 (金) 言(말씀언변)
	楷	본, 본보기 강직, 해서	13 (木) 木(나무목변)
	瑎	검은 옥돌	14 (金) 玉(구슬옥변)
	頦	턱, 아래턱 볼, 추할	15 (火) 頁(머리혈)
	諧	어울릴 이룰	16 (金) 言(말씀언변)
	駭	놀랄 소란	16 (火) 馬(말마변)
	骸	뼈 해골	16 (金) 骨(뼈골)
	嶰	골짜기 작은 산	16 (土) 山(뫼산변)
	廨	관아, 공관 공해	16 (木) 广(엄호밑)
	懈	게으를 느슨할	17 (火) 心(심방변)
	澥	바다이름 작은 강	17 (水) 水(삼수변)
	獬	해태 굳센 모양	17 (土) 犬(개사슴록)
	醢	젓갈 절인물고기	17 (金) 酉(닭유)
	鮭	어채	17 (水) 魚(고기어변)
	蟹	게, 꽃게 가물치	19 (水) 虫(벌레충)
	薤	염교, 백합 풀이름	19 (木) 艸(초두밑)
	瀣	이슬 기운 바다 기운	20 (水) 水(삼수변)
	邂	만날, 우연 요행	20 (土) 辵(책받침)

음	한자	뜻(훈)	획수(자원오행) 부수(명칭)	음	한자	뜻(훈)	획수(자원오행) 부수(명칭)
핵	劾	힘쓸 캐물을	8 (土↔水) 力(힘력변)	향	嚮	향할, 나갈 대접, 권할	19 (水) 口(입구)
	核	씨, 핵심 견실, 엄할	10 (木) 木(나무목변)		薌	낟알기 소리, 향기	19 (木) 艸(초두밑)
	翮	깃촉, 조류 관악기	16 (火) 羽(깃우)		麘	사향 사슴	20 (土) 鹿(사슴록)
	覈	핵실할, 핵 엄격할, 씨	19 (金) 襾(덮을아)		響	울릴, 음향 응답, 악기	22 (金) 音(소리음)
행	行	다닐, 행할 유행, 장사	6 (火) 行(다닐행)		饗	잔치, 대접 제사, 주식	22 (水) 食(밥식)
	杏	살구 은행	7 (木) 木(나무목변)	허	許	허락, 바랄 약속, 약혼	11 (金) 言(말씀언변)
	幸	다행, 요행 행복, 거둥	8 (木) 干(방패간)		虛	빌 하늘	12 (木) 虍(범호밑)
	倖	요행, 아첨 사랑, 총애	10 (火) 人(사람인변)		噓	불, 거짓 울, 탄식	15 (水) 口(입구)
	荇	마름 풀	12 (木) 艸(초두밑)		墟	터, 언덕 저자, 구렁	15 (土) 土(흙토변)
	涬	기운, 끌 당길, 큰물	12 (水) 水(삼수변)		歔	흐느낄 두려워할	16 (火↔金) 欠(하품흠)
	悻	성낼	12 (火) 心(심방변)	헌	昍	밝을 훤의 俗音	8 (火) 日(날일변)
향	向	향방 향할	6 (水) 口(입구)		軒	처마, 집 오를	10 (火) 車(수레거)
	享	드릴, 잔치 누릴	8 (火↔土) 亠(돼지해밑)		憲	법, 관청 명령,가르침	16 (火) 心(마음심)
	香	향기, 향 향료	9 (木) 香(향기향)		轋	초헌 수레	16 (火) 車(수레거)
	晑	밝을	10 (火) 日(날일변)		幰	수레포장	19 (木) 巾(수건건)
	珦	옥이름 구슬	11 (金) 玉(구슬옥변)		獻	드릴, 권할 표현, 현자	20 (土) 犬(개견)
	餉	건량, 군량 군비, 배급	15 (水) 食(밥식변)		櫶	나무이름	20 (木) 木(나무목변)
	鄕	고향, 시골 대접할	17 (土) 邑(우부방)		憓	총명할 깨달을	20 (火) 心(심방변)

음	한자	뜻(훈)	획수(자원오행) 부수(명칭)
헌	攇	죌, 맬 들추어낼	20 (木) 手(재방변)
	巘	봉우리 낭떠러지	23 (土) 山(뫼산변)
헐	歇	쉴, 휴식 휴업, 마를	13 (火↔金) 欠(하품흠)
험	嶮	험할	16 (土) 山(뫼산변)
	獫	오랑캐 베짱이	17 (土) 犬(개사슴록)
	險	험할 음흉할	21 (土) 阜(좌부변)
	驗	시험, 보람 증좌, 효과	23 (火) 馬(말마변)
	玁	오랑캐 흉노족	24 (土) 犬(개사슴록)
혁	侐	고요할 적막할	8 (火) 人(사람인변)
	革	가죽, 갑옷 고칠, 날개	9 (金) 革(가죽혁)
	奕	클, 근심 아름다울	9 (木) 大(큰대)
	弈	바둑, 도박 휘장	9 (火) 廾(스물입발)
	洫	봇도랑 해자, 수문	10 (水) 水(삼수변)
	焃	빛날, 붉을 화낼, 가물	11 (火) 火(불화변)
	焱	화염 불꽃	12 (火) 火(불화변)
	赫	빛날, 붉을 화낼, 가물	14 (火) 赤(붉을적)
	嚇	성낼	17 (水) 口(입구)
	爀	붉을, 불빛 붉은색	18 (火) 火(불화변)

음	한자	뜻(훈)	획수(자원오행) 부수(명칭)
혁	鬩	다툴, 원망 두려워할	18 (金) 鬥(싸울투)
	䞤	빨강 붉은 빛	21 (火) 赤(붉을적)
현	玄	검을 오묘할	5 (水↔火) 玄(검을현)
	見	나타날 현재, 뵈올	7 (火) 見(볼견)
	呟	소리	8 (水) 口(입구)
	弦	활시위 초승달, 줄	8 (火↔木) 弓(활궁)
	妶	여자 이름 여자의 자	8 (土) 女(여자녀변)
	泫	이슬 빛날 눈물, 섞일	9 (水) 水(삼수변)
	炫	밝을, 빛날 자랑, 녹일	9 (火) 火(불화변)
	昡	햇빛, 당혹 갈팡질팡	9 (火) 日(날일변)
	俔	염탐할 비유할	9 (火) 人(사람인변)
	怰	팔	9 (火) 心(심방변)
	峴	산이름 고개	10 (土) 山(뫼산변)
	玹	옥돌 옥빛	10 (金) 玉(구슬옥변)
	眩	아찔할 현혹할	10 (木) 目(눈목)
	娊	허리 가늘	10 (土) 女(여자녀변)
	痃	현벽 가래톳	10 (水) 疒(병질엄)
	絃	줄, 탈 현악기	11 (木) 糸(실사변)

음	한자	뜻(훈)	획수(자원오행) 부수(명칭)
현	晛	햇빛, 밝을 환할, 일광	11 (火) 日(날일변)
	衒	자랑할 팔, 선전	11 (火) 行(다닐행)
	舷	뱃전	11 (木) 舟(배주)
	[illegible]	활, 탐낼 빙그래웃을	11 (火↔金) 弓(활궁)
	現	나타날 지금, 옥빛	12 (金) 玉(구슬옥변)
	絢	노끈 무늬	12 (木) 糸(실사변)
	睍	붉어진 눈 고울	12 (木) 目(눈목)
	琄	옥 모양 패옥	12 (金) 玉(구슬옥변)
	[illegible]	땅이름	12 (木) 木(나무목변)
	鉉	솥 귀고리 활시위	13 (金) 金(쇠금변)
	蜆	바지라기	13 (水) 虫(벌레충)
	誢	말다툼할 간하는 말	14 (金) 言(말씀언변)
	儇	총명할 민첩, 가릴	15 (火) 人(사람인변)
	賢	어질, 현명 나을, 존경	15 (金) 貝(조개패)
	[illegible]	한정할 한계, 지명	15 (土) 阜(좌부변)
	鋗	노구솥 냄비, 소분	15 (金) 金(쇠금변)
	縣	고을, 현 매달, 격할	16 (木) 糸(실사변)
	嬛	날렵할 우아, 치밀	16 (土) 女(여자녀변)

음	한자	뜻(훈)	획수(자원오행) 부수(명칭)
현	駽	철총이 돗총이	17 (火) 馬(말마변)
	顕	顯(23)통용 나타날,영달	18 (火) 頁(머리혈)
	繯	맬, 고리 졸라맬	19 (木) 糸(실사변)
	翾	날 빠를	19 (火) 羽(깃우)
	懸	매달, 현격 멀리, 빛	20 (火) 心(마음심)
	譞	영리할 수다, 지혜	20 (金) 言(말씀언변)
	顯	顕(18)통용 나타날,영달	23 (火) 頁(머리혈)
	灦	물깊고맑을	27 (水) 水(삼수변)
혈	孑	외로울 작을, 특출	3 (水) 子(아들자)
	穴	움 구멍	5 (水) 穴(구멍혈)
	血	피, 근친 월경, 눈물	6 (水) 血(피혈)
	頁	머리, 목 목덜미	9 (火) 頁(머리혈)
	絜	헤아릴 묶을	12 (木) 糸(실사변)
	趐	나아갈 떼지어 날	13 (火) 走(달릴주)
혐	嫌	의심 싫어할	13 (土) 女(여자녀변)
협	叶	화합할	5 (水) 口(입구)
	夾	낄 부축할	7 (木) 大(큰대)
	協	화합할 복종, 적합	8 (水) 十(열십)

음	한자	뜻(훈)	획수(자원오행) 부수(명칭)
협	洽	화할, 젖을 윤택할	8 (水) 氵(이수변)
	俠	호협할 협객	9 (火) 人(사람인변)
	匧	상자	9 (木) 匚(터진입구)
	峽	골짜기 시내	10 (土) 山(뫼산변)
	埉	물가	10 (土) 土(흙토변)
	恊	합할 으를	10 (火) 心(심방변)
	挾	낄, 만날 두루 미칠	11 (木) 手(재방변)
	浹	두루 미칠 일주, 젖을	11 (水) 水(삼수변)
	狹	좁을 좁아질	11 (土) 犬(개사슴록)
	悏	쾌할, 맞을 만족할	11 (火) 心(심방변)
	脅	脇(12)통용 위협,겨드랑이	12 (水) 肉(육달월)
	脇	脅(12)통용 위협,겨드랑이	12 (水) 肉(육달월)
	莢	콩깍지 조협, 명협	13 (木) 艸(초두밑)
	愜	쾌할, 흡족 두려워할	13 (火) 心(심방변)
	鋏	칼 집게	15 (金) 金(쇠금변)
	篋	상자 긴사각상자	15 (木) 竹(대죽변)
	頰	뺨, 쾌적할 기분 좋을	16 (火) 頁(머리혈)
형	兄	맏, 형, 벗 친척,뛰어날	5 (木) 儿(어진사람인)

음	한자	뜻(훈)	획수(자원오행) 부수(명칭)
형	刑	형벌, 죽일 제어, 모범	6 (金) 刀(칼도)
	形	형상, 모양 형세, 이치	7 (火) 彡(터럭삼)
	亨	형통할 통달	7 (火↔土) 亠(돼지해밑)
	侀	형벌 거푸집	8 (火) 人(사람인변)
	型	모형, 모범 거푸집	9 (土) 土(흙토변)
	泂	멀, 깊을 깊고 넓을	9 (水) 水(삼수변)
	炯	밝을, 빛날 명백할	9 (火) 火(불화변)
	娙	여관 여자 종	10 (土) 女(여자녀변)
	邢	나라이름 땅 이름	11 (土) 邑(우부방)
	珩	패옥, 갓끈 노리개	11 (金) 玉(구슬옥변)
	荊	가시나무	12 (木) 艸(초두밑)
	詗	염탐할 탐구, 구할	12 (金) 言(말씀언변)
	迥	逈(13)통용 멀, 빛날	12 (土) 辵(책받침)
	逈	迥(12)통용 멀, 빛날	13 (土) 辵(책받침)
	滎	실개천 못 이름	14 (水) 水(물수)
	熒	등불, 빛날 개똥벌레	14 (火) 火(불화변)
	夐	멀, 아득할 바라볼	14 (金) 夊(천천히걸을쇠)
	瑩	의혹할 의심할	15 (金) 玉(구슬옥변)

음	한자	뜻(훈)	획수(자원오행) 부수(명칭)
형	陘	지레목 비탈	15 (土) 阜(좌부변)
	螢	반딧불이 개똥벌레	16 (水) 虫(벌레충)
	衡	저울대 저울질	16 (火) 行(다닐행)
	鎣	줄, 갈 그릇, 장식	18 (金) 金(쇠금변)
	瀅	맑을 물 맑은	19 (水) 水(삼수변)
	馨	꽃다울 향기, 덕화	20 (木) 香(향기향)
	瀯	물 이름	22 (水) 水(삼수변)
혜	匸	감출 덮을	2 (水) 匸(감출혜몸)
	兮	어조사 감탄사	4 (金) 八(여덟팔)
	盻	흘겨 볼 돌아볼	9 (木) 目(눈목)
	恵	惠(12)통용 은혜, 베풀	10 (火) 心(마음심)
	彗	살별, 혜성 총명, 비	11 (火) 彐(튼가로왈)
	訡	진실한 말 정성의 말	11 (金) 言(말씀언변)
	惠	恵(10)통용 은혜, 베풀	12 (火) 心(마음심)
	傒	가둘 기다릴	12 (火) 人(사람인변)
	徯	샛길, 위태 기다릴	13 (火) 彳(두인변)
	嘒	작을 매미소리	14 (水) 口(입구)
	慧	지혜 슬기로울	15 (火) 心(마음심)
혜	寭	밝을, 밝힐 깨달을	15 (木↔火) 宀(갓머리)
	暳	별 반짝일 작별	15 (火) 日(날일변)
	鞋	신발 짚신	15 (金) 革(가죽혁)
	槥	널 작은 관	15 (木) 木(나무목변)
	憓	순할 베풀	16 (火) 心(심방변)
	蹊	건널 지름길	17 (土) 足(발족변)
	謑	욕할, 치욕 바르지못할	17 (金) 言(말씀언변)
	蕙	풀이름 혜초, 향초	18 (木) 艸(초두밑)
	醯	초 식초	19 (金) 酉(닭유)
	譓	순종할 분별할	19 (金) 言(말씀언변)
	鏸	날카로울	20 (金) 金(쇠금변)
	譿	살필 슬기로울	22 (金) 言(말씀언변)
호	戶	집 지게	4 (木) 戶(지게호)
	互	서로 번갈아들	4 (木↔水) 二(두이)
	乎	그런가 어조사	5 (金) 丿(삐침)
	号	號(13)통용 이름, 차례	5 (水↔木) 口(입구)
	好	좋을, 정분 아름다울	6 (土) 女(여자녀변)
	冱	찰, 얼을 단단할	6 (水) 冫(이수변)

음	한자	뜻(훈)	획수(자원오행) 부수(명칭)
호	呼	부를, 호통 내쉴, 슬플	8 (水) 口(입구)
	虎	범 용맹스런	8 (木) 虍(범호밑)
	昊	하늘, 허공 성할, 밝을	8 (火) 日(날일변)
	岵	산거할 초목 많을	8 (土) 山(뫼산변)
	弧	활 나무 활	8 (火↔木) 弓(활궁)
	沍	찰	8 (水) 水(삼수변)
	狐	여우	9 (土) 犬(개사슴록)
	怙	믿을, 의지 어버이	9 (火) 心(심방변)
	芐	芦(10)통용 지황, 부들	9 (木) 艸(초두밑)
	芦	芐(9)통용 지황, 부들	10 (木) 艸(초두밑)
	祜	복, 행복 복록	10 (木↔金) 示(보일시)
	瓳	반호 큰 벽돌	10 (土) 瓦(기와와)
	浩	澔(16)통용 넓을,넉넉할	11 (水) 水(삼수변)
	瓠	단지 표주박	11 (木) 瓜(오이과)
	胡	오랑캐 늙은이	11 (水) 肉(육달월)
	毫	붓, 잔털 조금	11 (火) 毛(터럭모)
	晧	빛날, 밝을 해뜰, 넓을	11 (火) 日(날일변)
	扈	따를 넓을	11 (木) 戶(지게호)
호	婋	재치 있을 영리할	11 (土) 女(여자녀변)
	皓	깨끗할, 흴 밝을, 하늘	12 (金) 白(흰백)
	淏	맑을 맑은 모양	12 (水) 水(삼수변)
	壺	병, 주전자 투호, 술병	12 (木↔金) 士(선비사)
	號	号(5)통용 이름, 차례	13 (木) 虍(범호밑)
	湖	호수, 큰못 고을이름	13 (水) 水(삼수변)
	琥	호박 옥그릇	13 (金) 玉(구슬옥변)
	猢	원숭이	13 (土) 犬(개사슴록)
	聕	들릴 긴 귀	13 (火) 耳(귀이)
	豪	호걸, 귀인 성할, 용감	14 (水) 豕(돼지시)
	瑚	산호 호련	14 (金) 玉(구슬옥변)
	犒	호궤할 맛있는음식	14 (土) 牛(소우변)
	嫭	아름다울	14 (土) 女(여자녀변)
	嫮	아름다울	14 (土) 女(여자녀변)
	滈	장마 강 이름	14 (水) 水(삼수변)
	滸	물가	15 (水) 水(삼수변)
	糊	풀 끈끈할	15 (木) 米(쌀미변)
	葫	마늘 초롱박	15 (木) 艸(초두밑)

음	한자	뜻(훈)	획수(자원오행) 부수(명칭)	음	한자	뜻(훈)	획수(자원오행) 부수(명칭)
호	蝴	나비	15 (水) 虫(벌레충)	호	鬍	수염	19 (火) 髟(터럭발)
	皞	밝을 화락할	15 (金↔火) 白(흰백)		護	도울, 지킬 보호, 통솔	21 (金) 言(말씀언변)
	熩	빛날 빛	15 (火) 火(불화변)		顥	클, 넓을 빛날	21 (火) 頁(머리혈)
	嗥	짖을 외칠	15 (水) 口(입구)		頀	풍류이름 풍류	23 (金) 音(소리음)
	滈	강 이름 어부, 어살	15 (水) 水(삼수변)		灝	아득할 넓고 멀	25 (水) 水(삼수변)
	皜	흰, 밝을 늙은이	15 (金↔火) 白(흰백)	혹	或	혹, 혹시 의심, 미혹	8 (金) 戈(창과)
	縞	명주 흰 비단	16 (木) 糸(실사변)		惑	미혹 미혹할	12 (火) 心(마음심)
	蒿	쑥 김 오를	16 (木) 艸(초두밑)		酷	독할 잔인할	14 (金) 酉(닭유)
	澔	浩(11)통용 넓을,넉넉할	16 (水) 水(삼수변)		熇	뜨거울 불꽃일어날	14 (火) 火(불화변)
	儫	호걸, 귀인 성할, 용감	16 (火) 人(사람인변)	혼	昏	날저물 일찍 죽을	8 (火) 日(날일변)
	醐	제호 우락더껑이	16 (金) 酉(닭유)		俒	완전할 끝날	9 (火) 人(사람인변)
	壕	해자, 도랑 성 둘레	17 (土) 土(흙토변)		圂	뒷간, 변소 돼지우리	10 (水↔木) 囗(큰입구)
	鄗	땅 이름 호경, 장안	17 (土) 邑(우부방)		婚	혼인할 처가, 사돈	11 (土) 女(여자녀변)
	蔰	빛	17 (木) 艸(초두밑)		混	섞을 흐릴	12 (水) 水(삼수변)
	濠	해자, 호주 물 이름	18 (水) 水(삼수변)		焜	빛날, 밝을 초목이시들	12 (火) 火(불화변)
	鎬	호경, 빛날 곡괭이,남비	18 (金) 金(쇠금변)		渾	흐릴 둥글	13 (水) 水(삼수변)
	濩	퍼질 은나라풍류	18 (水) 水(삼수변)		溷	정하지않은 미정	13 (水) 水(삼수변)
	餬	기식할 식객, 죽	18 (水) 食(밥식변)		魂	넋, 생각 마음	14 (火) 鬼(귀신귀)

음	한자	뜻(훈)	획수(자원오행) 부수(명칭)
혼	琿	아름다운옥	14 (金) 玉(구슬옥변)
	溷	어지러울 울적할	14 (水) 水(삼수변)
	閽	문지기 궁문, 환관	16 (木) 門(문문)
	顐	둥글 혼혼할	19 (火) 頁(머리혈)
홀	囫	온전할 막연할	7 (水↔土) 口(큰입구)
	忽	갑자기 경시, 멸할	8 (火) 心(마음심)
	笏	홀 수판	10 (木) 竹(대죽변)
	惚	황홀할 흐릿할	12 (火) 心(심방변)
홍	弘	넓을, 클 활 소리	5 (火) 弓(활궁)
	汞	수은	7 (水) 水(물수)
	紅	붉을 연지	9 (木) 糸(실사변)
	泓	물속 깊을 물 맑을	9 (水) 水(삼수변)
	虹	무지개 어지러울	9 (水) 虫(벌레충)
	哄	노래소리 떠들썩할	9 (水) 口(입구)
	洪	넓을, 클 큰물, 여울	10 (水) 水(삼수변)
	烘	화롯불, 땔 밝을, 말릴	10 (火) 火(불화변)
	訌	어지러울 무너질	10 (金) 言(말씀언변)
	晎	날밝으려할 먼동이 틀	10 (火) 日(날일변)
홍	鉷	쇠뇌고동 석궁	14 (金) 金(쇠금변)
	篊	홈통, 통발 물받이	15 (木) 竹(대죽변)
	澒	수은 혼돈할	16 (水) 水(삼수변)
	鬨	싸움, 함성 시끄러울	16 (金) 鬥(싸울투)
	鴻	기러기 홍수, 성할	17 (火) 鳥(새조)
화	火	불, 화재 태양, 동행	4 (火) 火(불화변)
	化	화할, 변화 교화	4 (金↔火) 匕(비수비)
	禾	벼, 곡식 줄기	5 (木) 禾(벼화변)
	和	온순할 화목, 화해	8 (水) 口(입구)
	花	꽃, 비녀 기생, 비용	10 (木) 艸(초두밑)
	俰	화할 뜻이 맞을	10 (火) 人(사람인변)
	貨	재화, 팔 뇌물 줄	11 (金) 貝(조개패)
	畫	畵(13)통용 그림,그림장식	12 (土↔木) 田(밭전)
	畵	畫(12)통용 그림,경계그을	13 (土) 田(밭전)
	話	말씀, 대패 이야기	13 (金) 言(말씀언변)
	靴	양화 가죽신	13 (金) 革(가죽혁)
	華	빛날, 꽃 번성할	14 (木) 艸(초두밑)
	禍	재앙, 재화 사고, 허물	14 (木) 示(보일시)

음	한자	뜻(훈)	획수(자원오행) 부수(명칭)
화	嫿	고울 얌전할	15 (土) 女(여자녀변)
	嘩	시끄러울	15 (水) 口(입구)
	樺	자작나무 벗나무	16 (木) 木(나무목변)
	澕	깊을 물이 깊을	16 (水) 水(삼수변)
	譁	바뀔 시끄러울	19 (金) 言(말씀언변)
	驊	준마이름 말 이름	22 (火) 馬(말마변)
	龢	조화될 소생, 생황	22 (火) 龠(피리약)
확	廓	클, 확장 바로잡을	14 (木) 广(엄호밑)
	確	碻(15)통용 굳을, 확실	15 (金) 石(돌석변)
	碻	確(15)통용 굳을, 확실	15 (金) 石(돌석변)
	穫	곡식거둘	19 (木) 禾(벼화변)
	擴	넓힐 늘릴	19 (木) 手(재방변)
	矍	두리번거릴 놀랄	20 (木) 目(눈목)
	礭	회초리 확실할	21 (金) 石(돌석변)
	鑊	가마 큰 솥	22 (金) 金(쇠금변)
	攫	붙잡을 후려칠	24 (木) 手(재방변)
	矡	창 송곳	25 (金) 矛(창모)
환	丸	알 탄알	3 (土) 丶(점)

음	한자	뜻(훈)	획수(자원오행) 부수(명칭)
환	幻	변할, 요술 허깨비	4 (火) 幺(작을요)
	奐	클, 빛날 성대할	9 (木) 大(큰대)
	宦	내관 벼슬	9 (木) 宀(갓머리)
	紈	맺을 흰 비단	9 (木) 糸(실사변)
	桓	굳셀, 클 머뭇거릴	10 (木) 木(나무목변)
	洹	세차게흐를 성할	10 (水) 水(삼수변)
	患	근심, 병 재앙, 미움	11 (火) 心(마음심)
	晥	밝을, 환할 땅 이름	11 (火) 日(날일변)
	喚	부를, 소환 외칠, 울	12 (水) 口(입구)
	皖	샛별, 환할 밝은 모양	12 (金↔火) 白(흰백)
	睆	가득찰 밝을, 주시	12 (木) 目(눈목)
	絙	끈, 줄 인끈	12 (木) 糸(실사변)
	換	바꿀, 고칠 방자, 교환	13 (木) 手(재방변)
	渙	찬란할 흩어질,빛날	13 (水) 水(삼수변)
	煥	빛날, 불빛 문채, 선명	13 (火) 火(불화변)
	豢	기를, 가축 미혹	13 (水) 豕(돼지시)
	圜	두를 에워쌀	16 (水↔木) 囗(큰입구)
	寰	기내, 천하 인간세상	16 (木) 宀(갓머리)

음	한자	뜻(훈)	획수(자원오행) 부수(명칭)
환	擐	입을 몸에 걸칠	17 (木) 手(재방변)
	鍰	무게단위 고리	17 (金) 金(쇠금변)
	環	고리, 둘레 옥, 선회	18 (金) 玉(구슬옥변)
	還	돌아올 갚을	20 (土) 辵(책받침)
	轘	환형, 형벌 산 이름	20 (火↔土) 車(수레거)
	鐶	고리, 반지 귀걸이	21 (金) 金(쇠금변)
	鰥	홀아비 환어, 병들	21 (水) 魚(고기어변)
	歡	기뻐할 사랑, 좋을	22 (火↔金) 欠(하품흠)
	懽	기뻐할 맞을, 합당	22 (火) 心(심방변)
	鬟	쪽진 머리 여자종	23 (火) 髟(터럭발)
	瓛	옥홀	25 (金) 玉(구슬옥변)
	驩	기뻐할, 말 관찰, 환심	28 (火) 馬(말마변)
활	活	살, 생존 소생, 응용	10 (水) 水(삼수변)
	蛞	올챙이 민달팽이	12 (水) 虫(벌레충)
	滑	미끄러울 부드러울	14 (水) 水(삼수변)
	猾	교활할 어지럽힐	14 (土) 犬(개사슴록)
	闊	濶(18)통용 넓을, 거칠	17 (木) 門(문문)
	豁	뚫린 골 소통, 클	17 (水) 谷(골곡)

음	한자	뜻(훈)	획수(자원오행) 부수(명칭)
활	濶	闊(17)통용 넓을, 거칠	18 (水) 水(삼수변)
황	皇	임금, 클 엄숙할	9 (金) 白(흰백)
	況	상황, 모양 하물며	9 (水) 水(삼수변)
	怳	멍할, 놀랄 황홀, 잠시	9 (火) 心(심방변)
	肓	명치 끝	9 (水) 肉(육달월)
	晃	晄(10)통용 밝을, 빛날	10 (火) 日(날일변)
	晄	晃(10)통용 밝을, 빛날	10 (火) 日(날일변)
	恍	황홀할 멍할	10 (火) 心(심방변)
	凰	봉새 봉황새	11 (水↔木) 几(안석궤)
	黃	누를, 황금 늙은이	12 (土) 黃(누를황)
	荒	거칠 흉년들	12 (木) 艸(초두밑)
	堭	당집, 대궐 전각	12 (土) 土(흙토변)
	媓	이름 여자이름	12 (土) 女(여자녀변)
	徨	노닐 방황할	12 (火) 彳(두인변)
	喤	애울음소리	12 (水) 口(입구)
	貺	줄 하사할	12 (金) 貝(조개패)
	煌	빛날, 성할 불빛, 불안	13 (火) 火(불화변)
	幌	휘장 방장	13 (木) 巾(수건건)

음	한자	뜻(훈)	획수(자원오행) 부수(명칭)	음	한자	뜻(훈)	획수(자원오행) 부수(명칭)
황	惶	당황할 두려워할	13 (火) 心(심방변)	회	灰	재, 석회 먼지, 실망	6 (火) 火(불화변)
	湟	성지, 빠질 해자	13 (水) 水(삼수변)		会	會(13)통용 모일, 기회	6 (火↔木) 人(사람인변)
	楻	깃대	13 (木) 木(나무목변)		佪	어정거릴 어두울	8 (火) 人(사람인변)
	滉	깊을 물깊고넓을	14 (水) 水(삼수변)		徊	노닐 배회할	9 (火) 彳(두인변)
	榥	책상, 창 커튼, 휘장	14 (木) 木(나무목변)		廻	돌 피할	9 (水) 廴(민책받침)
	熀	이글거릴 밝은 모양	14 (火) 火(불화변)		恢	넓을 넓힐	10 (火) 心(심방변)
	愰	밝을 영리할	14 (火) 心(심방변)		洄	역류할 어리석을	10 (水) 水(삼수변)
	慌	어리둥절할 다급, 잃을	14 (火) 心(심방변)		悔	뉘우칠 과오, 깔봄	11 (火) 心(심방변)
	瑝	옥 소리 종소리	14 (金) 玉(구슬옥변)		晦	그믐, 감출 어두울	11 (火) 日(날일변)
	篁	대숲 피리	15 (木) 竹(대죽변)		盔	바리, 공기 투구	11 (金) 皿(그릇명)
	蝗	황충 누리	15 (水) 虫(벌레충)		淮	강 이름 고르게 할	12 (水) 水(삼수변)
	潢	은하수 웅덩이	16 (水) 水(삼수변)		茴	회향풀 약 이름	12 (木) 艸(초두밑)
	遑	급할 허둥거릴	16 (土) 辵(책받침)		蛔	회충 거위	12 (水) 虫(벌레충)
	璜	패옥 옥 소리	17 (金) 玉(구슬옥변)		絵	繪(19)통용 그림, 채색	12 (木) 糸(실사변)
	隍	해자 산골짜기	17 (土) 阜(좌부변)		會	会(6)통용 모일, 기회	13 (火↔木) 日(날일변)
	簧	서, 피리 생황	18 (木) 竹(대죽변)		匯	물돌아모일	13 (水) 匚(터진입구)
	鎤	종소리 방울	18 (金) 金(쇠금변)		賄	재물, 뇌물 예물, 선물	13 (金) 貝(조개패)
회	回	돌아올 피할, 횟수	6 (水) 口(입구)		詼	조롱할 기롱할	13 (金) 言(말씀언변)

음	한자	뜻(훈)	획수(자원오행) 부수(명칭)
회	廻	돌아올 간사, 어길	13 (土) 廴(책받침)
	誨	가르칠 유인, 회개	14 (金) 言(말씀언변)
	頮	세수할 얼굴 씻을	16 (火) 頁(머리혈)
	檜	노송나무 전나무	17 (木) 木(나무목변)
	澮	봇도랑 밭도랑	17 (水) 水(삼수변)
	獪	교활할 간교할	17 (土) 犬(개사슴록)
	繪	絵(12)통용 그림, 채색	19 (木) 糸(실사변)
	膾	회, 회칠 얇게 썰을	19 (水) 肉(육달월)
	懷	품을, 임신 생각, 위로	20 (火) 心(심방변)
	鱠	회, 뱅어 생선회	24 (水) 魚(고기어변)
획	画	분할, 고를 계획, 설계	8 (土↔木) 田(밭전)
	劃	쪼갤 그을	14 (金) 刀(칼도)
	嚄	외칠 깜짝 놀랄	17 (水) 口(입구)
	獲	얻을 맞힐	18 (土) 犬(개사슴록)
횡	宖	집 울릴	8 (木) 宀(갓머리)
	鈜	쇳소리	12 (金) 金(쇠금변)
	橫	가로 방자할	16 (木) 木(나무목변)
	澋	물돌아나갈 빙빙 돌	16 (水) 水(삼수변)

음	한자	뜻(훈)	획수(자원오행) 부수(명칭)
횡	鐄	쇠북 소리	20 (金) 金(쇠금변)
	黌	글방 학교	25 (土) 黃(누를황)
효	爻	사귈, 변할 육효, 말소	4 (火) 爻(점괘효)
	孝	효도, 상복 섬길, 제사	7 (水) 子(아들자)
	効	效(10)통용 본받을,힘쓸	8 (土↔金) 力(힘력변)
	效	効(8)통용 본받을,힘쓸	10 (金) 攵(등글월문)
	哮	성낼, 천식 으르렁거릴	10 (水) 口(입구)
	肴	안주 절인채소	10 (水) 肉(육달월)
	洨	강 이름 고을이름	10 (水) 水(삼수변)
	庨	높을 깊을	10 (木) 广(엄호밑)
	虓	범이 울 포효할	10 (木) 虍(범호밑)
	烋	뽐낼 거들거릴	10 (火) 火(연화발)
	涍	물가 물 이름	11 (水) 水(삼수변)
	梟	영웅, 효용 올빼미	11 (木) 木(나무목변)
	婋	재치 있을 영리할	11 (土) 女(여자녀변)
	崤	산 이름	11 (土) 山(뫼산변)
	淆	흐릴 뒤섞일	12 (水) 水(삼수변)
	窙	탁트일 높은 기운	12 (水) 穴(구멍혈)

음	한자	뜻(훈)	획수(자원오행) 부수(명칭)
효	傚	본받을 가르칠	12 (火) 人(사람인변)
	殽	섞일 본받을	12 (金) 殳(갖은등글월문)
	酵	삭힐, 발효 술 괴일	14 (金) 酉(닭유)
	歊	김 오를 무더위	14 (火↔金) 欠(하품흠)
	熇	엄할 볕에 바랠	14 (火) 火(불화변)
	皛	흴 밝을	15 (金↔火) 白(흰백)
	曉	새벽 밝을	16 (火) 日(날일변)
	嚆	울릴 외칠	17 (水) 口(입구)
	餚	반찬, 섞일 안주	17 (水) 食(밥식변)
	謼	부르짖을 울	18 (金) 言(말씀언변)
	斅	가르칠	20 (金) 攴(등글월문)
	囂	떠들썩할 공허할	21 (水) 口(입구)
	驍	굳셀 날랠	22 (火) 馬(말마변)
후	后	황후, 임금 신령	6 (水) 口(입구)
	朽	냄새 썩을	6 (木) 木(나무목변)
	吼	울 아우성칠	7 (水) 口(입구)
	吽	짖을 격노한소리	7 (水) 口(입구)
	姁	할미, 노파 예쁠	8 (土) 女(여자녀변)
후	後	뒤, 뒤질 미룰, 왕후	9 (火) 彳(두인변)
	侯	제후, 후작 오직, 임금	9 (火) 人(사람인변)
	厚	垕(9)통용 두터울, 클	9 (土) 厂(민엄호밑)
	垕	厚(9)통용 두터울, 클	9 (土) 土(흙토변)
	垕	두터울 클	9 (土) 土(흙토변)
	芋	클	9 (木) 艸(초두밑)
	候	철, 염탐할 기후, 물을	10 (火) 人(사람인변)
	欨	즐거워할	10 (火) 欠(하품흠)
	珝	옥 이름	11 (金) 玉(구슬옥변)
	酗	주정할	11 (金) 酉(닭유)
	喉	목구멍 목	12 (水) 口(입구)
	帿	제후, 임금 후작, 과녁	12 (木) 巾(수건건)
	堠	봉화대 이정표	12 (土) 土(흙토변)
	喣	불, 입김 숨, 따뜻할	12 (水) 口(입구)
	逅	만날	13 (土) 辵(책받침)
	嗅	맡을 냄새 맡을	13 (水) 口(입구)
	煦	찔 따뜻하게할	13 (火) 火(연화발)
	猴	원숭이	13 (土) 犬(개사슴록)

음	한자	뜻(훈)	획수(자원오행) 부수(명칭)
후	詡	자랑할 클, 두루	13 (金) 言(말씀언변)
	篌	공후 악기이름	15 (木) 竹(대죽변)
	餱	건량 말릴 밥	18 (水) 食(밥식변)
	謼	거짓말할 거짓말	19 (金) 言(말씀언변)
훈	訓	가르칠 새길, 따를	10 (金) 言(말씀언변)
	焄	냄새 김오를	11 (火) 火(연화발)
	勛	勛•勲•勳 공, 공적	12 (土↔火) 力(힘력변)
	暈	무리 달무리	13 (火) 日(날일변)
	塤	壎(17)통용 질나팔	13 (土) 土(흙토변)
	煇	구울 지짐	13 (火) 火(불화변)
	熏	熏(14)통용 연기, 태울	13 (火) 火(연화발)
	熏	熏(13)통용 연기, 태울	14 (火) 火(연화발)
	葷	매운채소 비릴, 육식	15 (木) 艸(초두밑)
	勲	勛•勲•勳 공, 공적	15 (土↔火) 力(힘력변)
	勳	勛•勲•勳 공, 공적	16 (土↔火) 力(힘력변)
	壎	塤(13)통용 질나팔	17 (土) 土(흙토변)
	燻	연기낄 질식, 태울	18 (火) 火(불화변)
	曛	석양빛 황혼, 석양	18 (火) 日(날일변)

음	한자	뜻(훈)	획수(자원오행) 부수(명칭)
훈	獯	오랑캐	18 (土) 犬(개사슴록)
	薰	향풀 향기	19 (木) 艸(초두밑)
	纁	분홍빛 분홍비단	20 (木) 糸(실사변)
	薰	蘍(22)통용 향기, 교훈	20 (木) 艸(초두밑)
	蘍	薰(20)통용 향기, 교훈	21 (木) 艸(초두밑)
	鑂	금빛투색할 금빛변할	22 (金) 金(쇠금변)
훌	欻	문득,재빠른 일어날	12 (火↔金) 欠(하품흠)
훙	薨	훙서 죽을	19 (木) 艸(초두밑)
훤	昍	밝을	8 (火) 日(날일변)
	烜	빛날, 밝을 마를	10 (火) 火(불화변)
	喧	떠들썩할 시끄러울	12 (水) 口(입구)
	暄	따뜻할 온난할	13 (火) 日(날일변)
	煊	마를, 건조 밝을, 빛날	13 (火) 火(불화변)
	愃	너그러울 잊을	13 (火) 心(심방변)
	萱	원추리 망우초	15 (木) 艸(초두밑)
	諠	잊을, 속일 빛날	16 (金) 言(말씀언변)
	諼	속일, 잊을 풀이름	16 (金) 言(말씀언변)
훼	卉	芔(6)통용 풀, 초목	5 (水↔木) 十(열십)

음	한자	뜻(훈)	획수(자원오행) 부수(명칭)
훼	卉	卉(5)통용 풀, 초목	6 (水↔木) 十(열십)
	芔	풀, 초목 많을	9 (木) 艸(초두밑)
	虺	살무사 뱀, 천둥	9 (水) 虫(벌레충)
	喙	부리 주둥이	12 (水) 口(입구)
	毀	헐, 훼손 야윌, 비방	13 (金) 殳(갖은등글월문)
	毁	헐, 훼손 비방, 철거	13 (金) 殳(갖은등글월문)
	燬	불 화재	17 (火) 火(불화변)
휘	揮	휘두를 지휘, 표기	13 (木) 手(재방변)
	彙	무리, 성할 고슴도치	13 (火) 彐(튼가로왈)
	暉	빛날, 빛 광채, 금휘	13 (火) 日(날일변)
	煇	빛, 빛날 햇무리	13 (火) 火(불화변)
	煒	빛날 빛	13 (火) 火(불화변)
	輝	빛, 빛날 아침햇빛	15 (火) 車(수레거)
	麾	지휘 대장기	15 (木) 麻(삼마)
	翬	날개칠 꿩	15 (火) 羽(깃우)
	諱	꺼릴 피할	16 (金) 言(말씀언변)
	撝	찢을, 겸손 지휘할	16 (木) 手(재방변)
	徽	아름다울 훌륭할,표기	17 (火) 彳(두인변)

음	한자	뜻(훈)	획수(자원오행) 부수(명칭)
휴	休	쉴, 휴가 좋을	6 (火) 人(사람인변)
	庥	그늘, 쉴 나무그늘	9 (木) 广(엄호밑)
	咻	떠들 신음소리	9 (水) 口(입구)
	烋	아름다울 기세 좋을	10 (火) 火(연화발)
	畦	지경 밭두둑	11 (土) 田(밭전)
	携	이끌 가질	14 (木) 手(재방변)
	髹	붉은빛 두건, 칠할	16 (火) 髟(터럭발)
	虧	줄어들 어지러울	17 (水) 虍(범호)
	鵂	수리부엉이	17 (火) 鳥(새조변)
	隳	무너뜨릴 깨질, 위태	23 (土) 阜(좌부변)
휼	卹	가엾을 진휼, 정제	8 (火) 卩(병부절)
	恤	근심할 동정할	10 (火) 心(심방변)
	譎	속일 변할	19 (金) 言(말씀언변)
	鷸	물총새 도요새	23 (火) 鳥(새조변)
흉	凶	흉할, 재앙 요사	4 (水) 凵(위터진입구)
	兇	흉악할 두려워할	6 (木) 儿(어진사람인)
	匈	오랑캐 요란할	6 (金) 勹(쌀포)
	洶	물소리 물살세찰	10 (水) 水(삼수변)
	恟	두려워할	10 (火) 心(심방변)

음	한자	뜻(훈)	획수(자원오행) 부수(명칭)
흉	胸	가슴 마음	12 (水) 肉(육달월)
	胷	가슴	12 (水) 肉(육달월)
흑	黑	검을, 돼지 어두울	12 (水) 黑(검을흑)
흔	欣	기뻐할 기쁨	8 (火) 欠(하품흠)
	炘	화끈거릴 뜨거울	8 (火) 火(불화변)
	昕	새벽	8 (火) 日(날일변)
	忻	기뻐할 계발할	8 (火) 心(심방변)
	很	패러궂을 어길, 다툴	9 (火) 彳(두인변)
	痕	흔적 흉터	11 (水) 疒(병질엄)
	掀	치켜들 높이들	12 (木) 手(재방변)
	焮	구울	12 (火) 火(불화변)
	釁	틈, 균열 구멍, 허물	25 (金) 酉(닭유변)
흘	仡	날랠, 높을 씩씩할	5 (火) 人(사람인변)
	屹	우뚝 솟을 확고할	6 (土) 山(뫼산변)
	吃	말더듬을 머뭇거릴	6 (水) 口(입구)
	汔	거의, 거반 물이마른	7 (水) 水(삼수변)
	疙	쥐부스럼 어리석을	8 (水) 疒(병질엄)
	紇	실끝 명주실	9 (木) 糸(실사변)

음	한자	뜻(훈)	획수(자원오행) 부수(명칭)
흘	訖	미칠, 이를 거문고	10 (金) 言(말씀언변)
	迄	이를, 미칠 마침내	10 (土) 辵(책받침)
	齕	깨물	18 (金) 齒(이치)
흠	欠	하품할 부족할	4 (火) 欠(하품흠)
	欽	공경할 부러워할	12 (火↔金) 欠(하품흠)
	歆	흠향, 대접 탐낼, 제물	13 (火↔金) 欠(하품흠)
	廞	진열할 막힐, 노할	15 (木) 广(엄호밑)
	鑫	기쁠, 흥성 사람이름	24 (金) 金(쇠금변)
흡	吸	숨들이 쉴 마실	7 (水) 口(입구)
	洽	두루미칠 화목할	10 (水) 水(삼수변)
	恰	흡사, 융화 마치, 꼭	10 (火) 心(심방변)
	翕	합할 모을	12 (火) 羽(깃우)
	翖	합할	12 (火) 羽(깃우)
	噏	거둘 숨들이 쉴	15 (水) 口(입구)
	歙	쭈그릴 거둘, 이을	16 (火↔金) 欠(하품흠)
	潝	물소리 부화뇌동할	16 (水) 水(삼수변)
흥	興	일어날 기뻐할	15 (土) 臼(절구구)
희	希	바랄, 희망 성길, 드물	7 (木) 巾(수건건)

음	한자	뜻(훈)	획수(자원오행) 부수(명칭)
희	姫	姬(9)통용 아가씨, 첩	9 (土) 女(여자녀변)
	姬	姫(9)통용 아가씨, 첩	9 (土) 女(여자녀변)
	俙	비슷할 희미할	9 (火) 人(사람인변)
	咥	웃음소리	9 (水) 口(입구)
	唏	슬퍼할 탄식할	10 (水) 口(입구)
	晞	마를 밝을	11 (火) 日(날일변)
	烯	밝을 마를	11 (火) 火(불화변)
	悕	슬퍼할	11 (火) 心(심방변)
	欷	흐느낄 한숨 쉴	11 (火↔金) 欠(하품흠)
	喜	기쁠 좋아할	12 (水) 口(입구)
	稀	드물 묽을	12 (木) 禾(벼화변)
	煕	熙•熈•煕 빛날, 넓을	13 (火) 火(연화발)
	熈	熙•熈•煕 빛날, 넓을	13↔14 (火) 火(연화발)
	熙	熙•熈•煕 빛날, 넓을	14 (火) 火(연화발)
	僖	기쁠 좋아할	14 (火) 人(사람인변)
	豨	멧돼지 봉희	14 (水) 豕(돼지시)
	凞	화할, 빛날 흥성, 탄식	14 (水) 冫(이수변)
	嘻	화락할 웃을, 신칙	15 (水) 口(입구)
희	嬉	놀 즐길	15 (土) 女(여자녀변)
	噫	한숨 쉴 탄식할	16 (水) 口(입구)
	橲	나무이름	16 (木) 木(나무목변)
	羲	복희씨 사람이름	16 (土) 羊(양양)
	熺	熹(16)통용 성할, 밝을	16 (火) 火(불화변)
	熹	熺(16)통용 성할, 밝을	16 (火) 火(연화발)
	憙	기뻐할 좋아할	16 (火) 心(마음심)
	憘	기쁠, 사랑 행복, 즐길	16 (火) 心(심방변)
	暿	빛날, 성할 환할, 구울	16 (火) 日(날일변)
	戱	戲(17)통용 놀, 희롱할	16 (金) 戈(창과)
	戲	戱(16)통용 놀, 희롱할	17 (金) 戈(창과)
	禧	복, 행복 경사, 길상	17 (木) 示(보일시)
	[illegible]	여자 이름	17 (土) 女(여자녀변)
	燹	들불, 야화 병화	18 (火) 火(불화변)
	譆	감탄할 뜨거울	19 (金) 言(말씀언변)
	餼	보낼, 선물 급여, 쌀	19 (水) 食(밥식변)
	爔	불, 불빛 햇빛	20 (火) 火(불화변)
	曦	햇빛, 일광 빛날	20 (火) 日(날일변)

음	한자	뜻(훈)	획수(자원오행) 부수(명칭)				
희	犧	희생할 사랑할	20 (土) 牛(소우변)				
	囍	쌍희, 기쁨 한국식한자	22 (水) 口(입구)				
힐	犵	오랑캐 오랑캐이름	7 (土) 犬(개사슴록)				
	詰	물을, 금지 꾸짖을	13 (金) 言(말씀언변)				
	頡	목덜미 날아올라갈	15 (火) 頁(머리혈)				
	黠	약을, 영리 교활할	18 (水) 黑(검을흑)				
	纈	홀치기염색 무늬비단	21 (木) 糸(실사변)				
	襭	옷자락꽂을 옷걷어올릴	21 (木) 衣(옷의변)				

2. 인명용 한자 획수별 색인

1) 인명용 1획 한자

***음오행(音五行)이 木·火인 글자**

없음

***음오행(音五行)이 土인 글자**

乙(새 을), 一(한 일)

***음오행(音五行)이 金·水인 글자**

없음

2) 인명용 2획 한자

***음오행(音五行)이 木인 글자**

冂(멀 경), 几(안석 궤)

***음오행(音五行)이 火인 글자**

乃(이에 내), 刀(칼 도), 力(힘 력), 了(마칠 료)

***음오행(音五行)이 土인 글자**

乂(깎을 예), 又(또 우), 二(두 이), 人(사람 인), 儿(사람 인), 入(들 입), 匸(감출 혜)

***음오행(音五行)이 金인 글자**

丁(장정 정), 刁(조두 조))

***음오행(音五行)이 水인 글자**

卜(점 복), 匕(비수 비)

3) 인명용 3획 한자

3획 *음오행(音五行)이 木인 글자

干(방패 간), 巾(수건 건), 乞(빌 걸), 工(장인 공), 口(입 구), 久

(오랠 구), 弓(활 궁), 己(몸 기)

3획 *음오행(音五行)이 火인 글자

女(계집 녀), 大(큰 대), 土(흙 토)

3획 *음오행(音五行)이 土인 글자

丫(가닥 아), 也(어조사 야), 广(집 엄), 兀(우뚝할 올), 幺(작을 요), 于(갈 우), 已(이미 이), 弋(주살 익), 刃(칼날 인), 卄(스물 입), 下(아래 하), 孑(남길 혈), 丸(둥글 환)

3획 *음오행(音五行)이 金인 글자

巳(뱀 사), 士(선비 사), 山(뫼 산), 三(석 삼), 上(위 상), 夕(저녁 석), 小(작을 소), 尸(주검 시), 子(아들 자), 勺(잔 작), 丈(어른 장), 叉(깍지 낄 차), 千(일천 천), 川(내 천), 寸(마디 촌)

3획 *음오행(音五行)이 水인 글자

万(일만 만), 亡(죽을 망), 凡(무릇 범)

4) 인명용 4획 한자

4획 *음오행(音五行)이 木인 글자

介(끼일 개), 犬(개 견), 公(공작 공), 孔(구멍 공), 戈(창 과), 仇(원수 구), 勾(굽을 구), 厹(세모창 구), 勻(적을 균), 匀(적을 균), 斤(도끼 근), 今(이제 금), 及(미칠 급), 夬(쾌괘 쾌)

4획 *음오행(音五行)이 火인 글자

內(안 내), 丹(붉은 단), 斗(말 두), 屯(진칠 둔), 太(클 태), 丹(붉은 란)

4획 *음오행(音五行)이 土인 글자

牙(어금니 아), 卬(나 앙), 厄(재앙 액), 円(원 엔), 予(나 여), 刈(벨 예), 午(낮 오), 曰(가로 왈), 王(임금 왕: 本字나 姓으로 쓰면 4획, 部首로 쓰면 5획), 夭(요절 요), 冗(여가 용), 牛(소 우), 友(벗

우), 尤(더욱 우), 云(이를 운), 乭(땅이름 울), 元(으뜸 원), 月(달 월), 冘(망설일 유), 尹(다스릴 윤), 允(진실로 윤), 引(끌 인), 仁(어질 인), 日(날 일), 壬(간사할 임), 廿(스물 입), 仍(인할 잉), 亢(굳셀 항), 兮(어조사 혜), 戶(집 호), 互(서로 호), 火(불 화), 化(화할 화), 幻(변할 환), 爻(육효 효), 凶(흉할 흉), 欠(하품할 흠)

4획 *음오행(音五行)이 金인 글자

四(넉 사), 卅(서른 삽), 少(젊을 소), 水(물 수), 手(손 수), 殳(창 수), 升(되 승), 心(마음 심), 什(열사람 십), 双(둘 쌍), 氏(성씨 씨), 才(재주 재), 切(벨 절), 井(우물 정), 弔(조상할 조), 爪(손톱 조), 中(가운데 중), 支(가지 지), 止(그칠 지), 之(갈 지), 什(세간 집), 尺(자 척), 天(하늘 천), 切(일체 체), 丑(소 축), 仄(기울 측)

4획 *음오행(音五行)이 水인 글자

毛(털 모), 木(나무 목), 无(없을 무), 毋(아닐 무), 文(글월 문), 勿(없을 물), 反(돌이킬 반), 方(모 방), 卞(조급할 변), 丰(어여쁠 봉), 夫(지아비 부), 父(아비 부), 不(아닐 부), 分(나눌 분), 不(아니 불), 比(견줄 비), 巴(땅이름 파), 片(조각 편), 匹(짝 필)

5) 인명용 5획 한자

5획 *음오행(音五行)이 木인 글자

可(옳을 가), 加(더할 가), 刊(책펴낼 간), 甘(달 감), 甲(갑옷 갑), 匃(빌 개), 去(갈 거), 巨(클 거), 古(옛 고), 叩(두드릴 고), 尻(꽁무니 고), 功(공 공), 瓜(오이 과), 丱(쌍상투 관), 広(넓을 광), 巧(공교로울 교), 句(글귀 구), 丘(언덕 구), 叴(소리높일 구), 句(구절 귀), 叫(부르짖을 규)

5획 *음오행(音五行)이 火인 글자

奶(유모 내), 奴(종 노), 尼(여승 니), 旦(아침 단), 代(시대 대), 夲

(나아갈 도), 叨(탐낼 도), 冬(겨울 동), 仝(한가지 동), 乧(음역자 둘), 令(법 령), 另(헤어질 령), 立(설 립), 他(다를 타), 台(나이 태)

5획 *음오행(音五行)이 土인 글자

央(가운데 앙), 戹(좁을 액), 冉(나아갈 염), 永(길 영), 五(다섯 오), 玉(옥 옥), 瓦(기와 와), 外(밖 외), 凹(오목 요), 用(쓸 용), 宂(여가 용), 右(오른 우), 由(말미암을 유), 幼(어릴 유), 以(써 이), 尔(너 이), 仞(잴 인), 孕(품을 잉), 孕(멜 항), 玄(검을 현), 穴(구멍 혈), 叶(화합할 협), 兄(만 형), 乎(어조사 호), 号(이름 호), 弘(넓을 홍), 禾(벼 화), 卉(풀 훼), 仡(날랠 흘)

5획 *음오행(音五行)이 金인 글자

仕(벼슬 사), 史(사기 사), 司(맡을 사), 乍(잠깐 사), 生(날 생), 石(돌 석), 仙(신선 선), 屳(신선 선), 世(인간 세), 召(부를 소), 囚(가둘 수), 丞(구할 승), 市(장사 시), 示(보일 시), 矢(화살 시), 申(아뢸 신), 失(잃을 실), 仔(자세할 자), 卡(관 잡), 仗(무기 장), 宁(쌓을 저), 氐(근본 저), 田(밭 전), 占(점칠 점), 正(바를 정), 叮(정성스러울 정), 左(왼 좌), 主(주인 주), 只(다만 지), 叱(꾸짖을 질), 且(또 차), 札(편지 찰), 扎(뺄 찰), 冊(책 책), 册(책 책), 斥(물리칠 척), 仟(일천 천), 凸(볼록할 철), 出(나갈 출), 朮(차조 출), 充(찰 충), 卮(잔 치)

5획 *음오행(音五行)이 水인 글자

末(끝 말), 皿(그릇 명), 母(어미 모), 矛(창 모), 目(눈 목), 卯(토끼 묘), 戊(천간 무), 未(아닐 미), 民(백성 민), 半(반 반), 北(달아날 배), 白(흰 백), 弁(고깔 변), 丙(남녁 병), 本(근본 본), 付(줄 부), 北(북녘 북), 弗(달러 불), 丕(클 비), 庀(다스릴 비), 氷(얼음 빙), 叵(어려울 파), 叭(나팔 팔), 平(평상 평), 布(베 포), 包(쌀 포), 皮(가죽 피), 必(반드시 필), 疋(필 필), 乏(가난할 핍)

6) 인명용 6획 한자

6획 *음오행(音五行)이 木인 글자

各(각각 각), 艮(머무를 간), 奸(범할 간), 乫(땅이름 갈), 价(착할 개), 件(사건 건), 乬(걸어둘 걸), 攷(상고할 고), 曲(굽을 곡), 共(함께 공), 夸(자랑할 과), 光(빛 광), 匡(바를 광), 交(사귈 교), 臼(절구 구), 求(구할 구), 机(책상 궤), 氿(샘 궤), 圭(홀 규), 劤(힘셀 근), 劥(뜻 글), 伋(속일 급), 亘(건널 긍), 亙(건널 긍), 企(도모할 기), 伎(재주 기), 屺(민둥산 기), 吉(길할 길)

6획 *음오행(音五行)이 火인 글자

年(해 년), 多(많을 다), 夛(많을 다), 宅(집 댁), 忉(근심할 도), 乭(돌 돌), 同(한가지 동), 列(줄지울 렬), 劣(용렬할 렬), 礼(예절 례), 老(늙을 로), 耒(쟁기 뢰), 六(여섯 륙), 吏(아전 리), 打(칠 타), 朶(꽃송이 타), 宅(집 택), 吐(토할 토)

6획 *음오행(音五行)이 土인 글자

安(편안할 안), 穵(구멍 알), 仰(우러러볼 앙), 羊(양 양), 如(같을 여), 亦(또한 역), 曳(끌릴 예), 伍(다섯 사람 오), 仵(짝 오), 圬(흙손 오), 刓(깎을 완), 宇(집 우), 羽(깃 우), 圩(둑 우), 吁(탄식할 우), 旭(아침해 욱), 刖(벨 월), 危(위태할 위), 有(있을 유), 肉(고기 육), 聿(붓 율), 戎(되 융), 圪(우뚝할 을), 衣(옷 의), 耳(귀 이), 而(어조사 이), 夷(오랑캐 이), 伊(저 이), 弛(방종할 이), 因(인할 인), 印(인 인), 忈(어질 인), 任(맡길 임), 合(합할 합), 伉(짝 항), 行(항렬 항), 亥(돼지 해), 行(다닐 행), 向(방향 향), 血(피 혈), 刑(형벌 형), 好(좋을 호), 冱(찰 호), 回(돌아올 회), 灰(재 회), 会(모일 회), 后(황후 후), 朽(냄새 후), 卉(풀 훼), 休(쉴 휴), 兇(흉악할 흉), 匈(오랑캐 흉), 屹(높을 흘), 吃(말더듬을 흘)

6획 *음오행(音五行)이 金인 글자

寺(절 사), 死(죽을 사), 糸(실 사), 色(빛 색), 西(서녁 서), 先(먼저 선), 亘(돌 선), 舌(혀 설), 成(이룰 성), 守(지킬 수), 收(거둘 수), 戍(지킬 수), 夙(일찍 숙), 旬(열흘 순), 戌(개 술), 丞(도울 승), 式(법 식), 臣(신하 신), 囟(정수리 신), 字(글자 자), 自(스스로 자), 孖(쌍둥이 자), 匠(장인 장), 庄(전장 장), 壯(장할 장), 在(있을 재), 再(두번 재), 吊(조상할 적), 全(온통 전), 朾(칠 정), 灯(열화 정), 汀(물가 정), 兆(조 조), 早(새벽 조), 存(있을 존), 伀(두려워할 종), 朱(붉을 주), 舟(배 주), 州(고을 주), 丟(잃어버릴 주), 竹(대 죽), 仲(버금 중), 汁(즙 즙), 地(땅 지), 至(이를 지), 旨(맛 지), 扐(굳건할 지), 尽(다할 진), 次(버금 차), 此(이 차), 舛(어그러질 천), 尖(뾰족할 첨), 艸(풀 초), 吋(꾸짖을 촌), 冲(빌 충), 虫(벌레 충)

6획 *음오행(音五行)이 水인 글자

卍(만자 만), 妄(거짓 망), 名(이름 명), 牟(클 모), 刎(목벨 문), 米(쌀 미), 朴(순박할 박), 仿(헤맬 방), 扒(뺄 배), 百(일백 백), 伐(칠 벌), 犯(범할 범), 帆(돛 범), 氾(넘칠 범), 并(어우를 병), 伏(엎드릴 복), 扑(칠 복), 缶(장군 부), 妃(왕비 비), 仳(떠날 비), 圮(무너질 비), 牝(암컷 빈), 份(빛날 빈), 朳(고무래 팔), 汃(물결치는 소리 팔)

7) 인명용 7획 한자

7획 *음오행(音五行)이 木인 글자

伽(절 가), 角(뿔 각), 却(물리칠 각), 杆(난간 간), 忏(방해할 간), 坎(구덩이 감), 匣(갑 갑), 江(강 강), 杠(다리 강), 扛(들 강), 改(고칠 개), 更(다시 갱), 坑(구덩이 갱), 車(수레 거), 劫(위험할 겁), 刦(겁탈할 겁), 刧(겁탈할 겁), 見(볼 견), 岒(산 작고 높을 겸), 更(바꿀 경), 冏(빛날 경), 冏(밝을 경), 巠(지하수 경), 系(핏줄 계), 戒(경계할 계), 告(고할 고), 估(값 고), 谷(골 곡), 困(곤할 곤), 功(칠 공), 串(곶 곶), 串(익힐 관), 宏(클 굉), 佝(곱추 구), 究(궁구할 구), 灸(뜸 구), 扣(두드릴 구), 劬(수고로울 구), 局(판 국), 君(임금 군), 糺(얽힐 규), 均(고를 균), 克(이길 극), 妗(외숙모 금), 皀(고소할 급), 圾(위태할 급), 岌(높을 급), 庋(시렁 기), 弃(버릴 기), 忌(미워할 기), 杞(소태나무 기), 岐(높을 기), 圻(언덕 기), 妓(기생 기)

7획 *음오행(音五行)이 火인 글자

男(사내 남), 佞(아첨할 녕), 努(힘쓸 노), 尿(오줌 뇨), 吶(말더듬을 눌), 但(다만 단), 坍(무너질 담), 旲(햇빛 대), 汏(일 대), 禿(대머리 독), 彤(붉을 동), 豆(콩 두), 杜(막을 두), 卵(알 란), 来(올 래), 冷(찰 랭), 良(어질 량), 呂(풍류 려), 伶(영리할 령), 弄(희롱할 롱), 牢(견고할 뢰), 里(마을 리), 利(이로울 리), 李(오얏 리), 吝(탐할 린), 妥(편안할 타), 佗(다를 타), 托(맡길 탁), 呑(삼킬 탄), 忐(맘 허할 탐), 兌(기뻐할 태), 兎(토끼 토), 妒(투기할 투), 佟(성씨 통), 忒(변할 특)

7획 *음오행(音五行)이 土인 글자

我(나 아), 亜(버금 아), 児(아이 아), 犴(들개 안), 冶(대장간 야), 言(말씀 언), 余(나 여), 汝(너 여), 妤(첩 여), 役(일꾼 역), 延(끌 연), 囦(못 연), 均(따를 연), 妍(예쁠 연), 吾(나 오), 汚(더러울 오), 吳(오나라 오), 汙(더러울 오), 杌(등걸 올), 囮(후림새 와), 完(완전할 완), 妧(좋을 완), 岏(산높을 완), 妖(도깨비 요), 甬(길 용), 佑(도울 우), 旴(클 우), 扜(당길 우), 杅(잔 우), 宂(비올 우), 会(높을 운), 位(자리 위), 酉(닭 유), 攸(곳 유), 听(웃는모양 은), 圻(땅의끝 은), 吟(읊을 음), 邑(고을 읍), 矣(어조사 의), 杝(나무이름 이), 忍(참을 인), 沏(끈적거릴 인), 牣(충만할 인), 忎(어질 인), 佚(편안할 일), 劮(기쁠 일), 妊(아이밸 임), 何(어찌 하), 呀(입벌릴 하), 岈(땅이름 하), 旱(가물 한), 汗(땀 한), 扞(막을 한), 忓(방해할 한), 含(머금을 함), 杏(살구 행), 見(나타날 현), 夾(낄 협), 形(형상 형), 亨(형통할 형), 囫(온전할 홀), 汞(수은 홍), 孝(효도 효), 吼(울 후), 吽(짖을 후), 汔(거의 흘), 吸(마실 흡), 希(바랄 희), 犵(오랑캐 힐)

7획 *음오행(音五行)이 金인 글자

私(사사 사), 似(같을 사), 些(적을 사), 伺(살필 사), 汜(지류 사), 删(깎을 산), 汕(통발 산), 杉(삼나무 삼), 床(밥상 상), 序(차례 서), 恕(용서 서), 汐(저녁조수 석), 成(이룰 성), 忕(익숙할 세), 卲(읍 이름 소), 佋(소목 소), 劭(힘쓸 소), 束(묶을 속), 宋(송나라 송), 秀(빼어날 수), 泅(헤엄칠 수), 寿(목숨 수), 巡(돌 순), 豕(돼지 시), 身(몸 신), 辰(날 신), 辛(매울 신), 伸(펼 신), 汛(물뿌릴 신), 孜(힘쓸 자), 作(지을 작), 灼(빛날 작), 犳(아롱 짐승 작), 汋(삶을 작), 岑(봉우리 잠), 壯(씩씩할 장), 杖(지팡이 장), 妝(꾸밀 장), 材(재목 재), 災(화재 재), 灾(재앙 재), 扗(있을 재), 低(낮을 저), 佇(기다릴 저), 赤(붉을 적), 甸(경기 전), 佃(소작인 선), 吮(핥을 전), 岊(산모롱이 절), 佔(엿볼 점), 廷(조정 정), 町(밭두둑 정), 玎(옥소리 정), 呈(나타낼 정), 姘(안존할 정), 征(허둥댈 정), 疔(헌데 정), 弟(아우 제), 助(도울 조), 皁(하인 조), 足(발 족), 坐(앉을 좌), 佐(도울 좌), 住(머무를 주), 走(달릴 주), 即(곧 즉), 志(뜻 지), 池(못 지), 址(터 지), 底(숫돌 지), 坻(머무를 지), 吱(가는 소리 지), 辰(별 진), 車(수레 차), 岔(갈림길 차), 初(처음 초), 村(마을 촌), 忖(헤아릴 촌), 吹(불 취), 豸(지렁이 치), 七(일곱 칠)

7획 *음오행(音五行)이 水인 글자

忙(바쁠 망), 忘(잊을 망), 汒(황급할 망), 呆(어리석을 매), 每(매양 매), 免(면할 면), 牡(수컷 모), 皃(얼굴 모), 妙(묘할 묘), 巫(무당 무), 吻(입술 문), 尾(꼬리 미), 伴(짝 반), 尨(클 방), 妨(방해할 방),

坊(막을 방), 彷(거닐 방), 坏(언덕 배), 貝(보배 배), 伯(큰아버지 백), 汎(뜰 범), 杋(나무 범), 釆(나눌 변), 別(다를 별), 兵(군사 병), 步(걸음 보), 甫(클 보), 夆(끌 봉), 否(아닐 부), 孚(기를 부), 吩(뿜을 분), 坌(먼지 분), 体(용렬할 분), 帉(걸레 분), 佛(부처 불), 庇(덮을 비), 伾(힘셀 비), 妣(죽은 어미 비), 屁(방구 비), 妑(새앙머리 파), 判(판단 판), 坂(비탈 판), 貝(조개 패), 孛(살별 패), 吠(개짖을 폐), 佈(알릴 포), 杓(자루 표), 佖(점잖을 필)

8) 인명용 8획 한자

8획 *음오행(音五行)이 木인 글자

佳(아름다울 가), 呵(웃을 가), 坷(평탄하지 않을 가), 刻(새길 각), 侃(굳셀 간), 玕(옥돌 간), 秆(짚 간), 矸(사모할 간), 坩(도가니 감), 岬(산허리 갑), 岡(언덕 강), 羌(오랑캐 강), 忼(강개할 강), 玒(옥이름 강), 矼(징검다리 강), 居(살 거), 呿(하품할 거), 杰(준걸 걸), 決(결정할 결), 抉(도려낼 결), 京(서울 경), 庚(나이 경), 坰(들 경), 炅(빛날 경), 季(철 계), 屆(이를 계), 固(굳을 고), 考(상고할 고), 姑(시어머니 고), 孤(외로울 고), 呱(울 고), 杲(밝을 고), 刳(가를 고), 坤(땅 곤), 昆(형 곤), 汩(빠질 골), 空(하늘 공), 供(베풀 공), 果(과실 과), 侉(자랑할 과), 官(벼슬 관), 刮(깎을 괄), 佸(힘쓸 괄), 侊(성찬 광), 昳(비칠 광), 狂(미칠 광), 炛(햇빛 뜨거울 광), 卦(점칠 괘), 乖(어그러질 괴), 佼(예쁠 교), 具(갖출 구), 坵(언덕 구), 玖(옥돌 구), 咎(허물 구), 岣(산꼭대기 구), 坸(때 구), 疚(고질병 구), 匊(움킬 국), 国(나라 국), 屈(굽을 굴), 穹(높을 궁), 卷(책 권), 券(문서 권), 佹(의지할 궤), 糾(끌어모을 규), 刲(찌를 규), 虯(규룡 규), 囷(곳집 균), 金(쇠 금), 昑(밝을 금), 汲(물길을 급), 扱(미칠 급), 其(그 기), 技(재주 기), 奇(기이할 기), 玘(패옥 기), 汽(김 기), 沂(물이름 기), 祁

(성할 기), 肌(근육 기), 忮(해칠 기), 炁(기운 기), 歧(갈림길 기), 忯(공경할 기), 佶(바를 길), 金(성 김), 快(빠를 쾌)

8획 *음오행(音五行)이 火인 글자

奈(어찌 나), 枏(녹나무 남), 奈(어찌 내), 季(해 년), 念(생각 념), 弩(쇠뇌 노), 呶(지껄일 노), 孥(종 노), 杻(박달나무 뉴), 忸(익을 뉴), 呢(소곤거릴 니), 妲(여자의 자 달), 炎(불꽃 담), 沓(합할 답), 垈(터 대), 坮(대 대), 岱(클 대), 到(이를 도), 弢(활집 도), 毒(해칠 독), 旽(밝을 돈), 沌(흐릴 돈), 咄(꾸짖을 돌), 東(동녘 동), 侗(무지할 동), 枓(구기 두), 抖(떨 두), 來(돌아올 래), 兩(두 량), 戾(돌아올 려), 冽(찰 렬), 姈(계집 영리할 령), 囹(옥 령), 岺(재 령), 岭(산이름 령), 呤(속삭일 령), 例(법식 례), 彔(나무깍을 록), 侖(덩어리 륜), 肋(갈비 륵), 林(수풀 림), 岦(산 우뚝할 립), 坨(비탈질 타), 卓(높을 탁), 坼(터질 탁), 矺(돌로 칠 탁), 坦(평평할 탄), 宕(방탕할 탕), 帑(금고 탕), 汰(지날 태), 抬(잉 태), 兎(토끼 토), 投(던질 투), 妬(투기할 투)

8획 *음오행(音五行)이 土인 글자

兒(아이 아), 亞(버금 아), 妸(고울 아), 枒(가장귀 아), 娿(여자스승 아), 岳(큰산 악), 岸(언덕 안), 侒(편안할 안), 矸(깨끗한 안), 軋(삐걱거릴 알), 岩(바위 암), 昂(밝을 앙), 坱(먼지 앙), 厓(언덕 애), 艾(약쑥 애), 扼(누를 액), 呃(울 액), 夜(밤 야), 佯(거짓 양), 於(어조사 어), 抑(누를 억), 奄(문득 엄), 易(바꿀 역), 沇(물 흐를 연), 兖(바를 연), 炎(불꽃 염), 咏(노래할 영), 汭(물속 예), 枘(장부 예), 艾(다스릴 예), 兒(연약할 예), 旿(대낮 오), 忤(거스를 오), 沃(기름질 옥), 臥(누울 와), 瓨(옹이 와), 宛(굽을 완), 抏(꺾을 완), 忨(탐할 완), 杬(나무이름 완), 往(갈 왕), 旺(고울 왕), 汪(넓을 왕), 枉(굽을 왕), 坳(팬 곳 요), 殀(일찍 죽을 요), 雨(비 우), 玗(옥돌 우), 盂(사발 우), 盱(쳐다볼 우), 沄(넓을 운), 沅(물이름 원), 朊(달빛희미할 원), 杬(나무이름 원), 委(맡길 위), 臾(잠간 유), 乳(젖 유), 侑(도울 유), 呦(울 유), 昀(햇빛 윤), 沇(물이름 윤), 汩(물흐를 율), 依(의지할 의), 宜(옳을 의), 易(쉬울 이), 佴(버금 이), 隶(미칠 이), 佾(춤출 일), 学(배울 학), 函(상자 함), 匌(돌 합), 抗(막을 항), 沆(넓을 항), 杭(건널 항), 炕(말릴 항), 咍(비웃을 해), 劾(힘쓸 핵), 幸(다행 행), 享(드릴 향), 昍(밝을 헌), 侐(고요할 혁), 呟(소리 현), 弦(활시위 현), 妶(여자이름 현), 協(합할 협), 洽(화할 협), 侀(이룰 형), 呼(부를 호), 虎(범 호), 昊(하늘 호), 岵(산거할 호), 弧(활 호), 沍(찰 호), 或(혹 혹), 昏(어두울 혼), 忽(홀연 홀), 和(화목할 화), 佪(어정거릴 회), 画(분할 획), 宖(클 횡), 効(형상할 효), 姁(할미 후), 昍(밝을 훤), 卹(가엾이 여길 휼), 欣(기뻐할 흔), 炘(화끈거릴 흔), 昕(새벽 흔), 忻(기뻐할 흔), 疙(쥐부스럼 흘)

8획 *음오행(音五行)이 金인 글자

使(부릴 사), 舍(집 사), 事(일 사), 社(단체 사), 沙(모래 사), 祀(제사 사), 卸(풀 사), 姒(동서 사), 咋(깨물 사), 疝(산증 산), 姍(헐뜯을 산), 乷(음역자 살), 尙(숭상할 상), 牀(평상 상), 狀(모양 상), 抒(떠낼 서), 昔(옛 석), 析(쪼갤 석), 矽(석비레 석), 姓(성 성), 所(곳 소), 松(소나무 송), 刷(인쇄할 쇄), 受(받을 수), 垂(드리울 수), 岫(산굴 수), 峀(산굴 수), 叔(아재비 숙), 侚(재빠를 순), 帞(사귈 순), 垙(높을 술), 虱(이 슬), 承(이을 승), 昇(오를 승), 丞(도울 승), 始(처음 시), 侍(모실 시), 兕(외뿔들소 시), 侁(떼지어갈 신), 呻(읊을 신), 実(열매 실), 沁(물 스며들 심), 沈(즙 심), 姊(누이 자), 刺(찌를 자), 炙(친근할 자), 秄(북돋울 자), 姉(윗누이 자), 呰(구차할 자), 岝(산 높을 작), 長(어른 장), 狀(모양 장), 戕(죽일 장), 争(다툴 쟁), 底(밑 저), 咀(저주 저), 姐(누이 저), 杵(방망이 저), 杼(북 저), 岨(돌산 저), 的(목표 적), 狄(오랑캐 적), 炙(고기구울

적), 典(법 전), 佺(신선이름 전), 扂(구멍 전), 折(꺾을 절), 店(가게 점), 岾(고개 점), 奌(얼룩 점), 政(정사 정), 定(정할 정), 征(칠 정), 姃(단정할 정), 制(법 제), 找(채울 조), 佻(방정맞을 조), 徂(갈 조), 枣(대추 조), 卒(군사 졸), 宗(마루 종), 宙(집 주), 周(두루 주), 侏(난장이 주), 呪(빌 주), 侜(속일 주), 姝(사람이름 주), 枝(가지 지), 知(알 지), 沚(물가 지), 泜(가지런할 지), 抵(손바닥 지), 怟(믿을 지), 坻(모래섬 지), 直(곧을 직), 杒(바디 진), 侄(굳을 질), 帙(책갑 질), 侘(뽐낼 차), 佽(도울 차), 刹(절 찰), 昌(창성할 창), 刱(비롯할 창), 采(캘 채), 妻(아내 처), 坧(기지 척), 刺(찌를 척), 玔(옥고리 천), 忝(더럽힐 첨), 妾(첩 첩), 帖(문서 첩), 呫(소곤거릴 첩), 靑(푸를 청), 青(푸를 청), 抄(베낄 초), 炒(볶을 초), 岧(높을 초), 杪(끝 초), 帚(비 추), 隹(새 추), 竺(대나무 축), 豖(돼지의 걸음 축), 妯(동서 축), 忠(충성 충), 沖(온화할 충), 忡(근심할 충), 取(취할 취), 炊(밥지을 취), 昃(기울 측), 侈(사치할 치), 沈(가라앉을 침), 枕(베개 침), 忱(정성 침)

8획 *음오행(音五行)이 水인 글사

帕(머리띠 말), 妹(누이 매), 枚(줄기 매), 孟(만 맹), 盲(장님 맹), 氓(백성 맹), 甿(백성 맹), 沔(물흐를 면), 命(목숨 명), 明(밝을 명), 姆(여스승 모), 侔(가지런할 모), 牧(목장 목), 沐(목욕할 목), 沒(빠질 몰), 歿(죽을 몰), 杳(어두울 묘), 武(무사 무), 門(문 문), 汶(물 이름 문), 炆(연기날 문), 抆(닦을 문), 物(만물 물), 沕(숨을 물), 味(맛 미), 侎(어루만질 미), 宷(점점 미), 弥(두루 미), 旻(하늘 민), 旼(온화할 민), 岷(산봉우리 민), 忞(힘쓸 민), 忟(힘쓸 민), 扳(끌어당길 반), 攽(나눌 반), 昐(나눌 반), 枋(나무이름 방), 房(집 방), 放(내놓을 방), 昉(밝을 방), 杯(잔 배), 佰(일백 백), 帛(비단 백), 抃(손뼉칠 변), 忭(기뻐할 변), 幷(어우를 병), 秉(잡을 병), 並(나란할 병), 宝(보배 보), 珤(옥그릇 보), 歩(걸을 보), 服(옷 복), 宓(편안할 복), 乶(음역자 볼), 奉(받들 봉), 扶(도울 부), 府(마을 부), 咐(분부할 부), 斧(도끼 부), 阜(언덕 부), 抔(움킬 부), 奔(달릴 분), 汾(물이름 분), 忿(분할 분), 扮(꾸밀 분), 昐(햇빛 분), 枌(나무이름 분), 氛(기운 분), 彿(비슷할 불), 茀(산길 불), 朋(벗 붕), 非(아닐 비), 批(비평할 비), 卑(낮을 비), 枇(참빗 비), 沘(강이름 비), 凭(기댈 빙), 把(잡을 파), 坡(비탈 파), 杷(비파나무 파), 爬(긁을 파), 爸(아비 파), 岥(비탈 파), 板(널조각 판), 版(인쇄 판), 八((여덟 팔), 佩(찰 패), 沛(늪 패), 坪,(들 평), 咆(성낼 포), 庖(부엌 포), 抛(던질 포), 彼(저 피), 咇(향기로울 필)

9) 인명용 9획 한자

9획 *음오행(音五行)이 木인 글자

架(시렁 가), 柯(줄기 가), 枷(도리깨 가), 卻(물리칠 각), 咯(토할 각), 看(볼 간), 柬(분별할 간), 肝(간 간), 姦(간사할 간), 竿(장대 간), 衎(즐길 간), 曷(어찌 갈), 柑(감귤 감), 泔(뜨물 감), 弇(덮을 감), 玪(옥돌 감), 姜(강할 강), 舡(오나라배 강), 皆(다 개), 疥(옴 개), 玠(큰홀 개), 客(손 객), 炬(횃불 거), 拒(막을 거), 昛(밝을 거), 建(세울 건), 怯(겁낼 겁), 畎(밭도랑 견), 玦(패옥 결), 契(맑을 결), 拑(입다물 겸), 京(서울 경), 涇(찰 경) 俓(곧을 경), 勁(굳셀 경), 剄(목벨 경), 扃(문빗장 경), 畊(밭갈 경), 癸(경도 계), 界(지경 계), 計(셀 계), 係(이을 계), 契(계약 계), 故(옛 고), 枯(마를 고), 沽(팔 고), 牯(암소 고), 科(과거 과), 冠(갓 관), 咼(입삐뚤어질 괘), 怪(괴이할 괴), 拐(속일 괴), 訇(큰소리 굉), 咬(음란할 교), 姣(예쁠 교), 九(아홉 구), 拘(거리낄 구), 狗(개 구), 枸(구기자나무 구), 垢(때 구), 柩(널 구), 韭(부추 구), 俅(공손할 구), 昫(따뜻할 구), 姤(만날 구), 軍(군사 군), 芎(궁궁이 궁), 軌(바퀴굴대 궤), 奎(별 규), 赳(재능 규), 畇(밭개간할 균), 剋(이길 극), 亟(빠를 극), 劤(힘줄 근), 좁

(술잔 근), 契(맺을 글), 急(급할 급), 矜(숭상할 긍), 紀(해 기), 祈(빌 기), 祇(고할 기), 姞(계집 길)

9획 *음오행(音五行)이 火인 글자

柰(능금나무 나), 拏(잡을 나), 南(남녘 남), 耐(견딜 내), 柰(능금나무 내), 拈(집을 념), 怒(성낼 노), 泥(진흙 니), 柅(굄목 니), 怩(부끄러워할 니), 昵(친할 닐), 担(떨칠 단), 晅(밝을 단), 耑(시초 단), 段(조각 단), 彖(판단할 단), 怛(슬플 달), 沓(논 답), 待(기다릴 대), 抬(치켜들 대), 度(법도 도), 突(부딪칠 돌), 垌(동막이 동), 峒(산이름 동), 哃(허풍칠 동), 肚(배 두), 窀(광중 둔), 剆(칠 라), 剌(어그러질 랄), 拉(꺾을 랍), 亮(밝을 량), 俍(좋을 량), 侶(짝 려), 昤(빛날 령), 怜(영리할 령), 泠(깨우칠 령), 牢(우리 로), 柳(버드나무 류), 律(법 률), 泐(돌 갈라질 륵), 俚(속될 리), 俐(똑똑할 리), 厘(털끝 리), 玪(옥돌 림), 咤(꾸짖을 타), 拖(당길 타), 拕(끌 타), 柁(키 타), 沱(물이름 타), 度(잴 탁), 拓(박을 탁), 柝(열 탁), 拆(터질 탁), 沰(붉을 탁), 炭(숯 탄), 侻(추할 탈), 眈(노려볼 탐), 泰(클 태), 怠(게으를 태), 殆(위태할 태), 垞(언덕 택)

9획 *음오행(音五行)이 土인 글자

俄(기울 아), 砑(갈 아), 咢(놀랄 악), 姲(종용할 안), 押(찍을 압), 狎(익숙할 압), 殃(재앙 앙), 怏(불만 앙), 昻(오를 앙), 泱(끝없을 앙), 哀(슬플 애), 耶(아버지 야), 約(묶을 약), 昜(볕 양), 佯(노닐 양), 彦(선비 언), 彥(선비 언), 匽(눕힐 언), 垼(땅이름 얼), 疫(돌림병 역), 沿(좇을 연), 衍(넘칠 연), 姸(고울 연), 兗(연주 연), 娟(예쁠 연), 咽(막힐 열), 染(물들일 염), 泳(헤엄칠 영), 映(비칠 영), 盈(찰 영), 栐(나무이름 영), 栄(영화 영), 荣(영화 영), 帠(법칙 예), 羿(사람이름 예), 俉(맞이할 오), 俁(갈래질 오), 屋(집 옥), 昷(어질 온), 瓮(항아리 옹), 禺(땅이름 옹), 哇(토할 와), 玩(장난할 완), 娃(예쁠 왜), 歪(기울 왜), 畏(두려워할 외), 要(중요할 요), 姚(예쁠 요), 拗(꺾을 요), 祅(재앙 요), 窔(깊을 요), 勇(날랠 용), 俑(목우 용), 禹(펼 우), 紆(얽을 우), 芋(토란 우), 竽(피리 우), 疣(사마귀 우), 俁(얼굴 클 우), 昱(빛날 욱), 怨(원망할 원), 垣(담장 원), 爰(이에 원), 負(인원 원), 威(위엄 위), 韋(가죽 위), 油(기름 유), 柔(부드러울 유), 幽(그윽할 유), 宥(용서할 유), 兪(그러할 유), 俞(그러할 유), 柚(유자나무 유), 囿(동산 유), 姷(짝 유), 泑(잿물 유), 玧(귀막이옥 윤), 垠(지경 은), 音(소리 음), 泣(울 읍), 妶(여자이름 의), 怡(기뻐할 이), 姨(이모 이), 姐(여자이름 이), 巸(아름다울 이), 咿(선웃음 칠 이), 姻(혼인 인), 咽(목구멍 인), 泆(끓을 일), 姙(아이밸 임), 河(운하 하), 昰(여름 하), 抲(지휘할 하), 欱(크게 웃을 하), 虐(해칠 학), 罕(드물 한), 咸(다 함), 哈(웃는소리 합), 柙(우리 합), 巷(거리 항), 姮(항아 항), 缸(항아리 항), 肛(항문 항), 咳(기침 해), 垓(지경 해), 孩(어릴 해), 祄(도울 해), 香(향기 향), 革(가죽 혁), 奕(클 혁), 弈(바둑 혁), 泫(이슬빛날 현), 炫(빛날 현), 昡(햇빛 현), 俔(비유할 현), 怰(팔 현), 頁(머리 혈), 俠(협객 협), 匧(상자 협), 型(본보기 형), 泂(멀 형), 炯(빛날 형), 盻(흘겨볼 혜), 狐(여우 호), 怙(믿을 호), 苄(지황 호), 俒(완전할 혼), 紅(붉을 홍), 泓(물맑을 홍), 虹(무지개 홍), 哄(노랫소리 홍), 奐(빛날 환), 宦(내관 환), 紈(맺을 환), 皇(임금 황), 況(모양 황), 恍(멍할 황), 肓(명치끝 황), 徊(배회할 회), 廻(돌 회), 後(뒤 후), 厚(두터울 후), 侯(제후 후), 垕(두터울 후), 厚(두터울 후), 芋(클 후), 卉(풀 훼), 虺(살무사 훼), 庥(그늘 휴), 咻(떠들 휴), 很(어길 흔), 紇(명주실 흘), 姬(아씨 희), 姫(아씨 희), 俙(비슷할 희), 咥(웃음소리 희)

9획 *음오행(音五行)이 金인 글자

思(생각 사), 査(조사할 사), 泗(물이름 사), 砂(모래 사), 俟(클 사), 柶(수저 사), 削(깎을 삭), 衫(적삼 삼), 峠(고개 상), 相(서로 상), 庠(학교 상), 牲(희생 생), 省(재앙 생), 叙(차례 서), 宣(베풀 선), 泄(물샐 설), 契(사람이름 설), 性(성품 성), 星(별 성), 省(살필 성), 城(재 성), 娍(여자이름 세), 昭(맑을 소), 沼(늪 소), 炤(밝을 소), 柖(과녁 소), 泝(거슬러 올라갈 소), 咲(웃음 소), 俗(풍습 속), 帥(거느릴 솔), 垏(솔 솔), 首(머리 수), 帥(장수 수), 泅(헤엄칠 수), 盾(방패 순), 徇(두루 순), 盹(졸 순), 紃(끈 순), 峋(깊숙할 순), 姰(미칠 순), 是(이 시), 施(베풀 시), 柴(제사지낼 시), 屍(주검 시), 屎(똥 시), 柹(감나무 시), 柨(감나무 시), 柿(감나무 시), 枲(모시풀 시), 泲(물가 시), 眂(볼 시), 食(밥 식), 信(믿을 신), 신姺(나라이름 신), 矧(잇몸 신), 哂(비웃을 신), 室(집 실), 甚(심할 심), 姿(맵시 자), 咨(물을 자), 柘(산뽕나무 자), 泚(강이름 자), 秄(북돋울 자), 虸(며루 자), 昨(어제 작), 芍(작약 작), 斫(벨 작), 炸(터질 작), 柞(떡갈나무 작), 怍(부끄러워할 작), 哉(비로소 재), 栽(삼갈 재), 抵(다다를 저), 沮(막을 저), 狙(원숭이 저), 柢(뿌리 저), 牴(닿을 저), 前(앞 전), 畑(화전 전), 畋(밭갈 전), 点(점 점), 貞(곧을 정), 亭(정자 정), 訂(바로잡을 정), 柾(나무 정), 炡(빛날 정), 穽(함정 정), 酊(술취할 정), 侹(긴모양 정), 怔(두려워할 정), 政(정사 정), 帝(임금 제), 娣(예쁠 제), 俎(도마 조), 昭(밝을 조), 殂(죽을 조), 拙(옹졸할 졸), 柊(메 종), 剉(꺾을 좌), 姝(예쁠 주), 注(물댈 주), 柱(기둥 주), 奏(아뢸 주), 炷(심지 주), 紂(말고삐 주), 拄(버틸 주), 冑(투구 주), 俊(뛰어날 준), 茁(줄 줄), 重(무거울 중), 卽(곧 즉), 祉(복 지), 咫(길이 지), 枳(해칠 지), 泜(강이름 지), 拸(되돌릴 진), 殄(다할 진), 昣(밝을 진), 侲(동자 진), 姪(조카 질), 垤(개밋둑 질), 咠(참소할 질), 姹(소녀 차), 昶(화창할 창), 柵(목책 책), 拓(넓힐 척), 泉(샘 천), 穿(구멍 천), 祆(하늘 천), 芊(풀 무성할 천), 沾(더할 첨), 怗(고요할 첩), 剃(털깎을 체), 砌(섬돌 체), 招(부를 초), 肖(닮을 초), 秒(초 초), 俏(닮을 초), 怊(슬플 초), 促(절박할 촉), 秋(가을 추), 抽(당길 추), 酋(두목 추), 春(봄 춘), 治(다스릴 치), 峙(우뚝솟을 치), 致(보낼 치), 哆(클 치), 則(법칙 칙), 勅(조서 칙), 柒(옻칠 칠), 侵(침범할 침)

9획 *음오행(音五行)이 水인 글자

抹(칠할 말), 沫(침 말), 罔(그물 망), 芒(가시 망), 昧(새벽 매), 玫(매괴 매), 沬(땅이름 매), 虻(등에 맹), 勉(힘쓸 면), 面(낯 면), 眄(애꾸눈 면), 俛(힘쓸 면), 明(밝게볼 명), 某(아무 모), 冒(무릅쓸 모), 侮(깔볼 모), 眊(눈흐릴 모), 姥(할미 모), 昴(묘낼 묘), 玅(땅이름 묘), 眇(애꾸눈 묘), 拇(엄지손가락 무), 美(아름다울 미), 眉(눈썹 미), 弭(활고자 미), 玟(옥돌 민), 敃(강할 민), 泯(멸할 민), 砇(옥돌 민), 旼(볼 민), 泊(배댈 박), 拍(박자 박), 叛(배반할 반), 拌(쪼갤 반), 泮(학교 반), 盼(눈예쁠 반), 拔(가릴 발), 勃(변색할 발), 炦(불기운 발), 厖(클 방), 拜(절 배), 盃(잔 배), 柏(잣나무 백), 泛(뜰 범), 法(법 법), 便(문득 변), 炦(불기운 별), 炳(빛날 병), 柄(자루 병), 昺(밝을 병), 昞(밝을 병), 抦(잡을 병), 保(보전할 보), 俌(도울 보), 封(봉할 봉), 芃(풀 무성할 봉), 負(입을 부), 赴(알릴 부), 訃(부고 부), 拊(어루만질 부), 玞(옥돌 부), 俘(사로잡을 부), 盆(동이 분), 砏(큰소리 분), 拂(떨칠 불), 飛(날 비), 柲(삼갈 비), 毗(도울 비), 毘(도울 비), 沸(물끓을 비), 泌(샘물흐를 비), 秕(쭉정이 비), 砒(비소 비), 狉(너구리 새끼 비), 狒(비비 비), 玭(구슬이름 빈), 波(물결 파), 怕(두려워할 파), 祊(제사이름 팽), 便(편할 편), 扁(납작할 편), 枰(판 평), 泙(물소리 평), 抨(탄핵할 평), 怦(조급할 평), 抱(안을 포), 匍(길 포), 怖(떨 포), 抛(던질 포), 泡(거품 포), 炮(통째로 구울 포), 炰(구울 포), 表(모습 표), 品(물건 품), 風(바람 풍), 披(나눌 피), 泌

(샘물흐를 필)

10) 인명용 10획 한자

10획 *음오행(音五行)이 木인 글자

家(집 가), 哥(노래 가), 珂(옥이름 가), 嘏(좋을 가), 珈(머리꾸미개 가), 痂(헌데딱지 가), 珏(쌍옥 각), 恪(조심할 각), 埆(메마를 각), 栞(표지 간), 赶(달릴 간), 迀(구할 간), 疳(감병 감), 剛(굳셀 강), 缸(광저기 강), 個(낱 개), 芥(겨자 개), 豈(어찌 개), 倨(거만할 거), 祛(보낼 거), 秬(찰기장 거), 虔(베풀 건), 桀(홰 걸), 芡(가시연 검), 格(자리 격), 挌(칠 격), 鬲(막을 격), 肩(어깨 견), 缺(모자랄 결), 兼(겸할 겸), 耕(갈 경), 徑(지름길 경), 倞(굳셀 경), 耿(빛 경), 勍(셀 경), 哽(목멜 경), 桂(계수나무 계), 烓(화덕 계), 高(높을 고), 庫(창고 고), 拷(칠 고), 羔(새끼양 고), 股(넓적다리 고), 拷(가실 고), 羖(불깐 양 고), 涸(얼어붙을 고), 皋(언덕 고), 哭(울 곡), 衮(곤룡포 곤), 骨(뼈 골), 恭(공손할 공), 恐(두려워할 공), 貢(바칠 공), 蚣(지네 공), 拱(껴안을 공), 倥(어리석을 공), 栱(두공 공), 括(묶을 괄), 恝(걱정없을 괄), 栝(노송나무 괄), 洸(굳셀 광), 桄(베틀 광), 框(문테 광), 恇(겁낼 광), 挂(그림족자 괘), 紘(갓끈 굉), 肱(팔뚝 굉), 校(학교 교), 晈(달빛 교), 狡(간교할 교), 俱(함께 구), 矩(곱자 구), 珣(옥돌 구), 冓(짤 구), 痀(곱사등이 구), 倔(고집셀 굴), 宮(집 궁), 躬(몸 궁), 拳(주먹 권), 倦(게으를 권), 勌(게으를 권), 鬼(귀신 귀), 屐(나막신 극), 극尅(이길 극), 根(뿌리 근), 芹(미나리 근), 衾(이불 금), 衿(옷깃 금), 芩(풀이름 금), 笒(첨대 금), 級(등급 급), 芨(말오줌나무 급), 笈(책상자 급), 肯(긍정할 긍), 記(기록할 기), 起(일어날 기), 氣(기운 기), 豈(어찌 기), 耆(늙을 기), 芪(단너삼 기), 芰(세발마름 기), 旂(기 기), 剞(새김칼 기), 肵(공경할 기), 桔(도라지 길), 拮(일

할 길)

10획 *음오행(音五行)이 火인 글자

娜(아리따울 나), 拿(붙잡을 나), 拏(사로잡을 나), 𡖋(많을 나), 納(바칠 납), 衲(옷수선할 납), 娘(소녀 낭), 恬(편안할 념), 猱(산이름 노), 肭(살찔 눌), 紐(끈 뉴), 衵(매듭 뉴), 衄(코피 뉵), 祢(아비사당 니), 爹(아비 다), 疸(황달 달), 倓(고요할 담), 唐(당나라 당), 倘(혹시 당), 玳(대모 대), 島(섬 도), 徒(무리 도), 倒(넘어질 도), 挑(뛸 도), 桃(복숭아 도), 洮(씻을 도), 洞(동네 동), 桐(오동나무 동), 凍(얼 동), 疼(아플 동), 烔(태울 동), 蚪(올챙이 두), 芚(둔나물 둔), 倮(알몸 라), 砢(돌 쌓일 라), 洛(물이름 락), 烙(지질 락), 埒(바자울 랄), 倆(재주 량), 凉(서늘할 량), 㫰(높을 랑), 旅(나그네 려), 烈(세찰 렬), 洌(맑을 렬), 捩(비틀 렬), 玲(금옥소리 령), 秢(벼 처음 익을 령), 料(헤아릴 료), 竜(용 룡), 留(머무를 류), 倫(인륜 륜), 栗(밤 률), 凌(깔볼 릉), 倰(속일 릉), 哩(가는소리 리), 哩(어조사 리), 砬(약돌 립), 倬(클 탁), 託(부탁할 탁), 耽(즐길 탐), 娧(더딜 태), 珆(용무늬 있는 홀 옥 태), 討(다스릴 토), 洞(꿰뚫을 통), 恫(상심할 통), 套(덮개 투), 特(특히 특)

10획 *음오행(音五行)이 土인 글자

芽(싹 아), 娥(예쁠 아), 峨(높을 아), 峩(높을 아), 哦(읊을 아), 疴(병 아), 笌(대순 아), 案(초안 안), 晏(맑을 안), 按(살필 안), 桉(안수 안), 訐(들추어낼 안), 秧(벼의 모 앙), 盎(동이 안), 埃(먼지 애), 娭(계집종 애), 唉(그래 애), 弱(약할 약), 洋(큰바다 양), 恙(근심 양), 烊(구울 양), 圄(감옥 어), 臬(말뚝 얼), 俺(나 엄), 恚(성낼 에), 舁(마주들 여), 宴(잔치 연), 娟(예쁠 연), 娫(빛날 연), 埏(땅끝 연), 烟(연기 연), 芮(물가 예), 倪(어린이 예), 珊(옥돌 예), 拽(끌 예), 蚋(파리매 예), 芸(재주 예), 烏(까마귀 오), 娛(즐거워할 오), 唔(글읽는

소리 오), 迃(멀 오), 𥁕(어질 온), 翁(늙은이 옹), 邕(막을 옹), 洼(웅덩이 와), 窊(우묵할 와), 垸(바를 완), 盌(주발 완), 倭(왜국 왜), 窈(고요할 요), 窅(움펑눈 요), 辱(욕볼 욕), 容(얼굴 용), 埇(길돈울 용), 戜(사나울 용), 祐(도울 우), 迂(굽을 우), 邘(땅이름 우), 彧(문채 욱), 栯(산앵두 욱), 秐(김맬 운), 芸(향풀이름 운), 紜(어지러울 운), 員(더할 운), 原(근원 원), 員(인원 원), 袁(옷길 원), 洹(물이름 원), 笎(대무늬 원), 芫(팥꽃나무 원), 倇(즐거워할 원), 冤(원통할 원), 洧(물이름 유), 秞(무성할 유), 育(기를 육), 狨(원숭이 이름 융), 恩(은혜 은), 殷(클 은), 垽(앙금 은), 訔(논쟁할 은), 泿(물가 은), 圁(물이름 은), 倚(기댈 의), 栮(목이 이), 珆(옥돌 이), 訑(으쓱거릴 이), 洟(콧물 이), 益(더할 익), 蚓(지렁이 인), 芢(풀이름 인), 洇(잠길 인), 氤(기운성할 인), 恁(믿을 임), 衽(옷깃 임), 芿(풀 잉), 夏(여름 하), 狢(오소리 학), 恨(한 한), 邗(땅이름 한), 盍(덮을 합), 恒(항상 항), 恆(항상 항), 航(배 항), 桁(수갑 항), 害(해칠 해), 奚(종 해), 晐(갖출 해), 欬(기침 해), 海(바다 해), 核(핵심 핵), 倖(요행 행), 晑(밝을 향), 軒(처마 헌), 洫(봇도랑 혁), 峴(고개 현), 玹(옥빛 현), 眩(현혹할 현), 娊(허리가늘 현), 痃(힘줄땅기는 병 현), 峽(골짜기 협), 浹(물가 협), 恊(합할 협), 娙(여관이름 형), 恵(은혜 혜), 祜(복 호), 芦(지황 호), 瓳(반호 호), 圂(변소 혼), 笏(홀 홀), 洪(클 홍), 烘(밝을 홍), 哄(먼동 틀 홍), 訌(모함할 홍), 花(꽃 화), 俰(화할 화), 桓(굳셀 환), 洹(성할 환), 活(살 활), 晃(밝을 황), 恍(황홀할 황), 晄(밝을 황), 恢(넓을 회), 洄(거슬러 올라갈 회), 效(본받을 효), 哮(성낼 효), 肴(안주 효), 庨(집 높을 효), 虓(울부짖을 효), 洨(강이름 효), 烋(뽐낼 효), 候(기후 후), 欸(즐거워할 후), 訓(가르칠 훈), 烜(마를 훤), 烋(아름다울 휴), 恤(동정할 휼), 洶(물소리 흉), 恟(두려워할 흉), 訖(미칠 흘), 迄(이를 흘), 洽(화목할 흡), 恰(적합할 흡),

唏(슬퍼할 희)

10획 *음오행(音五行)이 金인 글자

射(쏠 사), 唆(대답할 사), 祠(사당 사), 師(스승 사), 紗(깁 사), 娑(춤출 사), 剚(찌를 사), 朔(초하루 삭), 索(동아줄 삭), 珊(산호 산), 祘(셀 산), 訕(헐뜯을 산), 芟(풀벨 삼), 桑(뽕나무 상), 晌(정오 상), 索(찾을 색), 眚(허물 생), 書(글 서), 徐(천천히 서), 恕(용서할 서), 芧(상수리 서), 紓(느슨할 서), 栖(깃들일 서), 席(자리 석), 祏(섬석), 扇(부채질할 선), 洒(물뿌릴 선), 洗(깨끗할 선), 屑(가루 설), 洩(샐 설), 剡(날카로울 섬), 閃(번쩍할 섬), 城(재 성), 娍(아름다울 성), 宬(서고 성), 晟(빛날 성), 洗(씻을 세), 洒(물뿌릴 세), 帨(수건 세), 宵(밤 소), 素(바탕 소), 笑(웃을 소), 玿(아름다운옥 소), 涑(비울 속),孫(손자 손), 衰(쇠할 쇠), 釗(쇠 쇠), 修(닦을 수), 殊(벨 수), 洙(물가 수), 狩(사냥 수), 祟(빌미 수), 叟(늙은이 수), 倏(갑자기 숙), 俶(비롯할 숙), 純(순수할 순), 殉(따라죽을 순), 洵(진실로 순), 恂(정성 순), 栒(가름대나무 순), 肫(광대뼈 순), 倅(버금 쉬), 拾(주울 습), 乘(탈 승), 翅(날개 시), 豺(승냥이 시), 時(때 시), 恃(믿을 시), 息(숨쉴 식), 拭(지을 식), 栻(점판 식), 神(귀신 신), 迅(빠를 신), 訊(물을 신), 娠(애밸 신), 宸(처마 신), 芯(등심초 심), 十(열 십), 拾(열 십), 恣(방자할 자), 疵(흠 자), 玆(검을 자), 眥(흘길 자), 眦(흘길 자), 牸(암컷 자), 酌(따를 작), 剗(깎을 잔), 眨(눈깜짝일 잡), 奘(클 장), 牂(암양 장), 牂(숫양 장), 将(장수 장), 栽(심을 재), 宰(재상 재), 財(재물 재), 疽(종기 저), 展(펼 전), 栓(나무못 전), 栴(단향목 전), 旃(기 전), 玷(이지러질 점), 庭(조정 정), 釘(못 정), 眐(바라볼 정), 娣(여동생 제), 祖(조상 조), 租(세금 조), 晁(아침 조), 祚(복 조), 凋(시들 조), 曺(무리 조), 蚤(벼룩 조), 笊(조리 조), 厝(둘 조), 拵(꽂을 존), 倧(한배 종), 座(자리 좌), 酒(술 주), 株(그루 주), 洲

(섬 주), 酎(소주 주), 峻(높을 준), 埈(험할 준), 准(허가할 준), 隼(송골매 준), 逡(따를 준), 純(테두를 준), 症(증세 증), 拯(건질 증), 烝(찔 증), 指(손발가락 지), 紙(종이 지), 持(가질 지), 祗(공경할 지), 芝(영지 지), 砥(숫돌 지), 肢(사지 지), 芷(구리때 지), 洔(섬 지), 知(슬기 지), 秖(벼 처음 익을 지), 舐(핥을 지), 珍(보배 진), 晉(나아갈 진), 津(나루 진), 秦(진나라 진), 唇(놀랄 진), 畛(밭두렁 진), 疹(홍역 진), 眞(참 진), 真(참 진), 晋(나아갈 진), 秩(차례 질), 疾(병 질), 桎(차꼬 질), 朕(조짐 짐), 借(빌릴 차), 差(틀릴 차), 窄(좁을 착), 站(역마을 참), 倉(곳집 창), 倡(가무 창), 鬯(울창주 창), 倡(여광대 창), 砦(진칠 채), 凄(쓸쓸할 처), 倜(높이들 척), 剔(깎을 척), 隻(외짝 척), 俴(엷을 천), 倩(예쁠 천), 辿(천천히 걸을 천), 洊(이를 천), 哲(밝을 철), 剟(깎을 철), 悊(밝을 철), 倢(빠를 첩), 凊(서늘할 청), 玼(옥빛 체), 峭(가파를 초), 耖(써레 초), 哨(망볼 초), 冢(무덤 총), 芻(꼴 추), 祝(빌 축), 畜(가축 축), 秫(차조 출), 衷(참마음 중), 臭(냄새 취), 取(쌓을 취), 値(값 치), 恥(부끄럼 치), 蚩(어리석을 치), 針(바늘 침), 砧(방치돌 침), 秤(저울 칭)

10획 *음오행(音五行)이 水인 글자

馬(말 마), 娩(순산할 만), 枺(끝 말), 秣(말먹이 말), 邙(산이름 망), 埋(묻을 매), 眛(어두울 매), 眠(잠잘 면), 冥(어두울 명), 洺(명수 명), 袂(소매 메), 芼(나물 모), 耗(줄일 모), 恈(탐할 모), 旄(깃대장식 모), 耄(늙은이 모), 畝(이랑 묘), 畝(이랑 무), 紋(무늬 문), 們(들 문), 蚊(모기 문), 紊(어지러울 문), 娓(장황할 미), 敉(어루만질 미), 洣(강이름 미), 珉(옥돌 민), 珀(호박 박), 剝(벗길 박), 亳(땅이름 박), 畔(두둑 반), 般(돌 반), 哱(어지러울 발), 芳(꽃다울 방), 倣(본뜰 방), 旁(두루 방), 舫(쌍배 방), 肪(기름 방), 紡(실 방), 蚌(조개 방), 倍(곱 배), 配(짝지을 배), 俳(장난 배), 栢(잣나무 백), 珀(호박 백), 訉(잔소리 범), 病(병 병), 竝(나란할 병), 併(나란히할 병), 洑(나루 보), 俸(녹 봉), 峯(산봉우리 봉), 峰(산봉우리 봉), 芙(연꽃 부), 俯(숨을 부), 剖(쪼갤 부), 釜(가마 부), 祔(합사할 부), 茓(질경이 부), 罘(그물 부), 蚨(파랑강충이 부), 紛(어지러울 분), 粉(가루 분), 芬(향내날 분), 畚(삼태기 분), 盼(머리클 분), 祓(푸닥거리할 불), 肥(살찔 비), 祕(숨길 비), 粃(쭉정이 비), 匪(아닐 비), 秘(숨길 비), 芘(풀이름 비), 芾(작은 모양 비), 紕(가선 비), 俾(더할 비), 蚍(왕개미 비), 荆(발 벨 비), 娉(장가들 빙), 破(깨뜨릴 파), 派(갈래 파), 芭(파초 파), 笆(가시대 파), 玻(유리 파), 耙(써레 파), 旆(깃발 패), 唄(찬불 패), 砰(물결소리 팽), 砭(돌침 폄), 窆(하관할 폄), 肺(허파 폐), 砲(대포 포), 哺(먹을 포), 圃(밭 포), 疱(마마 포), 豹(표범 표), 俵(흩을 표), 髟(머리털 드리워질 표), 疲(고달플 피), 珌(칼집 장식 필)

11) 인명용 11획 한자

11획 *음오행(音五行)이 木인 글자

假(거짓 가), 苛(잔풀 가), 茄(연줄기 가), 袈(승려옷 가), 笳(갈잎피리 가), 舸(큰배 가), 麫(도리깨 가), 桷(서까래 각), 桿(나무이름 간), 偘(강직할 간), 秸(볏짚 갈), 紺(감색 감), 勘(헤아릴 감), 埳(구덩이 감), 胛(어깨 갑), 強(강할 강), 康(편안할 강), 堈(언덕 강), 崗(산등성이 강), 罡(별이름 강), 盖(덮을 개), 苣(상추 거), 袪(소매 거), 胠(겨드랑 거), 乾(하늘 건), 健(굳셀 건), 偈(쉴 게), 堅(굳을 견), 牽(끌 견), 狷(성급할 견), 訣(비결 결), 觖(서운할 결), 焆(불빛 결), 竟(마칠 경), 頃(기울 경), 梗(막힐 경), 逕(통할 경), 烱(빛날 경), 絅(끌어 죌 경), 械(기구 계), 啓(열 계), 苦(쓸 고), 皐(고할 고), 苽(줄 고), 罟(그물 고), 斛(헤아릴 곡), 梏(쇠고랑 곡), 崑(곤륜산 곤), 梱

(문지방 곤), 袞(곤룡포 곤), 捆(두드릴 곤), 悃(정성 곤), 堃(땅 곤), 崐(곤륜산 곤), 珙(옥 공), 崆(산이름 공), 釭(등잔 공), 貫(꿸 관), 梡(도마 관), 珖((옥피리 광), 浤(용솟음칠 굉), 敎(가르칠 교), 教(가르칠 교), 皎(달빛 교), 救(구원할 구), 區(구역 구), 苟(진실로 구), 耇(명길 구), 寇(도둑 구), 毬(공 구), 捄(담을 구), 朐(구운 구), 耉(오래 살 구), 釦(금테 두를 구), 蚯(지렁이 구), 國(나라 국), 桾(고욤나무 군), 捃(주울 군), 崛(우뚝할 굴), 堀(굴 굴), 圈(둘레 권), 眷(돌볼 권), 規(법 규), 珪(서옥 규), 硅(규소 규), 馗(광대뼈 규), 近(가까울 근), 唫(입 다물 금), 殑(까무러칠 긍), 基(터 기), 旣(이미 기), 寄(부칠 기), 飢(주릴 기), 埼(갑 기), 崎(험할 기), 跂(육발이 기)

11획 *음오행(音五行)이 火인 글자

那(편안할 나), 挪(옮길 나), 梛(나무이름 나), 偄(연약할 난), 捏(이길 날), 笯(새장 노), 啂(젖먹을 누), 訥(과묵할 눌), 匿(숨길 닉), 蛋(새알 단), 袒(옷 벗어 맬 단), 胆(어깨 벗을 단), 啖(먹을 담), 聃(귓바퀴없을 담), 埮(평평한 남), 啗(먹을 담), 堂(집 당), 帶(띠 대), 袋(자루 대), 涂(길 도), 豚(돼지 돈), 弴(활 돈), 動(움직일 동), 苳(겨우살이 동), 兜(투구 두), 迍(망설일 둔), 得(얻을 득), 珞(구슬목걸이 락), 婪(예쁠 람), 婪(탐할 람), 浪(물결 랑), 朗(밝을 랑), 狼(이리 랑), 烺(빛밝을 랑), 崍(산이름 래), 徠(올 래), 略(간단할 략), 畧(다스릴 략), 梁(들보 량), 悢(슬퍼할 량), 梠(처마 려), 唳(울 려), 笭(작은농 령), 羚(큰양 령), 翎(새깃 령), 聆(좇을 령), 苓(도꼬마리 령), 蛉(잠자리 령), 鹵(소금 로), 旅(검을 로), 鹿(사슴 록), 聊(의지할 료), 累(포갤 루), 婁(빌 루), 流(흐를 류), 崙(곤륜산 륜), 崘(곤륜산 륜), 圇(완전할 륜), 率(비율 률), 勒(굴레 륵), 浬(해리 리), 犁(쟁기 리), 狸(너구리 리), 离(도깨비 리), 梨(배나무 리), 悧(영리할 리), 涖(임할 리), 悋(아낄 린), 笠(삿갓 립), 粒(낟알 립), 唾(침 타), 舵(선박키 타), 啄(쪼을 탁), 貪(탐할 탐), 酖(술에빠질 탐), 苔(이끼 태), 笞(매질할 태), 胎(아이 밸 태), 埭(보 태), 桶(통 통), 堆(흙무더기 퇴), 偸(훔칠 투)

11획 *음오행(音五行)이 土인 글자

啞(벙어리 아), 訝(맞을 아), 婀(아름다울 아), 婴(아름다울 아), 迓(마중할 아), 啊(사랑할 아), 婭(아양 떨 아), 堊(백토 악), 偓(꺼릴낄 악), 眼(눈 안), 婩(고울 안), 庵(암자 암), 唵(머금을 암), 崖(낭떠러지 애), 挨(두들길 애), 焥(빛날 애), 崕(벼랑 애), 欸(화낼 애), 啀(으르렁거릴 애), 揶(놀릴 야), 野(들 야), 倻(나라이름 야), 若(반야 야), 埜(들 야), 若(같을 약), 痒(종기 양), 眻(아름다운눈 양), 魚(고기 어), 御(모실 어), 唹(웃을 어), 敔(막을 어), 圉(마부 어), 焉(어찌 언), 偃(쓰러질 언), 崦(산이름 엄), 悆(잊을 여), 域(지경 역), 硏(연구할 연), 軟(부드러울 연), 涓(물방울 연), 捐(버릴 연), 挻(늘일 연), 涎(침 연), 悁(성낼 연), 硱(벼루 연), 悅(기쁨 열), 苒(덧없을 염), 英(꽃부리 영), 迎(맞이할 영), 浧(앙금 영), 堄(성가퀴 예), 埶(재주 예), 悟(깨달을 오), 梧(오동나무 오), 晤(밝을 오), 敖(놀 오), 浯(강이름 오), 捂(닿을 오), 迕(거스를 오), 訛(거짓말 와), 婐(날씬할 와), 浣(씻을 완), 婠(예쁠 완), 婉(아름다울 완), 梡(도마 완), 偎(어렴풋할 외), 偠(단아할 요), 欲(하고자할 욕), 浴(목욕 욕), 庸(고용할 용), 涌(솟아날 용), 舂(방아 찧을 용), 偶(짝 우), 釪(창고달 우), 雩(기우제 우), 偊(혼자 걸을 우), 盂(소용돌이칠 우), 勖(힘쓸 욱), 苑(동산 원), 婉(고울 원), 冤(원통할 원), 偉(클 위), 胃(밥통 위), 尉(위로할 위), 唯(오직 유), 悠(멀 유), 婑(아리따울 유), 蚰(그리마 유), 聈(고요할 유), 帷(휘장 유), 蚴(꿈틀거릴 유), 堉(기름진땅 육), 胤(이을 윤), 阭(이을 윤), 珢(옥돌 은), 訢(화평할 은), 狺(으르렁거릴 은), 崟(험준할 음), 挹(뜰 읍), 悒(근심할 읍), 浥(축축할 읍), 異(다를 이), 痍(상처 이), 苡(질경이 이), 珥(귀고리 이), 移(옮길 이), 翊(도울 익), 翌(이튿날 익), 寅(범 인), 秵(벼꽃 인), 訨(생각할 임), 悍(사나울 한), 捍(막을 한), 閈(이문 한), 啣(머금을 함), 盒(그릇 합), 海(바다 해), 偕(함께 해), 痎(학질 해), 珦(옥이름 향), 許(허락할 허), 焃(붉을 혁), 絃(줄 현), 晛(일광 현), 衒(팔 현), 舷(뱃전 현), 弦(활 현), 挾(낄 협), 浹(두루미칠 협), 狹(좁을 협), 悏(쾌할 협), 邢(나라이름 형), 珩(패옥 형), 彗(총명 혜), 訡(진실한 말 혜), 胡(오랑캐 호), 浩(넓을 호), 毫(붓 호), 晧(빛날 호), 扈(따를 호), 瓠(단지 호), 婋(영리할 호), 婚(혼인할 혼), 貨(재화 화), 患(근심 환), 晥(밝을 환), 凰(봉황새 황), 悔(뉘우칠 회), 晦(감출 회), 盔(바리 회), 涍(물가 효), 梟(영웅 효), 崤(산이름 효), 婋(영리할 효), 珝(옥이름 후), 酗(주정할 후), 焄(김오를 훈), 畦(밭두둑 휴), 痕(흉터 흔), 晞(밝을 희), 烯(밝을 희), 悕(슬퍼할 희), 欷(흐느낄 희)

11획 *음오행(音五行)이 金인 글자

蛇(뱀 사), 邪(간사할 사), 斜(비스듬할 사), 徙(옮길 사), 赦(용서할 사), 梭(베짜는북 사), 笥(상자 사), 産(낳을 산), 狻(사자 산), 産(낳을 산), 殺(죽일 살), 參(석 삼), 釤(낫 삼), 唼(쪼아먹을 삽), 常(항상 상), 商(장사 상), 祥(상서로울 상), 爽(시원할 상), 徜(어정거릴 상), 笙(생황 생), 敍(펼 서), 敘(펼 서), 庶(서민 서), 胥(서로 서), 悆(기뻐할 서), 偦(재주있을 서), 船(배 선), 旋(돌아올 선), 琁(옥돌 선), 雪(눈 설), 設(베풀 설), 卨(높을 설), 紲(고삐 설), 偰(맑을 설), 涉(건널 섭), 晟(빛날 성), 晠(빛날 성), 胜(비릴 성), 盛(성할 성), 細(자세할 세), 笹(조릿대 세), 涗(잿물 세), 彗(혜성 세), 消(사라질 소), 紹(이을 소), 巢(새집 소), 疎(적을 소), 梳(빗 소), 捎(칠 소), 埽(쓸 소), 涑(빨 속), 飡(먹을 손), 率(거느릴 솔), 悚(두려울 송), 訟(송사할 송), 殺(빠를 쇄), 羞(바칠 수), 袖(소매 수), 售(팔을 수), 宿(별자리 수),

宿(묵을 숙), 孰(누구 숙), 婌(궁녀벼슬이름 숙), 珣(옥이름 순), 眴(눈짓할 순), 術(재주 술), 絉(끈 술), 崇(높을 숭), 崧(산이름 숭), 習(익힐 습), 匙(숟가락 시), 偲(굳셀 시), 絁(깁 시), 豉(메주 시), 埴(찰흙 식), 晨(새벽 신), 紳(벼슬아치 신), 悉(갖출 실), 者(놈 자), 紫(자주빛 자), 瓷(사기그릇 자), 疵(지치 자), 雀(참새 작), 涔(괸물 잠), 章(글 장), 將(장수 장), 張(베풀 장), 帳(휘장 장), 梓(가래나무 재), 捚(손으로 받을 재), 崢(가파를 쟁), 苧(모시 저), 紵(모시 저), 苴(속창 저), 罝(그물 저), 袛(속적삼 저), 羝(숫양 저), 蛆(구더기 저), 笛(피리 적), 寂(고요할 적), 專(오로지 전), 剪(가위 전), 悛(고칠 전), 痊(병 나을 전), 晢(밝을 절), 浙(쌀씻을 절), 粘(붙을 점), 苫(이엉 점), 笘(회초리 점), 蛅(쐐기 점), 頂(이마 정), 挺(빼어날 정), 偵(염탐할 정), 桯(기둥 정), 停(머무를 정), 涏(곧을 정), 旌(기장목 정), 埩(밭갈 정), 彭(청정할 정), 梃(몽둥이 정), 胜(비릴 정), 婧(날씬할 정), 第(차례 제), 祭(제사 제), 悌(공손할 제), 梯(사다리 제), 偙(준걸 제), 晢(별 빛날 제), 鳥(새 조), 條(가지 조), 組(끈 조), 彫(새길 조), 窕(조용할 조), 釣(낚시 조), 曹(무리 조), 眺(살필 조), 粗(거칠 조), 祧(조묘 조), 胙(섬돌 조), 族(겨레 족), 終(끝날 종), 從(좇을 종), 挫(꺾을 좌), 晝(낮 주), 紸(댈 주), 珠(구슬 주), 做(지을 주), 紬(명주 주), 珘(옥 주), 硃(주사 주), 蛀(나무좀 주), 肘(팔꿈치 주), 浚(깊을 준), 晙(밝을 준), 焌(구울 준), 埻(과녁 준), 茁(풀싹 줄), 衆(무리 중), 趾(발 지), 觗(만날 지), 振(떨칠 진), 桭(대청 진), 袗(홑옷 진), 趻(밝을 진), 眹(눈동자 진), 珒(옥이름 진), 敒(다스릴 진), 窒(막힐 질), 執(잡을 집), 偖(빌릴 차), 捉(잡을 착), 紮(감을 찰), 參(참여할 참), 斬(벨 참), 唱(부를 창), 窓(창문 창), 娼(창녀 창), 彩(채색 채), 埰(식읍 채), 寀(녹봉 채), 釵(비녀 채), 責(책망 채), 婇(여자이름 채), 責(꾸짖을 책), 蚱(벼메뚜기 책), 笧(책 책), 處(곳 처), 戚(겨레

척), 摭(칠 척), 阡(길 천), 釧(팔찌 천), 悊(공경할 철), 啜(마실 철), 甛(달 첨), 甜(달 첨), 圊(뒷간 청), 婧(날씬할 청), 涕(울 체), 梢(꼬리 초), 苕(원두 초), 釥(좋은 초), 偢(인정 없을 초), 悄(근심할 초), 邨(마을 촌), 悤(바쁠 총), 崔(높을 최), 娵(별이름 추), 舳(고물 축), 琉(귀고리 충), 娶(장가들 취), 側(곁 측), 厠(뒷간 측), 梔(치자나무 치), 痔(치질 치), 阤(비탈 치), 畤(제터 치), 痓(악할 치), 敕(조서 칙), 浸(잠길 침)

11획 *음오행(音五行)이 水인 글자

麻(삼 마), 晩(저물 만), 曼(길 만), 挽(당길 만), 茉(말리꽃 말), 望(바랄 망), 梅(매화나무 매), 苺(딸기 매), 麥(보리 맥), 覓(찾을 멱), 冕(면류관 면), 眸(눈 모), 茅(띠 모), 軞(병거 모), 苜(거여목 목), 苗(모 묘), 茂(무성할 무), 務(일 무), 問(물을 문), 悗(잊을 문), 梶(나무끝 미), 茉(맛볼 미), 罙(그물 미), 敏(민첩할 민), 苠(대껍질 민), 罠(낚싯줄 민), 密(은밀할 밀), 舶(배 박), 粕(지개미 박), 絆(줄 반), 班(나눌 반), 返(돌아올 반), 胖(희생 반쪽 반), 浡(일어날 발), 訪(찾을 방), 邦(나라 방), 旊(옹기장 방), 梆(목어 방), 培(북돋울 배), 背(등 배), 徘(노닐 배), 胚(아이밸 배), 苩(성씨 백), 袢(속옷 번), 范(날벌레 범), 梵(범어 범), 釩(떨칠 범), 笵(법도 범), 屛(병풍 병), 珤(보배 보), 琈(보배 보), 匐(엎드릴 복), 烽(봉화 봉), 浲(물이름 봉), 婦(아내 부), 浮(뜰 부), 符(부적 부), 副(버금 부), 埠(선창 부), 趺(발등 부), 苻(귀목풀 부), 袝(외출복 부), 桴(마룻대 부), 腑(장기부), 笨(거칠 분), 紱(인끈 불), 艴(발끈할 불), 茀(우거질 불), 崩(무너질 붕), 堋(묻을 붕), 婢(계집종 비), 庳(집 낮을 비), 斐(클 비), 埤(더할 비), 浜(물가 빈), 貧(가난할 빈), 彬(빛날 빈), 邠(나라이름 빈), 婆(할미 파), 販(팔 판), 捌(깨뜨릴 팔), 敗(패할 패), 浿(물가 패), 悖(거스릴 패), 狽(이리 패), 珮(찰 패), 烹(삶을 팽), 偏(치우칠 편), 匾(네모질 편), 苹(부평초 평), 閉(닫을 폐), 狴(짐승이름 폐), 胞(세포 포), 浦(물가 포), 捕(잡을 포), 匏(박 포), 袍(두루마기 포), 苞(풀이름 포), 晡(저녁나절 포), 票(쪽지 표), 彪(범 표), 殍(굶어죽을 표), 被(입을 피), 畢(그물 필), 苾(향내 필), 偪(다가올 핍)

12) 인명용 12획 한자

12획 *음오행(音五行)이 木인 글 자

街(거리 가), 迦(부처이름 가), 訶(꾸짖을 가), 跏(난쟁이 가), 軻(굴래 가), 斝(그리워할 가), 殼(껍질 각), 間(사이 간), 稈(짚 간), 莨(구문 간), 喝(꾸짖을 갈), 敢(굳셀 감), 堪(견딜 감), 嵌(산깊을 감), 邯(땅이름 감), 嵁(험준할 감), 欿(시름할 감), 酣(즐길 감), 淦(강이름 감), 强(강할 강), 絳(진홍색 강), 茳(향초 강), 傋(어리석을 강), 悾(정성 강), 開(열 개), 凱(이길 개), 剴(알맞을 개), 喀(토할 객), 硻(돌소리 갱), 距(떨어질 거), 据(일할 거), 傑(준걸 걸), 鈐(자물쇠 검), 迲(갈 겁), 結(맺을 결), 傔(하인 겸), 景(경치 경), 硬(강할 경), 卿(벼슬 경), 卿(벼슬 경), 痙(경련할 경), 焭(근심할 경), 堺(지경 계), 悸(두근거릴 계), 棨(창 계), 堦(섬돌 계), 袴(바지 고), 辜(허물 고), 雇(품살 고), 稁(볏짚 고), 觚(술잔 고), 詁(해석할 고), 酤(계명주 고), 胯(사타구니 고), 棍(몽둥이 곤), 蛩(메뚜기 공), 蛬(귀뚜라미 공), 控(당길 공), 堝(도가니 과), 猓(긴꼬리원숭이 과), 椁(덧널 곽), 涫(끓을 관), 款(정성 관), 棺(널 관), 筈(오늬 괄), 聒(떠들썩할 괄), 筐(침상 광), 胱(방광 광), 絖(솜 광), 茪(결명차 광), 掛(걸 괘), 罣(방해할 괘), 傀(클 괴), 閎(성문 굉), 喬(높을 교), 絞(목맬 교), 蛟(교룡 교), 窖(움집 교), 球(구슬 구), 邱(언덕 구), 掬(움킬 국), 窘(막힐 군), 掘(팔 굴), 淈(흐릴 굴), 詘(굽힐 굴), 淃(물돌아흐를 권), 捲(거둘 권), 惓(삼갈 권), 棬(나무그릇 권), 厥(숙일 궐), 貴(귀할

귀), 晷(햇빛 귀), 茥(딸기 규), 鈞(도르레 균), 戟(창 극), 棘(가시나무 극), 筋(힘줄 근), 釿(큰 자귀 근), 給(줄 급), 期(때 기), 幾(빌미 기), 欺(속일 기), 棄(버릴 기), 淇(물 이름 기), 棋(바둑 기), 碁(아기돌 기), 棊(바둑 기), 掎(끌 기), 猉(강아지 기), 攲(기울 기), 蛣(풍뎅이 길), 喫(마실 끽)

12획 *음오행(音五行)이 火인 글자

喇(나팔 나), 旑(깃발펄럭일 나), 腡(살찔 나), 赧(두려워할 난), 捺(누를 날), 喃(재잘거릴 남), 惄(허출할 녁), 捻(비틀 념), 惗(생각할 녑), 淖(진흙 뇨), 鈕(손잡이 뉴), 能(능할 능), 荼(차 다), 寎(깊을 다), 茤(마름 다), 單(홀로 단), 短(짧을 단), 淡(엷을 담), 覃(퍼질 담), 毯(담요 담), 啿(넉넉할 담), 答(대답할 답), 棠(해당화 당), 貸(빌릴 대), 悳(덕 덕), 盜(도둑 도), 堵(담 도), 棹(노 도), 屠(잡을 도), 悼(슬퍼할 도), 掉(흔들 도), 淘(일 도), 掏(가릴 도), 稌(찰벼 도), 敦(도타울 돈), 惇(도타울 돈), 焞(어스레할 돈), 堗(구들 돌), 童(아이 동), 棟(마룻대 동), 腖(큰창자 동), 茼(쑥갓 동), 涷(소나기 동), 痘(천연두 두), 阧(가파를 두), 鈍(무딜 둔), 等(등급 등), 登(오를 등), 喇(나팔 라), 絡(두를 락), 嵐(산바람 람), 惏(탐할 람), 琅(옥돌 랑), 硠(돌 소리 랑), 稂(가라지 랑), 淶(강이름 래), 掠(노략질할 략), 量(양 량), 涼(서늘할 량), 喨(소리 맑을 량), 裂(찢을 렬), 捩(비틀 렬), 軨(사냥수레 령), 勞(수고할 로), 虜(노복 로), 淥(받침 록), 淚(눈물 루), 琉(유리 류), 硫(유황 류), 淪(물놀이 륜), 掄(가릴 륜), 嵂(가파를 률), 痢(설사 리), 理(다스릴 리), 犂(얼룩소 리), 粦(도깨비불 린), 淋(물 뿌릴 림), 棽(무성할 림), 啉(알고자 할 림), 詑(속일 타), 跎(헛디딜 타), 晫(밝을 탁), 涿(들을 탁), 探(찾을 탐), 傝(나쁠 탑), 邰(나라이름 태), 跆(유린할 태), 鈦(티타늄 태), 迨(미칠 태), 撐(버팀목 탱), 統(거느릴 통), 痛(아플 통), 筒(대롱 통)

12획 *음오행(音五行)이 土인 글자

雅(바를 아), 椏(가장귀 아), 猗(부드러울 아), 皒(흰색 아), 硪(바위 아), 惡(악할 악), 幄(휘장 악), 喔(닭소리 악), 雁(기러기 안), 嵢(코골 암), 媕(머뭇거릴 암), 嵒(바위 암), 晻(어두울 암), 涯(물가 애), 捱(막을 애), 液(즙 액), 掖(부축 액), 阨(좁을 액), 椋(푸조나무 양), 馭(다스릴 어), 淤(진흙 어), 堰(방죽 언), 掩(가릴 엄), 淹(담글 엄), 茹(먹을 여), 暘(볕 날 역), 淢(빨리 흐를 역), 然(그럴 연), 硯(벼루 연), 淵(못 연), 堧(빈터 연), 焰(불꽃 염), 厭(문빗장 염), 詠(읊을 영), 瞑(똑바로 볼 영), 猊(사자 예), 睿(밝을 예), 涀(물가 예), 掜(비길 예), 珸(옥돌 오), 惡(미워할 오), 嫯(교만할 오), 媼(할머니 온), 喁(숨쉴 옹), 娃(음란할 와), 琓(서옥 완), 椀(주발 완), 阮(관문이름 완), 惋(탄식할 완), 涴(물흐를 완), 迋(갈 왕), 媧(여신 왜), 嵔(산이름 외), 崴(산높을 외), 堯(높을 요), 喓(벌레소리 요), 茸(녹용 용), 傛(아름다울 용), 硧(숫돌 용), 寓(위탁 우), 堣(모퉁이 우), 庽(머무를 우), 嵎(산모롱이 우), 雲(구름 운), 雄(수컷 웅), 媛(예쁜 원), 阮(관청 이름 원), 越(넘을 월), 粵(종족이름 월), 爲(위할 위), 圍(둘레 위), 喟(한숨 위), 幃(휘장 위), 惟(오직 유), 庾(곳집 유), 喩(깨달을 유), 釉(광택 유), 甤(꽃 유), 閏(윤달 윤), 鈗(창 윤), 阭(높을 윤), 矞(송곳질할 율), 絨(융 융), 鳦(제비 을), 淫(음란 음), 喑(벙어리 음), 椅(의자 의), 猗(아름다울 의), 欹(감탄소리 의), 凒(눈서리가흰 의), 荑(벨 이), 貳(두 이), 貽(끼칠 이), 媐(기쁠 이), 胹(힘줄이질길 이), 羨(땅이름 이), 迤(비스듬할 이), 絪(기운 인), 茵(풀이름 인), 靭(질길 인), 靱(질길 인), 裀(요 인), 堙(막을 인), 婣(혼인 인), 軼(지나칠 일), 壹(한 일), 荏(들깨 임), 絍(길쌈 임), 剩(남을 잉), 賀(하례할 하), 厦(큰집 하), 确(자갈땅 학), 閑(한가할 한), 寒(찰 한), 閒(틈 한), 割(나눌 할), 涵(담글 함), 喊(소리 함), 蛤(대합조개 합), 項(조목 항), 缸(저금통 항), 悻(성낼 행), 荇(마름풀 행), 涬(기운 행), 虛(빌 허), 焱(화염 혁), 現(나타날 현), 絢(노끈 현), 晛(고울 현), 梴(땅이름 현), 琄(패옥 현), 絜(헤아릴 혈), 脅(겨드랑이 협), 脇(겨드랑이 협), 荊(가시나무 형), 詗(염탐할 형), 迥(멀 형), 惠(은혜 혜), 傒(가둘 혜), 皓(깨끗할 호), 淏(맑을 호), 壺(병 호), 惑(미혹 혹), 混(섞을 혼), 焜(빛날 혼), 惚(황홀할 홀), 畫(그림 화), 喚(부를 환), 睆(가득찰 환), 晥(샛별 환), 絙(끈 환), 蛞(올챙이 활), 黃(누를 황), 荒(거칠 황), 堭(대궐 황), 媓(여자이름 황), 徨(방황할 황), 喤(애 울음소리 황), 貺(하사할 황), 茴(회향풀 회), 蛔(회충 회), 淮(강이름 회), 絵(그림 회), 鈜(쇳소리 횡), 淆(흐릴 효), 窙(탁트일 효), 傚(본받을 효), 殽(섞일 효), 喉(목구멍 후), 帿(과녁 후), 堠(봉화대 후), 煦(불후), 勛(공 훈), 欻(문득 훌), 喧(시끄러울 훤), 喙(부리 훼), 胸(가슴 흉), 胷(가슴 흉), 黑(검을 흑), 掀(치켜들 흔), 焮(구울 흔), 欽(공경할 흠), 翕(합할 흡), 翖(합할 흡), 喜(기쁠 희), 稀(드물 희)

12획 *음오행(音五行)이 金인 글자

絲(실 사), 詞(고할 사), 捨(버릴 사), 詐(속일 사), 斯(쪼갤 사), 奢(사치할 사), 傞(춤출 사), 覗(엿볼 사), 竢(기다릴 사), 痧(괴질 사), 散(헤어질 산), 傘(우산 산), 森(빽빽할 삼), 鈒(새길 삽), 喪(복입을 상), 象(코끼리 상), 翔(날 상), 廂(행랑 상), 甥(생질 생), 壻(사위 서), 婿(사위 서), 黍(기장 서), 絮(솜 서), 犀(무소뿔 서), 舒(펼 서), 棲(깃들일 서), 捿(깃들일 서), 晳(밝을 서), 惜(아낄 석), 淅(썰렁할 석), 晳(밝을 석), 晰(밝을 석), 舃(신발 석), 善(착할 선), 琁(옥 선), 筅(부엌솔 선), 卨(사람이름 설), 媟(문란할 설), 盛(성할 성), 珹(옥 성), 貹(재물 성), 稅(거둘 세), 貰(세낼 세), 訴(하소연할 소), 掃(소제 소), 疎(트일 소), 邵(고을이름 소), 甦(소생할 소), 傃(향할 소), 酥(연유 소), 粟(곡식 속), 巽(사양할 손), 飧(저녁밥 손), 淞(강 이름

송), 竦(두려워할 송), 授(줄 수), 須(수염 수), 茱(수유나무 수), 琇(옥돌 수), 晬(첫돌 수), 淑(맑을 숙), 順(순할 순), 循(돌 순), 荀(풀이름 순), 筍(대순 순), 舜(순임금 순), 淳(순박할 순), 焞(밝을 순), 述(저술 술), 淬(담금질할 쉬), 焠(담금질 쉬), 勝(이길 승), 阩(오를 승), 視(볼 시), 啻(다만 시), 媤(시집 시), 猜(원망할 시), 媞(편안할 시), 植(심을 식), 殖(번성할 식), 寔(진실로 식), 深(깊을 심), 尋(찾을 심), 茨(지붕이을 자), 玆(검을 자), 粢(기장 자), 觜(별이름 자), 訾(헐뜯을 자), 貲(재물 자), 胾(산적 자), 焯(밝을 작), 舃(까치 작), 殘(남을 잔), 孱(나약할 잔), 棧(잔도 잔), 場(마당 장), 粧(단장할 장), 掌(손바닥 장), 裁(결단 재), 崽(자식 재), 猙(흉악할 쟁), 貯(쌓을 저), 邸(집 저), 詛(저주할 저), 觝(도달할 저), 詆(꾸짖을 저), 迪(나아갈 적), 奠(정할 전), 荃(향초풀 전), 筌(통발 전), 牋(장계 전), 飦(죽 전), 絶(끊을 절), 絕(끊을 절), 覘(엿볼 점), 接(접할 접), 椄(접붙일 접), 跕(밟을 접), 情(뜻 정), 淨(깨끗할 정), 程(한도 정), 珵(패옥 정), 幀(그림족자 정), 珽(옥이름 정), 晶(수정 정), 晸(해뜰 정), 淀(배댈 정), 婷(예쁠 정), 棖(문설주 정), 掟(벌릴 정), 証(증거 정), 堤(둑 제), 啼(울 제), 媞(편안할 제), 稊(돌피 제), 睇(흘끗볼 제), 猘(미친개 제), 済(건널 제), 朝(아침 조), 措(놓을 조), 詔(조서 조), 棗(대추 조), 絩(명주 조), 釣(낚시 조), 尊(높을 존), 猝(창졸 졸), 淙(물댈 종), 棕(종려나무 종), 悰(즐길 종), 痤(부스럼 좌), 註(기록 주), 蛛(거미 주), 尌(세울 주), 椆(영수목 주), 絑(붉을 주), 晭(밝을 주), 睭(햇빛 주), 詋(저주할 주), 貺(재물 주), 粥(미음 죽), 竣(마칠 준), 畯(농부 준), 睃(볼 준), 皴(주름 준), 準(법도 준), 容(준설할 준), 衆(무리 중), 喞(두런거릴 즉), 曾(일찍 증), 智(슬기 지), 脂(기름 지), 痣(사마귀 지), 軹(굴대 끝 지), 阯(토대 지), 軫(수레 진), 診(진찰할 진), 趁(좇을 진), 蛭(거머리 질), 跌(넘어질 질), 迭

(침노할 질), 絰(질 질), 集(모을 집), 荼(차 차), 硨(차거 차), 着(붙을 착), 創(비롯할 창), 敞(넓을 창), 猖(미쳐날뛸 창), 傖(문란할 창), 晿(사람이름 창), 悵(슬퍼할 창), 滄(찰 창), 淐(물이름 창), 淌(큰물결 창), 惝(놀랄 창), 窗(창문 창), 採(가릴 채), 棌(떡갈나무 채), 茝(구리때 채), 策(꾀 책), 悽(슬퍼할 처), 淒(쓸쓸할 처), 脊(등뼈 척), 惕(두려워할 척), 跖(발바닥 척), 淺(얕을 천), 喘(기침 천), 茜(천초 천), 荐(거듭할 천), 瑏(거듭 천), 喆(밝을 철), 惙(근심할 철), 掇(주울 철), 添(더할 첨), 惉(목소리 막힐 첨), 捷(이길 첩), 堞(치첩 첩), 貼(붙을 첩), 喋(재잘거릴 첩), 淸(맑을 청), 清(맑을 청), 晴(갤 청), 晴(갤 청), 替(바꿀 체), 棣(산앵두나무 체), 彘(돼지 체), 草(풀 초), 超(뛰어넘을 초), 焦(그을릴 초), 硝(망초 초), 椒(후초 초), 酢(초 초), 稍(점점 초), 貂(담비 초), 迢(아득할 초), 鈔(노략질할 초), 軺(수레 초), 最(가장 최), 推(밀 추), 椎(뭉치 추), 捶(채찍 추), 惆(슬퍼할 추), 啾(뭇소리 추), 軸(굴대 축), 筑(지을 축), 悴(근심할 췌), 就(이룰 취), 脆(연할 취), 毳(솜털 취), 廁(뒷간 측), 淄(검은빛 지), 棽(우거질 침)

12획 *음오행(音五行)이 水인 글자

茫(망망할 망), 惘(멍할 망), 莽(풀 우거질 망), 買(살 매), 媒(중매 매), 寐(잠잘 매), 脈(맥 맥), 貊(맥국 맥), 猛(사나울 맹), 棉(목화 면), 棆(홈통 명), 茗(차싹 명), 帽(모자 모), 媢(강샘할 모), 淼(물 가득할 묘), 無(없을 무), 貿(바꿀 무), 珷(옥돌이름 무), 雯(구름무늬 문), 捫(어루만질 문), 媚(아첨할 미), 媄(고울 미), 嵋(산이름 미), 嵄(깊은산 미), 閔(힘쓸 민), 悶(민망할 민), 迫(피박할 박), 博(넓을 박), 斑(얼룩 반), 發(쏠 발), 跋(밟을 발), 防(막을 방), 傍(가까이 방), 舽(배 방), 幇(도울 방), 排(물리칠 배), 焙(불에쬘 배), 趙(넘칠 백), 番(차례 번), 筏(뗏목 벌), 勫(클 별), 棅(권세 병), 報(갚을 보),

普(넓을 보), 堡(작은성 보), 輔(볼 보), 盙(제기이름 보), 復(회복할 복), 茯(복령 복), 捧(공경할 봉), 棒(몽둥이 봉), 富(넉넉할 부), 傅(스승 부), 復(다시 부), 掊(끌어모을 부), 婦(며느리 부), 跗(발등 부), 鈇(도끼 부), 涪(물거품 부), 焚(탈 분), 雰(안개 분), 賁(클 분), 棻(향나무 분), 棼(마룻대 분), 犇(달아날 분), 棚(시렁 붕), 悲(슬플 비), 備(갖출 비), 費(소모할 비), 扉(문짝 비), 斐(문채날 비), 棐(도울 비), 椑(술통 비), 悱(슬플 비), 邳(클 비), 淝(강이름 비), 淠(강이름 비), 痞(뱃속결릴 비), 斌(빛날 빈), 跛(절뚝발이 파), 阪(비탈 판), 鈑(금박 판), 牌(간판 패), 彭(볼록할 팽), 徧(두루 편), 貶(감할 폄), 評(평론할 평), 敝(해질 폐), 幅(족자 폭), 馮(성씨 풍), 詖(치우칠 피), 筆(붓 필), 弼(도울 필), 潷(샘솟을 필)

13) 인명용 13획 한자

13획 *음오행(音五行)이 木인 글자

暇(겨를 가), 嫁(시집갈 가), 賈(값 가), 脚(다리 각), 幹(줄기 간), 揀(분별할 간), 渴(목마를 갈), 楬(산이름 갈), 減(덜 감), 感(느낄 감), 戡(이길 감), 閘(수문 갑), 鉀(갑옷 갑), 畺(지경 강), 跭(세울 강), 塏(밝을 개), 揩(문지를 개), 粳(메벼 갱), 鉅(클 거), 渠(우두머리 거), 筥(광주리 거), 莒(감자 거), 楗(문빗장 건), 愆(허물 건), 建(세울 건), 揵(멜 건), 犍(거세할 건), 湕(물 이름 건), 揭(높이들 게), 絹(명주 견), 筧(대 홈통 견), 迼(뛸 결), 鉗(칼 겸), 嗛(겸손할 겸), 經(글 경), 敬(공경 경), 傾(기울일 경), 莖(줄기 경), 脛(정강이 경), 煢(외로울 경), 惸(근심할 경), 綆(밧줄 경), 鼓(북칠 고), 鼔(북칠 고), 痼(고질 고), 賈(장사 고), 鈷(다리미 고), 琨(옥돌 곤), 裍(두드릴 곤), 髡(삭발할 곤), 跫(발소리 공), 誇(자랑할 과), 跨(넘을 과), 稞(보리 과), 窠(보금자리 과), 琯(피리 관), 祼(강신제 관), 筦(피리

관), 寬(너그러울 관), 适(빠를 괄), 誆(속일 광), 詿(그르칠 괘), 塊(덩어리 괴), 媿(부끄러울 괴), 觥(강직할 굉), 郊(들 교), 較(비교할 교), 鳩(비둘기 구), 絿(구할 구), 舅(장인 구), 鉤(낫 구), 傴(구부릴 구), 媾(화친할 구), 彀(당길 구), 裘(가죽옷 구), 詬(꾸짖을 구), 群(무리 군), 裙(속옷 군), 窟(움집 굴), 睠(돌아볼 권), 詭(속일 궤), 跪(집게발 궤), 麂(큰 노루 궤), 揆(헤아릴 규), 邽(고을이름 규), 湀(물솟아오를 규), 烓(불꽃 규), 暌(어길 규), 楏(호미자루 규), 跬(가까운 규), 頍(머리장식 규), 筠(대나무 균), 極(지극할 극), 郤(틈새 극), 勤(부지런할 근), 僅(겨우 근), 跟(따를 근), 靳(가슴걸이 근), 禁(금지할 금), 禽(짐승 금), 琴(거문고 금), 琪(옥이름 기), 祺(복 기), 琦(옥이름 기), 畸(험할 기), 碁(바둑 기), 嗜(즐길 기), 稘(돌 기), 頎(측은할 기)

13획 *음오행(音五行)이 火인 글자

諵(끌어당길 나), 暖(따뜻할 난), 煖(따뜻할 난), 愞(약할 난), 楠(매화나무 남), 湳(물이름 남), 迺(이에 내), 寗(차라리 녕), 猱(원숭이 노), 農(농사 농), 惱(괴로워할 뇌), 嫋(예쁠 뇨), 亶(믿을 단), 湍(여울 단), 煓(빛날 단), 椴(자작나무 단), 蜑(오랑캐이름 단), 湛(즐길 담), 痰(천식 담), 當(마땅할 당), 塘(못 당), 旲(해가 돋을 대), 碓(방아 대), 跳(뛸 도), 逃(달아날 도), 渡(건널 도), 塗(진흙 도), 裯(복도), 督(감독할 독), 頓(조아릴 돈), 荳(콩 두), 脰(정강이 두), 酪(과즙 락), 貉(식초 락), 亂(어지러울 란), 廊(행랑 랑), 蜋(사마귀 랑), 莨(미치광이 랑), 郎(사내 랑), 粮(양식 량), 粱(기장 량), 煉(이길 련), 楝(소태나무 련), 湅(단련할 련), 廉(청렴할 렴), 零(떨어질 령), 鈴(방울 령), 路(길 로), 輅(수레 로), 虜(노복 로), 祿(복 록), 碌(푸른 돌 록), 雷(천둥 뢰), 賂(재화 뢰), 誄(뇌사 뢰), 僂(구부릴 루), 旒(깃발 류), 勠(합할 륙), 稜(논두렁 릉), 楞(네모질 릉), 楞(네모질 릉), 裏(안 리), 莉(말리 리), 裡(속마음 리), 蓩(벗길 리), 莅(다다를 리), 蜊(참조개 리), 琳(옥 림), 碄(깊을 림), 痳(임질 림), 惰(버릇 타), 楕(길쭉할 타), 陀(험할 타), 馱(태울 타), 躱(숨을 타), 詑(속일 타), 琢(닦을 탁), 琸(이름 탁), 脫(벗을 탈), 塔(탑 탑), 塌(떨어질 탑), 湯(끓일 탕), 脫(기뻐할 태), 筩(대통 통), 退(물러날 퇴), 渝(풀어질 투)

13획 *음오행(音五行)이 土인 글자

莪(약초이름 아), 蛾(나방 아), 阿(언덕 아), 衙(관청 아), 愕(놀랄 악), 握(잡을 악), 渥(젖을 악), 揠(뽑을 알), 暗(어두울 암), 愛(사랑 애), 碍(방해 애), 睚(눈초리 애), 嫈(새색시 앵), 惹(이끌 야), 椰(야자나무 야), 爺(아비 야), 揶(희롱 야), 揚(오를 양), 楊(버들 양), 敭(오를 양), 暘(해돋이 양), 煬(쬘 양), 瘀(어혈 어), 飫(포식할 어), 傿(에누리 언), 業(업 업), 艅(나룻배 여), 逆(거스를 역), 椽(석가래 연), 鉛(납 연), 煙(연기 연), 筵(대자리 연), 莚(만연할 연), 淵(못 연), 涴(침향 연), 掾(아전 연), 琰(옥 염), 渶(물 맑을 영), 煐(빛날 영), 塋(무덤 영), 暎(비칠 영), 楹(기둥 영), 暎(달빛 영), 睨(엿볼 예), 預(미리 예), 裔(후손 예), 詣(도착할 예), 嗚(탄식할 오), 塢(둑 오), 筽(대이름 오), 蜈(지네 오), 傲(거만할 오), 奧(깊을 오), 蒦(풀이름 오), 鈺(보배 옥), 媼(노모 온), 嗢(목멜 올), 雍(화목할 옹), 渦(소용돌이 와), 猧(발바리 와), 莞(왕골 완), 琬(옥 완), 碗(식기 완), 脘(밥통 완), 頑(둔할 완), 矮(난장이 왜), 嵬(높을 외), 猥(함부로 외), 渨(잠길 외), 煨(불씨 외), 徭(구실 요), 湧(솟을 용), 傭(품팔이 용), 嵱(산 이름 용), 蛹(초파리 용), 愚(어리석을 우), 亐(날아갈 우), 偶(기뻐할 우), 麀(암사슴 우), 虞(헤아릴 우), 煜(빛날 욱), 郁(땅이름 욱), 頊(멍할 욱), 稶(서직무성할 욱), 暈(무리 운), 惲(중후할 운), 韵(운치 운), 園(동산 원), 圓(둥글 원), 援(구조할 원), 嫄(여자이름 원), 湲(맑을 원), 楥(느티나무 원), 猨(원숭이 원), 鉞(도끼 월), 暐(환할 위), 渭(물이름 위), 骫(굽을 위), 痿(저릴 위), 揉(섞일 유), 湵(물 이름 유), 渪(베풀 유), 莠(추할 유), 裕(넉넉할 유), 愈(나을 유), 楡(느릅나무 유), 猶(원숭이 유), 猷(꾀 유), 愉(기뻐할 유), 琟(옥돌 유), 揄(끌 유), 楢(졸참나무 유), 游(여행 유), 荺(연뿌리 윤), 閏(윤달 윤), 建(나누어줄 율), 颶(큰 바람 율), 飮(마실 음), 愔(화평할 음), 揖(읍할 읍), 義(옳을 의), 意(뜻 의), 肄(익힐 이), 湮(잠길 인), 靷(가슴걸이 인), 賃(품삯 임), 稔(여물 임), 誑(믿을 임), 飪(익힐 임), 媵(시녀 잉), 荷(연꽃 하), 廈(큰집 하), 閜(큰 술잔 하), 煆(구울 하), 嗃(엄할 학), 菡(연꽃 함), 嗑(말 많을 합), 郃(이치 합), 頏(목구멍 항), 港(항구 항), 解(풀 해), 該(갖출 해), 楷(본 해), 歇(쉴 헐), 鉉(솥 귀고리 현), 蜆(바지라기 현), 趐(나아갈 혈), 嫌(의심 혐), 愜(두려워할 협), 莢(콩깍지 협), 逈(멀 형), 徯(기다릴 혜), 號(이름 호), 湖(호수 호), 琥(호박 호), 聕(들릴 호), 猢(원숭이 호), 渾(흐릴 혼), 湣(미정 혼), 話(이야기 화), 畵(그림 화), 靴(가죽신 화), 換(바꿀 환), 渙(찬란할 환), 煥(빛날 환), 豢(미혹 환), 煌(빛날 황), 幌(휘장 황), 惶(당황할 황), 湟(빠질 황), 楻(깃대 황), 會(모일 회), 匯(물돌아모일 회), 詼(조롱할 회), 逥(어길 회), 賄(뇌물 회), 逅(만날 후), 嗅(맡을 후), 煦(찔 후), 猴(원숭이 후), 詡(두루 후), 暈(무리 훈), 塤(질나팔 훈), 煇(구울 훈), 熏(태울 훈), 暄(따뜻할 훤), 愃(잊을 훤), 煊(밝을 훤), 毁(헐 훼), 毀(철거 훼), 揮(지휘할 휘), 彙(무리 휘), 暉(빛날 휘), 煇(빛날 휘), 煒(빛날 휘), 歆(탐낼 흠), 熙(빛날 희), 詰(꾸짖을 힐)

13획 *음오행(音五行)이 金인 글자

嗣(이을 사), 莎(향부자 사), 渣(찌꺼기 사), 肆(방사할 사), 裟(가사 사), 楂(뗏목 사), 剷(깎을 산), 煞(죽일 살), 插(가래 삽), 揷(꽂을 삽), 歃(마실 삽), 想(생각할 상), 傷(상할 상), 詳(자세할 상), 嘗(경험할 상), 湘(물이름 상), 塞(변방 새), 嗇(탐낼 색), 塞(막힐 색), 鉎(녹 생), 署(더울 서), 惰(지혜 서), 筮(점칠 서), 鼠(쥐 서), 揟(고기잡을 서), 鋤(호미 서), 鉏(어긋날 서), 湑(거를 서), 鉐(놋쇠 석), 渲(작은 시내 선), 愃(잊을 선), 羨(부러워할 선), 僊(춤출 선), 跣(맨발 선), 詵(많을 선), 尟(적을 선), 楔(문설주 설), 渫(칠 설), 揲(셀 설), 睒(엿볼 섬), 聖(성인 성), 惺(깨달을 성), 猩(오랑우탄 성), 筬(베틀 성), 聖(성스러울 성), 誠(정성 성), 勢(세력 세), 歲(해 세), 蛻(허물 세), 塑(토우 소), 嗉(모이주머니 소), 塐(토우 소), 筱(조릿대 소), 蛸(갈거미 소), 翛(날개소리 소), 窣(갑작스러울 솔), 送(보낼 송), 頌(칭송할 송), 碎(깨뜨릴 쇄), 愁(근심 수), 睡(졸음 수), 嫂(형수 수), 竪(세울 수), 綏(편안할 수), 酬(갚을 수), 睢(강이름 수), 睟(바로 볼 수), 脩(다스릴 수), 廋(숨길 수), 肅(엄숙할 숙), 琡(옥이름 숙), 脣(입술 순), 楯(난간 순), 詢(물을 순), 馴(따를 순), 鉥(돗바늘 술), 嵩(높을 숭), 塍(밭두둑 승), 詩(글귀 시), 試(시험 시), 弑(죽일 시), 毸(수염 시), 愢(권장할 시), 塒(횃대 시), 湜(맑을 식), 軾(수레난간 식), 媳(며느리 식), 新(새 신), 莘(족두리풀 신), 蜃(상여 신), 脤(제사용고기 신), 雌(암컷 자), 資(재물 자), 煮(삶을 자), 孶(부지런할 자), 滋(번식 자), 斮(벨 작), 碏(삼갈 작), 盞(술잔 잔), 莊(전장 장), 裝(꾸밀 장), 傽(시숙 장), 載(심을 재), 渽(맑을 재), 琤(옥소리 쟁), 楮(닥나무 저), 渚(물가 저), 猪(돼지 저), 雎(물소리 저), 賊(도둑 적), 跡(자취 적), 勣(공적 적), 荻(갈대 적), 迹(행적 적), 馰(준마 적), 電(전기 전), 傳(전할 전), 鈿(비녀 전), 煎(애태울 전), 詮(설명할 전), 琠(옥이름 전), 塡(메울 전), 殿(큰집 전), 雋(새살찔 전), 揃(자를 전), 輇(상여 전), 湔(더럽힐 전), 楪(접을 접), 湞(물이름 정), 楨(광나무 정), 綎(인끈 정), 鼎(솥 정), 鉦(징 정), 靖(편할 정), 睛

(눈동자 정), 渟(멈출 정), 碇(닻 정), 艇(거룻배 정), 莛(들보 정), 筳(줄기 정), 提(거느릴 제), 照(비칠 조), 稠(고를 조), 阻(험할 조), 傮(마칠 조), 琱(새길 조), 條(끈 조), 誂(꾈 조), 琮(옥홀 종), 椶(종려나무 종), 莝(여물 좌), 誅(벨 주), 湊(항구 주), 鉒(광석 주), 晭(밝을 주), 輈(끌채 주), 趎(사람이름 주), 邾(나라이름 주), 雋(영특할 준), 迿(앞설 준), 惷(어리석을 준), 楫(돛대 즙), 稙(올벼 직), 塡(다할 진), 嗔(성낼 진), 鉁(보배 진), 蓁(바를 진), 嫉(시기할 질), 郅(이를 질), 斟(짐작할 짐), 楫(노 집), 戢(그칠 집), 嗟(탄식할 차), 嵯(우뚝솟을 차), 粲(밝을 찬), 債(빚 채), 琗(옥빛 채), 睬(참견할 채), 塉(박토 척), 鉄(철물 철), 僉(모두 첨), 詹(이를 첨), 牒(공문서 첩), 睫(속눈썹 첩), 楚(초나라 초), 愀(삼갈 초), 綃(명주실 초), 勦(노곤할 초), 剿(노곤할 초), 蜀(고을이름 촉), 塚(무덤 총), 催(재촉할 최), 朘(어린아이 최), 追(쫓을 추), 搫(모을 추), 楸(개오동나무 추), 湫(늪 추), 椿(참죽나무 춘), 惴(두려워할 췌), 揣(잴 췌), 瘁(근심 췌), 測(잴 측), 惻(슬퍼할 측), 寘(채울 치), 絺(갈포 치), 稚(어릴 치), 跱(머뭇거릴 치), 雉(꿩 치), 馳(달릴 치), 嗤(냉소할 치), 痴(어리석을 치), 飭(경계할 칙), 琛(보배 침), 寖(잠길 침), 椹(모탕 침)

13획 *음오행(音五行)이 水인 글자

痲(홍역 마), 媽(어미 마), 莫(없을 막), 煤(그을음 매), 楳(매화나무 매), 莓(이끼 매), 貊(오랑캐 맥), 盟(맹세 맹), 幎(덮을 멱), 湎(빠질 면), 酩(술 취할 명), 募(뽑을 모), 睦(화목 목), 雺(안개 몽), 渺(아득할 묘), 猫(고양이 묘), 描(그릴 묘), 楙(무성할 무), 楣(처마 미), 迷(헤맬 미), 微(작을 미), 渼(잔물결 미), 湄(물가 미), 媺(아름다울 미), 煝(빛날 미), 媺(착할 미), 愍(근심할 민), 暋(강할 민), 鈱(철판 민), 腗(합할 민), 琝(옥돌 민), 瑉(옥돌 민), 黽(힘쓸 민), 鉑(금박 박), 雹(우박 박), 飯(밥 반), 頒(나눌 빈), 媻(비틀거릴 반), 鉢(바리

때 발), 渤(바다이름 발), 鈸(방울 발), 脖(배꼽 발), 傍(시중들 방), 琲(꿰뚫을 배), 湃(물결소리 배), 煩(번민할 번), 渢(풍류소리 범), 琺(법랑 법), 辟(천자 벽), 駢(더할 변), 馞(향기날 별), 蔽(모종낼 별), 瓶(시루 병), 鉼(굳을 병), 迸(솟아나올 병), 補(도울 보), 褓(보 보), 縫(붙일 봉), 蜂(벌 봉), 琫(칼집 장식 봉), 附(붙일 부), 艀(거룻배 부), 莩(갈대청 부), 罦(그물 부), 鳧(오리 부), 筟(대나무청 부), 蜉(하루살이 부), 裒(모을 부), 湓(강이름 분), 硼(붕산 붕), 痺(저릴 비), 碑(비문 비), 琵(비파 비), 睥(엿볼 비), 閟(숨을 비), 痹(저릴 비), 聘(장가들 빙), 琶(비파 파), 稗(피 패), 愎(강할 퍅), 惼(편협할 편), 脯(어육 포), 鉋(대패 포), 僄(가벼울 표), 勡(으를 표), 剽(빠를 표), 稟(바탕 품), 楓(단풍나무 풍), 豊(풍년 풍), 陂(비탈 피), 鉍(창자루 필)

14) 인명용 14획 한자

14획 *음오행(音五行)이 木인 글자

歌(노래 가), 嘉(아름다울 가), 嘏(클 가), 榎(개오동나무 가), 閣(누각 각), 搉(두드릴 각), 愨(성실할 각), 榦(줄기 간), 碣(비석 갈), 竭(다할 갈), 監(볼 감), 降(내릴 강), 綱(벼리 강), 腔(빈속 강), 嫝(여자이름 강), 箜(갈빗대 강), 箇(치우칠 개), 愷(즐거울 개), 愾(성낼 개), 腒(구운 포 거), 裾(거만할 거), 睷(셀 건), 搴(빼낼 건), 朅(떠날 걸), 榤(말뚝 걸), 覡(박수 격), 毄(애쓸 격), 甄(가마 견), 潔(깨끗할 결), 慊(한탄할 겸), 箝(재갈먹일 겸), 槏(문설주 겸), 歉(흉년들 겸), 輕(가벼울 경), 境(지경 경), 逕(좁은길 경), 溪(시내 계), 誡(경계할 계), 瘈(미칠 계), 禊(목욕재계 계), 綮(발고운비단 계), 敲(두드릴 고), 槁(마를 고), 菰(향초 고), 睾(늪 고), 誥(고할 고), 槀(마를 고), 箍(둘레 고), 郜(나라이름 고), 緄(노끈 곤), 滑(어지러울 골), 搰(힘쓸 골), 榾(등걸 골), 箜(바구니 공), 槓(막대 공), 寡(적을 과), 菓(실과 과), 裹(꾸러미 과), 銙(띠쇠 과), 夥(많을 과), 廓(넓을 곽), 綰(관통할 관), 管(관 관), 菅(골풀 관), 誆(속일 광), 罫(줄 괘), 愧(탓할 괴), 槐(홰나무 괴), 魁(으뜸 괴), 僑(더부살이 교), 嘐(새소리 교), 嘄(웃는 소리 교), 暞(밝을 교), 榷(외나무다리 교), 鉸(장식 교), 構(얽을 구), 溝(도랑 구), 嘔(토할 구), 嶇(험할 구), 廐(마구간 구), 逑(짝 구), 廏(마구간 구), 嫗(어미 구), 搆(지을 구), 榘(곡척 구), 菊(국화 국), 跼(구부릴 국), 箘(대뿌리 국), 皸(손발틀 군), 郡(고을 군), 躬(신체 궁), 綣(정다울 권), 蜷(굽을 권), 劂(조각칼 궐), 匱(함 궤), 詭(쟁기날 귀), 閨(침실 규), 嫢(가는허리 규), 睽(배반할 규), 菌(버섯 균), 覠(크게볼 균), 墐(묻을 근), 嫤(아름다울 근), 堇(제비꽃 근), 厪(겨우 근), 兢(조심할 긍), 榿(오리나무 기), 綦(무늬비단 기), 僛(엄포 기), 墍(취할 기), 愭(공손할 기), 綥(연둣빛 기), 旗(기 기), 綺(비단 기), 箕(삼태기 기), 暣(볕 기운 기), 萁(방게 기), 緊(굽을 긴)

14획 *음오행(音五行)이 火인 글자

寧(편안할 녕), 瑙(옥돌 노), 詉(기뻐할 노), 嫩(어릴 눈), 馜(향기로울 니), 溺(빠질 닉), 端(바를 단), 團(둥글 단), 靼(부드러울 달), 搪(막을 당), 溏(진흙 당), 對(대답할 대), 臺(돈대 대), 德(인품 덕), 圖(그림 도), 途(길 도), 嶋(섬 도), 睹(볼 도), 搗(두드릴 도), 滔(물넘칠 도), 萄(포도 도), 鞀(소고 도), 酴(누룩 도), 菟(토끼 도), 慆(기뻐할 도), 搯(뽑을 도), 動(움직일 동), 僮(아이 동), 蝀(무지개 동), 銅(구리 동), 逗(머무를 두), 凳(평상 등), 滕(물 솟을 등), 裸(벗을 라), 犖(뛰어날 락), 辣(매울 랄), 辢(매울 랄), 擥(당길 람), 榔(나무이름 랑), 郞(사내 랑), 萊(명아주 래), 踉(뛸 량), 連(이을 련), 領(다스릴 령), 逞(굳셀 령), 綠(초록빛 록), 菉(녹두 록), 酹(강신할 뢰), 僚(동료 료), 廫(공허할 료), 屢(여러 루), 陋(좁을 루), 嶁(봉우리 루), 嘍(시끄러울 루), 榴(석류나무 류), 溜(여울 류), 綸(낚싯줄 륜), 慄(두려워할 률), 溧(모래섬 률), 菻(풀이름 름), 綾(무늬비단 릉), 菱(마름 릉), 嫠(과부 리), 貍(너구리 리), 粼(속이찬 린), 槖(풀무 탁), 誕(태어날 탄), 嘆(탄식할 탄), 綻(터질 탄), 奪(빼앗을 탈), 噡(많을 탐), 搨(베낄 탑), 榻(걸상 탑), 碭(지나칠 탕), 態(모양 태), 颱(태풍 태), 通(통할 통), 槌(망치 퇴), 透(환할 투), 骰(주사위 투)

14획 *음오행(音五行)이 土인 글자

斡(관리할 알), 嘎(새소리 알), 菴(우거질 암), 鞅(교활할 앙), 獃(어리석을 애), 腋(겨드랑이 액), 搤(멍에 액), 瘍(종기 양), 語(말할 어), 嫣(웃을 언), 罨(그물 엄), 與(참여 여), 瑌(옥돌 연), 鳶(소리개 연), 說(기뻐할 열), 厭(막을 염), 髥(수염 염), 熀(불빛이글거릴 엽), 榮(영화 영), 瑛(옥빛 영), 碤(화반석 영), 郢(땅이름 영), 嫕(유순할 예), 嫛(갓난아기 예), 蜺(무지개 예), 睿(총명 예), 誤(잘못 오), 寤(잠깰 오), 嗷(시끄러울 오), 獄(감옥 옥), 溫(따뜻할 온), 榲(기둥 온), 慍(원망할 온), 氳(기운 성할 온), 熅(더울 온), 穏(신중 온), 滃(샘이 솟을 옹), 窩(굴 와), 窪(웅덩이 와), 腕(팔뚝 완), 碨(고르지않은 외), 搖(흔들 요), 僥(요행 요), 暚(밝을 요), 溽(기름질 욕), 溶(녹을 용), 榕(용나무 용), 踊(뛸 용), 墉(담 용), 慂(권할 용), 熔(녹일 용), 瑀(옥돌 우), 雩(물소리 우), 禑(복 우), 殞(죽을 운), 熉(누런빛 운), 菀(무성할 울), 熊(곰 웅), 源(근원 원), 瑗(옥 원), 愿(성실할 원), 猿(원숭이 원), 蜿(지렁이 원), 僞(거짓 위), 萎(마를 위), 瑋(진기할 위), 維(오직 유), 誘(꾈 유), 瑜(옥 유), 逌(어조사 유), 瑈(옥이름 유), 需(나약할 유), 瘉(해칠 유), 瘐(속박할 유), 窬(뒷간 유), 緌(갓끈 유), 毓(번성할 육), 銀(은 은), 激(물소리 은), 慇(친절 은), 溵(물 이름 은), 廕(덮을 음), 疑(의심할 의), 爾(너 이), 飴(단맛 이),

廙(공경할 이), 認(알 인), 輑(작은북 인), 鞇(작은 북 인), 禋(삼갈 인), 夤(조심할 인), 逸(편안할 일), 溢(넘칠 일), 馹(역말 일), 銋(젖을 임), 瑕(허물 하), 赮(클 하), 碬(숫돌 하), 瘕(목병 하), 郝(고을이름 학), 瘧(학질 학), 僩(용맹스런 한), 限(한정 한), 銜(머금을 함), 菡(연꽃 함), 閤(침실 합), 榼(뚜껑 합), 溘(갑자기 합), 嫦(항아 항), 降(항복할 항), 瑎(검은 옥돌 해), 赫(붉을 혁), 誢(말다툼할 현), 敻(바라볼 형), 滎(실개천 형), 熒(등불 형), 嘒(매미소리 혜), 豪(호걸 호), 瑚(산호 호), 犒(맛있는음식 호), 嫭(아름다울 호), 嫮(아름다울 호), 滈(강 이름 호), 熇(뜨거울 혹), 酷(독할 혹), 魂(넋 혼), 琿(아름다운옥 혼), 溷(울적할 혼), 鉷(석궁 홍), 華(빛날 화), 禍(재앙 화), 廓(클 확), 滑(미끄러울 활), 猾(교활할 활), 滉(깊을 황), 榥(책상 황), 熀(이글거릴 황), 愰(밝을 황), 慌(다급 황), 瑝(종소리 황), 誨(가르칠 회), 劃(쪼갤 획), 酵(술괴일 효), 歊(김오를 효), 熇(엄할 효), 熏(태울 훈), 携(이끌 휴), 僖(기쁠 희), 豨(멧돼지 희), 潕(탄식 희), 熙(빛날 희)

14획 *음오행(音五行)이 金인 글자

獅(사자 사), 飼(먹일 사), 榭(사당 사), 皶(여드름 사), 蜡(납향 사), 搠(찌를 삭), 槊(창 삭), 算(셈 산), 酸(초 산), 颯(꺾을 삽), 翣(부채 삽), 嘗(맛볼 상), 裳(치마 상), 像(형상 상), 塽(높고 밝은땅 상), 瑞(상서 서), 誓(맹세할 서), 墅(농막 서), 逝(갈 서), 稰(추수할 서), 碩(클 석), 腊(건육 석), 蜥(파충류 석), 瑄(도리옥 선), 銑(무쇠 선), 嫙(예쁠 선), 煽(부칠 선), 綫(범위 선), 說(말씀 설), 碟(가죽 다룰 설), 稧(볏집 설), 銛(가래 섬), 綅(비단 섭), 誠(정성 성), 瑆(옥빛 성), 說(말씀 세), 搔(긁을 소), 溯(거스를 소), 逍(거닐 소), 韶(아름다울 소), 愫(정성 소), 愬(일러바칠 소), 速(빠를 속), 損(잃을 손), 誦(읽을 송), 壽(목숨 수), 需(구할 수), 銖(중량단위 수), 粹(순수할 수), 搜(찾을 수), 嗽(기침할 수), 綬(인끈 수), 溲(적실 수), 脺(약할 수), 塾(글방 숙), 菽(콩 숙), 菘(배추 숭), 瑟(큰거문고 슬), 僧(승려 승), 縢(바디 승), 厮(하인 시), 禔(편안할 시), 翤(지느러미 시), 飾(꾸밀 식), 熄(꺼질 식), 愼(삼갈 신), 腎(콩팥 신), 實(열매 실), 磁(사기그릇 자), 慈(사랑할 자), 莿(가시 자), 綽(여유 작), 萇(오릉자 장), 嶂(산봉우리 장), 臧(착할 장), 奬(장려 장), 滓(앙금 재), 溨(물이름 재), 榟(가래나무 재), 箏(쟁 쟁), 菹(젓갈 저), 這(이것 저), 嫡(본처 적), 翟(꿩 적), 菂(연밥 적), 逖(멀리할 적), 銓(저울질할 전), 塼(벽돌 전), 箋(문서 전), 嫥(오로지 전), 戩(멸할 전), 腆(두터울 전), 截(다스릴 절), 墊(빠질 점), 颭(물결 일 점), 蜨(나비 접), 精(찧을 정), 禎(상서 정), 静(고요할 정), 艶(그늘진 곳 정), 酲(숢증날 정), 禔(편안할 제), 製(지을 제), 齊(가지런할 제), 瑅(옥이름 제), 造(지을 조), 趙(나라 조), 肇(시작할 조), 嶆(깊을 조), 嘈(시끄러울 조), 蜩(매미 조), 銚(긴창 조), 種(씨 종), 綜(모을 종), 瘇(각기 종), 罪(허물 죄), 嗾(부추길 주), 綢(얽을 주), 週(닥칠 주), 賙(귀가 밝을 주), 裯(장막 주), 準(법도 준), 逡(주저할 준), 僔(모일 준), 綧(법도 준), 踆(마칠 준), 誌(기록할 지), 蜘(거미 지), 榰(버틸지), 馶(굳셀 지), 搘(버틸 지), 禔(즐거움 지), 溱(많을 진), 搢(꽂을 진), 盡(다할 진), 塵(티끌 진), 賑(넉넉할 진), 榛(덤불 진), 槇(고울 진), 箚(찌를 차), 槎(나무 벨 차), 搾(짤 착), 斲(새길 착), 察(살필 찰), 僭(거짓 참), 塹(구덩이 참), 嶄(높을 참), 滄(큰바다 창), 暢(통할 창), 菖(창포 창), 彰(밝을 창), 槍(창 창), 愴(슬퍼할 창), 脹(창자 창), 搶(닿을 창), 戧(징계 창), 菜(나물 채), 綵(비단 채), 寨(울타리 채), 嘖(처음 책), 幘(머리띠 책), 萋(우거질 처), 墌(터 척), 蜴(도마뱀 척), 僢(마주향할 천), 綴(꿰맬 철), 銕(갑옷 철), 餮(탐할 철), 輒(문득 첩), 菁(우거질 청), 蜻(잠자리 청), 僬(달릴 초), 誚(꾸짖을 초),銃(총 총),

緫(모을 총), 聰(밝을 총), 榱(서까래 최), 僦(고용할 추), 搥(칠 추), 甃(우물벽돌 추), 箠(채찍질 추), 逐(쫓을 축), 瑃(옥 춘), 萃(야윌 췌), 翠(비취색 취), 聚(모을 취), 置(둘 치), 緇(검은옷 치), 菑(고묵 치), 寢(잘 침), 稱(칭찬할 칭)

14획 *음오행(音五行)이 水인 글자

麽(작을 마), 幕(장막 막), 寞(쓸쓸할 막), 輓(수레끌 만), 墁(흙손 만), 嫚(문란할 만), 幔(천막 만), 靺(말갈 말), 望(바랄 망), 網(그물 망), 莽(풀 망), 酶(누룩 매), 陌(밭두렁 맥), 萌(싹 맹), 綿(솜 면), 滅(멸망할 멸), 鳴(울 명), 銘(새길 명), 溟(바다 명), 暝(어두울 명), 慏(생각 깊을 명), 貌(모양 모), 瑁(서옥 모), 嫫(추녀 모), 髦(뛰어날 모), 夢(꿈 몽), 濛(가랑비 몽), 墓(무덤 묘), 舞(춤출 무), 誣(무고할 무), 聞(들을 문), 瑂(옥돌 미), 暋(강할 민), 碈(옥돌 민), 瑉(옥돌 민), 緡(합할 민), 閩(나라이름 민), 密(꿀 밀), 箔(발 박), 駁(얼룩말 박), 膊(지붕끝판지 박), 搬(옮길 반), 槃(쟁반 반), 擎(옮길 반), 頖(반궁 반), 榜(방목 방), 滂(큰비 방), 搒(매질할 방), 膀(도지개 방), 髣(비슷할 방), 裵(치렁치렁할 배), 裵(성씨 배), 閥(가문 벌), 碧(옥돌 벽), 駢(굳을 변), 餅(금화 병), 缾(두레박 병), 絣(섞을 병), 輔(재상 보), 菩(보살 보), 福(복 복), 僕(종 복), 箙(화살 통 복), 菔(칼집 복), 逢(만날 봉), 鳳(봉황새 봉), 菶(무성할 봉), 腐(썩을 부), 溥(펼 부), 孵(알깔 부), 腑(장부 부), 榑(뽕나무 부), 韍(인끈 불), 鼻(코 비), 榧(비자나무 비), 菲(엷을 비), 脾(지라 비), 緋(붉은빛 비), 翡(물총새 비), 蜚(바퀴 비), 裨(도울 비), 腓(덮을 비), 萆(도롱이 비), 賓(손님 빈), 菠(시금치 파), 頗(편파 파), 萍(부평초 평), 飽(배부를 포), 逋(달아날 포), 誧(꾀할 포), 鞄(가방 포), 嘌(빠를 표), 嫖(음란할 표), 裱(목도리 표), 瘋(문둥병 풍), 鞁(고삐 피), 馝(향기로울 필)

15) 인명용 15획 한자

15획 *음오행(音五行)이 木인 글자

價(값 가), 稼(농사 가), 駕(탈것 가), 葭(갈대 가), 愨(성실할 각), 慳(아낄 간), 葛(칡 갈), 褐(털옷 갈), 蝎(전갈 갈), 羯(오랑캐 갈), 慷(개탄할 강), 僵(쓰러질 강), 慨(분개할 개), 槪(절개 개), 漑(물댈 개), 槩(대개 개), 磕(돌 소리 개), 賡(이을 갱), 踞(웅크릴 거), 駏(버새 거), 腱(힘줄 건), 漧(하늘 건), 儉(검소할 검), 劍(칼 검), 鴃(백로 격), 熲(불빛 경), 儆(경계할 경), 慶(경사 경), 駉(준마 경), 磎(시내 계), 稽(머무를 계), 稿(초 고), 靠(기댈 고), 穀(곡식 곡), 槲(떡갈나무 곡), 滾(흐를 곤), 褌(잠방이 곤), 閫(문지방 곤), 鞏(묶을 공), 課(시험 과), 蝌(올챙이 과), 踝(복사뼈 과), 郭(둘레 곽), 槨(덧널 곽), 慣(익숙할 관), 寬(너그러울 관), 輨(줏대 관), 廣(넓을 광), 瑰(구슬이름 괴), 嬌(아리따울 교), 嶠(산길 교), 餃(경단 교), 銶(끌 구), 歐(토할 구), 毆(칠 구), 駒(망아지 구), 摳(던질 구), 漚(담글 구), 窮(궁할 궁), 権(권세 권), 逵(큰길 규), 葵(해바라기 규), 槻(느티나무 규), 嬀(강이름 규), 樛(휘어질 규), 劇(장난할 극), 瑾(맑을 근), 槿(무궁화나무 근), 嶔(가파른 금), 畿(경기 기), 嵚(높을 기)

15획 *음오행(音五行)이 火인 글자

鼐(가마솥 내), 碾(맷돌 년), 駑(둔할 노), 儂(나 농), 腦(뇌 뇌), 閙(시끄러울 뇨), 暱(친족 닐), 樣(차나무 다), 緞(비단 단), 慱(근심할 단), 漙(둥글 단), 腶(약포 단), 談(말씀 담), 儋(멜 담), 噉(먹일 담), 墰(단지 담), 郯(나라이름 담), 踏(밟을 답), 幢(휘장 당), 瑭(옥 이름 당), 德(큰 덕), 稻(벼 도), 墩(돈대 돈), 董(바로잡을 동), 陡(험할 두), 嶝(고개 등), 墱(비탈질 길 등), 摞(다스릴 라), 落(떨어질 락), 樂(즐길 락), 漤(과실 장아찌 람), 瑯(옥돌 랑), 閬(고환 랑), 逨(올래), 諒(진실 량), 樑(들보 량), 輛(수레 량), 慮(생각할 려), 閭(마을 려), 黎(검을 려), 厲(사나울 려), 練(익힐 련), 漣(물놀이 련), 輦(손수레 련), 颲(질풍 렬), 磏(모난 돌 렴), 魯(미련 로), 滷(간수 로), 漉(칠 록), 論(논할 론), 賚(뇌물줄 뢰), 磊(돌무덤 뢰), 寮(동관 료), 嘹(피리소리 료), 嫽(희롱할 료), 樓(다락 루), 漏(샐 루), 慺(정성스러울 루), 熡(불꽃 루), 劉(도끼 류), 瑠(유리 류), 瘤(혹 류), 戮(형벌 륙), 輪(바퀴 륜), 稞(볏가리 률), 瑮(옥 무늬 률), 澟(찰 름), 凜(흐릿할 름), 履(신발 리), 摛(펼 리), 漓(스며들 리), 嶙(가파를 린), 墮(떨어질 타), 駝(낙타 타), 駞(낙타 타), 踔(멀 탁), 逴(비출 탁), 歎(한숨쉴 탄), 彈(탄알 탄), 駘(둔마 태), 噋(느릿할 톤), 樋(나무이름 통), 慟(애통할 통), 慝(간사할 특)

15획 *음오행(音五行)이 土인 글자

鴉(검을 아), 腭(잇몸 악), 樂(풍류 악), 蕚(꽃받침 악), 鞍(안장 안), 鴈(기러기 안), 頞(콧마루 알), 腤(고기 삶을 암), 葊(암자 암), 睚(넉넉할 애), 僾(흐느낄 애), 漄(물가 애), 皚(흴 애), 磑(맷돌 애), 葯(부들 싹 약), 養(기를 양), 樣(본 양), 漾(출렁거릴 양), 漁(고기잡을 어), 億(억 억), 醃(절인 채소 엄), 演(흐를 연), 戭(사람 이름 연), 蝡(장구벌레 연), 緣(인연 연), 嬿(성 연), 噎(목멜 열), 熱(더울 열), 閱(읽을 열), 葉(잎 엽), 影(그림자 영), 潁(강이름 영), 瑩(옥돌 영), 銳(날카로울 예), 嫛(다스릴 예), 蓺(재주 예), 郳(나라이름 예), 熬(볶을 오), 噁(성낼 오), 慠(오만할 오), 獒(개 오), 瑥(사람이름 온), 瘟(염병 온), 馧(번성할 온), 蝸(고둥 와), 萵(상추 와), 緩(느릴 완), 翫(가지고놀 완), 豌(완두 완), 磈(높고 험할 외), 腰(허리 요), 瑤(옥돌 요), 嶢(산높을 요), 窯(가마 요), 墝(메마른 요), 嬈(예쁠 요), 樂(좋아할 요), 慾(욕심 욕), 瑢(옥소리 용), 慵(게으를 용), 踊(천치 용), 槦(나무이름 용), 憂(근심 우), 郵(우편 우), 耦(짝 우), 慪(유혹할 우), 稶(서직무성할 욱), 篔(추락 운), 院(집 원), 褑(띠 원), 緯(주관 위), 熨(덥게 할 위), 葳(우거질 위), 諉(맡길 위), 逶(구불구불갈 위), 衛(지킬 위), 慰(위로할 위), 葦(갈대 위), 蝟(고슴도치 위), 禕(아름다울 위), 窳(나태 유), 糅(섞을 유), 腴(살찔 유), 蝤(하루살이 유), 褕(홑옷 유), 萸(수유 유), 牖(들창 유), 閏(윤달 윤), 潤(물 깊고 넓을 윤), 鋆(쇠 윤), 誾(온화할 은), 璁(사람이름 은), 儀(거동 의), 誼(의논할 의), 漪(물놀이 의), 毅(굳셀 의), 頤(턱 이), 熤(사람이름 익), 戭(창 인), 逸(숨을 일), 蝦(새우 하), 漢(한나라 한), 嫺(우아할 한), 嫻(우아할 한), 暵(말릴 한), 瞎(애꾸눈 할), 緘(봉할 함), 陜(좁을 합), 頦(턱 해), 餉(건량 향), 噓(거짓 허), 墟(터 허), 賢(어질 현), 儇(총명할 현), 俔(한정할 현), 鋗(냄비 현), 鋏(칼 협), 篋(상자 협), 陘(지레목 형), 瑩(의심할 형), 慧(지혜 혜), 憓(밝을 혜), 嘒(별 반짝일 혜), 槥(널 혜), 鞋(신발 혜), 滸(물가 호), 糊(풀 호), 葫(마늘 호), 蝴(나비 호), 皞(밝을 호), 熩(빛날 호), 嘷(외칠 호), 滬(강이름 호), 皜(흰 호), 篊(홈통 홍), 嬅(고울 화), 嘩(시끄러울 화), 確(확실할 확), 碻(굳을 확), 篁(대숲 황), 蝗(황충 황), 皛(흴 효), 篌(공후 후), 葷(비릴 훈), 勳(공 훈), 萱(원추리 훤), 輝(빛 휘), 麾(지휘 휘), 翬(날개칠 휘), 廞(진열할 흠), 噏(거둘 흡), 興(일어날 흥), 嬉(즐길 희), 嘻(웃을 희), 頡(목덜미 힐)

15획 *음오행(音五行)이 金인 글자

賜(줄 사), 寫(베낄 사), 傺(잘게부술 사), 駟(말 사), 駛(달릴 사), 魦(모래무지 사), 數(여러번 삭), 潸(많을 산), 滲(스밀 삼), 霅(흩어질 삽), 賞(상줄 상), 箱(상자 상), 樣(상수리나무 상), 慡(성품 밝을 상), 殤(요절할 상), 緗(담황색 상), 槭(앙상할 색), 署(임명할 서), 緒(실마리 서), 鋤(호미 서), 縃(서로 서), 諝(슬기 서), 奭(클 석), 線(줄 선), 墡(백토 선), 嬋(아름다울 선), 腺(샘선 선), 揲(없앨 설), 暬

(무례할 설), 陝(고을이름 섬), 摻(가늘 섬), 葉(고을이름 섭), 瑆(귀 밝을 성), 腥(비릴 성), 銴(구리 녹날 세), 瘙(종기 소), 銷(녹일 소), 箾(퉁소 소), 霄(밤 소), 樔(풀막 소), 瑣(세분할 쇄), 誰(누구 수), 瘦(여윌 수), 數(셈 수), 漱(씻을 수), 銹(녹슬 수), 睟(재물 수), 瞍(소경 수), 穗(이삭 수), 竪(세울 수), 熟(익을 숙), 諄(도울 순), 醇(진할 순), 蝨(참깨 슬), 慴(두려워할 습), 槢(쐐기 습), 陞(오를 승), 廝(하인 시), 緦(모을 시), 澌(흐를 시), 嘶(울 시), 篒(대밥통 식), 蝕(일식 식), 瞋(눈뜨고 볼 신), 審(살필 심), 葚(오디 심), 髭(콧수염 자), 暫(잠깐 잠), 箴(바늘 잠), 葬(장사지낼 장), 腸(창자 장), 漳(물이름 장), 樟(녹나무 장), 暲(해돋을 장), 漿(음료 장), 獐(노루 장), 奬(권면 장), 諍(간할 쟁), 著(지을 저), 樗(가죽나무 저), 箸(젓가락 저), 褚(솜옷 저), 敵(적 적), 滴(물방울 적), 摘(잡아뗄 적), 樀(처마 적), 廛(가게 전), 箭(화살 전), 篆(전자 전), 翦(자를 전), 鋑(새길 전), 節(마디 절), 漸(차츰 점), 蝶(나비 접), 摺(접을 접), 鋌(광석 정), 靚(단장할 정), 鋥(칼날세울 정), 霆(번개 정), 除(덜 제), 緹(붉을 세), 調(고를 조), 嘲(비웃을 조), 槽(구유 조), 漕(배질할 조), 慫(권할 종), 踪(자취 종), 腫(종기 종), 慒(생각할 종), 樅(전나무 종), 週(주일 주), 駐(머무를 주), 廚(부엌 주), 調(아침 주), 腠(살결 주), 賙(보탤 주), 儁(영특할 준), 葰(클 준), 墫(술그릇 준), 陵(높을 준), 葺(기울 즙), 增(늘 증), 嶒(산높고 험할 증), 摯(잡을 지), 鋕(새길 지), 漬(담글 지), 墀(마룻바닥 지), 踟(주저할 지), 稷(기장 직), 禝(오곡신 직), 進(나아갈 진), 陣(진칠 진), 瑨(옥돌 진), 瑱(귀막이옥 진), 震(천둥소리 진), 禛(복받을 진), 瞋(성낼 진), 稹(치밀할 진), 瑨(옥돌 진), 質(바탕 질), 鴆(짐새 짐), 緝(낳을 집), 徵(조짐 징), 瑳(고울 차), 磋(갈 차), 賛(도울 찬), 慚(부끄러울 참), 槧(판목 참), 慘(아플 참), 慙(부끄러울 참), 瑲(방울소리 창), 廠(헛간 창), 漲(물불을 창),

瘡(종기 창), 磔(찢을 책), 郪(고을 이름 처), 慽(슬플 척), 滌(씻을 척), 瘠(여윌 척), 陟(오를 척), 摭(주울 척), 慼(슬플 척), 賤(천할 천), 踐(밟을 천), 儃(주저할 천), 徹(통할 철), 輟(그칠 철), 諂(아첨할 첨), 請(청할 청), 請(청할 청), 締(맺을 체), 蔕(꼭지 체), 髰(머리 깎을 체), 滯(막힐 체), 殢(나른할 체), 逮(잡을 체), 醋(술권할 초), 噍(씹을 초), 嫶(수척할 초), 嶕(높을 초), 趠(뛸 초), 髫(다박머리 초), 憁(심심할 총), 摠(모두 총), 葱(파 총), 嘬(깨물 최), 摧(꺾을 최), 漼(깊을 최), 墜(떨어질 추), 皺(주름 추), 萩(사철쑥 추), 諏(꾀할 추), 樞(지도리 추), 衝(부딪칠 충), 醉(취할 취), 趣(뜻 취), 嘴(부리 취), 層(계단 층), 齒(이 치), 幟(표적 치), 緻(고울 치), 輜(짐수레 치), 漆(옻칠 칠), 郴(고을이름 침), 鋟(새길 침)

15획 *음오행(音五行)이 水인 글자

摩(연마할 마), 瑪(마노 마), 碼(저울추 마), 漠(사막 막), 萬(일만 만), 滿(찰 만), 慢(게으를 만), 漫(넓을 만), 輞(바퀴테 망), 漭(넓을 망), 賣(팔 매), 魅(도깨비 매), 霉(곰팡이 매), 緬(가는실 면), 麪(국수 면), 緜(솜 면), 瞑(눈감을 명), 暮(저물 모), 模(법 모), 慕(사모할 모), 摸(본뜰 모), 摹(베낄 모), 慔(힘쓸 모), 蝥(해충 모), 廟(사당 묘), 嘸(모호할 무), 廡(무성할 무), 墨(먹 묵), 嘿(잠잠할 묵), 慜(총명할 민), 緡(낚싯줄 민), 樒(향나무 밀), 滵(빨리 흐를 밀), 瘢(흉터 반), 盤(쟁반 반), 磐(너럭바위 반), 髮(머리털 발), 魃(가물귀신 발), 磅(돌소리 방), 魴(방어 방), 輩(무리 배), 賠(배상할 배), 褙(속적삼 배), 魄(혼 백), 幡(깃발 번), 樊(새장 번), 罰(죄 벌), 範(규법 범), 滼(뜰 범), 僻(피할 벽), 劈(쪼갤 벽), 彆(활 뒤틀릴 별), 軿(수레 병), 褓(포대기 보), 葆(더부룩할 보), 鴇(능에 보), 腹(배 복), 複(겹칠 복), 墣(흙덩이 복), 幞(두건 복), 蝠(살무사 복), 蝮(살무사 복), 鳳(봉새 봉), 鋒(칼날 봉), 熢(봉화 봉), 漨(물 이름 봉), 部(거느릴 부),

賦(구실 부), 敷(펼 부), 駙(곁마 부), 麩(밀기울 부), 頫(숙일 부), 墳(무덤 분), 噴(노할 분), 髴(비슷할 불), 漰(물소리 붕), 誹(비방할 비), 郫(고을이름 비), 葩(꽃 파), 霈(큰비 패), 編(엮을 편), 篇(책 편), 翩(빨리날 편), 緶(꿰맬 편), 艑(거룻배 편), 萹(마디풀 편), 蝙(박쥐 편), 褊(좁을 편), 廢(폐할 폐), 獘(해질 폐), 幣(폐백 폐), 陛(섬돌 폐), 葡(포도 포), 褒(도포 포), 鋪(베풀 포), 暴(사나울 포), 暴(사나울 폭), 檦(표 표), 漂(떠다닐 표), 慓(급할 표), 熛(불똥 표), 摽(칠 표), 髲(다리 피), 腷(답답할 픽), 斁(다할 필), 滭(용솟음칠 필), 駜(말 살찔 필)

16) 인명용 16획 한자

16획 *음오행(音五行)이 木인 글자

諫(간할 간), 墾(개간할 간), 澗(산골물 간), 噶(다짐할 갈), 橄(감람나무 감), 憨(어리석을 감), 澉(씻을 감), 鋼(강철 강), 彊(강할 강), 壃(지경 강), 橿(서 강), 蓋(덮을 개), 鋸(톱 거), 褰(주름잡을 건), 踺(밟을 건), 劍(칼 검), 黔(검을 검), 憩(쉴 게), 膈(가슴 격), 骼(해골 격), 潔(깨끗할 결), 縑(비단 겸), 蒹(갈대 겸), 磬(경쇠 경), 頸(목 경), 憬(깨달을 경), 暻(밝을 경), 燛(밝을 경), 褧(홑옷 경), 璄(옥빛 경), 縘(맬 계), 髻(상투 계), 膏(살찔 고), 錮(땜질할 고), 篙(상앗대 고), 糕(떡 고), 鴣(자고 고), 穀(명주 곡), 錕(곤오산 곤), 過(지나칠 과), 霍(빠를 곽), 錧(바퀴철 관), 舘(관사 관), 盥(대야 관), 髺(머리묶을 괄), 廥(곳간 괴), 蒯(황모 괴), 噭(주둥이 교), 憍(교만할 교), 撟(들 교), 骹(정강이 교), 橋(다리 교), 龜(나라이름 구), 蒟(구장 구), 璆(아름다운 구), 甌(사발 구), 窶(가난할 구), 篝(배롱 구), 糗(말린밥 구), 獗(날뛸 궐), 潰(무너질 궤), 憒(심란할 궤), 撅(걷을 궤), 樻(나무이름 궤), 龜(거북 귀), 窺(엿볼 규), 潙(강 이름 규), 龜

(거북 균), 橘(귤 귤), 瑾(옥 근), 錦(비단 금), 噤(입 다물 금), 黔(누른빛 금), 器(그릇 기), 機(기계 기), 琪(꾸미개옥 기), 錤(호미 기), 錡(세발솥 기), 冀(바랄 기), 曁(함께 기), 噲(목구멍 쾌)

16획 *음오행(音五行)이 火인 글자

諾(대답할 낙), 撚(비틀 년), 儜(괴로워할 녕), 噥(수군거릴 농), 餒(주릴 뇌), 撓(흔들릴 뇨), 耨(김맬 누), 憓(마음 좋을 니), 觰(쇠뿔다), 壇(제단 단), 達(통달할 달), 潭(못 담), 曇(흐릴 담), 錟(창 담), 糖(엿 당), 撞(부딪칠 당), 瞠(볼 당), 儓(하인 대), 道(길 도), 馟(향기날 도), 都(도읍 도), 覩(볼 도), 陶(질그릇 도), 導(인도할 도), 賭(도박 도), 錭(쇠 덩이 도), 篤(도타울 독), 暾(아침해 돈), 燉(불빛돈), 潡(큰물 돈), 潼(물이름 동), 憧(그리워할 동), 朣(달떠오를 동), 曈(동틀 동), 橦(나무이름 동), 頭(머리 두), 遁(달아날 둔), 燈(등잔등), 橙(등자나무 등), 縢(봉할 등), 螣(등사 등), 蓏(열매 라), 瘰(연주 창 라), 駱(낙타 락), 螂(사마귀 랑), 膂(등골 뼈 려), 歷(지낼 력), 曆(책력 력), 憐(어여삐여길 련), 璉(호련 련), 鹷(소금 령), 鴒(할미새령), 隷(종속할 례), 盧(검을 로), 撈(잡을 로), 潞(강이름 로), 潦(큰비 로), 澇(큰 물결 로), 錄(기록할 록), 賴(의뢰할 뢰), 頼(의뢰할 뢰), 燎(밝을 료), 撩(다스릴 료), 暸(밝을 료), 潦(큰 비 료), 獠(밤사냥 료), 膋(발기름 료), 龍(용 룡), 瘻(부스럼 루), 橊(석류나무 류), 陸(뭍 륙), 錀(금색 륜), 廩(곳집 름), 陵(언덕 릉), 璃(유리 리), 厳(바를 리), 潾(돌샘 린), 燐(반딧불 린), 撛(뺄 린), 橉(나무이름 린), 獜(튼튼할 린), 霖(장마 림), 橢(길쭉할 타), 鮀(모래무지 타), 駝(타조타), 橐(전대 탁), 憚(화낼 탄), 暺(밝을 탄), 殫(다할 탄), 糖(엿 탕), 燙(데울 탕), 鮐(복어 태), 撐(버틸 탱), 撑(버팀목 탱), 腿(정강이퇴), 褪(바랠 퇴), 頽(기울 퇴)

16획 *음오행(音五行)이 土인 글자

餓(주릴 아), 鋨(경개 아), 鄂(경계 악), 噩(놀랄 악), 覨(오래 볼 악), 諤(직언할 악), 贋(불빛 안), 謁(고할 알), 閼(그칠 알), 遏(막을 알), 諳(깨달을 암), 頷(끄덕일 암), 鴨(오리 압), 鴦(원앙 앙), 噯(감탄사 애), 縊(목맬 액), 罃(물동이 앵), 蒻(부들 약), 篛(대 껍질 약), 轕(수레 양), 禦(막을 어), 衛(깨끗할 어), 諺(상말 언), 閹(내시 엄), 業(험준할 업), 嶫(높고 험할 업), 曀(구름 낄 에), 餘(나머지 여), 嶧(산 이름 역), 閾(문지방 역), 燃(탈 연), 燕(제비 연), 輭(연할 연), 潱(물 흐를 열), 閻(한길 염), 燁(빛날 엽), 曄(빛날 엽), 曅(빛날 엽), 穎(이삭 영), 羸(찰 영), 縈(굽을 영), 豫(미리 예), 叡(밝을 예), 霓(무지개 예), 橤(드리울 예), 瞖(백태 낄 예), 瘞(고요할 예), 墺(육지 오), 窹(부엌 오), 縕(헌솜 온), 膃(살찔 올), 蓊(장다리 옹), 壅(막을 옹), 鋺(식기 완), 橈(꺾을 요), 徼(구할 요), 澆(물댈 요), 縟(무늬 욕), 褥(요 욕), 蓐(거적 욕), 蓉(연꽃 용), 踴(뛸 용), 遇(만날 우), 踽(홀로 갈 우), 鍼(빛날 욱), 運(운 운), 澐(큰 물결 운), 賱(재운 운), 橒(나무무늬 운), 篔(왕대 운), 鴛(원앙새 원), 鋺(식기 원), 謂(고할 위), 衞(막을 위), 違(어길 위), 遊(놀 유), 儒(유교 유), 諛(아첨할 유), 諭(인도할 유), 踰(넘을 유), 蹂(밟을 유), 逾(멀 유), 潤(젖을 윤), 橍(나무이름 윤), 燏(빛날 율), 潏(물 흐를 율), 鴥(빨리 날 율), 融(통할 융), 隱(기댈 은), 蒑(풀빛 은), 蒽(풀이름 은), 憖(억지로 은), 陰(음기 음), 凝(얼 응), 儗(망설일 의), 螘(개미 의), 劓(코벨 의), 彝(떳떳할 이), 璌(사람이름 인), 諲(공경할 인), 遐(멀 하), 赮(붉을 하), 嘲(웃을 하), 學(배울 학), 謔(희롱할 학), 翰(문서 한), 澖(넓을 한), 橌(큰나무 한), 閑(익힐 한), 陷(빠질 함), 諴(화할 함), 諧(어울릴 해), 駭(놀랄 해), 骸(해골 해), 廨(공관 해), 嶰(골짜기 해), 翮(조류 핵), 歔(흐느낄 히), 憲(법 헌), 軒(초헌 헌), 嶮(험할 험), 縣(고을 현), 嬛(치밀 현), 頰(뺨 협), 螢(반딧불 형), 衡(저울 형), 憓(순할 혜), 澔(넓을 호), 縞(명주 호), 蒿(쑥 호), 豪(호걸 호), 醐(제호 호), 閽(문지기 혼), 澒(수은 홍), 鬨(싸움 홍), 樺(자작나무 화), 澕(깊을 화), 圜(두를 환), 寰(기내 환), 潢(은하수 황), 遑(급할 황), 頮(세수할 회), 澋(물돌아나갈 횡), 横(가로 횡), 曉(밝을 효), 勳(공 훈), 諠(잊을 훤), 諼(속일 훤), 諱(꺼릴 휘), 撝(찢을 휘), 髹(붉은 빛 휴), 歙(쭈그릴 흡), 潝(물소리 흡), 噫(한숨쉴 희), 橲(나무이름 희), 羲(복희씨 희), 熺(밝을 희), 憙(기뻐할 희), 熹(밝을 희), 憘(기쁠 희), 戱(놀 희), 嘻(환할 희)

16획 *음오행(音五行)이 金인 글자

蓑(도롱이 사), 篩(체 사), 蒴(깍지 삭), 蒜(마늘 산), 橵(산자 산), 潸(비올 산), 潸(비올 산), 撒(뿌릴 살), 澁(떫을 삽), 霎(가랑비 삽), 橡(상수리 상), 潒(떠돌 상), 諝(슬기 서), 噬(씹을 서), 撕(이끌 서), 蓆(자리 석), 潟(개펄 석), 錫(주석 석), 褯(자리 석), 璇(옥 선), 敾(기울 선), 歚(고을 선), 暶(아름다운 선), 暹(해떠오를 섬), 醒(깰 성), 燒(불사를 소), 篠(조릿대 소), 穌(소생할 소), 嘯(휘파람 소), 衞(깨끗할 소), 膆(살찔 소), 艘(배 소), 璅(옥돌 소), 蓀(난초 손), 樹(심을 수), 輸(보낼 수), 遂(이룰 수), 蒐(사냥 수), 蓚(수산 수), 陲(변방 수), 膄(여윌 수), 錞(악기이름 순), 橓(무궁화나무 순), 駨(말이 달릴 순), 璱(진주 슬), 陞(오를 승), 蒔(모종낼 시), 蓍(시초 시), 諡(시호 시), 諟(바로잡을 시), 諰(두려워할 시), 澌(다할 시), 駪(말의 무리 신), 潯(물가 심), 燖(데울 심), 諶(진실 심), 諮(물을 자), 褯(포대기 자), 鮓(젓갈 자), 赭(붉은 흙 자), 潺(물소리 잔), 潛(감출 잠), 潜(잠길 잠), 墻(담 장), 璋(홀 장), 瘴(장기 장), 嬙(궁녀 장), 廧(담 장), 縡(일 재), 賳(재물 재), 錚(징 쟁), 潴(웅덩이 저), 積(쌓을 적), 磧(여울 적), 戰(싸움 전), 錢(돈 전), 甎(벽돌 전), 磚(벽돌 전), 錪

(가마 전), 靛(족 전), 靦(부끄러워할 전), 霑(젖을 점), 鮎(메기 점), 蹀(밟을 접), 靜(조용할 정), 整(가지런할 정), 諪(고를 정), 錠(제기이름 정), 頲(곧을 정), 遉(엿볼 정), 諸(모든 제), 劑(약지을 제), 蹄(올무 제), 醍(맑은술 제), 儕(무리 제), 踶(밟을 제), 潮(밀물 조), 雕(새길 조), 錞(불리지않은쇠 조), 噪(시끄러울 조), 瘯(옴 족), 瑽(패옥소리 종), 踵(발꿈치 종), 遒(닥칠 주), 澍(적실 주), 輳(모일 주), 儔(짝 주), 霌(운우 주), 霔(장마 주), 雋(준걸 준), 樽(술통 준), 餕(대궁 준), 撙(누를 준), 憎(미워할 증), 蒸(많을 증), 𤏡(슬기 지), 篪(피리 지), 陳(늘어놓을 진), 縝(촘촘 진), 縉(분홍빛 진), 臻(이를 진), 蓁(우거질 진), 儘(다할 진), 蒺(벌레이름 질), 潗(샘물솟을 집), 輯(모을 집), 濈(샘솟을 집), 澄(맑을 징), 澂(맑을 징), 錯(어긋날 착), 撰(지을 찬), 餐(먹을 차), 篡(빼앗을 찬), 憯(슬퍼할 참), 艙(선창 창), 蒼(푸를 창), 氅(새털 창), 錩(날카로울 창), 閶(천문 창), 蒨(우거질 천), 澈(맑을 철), 撤(거둘 철), 錣(산가지 철), 幨(휘장 첨), 諜(이간할 첩), 諦(살필 체), 諟(바로잡을 체), 樵(장작 조), 燋(홰 초), 鞘(갈집 초), 憔(수척할 초), 撮(모을 촬), 璀(빛날 최), 磪(산높고 험할 최), 縗(깃옷 최), 瘳(나을 추), 縋(매어달 추), 縐(주름질 추), 蒭(꼴 추), 陬(모퉁이 추), 錐(송곳 추), 錘(도가니 추), 蓄(쌓을 축), 築(건축물 축), 賰(넉넉할 춘), 毳(덧신 취), 熾(맹렬할 치), 褫(옷벗길 치), 錙(저울눈 치), 鴟(올빼미 치), 鴙(꿩 치), 親(친할 친)

16획 *음오행(音五行)이 水인 글자

磨(갈 마), 螞(왕개미 마), 瞙(흐릴 막), 瞞(속일 만), 罵(욕할 매), 甍(용마루 맹), 幂(덮을 멱), 蓂(명협풀 명), 螟(해충 명), 謨(꾀할 모), 橅(법 모), 穆(온화할 목), 蒙(우매할 몽), 瞢(어두울 몽), 貓(고양이 묘), 憮(애무할 무), 撫(어루만질 무), 橅(규범 무), 儛(춤출 무), 默(삼삼할 묵), 璊(붉은 옥 문), 敉(가르칠 미), 憫(근심할 민), 潤(물

흘러내릴 민), 撲(칠 박), 樸(통나무 박), 縛(묶을 박), 膊(포 박), 駮(짐승이름 박), 潘(쌀뜨물 반), 盤(가뢰 반), 潑(물 뿌릴 발), 撥(없앨 발), 膀(오줌통 방), 蒡(우엉 방), 螃(방게 방), 陪(모실 배), 蓓(꽃봉오리 배), 燔(구울 번), 橃(뗏목 벌), 罰(죄 벌), 壁(울타리 벽), 辨(분별할 변), 駢(합칠 변), 鴘(매 변), 骿(굳은살 변), 鉼(판금 병), 潽(끓을 보), 輹(복토 복), 輻(모여들 복), 鮒(붕어 부), 憤(성낼 분), 奮(떨칠 분), 濆(뿜을 분), 豳(수놓을 분), 憊(고달플 비), 霏(보슬비 비), 篦(참빗 비), 蓖(아주까리 비), 陴(보필 비), 頻(자주 빈), 儐(인도할 빈), 憑(의지할 빙), 播(뿌릴 파), 罷(파할 파), 辦(힘쓸 판), 澎(물소리 팽), 遍(두루 편), 諞(말 잘할 편), 鮃(넙치 평), 嬖(사랑할 폐), 獘(넘어질 폐), 蒲(창포 포), 鮑(절인어물 포), 餔(새참 포), 輻(몰려들 폭), 瓢(표주박 표), 諷(풍자할 풍), 觱(쌀쌀할 필), 逼(협박할 핍)

17) 인명용 17획 한자

17획 *음오행(音五行)이 木인 글자

檟(개오동나무 가), 謌(노래 가), 艱(어려울 간), 懇(사모할 간), 癎(간질 간), 磵(시내 간), 癇(간질 간), 瞰(볼 감), 憾(서운할 감), 撼(흔들 감), 歛(바랄 감), 繈(포대기 강),襁(포대기 강), 殭(말라죽을 강), 講(강론할 강), 橿(굳셀 강), 糠(겨 강), 據(의거할 거), 鍵(굼뜰 건), 蹇(절뚝발이 건), 謇(어려울 건), 撿(단속할 검), 檢(조사할 검), 闃(조용할 격), 擊(칠 격), 激(부딪칠 격), 檄(격서 격), 遣(보낼 견), 縳(감을 견), 鍥(절단할 결), 闋(끝날 결), 黚(검누른 빛 겸), 謙(겸손할 겸), 憼(경계할 경), 曔(마를 경), 顈(느슨할 경), 罄(공허할 경) 璟(옥빛 경), 擎(받들 경), 檠(도지개 경), 檠(도지개 경), 階(섬돌 계), 谿(시내 계), 鍋(냄비 과), 觳(살전대 곡), 轂(수레바퀴 곡), 撾(음곡과), 顆(낱알 과), 館(관사 관), 窾(법도 관), 鴰(재두루미 괄), 磺(원석 광), 瓌(아름다울 괴), 馘(볼 괵), 鵁(해오라기 교), 鄗(산 이름 교), 矯(바로잡을 교), 磽(단단할 교), 膠(아교 교), 鮫(상어 교), 屨(가죽신 구), 颶(구풍 구), 覯(합칠 구), 遘(만날 구), 購(살 구), 麴(누룩 국), 鞠(기를 국), 簋(제기이름 궤), 懃(은근할 근), 擒(생포할 금), 檎(능금나무 금), 璣(구슬 기), 禨(제사 기), 覬(바랄 기), 磯(물가 기)

17획 *음오행(音五行)이 火인 글자

嬭(낮잠 내), 嚀(정중할 녕), 濃(짙을 농), 嬲(희롱할 뇨), 癉(황달 단), 檀(박달나무 단), 鍛(쇠칠 단), 撻(매질할 달), 澾(미끄러울 달), 擔(맡을 담), 憺(편안할 담), 澹(싱거울 담), 禫(조용할 담), 遝(뒤섞일 답), 檔(문서 당), 螳(매미 당), 隊(떼 대), 黛(눈썹먹 대), 鍍(올릴 도), 蹈(슬퍼할 도), 闍(성곽의 문 도), 壔(제방 도), 獨(홀로 독), 瞳(눈동자 동), 斁(섞을 두), 磴(돌다리 등), 膯(베낄 등), 螺(소라 라), 闌(무늬 란), 駺(꼬리흰말 랑), 騄(꼬리흰말 량), 儢(물러날 려), 勵(힘쓸 려), 鍊(익힐 련), 聯(연이을 련), 蓮(연 련), 濂(엷을 렴), 斂(거둘 렴), 殮(빈소 렴), 嶺(재 령), 澪(맑을 령), 隷(종속힐 례), 澧(강이름 례), 擄(사로잡을 로), 癆(아픔 로), 簏(원통광주리 록), 儡(꼭두각시 뢰), 瞭(눈밝을 료), 療(병고칠 료), 蓼(괴로울 료), 縷(실 루), 褸(남루할 루), 蔞(쑥 루), 耬(논밭 갈 루),螻(청개구리 루), 縲(오라줄 류), 遛(정지할 류), 隆(높을 륭), 癃(위독할 륭), 窿(활꼴모양 륭), 澟(차거울 름), 薐(모가 날 릉), 罹(근심 리), 螭(새끼짐승 리), 璘(옥빛 린), 麟(기린 린), 磷(얇은 돌 린), 臨(임할 림), 濁(흐릴 탁), 憻(평평할 탄), 盪(부딪칠 탕), 澤(못 택), 擇(가릴 택)

17획 *음오행(音五行)이 土인 글자

嶽(큰산 악), 鍔(칼날 악), 鮟(메기 안), 鴶(두견새 알), 癌(암 암), 菴(암자 암), 馣(향기 암), 闇(어두울 암), 壓(누를 압), 曖(가릴 애), 騃(어리석을 애), 龠(피리 약), 陽(해 양), 襄(오를 양), 檍(참죽나무

억), 憶(기억할 억), 嚴(엄할 엄), 輿(수레 여), 懌(순종할 역), 縯(길 연), 嶸(산높을 영), 霙(눈꽃 영), 營(경영할 영), 鍈(방울소리 영), 嬰(어릴 영), 濊(깊을 예), 藝(심을 예), 獩(민족이름 예), 繄(탄성 예), 翳(몸 가리개 예), 聱(말 듣지 않을 오), 懊(탐낼 오), 澳(깊을 오), 燠(따뜻할 오), 轀(수레 온), 醞(조화 온), 擁(안을 옹), 遙(거닐 요), 謠(노래할 요), 繇(부역 요), 聳(솟을 용), 優(넉넉할 우), 隅(구석 우), 燠(따뜻할 우), 鍝(귀고리 우), 燠(위로할 욱), 鄖(땅이름 운), 蔚(빽빽할 울), 遠(멀 원), 轅(끌채 원), 黿(바다거북 원), 謜(끊임없을 원), 闈(쪽문 위), 餧(음식물 위), 孺(젖먹이 유), 鍮(놋쇠 유), 黝(검은 흙 유), 鮪(다랑어 유), 儥(팔 육), 嶾(산 높을 은), 檃(도지개 은), 蔭(그늘 음), 應(응할 응), 嶷(산 이름 의), 鳾(제비 이), 翼(날개 익), 謚(웃을 익), 臏(등뼈 부위 인), 嚇(위협할 하), 罅(갈라질 하), 鍜(경개 하), 霞(노을 하), 壑(골짜기 학), 駻(사나운 말 한), 鼾(코골 한), 韓(나라이름 한), 澣(씻을 한), 𡽜(산형상 한), 轄(비녀장 할), 澥(작은 강 해), 獬(굳센 모양 해), 醢(절인 물고기 해), 鮭(어채 해), 懈(게으를 해), 鄕(고향 향), 獫(오랑캐 험), 嚇(성낼 혁), 駽(철총이 현), 謑(치욕 혜), 蹊(건널 혜), 壕(해자 호), 鄗(호경 호), 蔰(빛 호), 鴻(기러기 홍), 擐(몸에 걸칠 환), 鍰(고리 환), 闊(넓을 활), 豁(통할 활), 璜(패옥 황), 隍(해자 황), 檜(노송나무 회), 澮(봇도랑 회), 獪(교활할 회), 嚄(외칠 획), 嚆(울릴 효), 餚(반찬 효), 壎(질나팔 훈), 燬(화재 훼), 徽(아름다울 휘), 虧(줄어들 휴), 鵂(수리부엉이 휴), 戲(놀 희), 禧(복 희) 嬉(여자 이름 희)

17획 *음오행(音五行)이 金인 글자

謝(사례할 사), 蔘(인삼 삼), 糝(나물죽 삼), 鍤(돗바늘 삽), 霜(서리 상), 償(갚을 상), 賽(굿할 새), 濇(껄끄러울 색), 嶼(섬 서), 嶼(섬 서), 澨(강 이름 서), 鮮(생선 선), 禪(선 선), 褻(더러울 설), 蔎(향기로울 설), 憸(간사할 섬), 韱(부추 섬), 燮(화할 섭), 聲(소리 성), 騂(붉은 말 성), 蔬(푸성귀 소), 遡(거스를 소), 繅(실을 뽑을 소), 魈(이매 소), 謖(일어날 속), 遜(달아날 손), 蟀(귀뚜라미 솔), 衛(거느릴 솔), 慫(또렷할 송), 雖(비록 수), 穗(이삭 수), 隋(수나라 수), 燧(봉화 수), 濉(강이름 수), 橚(무성할 숙), 潚(강 이름 숙), 瞬(잠깐 순), 蓴(순나물 순), 膝(무릎 슬), 褶(주름 습), 鍉(숟가락 시), 蟋(귀뚜라미 실), 頿(머리 예쁠 자), 嬨(너그럽고 순할 자), 蔗(맛좋을 자), 磼(산 높을 잡), 牆(경계 장), 糚(꾸밀 장), 餦(산자 장), 蔣(줄 장), 檣(돛대 장), 齋(재계 재), 陼(삼각주 저), 績(공 적), 澱(앙금 전), 輾(구를 전), 餞(보낼 전), 氈(양탄자 전), 澶(물 흐를 전), 膞(무릎 전), 黏(죽 점), 薪(풀이 얽힐 점), 點(점 점), 頲(아름다울 정), 檉(능수버들 정), 鷈(올가미 제), 鍗(가마솥 제), 隄(제방 제), 鮧(메기 제), 燥(마를 조), 嬥(춤출 조), 懆(조심할 조), 澡(다스릴 조), 糙(현미 조), 艚(거룻배 조), 蔦(담쟁이 조), 操(잡을 조), 糟(지게미 조), 簇(모일 족), 縱(세로 종), 螽(누리 종), 鍾(술병 종), 髽(상두 좌), 幬(휘장 주), 蔟(정월 주), 儁(슬기로울 준), 駿(준마 준), 竴(기쁠 준), 檝(수집 즙), 甑(시루 증), 矰(짧은 화살 증), 鮨(다랑어 지), 鎭(설렐 진), 璡(옥돌 진), 蔯(약쑥 진), 膣(생식기 질), 瞪(멍할 징), 蹉(넘어질 차), 擉(작살 착), 簒(빼앗을 찬), 儧(모을 찬), 澯(맑을 찬), 燦(빛날 찬), 毚(탐욕부릴 참), 蹌(비틀거릴 창), 蔡(풀 채), 簀(대자리 책), 擅(멋대로 천), 瞮(눈 밝을 철), 檐(젊어질 첨), 褺(고을이름 첩), 蔕(꼭지 체), 遞(번갈아 체), 礁(암초 초), 鍬(가래 초), 鍫(괭이 초), 燭(촛불 촉), 總(거느릴 총), 聰(총명할 총), 蔥(파 총), 蓯(우거질 총), 醜(추할 추), 鄒(추나라 추), 趨(좇을 추), 簉(정제할 추), 縮(줄 축), 黜(물리칠 출), 顇(병들 췌), 穉(어릴 치), 鵄(소리개 치), 駸(달릴 침), 鍼(침 침), 蟄(숨을 칩)

17획 *음오행(音五行)이 水인 글자

蟇(두꺼비 마), 膜(막 막), 蔓(덩굴 만), 縵(무늬 없을 만), 篾(도죽 멸), 蔑(없을 멸), 蟊(해충 모), 幪(머리띠 몽), 錨(닻 묘), 懋(힘쓸 무), 繆(묶을 무), 彌(퍼질 미), 謎(수수께끼 미), 瀰(물가 미), 麋(고라니 미), 糜(문드러질 미), 縻(묶을 미), 謐(고요할 밀), 璞(옥덩이 박), 磻(강이름 반),豳(나라이름 반), 謗(비방할 방), 幫(무리 방), 蓓(황배풀 배), 繁(많을 번), 磻(강이름 번), 擘(나눌 벽), 檗(회양목 벽), 擗(열 벽), 瞥(잠깐볼 별), 馩(짙지않은향 별), 餠(떡 병), 鍑(솥 복), 蔔(무 복), 蓬(쑥 봉), 縫(붙일 봉), 篷(마상이 봉), 蔀(빈지문 부), 膚(살갗 부), 賻(부의 부), 糞(비료 분), 鼢(두더지 분), 黻(슬갑 불), 繃(감을 붕), 貔(너구리 비), 馡(향기로울 비), 嬪(아내 빈), 豳(나라이름 빈), 騁(달릴 빙), 皤(풍족할 파), 蓱(부평초 평), 癈(못쓸 폐), 儤(도임할 포), 暴(사나울 포), 瞟(들을 표), 縹(옥색비단 표), 篳(사립문 필), 罼(달릴 필), 蓽(휘추리 필)

18) 인명용 18획 한자

18획 *음오행(音五行)이 木인 글자

擱(멈출 각), 簡(편지 간), 鞨(말갈 갈), 襁(포대기 강), 鏗(강철 강), 鎧(갑옷 개), 闓(생각할 개), 擧(들 거), 蕖(토란 거), 鞬(화살통 건), 瞼(눈꺼풀 검), 隔(막을 격), 鵑(두견새 견), 鎌(낫 겸), 璥(경옥 경), 謦(속삭일 경), 鯁(재앙 경), 雞(옹골찬 계), 罽(양탄자 계), 盬(호렴 고), 瞽(소경 고), 翺(비상할 고), 鵠(고니 곡), 騍(암컷 과), 雚(물억새 관), 壙(광 광), 翹(꼬리 교), 蕎(메밀 교), 嚙(깨물 교), 舊(옛 구), 軀(몸 구), 謳(노래할 구), 瞿(살필 구), 鞫(국문할 국), 闕(대궐문 궐), 蕨(고사리 궐), 櫃(함 궤), 繢(채색할 궤), 歸(돌아올 귀), 竅(구멍 규), 麕(고라니 균), 龜(터질 균), 隙(틈 극), 謹(삼갈

근), 覲(뵐 근), 礏(산우뚝솟을 급), 隑(굽이질 기), 蟣(거머리 기), 騎(말탈 기), 騏(준마 기), 穖(밭갈 기)

18획 *음오행(音五行)이 火인 글자

懦(나약할 나), 饌(음식대접할 난), 濘(끓을 녕), 獰(모질 녕), 穠(깊을 농), 瀰(많을 니), 膩(미끄러울 니), 斷(끊을 단), 簞(대광주리 단), 蕁(지모 담), 璫(구슬 당), 礑(밑바닥 당), 餳(쌀강정 당), 戴(일 대), 擡(들 대), 嚉(무성할 대), 懟(원망할 대), 燾(비칠 도), 濤(큰 물결 도), 櫂(노 도), 擣(찌를 도), 檮(그루터기 도), 艟(병선 동), 董(독촉할 동), 遯(피할 둔), 爁(불 번질 람), 濫(퍼칠 람), 擥(잡을 람), 騋(키가 큰말 래), 糧(양식 량), 魎(도깨비 량), 癘(염병 려), 禮(예절 례), 璐(아름다운옥 로), 蕗(감초 로), 轆(도르래 록), 儱(불우할 롱), 礧(바위 뢰), 繚(다스릴 료), 醪(막걸리 료), 壘(성채 루), 謬(속일 류), 釐(다스릴 리), 鯉(잉어 리), 蟒(반딧불 린), 繗(이을 린), 濯(씻을 탁), 擢(뽑을 탁), 蕩(흐리게할 탕), 闖(엿볼 틈)

18획 *음오행(音五行)이 土인 글자

鵝(거위 아), 鵞(거위 아), 顎(근엄할 악), 顏(얼굴 안), 隘(좁을 애), 曖(가릴 애), 額(이마 액), 颺(날릴 양), 鄢(고을이름 언), 歟(어조사 여), 懕(편안할 염), 檿(산뽕나무 염), 濴(물 흐를 영), 韺(풍류이름 영), 瀠(물돌아나갈 영), 穢(거칠 예), 蕊(꽃술 예), 聱(오만할 오), 遨(놀 오), 甕(단지 옹), 癰(등창 옹), 雝(막을 옹), 顒(엄숙할 옹), 聵(귀머거리 외), 隗(험할 외), 曜(요일 요), 燿(빛날 요), 繞(얽을 요), 蟯(요충 요), 蕘(땔나무 요), 鎔(주조 용), 謣(망언 우), 麌(숫사슴 우), 蕓(평지 운), 隕(잃을 운), 簹(대이름 운), 霣(떨어질 운), 魏(높을 위), 蔿(풀 위), 韙(옳을 위), 濡(젖을 유), 癒(병나을 유), 曘(어두울 유), 鼬(족제비 유), 鞣(다룸가죽 유), 蕕(누린내 풀 유), 蕤(장식 유), 濦(강이름 은), 檼(도지개 은), 嚚(어리석을 은), 鄞(땅이름 은), 醫(의원 의), 擬(헤아릴

의), 礒(돌모양 의), 彝(떳떳할 이), 濥(물줄기 인), 鎰(무게단위 일), 嚇(속일 하), 檻(감옥 함), 闔(문짝 합), 爀(불빛 혁), 鬩(다툴 혁), 顯(나타날 현), 鎣(줄 형), 蕙(혜초 혜), 濠(호주 호), 鎬(빛날 호), 濩(퍼질 호), 餬(기식할 호), 環(옥 환), 濶(거칠 활), 簧(생황 황), 鍠(종소리 황), 獲(얻을 획), 謼(부르짖을 효), 餱(건량 후), 獯(오랑캐 훈), 曛(석양빛 훈), 燻(태울 훈), 齕(깨물 흘), 燹(들불 희), 黠(교활할 힐)

18획 *음오행(音五行)이 金인 글자

鯊(모래무지 사), 繖(일산 산), 觴(술잔 상), 鎟(방울소리 상), 穡(농사 색), 曙(새벽 서), 鼫(날다람쥐 석), 膳(반찬 선), 繕(기울 선), 蟬(매미 선), 璿(아름다운옥 선), 聶(잡을 섭), 繐(삼베 세), 鮹(민물고기 소), 鹵肖(소금 소), 遬(빠를 속), 逵(거느릴 솔), 鬆(부실할 송), 鎖(자물쇠 쇄), 鎻(쇠사슬 쇄), 璹(옥이름 수), 璲(패옥 수), 蕣(무궁화 순), 瑟(진주 슬), 濕(축축할 습), 顋(턱 시), 燼(깜부기불 신), 雙(쌍 쌍), 鎡(호미 자), 爵(벼슬 작), 簪(비녀 잠), 雜(섞일 잡), 襍(섞일 잡), 醬(간장 장), 鄣(나라이름 장), 鎗(종소리 쟁), 儲(쌓을 저), 適(갈 적), 蹟(자취 적), 謫(유배 적), 轉(구를 전), 癲(어우러기 전), 顚(어리석을 전), 餰(범벅 전), 簟(대자리 점), 題(표제 제), 濟(건널 제), 擠(해칠 제), 鼂(아침 조), 遭(만날 조), 璪(면류관옥 조), 蹤(발자취 종), 燽(드러날 주), 濬(준설할 준), 儁(뛰어날 준), 罇(술독 준), 駿(금계 준), 繒(비단 증), 罾(그물 증), 贄(폐백 지), 職(직분 직), 織(짤 직), 鎭(누를 진), 遮(막을 차), 戳(찌를 착), 璨(옥 찬), 竄(숨을 찬), 擦(문지를 찰), 蹠(밟을 척), 蕆(갖출 천), 蕲(하늘 천), 餮(탐식할 철), 瞻(볼 첨), 礎(주춧돌 초), 蕉(파초 초), 叢(모을 총), 鎚(저울 추), 雛(큰새 추), 騅(오추마 추), 魋(몽치머리 추), 鞦(그네 추), 蹵(쫓을 축), 蹜(종종걸음칠 축), 鼀(두꺼비 축), 蟲(벌레 충), 膵(췌장 췌), 贅(혹 췌)

18획 *음오행(音五行)이 水인 글자

謾(속일 만), 蹣(뛰어넘을 만), 魍(요괴 망), 貘(민족이름 맥), 謨(계획할 모), 懞(돈독할 몽), 矇(어리석을 몽), 濛(가랑비 몽), 膴(두터울 무), 蕪(황무지 무), 鵡(앵무새 무), 濆(분개할 문), 瀰(넘칠 미), 顧(강할 민), 鎛(호미 박), 蟠(두를 반), 鵓(집비둘기 발), 鎊(깍을 방), 蕃(우거질 번), 翻(번역할 번), 繙(연구할 번), 膰(음복 번), 癖(버릇 벽), 璧(구슬 벽), 甓(벽돌 벽), 鱉(벼락 별), 駢(나란히 할 병), 簠(제기이름 보), 馥(향기로울 복), 覆(엎어질 복), 濮(강이름 복), 蕡(들깨 분), 鬅(더벅머리 붕), 髀(장딴지 비), 鄙(어리석을 비), 濞(물소리 비), 騑(계속달릴 비), 濱(물가 빈), 檳(빈랑나무 빈), 殯(초빈할 빈), 擯(인도할 빈), 膨(부풀 팽), 蟚(방게 팽), 蟛(방게 팽), 鞭(채찍 편), 蔽(가릴 폐), 斃(죽을 폐), 鯆(돌고래 포), 豐(풍년들 풍), 蹕(길 치울 필)

19) 인명용 19획 한자

19획 *음오행(音五行)이 木인 글자

蠍(전갈 갈), 韁(바를 강), 疆(굳은 땅 강), 鏹(돈꿰미 강), 薑(생강 강), 羹(국 갱), 鏗(거문고소리 갱), 繭(누에고치 견), 羂(올무 견), 鏡(거울 경), 鯨(고래 경), 鶊(꾀꼬리 경), 繫(맬 계), 薊(삽주 계), 櫜(활집 고), 鯤(물고기알 곤), 鵾(고니 곤), 關(기관 관), 曠(밝을 광), 爌(불빛 광), 獷(사나울 광), 壞(무너질 괴), 襘(옷고름 괴), 轎(가마 교), 趫(용감할 교), 蹻(교만할 교), 韝(팔찌 구), 麴(술 국), 蹶(넘어질 궐), 餽(흉년 궤), 闚(엿볼 규), 襟(옷깃 금), 麒(기린 기), 璣(나무랄 기)

19획 *음오행(音五行)이 火인 글자

難(어려울 난), 膿(고름 농), 禰(사당 니), 鄲(나라이름 단), 譚(이야기할 담), 膽(쓸개 담), 墰(술병 담), 薝(치자나무 담), 蟷(사마귀 당), 襠(잠방이 당), 鏜(종소리 당), 餹(엿 당), 禱(빌 도), 韜(활집 도), 鼗(땡땡이 도), 韜(감출 도), 瀆(도랑 독), 牘(편지 독), 犢(송아지 독), 櫝(함 독), 臀(볼기 둔), 鄧(나라이름 등), 覶(자세할 라), 嬾(게으를 란), 璼(옥 이름 람), 曞(퍼질 려), 麗(빛날 려), 廬(주막 려), 濾(거를 려), 櫚(종려나무 려), 櫟(상수리나무 력), 鏈(쇠사슬 련), 簾(발 렴), 獵(사냥 렵), 櫓(방패 로), 嚧(웃을 로), 壚(화로 로), 麓(산림 록), 鵦(새 이름 록), 壟(언덕 롱), 攂(갈 뢰), 蕾(꽃봉오리 뢰), 遼(멀 료), 鏤(강철 루), 類(무리 류), 瀏(물 맑을 류), 離(떠날 리), 羸(여윌 리), 鄰(이웃 린), 轔(수레소리 린), 攄(펼 터)

19획 *음오행(音五行)이 土인 글자

饐(배부를 안), 礙(방해 애), 薆(숨을 애), 瀁(물 이름 양), 臆(가슴 억), 繶(끈 억), 孽(서자 얼), 璵(옥 여), 礖(숫돌 여), 繹(다스릴 역), 嚥(삼킬 연), 嬿(아름다울 연), 瓀(옥돌 연), 櫞(구연 연), 艶(고울 염), 蘂(아름다울 예), 豶(밝을 예), 薉(거칠 예), 鯢(도롱뇽 예), 麑(사슴 새끼 예), 襖(겹옷 오), 鏊(번철 오), 鏖(무찌를 오), 穩(편안할 온), 馧(향기로울 온), 饂(보리 먹을 온), 韞(감출 온), 蘊(익힐 온), 甕(두레박 옹), 譌(거짓 와), 瀇(깊을 왕), 擾(요란할 요), 遶(두를 요), 鏞(쇠북 용), 韻(울림 운), 䫟(둥글 운), 願(바랄 원), 鵷(원추새 원), 薗(동산 원), 壝(제단 유), 遺(남을 유), 贇(예쁠 윤), 闉(온화 은), 齗(잇몸 은), 霪(장마 음), 膺(가슴 응), 艤(배댈 의), 薏(율무 의), 蟻(개미 의), 蕸(연잎 하), 譺(응락하는말 하), 蟹(게 해), 薤(염교 해), 覈(엄격할 핵), 嚮(낟알기 향), 嚮(향할 향), 幰(수레포장 헌), 繯(맬 현), 翾(빠를 현), 瀅(맑을 형), 醯(초 혜), 譓(순종할 혜), 鬍(수염 호), 顐(둥글 혼), 譁(시끄러울 화), 穫(곡식거둘 확), 擴(넓힐 확), 繪(그림 회), 膾(회 회), 譃(거짓말 후), 薰(향풀 훈), 薨(죽을 훙), 譎

(속일 휼), 譆(뜨거울 희), 餼(보낼 희)

19획 *음오행(音五行)이 金인 글자

辭(말씀 사), 瀉(물쏟을 사), 爍(빛날 삭), 鏟(대패 산), 顙(이마 상), 璽(도장 새), 濇(깔깔할 색), 選(뽑을 선), 璿(옥 선), 譔(가르칠 선), 鏇(고패 선), 薛(쑥 설), 爇(불사를 설), 蟾(두꺼비 섬), 蕭(쓸쓸할 소), 簫(퉁소 소), 霄(하늘 소), 繡(수놓을 수), 獸(짐승 수), 鶔(새매 수), 颼(빗소리 수), 髓(골수 수), 儵(빠를 숙), 璹(옥그릇 숙), 鬊(더벅머리 순), 鶉(메추라기 순), 蠅(파리 승), 繩(먹줄 승), 識(알 식), 薪(땔나무 신), 璶(옥돌 신), 瀋(즙 심), 鵲(까치 작), 障(막을 장), 薔(장미 장), 鏘(금옥소리 장), 鏑(살촉 적), 顚(이마 전), 羶(누린내 전), 鬋(깎을 전), 鄭(정나라 정), 際(사이 제), 韲(회 제), 繰(야청통견 조), 臊(누린내 조), 鯛(도미 조), 鵰(수리 조), 鏃(화살촉 족), 疇(이랑 주), 鼄(거미 주), 遵(따라갈 준), 蹲(웅크릴 준), 櫛(늘어설 즐), 蕺(삼백초 즙), 證(증거 증), 贈(줄 증), 遲(더딜 지), 識(알 지), 懲(징계할 징), 瀓(맑을 징), 贊(도울 찬), 儳(어긋날 참), 譖(헐뜯을 참), 鏨(새길 참), 覰(엿볼 처), 擲(던질 척), 遷(옮길 천), 薦(천거할 천), 濺(흩뿌릴 천), 轍(흔적 철), 歠(마실 철), 簽(농 첨), 簷(처마 첨), 襜(적삼 첨), 鯖(청어 청), 鶄(해오라기 청), 醮(제사지낼 초), 譙(꾸짖을 초), 蘜(접시꽃 촉), 寵(총애할 총), 鏦(창 총), 雛(메추라기 추), 蹴(찰 축), 癡(어리석을 치), 薙(깎을 치), 鯔(숭어 치)

19획 *음오행(音五行)이 水인 글자

鏌(칼 이름 막), 鏝(흙손 만), 鏋(금 만), 鵬(초명새 명), 曚(어두울 몽), 騖(달릴 무), 霧(안개 무), 薇(장미 미), 靡(쓰러질 미), 薄(엷을 박), 攀(당길 반), 醱(술괴일 발), 龐(클 방), 颿(돛 범), 襞(주름 벽), 譜(적을 보), 黼(무늬 보), 鵩(수리부엉이 복), 簿(장부 부), 膹(고깃국 분), 轒(상여 분), 鵬(붕새 붕), 臂(팔뚝 비), 韛(허풍선 비), 騑(준마

비), 臏(급할 빈), 贇(빛날 빈), 璸(옥무늬 빈), 馪(향기 빈), 嚬(찡그릴 빈), 霦(옥광채 빈), 擺(열릴 파), 簸(까부를 파), 鄱(고을이름 파), 瓣(꽃잎 판), 覇(으뜸갈 패), 騙(속일 편), 爆(터질 폭), 曝(볕 쬘 폭), 瀑(폭포 폭), 鏢(칼끝 표), 鵯(갈 가마귀 필), 覇(으뜸갈 패)

20) 인명용 20획 한자

20획 *음오행(音五行)이 木인 글자

覺(깨달을 각), 轗(불우할 감), 醵(술잔치 갹), 遽(역말 거), 騫(둔할 건), 繾(극진할 견), 黥(자자할 경), 競(다툴 경), 警(경계할 경), 瓊(옥 경), 繼(이을 계), 藁(볏짚 고), 嚳(고할 곡), 鵾(봉황 곤), 鞹(가죽 곽), 匱(널 구), 勸(권할 권), 闠(바깥문 궤), 巋(험준할 규), 饉(주릴 근), 璣(구슬 기), 鬐(말갈기 기), 夔(조심할 기)

20획 *음오행(音五行)이 火인 글자

糯(찰벼 나), 臑(앞다리 노), 醲(후한 농), 鐃(굽힐 뇨), 獺(수달 달), 黨(무리 당), 鐓(쇠방망이 대), 蘈(거룻배 돈), 竇(구멍 두), 騰(오를 등), 鐙(등잔 등), 羅(벌일 라), 懶(게으를 라), 欄(내리닫이 란), 藍(남빛 람), 籃(바구니 람), 襤(누더기 람), 礪(거친숫돌 려), 攊(칠 력), 櫪(말구유 력), 瀝(거를 력), 礫(조약돌 력), 鰊(비웃 련), 齡(나이 령), 醴(단술 례), 瀘(강이름 로), 露(이슬 로), 爐(화로 로), 櫨(두공 로), 瀧(젖을 롱), 朧(흐릿할 롱), 攏(묶을 롱), 曨(동이 틀 롱), 瀨(여울 뢰), 礌(큰 돌 뢰), 鐐(족쇄 료), 飂(서풍 료), 隣(이웃 린), 鏻(굳셀 린), 隤(무너뜨릴 퇴), 鬪(싸움 투), 韠(수레밧줄 필), 韠(폐슬 필)

20획 *음오행(音五行)이 土인 글자

鶚(물수리 악), 鰐(악어 악), 罌(항아리 앵), 嚶(새소리 앵), 壤(땅 양), 孃(아가씨 양), 癢(가려울 양), 嚴(엄할 엄), 龑(고명할 엄), 瓤(땅

이름 업), 譯(통변할 역), 曣(맑을 연), 蠕(꿈틀거릴 연), 爗(빛날 엽), 瀛(바다 영), 蠑(영원 영), 嬴(잉여 영), 媼(굵을 오), 鼯(날다람쥐 오), 耀(빛날 요), 邀(맞을 요), 騵(흰배월따말 원), 瀜(물깊을 융), 韾(화음소리 음), 議(의논할 의), 鰕(새우 하), 瀚(넓을 한), 艦(군함 함), 鹹(짤 함), 闞(개소리 함), 瀣(이슬기운 해), 邂(만날 해), 麘(사향사슴 향), 獻(드릴 헌), 櫶(나무이름 헌), 憲(총명할 헌), 攇(들추어낼 헌), 懸(매달 현), 譞(영리할 현), 馨(향기 형), 鏸(날카로울 혜), 矍(놀랄 확), 還(돌아올 환), 轘(환형 환), 懷(품을 회), 鐄(쇠북 횡), 斆(가르칠 효), 薰(향기 훈), 纁(분홍빛 훈), 爔(불빛 희), 曦(햇빛 희), 犧(희생할 희)

20획 *음오행(音五行)이 金인 글자

霰(싸락눈 산), 薩(보살 살), 孀(홀어머니 상), 鰓(아가미 새), 薯(참마 서), 藇(우거질 서), 澨(미칠 서), 釋(깨달을 석), 鐥(복자 선), 譱(착할 선), 騸(불깔 선), 贍(도울 섬), 孅(세밀할 섬), 譫(헛소리 섬), 騷(떠들 소), 饈(반찬 수), 藎(조개풀 신), 鐔(칼 심), 藉(깔개 자), 藏(감출 장), 躇(밟을 저), 齟(어긋날 저), 瀦(웅덩이 저), 籍(호적 적), 邅(변천할 전), 癤(부스럼 절), 鰈(넙치 접), 瀞(맑을 정), 臍(배꼽 제), 薺(냉이 제), 鯷(큰메기 제), 躁(조급 조), 譟(기뻐할 조), 鐘(쇠북 종), 籌(산가지 주), 鐏(창고달 준), 騭(이룰 즐), 鬒(숱 많을 진), 瓆(사람 이름 질), 鏶(판금 집), 癥(적취 징), 纂(모을 찬), 鰺(가파를 참), 闡(열 천), 齠(이갈 초), 觸(닿을 촉), 躅(머뭇거릴 촉), 騶(마부 추), 鰍(미꾸라지 추), 鰌(미꾸라지 추), 鶖(물새 추), 櫬(오동나무 친)

20획 *음오행(音五行)이 水인 글자

饅(만두 만), 邁(갈 매), 麵(국수 면), 鶩(집오리 목), 艨(싸움배 몽), 朦(우매할 몽), 藐(희미할 묘), 髆(어깨뼈 박), 礬(명반 반), 鼊(쪼갤 벽), 辮(땋을 변), 寶(보배 보), 鰒(전복 복), 譬(비유할 비), 罷

(큰 곰 비), 瀕(물가 빈), 繽(성할 빈), 臏(종지뼈 빈), 飄(질풍 표), 避(피할 피)

21) 인명용 21획 한자

21획 *음오행(音五行)이 木인 글자

齦(깨물을 간), 鹻(간수 감), 譴(꾸짖을 견), 鷄(닭 계), 顧(돌아볼 고), 鶻(나라이름 골), 癨(곽란 곽), 纊(누에고치 광), 轟(울림 굉), 齩(씹을 교), 彀(기를 구), 驅(몰 구), 饋(먹일 궤), 鰭(지느러미 기), 饑(주릴 기)

21획 *음오행(音五行)이 火인 글자

儺(역귀쫓을 나), 曩(전에 낭), 闥(문 달), 黮(흑황색 담), 鐺(쇠사슬 당), 藤(등나무 등), 籐(덩굴 등), 癩(문둥병 라), 儸(부덕할 라), 騾(노새 라), 欄(난간 란), 爛(빛날 란), 瀾(큰물결 란), 攔(칸막이 란), 覽(볼 람), 臘(납 향 랍), 蠟(밀랍 랍), 儷(짝 려), 蠣(굴 려), 藜(명아주 려), 糲(현미 려), 蠡(달팽이 려), 癧(갑상선종 력), 瀲(넘칠 렴), 壚(푸른 옥 로), 艣(방패 로), 鐪(칼자루 로), 瓏(옥소리 롱), 礱(숫돌 롱), 罍(대야 뢰), 纇(어그러질 뢰), 飂(산들바람 료), 龒(비범한 사람 룡), 髏(두개골 루), 鷚(올빼미 류), 纍(얽힐 류), 魑(요괴 리), 鐸(방울 탁)

21획 *음오행(音五行)이 土인 글자

黯(검을 암), 鶯(꾀꼬리 앵), 櫻(앵두나무 앵), 藥(약 약), 躍(뛸 약), 爚(번개 약), 鶸(싸움닭 약),攘(빼앗을 양), 瀼(강 이름 양), 轝(수레 여), 瀯(물소리 영), 儝(지킬 영), 藝(재주 예), 譽(기릴 예), 隩(간직할 오), 驁(오만할 오), 廱(막을 옹), 巍(높을 외), 饒(넉넉할 요), 鷂(새매 요), 藕(연뿌리 우), 櫌(곰방매 우), 韡(성할 위), 饐(상할 의), 邇(가까울 이), 瀷(강 이름 익), 鷁(새 이름 익), 鶴(두루미

학), 皬(흴 학), 轞(수레소리 함), 險(험할 험), 赩(빨강 혁), 護(도울 호), 顥(클 호), 確(확실할 확), 鐶(고리 환), 鰥(홀아비 환), 囂(공허할 효), 勳(교훈 훈), 纈(무늬비단 힐), 襭(옷 걷어올릴 힐)

21획 *음오행(音五行)이 金인 글자

麝(사향 사), 鰤(방어 사), 鬖(털이긴 삼), 觴(익힐 상), 饍(반찬 선), 齧(깨물 설), 殲(멸할 섬), 欆(돗자리 섭), 囁(머뭇거릴 섭), 瀟(맑을 소), 續(이을 속), 屬(살붙이 속), 隨(따를 수), 藪(큰늪 수), 邃(깊을 수), 隧(길 수), 籔(또아리 수), 璲(진주조개 수), 𧹞(적청색 슬), 贐(전별한 신), 鷀(가마우지 자), 嚼(씹을 작), 囃(흥 돋을 잡), 贓(장물 장), 齎(보낼 재), 纏(얽힐 전), 鐫(새길 전), 囀(울림 전), 躋(진보할 제), 竈(조왕 조), 籒(주문 주), 躊(주저할 주), 蠢(꿈틀거릴 준), 鹺(소금기 차), 儹(모을 찬), 饌(음식 찬), 劗(머뭇거릴 찬), 懺(뉘우칠 참), 欃(혜성 참), 攙(날카로울 참), 驂(승용마 참), 鶬(왜가리 창), 鐵(쇠 철), 櫼(쐐기 첨), 瀸(적실 첨), 顦(근심할 초), 驄(청총이 총), 鶵(난새 추), 穐(근심 추)

21획 *음오행(音五行)이 水인 글자

魔(마귀 마), 劘(벨 마), 邈(멀 막), 鬘(장식품 만), 襪(버선 말), 驀(말탈 맥), 蠛(멸할 멸), 瀰(물 넓을 미), 獼(원숭이 미), 欂(두공 박), 飜(날 번), 藩(덮을 번), 闢(문 열 벽), 霹(벼락 벽), 辯(말 잘할 변), 贔(성낼 비), 鼙(작은북 비), 霸(으뜸 패), 驃(빠를 표), 飇(폭풍 표), 飆(광풍 표)

22) 인명용 22획 한자

22획 *음오행(音五行)이 木인 글자

鑑(거울 감), 龕(감실 감), 鑒(거울 감), 鱇(아귀 강), 韁(고삐 강), 鰹(민물고기 견), 競(다툴 경), 齫(씹을 곤), 龔(받들 공), 藿(콩잎

곽), 灌(물댈 관), 爟(봉화 관), 驕(교만할 교), 鷗(갈매기 구), 懼(두려워할 구), 戵(창 구), 權(권세 권), 蘄(풀이름 기),

22획 *음오행(音五行)이 火인 글자

囊(주머니 낭), 韃(배불리먹을 달), 罎(술병 담), 儻(뛰어날 당), 饕(탐할 도), 讀(읽을 독), 讀(구절 두), 囉(추임새 라), 瓓(옥무늬 란), 灠(물 맑을 람), 臚(벌릴 려), 邌(늦을 려), 轢(삐걱거릴 력), 孌(아름다울 련), 鰱(못고기 련), 躐(밟을 렵), 艫(고물 로), 蘆(갈대 로), 蘢(마료 롱), 籠(대그릇 롱), 聾(귀머거리 롱), 籟(퉁소 뢰), 驎(준마 린), 藺(골풀 린), 籜(풀이름 탁), 蘀(갈대 잎 탁), 驒(야생마 탄)

22획 *음오행(音五行)이 土인 글자

藹(윤택할 애), 禴(약소할 약), 禳(기도할 양), 穰(번성할 양), 齬(어긋날 어), 鼴(두더지 언), 蘖(누룩 얼), 儼(공경할 엄), 臙(인후 연), 瓔(옥돌 영), 癭(군더더기 영), 蘂(꽃술 예), 囈(잠꼬대 예), 鷖(갈매기 예), 鰲(큰 자라 오), 蘊(쌓을 온), 饔(조반 옹), 癮(두드러기 은), 隱(숨을 은), 矃(물끄러미 볼 응), 懿(아름다울 의), 響(울림 향), 饗(잔치 향), 瀅(물이름 형), 譓(살필 혜), 驊(말 이름 화), 龢(소생 화), 鑊(큰 솥 확), 懽(맞을 환), 歡(기뻐할 환), 驍(날랠 효), 鑂(금빛투색할 훈), 囍(쌍희 희)

22획 *음오행(音五行)이 金인 글자

孿(이어질 산), 癬(종기 선), 攝(잡을 섭), 懾(두려워할 섭), 灄(강이름 섭), 蘇(깨어날 소), 贖(바꿀 속), 鬚(수염 수), 襲(엄습할 습), 隰(진펄 습), 鬙(헝크러질 승), 鷀(자고 자), 驏(안장 없는 말 잔), 欌(장롱 장), 麞(노루 장), 諸(참마 저), 覿(볼 적), 糴(구두쇠 적), 巔(머리 전), 籛(언치 전), 躔(자취 전), 鄽(가게 전), 顫(떨릴 전), 竊(얕을 절), 霽(갤 제), 藻(무늬 조), 鑄(부어만들 주), 躓(실패 지), 鷙(공격할지), 齪(악착할 착), 巑(산 높을 찬), 讃(기릴 찬), 爦(희고 환할

찬), 躑(철쭉 척), 疊(접을 첩), 聽(들을 청), 襯(노출 친)

22획 *음오행(音五行)이 水인 글자

巒(뫼 만), 彎(굽을 만), 鰻(뱀장어 만), 亹(부지런할 미), 鰵(참조기 민), 邊(변방 변), 轡(재갈 비), 蘋(풀이름 빈), 鑌(강철 빈), 鰾(부레 표)

23) 인명용 23획 한자

23획 *음오행(音五行)이 木인 글자

籧(대광주리 거), 蘧(패랭이꽃 거), 蠲(빠를 견), 鼸(두더지 겸), 驚(놀랄 경), 蠱(독 고), 鷱(비둘기 고), 瓘(옥 관), 鑛(광물 광), 癯(여윌 구), 羈(말 굴레 기)

23획 *음오행(音五行)이 火인 글자

蠃(벌거벗을 라), 曪(어두울 라), 羸(노새 라), 蘭(난초 란), 欒(나무이름 란), 欒(적실 란), 襴(내리닫이 란), 鑞(주석 랍), 攎(다스릴 려), 轣(수레소리 력), 戀(그리워할 련), 攣(걸릴 련), 鷺(백로 로), 轤(도르래 로), 黐(끈끈이 리), 躪(수레자국 린), 麟(기린 린), 鱗(비늘 린), 灘(여울 탄), 攤(펼 탄), 蕩(넓을 탕)

23획 *음오행(音五行)이 土인 글자

巖(바위 암), 籥(자물쇠 약), 蘘(생강 양), 鼴(두더지 언), 蘖(움얼), 糵(누룩 얼), 驛(역말 역), 醼(잔치 연), 讌(잔치 연), 饜(흐뭇할 염), 靨(보조개 엽), 纓(갓끈 영), 癰(등창 옹), 邍(넓은언덕 원), 讉(성낼 유), 隱(은인 은), 鷴(소리개 한), 巘(봉우리 헌), 驗(시험 험), 顯(나타날 현), 頀(풍류 호), 鬟(여자종 환), 隳(깨질 휴), 鷸(물총새 휼)

23획 *음오행(音五行)이 金인 글자

鑠(태울 삭), 蘚(이끼 선), 鱓(악어 선), 纖(가늘 섬), 灑(청소할 쇄), 曬(볕이날 쇄), 髓(골 수), 讐(원수 수), 讎(원수 수), 驌(말이름 숙), 鐔(가오리 심), 纔(근본 재), 鱒(송어 준), 鑕(참요대 질), 攢(모일 찬), 欑(모을 찬), 黲(검푸를 참), 籖(제비 첨), 體(몸 체), 鷦(뱁새 초), 䪌(오색 빛 초), 髑(해골 촉), 鷲(독수리 취)

23획 *음오행(音五行)이 水인 글자

蘼(천궁 미), 黴(썩을 미), 蘩(머위 번), 蘗(승검초 벽), 變(변할 변), 鱉(금계 별), 鷩(금계 별), 馪(향내날 빈), 鑣(재갈 표)

24) 인명용 24획 한자

*음오행(音五行)이 木인 글자

贛(하사할 공), 罐(두레박 관), 攪(손놀릴 교), 衢(네거리 구)

*음오행(音五行)이 火인 글자

蠹(해칠 두), 靂(벼락 력), 靈(신령 령), 鱧(가물치 례), 鑪(화로 로), 隴(고개이름 롱), 癱(사지틀일 탄)

*음오행(音五行)이 土인 글자

齶(잇몸 악), 齷(잡을 악), 靄(아지랑이 애), 讓(겸손할 양), 釀(술 양), 曮(해 다닐 엄), 艶(고울 염), 魘(가위 눌림 염), 鹽(소금 염), 鼇(자라 오), 齲(충치 우), 鷹(매 응), 鷽(메까치 학), 玁(오랑캐 험), 攫(붙잡을 확), 鱠(생선회 회), 鑫(사람이름 흠)

*음오행(音五行)이 金인 글자

躞(축심 섭), 鷫(새이름 숙), 蠶(누에 잠), 臟(오장 장), 鸇(새매 전), 鱣(철갑상어 전), 癲(미칠 전), 奲(관대할 차), 瓚(술그릇 찬), 讖(예언 참), 讒(속일 참), 韆(그네 천), 靆(구름 낌 체), 囑(맡길 촉), 矗(곧을 촉), 驟(달릴 취)

*음오행(音五行)이 水인 글자

甓(농병아리 벽), 顰(찡그릴 빈), 鬢(귀밑 털 빈)

25) 인명용 25획 한자

*음오행(音五行)이 木인 글자

瞰(엿볼 감), 觀(볼 관), 髖(허리뼈 관), 蘷(조심할 기), 羈(재갈 기)

*음오행(音五行)이 火인 글자

黮(묻을 담), 纛(둑 독), 蘿(미나리 라), 欖(감람나무 람), 攬(잡을 람), 臠(여윌 련), 鬣(뱀의 비늘 렵), 顱(해골 로), 籬(울타리 리), 鼉(악어 타)

*음오행(音五行)이 土인 글자

靉(구름 낄 애), 鑰(빗장 약), 鑲(두를 양), 灝(아득할 호), 矱(송곳 확), 瓛(옥홀 환), 黌(학교 횡), 釁(허물 흔)

*음오행(音五行)이 金인 글자

躡(다다를 섭), 糶(쌀 팔을 조), 纘(이을 찬), 鑱(송곳 참), 廳(관청 청), 爥(촛불 촉), 矚(비칠 촉)

*음오행(音五行)이 水인 글자

蠻(오랑캐 만), 鸏(열대조 몽), 蘼(천궁이 미), 籩(제기이름 변), 鼈(자라 별), 灞(물 이름 파)

26) 인명용 26획 한자

*음오행(音五行)이 木인 글자

鑵(두레박 관), 鬮(추첨 구)

*음오행(音五行)이 火인 글자

邏(순행할 라), 驢(나귀 려) 酈(고을 이름 력), 鑾(맬 련), 髗(해골 로), 邐(이어질 리)

*음오행(音五行)이 土인 글자

黶(속이 검을 염), 龥(조화 유)

*음오행(音五行)이 金인 글자

鑷(족집게 섭), 釃(나눌 시), 讚(기릴 찬), 趲(재촉할 찬), 饞(탐할 참), 矚(볼 촉)

*음오행(音五行)이 水인 글자

灣(물굽이 만), 鼊(거북 벽)

27) 인명용 27획 한자

*음오행(音五行)이 木인 글자

顴(광대뼈 관), 驥(천리마 기)

*음오행(音五行)이 火인 글자

讜(직언 당), 黷(더럽힐 독), 鑼(자바라 라), 鑾(제왕의 수레 란),纜(닻줄 람), 鸕(가마우지 로), 鱸(농어 로), 躪(짓밟을 린)

*음오행(音五行)이 土인 글자

驤(뛸 양), 讞(조사할 언), 齗(이가지런할 은), 灦(물 깊고 맑을 현)

*음오행(音五行)이 金인 글자

顳(관자놀이 섭), 鑽(끊을 찬)

*음오행(音五行)이 水인 글자

黼(불법승 보)

28) 인명용 28획 한자

*음오행(音五行)이 木인 글자

없음

*음오행(音五行)이 火인 글자

戇(어리석을 당), 欞(처마 령)

*음오행(音五行)이 土인 글자

鸚(앵무새 앵), 驩(기뻐할 환)

*음오행(音五行)이 金인 글자
鑿(끌 착)
*음오행(音五行)이 水인 글자
없음

29) 인명용 29획 한자

*음오행(音五行)이 木인 글자
鸛(구관조 관), 鸜(구관조 구)
*음오행(音五行)이 火인 글자
驪(검은말 려)
*음오행(音五行)이 土인 글자
鬱(막힐 울),
*음오행(音五行)이 金인 글자
爨(조미할 찬)
*음오행(音五行)이 水인 글자
없음

30) 인명용 30획 한자

*음오행(音五行)이 火인 글자
鸞(방울 란)

31) 인명용 31획 한자

*없음

32) 인명용 32획 한자

*음오행(音五行)이 土인 글자

灩(물결칠 염), 籲(부르짖을 유)

33) 인명용 33획 한자

***음오행(音五行)이 金인 글자**

鱻(드물 선), 麤(난폭할 추)

3. 성씨 별 획수 색인

***1획 성씨**

乙(을)

***2획 성씨**

乃(내), 力(력), 卜(복), 丁(정), 又(우), 入(입)

***3획 성씨**

干(간), 弓(궁), 大(대), 凡(범), 山(산), 也(야), 于(우), 子(자), 千(천)

***4획 성씨**

介(개), 근(斤), 孔(공), 公(공), 今(금), 文(문), 毛(모), 木(목), 方(방), 변(卞), 夫(부), 水(수), 王(왕), 元(원), 尹(윤), 允(윤), 午(오), 仁(인), 才(재), 天(천), 太(태), 巴(파), 片(편), 卞(변), 化(화)

***5획 성씨**

甘(감), 功(공), 丘(구), 白(백), 丕(비), 史(사), 石(석), 申(신),

召(소), 永(영), 玉(옥), 田(전), 占(점), 左(좌), 台(태), 平(평), 包(포), 皮(피), 弘(홍), 玄(현), 乙支(을지)

*6획 성씨

曲(곡), 光(광), 圭(규), 吉(길), 老(노), 牟(모), 米(미), 百(백), 朴(박), 氷(빙), 先(선), 西(서), 安(안), 伍(오), 伊(이), 印(인), 任(임), 在(재), 朱(주), 全(전), 宅(택), 后(후)

*7획 성씨

江(강), 君(군), 杜(두), 甫(보), 成(성), 宋(송), 辛(신), 余(여), 汝(여), 延(연), 吳(오), 位(위), 池(지), 廷(정), 車(차), 判(판), 何(하), 孝(효), 李(이, 리), 呂(여, 려)

*8획 성씨

空(공), 季(계), 庚(경), 京(경), 具(구), 奇(기), 金(김), 奈(내), 孟(맹), 明(명), 門(문), 房(방), 奉(봉), 舍(사), 尙(상), 昔(석), 松(송), 昇(승), 承(승), 沈(심), 岳(악), 夜(야), 長(장), 宗(종), 周(주), 昌(창), 采(채), 卓(탁), 表(표), 和(화), 林(임, 림)

*9획 성씨

姜(강), 南(남), 段(단), 思(사), 宣(선), 星(성), 施(시), 柴(시), 信(신), 彦(언), 泳(영), 姚(요), 韋(위), 兪(유), 禹(우), 貞(정), 俊(준), 肖(초), 秋(추), 泰(태), 扁(편), 表(표), 河(하), 咸(함), 柳(유, 류)

*10획 성씨

剛(강), 桂(계), 高(고), 骨(골), 宮(궁), 俱(구), 桂(계), 起(기), 唐

(당), 馬(마), 芳(방), 旁(방), 徐(서), 席(석), 素(소), 孫(손), 洙(수), 袁(원), 芮(예), 邕(옹), 芸(운), 殷(은), 恩(은), 曺(조), 眞(진), 晋(진), 秦(진), 倉(창), 夏(하), 洪(홍), 花(화)

*11획 성씨

康(강), 強(강), 堅(견), 國(국), 麻(마), 梅(매), 范(범), 班(반), 邦(방), 彬(빈), 常(상), 卨(설), 偰(설), 魚(어), 御(어), 尉(위), 異(이), 張(장), 將(장), 章(장), 曹(조), 珠(주), 崔(최), 票(표), 畢(필), 海(해), 許(허), 邢(형), 胡(호), 扈(호), 浪(낭, 랑), 梁(양, 량)

*12획 성씨

强(강), 景(경), 邱(구), 單(단), 敦(돈), 童(동), 閔(민), 森(삼), 象(상), 善(선), 邵(소), 筍(순), 順(순), 舜(순), 淳(순), 勝(승), 雁(안), 堯(요), 雲(운), 庾(유), 異(이), 壹(일), 程(정), 曾(증), 智(지), 彭(팽), 馮(풍), 弼(필), 賀(하), 黃(황), 大室(대실), 東方(동방), 小室(소실), 以先(이선)

*13획 성씨

賈(가), 琴(금), 頓(돈), 睦(목), 新(신), 阿(아), 楊(양), 雍(옹), 郁(욱), 慈(자), 莊(장), 楚(초), 邢(형), 岡田(강전), 令孤(령고), 司空(사공), 小峰(소봉), 路(노, 로), 雷(뇌, 뢰), 廉(염, 렴)

*14획 성씨

甄(견), 菊(국), 箕(기), 端(단), 裵(배), 鳳(봉), 賓(빈), 碩(석), 愼(신), 新(신), 實(실), 榮(영), 溫(온), 慈(자), 齊(제), 趙(조), 菜(채), 華(화), 公孫(공손), 西門(서문), 連(연, 련)

*15획 성씨

價(가), 葛(갈), 慶(경), 郭(곽), 廣(광), 歐(구), 德(덕), 董(동), 萬(만), 墨(묵), 影(영), 葉(섭), 葉(엽), 彈(탄), 標(표), 漢(한), 司馬(사마), 長谷(장곡), 仲室(중실), 魯(노, 로), 樑(양, 량), 劉(유, 류)

*16획 성씨

霍(곽), 彊(강), 潭(담), 都(도), 陶(도), 道(도), 潘(반), 燕(연), 閻염), 陰(음), 錢(전), 諸(제), 陳(진), 鮑(포), 皇甫(황보), 盧(노, 로), 賴(뇌, 뢰), 龍(용, 룡), 陸(육, 륙)

*17획 성씨

鞠(국), 獨(독), 謝(사), 嘗(상), 遜(손), 鮮(선), 陽(양), 襄(양), 應(응), 蔣(장), 鍾(종), 蔡(채), 燭(촉), 鄒(추), 澤(택), 韓(한), 蓮(연, 련), 濂(염, 렴)

*18획 성씨

簡(간), 瞿(구), 顔(안), 魏(위), 鞦(추), 綱切(강절)

*19획 성씨

鑑(감), 疆(강), 關(관), 龐(방), 薛(설), 薀(온), 鄭(정), 南宮(남궁), 魚金(어금), 再會(재회)

*20획 성씨

釋(석), 嚴(엄), 鮮于(선우), 羅(나, 라)

*21획 성씨

顧(고), 藤(등), 釋(석), 邃(수), 負鼎(부정)

*22획 성씨

權(권), 邊(변), 蘇(소), 襲(습), 隱(은), 蘆(노, 로)

*25획 성씨

獨孤(독고)

*31획 성씨

諸葛(제갈)

4. 동자이음자(同字異音字)

가↔고 賈	건↔율 建	구↔귀 句	낭↔랑, 량 駺
가↔하 嘏	견↔현 見	구↔귀, 균 龜	니↔미 瀰
간↔안 硏	계↔글, 설 契	균↔연 均	다↔차 茶
감↔림 玪	골↔율 汩	금↔김 金	단↔란 丹
강↔항 降	골↔활 滑	긍↔선 亘	담↔람 炎
개↔기 豈	곶↔관 串	기↔지 忯	당↔탕 糖
갱↔경 更	곽↔확 廓	나↔내 奈	댁↔택 宅
거↔차 車	교↔호 鄗	나↔내 柰	도↔탁 度

독↔두 讀
돈↔순 焞
동↔통 洞
락↔악, 요 樂
률↔율, 솔 率
림↔침 棽
모↔무 橅
묘↔무 畝
박↔백 珀
반↔번 磻
반↔빈 豳
발↔별 炦
배↔북 北
배↔패 貝
변↔편 便
변↔병 騈, 骿
복↔부 復
복↔폭 輻
부↔불 不
부↔주 胕
비↔필 泌
빈↔윤 贇
삭↔색 索
삭↔수 數
살↔쇄 殺
삼↔참 參

상↔장 狀
상↔양 樣
새↔색 塞
생↔성 省
서↔여 悆
석↔작 舃
석↔재 褯
선↔세 洒
선↔세 洗
선↔수 瓗
선↔훤 愃
설↔열, 세 設
섭↔엽 葉
성↔정 胜
세↔혜 彗
소↔어 衞
소↔조 昭
솔↔수 帥
수↔숙 宿
수↔유 需
순↔준 純
습↔식 拾
시↔제 媞
시↔제, 지 禔
시↔체 諟
식↔시 識

신↔진 辰
심↔침 沈
십↔집 什
아↔예 兒
아↔의 猗
악↔오 惡
안↔온 饐
애↔예 艾
야↔약 若
역↔이 易
연↔윤 沇
연↔인 戭
열↔인 咽
엽↔황 熀
영↔형 瑩
예↔운 芸
예↔준 睿
오↔우, 욱 燠
완↔원 杬
완↔원 婉
완↔원 阮
완↔원 鋺
우↔후 芋
운↔원 員
운↔훈 暈
운↔훈 顚

원↔환 洹
이↔태 珆
자↔적 炙
자↔척 刺
전↔준 雋
전↔진 塡
절↔제 晢
절↔체 切
조↔주 調
즙↔집 楫
채↔책 責
척↔탁 拓
탈↔태 脫
포↔폭 暴
항↔행 行
헌↔훤 昍
호↔효 虓
혹↔효 熇
효↔휴 烋
훈↔휘 輝

성씨별 이름 짓는 공식표

<table>
<tr><th colspan="4">2획 성씨에게 아주 좋은 삼원오행과 사격수리</th></tr>
<tr><th>성(姓)</th><th>성•이•름</th><th>삼원오행
(이격•형격•원격)</th><th>사격수리
(원•형•이•정격)</th></tr>
<tr><td rowspan="15">2획 성씨

乃(내)
力(력)
卜(복)
丁(정)
又(우)
入(입)</td><td>02·01·04</td><td>土火土</td><td>05·03·06·07</td></tr>
<tr><td>02·01·14</td><td>土火土</td><td>15·03·16·17</td></tr>
<tr><td>02·03·03</td><td>土土土</td><td>06·05·05·08</td></tr>
<tr><td>02·03·13</td><td>土土土</td><td>16·05·15·18</td></tr>
<tr><td>02·04·01</td><td>火土土</td><td>05·06·03·07</td></tr>
<tr><td>02·04·11</td><td>火土土</td><td>15·06·13·17</td></tr>
<tr><td>02·09·22</td><td>火木木</td><td>31·11·24·33</td></tr>
<tr><td>02·11·04</td><td>土火土</td><td>15·13·06·17</td></tr>
<tr><td>02·13·03</td><td>土土土</td><td>16·15·05·18</td></tr>
<tr><td>02·13·22</td><td>火土土</td><td>35·15·24·37</td></tr>
<tr><td>02·14·01</td><td>火土土</td><td>15·16·03·17</td></tr>
<tr><td>02·14·23</td><td>土土金</td><td>37·16·25·39</td></tr>
<tr><td>02·16·23</td><td>土金水</td><td>39·18·25·41</td></tr>
<tr><td>02·22·09</td><td>木火木</td><td>31·24·11·33</td></tr>
<tr><td>02·23·14</td><td>土土金</td><td>37·25·16·39</td></tr>
<tr><th colspan="4">2획 성씨에게 보통으로 좋은 삼원오행과 사격수리</th></tr>
<tr><td rowspan="5">2획 성씨</td><td>02·01·05</td><td>金火土</td><td>06·03·07·08</td></tr>
<tr><td>02·01·15</td><td>金火土</td><td>16·03·17·18</td></tr>
<tr><td>02·01·22</td><td>火火火</td><td>23·03·24·25</td></tr>
<tr><td>02·04·09</td><td>木土火</td><td>13·06·11·15</td></tr>
<tr><td>02·04·19</td><td>木土火</td><td>23·06·21·25</td></tr>
</table>

성(姓)	성●이●름	삼원오행 (이격●형격●원격)	사격수리 (원●형●이●정격)
2획 성씨 乃(내) 力(력) 卜(복) 丁(정) 又(우) 入(입)	02·05·01	火金土	06·07·03·08
	02·05·06	金金木	11·07·08·13
	02·05·11	火金土	16·07·13·18
	02·05·16	金金木	21·07·18·23
	02·06·05	金金木	11·08·07·13
	02·06·09	木金土	15·08·11·17
	02·06·15	金金木	21·08·17·23
	02·06·23	土金水	29·08·25·31
	02·07·04	土水木	11·09·06·13
	02·09·04	土木火	13·11·06·15
	02·09·06	金木土	15·11·08·17
	02·09·14	土木火	23·11·16·25
	02·11·05	金火土	16·13·07·18
	02·11·19	木火水	30·13·21·32
	02·11·22	火火火	33·13·24·35
	02·14·09	木土火	23·16·11·25
	02·14·15	金土水	29·16·17·31
	02·14·19	木土火	33·16·21·35
	02·15·01	火金土	16·17·03·18
	02·15·06	金金木	21·17·08·23
	02·15·14	土金水	29·17·16·31
	02·15·16	金金木	31·17·18·33

성(姓)	성●이●름	삼원오행 (이격●형격●원격)	사격수리 (원●형●이●정격)
2획 성씨 乃(내) 力(력) 卜(복) 丁(정) 又(우) 入(입)	02·15·16	金金木	31·17·18·33
	02·15·22	火金金	37·17·24·39
	02·16·05	金金木	21·18·07·23
	02·16·13	土金水	29·18·15·31
	02·16·15	金金木	31·18·17·33
	02·16·17	水金火	33·18·19·35
	02·16·19	木金土	35·18·21·37
	02·16·21	火金金	37·18·23·37
	02·19·04	土木火	23·21·06·25
	02·19·14	土木火	33·21·16·35
	02·19·16	金木土	35·21·18·37
	02·21·16	金火金	37·23·18·39
	02·22·01	火火火	23·24·03·25
	02·22·11	火火火	33·24·13·35
	02·23·06	金土水	29·25·08·31
	02·23·16	金土水	39·25·18·41
3획 성씨에게 **아주 좋은** 삼원오행과 사격수리			
3획 성씨	03·02·03	土土土	05·05·06·08
	03·02·13	土土土	15·05·16·18
	03·03·02	土土土	05·06·05·08
	03·03·12	土土土	15·06·15·18

<table>
<tr><th>성(姓)</th><th>성 • 이 • 름</th><th>삼원오행
(이격 • 형격 • 원격)</th><th>사격수리
(원 • 형 • 이 • 정격)</th></tr>
<tr><td rowspan="5">3획 성씨</td><td>03·08·21</td><td>火木水</td><td>29·11·24·32</td></tr>
<tr><td>03·10·22</td><td>土火木</td><td>32·13·25·35</td></tr>
<tr><td>03·12·03</td><td>土土土</td><td>15·15·06·18</td></tr>
<tr><td>03·13·02</td><td>土土土</td><td>15·16·05·18</td></tr>
<tr><td>03·20·12</td><td>土火木</td><td>32·23·15·35</td></tr>
<tr><td colspan="4">3획 성씨에게 보통으로 좋은 삼원오행과 사격수리</td></tr>
<tr><td rowspan="15">3획 성씨

干(간)
弓(궁)
大(대)
凡(범)
山(산)
也(야)
于(우)
子(자)
千(천)</td><td>03·03·18</td><td>木土木</td><td>21·06·21·24</td></tr>
<tr><td>03·04·04</td><td>金金金</td><td>08·07·07·11</td></tr>
<tr><td>03·04·14</td><td>金金金</td><td>18·07·17·21</td></tr>
<tr><td>03·05·08</td><td>木金火</td><td>13·08·11·16</td></tr>
<tr><td>03·05·10</td><td>火金土</td><td>15·08·13·18</td></tr>
<tr><td>03·08·05</td><td>金木火</td><td>13·11·08·16</td></tr>
<tr><td>03·08·10</td><td>火木金</td><td>18·11·13·21</td></tr>
<tr><td>03·08·13</td><td>土木木</td><td>21·11·16·24</td></tr>
<tr><td>03·10·05</td><td>金火土</td><td>15·13·08·18</td></tr>
<tr><td>03·10·08</td><td>木火金</td><td>18·13·11·21</td></tr>
<tr><td>03·13·08</td><td>木土木</td><td>21·16·11·24</td></tr>
<tr><td>03·14·04</td><td>金金金</td><td>18·17·07·21</td></tr>
<tr><td>03·15·20</td><td>火金土</td><td>35·18·23·38</td></tr>
<tr><td>03·18·03</td><td>土木木</td><td>21·21·06·24</td></tr>
<tr><td>03·18·20</td><td>火木金</td><td>38·21·23·41</td></tr>
</table>

성(姓)	성 • 이 • 름	삼원오행 (이격 • 형격 • 원격)	사격수리 (원 • 형 • 이 • 정격)
3획 성씨	03·20·15	金火土	35·23·18·38
	03·20·18	木火金	38·23·21·41
	03·21·08	木火水	29·24·11·32
4획 성씨에게 아주 좋은 삼원오행과 사격수리			
4획 성씨 孔(공) 公(공) 今(금) 文(문) 毛(모) 木(목) 方(방) 夫(부) 王(왕) 元(원) 尹(윤) 允(윤) 午(오) 仁(인) 才(재) 天(천) 太(태) 巴(파) 片(편) 卞(변)	04·01·02	土土火	03·05·06·07
	04·01·12	土土火	13·05·16·17
	04·02·01	土土火	03·06·05·07
	04·02·11	土土火	13·06·15·17
	04·04·21	土金土	25·08·25·29
	04·09·02	土火木	11·13·06·15
	04·09·12	土火木	21·13·16·25
	04·11·02	土土火	13·15·06·17
	04·11·14	金土土	25·15·18·29
	04·12·01	土土火	13·16·05·17
	04·12·09	火土木	21·16·13·25
	04·12·21	土土火	33·16·25·37
	04·14·11	土金土	25·18·15·29
	04·14·21	土金土	35·18·25·39
	04·19·02	土火木	21·23·06·25
	04·19·12	土火木	31·23·16·35
	04·20·01	土火木	21·24·05·25
	04·20·11	土火木	31·24·15·35

성(姓)	성•이•름	삼원오행 (이격•형격•원격)	사격수리 (원•형•이•정격)
4획 성씨	04·20·21	土火木	41·24·25·45
	04·21·04	金土土	25·25·08·29
	04·21·14	金土土	35·25·18·39
	04·21·20	火土木	41·25·24·45
4획 성씨에게 **보통으로 좋은** 삼원오행과 사격수리			
4획 성씨 孔(공) 公(공) 今(금) 文(문) 毛(모) 木(목) 方(방) 夫(부) 王(왕) 元(원) 尹(윤) 允(윤) 午(오) 仁(인) 才(재) 天(천) 太(태) 巴(파) 片(편) 卞(변)	04·01·20	火土木	21·05·24·25
	04·02·09	火土木	11·06·13·15
	04·02·19	火土木	21·06·23·25
	04·03·04	金金金	07·07·08·11
	04·03·14	金金金	17·07·18·21
	04·04·03	金金金	07·08·07·11
	04·04·07	木金木	11·08·11·15
	04·04·09	火金火	13·08·13·17
	04·04·13	金金金	17·08·17·21
	04·04·17	木金木	21·08·21·25
	04·07·04	金木木	11·11·08·15
	04·07·14	金木木	21·11·18·25
	04·09·04	金火火	13·13·08·17
	04·09·20	火火水	29·13·24·33
	04·11·20	火土木	31·15·24·35

성(姓)	성●이●름	삼원오행 (이격●형격●원격)	사격수리 (원●형●이●정격)
4획 성씨 孔(**공**) 公(**공**) 今(**금**) 文(**문**) 毛(**모**) 木(**목**) 方(**방**) 夫(**부**) 王(**왕**) 元(**원**) 尹(**윤**) 允(**윤**) 午(**오**) 仁(**인**) 才(**재**) 天(**천**) 太(**태**) 巴(**파**) 片(**편**) 卞(**변**)	04·12·13	金土土	25·16·17·29
	04·12·17	木土水	29·16·21·33
	04·12·19	火土木	31·16·23·35
	04·13·04	金金金	17·17·08·21
	04·13·12	土金土	25·17·16·29
	04·13·20	火金火	33·17·24·37
	04·14·03	金金金	17·18·07·21
	04·14·07	木金木	21·18·11·25
	04·14·17	木金木	31·18·21·35
	04·14·19	火金火	33·18·23·37
	04·17·12	土木水	29·21·16·33
	04·17·14	金木木	31·21·18·35
	04·17·20	火木金	37·21·24·41
	04·20·09	火火水	29·24·13·33
	04·20·13	金火火	33·24·17·37
5획 성씨에게 **아주 좋은** 삼원오행과 사격수리			
5획 성씨	05·01·02	金土火	03·06·07·08
	05·01·12	金土火	13·06·17·18
	05·02·01	土金火	03·07·06·08
	05·02·11	土金火	13·07·16·18

성(姓)	성●이●름	삼원오행 (이격●형격●원격)	사격수리 (원●형●이●정격)
5획 성씨 功(공) 丘(구) 甘(감) 白(백) 史(사) 石(석) 申(신) 召(소) 玉(옥) 田(전) 占(점) 台(태) 平(평) 皮(피) 弘(홍) 玄(현) 乙支(을지)	05·03·03	金金土	06·08·08·11
	05·03·10	土金火	13·08·15·18
	05·03·13	金金土	16·08·18·21
	05·06·18	火木火	24·11·23·29
	05·08·08	火火土	16·13·13·21
	05·08·16	木火火	24·13·21·29
	05·10·03	金土火	13·15·08·18
	05·10·06	木土土	16·15·11·21
	05·12·13	金金土	25·17·18·30
	05·13·03	金金土	16·18·08·21
	05·13·20	土金火	33·18·25·38
	05·16·08	火木火	24·21·13·29
	05·16·16	木木木	32·21·21·37
	05·20·13	金土火	33·25·18·38
5획 성씨에게 보통으로 좋은 삼원오행과 사격수리			
5획 성씨	05·01·10	土土木	11·06·15·16
	05·02·06	木金金	08·07·11·13
	05·02·16	木金金	18·07·21·23
	05·03·05	水金金	08·08·10·13
	05·03·08	火金木	11·08·13·16
	05·03·15	水金金	18·08·20·23
	05·03·21	土金火	24·08·26·29

성(姓)	성 • 이 • 름	삼원오행 (이격 • 형격 • 원격)	사격수리 (원 • 형 • 이 • 정격)
5획 성씨 功(공) 丘(구) 甘(감) 白(백) 史(사) 石(석) 申(신) 召(소) 玉(옥) 田(전) 占(점) 台(태) 平(평) 皮(피) 弘(홍) 玄(현) 乙支 (을지)	05·06·02	金木金	08·11·07·13
	05·06·05	水木木	11·11·10·16
	05·06·10	土木土	16·11·15·21
	05·06·12	金木金	18·11·17·23
	05·08·03	金火木	11·13·08·16
	05·08·10	土火金	18·13·15·23
	05·08·16	木火火	24·13·21·29
	05·08·24	水火木	32·13·29·37
	05·10·01	土土木	11·15·06·16
	05·12·06	木金金	18·17·11·23
	05·12·12	金金火	24·17·17·29
	05·12·20	土金木	32·17·25·37
	05·13·19	火金木	32·18·24·37
	05·16·02	金木金	18·21·07·23
	05·18·06	木火火	24·23·11·29
	05·19·13	金火木	32·24·18·37
	05·20·12	金土木	32·25·17·37

6획 성씨에게 아주 좋은 삼원오행과 사격수리

성(姓)	성•이•름	삼원오행 (이격•형격•원격)	사격수리 (원•형•이•정격)
6획 성씨 光(광) 圭(규) 吉(길) 老(노) 牟(모) 米(미) 百(백) 朴(박) 先(선) 西(서) 安(안) 伊(이) 印(인) 任(임) 在(재) 朱(주) 全(전) 宅(택)	06·02·23	水金土	25·08·29·31
	06·05·18	火木火	23·11·24·29
	06·07·18	火火土	25·13·24·31
	06·07·25	木火木	32·13·31·38
	06·09·09	土土金	18·15·15·24
	06·10·05	木土土	15·16·11·21
	06·10·07	火土金	17·16·13·23
	06·10·15	木土土	25·16·21·31
	06·12·23	水金土	35·18·29·41
	06·15·17	火木木	32·21·23·38
	06·17·15	木火木	32·23·21·38
	06·17·18	火火土	35·23·24·41
	06·18·07	火火土	25·24·13·31
	06·18·17	火火土	35·24·23·41

6획 성씨에게 보통으로 좋은 삼원오행과 사격수리

성(姓)	성•이•름	삼원오행	사격수리
6획 성씨	06·01·10	土金木	11·07·16·17
	06·01·17	火金金	18·07·23·24
	06·02·05	木金金	07·08·11·13

성(姓)	성●이●름	삼원오행 (이격●형격●원격)	사격수리 (원●형●이●정격)
6획 성씨 光(광) 圭(규) 吉(길) 老(노) 牟(모) 米(미) 百(백) 朴(박) 先(선) 西(서) 安(안) 伊(이) 印(인) 任(임) 在(재) 朱(주) 全(전) 宅(택)	06·02·09	土金木	11·08·15·17
	06·02·15	木金金	17·08·21·23
	06·05·02	金木金	07·11·08·13
	06·05·10	土木土	15·11·16·21
	06·05·12	金木金	17·11·18·23
	06·07·08	火火土	15·13·14·21
	06·07·10	土火金	17·13·16·23
	06·07·11	金火金	18·13·17·24
	06·09·02	金土木	11·15·08·17
	06·09·08	火土金	17·15·14·23
	06·09·18	火土金	27·15·24·33
	06·10·01	金土木	11·16·07·17
	06·10·17	火土金	27·16·23·33
	06·10·19	土土水	29·16·25·35
	06·10·23	水土火	33·16·29·39
	06·11·07	火金金	18·17·13·24
	06·11·18	火金水	29·17·24·35

성(姓)	성 ● 이 ● 름	삼원오행 (이격 ● 형격 ● 원격)	사격수리 (원 ● 형 ● 이 ● 정격)
6획 성씨 光(**광**) 圭(**규**) 吉(**길**) 老(**노**) 牟(**모**) 米(**미**) 百(**백**) 朴(**박**) 先(**선**) 西(**서**) 安(**안**) 伊(**이**) 印(**인**) 任(**임**) 在(**재**) 朱(**주**) 全(**전**) 宅(**택**)	06·12·05	木金金	17·18·11·23
	06·12·17	火金水	29·18·23·35
	06·12·19	土金木	31·18·25·37
	06·15·02	金木金	17·21·08·23
	06·15·10	木土土	25·21·16·31
	06·17·01	金火金	18·23·07·24
	06·17·12	金火水	29·23·18·35
	06·18·05	木火火	23·24·11·29
	06·18·11	金火水	29·24·17·35
	06·19·12	金土木	31·25·18·37
	06·21·11	金金木	32·27·17·38
	06·21·18	火金水	39·27·24·45
	06·23·02	金水土	25·29·08·31
	06·23·09	土水木	32·29·15·38
	06·23·12	金水土	35·29·18·41

7획 성씨에게 **아주 좋은** 삼원오행과 사격수리

성(姓)	성●이●름	삼원오행 (이격●형격●원격)	사격수리 (원●형●이●정격)
7획 성씨 江(**강**) 君(**군**) 甫(**보**) 成(**성**) 宋(**송**) 辛(**신**) 呂(**여**) 余(**여**) 汝(**여**) 延(**연**) 吳(**오**) 李(**이**) 位(**위**) 池(**지**) 廷(**정**) 車(**차**) 何(**하**) 孝(**효**)	07·01·10	金金木	11·08·17·18
	07·06·18	土火火	24·13·25·31
	07·08·08	土土土	16·15·15·23
	07·08·09	土土金	17·15·16·24
	07·08·10	金土金	18·15·17·25
	07·08·16	火土火	24·15·23·31
	07·08·17	火土土	25·15·24·32
	07·09·08	土土金	17·16·15·24
	07·09·09	土土金	18·16·16·25
	07·09·16	火土土	25·16·23·32
	07·10·08	土金金	18·17·15·25
	07·14·17	火木木	31·21·24·38
	07·14·18	土木木	32·21·25·39
	07·16·08	土火火	24·23·15·31
	07·16·09	土火土	25·23·16·32
	07·16·16	火火木	32·23·23·39
	07·17·08	土火土	25·24·15·32
	07·17·14	木火木	31·24·21·38
	07·17·24	木火木	41·24·31·48
	07·18·06	火土火	24·25·13·31
	07·22·10	金水木	32·29·17·39
	07·24·17	火木木	41·31·24·48

7획 성씨에게 보통으로 좋은 삼원오행과 사격수리

성(姓)	성 • 이 • 름	삼원오행 (이격 • 형격 • 원격)	사격수리 (원 • 형 • 이 • 정격)
7획 성씨 江(강) 君(군) 甫(보) 成(성) 宋(송) 辛(신) 呂(여) 余(여) 汝(여) 延(연) 吳(오) 李(이) 位(위) 池(지) 廷(정) 車(차) 何(하) 孝(효)	07·01·16	火金金	17·08·23·24
	07·01·24	木金土	25·08·31·32
	07·04·04	木木金	08·11·11·15
	07·04·14	木木金	18·11·21·25
	07·06·10	金火土	16·13·17·23
	07·06·11	金火金	17·13·18·24
	07·08·24	木土木	32·15·31·39
	07·10·01	金金木	11·17·08·18
	07·10·06	火金土	16·17·13·23
	07·10·14	木金火	24·17·21·31
	07·10·22	水金木	32·17·29·39
	07·11·06	火金金	17·18·13·24
	07·11·14	木金土	25·18·21·32
	07·14·04	木木金	18·21·11·25
	07·14·10	金木火	24·21·17·31
	07·14·11	金木土	25·21·18·32

성(姓)	성●이●름	삼원오행 (이격●형격●원격)	사격수리 (원●형●이●정격)
7획 성씨 江(강) 君(군) 甫(보) 成(성) 宋(송) 辛(신) 呂(여) 余(여) 汝(여) 延(연) 吳(오) 李(이) 位(위) 池(지) 廷(정) 車(차) 何(하) 孝(효)	07·14·24	木木金	38·21·31·45
	07·16·01	金火金	17·23·08·24
	07·16·22	水火金	38·23·29·45
	07·18·14	木土木	32·25·21·39
	07·22·16	火水金	38·29·23·45
	07·24·01	金木土	25·31·08·32
	07·24·08	土木木	32·31·15·39
	07·24·14	木木金	38·31·21·45
8획 성씨에게 **아주 좋은** 삼원오행과 사격수리			
8획 성씨	08·03·13	木木土	16·11·21·24
	08·05·08	土火火	13·13·16·21
	08·07·08	土土土	15·15·16·23
	08·07·09	金土土	16·15·17·24
	08·07·10	金土金	17·15·18·25

성(姓)	성 ● 이 ● 름	삼원오행 (이격 ● 형격 ● 원격)	사격수리 (원 ● 형 ● 이 ● 정격)
8획 성씨 空(공) 季(계) 庚(경) 京(경) 具(구) 金(김) 奇(기) 孟(맹) 明(명) 門(문) 房(방) 奉(봉) 舍(사) 昔(석) 松(송) 昇(승) 承(승) 沈(심) 岳(악) 林(임) 長(장) 宗(종) 周(주) 昌(창) 卓(탁) 表(표) 和(화)	08·07·16	火土火	23·15·24·31
	08·07·17	土土火	24·15·25·32
	08·08·05	火土火	13·16·13·21
	08·08·07	土土土	15·16·15·23
	08·08·09	金土金	17·16·17·25
	08·08·15	火土火	23·16·23·31
	08·08·17	土土土	25·16·25·33
	08·08·25	火土火	33·16·33·41
	08·09·07	土金土	16·17·15·24
	08·09·08	土金金	17·17·16·25
	08·10·07	土金金	17·18·15·25
	08·10·27	土金金	37·18·35·45
	08·13·03	木木土	16·21·11·24
	08·15·08	土火火	23·23·16·31
	08·15·16	火火木	31·23·24·39
	08·16·07	土火火	23·24·15·31
	08·16·15	火火木	31·24·23·39
	08·16·17	土火火	33·24·25·41
	08·17·07	土土火	24·25·15·32
	08·17·08	土土土	25·25·16·33
	08·17·16	火土火	33·25·24·41
	08·23·16	火木水	39·31·24·47

성(姓)	성●이●름	삼원오행 (이격●형격●원격)	사격수리 (원●형●이●정격)
8획 성씨	08·24·15	火木水	39·32·23·47
	08·25·08	土火火	33·33·16·41
	08·27·10	金土金	37·35·18·45
8획 성씨에게 **보통으로 좋은** 삼원오행과 사격수리			
8획 성씨 空(공) 季(계) 庚(경) 京(경) 具(구) 金(김) 奇(기) 孟(맹) 明(명) 門(문) 房(방) 奉(봉) 舍(사) 昔(석) 松(송) 昇(승) 承(승) 沈(심) 岳(악) 林(임) 長(장) 宗(종) 周(주) 昌(창) 卓(탁) 表(표) 和(화)	08·03·05	火木金	08·11·13·16
	08·03·10	金木火	13·11·18·21
	08·03·21	水木火	24·11·29·32
	08·05·03	木火金	08·13·11·16
	08·05·10	金火土	15·13·18·23
	08·05·16	火火木	21·13·24·29
	08·05·24	木火水	29·13·32·37
	08·07·24	木土木	31·15·32·39
	08·08·13	木土木	21·16·21·29
	08·08·23	木土木	31·16·31·39
	08·09·15	火金火	24·17·23·32
	08·09·16	火金土	25·17·24·33
	08·09·24	木金火	33·17·32·41
	08·10·03	木金火	13·18·11·21
	08·10·05	火金土	15·18·13·23
	08·10·13	木金火	23·18·21·31
	08·10·15	火金土	25·18·23·33

<table>
<tr><th>성(姓)</th><th>성 • 이 • 름</th><th>삼원오행
(이격 • 형격 • 원격)</th><th>사격수리
(원 • 형 • 이 • 정격)</th></tr>
<tr><td rowspan="20">8획 성씨

空(공)
季(계)
庚(경)
京(경)
具(구)
金(김)
奇(기)
孟(맹)
明(명)
門(문)
房(방)
奉(봉)
舍(사)
昔(식)
松(송)
昇(승)
承(승)
沈(심)
岳(악)
林(임)
長(장)
宗(종)
周(주)
昌(창)
卓(탁)
表(표)
和(화)</td><td>08·10·21</td><td>水金木</td><td>31·18·29·39</td></tr>
<tr><td>08·10·23</td><td>木金火</td><td>33·18·31·41</td></tr>
<tr><td>08·13·08</td><td>土木木</td><td>21·21·16·29</td></tr>
<tr><td>08·13·10</td><td>金木火</td><td>23·21·18·31</td></tr>
<tr><td>08·13·16</td><td>火木水</td><td>29·21·24·37</td></tr>
<tr><td>08·13·24</td><td>木木金</td><td>37·21·32·45</td></tr>
<tr><td>08·15·09</td><td>金火火</td><td>24·23·17·32</td></tr>
<tr><td>08·15·10</td><td>金火土</td><td>25·23·18·33</td></tr>
<tr><td>08·15·24</td><td>木火水</td><td>39·23·32·47</td></tr>
<tr><td>08·16·05</td><td>火火木</td><td>21·24·13·29</td></tr>
<tr><td>08·16·09</td><td>金火土</td><td>25·24·17·33</td></tr>
<tr><td>08·16·13</td><td>木火水</td><td>29·24·21·37</td></tr>
<tr><td>08·16·21</td><td>水火金</td><td>37·24·29·45</td></tr>
<tr><td>08·16·23</td><td>木火水</td><td>39·24·31·47</td></tr>
<tr><td>08·17·10</td><td>金土金</td><td>27·25·18·35</td></tr>
<tr><td>08·21·03</td><td>木水火</td><td>24·29·11·32</td></tr>
<tr><td>08·21·10</td><td>金水木</td><td>31·29·18·39</td></tr>
<tr><td>08·21·16</td><td>火水金</td><td>37·29·24·45</td></tr>
</table>

<table>
<tr><th>성(姓)</th><th>성•이•름</th><th>삼원오행
(이격•형격•원격)</th><th>사격수리
(원•형•이•정격)</th></tr>
<tr><td rowspan="4">8획 성씨</td><td>08·24·07</td><td>土木木</td><td>31·32·15·39</td></tr>
<tr><td>08·24·09</td><td>金木火</td><td>33·32·17·41</td></tr>
<tr><td>08·24·13</td><td>木木金</td><td>37·32·21·45</td></tr>
<tr><td>08·24·17</td><td>土木木</td><td>41·32·25·49</td></tr>
<tr><td colspan="4">9획 성씨에게 아주 좋은 삼원오행과 사격수리</td></tr>
<tr><td rowspan="15">9획 성씨
姜(강) 南(남)
段(단) 柳(류)
思(사) 宣(선)
星(성) 信(신)
彦(언) 韋(위)
兪(유) 禹(우)
貞(정) 俊(준)
秋(추) 泰(태)
扁(편) 河(하)
咸(함)</td><td>09·02·22</td><td>木木火</td><td>24·11·31·33</td></tr>
<tr><td>09·04·02</td><td>木火土</td><td>06·13·11·15</td></tr>
<tr><td>09·04·12</td><td>木火土</td><td>16·13·21·25</td></tr>
<tr><td>09·06·09</td><td>金土土</td><td>15·15·18·24</td></tr>
<tr><td>09·07·08</td><td>金土土</td><td>15·16·17·24</td></tr>
<tr><td>09·07·09</td><td>金土土</td><td>16·16·18·25</td></tr>
<tr><td>09·07·16</td><td>土土火</td><td>23·16·25·32</td></tr>
<tr><td>09·08·07</td><td>土金土</td><td>15·17·16·24</td></tr>
<tr><td>09·08·08</td><td>金金土</td><td>16·17·17·25</td></tr>
<tr><td>09·09·06</td><td>土金土</td><td>15·18·15·24</td></tr>
<tr><td>09·12·12</td><td>木木火</td><td>24·21·21·33</td></tr>
<tr><td>09·14·02</td><td>木火土</td><td>16·23·11·25</td></tr>
<tr><td>09·16·07</td><td>土土火</td><td>23·25·16·32</td></tr>
<tr><td>09·16·08</td><td>金土火</td><td>24·25·17·33</td></tr>
<tr><td>09·22·02</td><td>木木火</td><td>24·31·11·33</td></tr>
</table>

9획 성씨에게 **보통으로 좋은** 삼원오행과 사격수리			
성(姓)	**성●이●름**	**삼원오행** (이격●형격●원격)	**사격수리** (원●형●이●정격)
9획 성씨 姜(**강**) 南(**남**) 段(**단**) 柳(**류**) 思(**사**) 宣(**선**) 星(**성**) 信(**신**) 彦(**언**) 韋(**위**) 兪(**유**) 禹(**우**) 貞(**정**) 俊(**준**) 秋(**추**) 泰(**태**) 扁(**편**) 河(**하**) 咸(**함**)	09·02·04	火木土	06·11·13·15
	09·02·06	土木金	08·11·15·17
	09·02·14	火木土	16·11·23·25
	09·04·20	水火火	24·13·29·33
	09·06·02	木土金	08·15·11·17
	09·06·26	土土木	32·15·35·41
	09·07·22	木土水	29·16·31·38
	09·08·15	火金火	23·17·24·32
	09·08·16	土金火	24·17·25·33
	09·08·24	火金木	32·17·33·41
	09·09·14	火金火	23·18·23·32
	09·12·04	火木土	16·21·13·25
	09·12·20	水木木	32·21·29·41
	09·14·09	金火火	23·23·18·32

10획 성씨에게 **아주 좋은** 삼원오행과 사격수리

성(姓)	성•이•름	삼원오행 (이격•형격•원격)	사격수리 (원•형•이•정격)
10획 성씨 剛(강) 高(고) 骨(골) 宮(궁) 俱(구) 桂(계) 起(기) 唐(당) 馬(마) 芳(방) 徐(서) 席(석) 素(소) 孫(손) 袁(원) 芮(예) 殷(은) 曺(조) 眞(진) 晋(진) 倉(창) 夏(하) 洪(홍) 花(화)	10·01·22	木木火	23·11·32·33
	10·03·03	火火土	06·13·13·16
	10·03·22	木火土	25·13·32·35
	10·05·01	木土土	06·15·11·16
	10·05·03	火土金	08·15·13·18
	10·05·08	金土火	13·15·18·23
	10·06·07	金土火	13·16·17·23
	10·07·08	金金土	15·17·18·25
	10·08·07	金金土	15·18·17·25
	10·13·22	木火土	35·23·32·45
	10·14·01	木火土	15·24·11·25
	10·14·11	木火土	25·24·21·35
	10·14·21	木火土	35·24·31·45
	10·15·08	金土火	23·25·18·33
	10·15·23	火土金	38·25·33·48
	10·22·01	木木火	23·32·11·33
	10·25·13	火土金	38·35·23·48

10획 성씨에게 보통으로 좋은 삼원오행과 사격수리			
성(姓)	성 ● 이 ● 름	삼원오행 (이격 ● 형격 ● 원격)	사격수리 (원 ● 형 ● 이 ● 정격)
10획 성씨 剛(강) 高(고) 骨(골) 宮(궁) 俱(구) 桂(계) 起(기) 唐(당) 馬(마) 芳(방) 徐(서) 席(석) 素(소) 孫(손) 袁(원) 芮(예) 殷(은) 曺(조) 眞(진) 晋(진) 倉(창) 夏(하) 洪(홍) 花(화)	10·01·05	土木土	06·11·15·16
	10·01·06	土木金	07·11·16·17
	10·01·07	金木金	08·11·17·18
	10·01·14	火木土	15·11·24·25
	10·03·05	土火金	08·13·15·18
	10·03·08	金火木	11·13·18·21
	10·05·06	土土木	11·15·16·21
	10·06·01	木土金	07·16·11·17
	10·06·05	土土木	11·16·15·21
	10·06·15	土土木	21·16·25·31
	10·06·19	水土土	25·16·29·35
	10·06·23	火土水	29·16·33·39
	10·06·25	土土木	31·16·35·41
	10·07·01	木金金	08·17·11·18
	10·07·06	土金火	13·17·16·23
	10·07·14	火金木	21·17·24·31
	10·07·22	木金水	29·17·32·39
	10·08·03	火金木	11·18·13·21
	10·08·05	土金火	13·18·15·23

성(姓)	성●이●름	삼원오행 (이격●형격●원격)	사격수리 (원●형●이●정격)
10획 성씨 剛(강) 高(고) 骨(골) 宮(궁) 俱(구) 桂(계) 起(기) 唐(당) 馬(마) 芳(방) 徐(서) 席(석) 素(소) 孫(손) 袁(원) 芮(예) 殷(은) 曺(조) 眞(진) 晋(진) 倉(창) 夏(하) 洪(홍) 花(화)	10·08·13	火金木	21·18·23·31
	10·08·15	土金火	23·18·25·33
	10·08·21	木金水	29·18·31·39
	10·08·23	火金木	31·18·33·41
	10·11·14	火木土	25·21·24·35
	10·13·08	金火木	21·23·18·31
	10·13·25	土火金	38·23·35·48
	10·14·07	金火木	21·24·17·31
	10·14·15	土火水	29·24·25·39
	10·14·23	火火金	37·24·33·47
	10·15·06	土土木	21·25·16·31
	10·15·14	火土水	29·25·24·39
	10·15·22	木土金	37·25·32·47
	10·19·06	土水土	25·29·16·35
	10·21·08	金木水	29·31·18·39
	10·21·14	火木土	35·31·24·45

성(姓)	성 ● 이 ● 름	삼원오행 (이격 ● 형격 ● 원격)	사격수리 (원 ● 형 ● 이 ● 정격)
11획 성씨	11·20·04	土木火	24·31·15·35
	11·22·02	火火火	24·33·13·35
	11·24·14	土土金	38·35·25·49
12획 성씨에게 **아주 좋은** 삼원오행과 사격수리			
12획 성씨 景(경) 邱(구) 童(동) 閔(민) 馮(빙) 象(상) 善(선) 邵(소) 筍(순) 順(순) 舜(순) 勝(승) 雁(안) 堯(요) 雲(운) 庾(유) 壹(일) 程(정) 曾(증) 智(지) 彭(팽) 弼(필) 賀(하) 黃(황) 大室(대실) 東方(동방) 小室(소실) 以先(이선)	12·01·04	土火土	05·13·16·17
	12·01·20	木火木	21·13·32·33
	12·03·03	土土土	06·15·15·18
	12·04·01	火土土	05·16·13·17
	12·04·13	土土金	17·16·25·29
	12·04·21	火土土	25·16·33·37
	12·06·23	土金水	29·18·35·41
	12·09·12	火木木	21·21·24·33
	12·12·09	木火木	21·24·21·33
	12·12·13	土火土	25·24·25·37
	12·13·04	土土金	17·25·16·29
	12·13·12	火土土	25·25·24·37
	12·20·01	火木木	21·32·13·33
	12·21·04	土火土	25·33·16·37

12획 성씨에게 **보통으로 좋은** 삼원오행과 사격수리			
성(姓)	**성 ● 이 ● 름**	**삼원오행** (이격 ● 형격 ● 원격)	**사격수리** (원 ● 형 ● 이 ● 정격)
12획 성씨 景(**경**) 邱(**구**) 童(**동**) 閔(**민**) 馮(**빙**) 象(**상**) 善(**선**) 邵(**소**) 筍(**순**) 順(**순**) 舜(**순**) 勝(**승**) 雁(**안**) 堯(**요**) 雲(**운**) 庾(**유**) 壹(**일**) 程(**정**) 曾(**증**) 智(**지**) 彭(**팽**) 弼(**필**) 賀(**하**) 黃(**황**) 大室(**대실**) 東方(**동방**) 小室(**소실**) 以先(**이선**)	12·01·05	金火土	06·13·17·18
	12·01·12	火火火	13·13·24·25
	12·03·20	木土火	23·15·32·35
	12·04·09	木土火	13·16·21·25
	12·04·17	水土木	21·16·29·33
	12·04·19	木土火	23·16·31·35
	12·04·23	土土金	27·16·35·39
	12·04·25	金土水	29·16·37·41
	12·05·01	火金土	06·17·13·18
	12·05·06	金金木	11·17·18·23
	12·05·12	火金金	17·17·24·29
	12·05·20	木金土	25·17·32·37
	12·06·05	金金木	11·18·17·23
	12·06·11	火金金	17·18·23·29
	12·06·17	水金火	23·18·29·35
	12·06·19	木金土	25·18·31·37

13획 성씨에게 보통으로 좋은 삼원오행과 사격수리			
성(姓)	**성•이•름**	**삼원오행** (이격•형격•원격)	**사격수리** (원•형•이•정격)
13획 성씨	13·02·16	水土金	18·15·29·31
賈(**가**)	13·03·08	木土木	11·16·21·24
琴(**금**)	13·03·22	土土土	25·16·35·38
廉(**렴**)	13·04·04	金金金	08·17·17·21
路(**로**)	13·04·12	土金土	16·17·25·29
睦(**목**)	13·04·20	火金火	24·17·33·37
新(**신**)	13·05·20	火金土	25·18·33·38
阿(**아**)	13·08·08	木木土	16·21·21·29
楊(**양**)	13·08·10	火木金	18·21·23·31
郁(**욱**)	13·08·16	水木火	24·21·29·37
慈(**자**)	13·08·24	金木木	32·21·37·45
莊(**장**)	13·10·08	木火金	18·23·21·31
楚(**초**)	13·12·04	金土土	16·25·17·29
令孤	13·16·02	土水金	18·29·15·31
(**령고**)	13·16·08	木水火	24·29·21·37
司空 (**사공**)	13·16·16	水水木	32·29·29·45

성(姓)	성 • 이 • 름	삼원오행 (이격 • 형격 • 원격)	사격수리 (원 • 형 • 이 • 정격)
13획 성씨	13·19·16	水木土	35·32·29·48
	13·20·04	金火火	24·33·17·37
	13·20·05	金火土	25·33·18·38
	13·20·19	木火水	39·33·32·52
	13·22·03	土土土	25·35·16·38
	13·24·08	木金木	32·37·21·45
14획 성씨에게 **아주 좋은** 삼원오행과 사격수리			
14획 성씨 菊(국) 箕(기) 端(단) 裵(배) 鳳(봉) 賓(빈) 碩(석) 愼(신) 實(실) 榮(영) 溫(온) 趙(조) 華(화) 公孫(공손) 西門(서문)	14·01·02	土土火	03·15·16·17
	14·02·01	土土火	03·16·15·17
	14·02·21	土土火	23·16·35·37
	14·02·23	金土土	25·16·37·39
	14·04·21	土金土	25·18·35·39
	14·07·17	木木火	24·21·31·38
	14·09·02	土火木	11·23·16·25
	14·10·11	土火木	21·24·25·35
	14·10·21	土火木	31·24·35·45

성(姓)	성 ● 이 ● 름	삼원오행 (이격 ● 형격 ● 원격)	사격수리 (원 ● 형 ● 이 ● 정격)
14획 성씨 菊(국) 箕(기) 端(단) 裵(배) 鳳(봉) 賓(빈) 碩(석) 愼(신) 實(실) 榮(영) 溫(온) 趙(조) 華(화) 公孫 (공손) 西門 (서문)	14·02·19	火土木	21·16·33·35
	14·03·04	金金金	07·17·18·21
	14·03·15	水金金	18·17·29·32
	14·03·18	木金木	21·17·32·35
	14·03·21	土金火	24·17·35·38
	14·04·03	金金金	07·18·17·21
	14·04·07	木金木	11·18·21·25
	14·04·11	土金土	15·18·25·29
	14·04·17	木金木	21·18·31·35
	14·04·19	火金火	23·18·33·37
	14·07·04	金木木	11·21·18·25
	14·07·10	火木金	17·21·24·31
	14·07·11	土木金	18·21·25·32
	14·07·24	金木木	31·21·38·45
	14·09·09	火火金	18·23·23·32
	14·09·24	金火火	33·23·38·47
	14·10·07	木火金	17·24·21·31
	14·10·15	水火土	25·24·29·39
	14·10·23	金火火	33·24·37·47
	14·11·02	土土火	13·25·16·27

성(姓)	성 • 이 • 름	삼원오행 (이격 • 형격 • 원격)	사격수리 (원 • 형 • 이 • 정격)
14획 성씨 菊(**국**) 箕(**기**) 端(**단**) 裵(**배**) 鳳(**봉**) 賓(**빈**) 碩(**석**) 愼(**신**) 實(**실**) 榮(**영**) 溫(**온**) 趙(**조**) 華(**화**) 公孫 (**공손**) 西門 (**서문**)	14·11·04	金土土	15·25·18·29
	14·11·07	木土金	18·25·21·32
	14·11·24	金土土	35·25·38·49
	14·15·03	金水金	18·29·17·32
	14·15·10	火水土	25·29·24·39
	14·17·04	金木木	21·31·18·35
	14·17·21	土木金	38·31·35·52
	14·18·03	金木木	21·32·17·35
	14·19·04	金火火	23·33·18·37
	14·19·19	火火金	38·33·33·52
	14·21·17	木土金	38·35·31·52
	14·24·07	木金木	31·38·21·45
	14·24·11	土金土	35·38·25·49
	14·25·13	金水金	38·39·27·52

성(姓)	성 • 이 • 름	삼원오행 (이격 • 형격 • 원격)	사격수리 (원 • 형 • 이 • 정격)
15획 성씨 價(가) 葛(갈) 慶(경) 郭(곽) 廣(광) 歐(구) 魯(노) 德(덕) 董(동) 萬(만) 墨(묵) 葉(엽) 劉(유) 標(표) 漢(한) 司馬 (사마) 仲室 (중실)	15·09·23	金火木	32·24·38·47
	15·09·24	水火火	33·24·39·48
	15·10·14	水土火	24·25·29·39
	15·10·22	金土木	32·25·37·47
	15·14·02	金水土	16·29·17·31
	15·14·10	土水火	24·29·25·39
	15·14·18	火水木	32·29·33·47
	15·16·01	土木金	17·31·16·32
	15·16·02	金木金	18·31·17·33
	15·17·01	土木金	18·32·16·33
	15·17·20	土木金	37·32·35·52
	15·18·06	木火火	24·33·21·39
	15·18·14	水火木	32·33·29·47

성(姓)	성 • 이 • 름	삼원오행 (이격 • 형격 • 원격)	사격수리 (원 • 형 • 이 • 정격)
15획 성씨 價(**가**) 葛(**갈**) 慶(**경**) 郭(**곽**) 廣(**광**) 歐(**구**) 魯(**노**) 德(**덕**) 董(**동**) 萬(**만**) 墨(**묵**) 葉(**엽**) 劉(**유**) 標(**표**) 漢(**한**) 司馬(**사마**) 仲室(**중실**)	15·20·17	木土金	37·35·32·52
	15·22·01	土金火	23·37·16·38
	15·22·02	金金火	24·37·17·39
	15·22·10	土金木	32·37·25·47
	15·23·09	火金木	32·38·24·47
	15·23·10	土金火	33·38·25·48
	15·24·08	火水木	32·39·23·47
	15·24·09	火水火	33·39·24·48
16획 성씨에게 **아주 좋은** 삼원오행과 사격수리			
16획 성씨 霍(**곽**) 彊(**강**) 盧(**노**) 潭(**담**) 都(**도**) 陶(**도**) 道(**도**) 潘(**반**) 龍(**용**) 陸(**육**) 錢(**전**) 諸(**제**) 陳(**진**) 皇甫(**황보**)	16·02·23	水金土	25·18·39·41
	16·05·08	火木火	13·21·24·29
	16·05·16	木木木	21·21·32·37
	16·07·08	火火土	15·23·24·31
	16·07·09	土火土	16·23·25·32
	16·07·25	木火木	32·23·41·48
	16·08·07	火火土	15·24·23·31
	16·08·17	火火土	25·24·33·41
	16·09·07	火土土	16·25·23·32
	16·09·08	火土金	17·25·24·33
	16·09·16	木土土	25·25·32·41

성(姓)	성 • 이 • 름	삼원오행 (이격 • 형격 • 원격)	사격수리 (원 • 형 • 이 • 정격)
16획 성씨	16·15·08	火木火	23·31·24·39
	16·15·16	木木木	31·31·32·47
	16·15·17	火木木	32·31·33·48
	16·16·05	木木木	21·32·21·37
	16·16·07	火木火	23·32·23·39
	16·16·15	木木木	31·32·31·47
	16·17·15	木火木	32·33·31·48
	16·23·02	金水土	25·39·18·41
	16·25·07	火木木	32·41·23·48
16획 성씨에게 보통으로 좋은 삼원오행과 사격수리			
16획 성씨 霍(곽) 彊(강) 盧(노) 潭(담) 都(도) 陶(도) 道(도) 潘(반) 龍(용) 陸(육) 錢(전) 諸(제) 陳(진) 皇甫(황보)	16·01·07	火金金	08·17·23·24
	16·01·15	木金土	16·17·31·32
	16·01·16	木金金	17·17·32·33
	16·01·22	金金火	23·17·38·39
	16·02·05	木金金	07·18·21·23
	16·02·13	水金土	15·18·29·31
	16·02·19	土金木	21·18·35·37
	16·02·21	金金火	23·18·37·39
	16·05·02	金木金	07·21·18·23
	16·07·01	金火金	08·23·17·24
	16·07·16	木火火	23·23·32·39

<table>
<tr><th>성(姓)</th><th>성•이•름</th><th>삼원오행
(이격•형격•원격)</th><th>사격수리
(원•형•이•정격)</th></tr>
<tr><td rowspan="16">16획 성씨

霍(곽)
彊(강)
盧(노)
潭(담)
都(도)
陶(도)
道(도)
潘(반)
龍(용)
陸(육)
錢(전)
諸(제)
陳(진)
皇甫
(황보)</td><td>16·08·05</td><td>木火火</td><td>13·24·21·29</td></tr>
<tr><td>16·08·09</td><td>土火金</td><td>17·24·25·33</td></tr>
<tr><td>16·08·13</td><td>水火木</td><td>21·24·29·37</td></tr>
<tr><td>16·08·15</td><td>木火火</td><td>23·24·31·39</td></tr>
<tr><td>16·08·21</td><td>金火水</td><td>29·24·37·45</td></tr>
<tr><td>16·08·23</td><td>水火木</td><td>31·24·39·47</td></tr>
<tr><td>16·08·25</td><td>木火火</td><td>33·24·41·49</td></tr>
<tr><td>16·09·22</td><td>金土木</td><td>31·25·38·47</td></tr>
<tr><td>16·09·23</td><td>水土木</td><td>32·25·39·48</td></tr>
<tr><td>16·13·02</td><td>金水土</td><td>15·29·18·31</td></tr>
<tr><td>16·13·08</td><td>火水木</td><td>21·29·24·37</td></tr>
<tr><td>16·13·19</td><td>土水木</td><td>32·29·35·48</td></tr>
<tr><td>16·15·01</td><td>金木土</td><td>16·31·17·32</td></tr>
<tr><td>16·16·01</td><td>金木金</td><td>17·32·17·33</td></tr>
<tr><td>16·16·09</td><td>土木土</td><td>25·32·25·41</td></tr>
<tr><td>16·19·02</td><td>金土木</td><td>21·35·18·37</td></tr>
</table>

<table>
<tr><th>성(姓)</th><th>성 ● 이 ● 름</th><th>삼원오행
(이격 ● 형격 ● 원격)</th><th>사격수리
(원 ● 형 ● 이 ● 정격)</th></tr>
<tr><td rowspan="12">16획 성씨
霍(곽)
彊(강)
盧(노)
潭(담)
都(도)
陶(도)
道(도)
潘(반)
龍(용)
陸(육)
錢(전)
諸(제)
陳(진)
皇甫(황보)</td><td>16·19·13</td><td>水土木</td><td>32·35·29·48</td></tr>
<tr><td>16·19·22</td><td>金土木</td><td>41·35·38·57</td></tr>
<tr><td>16·21·02</td><td>金金火</td><td>23·37·18·39</td></tr>
<tr><td>16·21·08</td><td>火金水</td><td>29·37·24·45</td></tr>
<tr><td>16·22·01</td><td>金金火</td><td>23·38·17·39</td></tr>
<tr><td>16·22·07</td><td>火金水</td><td>29·38·23·45</td></tr>
<tr><td>16·22·09</td><td>土金木</td><td>31·38·25·47</td></tr>
<tr><td>16·22·19</td><td>土金木</td><td>41·38·35·57</td></tr>
<tr><td>16·23·08</td><td>火水木</td><td>31·39·24·47</td></tr>
<tr><td>16·23·09</td><td>土水木</td><td>32·39·25·48</td></tr>
<tr><td>16·25·08</td><td>火木火</td><td>33·41·24·49</td></tr>
<tr><td colspan="3"></td></tr>
<tr><td colspan="4">17획 성씨에게 아수 좋은 삼원오행과 사격수리</td></tr>
<tr><td rowspan="10">17획 성씨
鞠(국) 獨(독)
謝(사) 嘗(상)
遜(손) 鮮(선)
陽(양) 蓮(연)
蔣(장) 鍾(종)
蔡(채) 燭(촉)
鄒(추) 澤(택)
韓(한)</td><td>17·06·15</td><td>木火木</td><td>21·23·32·38</td></tr>
<tr><td>17·06·18</td><td>土火火</td><td>24·23·35·41</td></tr>
<tr><td>17·07·08</td><td>土火土</td><td>15·24·25·32</td></tr>
<tr><td>17·07·14</td><td>木火木</td><td>21·24·31·38</td></tr>
<tr><td>17·07·24</td><td>木火木</td><td>31·24·41·48</td></tr>
<tr><td>17·08·07</td><td>火土土</td><td>15·25·24·32</td></tr>
<tr><td>17·08·08</td><td>土土土</td><td>16·25·25·33</td></tr>
<tr><td>17·08·16</td><td>火土火</td><td>24·25·33·41</td></tr>
<tr><td>17·14·07</td><td>火木木</td><td>21·31·24·38</td></tr>
<tr><td>17·15·06</td><td>火木木</td><td>21·32·23·38</td></tr>
</table>

성(姓)	성•이•름	삼원오행 (이격•형격•원격)	사격수리 (원•형•이•정격)
17획 성씨	17·15·16	火木木	31·32·33·48
	17·16·08	土火火	24·33·25·41
	17·16·15	木火木	31·33·32·48
	17·18·06	火土火	24·35·23·41
	17·24·07	火木木	31·41·24·48
17획 성씨에게 **보통으로 좋은** 삼원오행과 사격수리			
17획 성씨 鞠(**국**) 獨(**독**) 謝(**사**) 嘗(**상**) 遜(**손**) 鮮(**선**) 陽(**양**) 蓮(**연**) 蔣(**장**) 鍾(**종**) 蔡(**채**) 燭(**촉**) 鄒(**추**) 澤(**택**) 韓(**한**)	17·01·06	火金金	07·18·23·24
	17·01·14	木金土	15·18·31·32
	17·01·20	金金木	21·18·37·38
	17·04·04	木木金	08·21·21·25
	17·04·12	水木土	16·21·29·33
	17·04·14	木木金	18·21·31·35
	17·04·20	金木火	24·21·37·41
	17·06·01	金火金	07·23·18·24
	17·06·12	水火金	18·23·29·35
	17·10·08	土金金	18·27·25·35
	17·12·04	木水土	16·29·21·33

성(姓)	성●이●름	삼원오행 (이격●형격●원격)	사격수리 (원●형●이●정격)
17획 성씨 鞠(국) 獨(독) 謝(사) 嘗(상) 遜(손) 鮮(선) 陽(양) 蓮(연) 蔣(장) 鍾(종) 蔡(채) 燭(촉) 鄒(추) 澤(택) 韓(한)	17·12·06	火水金	18·29·23·35
	17·14·01	金木土	15·31·18·32
	17·14·04	木木金	18·31·21·35
	17·14·18	土木木	32·31·35·49
	17·14·21	金木土	35·31·38·52
	17·15·20	金木土	35·32·37·52
	17·20·01	金金木	21·37·18·38
	17·20·04	木金火	24·37·21·41
	17·20·15	木金土	35·37·32·52
	17·21·14	木金土	35·38·31·52
	17·24·08	土木木	32·41·25·49
18획 성씨에게 **아주 좋은** 삼원오행과 사격수리			
18획 성씨	18·05·06	火火木	11·23·24·29
	18·06·05	火火木	11·24·23·29
	18·06·07	土火火	13·24·25·31
	18·06·15	火火木	21·24·33·39

<table>
<tr><th>성(姓)</th><th>성●이●름</th><th>삼원오행
(이격●형격●원격)</th><th>사격수리
(원●형●이●정격)</th></tr>
<tr><td rowspan="6">18획 성씨
簡(간)
瞿(구)
顔(안)
魏(위)
鞦(추)</td><td>18·06·17</td><td>土火火</td><td>23·24·35·41</td></tr>
<tr><td>18·07·06</td><td>火土火</td><td>13·25·24·31</td></tr>
<tr><td>18·07·20</td><td>金土金</td><td>27·25·38·45</td></tr>
<tr><td>18·15·06</td><td>火火木</td><td>21·33·24·39</td></tr>
<tr><td>18·17·06</td><td>火土火</td><td>23·35·24·41</td></tr>
<tr><td>18·23·06</td><td>火木水</td><td>29·41·24·47</td></tr>
<tr><td colspan="4">18획 성씨에게 보통으로 좋은 삼원오행과 사격수리</td></tr>
<tr><td rowspan="9">18획 성씨
簡(간)
瞿(구)
顔(안)
魏(위)
鞦(추)</td><td>18·03·14</td><td>木木金</td><td>17·21·32·35</td></tr>
<tr><td>18·03·20</td><td>金木火</td><td>23·21·38·41</td></tr>
<tr><td>18·06·11</td><td>水火金</td><td>17·24·29·35</td></tr>
<tr><td>18·06·23</td><td>木火水</td><td>29·24·41·47</td></tr>
<tr><td>18·07·14</td><td>木土木</td><td>21·25·32·39</td></tr>
<tr><td>18·11·06</td><td>火水金</td><td>17·29·24·35</td></tr>
<tr><td>18·14·03</td><td>木木金</td><td>17·32·21·35</td></tr>
<tr><td>18·14·07</td><td>土木木</td><td>21·32·25·39</td></tr>
<tr><td>18·20·03</td><td>木金火</td><td>23·38·21·41</td></tr>
</table>

<table>
<tr><th>성(姓)</th><th>성•이•름</th><th>삼원오행
(이격•형격•원격)</th><th>사격수리
(원•형•이•정격)</th></tr>
<tr><td colspan="4">19획 성씨에게 아주 좋은 삼원오행과 사격수리</td></tr>
<tr><td rowspan="6">19획 성씨

鑑(감)
關(관)
龐(방)
薛(설)
薀(온)
鄭(정)
南宮(남궁)
再會(새회)</td><td>19·04·02</td><td>木火土</td><td>06·23·21·25</td></tr>
<tr><td>19·04·12</td><td>木火土</td><td>16·23·31·35</td></tr>
<tr><td>19·13·20</td><td>水木火</td><td>33·32·39·52</td></tr>
<tr><td>19·14·02</td><td>木火土</td><td>16·33·21·35</td></tr>
<tr><td>19·18·20</td><td>水金金</td><td>38·37·39·57</td></tr>
<tr><td>19·20·18</td><td>金水金</td><td>38·39·37·57</td></tr>
<tr><td colspan="4">19획 성씨에게 보통으로 좋은 삼원오행과 사격수리</td></tr>
<tr><td rowspan="5">19획 성씨

鑑(감) 關(관)
龐(방) 薛(설)
薀(온) 鄭(정)
南宮(남궁)
再會(재회)</td><td>19·02·04</td><td>火木土</td><td>06·21·23·25</td></tr>
<tr><td>19·02·14</td><td>火木土</td><td>16·21·33·35</td></tr>
<tr><td>19·02·16</td><td>土木金</td><td>18·21·35·37</td></tr>
<tr><td>19·05·13</td><td>木火金</td><td>18·24·32·37</td></tr>
<tr><td>19·06·10</td><td>水土土</td><td>16·25·29·35</td></tr>
</table>

성(姓)	성 • 이 • 름	삼원오행 (이격 • 형격 • 원격)	사격수리 (원 • 형 • 이 • 정격)
19획 성씨 鑑(**감**) 關(**관**) 龐(**방**) 薛(**설**) 蘊(**온**) 鄭(**정**) 南宮 (**남궁**) 再會 (**재회**)	19·06·12	木土金	18·25·31·37
	19·10·06	土水土	16·29·25·35
	19·10·19	金水水	29·29·38·48
	19·12·04	火木土	16·31·23·35
	19·12·06	土木金	18·31·25·37
	19·13·05	火木金	18·32·24·37
	19·13·16	土木水	29·32·35·48
	19·14·04	火火金	18·33·23·37
	19·14·19	金火火	33·33·38·52
	19·16·02	木土金	18·35·21·37
	19·16·13	木土水	29·35·32·48
	19·16·22	木土金	38·35·41·57
	19·19·10	水金水	29·38·29·48
	19·19·14	火金火	33·38·33·52
	19·20·13	木水火	33·39·32·52
	19·22·16	土木金	38·41·35·57

20획 성씨에게 **아주 좋은** 삼원오행과 사격수리			
성(姓)	**성•이•름**	**삼원오행** (이격•형격•원격)	**사격수리** (원•형•이•정격)
20획 성씨 羅(**나**) 釋(**석**) 嚴(**엄**) 鮮于 (**선우**)	20·01·12	木木火	13·21·32·33
	20·03·12	木火土	15·23·32·35
	20·04·01	木火土	05·24·21·25
	20·04·11	木火土	15·24·31·35
	20·04·21	木火土	25·24·41·45
	20·05·13	火土金	18·25·33·38
	20·11·21	木木木	32·31·41·52
	20·12·01	木木火	13·32·21·33
	20·13·12	木火土	25·33·32·45
	20·18·19	水金金	37·38·39·57
	20·19·18	金水金	37·39·38·57
	20·21·11	木木木	32·41·31·52
20획 성씨에게 **보통으로 좋은** 삼원오행과 사격수리			
20획 성씨 羅(**나**) 釋(**석**) 嚴(**엄**) 鮮于 (**선우**)	20·01·04	火木土	05·21·24·25
	20·01·17	金木金	18·21·37·38
	20·03·15	土火金	18·23·35·38
	20·03·18	金火木	21·23·38·41
	20·04·09	水火火	13·24·29·33
	20·04·13	火火金	17·24·33·37
	20·04·17	金火木	21·24·37·41

성(姓)	성●이●름	삼원오행 (이격●형격●원격)	사격수리 (원●형●이●정격)
20획 성씨 羅(나) 釋(석) 嚴(엄) 鮮于 (선우)	20·05·12	木土金	17·25·32·37
	20·05·27	金土木	32·25·47·52
	20·09·04	火水火	13·29·24·33
	20·09·12	木水木	21·29·32·41
	20·09·18	金水金	27·29·38·47
	20·11·04	火木土	15·31·24·35
	20·12·03	火木土	15·32·23·35
	20·12·05	土木金	17·32·25·37
	20·12·09	水木木	21·32·29·41
	20·12·13	火木土	25·32·33·45
	20·12·17	金木水	29·32·37·49
	20·13·04	火火金	17·33·24·37

성(姓)	성•이•름	삼원오행 (이격•형격•원격)	사격수리 (원•형•이•정격)
20획 성씨 羅(나) 釋(석) 嚴(엄) 鮮于(선우)	20·13·05	土火金	18·33·25·38
	20·13·19	水火木	32·33·39·52
	20·15·03	火土金	18·35·23·38
	20·15·17	金土木	32·35·37·52
	20·17·01	木金金	18·37·21·38
	20·17·04	火金木	21·37·24·41
	20·17·15	土金木	32·37·35·52
	20·18·03	火金木	21·38·23·41
	20·19·13	火水木	32·39·33·52
	20·21·04	火木土	25·41·24·45
	20·27·05	土金木	32·47·25·52
21획 성씨에게 아주 좋은 삼원오행과 사격수리			
21획 성씨 顧(고) 藤(등) 釋(석) 邃(수) 負鼎(부정)	21·02·14	土火土	16·23·35·37
	21·04·04	土土金	08·25·25·29
	21·04·12	火土土	16·25·33·37
	21·04·14	土土金	18·25·35·39
	21·08·10	木水金	18·29·31·39
	21·11·20	木木木	31·32·41·52
	21·12·04	土火土	16·33·25·37

성(姓)	성•이•름	삼원오행 (이격•형격•원격)	사격수리 (원•형•이•정격)
21획 성씨	21·14·02	火土土	16·35·23·37
	21·14·03	火土金	17·35·24·38
	21·14·04	土土金	18·35·25·39
	21·20·11	木木木	31·41·32·52
	21·24·03	火土金	27·45·24·48
21획 성씨에게 보통으로 좋은 삼원오행과 사격수리			
21획 성씨 顧(고) 藤(등) 釋(석) 邃(수) 負鼎 (부정)	21·02·16	金火金	18·23·37·39
	21·03·08	水火木	11·24·29·32
	21·03·14	土火金	17·24·35·38
	21·04·20	木土火	24·25·41·45
	21·08·03	火水木	11·29·24·32
	21·08·16	金水火	24·29·37·45
	21·10·08	水木金	18·31·29·39
	21·10·14	土木火	24·31·35·45
	21·12·12	火火火	24·33·33·45

성(姓)	성●이●름	삼원오행 (이격●형격●원격)	사격수리 (원●형●이●정격)
21획 성씨 顧(고) 藤(등) 釋(석) 遂(수) 負鼎 (부정)	21·14·10	木土火	24·35·31·45
	21·14·17	金土木	31·35·38·52
	21·16·02	火金金	18·37·23·39
	21·16·08	水金火	24·37·29·45
	21·17·14	土金木	31·38·35·52
	21·20·04	土木火	24·41·25·45
22획 성씨에게 **아주 좋은** 삼원오행과 사격수리			
22획 성씨 權(권) 蘆(로) 邊(변) 蘇(소) 襲(습) 隱(은)	22·01·10	木火木	11·23·32·33
	22·02·09	木火木	11·24·31·33
	22·02·13	土火土	15·24·35·37
	22·02·23	土火土	25·24·45·47
	22·03·13	土土土	16·25·35·38
	22·09·02	火木木	11·31·24·33
	22·10·01	火木木	11·32·23·33
	22·13·02	火土土	15·35·24·37
	22·13·03	土土土	16·35·25·38
	22·23·02	火土土	25·45·24·47
22획 성씨에게 **보통으로 좋은** 삼원오행과 사격수리			
22획 성씨	22·01·02	火火火	03·23·24·25
	22·01·15	金火土	16·23·37·38

성(姓)	성 • 이 • 름	삼원오행 (이격 • 형격 • 원격)	사격수리 (원 • 형 • 이 • 정격)
22획 성씨 權(권) 蘆(로) 邊(변) 蘇(소) 襲(습) 隱(은)	22·01·16	金火金	17·23·38·39
	22·02·01	火火火	03·24·23·25
	22·02·11	火火火	13·24·33·35
	22·02·15	金火金	17·24·37·39
	22·03·10	木土火	13·25·32·35
	22·07·10	木水金	17·29·32·39
	22·09·07	水木土	16·31·29·38
	22·09·16	金木土	25·31·38·47
	22·09·26	金木土	35·31·48·57
	22·10·03	土木火	13·32·25·35
	22·10·07	水木金	17·32·29·39
	22·10·13	土木火	23·32·35·45
	22·10·15	金木土	25·32·37·47
	22·10·25	金木土	35·32·47·57
	22·11·02	火火火	13·33·24·35

<table>
<tr><th>성(姓)</th><th>성●이●름</th><th>삼원오행
(이격●형격●원격)</th><th>사격수리
(원●형●이●정격)</th></tr>
<tr><td rowspan="11">22획 성씨

權(권)
蘆(로)
邊(변)
蘇(소)
襲(습)
隱(은)</td><td>22·13·10</td><td>木土火</td><td>23·35·32·45</td></tr>
<tr><td>22·15·01</td><td>火金土</td><td>16·37·23·38</td></tr>
<tr><td>22·15·02</td><td>火金金</td><td>17·37·24·39</td></tr>
<tr><td>22·15·10</td><td>木金土</td><td>25·37·32·47</td></tr>
<tr><td>22·16·01</td><td>火金金</td><td>17·38·23·39</td></tr>
<tr><td>22·16·07</td><td>水金火</td><td>23·38·29·45</td></tr>
<tr><td>22·16·09</td><td>木金土</td><td>25·38·31·47</td></tr>
<tr><td>22·16·19</td><td>木金土</td><td>35·38·41·57</td></tr>
<tr><td>22·19·16</td><td>金木土</td><td>35·41·38·57</td></tr>
<tr><td>22·25·10</td><td>木金土</td><td>35·47·32·57</td></tr>
<tr><td>22·26·09</td><td>木金土</td><td>35·48·31·57</td></tr>
<tr><td colspan="4">25획 성씨에게 아주 좋은 삼원오행과 사격수리</td></tr>
<tr><td rowspan="7">25획 성씨

獨孤
(독고)</td><td>25·06·07</td><td>木木火</td><td>13·31·32·38</td></tr>
<tr><td>25·07·06</td><td>木木火</td><td>13·32·31·38</td></tr>
<tr><td>25·07·16</td><td>木木火</td><td>23·32·41·48</td></tr>
<tr><td>25·08·08</td><td>火火土</td><td>16·33·33·41</td></tr>
<tr><td>25·10·13</td><td>金土火</td><td>23·35·38·48</td></tr>
<tr><td>25·12·04</td><td>水金土</td><td>16·37·29·41</td></tr>
<tr><td>25·16·07</td><td>木木火</td><td>23·41·32·48</td></tr>
</table>

<table>
<tr><th>성(姓)</th><th>성•이•름</th><th>삼원오행
(이격•형격•원격)</th><th>사격수리
(원•형•이•정격)</th></tr>
<tr><td rowspan="2">25획 성씨</td><td>25·16·16</td><td>木木木</td><td>32·41·41·57</td></tr>
<tr><td>25·20·13</td><td>金土火</td><td>33·45·38·58</td></tr>
<tr><td colspan="4">25획 성씨에게 보통으로 좋은 삼원오행과 사격수리</td></tr>
<tr><td rowspan="10">25획 성씨
獨孤
(독고)</td><td>25·04·04</td><td>水水金</td><td>08·29·29·33</td></tr>
<tr><td>25·04·12</td><td>金水土</td><td>16·29·37·41</td></tr>
<tr><td>25·06·10</td><td>土木土</td><td>16·31·35·41</td></tr>
<tr><td>25·10·06</td><td>木土土</td><td>16·35·31·41</td></tr>
<tr><td>25·10·22</td><td>金土木</td><td>32·35·47·57</td></tr>
<tr><td>25·12·20</td><td>土金木</td><td>32·37·45·57</td></tr>
<tr><td>25·13·10</td><td>土金火</td><td>23·38·35·48</td></tr>
<tr><td>25·13·20</td><td>土金火</td><td>33·38·45·58</td></tr>
<tr><td>25·20·12</td><td>金土木</td><td>32·45·37·57</td></tr>
<tr><td>25·22·10</td><td>土金木</td><td>32·47·35·57</td></tr>
<tr><td colspan="4">31획 성씨에게 아주 좋은 삼원오행과 사격수리</td></tr>
<tr><td rowspan="8">31획 성씨
諸葛
(제갈)</td><td>31·01·20</td><td>木木木</td><td>21·32·51·52</td></tr>
<tr><td>31·02·04</td><td>土火土</td><td>06·33·35·37</td></tr>
<tr><td>31·02·14</td><td>土火土</td><td>16·33·45·47</td></tr>
<tr><td>31·04·02</td><td>火土土</td><td>06·35·33·37</td></tr>
<tr><td>31·04·04</td><td>土土金</td><td>08·35·35·39</td></tr>
<tr><td>31·04·17</td><td>金土木</td><td>21·35·48·52</td></tr>
<tr><td>31·14·02</td><td>火土土</td><td>16·45·33·47</td></tr>
<tr><td>31·20·01</td><td>木木木</td><td>21·51·32·52</td></tr>
</table>

31획 성씨에게 보통으로 좋은 삼원오행과 사격수리			
성(姓)	성●이●름	삼원오행 (이격●형격●원격)	사격수리 (원●형●이●정격)
31획 성씨 諸葛 (제갈)	31·01·06	金木金	07·32·37·38
	31·01·16	金木金	17·32·47·48
	31·02·06	金火金	08·33·37·39
	31·04·20	木土火	24·35·51·55
	31·06·02	火金金	08·37·33·39
	31·06·10	木金土	16·37·41·47
	31·07·10	木金金	17·38·41·48
	31·07·14	土金木	21·38·45·52
	31·08·08	水水土	16·39·39·47
	31·10·06	金木土	16·41·37·47
	31·10·07	金木金	17·41·38·48
	31·14·07	金土木	21·45·38·52
	31·16·01	木金金	17·47·32·48
	31·16·16	金金木	32·47·47·63
	31·16·21	木金金	37·47·52·68
	31·17·04	土金木	21·48·35·52
	31·17·20	木金金	37·48·51·68
	31·20·04	土木火	24·51·35·55
	31·20·17	金木金	37·51·48·68

지은이

교육학박사(성명학전공) **신상춘**

충남대학교 심리학과 졸업, 세종대학교 교육학과 석사, 박사수료
동방대학원대학교 교육학박사(성명상담 전공)

전 부천대, 안산대 강사. 동우대, 목포과학대, 청운대학교 겸임교수
예원예술대학교 초빙교수, 동국대학교 대학원 강사
現 한국인성개발원 선임연구위원. 現 두원네임컨설팅부원장.
現 Well-Life 작명상담연구소 대표

저서

교육학의 이해, 아동문제 및 행동수정, 자아발견을 위한 명심보감, 최신만세력,
건강하고 성공하는 이름 어떻게 지을 것인가? '이름효과' 작명법,
인명용 한자 8,142字, 리딩아트의 이해와 프로그램의 실제

논문

수면 중에 나타난 꿈과 성주기에 관한 고찰
사주팔자로 살펴 본 다면적 인성진단
사주가 운명과 심리에 미치는 영향과 교육과의 관계
개명동기와 개명 후 자기지각척도에 관한 연구
가수의 히트곡이 삶의 변화에 미치는 영향
개명전후 이름이 스트레스와 자존감에 미치는 영향
개명전후 이름이 자존감과 스트레스에 미치는 영향 및 SSC58-개명상담모델 연구
이름이 인성과 삶에 미치는 영향
이름이 건강과 성공에 미치는 영향

HP : 010-4156-0574

지은이

의학박사 정창근

청주고등학교 졸업, 육군3사관학교 졸업, 건국대학교 졸업,
한양대학교 행정대학원 졸업, 한양대학교 의과대학원 졸업

동방문화대학원대학교 미래예측학과 겸임교수
대전대학교 대학원 철학과 겸임교수
육군중령 예편, 現한양명리상담지도사연구회회장,
現한국명리육친성명학회회장,
現한국 디지털과학 명리육친작명학연구원원장,
現(사)한국동양철학연구원원장
現한양대학교 사회교육원 명리상담학 교수

저서

명리학통론 I, II, 명리학 통감, 명리학 통어, 적천수 천미

논문

주역을 통한 인체질병 예측 연구
장기별 중증 질환 증상의 발현과 명리학적 연구
질병예측에 대한 명리학적 분석
이름이 인성과 삶에 미치는 영향
이름이 건강과 성공에 미치는 영향

02) 2294-5558 010-8966-5436

이름이 당신의 얼굴을 바꾼다

첫판 1쇄 2017년 6월 11일

지은이 신상춘 정창근

펴낸이 장석홍

펴낸곳 도서출판 장서원

141-160 서울 용산구 한강대로 88길 21-5(남영동 7-1)(201호)

전화 703-5362 팩스 797-5362

등록 제 01-01213호

shjang1011@hanmail.net

정가 30,000 원